中国社会科学年鉴

郭沫若研究年鉴 2020

ALMANAC OF GUO MORUO STUDIES

刘曦光 主编

中国社会科学出版社

图书在版编目（CIP）数据

郭沫若研究年鉴．2020/刘曦光主编．—北京：中国社会科学出版社，2022. 10
ISBN 978－7－5227－0941－3

Ⅰ．①郭…　Ⅱ．①刘…　Ⅲ．①郭沫若（1892－1978）—人物研究—2020—年鉴
Ⅳ．①K825. 6－54

中国版本图书馆 CIP 数据核字（2022）第 197481 号

出 版 人　赵剑英
责任编辑　王鸣迪
责任校对　韩海超
责任印制　张雪娇

出　　版　中国社会科学出版社
社　　址　北京鼓楼西大街甲 158 号
邮　　编　100720
网　　址　http://www. csspw. cn
发 行 部　010－84083685
门 市 部　010－84029450
经　　销　新华书店及其他书店

印刷装订　三河市东方印刷有限公司
版　　次　2022 年 10 月第 1 版
印　　次　2022 年 10 月第 1 次印刷

开　　本　787×1092　1/16
印　　张　34. 75
插　　页　2
字　　数　718 千字
定　　价　298. 00 元

《郭沫若研究年鉴2020卷》编委会

《郭沫若研究年鉴2020卷》编辑部

目　录

第一篇　研究综述

四十年代中后期郭沫若研究综述 …………………………… 林静声（3）

改革开放以来郭沫若史学研究的走向与趋势 …………………… 周书灿（11）

第二篇　特别推介

郭沫若与中国传统文化的问题 …………………………… 李　怡（29）

寻找于立忱 ……………………………………………… 肖　枚（39）

第三篇　新刊佚文

抗日战争中国的文艺动态 ………………………………… 郭沫若（77）

俄文译本《郭沫若选集》序 ……………………………… 郭沫若（82）

俄文译本《中国诗歌选》序 ……………………………… 郭沫若（85）

郭沫若往来信函 ……………………………………………………（87）

第四篇　专题研讨

编者按 ………………………………………………………………（91）

郭沫若同志和党的关系 …………………………………… 吴奚如（92）

关于郭沫若的党籍与党龄 ………………………………… 李　斌（94）

第五篇　论文选编

郭沫若与内山完造和内山书店 …………………………… 蔡　震（109）

鲁迅、郭沫若与内山完造相关史实疏正 …………………… 张　勇（119）

从新发现手札看周恩来、郭沫若对抗日战争文艺工作的领导 ………… 沈卫威（132）
《郭沫若书信集》所收“致赛珍珠并全美作家”信札考释 …………… 袁洪权（144）
郭沫若致丁山的一封佚信 ………………………………………………… 朱洪涛（149）
郭沫若1946年演讲钩沉与补正 ………………………… 金传胜 何佩佩（154）
从档案信函看郭沫若与抗敌演剧队的关系 ……………………………… 张文心（167）
覃子豪与郭沫若的交游及其翻译事况钩沉 ……………………………… 程桂婷（175）
五四时代的读者如何读《女神》 ………………………………………… 姜 涛（183）
论郭沫若《武则天》中的“历史真实” ………………………………… 李 斌（192）
论《脱离蒋介石以后》的写作背景、动机与批评策略 ………………… 邹佳良（207）
性别意识与审美重构
——以郭沫若译《鲁拜集》为中心的考察 …………………………… 咸立强（216）
鲁迅与郭沫若对各自一篇演讲稿的修改 ………………………………… 孟文博（228）
“修改”与“塑造”
——郭沫若《洪波曲》删改校读兼论回忆录的史料价值 …………… 杨玉霞（238）
论鲁迅逝世后的“文坛领袖”论争 ……………………………………… 廖久明（247）
鲁迅：“平生功业尤拉化”
——郭沫若对鲁迅的盖棺之论及其认知价值 ……………… 杨华丽 王 静（292）
“留声机器”的“奥伏赫变”
——再论郭沫若的“革命文学”论争话语（1926—1928） ………… 刘祎家（303）
“他不是只能吹出一种单调的稻草”
——郭沫若早期小说创作的审美之维 ……………………………… 王玉春（317）
国家与强权：论郭沫若留学日本期间的国家意识 ……………………… 吴 辰（330）
灾种·文类·体验：郭沫若灾害文学发凡 ……………………………… 杨兴玉（345）
“郭沫若传”的现状考察
——兼谈多身份传主传记书写的进路 ……………………… 张立群 黎 黎（353）
郭沫若新诗创作中的《诗经》元素 ……………………………………… 赵希杰（366）
新中国史学的初建：郭沫若与中国马克思主义史学主导地位的
确立 ……………………………………………………………………… 张 越（377）
郭沫若古文字研究的自我完善
——以西周镈师官与职的研究为例 ………………………………… 冯 时（393）
从形象学到形象史学
——郭沫若与古代史所的形象史研究传统 ………………………… 刘中玉（399）
郭沫若中国封建社会理论话语体系的蜕变与成熟
——从“《研究》时代”到“《批判》时代” ……………………… 程鹏宇（415）

第六篇 学术争鸣

《郭沫若年谱长编》指疵十端 …………………………………………… 冯锡刚（431）

第七篇 观点摘编

《孔雀胆》的主题论争与话语纠葛 …………………………………………… 唐文娟（441）
“慷慨付人民”：1949 年郭沫若在北平期间的三重身份 ……………… 储著武（441）
从《战旗》对郭沫若、成仿吾的采访看日中无产阶级文学运动交流 …… 单援朝（441）
从《战声集》看郭沫若抗日战争初期的诗歌创作 …………… 高运荣 秦 镜（441）
1940 年代郭沫若与侯外庐墨学研究的异同及成因 …………… 徐国利 陈 晨（442）
论《学灯》主编宗白华与郭沫若的新诗创作 ……………………………… 陈 捷（442）
剧可以兴：作为诗化戏剧的《屈原》 ………………………………………… 刘 奎（442）
闻一多对《女神》褒奖与贬仰之原因考析 ………………………………… 李乐平（443）
郭沫若古代史研究的方法论基础评议 ……………………………………… 王绍凯（443）
郭沫若论商鞅评议 ……………………………………………………………… 杨胜宽（443）
郭沫若臣辰盉研究史——古文字著作的文献学考察一例 ………………… 李红薇（444）
郭沫若与董作宾甲骨学谊的转变 …………………………………………… 李 勇（444）

第八篇 学人回忆

我做郭沫若研究（四） ………………………………………………………… 蔡 震（447）
千夫诺诺，不如一士谔谔
——有关张恩和先生的记忆 ………………………………………………… 魏 建（461）

第九篇 新书推介

艺术之宫与十字街头——创造社研究 ……………………………………… 咸立强（467）
中国出版家·赵南公 ………………………………………………………… 咸立强（467）
论史、考事与谈人中别有一番风景
——读咸立强著《中国出版家·赵南公》 ………………………………… 张 勇（469）
掘开历史的地表
——郭沫若前期文艺论著版本校勘之发现与研究 ………………………… 孟文博（476）

第十篇 研究课题

郭沫若年谱新编 …… 刘运峰（481）
郭沫若的中国先秦社会学术思想研究 …… 王舒琳（484）
2020 年度四川省教育厅人文社会科学（郭沫若研究）立项课题 ……（486）

第十一篇 获奖成果

《〈创造〉季刊的正本清源》获教育部高等学校科学研究优秀成果奖二等奖 ……（491）

第十二篇 硕博论文

近四十年《女神》接受研究 …… 武楚璇（495）
《故事新编》与《豕蹄》比较研究 …… 田 墨（496）
运诗入剧——1940 年代郭沫若历史剧研究 …… 刘艳梅（497）
《少年维特之烦恼》与二三十年代中国文坛 …… 贾愫娟（498）
中学语文郭沫若教学拓展研究 …… 刘遵佳（499）
中期创造社研究 …… 盛美玲（500）
《不一样的弃医，不一样的从文——鲁迅、郭沫若弃医从文比较论》英译实践报告 …… 谢川红帆（501）

第十三篇 学术会议

第三届鲁迅、郭沫若、茅盾研究高端论坛在乐山成功举办 …… 陈 瑜（505）

第十四篇 活动展览

为戏剧再聚首，郭沫若故居联盟齐聚沫若故里 …… 梁雪松（509）
“东风”送来的生日礼物：纪念郭沫若诞辰 128 周年活动 …… 王 静（511）
“8 +”名人故居纪念馆联盟 2020 年文化活动 …… 梁雪松 徐 萌（514）

第十五篇 郭沫若纪念馆馆藏资料

1941 年庆祝郭沫若五十寿辰暨创作生活廿五周年贺词贺诗选编 ……………… (523)
陶行知贺词二则 ………………………………………………………… 陶行知 (524)
沫若先生五十大寿
……… 朱谦之、洪深、郑师许、陆侃如、穆木天、冯沅君、彭慧、钟敬文 (526)
沫若先生五十初度诗以寿之 ………………………………………… 马 衡 (528)
郭鼎堂五十初度诗以寿之 …………………………………………… 陈子展 (530)

2020 年郭沫若研究大事记 …………………………………… 张 勇 彭冠龙 (532)

2020 年郭沫若研究资料索引 ………………………………… 卿玉弢 郑爱菊 (534)

后记 ………………………………………………………………………… (545)

第一篇

研究综述

四十年代中后期郭沫若研究综述

林静声

20世纪40年代中后期是中国社会急剧转型时期，先后经历了抗日战争胜利、解放战争和新中国成立等重大的历史事件。在这一特殊的历史时期之中，作家的思想必然会受到社会转型的影响，并相应投射在其作品内在思想的变化上。郭沫若是40年代中后期一位中国文化战线上的先锋者，其创作、思想与当时的社会状况与文学格局密切相关，因此40年代中后期郭沫若研究无疑具有重要的学术价值。学界既有研究主要针对郭沫若40年代中后期创作的史学著作以及郭沫若的译诗、自传散文等文学作品。这些研究成果较完整地呈现了40年代中后期郭沫若史学研究和文学创作的特征和全貌，不足是忽略了时代转型对郭沫若内心精神世界的影响，也未能把握郭沫若精神思想变化与其文学创作变化之间的内在逻辑。本文基于40年代中后期郭沫若研究的学术论文、学术专著等文献资料，总结每一类研究的特征，归纳研究的总体趋势，反思既有研究成果的不足，以期对后续研究工作的展开有所借鉴。

一　史学著作研究

郭沫若在20世纪40年代中后期先后创作了《十批判书》《青铜时代》和《历史人物》三部史学专著。郭沫若的史学论著研究一直是四十年代中后期郭沫若研究的集中点。研究者或从宏观的马克思主义史学总论入手，或集中针对具体的史学论著，总体研究成果较清晰地呈现出郭沫若历史和思想史批判的特征和影响，学术成果的整体深度和质量保持了较高水准。

在马克思主义史学总论研究方面，石云的《郭沫若与马克思主义史学》全面论述了郭沫若马克思主义史学研究的历程，肯定了郭沫若抗日战争后期创作的史学论著是继《中国古代社会研究》后史学研究的第二个高峰。石云认为郭沫若这一时期的史学研究成果主要体现在对秦古史研究的自我批判和总结、对先秦思想史的深入研究、屈原研究以及农民战争史研究四个方面。[①] 学者王启发延续了这一研究思路，在《郭沫若在思想史研究上的成就和贡献》一文中以研究对象为划分标准，从思辨性篇

---

① 石云：《郭沫若与马克思主义史学》，《历史教学问题》1997年第6期。

章和思想人物及学派研究两个研究对象出发综合分析了郭沫若40年代中后期的思想史研究[①]。贾振勇的专著《郭沫若研究十六讲》第三讲以马克思主义史学研究视角切入后，将关注点放在马克思主义意识形态如何内化为郭沫若的精神选择。[②] 还有徐国利《郭沫若的“人民本位”史观及儒家民本思想意蕴》阐释了郭沫若史学思想上的“人民本位观”，并论述了郭沫若运用“人民本位史观”研究先秦诸子百家思想。[③] 比较视野下的史学论著研究别出心裁，罗炯光《鲁迅郭沫若的孔子观》将《孔墨的批判》与鲁迅《在现代中国的孔夫子》进行对照研究，比较二者面对新旧文化态度上的异同，探析构建社会主义新文化进程中鲁迅和郭沫若精神新的时代意义[④]；杜蒸民的专著《胡适与郭沫若思想比较研究》系统论述了郭沫若和胡适在先秦诸子研究上的异同，认为郭沫若是在胡适“求真是”的基础上进一步求“所以是”，对先秦诸子做了实质性分析是郭沫若区别于胡适的最大特色。[⑤]

相较联系马克思主义史学思想的宏观研究视角，具体作品研究更为细致地探讨了郭沫若史学著作的思想内容、艺术特色和历史地位等。朱自清最早评述了郭沫若的《十批判书》，1947年撰文《现代人眼中的古代——介绍郭沫若著〈十批判书〉》高度赞扬了郭沫若对待古代文化的立场。朱自清肯定了郭沫若在对待孔墨的历史评价和中国古代社会历史分期两个问题上的真知灼见，以及郭沫若站在人民立场上对孔子传统地位的重新评定。[⑥] 其他代表性文献和专著有卜庆华的专著《郭沫若评传》、谭洛非主编的《抗战时期的郭沫若》、彭邦本《〈十批判书〉中的儒学研究——学术史视阈中的郭沫若》、杨胜宽《郭沫若论法家平议》、卜庆华《论郭沫若的屈原研究》、贾斯荣《关于“论曹植”》等论作，针对《十批判书》、《青铜时代》和《历史人物》及其中的具体篇目从不同的角度进行研究，评述其特征和影响。[⑦] 还有学者关注到时代环境和作家的精神内涵，如徐鹏绪《从〈十批判书〉看郭沫若在抗战时期的政治文化选择》和方诗铭、刘修明《民主运动与人民本位思想——评〈青铜时代〉和〈十批判书〉》。徐鹏绪不仅关注了郭沫若在特殊历史时期影响下政治家、学者、作家多重身份的转换，也向内挖掘作家内心精神世界。[⑧] 方诗铭和刘修明也强调只有把握时代和历史条件对两部史学论著的重要影响，才能洞悉其中的核心精神。[⑨] 这两篇论

---

① 王启发：《郭沫若在思想史研究上的成就和贡献》，《晋阳学刊》2008年第5期。

② 贾振勇：《郭沫若研究十六讲》，山东文艺出版社2004年版，第38—52页。

③ 徐国利：《郭沫若的“人民本位”史观及儒家民本思想意蕴》，《河北学刊》2018年第5期。

④ 罗炯光：《鲁迅郭沫若的孔子观》，《中国文化研究》1997年第2期。

⑤ 杜蒸民：《胡适与郭沫若思想比较研究》，中共党史出版社2010年版。

⑥ 谷言：《朱自清论〈十批判书〉》，《郭沫若研究》第3辑，文化艺术出版社1987年版，第300页。

⑦ 卜庆华：《郭沫若评传》，湖南文艺出版社1986年版，第255—286页。

⑧ 徐鹏绪：《从〈十批判书〉看郭沫若在抗战时期的政治文化选择》，郭沫若与中国知识分子在民族解放战争中的文化选择国际学术研讨会论文集，2005年，第51—69页。

⑨ 方诗铭、刘修明：《民主运动与人民本位思想——评〈青铜时代〉和〈十批判书〉》，《郭沫若研究》第3辑，文化艺术出版社1987年版，第249—289页。

述代表的研究视角具有较高的学术价值，局限是停留在郭沫若政治思想方面的精神内涵，没有继续探究作家的心理机制。此外，还有一些研究另辟蹊径：探究《十批判书》的写作动机[①]、进行版本研究[②]、探讨郭沫若在写作《十批判书》时的文献处理方式[③]、着眼作者的诗人气质[④]、论述郭沫若在《十批判书》中建立了成熟的侠文化史观[⑤]等。这些研究成果有利于对作家心理状态及其史学论著真实面貌的多角度理解，但是整体数量较少，影响了研究的整体深度。还有一些学者以辩证思维对《十批判书》进行了多重批判和质疑[⑥]，这对学界的反思和继续深入研究具有重要价值。

以上对郭沫若40年代中后期史学论著的评价虽然各有不同的侧重点，但是有一个显著特征是基本以马克思主义史学视角展开，通过马克思主义史学学说阐释郭沫若对先秦诸子的评说，力图阐释郭沫若史学思想对马克思主义中国化和中国民族解放战争与现代化进程中的贡献和影响。高屋建瓴式的史学研究历程梳理、具体入微的史论著作思想内涵分析等有利于人们了解郭沫若40年代中后期史学著作的基本面貌及其具体的特征和影响，这对40年代中后期郭沫若研究是有益的。上述观点都具有可取之处，相较而言，徐鹏绪的《从〈十批判书〉看郭沫若在抗战时期的政治文化选择》一文关注到了特殊历史时期对郭沫若史学著作的制约和影响，更为可贵的是，他论述了郭沫若在抗日战争后期的政治文化选择是其内心真诚的体现，这意味着研究曾试图触及郭沫若的内在精神世界。遗憾的是徐鹏绪仅把时代条件作为某种背景因素，没能走出政治思想研究的局限，也未能继续深入到时代转折对作家内在心理的影响。但是徐鹏绪的观点在马克思主义史学研究模式之中为后续40年代中后期郭沫若史学论著研究打开了一个重要切入点，应该引起学界的重视。

二　文学作品和译作研究

郭沫若在40年代中后期主要的文学创作和译作是三卷自传散文集《少年时代》《革命春秋》和《洪波曲》的编写、散文和杂文创作以及《浮士德》第二部译作。总体来看，学界对郭沫若40年代中后期文艺创作的评论与郭沫若此前的诗歌、历史剧研究相比较少，研究视角也相对局限，因此导致这部分内容的研究深度有待加强。

---

① 戚学民：《再论〈十批判书〉的撰著动机和论学宗旨》，《历史研究》2003年第3期。

② 潘素龙：《关于〈十批判书〉版本的一些问题》，《郭沫若学刊》2012年第2期。

③ 王艳：《慧眼兰心谁可知——谈郭沫若〈十批判书〉的文献处理》，《郭沫若学刊》2008年第2期。

④ 何玉兰：《从〈十批判书〉看郭沫若的诗人气质》，《郭沫若学刊》2004年第3期。

⑤ 韩云波：《郭沫若与中国侠文化》，《郭沫若学刊》1993年第3期。

⑥ 张越：《对〈十批判书〉的评价与争议之回顾与认识》，中国郭沫若研究会、郭沫若纪念馆编《郭沫若研究三十年》，巴蜀书社2010年版，第48—63页。

（一）自传文学研究

郭沫若的自传具有极高的研究价值，对把握郭沫若真实的内心世界和作品的主体思想而言十分珍贵。最早总评郭沫若20世纪40年代中后期自传文学的是张毓茂。1978年《中国近代革命历史风云的画卷——试论郭沫若的传记文学》一文高度肯定了郭沫若在传记文学上取得的成就，称赞其反映重大社会变革、描写光辉无产阶级革命家形象和指出知识分子道路的丰富内容和艺术上的独特风格。① 针对自传散文集中的具体篇目，较有代表性的研究有李斌在《〈反正前后〉：作为“论说体”的自传》中发掘了《反正前后》是一篇突破了一般自传的普遍文体，引入“论说体”的风格独特的自传，这种独特的文体表达了郭沫若思想转变后对中国社会和革命的认识②；张剑锋《郭沫若游学家书中的交通文化》通过《初出夔门》考察了民国初期交通路线、工具和邮政信息。③ 传统研究视角通常指向作品的思想内容、艺术特色、历史地位等方面④，具有一定新意的关注点是将郭沫若的自传散文和其他作家的自传进行类比。如熊家良《重读郭沫若的〈少年时代〉——兼议鲁迅、胡适、沈从文的自传性作品》，作者强调郭沫若的青少年时期对作家心理和人格形成的影响，考察了郭沫若政治、文学生涯的浪漫主义特征与其早年生活环境和遗传因素的关系，并比较了其他几位现代作家青少年时期的生活状态对他们个性形成和后续文学道路选择的影响。⑤ 熊家良的视角切入了郭沫若自传散文乃至自传文学的核心，对学界具有较高的借鉴价值。重视内心层面的研究还有袁祺《论郭沫若1937—1949年间的自传写作》，这篇文章强调郭沫若的自传是透视郭沫若内心世界的重要窗口，并以这一时期的自传写作为依据追溯郭沫若复杂的心理状态⑥。其他较有代表性的研究有王尔龄、王尔英《〈沫若自传〉文学个性论》，提出了不同时期和环境下的自传散文反映的不同阶段作家的思想精神值得探究⑦，遗憾是没有深入展开下去。还有一些研究者从创作动机角度探究郭沫若是在生存迫压下进行自传创作⑧；探析“身份”特征在郭沫若自传散文

① 张毓茂：《中国近代革命历史风云的画卷——试论郭沫若的传记文学》，《辽宁大学学报（社会科学版）》1978年第6期。

② 李斌：《〈反正前后〉：作为“论说体”的自传》，《中国现代文学研究丛刊》2018年第8期。

③ 张剑锋：《郭沫若游学家书中的交通文化》，《郭沫若学刊》2013年第3期。

④ 叶志良：《个体与历史的双重叙事——论郭沫若传记文学创作的特征》，《郭沫若学刊》2001年第3期。

⑤ 熊家良：《重读郭沫若的〈少年时代〉——兼议鲁迅、胡适、沈从文的自传性作品》，《上海师范大学学报》1994年第1期。

⑥ 袁祺：《论郭沫若1937—1949年间的自传写作》，《齐齐哈尔大学学报（哲学社会科学版）》2009年第6期。

⑦ 王尔龄、王尔英：《〈沫若自传〉文学个性论》，《苏州教育学院学刊（社会科学版）》1987年第3期。

⑧ 谢子元：《生存迫压与现代作家自传创作——以郭沫若、郁达夫为例》，《荆楚理工学院学报（社会科学版）》2014年第1期。

中的作用，包括身份如何决定了自传书写的选择[1]；或阐释郭沫若自传写作充分展现了现代意义坐标下的个性化主体精神、动态成长叙事和区别于历史叙事的文学性书写[2]。郭沫若自传文学的研究专著较少，较有参考价值的是刘海霞所撰《前期创造社同人自传文本研究：以郭沫若、郁达夫、张资平为中心》，将郭沫若的生平和传记文本的结合放置于群体——创造社同人之中进行考察，比较创造社同人在人格形成和思想观念上的异同[3]，这在很大程度上扩展了郭沫若自传文学研究的文学史意义和价值。

（二）杂文和散文研究

在20世纪40年代中后期郭沫若文学作品研究中对郭沫若杂文和散文仅有少量评论。研究者往往易为宏篇巨著所吸引，而忽视了相对零散化的散文和杂文创作。下文选取其中较有借鉴价值的代表性文献进行评述。

在杂文研究方面，张恩和《略论郭沫若的杂文创作》全面概述了郭沫若的杂文创作，介绍了郭沫若20世纪40年代中后期的杂文集《盲肠炎》《今昔蒲剑》《沸羹集》和《天地玄黄》的主要内容，并分析了其艺术特色和其中展现出的郭沫若非单一文学家的综合素质[4]。这篇文献论述全面无遗漏，对初步把握郭沫若40年代中后期杂文创作的全貌很有利。令狐兆鹏、赵学斌《郭沫若的文艺思想——以二十世纪四十年代郭沫若杂文创作为中心》通过郭沫若的杂文作品研究其文艺思想[5]。在散文研究方面，袁振声《论郭沫若的散文创作》在整体梳理郭沫若杂文和散文创作的基础上，评述了郭沫若散文的特征：战斗作用、旁征博引、富于想象和散文诗化。[6] 傅正乾针对艺术特色评论郭沫若的散文具有构思上思想自由、结构上收放自如、感情色彩强烈和多种艺术手法的运用以及语言的优美生动。[7] 刘元树则侧重于历史地位，赞扬郭沫若的散文不仅是传记文学新阶段的开辟者，也促进了小品散文的发展。[8] 有一篇较有特色的研究是李存光所写的《是自序性“小说”，还是自叙性“散文”？——关于郭沫若〈鸡之归去来〉体裁的辨析》辨析了体裁之争，只有作为散文解读才能

---

① 王贝贝、郭小英：《“身份”特征在中国现代作家自传中的应用——以郭沫若自传为例》，《中国文学研究》2011年第4期。

② 辜也平：《论郭沫若自传写作的现代意义》，《荆楚理工学院学报（社会科学版）》2016年第1期。

③ 刘海霞：《前期创造社同人自传文本研究：以郭沫若、郁达夫、张资平为例》，复旦大学出版社2016年版。

④ 张恩和：《略论郭沫若的杂文创作》，《郭沫若研究》第1辑，文化艺术出版社1985年版，第198—213页。

⑤ 令狐兆鹏、赵学斌：《郭沫若的文艺思想——以二十世纪四十年代郭沫若杂文创作为中心》，《宜宾学院学报》2011年第8期。

⑥ 袁振声：《论郭沫若的散文创作》，《中国现代文学研究丛刊》1982年第2期。

⑦ 傅正乾：《试论郭沫若散文的艺术成就》，《中国现代文学研究丛刊》1984年第2期。

⑧ 刘元树：《郭沫若散文的历史地位》，《贵州社会科学》1988年第6期。

真正把握作品的内容和地位。[①] 大部分郭沫若研究专著只是把郭沫若的散文或杂文作为一个章节，箭鸣所著《郭沫若散文的艺术美》则从多侧面多角度综合探析了郭沫若散文创作的艺术特色。[②] 此外，还有学者涉足郭沫若的游记散文，考察了郭沫若1945年《苏联纪行》。代表性研究是李斌所撰《郭沫若1945年对苏联的观察与思考》。李斌从心理关联分析了郭沫若与苏联的情感与历史关系，不仅分析了郭沫若视苏联为精神故乡的心理特征，也分析了以郭沫若为代表的中国左翼知识分子追求共产主义与民族复兴的观察和思考。[③] 以上这些代表性论文和专著的共同点是发掘了郭沫若散文和杂文被遮蔽的价值，重视了其作用和历史地位。但是，总体来看专门涉足40年代中后期这一时间段的散文和创作研究较少。实际上郭沫若在40年代中后期的杂文和散文创作非常丰富，10余部作品集对深入挖掘当时的历史和时代症候与作家的思想意蕴等十分有利，这应该引起后续研究者的反思和重视。

（三）译作研究

郭沫若在1947年完成了《浮士德》第二部的翻译，目前学界唯一的一部专门的郭沫若翻译研究专著是傅勇林主编的《郭沫若翻译研究》，这部专著在上编系统介绍了郭沫若的翻译文化背景、翻译活动和翻译思想，以及译作的传播和影响，包括了郭沫若政治文艺思想和世界观的变化对其译作的影响以及翻译和文学创作之间的关系；下编则按照语种梳理了郭沫若全部译作。[④] 这部全面系统的学术专著对郭沫若四十年代中后期译作研究具有珍贵的参考借鉴价值。通过梳理《浮士德》第二部译作研究成果，可以发现翻译理论、翻译思想的研究一直是郭沫若四十年代中后期译介工作的研究重心。如《郭沫若翻译之四维析论》以使命情怀、实践主体、“风韵译”的美学特征以及多变多样的译法四个维度系统评议了郭沫若的翻译理论特色。[⑤] 张勇的视角较为新颖，他探寻了郭沫若《浮士德》翻译与其历史剧创作之间的关联，初步推断出两者在创作时间的同步性和艺术手法的内在一致性。[⑥]《“副文本”审视下的郭沫若译诗序跋及其观念与意义》切入了一个很值得关注的侧面——译诗序跋。罗文军和傅宗洪择取了郭沫若译诗序跋与作者文学观念之间的复杂关系，并探究了序跋与翻译观念耦合关系的变迁，其中论述了郭沫若在悲剧情绪下依然在短时间译出《浮士德》

① 李存光：《是自序性“小说”，还是自叙性“散文”？——关于郭沫若〈鸡之归去来〉体裁的辨析》，《郭沫若学刊》2011年第4期。

② 箭鸣：《郭沫若散文的艺术美》，安徽文艺出版社1991年版。

③ 李斌：《郭沫若1945年对苏联的观察与思考》，《文艺理论与批评》2018年第4期。

④ 傅勇林：《郭沫若翻译研究》，四川文艺出版社2009年版。

⑤ 邱少明：《郭沫若翻译之四维析论》，《新西部》2016年第19期。

⑥ 张勇：《“堂堂正正做个投炸弹的健儿”——郭沫若翻译世界纵览》，《博览群书》2016年第12期。

的内在因由可以在《浮士德》全译本“译后记”中发现。[①] 这些观点不仅有助于了解《浮士德》译作形成的内部动机，也可以把握背后作家思想的演化以及文学环境的变迁。

对待20世纪40年代中后期时期的郭沫若，学界的思维几乎形成了一种定式——“党喇叭”、文艺界转向马克思主义思想者的典范等，这样的思维定式使得学者忽视了郭沫若在40年代中后期的文学作品和译诗，或是普遍认为其文学价值较低。在这样的状况下，既有对郭沫若40年代中后期文学作品和译诗的研究都是比较珍贵的，如早期80年代一些学者袁振声、傅正乾等对郭沫若散文和杂文的总论、箭鸣所著的专著等，都具有一定的学术眼光，他们对这部分被忽视已久的文艺作品的分析研究是值得肯定的。他们是拓荒者也是引路人，后续学者需要充分重视郭沫若40年代中后期的文艺创作，才能为郭沫若研究寻求到新的创新和突破，继续丰富学术成果。

三　四十年代中后期郭沫若研究的反思

通过对既有研究成果的梳理可以发现，郭沫若20世纪40年代中后期研究在总体上夯实了40年代中后期郭沫若研究的基础，对郭沫若的学术研究和创作情况做了比较全面的概览式介绍，尤其是郭沫若的史学著作和史学思想批判研究方面，初步具备了一定的学术深度。但是，仍然存在若干问题和不足，需要学界反思。

首先，从研究切入点方面来看，集中的关注可以促使某一方面的研究数量丰富，但是并不意味着研究深度的绝对化，关注点的过度集中可能会导致该方面研究视角趋于单一和程式化。这方面不足主要体现在40年代中后期郭沫若史学著作的研究上。不可置疑，郭沫若的史学著作是他在这一时期思想史研究和成就的重要反映，如《十批判书》《青铜时代》等均具有重要的学术价值。但是，史学著作研究成果多是在郭沫若的史学思想发展历程和史学著作内容方面进行论述，重复性较高且缺乏新意。此外，学者易将研究思维局限在郭沫若的史学理论研究上，未能向内挖掘郭沫若的内在精神世界。即使少数涉及精神向度的篇目也浅尝辄止，学理深度明显不够。其次，从研究范围层面上看，文艺作品研究被忽视的状态较严重。郭沫若的散文、杂文和游记等文学创作本具有很大的文学和思想价值，但是学界的研究总体数量很少，具有代表性的更加廖少。这种情况导致郭沫若文学创作中的文学价值和思想价值被遮蔽，这不仅在微观上影响到对郭沫若生命体验、人生观等内在精神世界的准确把握，也在宏观上影响了40年代中后期郭沫若研究的整体水准，对郭沫若总体研究十分不利。最后，作家和作品思想深度维度等需深入拓展。40年代中后期郭沫若研究无论

① 罗文军、傅宗洪：《“副文本”审视下的郭沫若译诗序跋及其观念与意义》，《现代中国文学与文化》2013年第1期。

针对作家或作品都基本停留在表层，未能向内发掘社会转型影响下作家内在精神世界的变迁，并以此研究作品主题和作家主体思想之间演化的耦合关系。40 年代中后期中国社会性质的几次本质变革，郭沫若作为文艺界的无产阶级战士，其思想在国家、党的政权发生翻天覆地的变化下，必然将相应发生重要的变化，并直接体现在其创作之中。研究郭沫若内在精神的变迁及其作品思想的演化对深入把握郭沫若的思想具有至关重要的作用。这一不足与学者相关知识背景的欠缺、思维的狭窄和学术视角的单一等有关，这是后续 40 年代中后期郭沫若研究工作需要反思的地方。

20 世纪 40 年代中后期郭沫若研究的成果和不足，需要学界进一步的继承、反思，争取更大的突破和成果。

（原载《大连大学学报》2020 年第 4 期）

改革开放以来郭沫若史学研究的走向与趋势

周书灿

一　1978—1984 年：从众口一词的颂扬肯定到若干问题的两极评判

1978 年 6 月，郭沫若逝世。邓小平在郭沫若追悼会上的悼词中，评价郭沫若“是我国运用马克思主义观点研究中国历史的开拓者。他创造性地把古文字学和古代史的研究结合起来，开辟了史学研究的新天地”，“他是继鲁迅之后，……我国文化战线上又一面光辉的旗帜”[①]。以上文字大体上代表了官方对郭沫若所作之“盖棺定论”，基本代表了改革开放初期中国大陆学术界主流的“共识”。此后一段时间，侯外庐[②]、白寿彝[③]、夏鼐[④]、容庚[⑤]、于省吾[⑥]、胡厚宣[⑦]、尹达[⑧]、刘大年[⑨]、黄烈[⑩]、田昌五[⑪]、叶桂生、刘茂林[⑫]等学者陆续发表纪念文章，分别从不同角度充分肯定了郭沫若的学术贡献与地位，部分文章还论及郭沫若治史的方法、特点与学风等。某些纪念文章赞誉郭沫若是我国史学界的“伟大旗手”，“无产阶级的司马迁，社会主义的司马迁”等，具有颇为深刻鲜明的时代印记，并非准确妥帖的学术评价表述，但

---

① 《在郭沫若同志追悼大会上——邓小平同志致悼词》，《人民日报》1978 年 6 月 19 日。

② 侯外庐：《深切悼念郭沫若同志》，《历史研究》1978 年第 7 期。

③ 白寿彝：《深切悼念开辟新史学的伟大旗手》，《光明日报》1978 年 6 月 29 日。

④ 夏鼐：《郭沫若同志对于中国考古学的卓越贡献——悼念郭沫若同志（1892—1978）》，《考古》1978 年第 4 期。

⑤ 容庚：《怀念郭沫若同志》，《学术研究》1978 年第 4 期。

⑥ 于省吾：《忆郭老》，《吉林大学社会科学学报》1978 年第 4 期。

⑦ 胡厚宣：《郭沫若同志在甲骨学上的巨大贡献》，《考古学报》1978 年第 4 期。

⑧ 尹达：《郭老与中国古代社会研究》，《中国史研究》1979 年第 2 期；《郭沫若所走的道路及其杰出的学术贡献》，《史学月刊》1983 年第 2 期。

⑨ 刘大年：《学习郭老——在中国史学会纪念郭沫若同志诞辰九十周年学术会上的发言》，《近代史研究》1983 年第 1 期。

⑩ 黄烈：《郭沫若在史学上的贡献》，《郭沫若研究·学术座谈会专辑》，文化艺术出版社 1984 年版。

⑪ 田昌五：《中国马克思主义历史学的开创者》，《郭沫若研究·学术座谈会专辑》，文化艺术出版社 1984 年版。

⑫ 叶桂生、刘茂林：《五年来关于郭沫若史学的评论与研究》，《郭沫若研究·学术座谈会专辑》，文化艺术出版社 1984 年版。

较之于20世纪30年代社会史论战时期，郭沫若的《中国古代社会研究》屡屡成为“研究攻击的目标”①，不断“受到许多意外的不当的攻击”②，及20世纪50—60年代，马克思主义唯物史观主导中国大陆学术界，彻底清除非马克思主义史学影响背景下，学术界刻意抬高郭沫若学术贡献与地位③的倾向相比，大家点评大家，许多评价渐趋客观公正。总的来看，从悼念郭沫若逝世到纪念郭沫若90周年诞辰期间，学术界对郭沫若史学研究予以充分的肯定，甚或有一些夸大拔高，然众口一词，听不到不同的评价意见，与严格意义的郭沫若史学研究的要求，终究还有相当一段距离。

与对郭沫若史学的总体评价不同，改革开放初期，学术界围绕郭沫若古史分期与社会形态、《甲申三百年祭》等问题，展开了较为深入的讨论。在此期间，在传统古史分期理论框架下，“西周封建论”“秦统一封建说”“魏晋封建论”等学派对郭沫若“战国封建论”陆续提出新的质疑、商榷与批判，“战国封建论”者则在对来自以上各派种种辩难予以回击反驳的同时，也对郭沫若“战国封建论”进行了补充、订正。在激烈的争鸣过程中，学术界对郭沫若古史分期与社会形态理论，既有诸如把奴隶社会与封建社会的分界线定于春秋战国之际，“这个说法有很多的困难”，“不论在理论上和事实上都证明是很难成立的”④ 之类的质疑商榷，也有郭老“把有大量的人牺人殉作为殷代是典型的奴隶社会的证明……这不是马克思主义的观点”；“郭老所说的‘井田制’，既没有马克思主义理论根据，又没有历史事实根据，纯粹出于主观臆造……破绽百出，无以自圆其说”；“郭老的中国古代史分期说是不能成立的”⑤ 之类的批判乃至全盘否定，以及“对郭老的学说，从理论指导、研究方法到具体论述，采取了全盘否定的态度……难以令人同意”⑥ 之类的反批判与极力维护，学术界对郭沫若古史分期和社会形态理论的论争，初步呈现出两极评判的学术旨趣。

与对古史分期与社会形态问题的讨论类似，1981年，由姚雪垠对郭沫若《甲申

---

① 王凤庭：《对于中国社会史论战的意见》，《读书杂志》1932年第2卷第9期。

② 顾颉刚：《当代中国史学》，上海古籍出版社2002年版，第97页。

③ 如李学勤先生在《殷代地理简论》的“自序”中说：“甲骨研究虽然有了半个世纪以上的历史，但是由于罗振玉等封建学者和董作宾之流资产阶级学者长期把持垄断，阻碍了这项科学的发展。董作宾和他的徒裔，追随着胡适的方向，提倡无用的烦琐考据。这些资产阶级学者，就是在甲骨史料的编纂上，实际也没有作出多大的贡献。他们所斤斤计较的不过是点滴孤立的一字一义，或者是荒诞无稽的所谓‘殷历谱’；对于殷代社会，甚至殷代的历史事件，他们是完全茫然无知的。真正的甲骨学是郭沫若先生建立起来的。由于郭沫若先生等马克思主义历史学家的辛勤工作，才使我们对殷代史有了一定的认识。”参见李学勤《殷代地理简论》，科学出版社1959年版，“自序”第1页。白寿彝先生批判钱穆“对于考据学传统的无知和对考据学知识的浅陋”，钱氏“费了很多力气拼凑出来的论断，经不起郭沫若同志轻轻一击”。白氏指出，郭沫若曾说的一段话对钱穆“具有照妖镜的作用”。参见白寿彝《钱穆和考据学》，《北京师范大学学报》1961年第2期。

④ 赵光贤：《周代社会辨析》，人民出版社1980年版，第203、205页。

⑤ 金景芳：《中国古代史分期商榷（上）》，《历史研究》1979年第2期。

⑥ 侯绍庄：《怎样理解郭沫若同志的古代史分期学说——兼评金景芳先生的〈中国古代史分期商榷〉》，《历史研究》1979年第8期。

三百年祭》的发难[①]引发了一场颇为激烈的论争。姚氏首先批评《甲申三百年祭》没有对纷繁复杂的史料进行认真研究、辨别真伪，“轻于相信，随手引用，然后在此基础上抒发主观意见，草率论断”，继而批评郭氏“抛弃了历史唯物主义的起码原则”，“沿袭荒唐谬说”，“穿凿附会”，“凭‘假使’，空发议论”，“以论代史”，“黄金与泥沙俱下”，“和严肃的历史学家们所持的治学态度和治学方法背道而驰”。在我们今天看来，姚氏对《甲申三百年祭》的批评，显然和20世纪40年代陶希圣[②]、叶青[③]等对该文所作“无理取闹的攻击”[④] 和文化围剿的性质有着根本性的区别，其总体上属于严格意义上的学术批判。有的学者充分肯定了姚氏批判文章的学术价值：“姚雪垠的文章，为我们提倡的实事求是、入情入理、恰如其分、令人信服的批评，带了一个好头；这一点，也许比这篇文章本身的学术价值还显得宝贵。”[⑤] 然而，姚氏对《甲申三百年祭》史料运用及郭沫若治学态度、治学方法的批判，也遭到了某些学者的反批评。如顾诚先生肯定，“姚雪垠同志对《甲申三百年祭》中涉及的史事提出商榷是应当欢迎的”。与此同时，顾氏批评姚氏文章，“苛于责人，暗于知己，缺乏实事求是的态度。这不仅对《甲申三百年祭》不可能作出公正的评价，更重要的是对于树立良好的学风也未必有益”[⑥]。众所周知，《甲申三百年祭》是一篇特定背景下产生的历史学著作，其政治价值远远高于史学价值，在相当长的时期，学术界对《甲申三百年祭》的评价也呈现出天壤之别。姚雪垠对《甲申三百年祭》及郭沫若治学态度、治学方法的质疑批判乃至全盘否定，和顾诚对《甲申三百年祭》的极力维护及对姚氏文章的反批评，正从一个侧面彰显出，学术界对《甲申三百年祭》和郭沫若治学态度、治学方法呈现出两极评判的时代特色。

改革开放初期，郭沫若史学研究尚处于起步阶段。有的学者指出，此阶段，“无论是研究的广度和深度，远未能同郭老本人在学科上的造诣相称”，“对郭沫若史学其他方面的研究，如中国古代思想史、哲学史、历史人物评价等，虽有涉及，但基本上尚未展开”[⑦]。诸如学术界在某些专题的认识上呈现出两极评判的现象，和长时期学术界对郭沫若的“两极评价”现象类似，只能说明郭沫若史学研究“依然停留在科学含量较低的学术层次”，“亟需建构包括价值中立、‘了解之同情’、历史原创性

---

① 姚雪垠：《评〈甲申三百年祭〉》，原刊《文汇月刊》1981年第1、2、3期，转引自杨胜宽、蔡震总主编，何刚主编《郭沫若研究文献汇要》卷十《历史卷下》，上海书店出版社2012年版，第23—49页。

② 《纠正一种思想》，《中央日报》1944年3月24日社论（陶希圣执笔）。

③ 叶青：《郭沫若〈甲申三百年祭〉平议》，《关于〈甲申三百年祭〉及其他》，独立出版社1944年版。

④ 郭沫若：《答国际友人一封信》，《新华日报》1944年7月15日。

⑤ 建群：《我更爱真理》，《北京晚报》1981年6月18日。

⑥ 顾诚：《如何评价〈甲申三百年祭〉——与姚雪垠同志商榷》，《中国史研究》1981年第4期。

⑦ 叶桂生、刘茂林：《五年来关于郭沫若史学的评论与研究》，《郭沫若研究·学术座谈会专辑》，文化艺术出版社1984年版。

评判等价值观念在内的一整套历史人物评价的科学话语和学术规范”①。在此期间，有的学者对郭沫若关于曹操、武则天评价②之旧案重提，“似未引起更多人的兴趣”③。改革开放初期黄现璠积极论证中国无奴隶社会说的同时，屡屡批判郭沫若“主观妄断”“牵强附会”“无中生有，削足适履”“荒诞不经”“信口开河”“一味迎合政治需要”“将科学化的马克思列宁主义原理生搬硬套于中国古代社会”。尤其黄氏对郭沫若史学“习惯于教条主义，并配以丰富的文学想象力，对古代史来一个张冠李戴的重塑。由此自然难免漏洞百出，许多观点或结论呈现出浅思浅虑强词夺理的特点，完全经不起推敲”，“郭氏于史料上找不到直接又有力的证据用以自圆其说时，便习惯于拿出得心应手的‘奴隶转换套用概论法’，抛弃严格科学的概念和定义，抛弃历史科学法则，甚至置历史唯物主义的辩证法于不顾”④ 等诸多釜底抽薪式地全盘否定和带有深刻时代烙印的上纲上线式的批判，开 20 世纪 80 年代中期以后全盘否定郭沫若史学之先河，呈现出改革开放初期部分学者在试图破除教条主义、破除学术研究的公式化格局等学术背景下，矫枉过正，否定一切，从一个极端走向另一个极端的不良倾向。

二 1985—1995 年：郭沫若史学研究在挑战中缓慢向前发展

改革开放以来的中国史学，逐渐呈现出若干新的发展趋势。在解放思想，破除学术研究中的教条主义、公式主义的同时，去政治化及重史料、轻理论等不良倾向对郭沫若史学研究的走向产生了颇为深刻的影响。和前一个阶段类似，此阶段郭沫若史学研究仍远没有郭沫若戏剧、诗歌等研究活跃。尽管如此，郭沫若史学研究仍在严峻的挑战中继续向前发展。该阶段，郭沫若史学研究逐渐呈现出颇为鲜明的阶段性特色和新的发展态势。

首先，20 世纪 80 年代中期以后，学术界对此前全盘否定郭沫若古史分期理论、《甲申三百年祭》及对郭沫若治学态度、方法的质疑批判者的反批判，一直延续到 20 世纪 90 年代中期。诸如谢济先生屡屡将矛头对准金景芳等学者⑤，谢济的系列反批

---

① 魏建：《郭沫若“两极评价”的再思考》，《山东师范大学学报（人文社会科学版）》2012 年第 6 期。

② 周桓：《再论曹操》，《河北大学学报（哲学社会科学版）》1981 年第 1 期；黄永年：《评郭沫若同志的武则天研究》，《陕西师范大学学报（哲学社会科学版）》1980 年第 3 期。

③ 叶桂生、刘茂林：《五年来关于郭沫若史学的评论与研究》，《郭沫若研究 · 学术座谈会专辑》，文化艺术出版社 1984 年版。

④ 黄现璠：《中国历史没有奴隶社会：兼论世界古代奴及其社会形态》，广西师范大学出版社 2015 年版。黄著虽然出版于 2015 年，但黄氏去世于 1982 年，该书中的诸多观点大体代表了改革开放初期黄氏的见解。以上批评文字分别见于该书第 19、64、65、73、505、65、230、507 页。

⑤ 谢济：《金景芳先生为何如此评论郭沫若史学》，《郭沫若学刊》1991 年第 1 期；《金景芳等评郭沫若史学的命运》，《郭沫若学刊》1993 年第 2 期；《金景芳等评郭沫若史学的命运》（续），《郭沫若学刊》1993 年第 3 期。

评文章，主要辩论的仍是中国奴隶制形态、井田制等久拖不决的老问题，然迄 20 世纪 80 年代中后期，学术界对郭沫若古史分期与社会形态等问题早已兴趣锐减，因而谢济对金景芳等学者的反批评，总体上呈现出“有批评，无回应，声音单一”的清冷态势。和金景芳等学者的文章相比，谢氏的系列文章明显暴露出论证粗糙、辩论乏力、陈陈相因等颇为突出的问题。与此同时，谢氏反批评文章中，“金先生贬低文物考古的陈腐观念”，“郭老刚离人世，金先生想怎么说就怎么说，这是不道德的”，“金先生想通过自己的评论，减少和消除郭老的影响，增加自己的影响”①，“金先生为了达到否定郭沫若史学的目的，……不顾事实，肆意歪曲，横加罪名”② 等表述，先入为主，以偏纠偏，扬郭抑金的旨趣格外明显。谢氏对郭沫若史学的极力维护与全盘肯定，和对金景芳等学者文章的苛责乃至全盘否定，同样，从一个极端走向另一个极端，其并不利于郭沫若史学研究的繁荣与进步。

和郭沫若古史分期与社会形态问题相反，在此期间，学术界对《甲申三百年祭》的讨论，则一直兴趣不减。在此期间，除了有的学者肯定姚雪垠对《甲申三百年祭》的批评及姚雪垠的论证“基本上是可信的”，《甲申三百年祭》“史论的语言色彩与准确性；史论的逻辑推理与判断的科学性等等，都还有值得探索和商榷的必要”③，及个别学者轻描淡写地指出《甲申三百年祭》“在处理个别事实上有缺陷”④ 外，学术界总体上对《甲申三百年祭》的史学价值和政治意义进行了充分肯定以及对姚雪垠对《甲申三百年祭》及郭沫若治学态度、治学方法的质疑批判乃至全盘否定给予了反批评⑤。其中值得注意的是，《郭沫若学刊》1994 年第 1—3 期陆续发表的一组纪念《甲申三百年祭》发表 50 周年的文章，作者学科专业不一，学术水平参差不齐，绝大多数文章基本上是千篇一律的泛泛而谈之作，不少文章重点在于强调《甲申三百年祭》在 20 世纪 40 年代特定历史背景下的政治意义和新时期反腐败斗争中的借鉴价值，众口一词，浅尝辄止，了无新意。与此同时，学术界对《甲申三百年祭》的评价从充分肯定逐渐发展为无限的夸大拔高，大大降低了评论的学术价值。

其次，改革开放初期，古史分期与社会形态问题的大讨论一度呈现出如火如荼的

---

① 谢济：《金景芳先生为何如此评论郭沫若史学》，《郭沫若学刊》1991 年第 1 期。

② 谢济：《金景芳等评郭沫若史学的命运》，《郭沫若学刊》1993 年第 2 期。

③ 金祥：《祭文誉虽高　不宜做教篇——也谈〈甲申三百年祭〉》，《东疆学刊（哲学社会科学版）》1990 年第 3 期。

④ 孙达人：《李自成悲剧的再反思——评〈甲申三百年祭〉的贡献和局限》，《史学集刊》1995 年第 4 期。

⑤ 王守稼、缪振鹏：《〈甲申三百年祭〉及其在现代史学上的地位》，《郭沫若研究》第 1 辑，文化艺术出版社 1985 年版；王锦厚：《关于〈甲申三百年祭〉的风波——驳〈评甲申三百年祭〉》，《郭沫若学刊》1987 年第 1 期；袁汉巨、石云：《论〈甲申三百年祭〉的学术价值和政治意义》，《历史教学问题》1990 年第 3 期；张应超：《郭沫若与〈甲申三百年祭〉》，《唐都学刊》1990 年第 3 期；田居俭：《重温〈甲申三百年祭〉——为“甲申”三百五十年而作》，《求是》1994 年第 6 期；王戎笙：《依然是警钟——重读〈甲申三百年祭〉》，《中国史研究动态》1994 年第 5 期；朱月龙：《简论〈甲申三百年祭〉的历史作用》，《河北师范大学学报（哲学社会科学版）》1994 年第 3 期。

短暂热潮，但迄20世纪80年代中后期，该问题的讨论由于无果而终渐趋沉寂。自20世纪80年代后期，学术界对郭沫若古史分期与社会形态讨论的文章，逐渐呈现出锐减的趋势。直到20世纪90年代前期，无论是支持肯定，还是质疑批判郭沫若“战国封建论”的文章，均颇为罕见，关于郭沫若社会形态研究讨论的文章，屈指可数。此外，关于郭沫若历史人物评价的研究文章，亦仅寥寥数篇。

在郭沫若古史分期与社会形态理论、历史人物评价等问题的讨论渐趋冷清的同时，学术界关于《中国古代社会研究》[①]《十批判书》[②]《奴隶制时代》[③] 等著作的研究，在继续缓慢向前推进。尤其林甘泉、方诗铭、谢保成、田居俭等一批专业史学工作者从不同视角，对以上著作进行新的考察，提出了一些新的见解。如有的学者立足于20世纪20年代中国思想文化领域的两次重大变化，重新考察《中国古代社会研究》的价值[④]；亦有学者批评郭沫若有时“以道德评价代替历史评价”“在肯定《十批判书》是一部优秀史学论著的同时，对其中的某些观点也提出不同意见”[⑤]。以上探索为20世纪80年代中期以来不断遭遇激烈挑战、徘徊不前的郭沫若史学研究，增添了一丝生机活力，带来了新的气象。

改革开放之初，伴随着对传统思想文化的深刻反思，以及对未来中国文化选择的思考，思想史、文化史一度成为20世纪80—90年代史学研究的热点之一。在此背景下，有关郭沫若先秦诸子与思想文化研究的讨论则逐步升温。该阶段学术界讨论的问

① 陈云鸾：《论郭沫若所发现的中国古代社会及其失误——兼论马克思主义结合中国古代信史的开端》，《海南师范学院学报》1990年第3期；方诗铭、刘修明：《风雨如晦，鸡鸣不已——评〈中国古代社会研究〉》，中国郭沫若研究会、巴蜀文化研究基金会编：《郭沫若史学研究》，成都出版社1990年版；李世平、彭静中：《中国新史学的里程碑——读〈中国古代社会研究〉》，《郭沫若史学研究》，成都出版社1990年版；谢保成：《重评〈中国古代社会研究〉——立足于本世纪20年代思想文化的考察》，《中国社会科学院研究生院学报》1992年第6期；谢保成：《从20年代思想文化发展趋势重新认识〈中国古代社会研究〉》，《郭沫若百年诞辰纪念文集》，社会科学文献出版社1994年版等。

② 卜庆华：《评〈十批判书〉中的几个问题》，《长沙水电师范学院学报（社会科学版）》1986年第2期；卜庆华：《林伯渠、杜国庠赞〈十批判书〉》，《郭沫若研究》第3辑，文化艺术出版社1987年版；孙开泰：《郭沫若对中国古代思想史研究的开创——读〈十批判书〉》，《郭沫若研究》第4辑，文化艺术出版社1988年版；林甘泉：《从〈十批判书〉看郭沫若的史学思想》，《郭沫若百年诞辰纪念文集》，社会科学文献出版社1994年版等。

③ 田居俭：《〈奴隶制时代〉在中国史学发展中的作用》，《郭沫若史学研究》，成都出版社1990年版；方诗铭、刘修明：《奴隶制时代和中国古代社会——评〈奴隶制时代〉》，《郭沫若百年诞辰纪念文集》，社会科学文献出版社1994年版等。

④ 谢保成：《重评〈中国古代社会研究〉——立足于本世纪20年代思想文化的考察》，《中国社会科学院研究生院学报》1992年第6期。

⑤ 林甘泉：《从〈十批判书〉看郭沫若的史学思想》，《郭沫若百年诞辰纪念文集》，社会科学文献出版社1994年版。

题，包括郭沫若的孔子研究①、墨子研究②、庄子研究③、韩非子研究④及儒学研究⑤、《易经》研究⑥、传统思想文化研究⑦等，领域颇为广泛，内容极为丰富。该阶段学术界对郭沫若的先秦诸子和思想文化研究的讨论，总体上看，除了极个别文章不痛不痒地提到郭沫若的诸子研究“也有不足之处”⑧ 外，绝大多数文章对于郭沫若的先秦诸子和思想文化研究，大体上仍然是清一色的一致肯定，甚至不乏“郭沫若的孔子研究是无懈可击的”⑨，“（郭沫若）比同时代的任何一个学者都更能持一种科学的态度，结合时代的要求研究孔子，用科学的方法研究孔子”⑩ 之类，无限神话夸大的表述。不少研究停滞于从郭沫若到郭沫若的陈旧思维方式，亦步亦趋。不少研究成果缺乏宏阔的学术史视野，鲜明的问题导向和创新意识。然有的学者在深入系统考察中国传统思想文化对郭沫若早期狭隘民族主义色彩的爱国主义思想的直接影响，中国古代“士”的传统意识对郭沫若的深刻影响的基础上，将郭沫若在中西文化问题上的看法，和梁启超、梁漱溟和胡适的观点进行比较，得出“在关于中国文化发展取向问题的讨论中，郭沫若的……认识应该说是比较正确的”之令人信服的稳妥结论，同时作者将郭沫若用唯物史观来批判整理历史文化遗产和胡适提倡的“整理国故”及古史辨派的治学方法进行比较后所作“（郭沫若）把中国古代历史放在人类历史发展共同规律的背景下进行考察，从而给我们描述了一幅中国古代社会的鲜明生动的图景。人们可以不同意他关于古代社会和思想文化的一些具体见解，甚至可以指出他的一些错误，但是他为研究中国古代社会和思想文化所开辟的这条道路，无疑是一条正确的道路”⑪ 之评论，一扫以往政治干预和四川、北京等地域影响下，郭沫若史学研

---

① 谷辅林：《郭沫若的孔子研究》，《齐鲁学刊》1986 年第 6 期；谷辅林：《谈郭沫若关于孔子研究的几个问题》，《临沂师专学报（社会科学版）》1988 年第 1 期；陈振民：《郭沫若的孔子观》，《郭沫若学刊》1989 年第 4 期；张牛：《论郭沫若的孔子思想研究》，《郭沫若学刊》1990 年第 3 期；叶桂生：《郭沫若的孔子观》，《郭沫若百年诞辰纪念文集》，社会科学文献出版社 1994 年版；魏建：《论郭沫若“五四”时期对孔子的“曲解”》，《文史哲》1995 年第 1 期等。

② 马征：《试论郭沫若对墨子及其学说的批判》，《郭沫若研究》第 3 辑，文化艺术出版社 1987 年版；康绳法：《郭沫若墨子研究管窥》，《郭沫若学刊》1988 年第 4 期；罗世烈：《〈孔墨的批判〉平议》，《郭沫若百年诞辰纪念文集》，社会科学文献出版社 1994 年版等。

③ 杨胜宽：《郭沫若对庄子的认识与批判》，《乐山师专学报（社会科学版）》1992 年第 3 期。

④ 赵国华：《谈郭沫若对韩非子的研究》，《华中师范大学学报（哲学社会科学版）》1992 年第 5 期。

⑤ 艾津、邱文治：《论郭沫若的儒学研究》，《天津师范大学学报》1993 年第 2 期。

⑥ 罗建中：《郭沫若与〈易经〉研究及其他》，《乐山师专学报（社会科学版）》1992 年第 3 期；吴怀祺：《近代易学的发展与郭沫若的易学研究》，《郭沫若百年诞辰纪念文集》，社会科学文献出版社 1994 年版。

⑦ 林甘泉：《郭沫若与中国传统思想文化》，《历史研究》1992 年第 2 期；桂遵义：《郭沫若与先秦思想史研究》，《郭沫若百年诞辰纪念文集》，社会科学文献出版社 1994 年版等。

⑧ 马征：《试论郭沫若对墨子及其学说的批判》，《郭沫若研究》第 3 辑，文化艺术出版社 1987 年版，第 304 页。

⑨ 谷辅林：《郭沫若的孔子研究》，《齐鲁学刊》1986 年第 6 期。

⑩ 陈振民：《郭沫若的孔子观》，《郭沫若学刊》1989 年第 4 期。

⑪ 林甘泉：《郭沫若与中国传统思想文化》，《历史研究》1992 年第 2 期。

究中选题机械生硬、证据牵强附会、分析浅尝辄止、结论武断夸大之种种流弊。此阶段，尽管此类具有较高学术质量的文章尚不算多，但其标志着郭沫若史学研究正逐渐向着较高学术水准推进，则是不争的事实。

再次，改革开放初期，学术界连篇累牍地从某个方面总结郭沫若的学术贡献和治学特点的文章，铺天盖地。这一局面一直持续到纪念郭沫若九十诞辰后的20世纪80年代中后期乃至90年代初。1986年10月23日至27日，由中国社会科学院研究生院、历史研究所、《历史研究》编辑部、上海社会科学院历史研究所和中国郭沫若研究学会共同发起的“郭沫若史学学术讨论会”于华中师范大学举行。会议报道说，这次会议的召开，“标志着郭沫若史学研究推进到一个比较深入的阶段”。“大会收到的论文涉及面较广、质量普遍较高、在一些领域有所开拓”。这次会议在相关问题上呈现出百家争鸣的良好气氛，无疑有助于促进郭沫若史学研究“健康、活泼地发展”①。

该阶段，学术界对郭沫若学术思想、史学思想和重要史论的讨论逐渐克服此前选题重复、视角单一、视野狭窄、结论武断等弊端，视角逐渐多样化，视野日趋开阔，评论渐趋公允，论著质量逐步提高。如较之有的学者对郭沫若古史研究之自我批判高歌式的全盘肯定②，有的学者实事求是地指出，20世纪50年代后，郭沫若的认知结构和价值取向“没有更新和扩展，而且有时出现僵化，尤其是在解放之初，他几乎把形式逻辑推理代替具体研究，以政治斗争囊括对社会的整体透视”，“最明显的反映就是郭沫若对不同意商代和西周同为奴隶社会说的争鸣意见采取了简单粗暴的态度，而自己的逻辑却产生混乱”③；也有学者批评郭沫若运用阶级分析的方法试图说明中国古代社会历史的发展情况，“也出现了不少问题”，“特别是他晚年写的最后一部著作《李白与杜甫》，由于受到‘文化大革命’时‘左倾’思想的影响，把阶级分析的方法推向极端。在标榜阶级观点鲜明的思想指导下，郭沫若的扬李抑杜往往显得牵强附会”④。以上论述无疑有助于更加全面准确地认识和分析郭沫若为革命而学术的著述动机及郭沫若史学所具有的复杂多变的特点，从而大大增强了郭沫若史学研究的科学性。同样在对郭沫若、胡适学术思想进行比较的讨论中，有的学者强调了“政治评价和学术评价的不同”。在评价郭沫若和胡适的古史研究时，“既要看到他们的层次区别，又要看到他们在学术研究的非敌对性，将政治评价与学术评价区别开来”⑤。以上论述与某些学者所积极阐发的，郭沫若史学和胡适、古史辨史学之间是

① 《郭沫若史学学术讨论会简况》，《郭沫若研究》第6辑，文化艺术出版社1988年版，第290页。

② 周朝民：《论郭沫若古史研究的自我批判》，《历史教学问题》1987年第2期。

③ 罗福惠：《郭沫若在史学研究中的认知结构与价值取向》，《华中师范大学学报（哲学社会科学版）》1988年第6期。

④ 李国祥、张三夕：《论郭沫若史学研究中的科学意识》，《江汉论坛》1988年第4期。

⑤ 刘筱红：《批判与整理：郭沫若与胡适古史研究的区别》，《华中师范大学学报（哲学社会科学版）》1992年第5期。

一种“扬弃”关系[1]的表述，互为补充，异曲同工。

该阶段，学术界对郭沫若史学道路[2]、史学思想[3]、史学体系[4]及郭沫若“人民本位”观[5]等问题的讨论，逐步展开。黄烈、林甘泉、田昌五、黄宣民、叶桂生、蔡震等来自历史、哲学、文学等不同学科的学者，积极深入参与讨论，郭沫若学术发展道路和学术思想的研究逐渐形成体系。1992 年，叶桂生、谢保成合作完成的《郭沫若的史学生涯》，叶桂生、刘茂林等著的《郭沫若新论》由社会科学文献出版社出版。同一年，林甘泉、黄烈主编的《郭沫若与中国史学》由中国社会科学出版社出版。以上著作均出版于郭沫若 100 周年诞辰之际，纪念的意义颇为突出。诸如，《郭沫若与中国史学》是从史学角度研究郭沫若的专著性纪念论集，该书系统评述了郭沫若的史学思想及其在中国史学诸多领域的杰出贡献。纪念论集的文字不可避免有极力为若干重要局限辩护，乃至拔高溢美之辞[6]，但有的学者认为，该书还是“反映了当时研究的最高水平”[7]。

三　1996—2007 年：“反思郭沫若”思潮影响下郭沫若史学研究陷入低迷徘徊与清冷沉寂

1954 年 8—9 月，余英时在香港《人生》半月刊发表文章[8]，指斥郭沫若抄袭钱穆著作。迄 20 世纪 90 年代，风波再起。1992 年，余氏又于《明报月刊》10 月号发表《谈郭沫若的古史研究》[9] 一文，再次重申“郭沫若不但抄袭，而且抄袭得十分匆促而粗糙”。“这就构成学术上最严重的抄袭罪（plagiarism）了”[10]。1994 年 12 月，余氏《钱穆与中国文化》由上海远东出版社出版，演书再次收录《〈十批判书〉与

① 杜蒸民：《扬弃旧史学　创建新史学——郭沫若对胡适、古史辨史学的扬弃》，《郭沫若学刊》1990 年第 2 期。

② 叶桂生：《早期郭沫若的史论》，《郭沫若学刊》1990 年第 1 期；林甘泉：《郭沫若早期的史学思想及其向唯物史观的转变》，《史学史研究》1992 年第 2 期。

③ 黄烈：《郭沫若史学思想与西方文化的影响》，《历史研究》1992 年第 2 期。

④ 田昌五：《论郭沫若的史学体系》，《文史哲》1993 年第 5 期。

⑤ 黄宣民：《郭沫若的人民本位观》，《中国社会科学院研究生院学报》1992 年第 6 期；蔡震：《谈郭沫若的“人民本位”观念》，《中国现代文学研究丛刊》1992 年第 4 期。

⑥ 林甘泉、黄烈主编：《郭沫若与中国史学》下篇第九个专题中《所谓“扬李抑杜”》，第十个专题中《中国农民战争史研究的开拓之作——〈甲申三百年祭〉》，为郭沫若历史人物研究的局限极力辩护，拔高夸大郭沫若农民战争史研究的地位和贡献的旨趣，清晰可见，文中已经论及。

⑦ 谢保成：《郭沫若史学研究三十年》，《郭沫若学刊》2009 年第 1 期。

⑧ 余英时：《郭沫若抄袭钱穆著作考——〈十批判书〉与〈先秦诸子系年〉互校记》，香港《人生》半月刊 1954 年第 6、7、8 期。

⑨ 余英时：《谈郭沫若的古史研究》，香港《明报月刊》1992 年 10 月号，收入《余英时文集》第五卷，广西师范大学出版社 2006 年版。

⑩ 余英时：《谈郭沫若的古史研究》，《余英时文集》第五卷，广西师范大学出版社 2006 年版，第 500 页、第 503 页。

〈先秦诸子系年〉互校记》一文，并附两篇跋语。此后，1995 年，陆键东著的《陈寅恪的最后二十年》由生活·读书·新知三联书店出版。1996 年，丁东发表文章，借他人之口，嘲讽郭沫若“阿谀”“仰人鼻息”“攘窃”“可怜”①。一时间，郭沫若《十批判书》抄袭钱穆《先秦诸子系年》，郭沫若使陈寅恪受到政治压力，《李白与杜甫》一书用当时流行的阶级斗争理论，牵强附会，挖空心思地扬李抑杜，以学术投权力之所好等各种真伪难辨的说法，在学术界广为流传。1999 年，丁东编著《反思郭沫若》由作家出版社出版，“反思郭沫若”迅速发展成为世纪之交具有重要影响力的学术思潮，“在郭沫若研究界产生了强大的冲击波”，“将一贯封闭着的郭沫若研究引向整个理论界，使郭沫若研究获得了与当代学术界对话的可能性”②。

“反思郭沫若”也促使人们更加理性地思考以往郭沫若研究中存在的问题。如有的学者实事求是地指出，“近些年来的郭沫若研究，似乎给人以原地踏步的感觉。虽然不能笼统地说没有多少进展，至少看不出在哪个领域有突破性的深入，许多文章甚至在重复着人们已经说过多次的话”③。也有学者指出，世纪之交，“对郭沫若学术活动及其成果的研究渐显后继乏人之端倪，进入新世纪以来尚鲜见超越之新作”④。世纪之交的“反思郭沫若”思潮非但没有促使郭沫若史学研究经过深思熟虑向着更高的水准推进，反而使得 20 世纪 90 年代以后原本就不再是学术热点的郭沫若史学研究，在低迷徘徊中陷入更加清冷沉寂的局面。

当然，简单地将世纪之交郭沫若史学研究陷入低迷徘徊与清冷沉寂归结于“反思郭沫若”的思潮所致，似乎也不尽符合中国当代学术发展史的历史实际。改革开放以来，随着西方史学的大量涌入，史学研究中意识形态不断淡化，在新的学术背景下，诸如古史分期与社会形态、土地制度、农民战争等曾经在学术界的热门话题，突然变得冷清。在结构性调整和研究范式转型过程中，以唯物史观的开创和奠基为起点和终点的郭沫若史学研究，在世纪之交前后相当长的时期，在现代史学的多元发展格局中始终没有寻找到与当代史学接轨的入口与获得突破的路径。该阶段的郭沫若史学研究，长期缺乏生机和活力，无论是史料发掘、视角转换、新方法理论的借鉴与运用，或是领域的拓展、深度的推进等，均未获得大的突破。该阶段郭沫若史学研究的总的态势，大体可以概括为以下几个方面。

首先，自 20 世纪 90 年代中期至 21 世纪初，反驳余英时郭沫若《十批判书》抄袭钱穆《先秦诸子系年》说、辩护《李白与杜甫》以学术投权力之所好以及批判丁东《反思郭沫若》特殊动机、意图的文章，不胜枚举。学术界对《反思郭沫若》的

---

① 丁东：《逢场作戏的悲哀》，《书屋》1996 年第 4 期。

② 周海波：《失落的“女神”——〈女神〉及其新诗的“现代性”问题》，《齐鲁学刊》2002 年第 6 期。

③ 蔡震：《郭沫若研究与文化反思》，《郭沫若学刊》2000 年第 4 期。

④ 彭邦本：《〈十批判书〉中的儒学研究——学术史视阈中的郭沫若》，中国郭沫若研究会、郭沫若纪念馆编：《郭沫若研究三十年》，巴蜀书社 2010 年版，第 87 页。

论争大体呈现出一边倒的态势，夹杂着情绪宣泄的声讨声，此起彼伏，压倒了理性的反思与批判声。

如有的学者在缺乏缜密系统考察的前提下，将余英时郭沫若《十批判书》抄袭钱穆《先秦诸子系年》说，简单地定性为“炒作”[①]、“谎言”[②]。事实上，中国大陆学者在承认余英时《互校记》一文充满意识形态差异而产生的偏见外，也都承认郭沫若“在写作中确实参考了《系年》”[③] 这一客观事实。此后，更有学者进一步论及：“以诸子学研究成果问世之时序论，胡、梁在前，钱穆随之，郭在后。钱袭用胡、梁，郭‘参考’钱穆，这都是顺理成章之事。吃紧的是，对于前人呕心沥血而得到的学术成果，后人在承用的同时应当实事求是地予以说明——无论是钱穆还是郭沫若均应如此。”[④] 至此，关于郭沫若《十批判书》“抄袭”钱穆《先秦诸子系年》的学术公案，大体上已真相大白。

郭沫若《李白与杜甫》的写作背景和动机，同样也是极其复杂的学术问题。如马识途先生对此问题，即仅仅点到为止：“至于他为什么要写《李白与杜甫》那本书，个中情由，大家心知肚明”。[⑤] 胡可先先生也指出，《李白与杜甫》的出版，“很有时代性，堪称时代的悲剧”，批评《李白与杜甫》“政治倾向过于明显，以致代替了学术观点，损害了学术研究的科学性与真实性”[⑥]。但有的学者则挖空心思，极力为《李白与杜甫》以学术投权力之所好辩护，例如其故意转移话题方向：“在郭老这一部晚年的学术著作中，并没有否定杜甫”。“郭沫若既肯定李白与杜甫的伟大，又看到他们渺小的一面。将他们与歌德、黑格尔相提并论，评价甚高”。最后，草率来一句，“要深入理解郭沫若的《李白与杜甫》一书的内涵，我们还期待于未来的岁月”[⑦]，似乎就一下子为《李白与杜甫》的写作背景和动机的公案，彻底翻案了。

该阶段学术界对《反思郭沫若》一书观点的反驳和著述动机的批判文章中，具有学理价值的少之又少，绝大多数学者异口同声，对《反思郭沫若》的学术价值予以全盘否定。有的文章语言表述、文字风格带有极其鲜明的文革遗风，不少批判文章中，批判的内容大同小异，许多人在不断重复着同一个话题。给人最直接的感觉，无论是“《反思郭沫若》”或是“反思《反思郭沫若》”，都不具有严格意义的学理价值，因而，无论哪一种反思，都无助于推动世纪之交的郭沫若史学研究向着更高的学术水准推进。

其次，迄20世纪90年代中期，抛开五种社会形态理论，探寻中国特色社会发展

---

① 谢保成：《说“不同意见”及“炒作”对于郭研的推动作用》，《郭沫若学刊》2001年第2期。

② 谢保成：《郭沫若史学研究三十年》，《郭沫若学刊》2009年第1期。

③ 翟清福：《〈十批判书〉真的抄袭了〈先秦诸子系年〉？——评余英时的〈互校记〉》，《史学集刊》1996年第4期。

④ 路新生：《〈互校记〉与〈先秦诸子系年〉之史源发覆》，《史学月刊》2006年第5期。

⑤ 马识途：《评价历史人物必须“知人论世”——谈正确评价郭沫若》，《文史杂志》2000年第4期。

⑥ 胡可先：《论〈李白与杜甫〉的历史与政治内涵》，《杜甫研究学刊》1998年第4期。

⑦ 周九香：《评丁东贬低郭沫若的手法》，《郭沫若学刊》1996年第4期。

道路，重塑新的中国古史体系的学术探索逐步展开。在此背景下，在五种社会形态理论主导下的古史分期与社会形态研究，逐渐陷入泥淖。在此期间，仍有少数学者在继续讨论学术界早已失去兴趣的老话题①，然以上讨论始终未和世纪之交的学术界中国特色社会发展道路的探索与新的中国古史体系重塑实现接轨，思维滞后，明显跟不上世纪之交中国现代学术进展的节拍，讨论显得清冷沉寂，缺乏生机和活力。

与郭沫若古史分期和社会形态研究的清冷沉寂不同，学术界对《甲申三百年祭》的研究，则断断续续，呈现出表面上的繁荣。但由于此前学者对《甲申三百年祭》，浚发无余，该阶段发表的有一定创新意义和较高学术价值的文章②，极其罕见；出现一些略具学理价值的文章，也不乏老生常谈的泛泛而谈之作；不具有学理价值的讽谏式、口号式文章，比比皆是。这说明，在新的学术背景下，如何转换研究视角，强化研究中的问题导向与创新意识，则是学术界对《甲申三百年祭》研究首先应思考的问题。

再次，该阶段多学科视角下郭沫若先秦诸子思想与文化的研究，仍是郭沫若史学研究的重点。较之于此前一个阶段，郭沫若墨学、《韩非子》及《易经》等研究中的不足与局限，不断被发现。③ 不少学者自觉注意到将郭沫若先秦诸子研究置于20世纪中国学术史的宏观背景之下，运用比较研究和综合研究的方法，从而彰显出郭沫若先秦诸子研究的贡献、价值、失误、不足等，认识渐趋客观理性。在郭沫若史学研究低迷徘徊与清冷沉寂的背景下，学术界对郭沫若先秦诸子学的研究则呈现出积极进取的发展态势。笔者以为，这一进步与世纪之交“反思郭沫若”思潮的推动似乎有着或多或少的关系。

该阶段，郭沫若学术思想的研究，学理性不断增强。学术界无论对郭沫若史料观的考察④，或对郭沫若古史特色的探索⑤，以及郭沫若与胡适、古史辨之间学术思想

---

① 叶桂生：《郭沫若的封建社会史论评说》，《郭沫若学刊》1996年第1期；谢济：《郭沫若井田制研究的意义和辩论》，《郭沫若学刊》1996年第3期；谢济：《郭沫若井田制研究的意义和辩论》（续），《郭沫若学刊》1996年第4期；张剑平：《郭沫若古史分期的研究方法及其对中国古代社会的认识》，《郭沫若学刊》2003年第1期；张剑平：《郭沫若古史分期学说的完善及引起的学术论辩》，《郭沫若学刊》2003年第3期；谢济：《如何看待郭沫若的甲骨文与殷商史研究——就郭沫若对“众”或“众人”的阶级分析与姚孝遂先生商榷》，《殷都学刊》2004年第4期；谢济：《郭沫若殷商人殉人牲研究的意义和影响》，《郭沫若学刊》2004年第2期。

② 唐正芒先生指出，《甲申三百年祭》“是马克思主义史学在抗战后期大后方反对国民党独裁统治的民主运动中的一个重大政治和学术成果”，论点、论证颇具一些新意，参见唐正芒《〈甲申三百年祭〉主题思想再析》，《马克思主义研究》2007年第2期。

③ 杜蒸民：《郭沫若墨学观成因考索》，《郭沫若学刊》1996年第3期；黄舜：《论郭沫若对韩非研究的失误》，《许昌师专学报（社会科学版）》1999年第1期；吴定宇：《推崇与诘难——郭沫若与墨家文化》，《中山大学学报（社会科学版）》2000年第6期；杜蒸民：《从“五四”评法到郭沫若的尊法反术——郭沫若法家批判反思》，中国郭沫若研究会编：《郭沫若与二十世纪中国文化》，福建人民出版社2002年版；魏晓丽：《成就与不足——浅议郭沫若的〈周易〉研究》，《郭沫若学刊》2002年第2期；何玉兰：《郭沫若墨学研究的得失及启示》，《郭沫若学刊》2007年第3期等。

④ 程学玲：《郭沫若史料观初探》，《档案学研究》1997年第1期。

⑤ 彭邦本：《世纪回眸：郭沫若古史研究特色的几点思考》，《郭沫若学刊》2002年第1期。

的关联的分析[①]，均呈现出一定的开拓性，研究成果具有一定的学术深度和理论价值。尤其是谢保成撰著，北京图书馆出版社 1999 年出版的《郭沫若学术思想评传》一书，被学术界誉为“郭学”研究的又一部力作，为“郭学”研究增添了一份厚重的成果。[②] 有的学者指出，这一学术前沿之作，作为较早阶段的成果，“其探索在方方面面尚需继续深入，但在整体上却以其较为扎实的研究构成了后来的郭沫若研究者们前行的阶梯”[③]。世纪之交，在谢保成、杜蒸民等学者对郭沫若史学长期坚守的同时，彭邦本、张越等一批专业史学研究人员陆续加入“郭学”研究队伍，为推动郭沫若史学研究打破低迷徘徊、清冷沉寂局面，向着新的阶段推进，做出了重要贡献。

四 2008 年至今：深刻反思之后郭沫若史学研究逐步深化，向着较高水准推进

在长期低迷徘徊与清冷沉寂的氛围下，学术界对郭沫若史学研究也开始进行深层次的反思，此前研究中的浅尝辄止、低水平重复等问题，日益引起学术界的重视。自 2008 年以后，周书灿、李勇、周文玖、徐国利、何刚等一批学有专长的专业史学研究人员陆续加入“郭学”研究队伍，不断为郭沫若史学研究注入新鲜的活力。2008 年以来的郭沫若史学研究在逐渐走出低迷徘徊之后，日渐焕发勃勃生机，研究逐步深化，向着较高学术水准推进。

2008 年以来的郭沫若史学研究，大体呈现出以下较为鲜明的时代特色。

该阶段，学术界对郭沫若史学的复杂性，尤其是政治与学术之间的纠葛的探讨，已颇具深度[④]。在此阶段，不少学者更加自觉注意到政治因素对郭沫若学术思想和史学研究产生的双重影响，一分为二、实事求是评价郭沫若学术思想与研究成果的论著大量增加。如有的学者在对郭沫若先秦儒学研究特点进行概括的同时，也屡屡批评郭沫若“对孔子的现代色彩浓郁的评价语言，也不免有所偏爱以致拔高之处。同时，如果一味地偏于从对立面的批评来探讨、勾勒孔子的真相，也是有片面性和局限性的”[⑤]。也有学者通过学术界对《十批判书》的争议与评论的考察，得出结论：“郭沫若对中国史

---

① 杜蒸民：《郭沫若对顾颉刚和〈古史辨〉史学的科学批判》，《郭沫若学刊》2002 年第 1 期；张越：《从对整理国故和“古史辨派”的评价看郭沫若的史学思想》，《郭沫若学刊》2003 年第 1 期。

② 刘茂林：《“郭学”研究的又一力作——〈郭沫若学术思想评传〉读后》，《郭沫若学刊》2002 年第 1 期。

③ 彭邦本：《〈十批判书〉中的儒学研究——学术史视阈中的郭沫若》，《郭沫若研究三十年》，巴蜀书社 2010 年版，第 87 页。

④ 陈占彪：《学术与政治的纠葛——论郭沫若的学术道路与学术思想》，《长江论坛》2008 年第 4 期。

⑤ 彭邦本：《〈十批判书〉中的儒学研究——学术史视阈中的郭沫若》，《郭沫若研究三十年》，巴蜀书社 2010 年版，第 85 页。

学的贡献是一个事实，《十批判书》的学术成就和不足也是一个事实”[①]。另有学者也实事求是地指出，“臆测，是郭氏易学研究的不足。……在获得强烈关注和巨大影响之后，其学术价值就大打折扣，甚至是让人觉得一文不值”[②]。还有学者在肯定“郭沫若从‘人民本位’思想出发，为新民主主义文化事业的发展，作出了突出的贡献”，同时又强调：“仅仅讲人民，将人民与统治阶级简单地对立起来，片面地以‘人民本位’的原则作为衡量是非的唯一标准，就会走向极端，这也违背了马克思主义的历史唯物主义和辩证唯物主义的基本原则”[③]。近年来，学术界对郭沫若和中国马克思主义史学的成就与不足的论述[④]，以及对郭沫若孟子学、稷下学派研究、甲骨三堂的评价中的“郭沫若的学术判断，易受政治影响”[⑤]，“存在一些不够严谨周密的推论与判断”[⑥] 以及“20 世纪 40 年代以后，由于政治立场和意识形态的影响，郭氏对甲骨三堂的批判，夹杂有个人好恶与情感偏见，违反了实事求是的学术评价原则，影响到学术评价的客观公允”[⑦] 等论断，均持之有故，颇为客观公允，凡此表明，该阶段的郭沫若史学研究成果，学术价值不断增强。

该阶段，郭沫若史学逐步被纳入 20 世纪中国学术史的大视野，从根本上扭转了以往将郭沫若史学从 20 世纪中国学术史分离出来，认为以郭沫若为代表的唯物史观派和其他非马克思主义史学流派之间只是一种界划森严、相互对垒关系的简单化倾向，跳出了从郭沫若到郭沫若的局限和窠臼，郭沫若史学的特色、贡献与不足，在 20 世纪中国现代不同学术流派之间相互借鉴、吸收、批判的基础上逐步完善、创新的宏观学术背景下，不断给学术界带来诸多新的思考。诸如，对郭沫若学术思想的探讨，学术界不再局限于马克思主义唯物史观的开创和奠基为起点和终点的单一话题，郭沫若史学和古史辨、罗王之学、史料派等各种学术流派学者之间关系的探讨[⑧]，学

① 张越：《对〈十批判书〉的评论与争议之回顾与认识——一个关于中国马克思主义史学评价问题的个案研究》，《学术研究》2010 年第 2 期。

② 谢金良：《郭沫若易学研究的主要特色》，《郭沫若学刊》2013 年第 1 期。

③ 张剑平：《论郭沫若的“人民本位”思想》，郭沫若纪念馆、中国郭沫若研究会、四川郭沫若研究中心编《中国社会科学论坛文集——郭沫若与文化中国》，中国社会科学出版社 2013 年版，第 173 页。

④ 何晓明：《郭沫若和中国马克思主义史学的成就与不足》，《史学理论研究》2017 年第 3 期。

⑤ 张少恩：《郭沫若孟子学研究初探》，《中华文化论坛》2018 年第 12 期。

⑥ 杨胜宽：《郭沫若稷下黄老学派研究述论》，《郭沫若学刊》2018 年第 4 期。

⑦ 周书灿：《论郭沫若对甲骨三堂的评价——兼论郭沫若历史人物评价标准》，《郭沫若学刊》2019 年第 4 期。

⑧ 周书灿：《郭沫若对〈古史辨〉的超越——郭沫若史学研究之一》，《郭沫若学刊》2009 年第 1 期；周书灿：《论郭沫若对罗王之学的臧否》，《郭沫若学刊》2010 年第 2 期；周文玖：《梁启超、胡适、郭沫若史学特点之比较及其学术关联》，《史学史研究》2011 年第 3 期；谢保成：《郭沫若与 20 世纪三大历史考据家》，《郭沫若学刊》2012 年第 4 期；周书灿：《试论郭沫若对民族学材料的运用——兼及其与徐中舒“古史三重证”的分野》，《郭沫若学刊》2011 年第 2 期；周书灿：《“求同”与“辨异”——以郭沫若、徐中舒中国奴隶社会形态研究为中心的考察》，《浙江社会科学》2014 年第 2 期；苟兴朝：《郭沫若与傅斯年史料观比较研究》，《内江师范学院学报》2008 年第 9 期；何刚：《中国现代史学建构进程中的梁启超与郭沫若》，《郭沫若学刊》2009 年第 3 期；李勇：《王国维和米海里司共同影响郭沫若的中国古史研究》，《云南大学学报（社会科学版）》2018 年第 3 期。

术史视野下郭沫若先秦诸子与思想史研究的比较[①]，继续受到学术界的关注，主题丰富，讨论活跃激烈，深度逐步推进。

21世纪以来，随着学术界对郭沫若古史分期与社会形态理论以及《中国古代社会研究》《十批判书》《甲申三百年祭》等问题兴趣锐减，一些学者将以上问题视作已经“过时”的学术史话题，转换新视角，拓展新领域。有的学者将郭沫若古史分期与社会形态理论问题置于21世纪以来中国古史体系重塑的学术背景下，进行更为深入的思考[②]。同样，在学术史视角下，从不同角度对《中国古代社会研究》[③]《十批判书》[④]《甲申三百年祭》[⑤]进行新的考察。新视角下旧题新做，就郭沫若史学研究而言，无疑具有和运用新方法、提出新观点同样意义的学术创新价值。

该阶段，郭沫若诸子学[⑥]及人民本位[⑦]、历史人物评价[⑧]等问题的研究，成果颇为

---

① 彭邦本：《学术史视阈中的郭沫若——从〈十批判书〉中的儒学研究说起》，《郭沫若学刊》2009年第3期；崔庆贺：《思想史与学术史交错下的“说儒”之争——以胡适、郭沫若、钱穆为例》，《郭沫若学刊》2017年第3期；曹峰：《20世纪关于杨朱的研究：以蒙文通、郭沫若、侯外庐、刘泽华等人为中心》，《社会科学》2019年第9期；李勇：《杜国庠和郭沫若在孔墨研究上的学术分歧》，《淮北师范大学学报（哲学社会科学版）》2017年第1期；李勇：《同道异趣：郭沫若和范文澜的先秦诸子研究》，《河南师范大学学报（哲学社会科学版）》2017年第5期。

② 周书灿：《郭沫若与中国古史分期论争——兼论中国古代社会形态研究的未来路向》，《河北师范大学学报（哲学社会科学版）》2012年第6期；周书灿：《“求同”与“辨异”——以郭沫若、徐中舒中国奴隶社会形态研究为中心的考察》，《浙江社会科学》2014年第2期；何刚：《郭沫若与魏晋封建论者围绕汉代社会性质问题的论争》，杨共乐主编：《史学理论与史学史学刊》2015年卷，社会科学文献出版社2015年版；周书灿：《改革开放初期学术界对郭沫若古史分期理论的论辩》，《史学理论研究》2017年第1期。

③ 周书灿：《经学史学化对郭沫若中国古代社会研究的影响》，《郭沫若学刊》2011年第1期；周书灿：《社会史论战背景下学术界对〈中国古代社会研究〉的辩难》，《河南社会科学》2014年第2期；张越：《“例示研究古史的一条大道”——再论郭沫若〈中国古代社会研究〉》，《中共党史研究》2017年第5期。

④ 彭邦本：《学术史视阈中的郭沫若——从〈十批判书〉中的儒学研究说起》，《郭沫若学刊》2009年第3期；张越：《对〈十批判书〉的评论与争议之回顾与认识——一个关于中国马克思主义史学评价问题的个案研究》，《学术研究》2010年第2期；宁腾飞：《郭沫若〈十批判书〉撰述动机新探》，《中共历史与理论研究》2018年第1期。此外，还有刘娟：《〈十批判书〉研究》，河北大学2016年硕士学位论文。

⑤ 何刚：《学术视野下的〈甲申三百年祭〉研究》，《郭沫若学刊》2014年第4期；王建国：《〈甲申三百年祭〉相关问题新探讨》，《中共中央党校学报》2017年第1期。

⑥ 龙永干：《郭沫若与墨家文化》，《贵州文史丛刊》2008年第2期；杨胜宽：《郭沫若对孟子的认识和评价述论》，《郭沫若学刊》2011年第1期；杨胜宽：《关于郭沫若评价荀子的几个问题》，《郭沫若学刊》2011年第3期；刘俊哲：《论郭沫若对孔子思想的价值肯定》，《郭沫若学刊》2011年第4期；杨胜宽：《郭沫若对孔子的态度辨析》，《郭沫若学刊》2015年第2期；刘奎：《历史想象的分歧：郭沫若与墨学论争》，《郭沫若学刊》2016年第2期；周泉根：《郭沫若〈庄子批判〉之批判》，《东岳论丛》2019年第1期；杨胜宽：《郭沫若稷下黄老学派研究述论》，《郭沫若学刊》2018年第4期；张少恩：《郭沫若孟子学研究初探》，《中华文化论坛》2018年第12期；张晓鹏：《抗战后期郭沫若墨学批判的缘起及学术意义》，《郭沫若学刊》2017年第4期。

⑦ 张剑平：《论郭沫若的“人民本位”思想》，《中国社会科学论坛文集——郭沫若与文化中国》，中国社会科学出版社2013年版；刘海洲、崔海妍：《论郭沫若民族话语建构中的“人民本位观”》，《商丘师范学院学报》2012年第2期；宁腾飞：《郭沫若“人民本位”说新探》，《郭沫若学刊》2017年第4期；徐国利：《郭沫若的“人民本位”史观及儒家民本思想意蕴》，《河北学刊》2018年第5期。

⑧ 刘克辉：《历史人物研究中的“翻案”问题》，《史学理论研究》2009年第3期；高希中：《历史人物评价标准之反思——以1959年“替曹操翻案”讨论为中心》，《齐鲁学刊》2011年第1期；周书灿：《论郭沫若对甲骨三堂的评价——兼论郭沫若历史人物评价标准》，《郭沫若学刊》2019年第4期。

丰富。尽管某些研究仍未完全能与当代史学接轨，如囿于传统的思维方式，或受地域观念的深刻影响，对郭沫若诸子学的极力肯定和维护的旨趣仍颇为明显，但总的来看，若干专题的研究已日渐形成体系。该阶段涌现出一批以郭沫若史学为选题的硕士、博士学位论文，这是一种新的学术现象。这些学位论文，均采用专题研究和多学科交叉研究的方法，对各种新老问题进行全方位、多角度的缜密考察，尽管有些研究总体上还显得粗疏肤浅，或仍有大量有待继续深化和完善之处，但总体而论，这些学位论文的作者均经过严格的专业训练和指导，学术规范不断加强，因而，其对于郭沫若史学研究向着纵深和较高水准推进，还是起到了颇为关键的作用。与此同时，世纪之交以来，郭沫若史学研究人才队伍后继乏人的局面正在初步得到扭转，一批郭沫若史学研究的新生力量正在逐步成长。

（原载《郭沫若学刊》2020 年第 4 期）

第二篇

特别推介

郭沫若与中国传统文化的问题

李　怡

郭沫若的一生，从文学创作到学术研究，到处都与中国传统文化密切相联系：他的诗歌创作起步于少年时代的旧体诗作，后来虽然有《女神》开辟一代新诗写作之风，但是抗日战争以后，旧体诗词又重新出现在诗人的笔下，至新中国成立后，也是新诗与旧诗并行；至于学术研究，则更是主要立足于对中国传统文化的总结、考辨和分析，诸如古代文学研究、古文字研究、考古研究、历史研究等。所以，在“弘扬民族传统文化”成为时代主潮的今天，提及中国现代知识分子如何继承传统文化，郭沫若就常常成为理所当然的代表。

但是，如果仅仅跟随时代的潮流，从郭沫若身上寻觅“传统文化”的元素，很可能削弱郭沫若本身的丰富性，也忽视所谓传统文化的复杂性，特别是郭沫若对历史文化传统的独特的态度。从登上诗坛的那一天起，郭沫若呈现于公众视野的形象其实就是多方面的。当年闻一多关于《女神》的矛盾性结论，其实就是这种多面性的生动体现。一方面，闻一多敏锐地发现：“若讲新诗，郭沫若君底诗才配称新呢，不独艺术上他的作品与旧诗词相去最远，最要紧的是他的精神完全是时代的精神——二十世纪底时代的精神。”① 另一方面，衷心热爱传统文化的闻一多又十分遗憾地说：“《女神》不独形式十分欧化，而且精神也十分欧化的了。”“我们的中国在那里？我们四千年的华胄在那里？那里是我们的大江，黄河，昆仑，泰山，洞庭，西子？又那里是我们的《三百篇》，《楚骚》，李，杜，苏，陆？《女神》关于这一点还不算罪大恶极，但多半的时候在他的抒情的诸作里他并不强似别人。”②

一

闻一多的矛盾性结论是不是来自《女神》诗歌美学的分裂呢？当然不是。因为，在郭沫若的诗歌表述中，最新的艺术思潮总是与古老的传统诗学不分彼此地相互衔接、相互说明，他并不因为倾心于西方诗歌和时代精神而抛离传统美学的趣味，也不

---

① 闻一多：《〈女神〉之时代精神》，《闻一多全集》第 2 卷，湖北人民出版社 1993 年版，第 110 页。

② 闻一多：《〈女神〉之地方色彩》，《闻一多全集》第 2 卷，湖北人民出版社 1993 年版，第 118—119 页。

因流连古老传统的艺术境界而推开外来的影响。

例如，他讲述自己的作诗经历，分作泰戈尔阶段、惠特曼阶段和歌德阶段，同时又用中国古代诗歌来说明这几个阶段，这一段话是被我们经常引用的：

> 总之，在我自己的作诗的经验上，是先受了太戈尔诸人的影响力主冲淡，后来又受了惠特曼的影响才奔放起来的。……我自己本来是喜欢冲淡的人，譬如陶诗颇合我的口味，而在唐诗中我喜欢王维的绝诗，这些都应该是属于冲淡的一类。①

在这里，郭沫若典型的"比附"思维十分明显，他用陶渊明、王维比附泰戈尔，将他们同主冲淡视作"一见如故"的理由。

郭沫若思维的特点就是如此，古今中外并不刻意区分。在一系列思想文化概念的理解和使用上也是这样。如文论中涉及的诸多概念——直觉、灵感、真等，也是中外文明并举，中国古代诗人有屈原、蔡文姬、李白、杜甫、王维等，国外诗家则有但丁、弥尔顿、歌德及日本诗人等多人；再如现代知识分子谈论的"个性"与"人格"，郭沫若特别强调诗人的人格铸造，谓"人格比较圆满的人才能成为真正的诗人"，甚至还提出，"个性发展得比较完全的诗人，表示他的个性愈彻底，便愈能满足读者的要求"。② 这显然是接受了西方浪漫主义的观念，但与之同时，诗人又将屈原、陶渊明、李白、杜甫等中国古典诗人视作"人格圆满""个性完全"的典型。古今贯通的认知还包括"白话文""五四运动"等重要问题："屈原所创造出来的骚体和之乎者也的文言文，就是春秋战国时代的白话诗和白话文，在二千年前的那个时代，也是有过一次'五四运动'的。屈原是古'五四'运动的健将。"③

其中，对"泛神论"的理解最具代表性。在 1920 年 1 月 5 日上海《时事新报·学灯》上，郭沫若第一次声言的"泛神论"就囊括了各不相同的三位人物："靠打草鞋吃饭"的庄子、"靠磨镜片吃饭"的斯宾诺莎以及"靠编渔网吃饭"的印度神学家加皮尔。后来，被郭沫若列入"泛神论"名单的中外文化名人越来越多，歌德、雪莱、泰戈尔、孔子、老子、王阳明……"泛神论"概念的包罗万象说明他对"泛神论"有自己的开放式理解。而像这样的思想发展的路径所表明的正是：

> 因为喜欢太戈尔，又因为喜欢歌德，便和哲学上的泛神论的思想接近

---

① 郭沫若：《我的作诗的经过》，《郭沫若全集·文学编》第 16 卷，人民文学出版社 1989 年版，第 220 页。

② 郭沫若：《文艺论集·论诗三札》，《郭沫若全集·文学编》第 15 卷，人民文学出版社 1990 年版，第 338 页。

③ 郭沫若：《革命诗人屈原》，《郭沫若全集·文学编》第 19 卷，人民文学出版社 1992 年版，第 51 页。

了。……我由歌德又认识了斯宾诺莎，关于斯宾诺莎的著书，如象他的《伦理学》、《论神学与政治》、《理智之世界改造》等，我直接间接地读了不少。和国外的泛神论思想一接近，便又把少年时分所喜欢的《庄子》再发现了。我在中学的时候便喜欢读《庄子》，但只喜欢文章的汪洋恣肆，那里面所包含的思想，是很茫昧的。待到一和国外的思想参证起来，便真是到了“一旦豁然而贯通”的程度。①

豁然而贯通，这是郭沫若在古今中外文化接受中采取的基本态度。所以，一部《女神》，既有《天狗》的异样反叛，又有《雨中望湖》《晚步》这样宁静和谐的古典风韵，诗人的一生，同样新旧体并举，保留多重探索。在郭沫若那里，持有不同的美学倾向并无不妥。

这种跳脱二元对立思维的多方位文化追求大约可以反映出传统文化在郭沫若精神世界的存在方式：不是被外来文化否定了、驱逐了，相反，倒似乎是被“激活”了。郭沫若与一般五四知识分子的激进姿态大为不同。例如今天人们常常论及的他对孔子和儒家文化的态度。他对孔子的推崇几乎贯穿一生。20 世纪 20 年代初期，面对新文化思潮对传统的汹涌质疑，他就提出：“现在的人大抵以孔子为忠孝之宣传者，一部分人敬他，一部分人咒他。更极端的每骂孔子为盗名欺世之徒，把中华民族的堕落全归咎于孔子。唱这种暴论的新人，在我们中国实在不少。诬枉故人的人们哟！你们的冥蒙终久是非启发不可的！”② 郭沫若一生，反复地、有系统地赞扬了儒家文化的宗师孔子，说他是政治家、哲学家、教育家、科学家、艺术家、文学家，是“人中的至人”，孔子思想也被视为中国先秦文化“澎湃城”中最优秀的宝藏。

“激活”的传统文化当然也不等于僵化保守，而是一种对固有文化的重新认知，对历史文化内在潜力的发掘和利用。这就可以回答一个问题：为什么推崇孔子与儒家文化的郭沫若从来也不会被人列入保守主义的阵营？郭沫若的追求至少启发我们：对现代与传统关系的理解早应该跨出二元对立的逻辑陷阱，在更广阔的空间中进行思考。

二

新文化主流要争取现代的生存空间，就不得不面临如何重估“传统”价值的问题，复杂之处在于，这里的所谓“传统”并不单纯是已经消失了的静态的文化遗迹，而且是与各种现实权威包括政治权威相互结合的实体性力量，因此，新与旧、现代与

① 郭沫若：《创造十年》，《郭沫若全集·文学编》第 12 卷，人民文学出版社 1992 年版，第 66—67 页。

② 郭沫若：《中国文化之传统精神》，《郭沫若全集·历史编》第 3 卷，人民出版社 1984 年版，第 259 页。

传统的冲突往往就难以避免。在这种背景之下，实际上产生了面对传统的四种选择。

最常见的两种相互对立的选择是：对传统尖锐否定和批判，这是新文化的激进思潮；与之对应的则是极力维护传统文化的保守主义。打倒与继承的二元对立因此形成。

第三种选择是所谓中西融合、不偏不倚、中正平和，学衡派的主张就是这样。这样的平和姿态具有比较大的吸引力，似乎能够将古今中外的优秀文化兼收并蓄，避免任何一种偏颇，事实上却难以真正实践。因为，每一个时代的发展都一定基于某种必须解决的历史问题，最终也必须提出对固有问题的解决方案，也就是说历史的发展不可能是不偏不倚、没有改变、无须淘汰的，只要我们承认发展和改变的必要性，那么就一定会涉及“价值重估”，革故鼎新势所必然，在这个意义上，新文化的激进姿态尽管在学理上可能不无欠缺，却也是切中要害的。相反，所谓的“中正平和”在理论上看似完满，却并没有抓住时代发展的命脉。

那么，有没有一种既具有清醒的时代意识，又能够尊重历史遗产的选择呢？这其实就是郭沫若式的“激活”。郭沫若跳出了打倒与继承的二元对立思维，体现了对传统文化由衷的尊重，但是这不是学衡派式的没有标准的“不偏不倚”。论及孔子的价值，郭沫若说：“我们还是崇拜孔子——可是绝不可与盲目地赏玩骨董的那种心理状态同论。我们所见的孔子，是兼有康德与歌德那样的伟大的天才，圆满的人格，永远有生命的巨人。”① 在这里，郭沫若的历史意识和时代体验都相当清晰：如孔子这样的传统文化遗产绝不是静态的与当下无关的存在（“骨董”），孔子的价值就在于他体现了这个时代所缺少的品格——人格圆满、充满生命的活力。这其实就是将孔子置放在时代精神的背景下加以观照，从中“挖掘”出他依然可以积极地参与当下文化建设的意义，换句话说，也就是从时代出发，激活历史遗产的当代价值。这样对待传统文化的态度，避让了激进派的简单，告别了保守派的陈腐，又蔑视了中西融合派的言不及义与空洞浮泛，体现了一位极具时代精神的新文化人的文化想象与自由创造的可能性。阅读《中国文化之传统精神》中郭沫若描述孔子价值的文字，我们目睹的不仅是过去历史的见识，更是时代前进的铿锵足音，是当下关怀的深情，也是世界视野的认同，是20世纪的诗歌的咏叹！

郭沫若之于中国传统文化的诸多理解和论述，莫不是基于这样的选择，莫不体现着这样的思想特征。

郭沫若多次充满深情和想象地提到中国传统文化的“根本传统”“根本精神”，归纳起来，对这一精神可以做这样的解读：个性、自由、富有创造力。可以说，这就是郭沫若当时文化关注的“焦点”，他以此为标准在传统的中国，同时也在世界各地寻觅样本，自我激励，从时代需要出发对这一已经失落的传统发出深情的呼唤：“我

① 郭沫若：《中国文化之传统精神》，《郭沫若全集·历史编》第3卷，人民出版社1984年版，第259页。

们要把动的文化精神恢复转来，以谋积极的人生之圆满。”“固有的文化久受蒙蔽，民族的精神已经沉潜了几千年，要救我们几千年来贪懒好闲的沉疴，以及目前利欲熏蒸的混沌，我们要唤醒我们固有的文化精神，而吸吮欧西的纯粹科学的甘乳。我们生在这再生时代的青年，责任是多么沉重呀！我们要在我们这个新时代里制造一个普遍的明了的意识：我们要秉着个动的进取的同时是超然物外的坚决精神，一直向真理猛进！”①

郭沫若也是以对“根本传统”“根本精神”的再肯定为基础“重述”中国传统的历史脉络的。他心中的最自由、自然、充满创造力的历史时代是从周秦上溯至三代以前。郭沫若认为，中国传统精神曾经两次失落。在三代之前“根本传统”原本是浪漫的、诗性的、象征的、自由的、有创造性的，可惜以后的“三代”却在政教不分中束缚了人的自由、个性与创造力，到春秋战国时代的孔子、老子、庄子等恢复了这一精神，但秦汉以后却又一次失落，以至到今天，“我国固有的精神又被后人误解”。如今，亟须“把固有的创造精神恢复”，以“继往而开来”。值得注意的是，中国文化“根本传统”失落之后，却在民间“被统治者”那里有所存留，而孔子和屈原就是这一传统的继承人，他们的意义就在于分别承袭了北方和南方的这种民间流传的殷代文化精神。

近代以来，文化复兴、民族复兴理想是中国知识分子的共识。郭沫若也是一位民族复兴的倡导者，不过，与其他立足于引进外来文化的复兴论者不同，郭沫若的民族复兴思想基于对传统文化的真切的“激活”，更符合“复兴”的本意。

在郭沫若的历史叙述中，“复兴”给中国文明的发展带来过令人仰慕的辉煌，先秦时代就是一次“复兴”的光辉的样板。他宣称：“我们在老子的时代发见中国思想史上的一个 Renaissance，一个反抗宗教的，迷信的，他律的三代思想，解放个性，唤醒沉潜着的民族精神而复归于三代以前的自由思想，更使发展起来的再生运动。”②现代中国也需要进行这样的第二次“复兴”，用郭沫若的话来说就是：“努力四海同胞与世界国家之实现的我们这种二而一的中国固有的传统精神，是要为我们将来的第二的时代之两片子叶的嫩苗而伸长起来的。”③“大树倒塌，变成化石。我们虽然不能使其复活。但是，我们却可以传诵他那独特的精神，在春天来临的时刻使其发芽，形成崭新的第二代。这是我们唯一的希望，这是我们的当务之急。”④

一般认为，胡适是将五四新文化运动比附于欧洲文艺复兴的第一人。美国学者格

---

① 郭沫若：《论中德文化书》，《郭沫若全集·文学篇》第 15 卷，人民文学出版社 1990 年版，第 155、157 页。

② 郭沫若：《中国文化之传统精神》，《郭沫若全集·历史编》第 3 卷，人民出版社 1984 年版，第 257 页。

③ 郭沫若：《中国文化之传统精神》，《郭沫若全集·历史编》第 3 卷，人民出版社 1984 年版，第 262 页。

④ 转引自蔡震《郭沫若民族复兴思想形成的文化背景》，《贵州师范大学学报（社会科学版）》2018 年第 2 期。

里德敏锐地指出，胡适追寻的“再生”，“不是通过任何实际意义上的古老文明的再生来实现的，而是通过创造一种新文明来实现的”。[①] 与胡适的“复兴”之说比较，郭沫若的设想最接近 Renaissance 的本义——不是“革命”的权宜性说法，而是真正地对古老文化的挖掘和启用。

激活，当然是一种具有时代责任感的选择，所以，它不可能是对历史文化的照单全收，不可能是没有价值指向的传统文化的“收纳桶”，这里依然有选择，有扬弃，有批判，基于中国现代社会建设的艰巨性，其中的批判同样是尖锐的、犀利的。

“三代以前”是郭沫若心目中的理想世界，它自由自在、个性张扬，充满创造，“三代”则是郭沫若反思、批判的第一段历史，被描述为“千有余年的黑暗”；春秋战国时代文化是对“三代以前”文化的宝贵复兴，而秦及秦以后的专制历史则是郭沫若尖锐批判的对象。“三代”作为“黑暗时代”，其特征就是政权、伦理、精神信念（神权）合一，而这都是秦以后专制统治的形式。对开启了千年帝制的秦始皇，郭沫若的批判十分猛烈：“春秋末叶以来，蓬蓬勃勃的自由思索的那种精神，事实上因此而遭受了一次致命的打击。”[②] 针对漫长的专制主义文化，郭沫若不仅予以批判，而且特别抨击了这种文化氛围所造成的对孔子和儒家思想的扭曲。他指出，后儒“以帝王之利便为本位以解释儒书，以官家解释为楷模而禁人自由思索”。[③] 在这个意义上，我们可以发现，反抗君主专制、倡导思想自由，这样的新文化理想是郭沫若和其他五四知识分子的共识。在发展民族新文化，推进现代文化建设方面，郭沫若的“复兴”理想与所谓“五四激进反传统”的人们并无根本的不同。

郭沫若对传统文化的“激活”方式同时也施用在对外来文化的吸纳上。

例如前文所述的郭沫若对“泛神论”的理解。郭沫若的泛神论知识谱系涵盖了从庄子、孔子、老子、王阳明到斯宾诺莎、歌德、雪莱、泰戈尔等中外文化名人的思想，但是严格说来，他又没有受限于任何一种单一的思想，相反，他总能以自己为主，驾轻就熟地撷取其中的精华，将它们转化成对时代精神的一种恰当的表述。

事实上，西方“泛神论”是反驳宗教神学的一种方式，是对世界所做出的一种人文主义式的解魅化解释，它深深地植根于卢梭的人的“自然权利”论，竭力证明世界并非由某种超自然的神灵所控制。既然宗教神学并非中国文化的基点，那么郭沫若的“泛神论”就没有这种执着的诉求。所以斯宾诺莎、歌德、泰戈尔式的思维对于郭沫若来说并没有那么重要。因为，斯宾诺莎否定的是传统宗教的人格神，在《梨俱吠陀》与《奥义书》传统中走出的泰戈尔还是要在大自然中证悟“梵”的意

① ［美］格里德：《胡适与中国的文艺复兴——中国革命中的自由主义（1917—1937）》，鲁奇译，江苏人民出版社 2010 年版，第 269 页。

② 郭沫若：《吕不韦与秦王政的批判》，《郭沫若全集·历史编》第 2 卷，人民出版社 1982 年版，第 445 页。

③ 郭沫若：《王阳明礼赞》，《郭沫若全集·历史编》第 3 卷，人民出版社 1984 年版，第 293 页。

义，歌德则是在自然之中感受“神”的创造性。与斯宾诺莎不同，郭沫若并不需要反驳神创论，因为中国文化并没有用这样的神创论压迫他的自由，相反，神创的传说早已经失落于中国历史的漫漫长河之中，到了呼唤“创造”的今天反倒令人感到亲切，令人受到鼓舞，其夹杂的神秘异彩的想象不是压抑而是激发了我们的智慧，当凤凰涅槃，当天狗驰骋，人的主体性与神的创造性一同醒来，翱翔于21世纪的天空；与泰戈尔不同，郭沫若最终要证明的不是“神”本身的力量，而是寻找自我创造的活力，他也不是要进入庄子式的超越现实的逍遥，激活当下的生命才是他刻不容缓的使命。郭沫若的“泛神论”逻辑从对“无神”的描述入手，最后通达的又是一种“神人同体”的自我生命的提升境界，由此，诗人不是简单地推翻了“神创论”，而是借助于“神”的力量确证了人的创造天赋：

> 泛神便是无神。一切的自然只是神的表现，自我也只是神的表现。我即是神，一切自然都是自我的表现。人到无我的时候，与神合体，超绝时空，而等齐生死。人到一有我见的时候，只看见宇宙万汇和自我之外相，变灭无常而生生死存亡的悲感。①

就是说，无论是传统文化还是外来文化，郭沫若都能够牢牢地将它们维系在时代精神的发展方向之上，为我所用，而外来文化与传统文化的互动共生、交相阐释，也成了中外文化传统彼此砥砺激发的有效方式。

正是在这些方面，郭沫若以自己独特的方式提醒我们，弘扬传统文化不是为了对抗外来文化，更不是闭关锁国，也不能对传统文化不加分析，糟粕精华不分，汲取它的积极面，剔除其阴暗面，是理所当然的任务。继承传统与新的历史条件下的创造不是对立的、矛盾的，传统的存在从根本上讲是一种“激活”，所以它绝不是保守的代名词，没有创造也就没有传统。

三

中国传统文化同时也是一种传统的区域文化。在郭沫若式的传统文化观中，我们不难发现巴蜀文化自身的文化个性。也就是说，郭沫若的思维方式与他对巴蜀文化传统的某种认同相关联。

从情感上，郭沫若对巴蜀山川地理和人文传统都有一种特殊的认同。在这样的文学描写中，他的区域情怀是十分明显的：

---

① 郭沫若：《〈少年维特之烦恼〉序引》，《郭沫若全集·文学篇》第15卷，人民文学出版社1990年版，第311页。

由嘉定城再要到成都足足有三天半的路途，峨眉山的山影在我们的背后渐渐低远下去，渐渐浅淡下去，走到了半途的眉山县治，便全部消灭在天空里去了。由此以后的两天路程一直走到成都，你向周围四际远望，无论在那一方面，你都看不出有一些儿山影！我们在这儿可以想象一下罢。请以成都为中心，以三四百里路的距离为半径，向周围画出一个圆形来。四川的盆地大约就是这个样子。因为是广阔的盆地，而且是很膏腴的盆地，所以从古以来四川号称为“天府雄区”。①

1923年，在为来华的泰戈尔“导游”时，他也情不自禁地将这位诗歌的导师引向了巴蜀，个中情怀依然：“泛大江，游洞庭，经巫峡，以登峨嵋青城诸山，我国雄大的自然在他的作品上定可以生些贡献。”②

在讨论巴蜀文化与现代作家的关系之时，我也着重分析过巴蜀式的反叛个性与青春激情在郭沫若文学中的投射，这里不再赘述。③

值得一提的是四川近代文化发展的区域氛围对郭沫若的重要影响。

郭沫若的基础教育，特别是基础教育中的传统文化素养都浸润在四川近代教育文化的独特氛围中。少年时代，高等小学堂帅平均先生和嘉定府中学堂黄经华先生所讲授的经学，是郭沫若最感兴趣的课程，在小学堂里，“就是应该很艰涩的经学也因为他的教材有趣，我是一点也不觉得辛苦的”。④ 在中学堂，黄经华先生“很喜欢我，借了不少的书给我看”⑤。帅、黄两位先生都是清末经学家廖平的弟子，“吾师廖井研”的思想与学问由此得以传授。⑥

廖平尊崇今文经学，贬抑古文经学，讲“信古”同时也讲“疑古”，开启了学术界厚今疑古之风。他不执着于文字训诂、名物考证，倡导透过文字去探求其中的微言大义，这代表着传统文化如何在变通中适应时代的一种选择。对此，郭沫若深有体会，他称廖平“在新旧过渡的时代，可以说是具有革命性的一位学者”⑦。作为“今文经学”的重要代表，廖平“尊经”又不限于经学。他的理论旁及多个古今领域，努力应对时代的变化（“学术六变”），不仅经传诸子史册，诗赋纬道佛堪舆术数尽在其中，包括西方的地理学、天文学、宗教学说等内容，也一度成为他用以建构理论的

---

① 郭沫若：《反正前后》，《郭沫若全集·文学编》第11卷，人民文学出版社1992年版，第167页。

② 郭沫若：《太戈儿来华的我见》，《创造周报》第23号，1923年10月14日。

③ 参见李怡《现代四川文学的巴蜀文化阐释》，湖南教育出版社1995年版。

④ 郭沫若：《我的童年》，《郭沫若全集·文学编》第11卷，人民文学出版社1992年版，第74页。

⑤ 郭沫若：《我的童年》，《郭沫若全集·文学编》第11卷，人民文学出版社1992年版，第120页。

⑥ 在郭沫若的记忆中，“吾师廖井研”频繁出现在帅平均的口中，“在一点钟里面他怕要说上一二十遍。”“帅先生很尊敬他，在我们当时看来，觉得他就好象是一位教祖。”参见郭沫若《我的童年》，《郭沫若全集·文学编》第11卷，人民文学出版社1992年版，第73—74页。

⑦ 郭沫若：《我的童年》，《郭沫若全集·文学编》第11卷，人民文学出版社1992年版，第74页。

基本素材。因此，从廖平经学理论的内容来看，其与传统经学有根本不同。这是一种独特的从传统文化出发应对时代要求的思想方式，其核心当然是孔子和儒家思想，但又灵活多变，应时而生，从中我们可以一窥郭沫若儒家价值观和思想丰富的来源。也就是说，这种巴蜀学术思想在近现代转换时期的流变方式显然有重要的启示作用。

中国传统的经学思想在历经传统/现代之变之际，有古文经学与今文经学各自的分野，今文经学家如廖平、康有为等立足儒学，又努力参与时政，在迎接时代的过程中激活传统；而古文经学家如章太炎则坚守文字训诂，考辨典章制度，在精研经文中反思传统，这是另外一种梳理传统的方式。今文经学的延长线上诞生了郭沫若，古文经学的延长线上则诞生了鲁迅，两位现代文学大家虽然对传统文化的态度各有不同，但都不能归结到一般主流的二元对立的选择之中，这值得我们认真总结。

廖平作为近现代四川知识分子的代表，他的思想和趣味又折射出了近代“蜀学”与巴蜀知识分子群体的文化取向。

近代蜀学产生自晚清至民国的动荡时代，与其说是传统学术的纯然体现还不如说是传统学术资源应对近代变革的结果，因此，它的基本特点就是具有某种程度的“包容性”：保存国粹又托古改制，坚守国学又维新改良，承袭传统又面向西方。这也就是我们所谓之“多元并生”的文化态度，或者说近代蜀学也呈现着自己独特的“地方路径”。“五四”前后一些四川知识分子也都可以纳入这样一条知识分子的“蜀学”脉络当中。四川官立高等分设中学堂是郭沫若在四川最后接受基础教育的所在，在这里，他遭遇了一个后来影响中国多个领域的“同学圈”，如李劼人、王光祈、周太玄、魏嗣銮（魏时珍）……郭沫若回忆说：“王光祈、魏嗣銮、李劼人、周太玄诸人都是我们当时的同学……在当时都要算是同学中的佼佼者。太玄在诸人之中最年青……他是翩翩出世的一位佳公子……他多才多艺。据我所知，他会做诗，会填词，会弹七弦琴，会画画，笔下也很能写一手的好字。”① 魏嗣銮后来与王光祈、周太玄等留学德国，成为四川第一位数学博士。周太玄是著名的生物学家，王光祈是著名的音乐家。他们三人都不专治文学，但都对文学、思想及哲学问题兴趣浓厚，更有意思的是，这几位分设中学堂的同学都对古今文化的兼容发展持宽容的态度。周太玄新旧体诗歌皆通，他的新诗创作也善于融入古典诗歌的意境。数学博士魏嗣銮对德国古典哲学、文学等多有研究，在他看来，德国哲学与中国宋儒程朱之学其实颇多相通之处。王光祈认为：“古礼古乐之不宜于今者，吾党自应起而改造之，以应世界潮流，而古人制礼作乐之微意，则千古不磨也。”② 今天的我们应当“一面先行整理吾国古代音乐，一面辛勤采集民间流行谣乐，然后再利用西洋音乐科学方法，把他制成一种

① 郭沫若：《反正前后》，《郭沫若全集·文学编》第11卷，人民文学出版社1992年版，第206页。

② 王光祈：《德国人之音乐生活》，《王光祈音乐论著选集》上册，人民音乐出版社1993年版，第29页。

国乐”[①]。后面的这段表述，几乎就是郭沫若另一位朋友吴芳吉诗歌观念的翻版。栖身于共同的生存环境，浸润于共同的教育氛围，分享共同的志趣，传递共同的文化观念，分设中学堂的这一“同学圈”折射出了“成都模式”在“小群体”的对话交流中存在和发展的事实。从中，我们也可以想象郭沫若“传统文化”观形成的深厚背景。

（原载《郭沫若研究》2020 年第 1 辑）

① 王光祈：《欧洲音乐进化论》，《王光祈音乐论著选集》上册，人民音乐出版社 1993 年版，第 38 页。

寻找于立忱

肖　玫

于立忱，一位全面抗日战争爆发前夕死于抑郁症的女记者，郭沫若夫人于立群的大姐。

郭沫若得知于立忱在上海离世的消息时还在日本。他在《断线风筝——纪念于立忱女士》里提到，半年前的1936年冬，他和就要离开东京回国的郁达夫同去访问于立忱。当时郁达夫认为时局的变化，为郭沫若提供了结束流亡的可能。郭沫若考虑到当局尚未解除对他的通缉，感觉时机还不成熟。于立忱向他们出示了她新作的七绝《咏风筝》："碧落何来五色禽，长空万里任浮沉。只因半缕轻丝系，辜负乘风一片心。"① 得到两位创造社的前辈的应和。于立忱是有志向的，这诗是在以风筝自喻有壮志难酬的怅怀吧，想不到未及半年，心系长空万里的于立忱回国后陷入严重抑郁，自行了结了年轻的生命。

七七事变爆发，国共实现第二次合作，国民党政府同意解除对郭沫若的通缉。郭沫若逃脱日方监视，只身回国投身抗日救亡。在上海陷落，行将撤退到广州时，郭沫若和于立忱留日时期的朋友一起去凭吊了她："高怀自使鸾皇渺，远视终教莺燕欺"，惋惜她心志过于高远，把非一人能够承受得起的社会责任加在自己一人身上，终以"如此国家，如此社会，如此自身，无能为力矣"为绝笔。诗的最后两句"盱衡自古哀兵胜，漫道苍茫鼓角悲"，勉励立忱的亲人朋友，也鞭策自己，烽火连天正是哀兵必胜之时，莫道前途苍茫，鼓角声悲。②

果然哀兵必胜。抗日战争胜利后，郭沫若接受夏衍的提议，在香港执笔他的抗日战争回忆录《洪波曲》，有机会介绍于立群的身世，说到于立忱，说到她们的伯祖父于式枚是李鸿章的枢密，原籍广西贺县，但都生长在北平，家庭已"由官宦人家成为破落户"③。于立忱曾是北平女师大的学生，因为搞政治活动入狱，获释后进入天津《大公报》，以后得到《大公报》津贴去日本留学，在日本得了肺病，虽然渐就痊

① 郭沫若：《断线风筝——纪念于立忱女士》，《郭沫若全集·文学编》第13卷，人民文学出版社1992年版，第414页。

② 郭沫若：《上海沦陷后吊于立忱》，《郭沫若全集·文学编》第2卷，人民文学出版社1982年版，第414页。

③ 郭沫若：《洪波曲》，《郭沫若全集·文学编》第14卷，人民文学出版社1992年版，第12页。

愈，却没能断根。这时日本人图谋侵略中国的野心一天一天明目张胆起来，东京留学界的爱国分子不能坐视。立忱也稍有点活动，竟受到报社的警告。张季鸾写信给她，要她回国，不然就停止津贴。立忱贫病交加，于3月返沪，5月便自缢了。

长时间以来，再没有看到其他人回忆于立忱的文章，郭沫若文中的这些内容几乎成为人们了解的于立忱的全部。

1984年6月15日，郭沫若、于立群相继去世五年，多产女作家谢冰莹打破沉寂，在台湾《联合报》上发了篇东西，用了耸人听闻的标题：《于立忱之死——是郭沫若害死她的》。谢冰莹提到于立忱在日本的一次住院手术，“揭秘”这手术并不是人们所说的割盲肠，而是被迫去产科堕胎。说于立忱被郭沫若纠缠三年，终于“受骗失身怀孕”，痛不欲生而又羞于让朋友知道，才独自向谢哭诉，要谢务必在她身后把真相告诉自己的妹妹于立群以及世人。谢含含糊糊地把这次“绝别”说成于立忱1937年临回国前。这篇东西面世后并没有引起多大反响。联系到谢冰莹1932年用笔

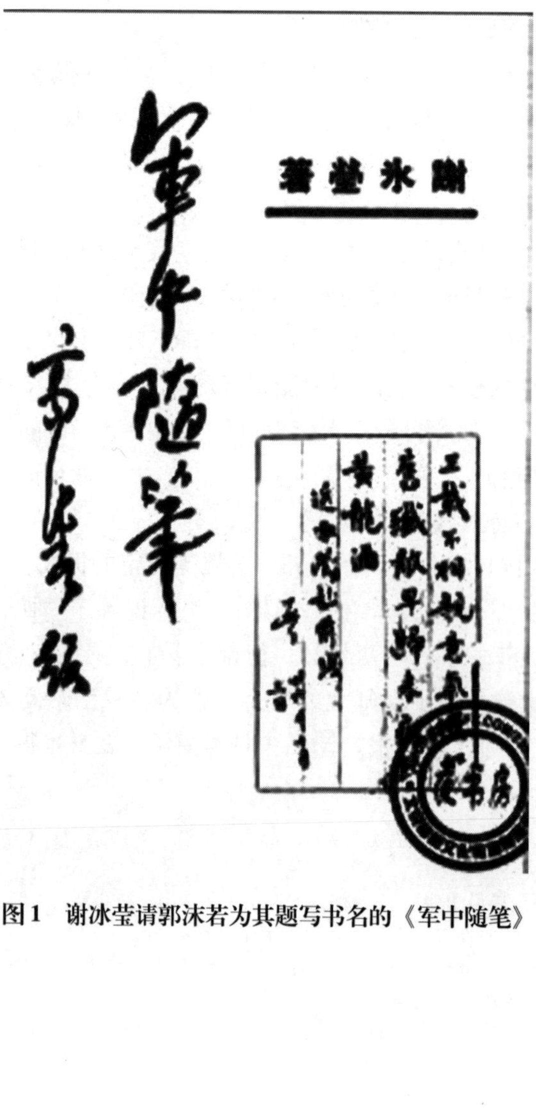

图1 谢冰莹请郭沫若为其题写书名的《军中随笔》

名“美蒂”所写《郭沫若印象记》对郭沫若的肯定和好感[①]；1937年10月为郭沫若任社长的《救亡日报》撰稿；11月出版请郭沫若题字的新书《军中随笔》等事实，可知于立忱去世前与去世后，她对郭沫若的友好态度并未发生任何变化。

现代文学界的学者甚至认为，对这种“爆料”没有必要理睬，毕竟作者早就在撇清自己和左翼文化的关系，后半生又在台湾那种与大陆对峙的政治氛围下生活、写作。

过了若干年，随着网络的普及，谢冰莹这篇东西才被传播开来，成为某些人抹黑郭沫若的一大口实。如今上网搜索“立忱”二字，屏幕上不仅有连篇的根据谢冰莹说法演绎的“原创”、跟帖，还配了照片，一张照相馆拍的艺术人像，布光专业，背景虚化，凸显人物的娇媚，唯不知照片出处。

图2　不明出处的网络照片

这位卷发长裙、眉眼低垂的女性当真是于立忱吗？于立忱生前当真要谢冰莹替她鸣冤吗？假如果真如此，谢早有机会当面告诉于立群，她在上海去过于立群服务的第一国际难民收容所，又一同在淞沪前线劳军，何必守口如瓶四十七年，等到于立群和郭沫若共同生活了四十年，双双作古才来揭秘，岂不辜负了于立忱的托付？

① 美蒂：《郭沫若印象记》，光华书局《读书月刊》，1932年5月第3卷第1、2期合刊，1932年7月第3卷第4期。

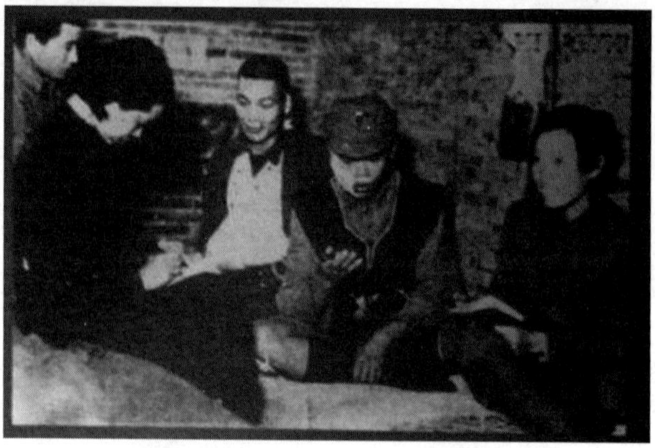

图3 1937年秋，于立群（左）、谢冰莹（右）在淞沪前线劳军，替伤兵写家书

有必要更多地了解于立忱的人生经历，了解她的性格为人，了解她写过哪些文章，是一位怎样的记者。“黄泉碧落竟何之?”于立忱同时代的人都已故去，在没有更多线索的情况下在故纸堆里寻找她的踪影，确有难度。所幸民国时期部分老旧报刊的逐渐数字化，把人们的眼睛从漫无边际的缩微胶片，模糊不清的幻灯机前解救出来。我们在《大公报》《国闻周报》《申报》《立报》《妇女生活》等报刊上找到的信息，弥补了于立忱弟妹们极其有限的回忆，可以把她的人生轮廓勾画得清晰些了。

一 于立忱纪念集为何不见问世?

1937年5月25日，上海《大公报》第二版，于佩珊发出的《讣告》字体醒目：

> 先姊立忱痛于民国二十六年五月二十二日午前六时在沪逝世。谨定五月三十日午前十时由海格路中国殡仪馆移灵安葬于漕河泾中国公墓。哀此讣闻。于佩珊泣启。

佩珊是于立群的本名，字立群。《讣告》不是于立忱不幸消息的最早发布，早两天，23日上海《大公报》先以“本社同人”的名义发了一条消息：

于立忱女士因肺病厌世自杀

> 广西于立忱女士，三年前曾在天津本社任妇女版编辑。工作数月辞职赴日本留学，攻经济学，苦学勤读，有志深造，乃不幸病肺咯血，静养经年，稍有起色，今春以资尽归国。到沪后，咯血复犯，由其妹看护送杭州疗养，肺疾略减，而精神忧郁，悲观前途，萌厌世之念。日前归沪，昨晨忽自缢身死，其妹发觉

后，已救治无及。其妹云：在杭时已屡次图谋自杀未遂，此次防范稍疎，竟以不救。女士敏捷能文，热心学业，青年殒生，闻者惜之。遗体现停中国殡仪馆，殡葬事宜，由其妹照料办理。其母在南京，昨已由其妹去电讣告。本社同人闻讯，咸表悼惜云。

29 日上海《大公报》再次报道了于立忱的后事：

于立忱女士明日安葬

留日女生于立忱女士，东居三年，归国后因肺病复发，陷于神经错乱，竟于本月二十一夜自杀逝世。兹经死者之妹于佩珊女士（即黎明健）勘定中国公墓墓地，定于五卅上午十时，由海格璐中国殡仪馆发引安葬。于系广西贺县人，赋性慧敏，由工读自学，插班中学两年，即考入北平女师大，后任天津大公报《妇女与家庭》编辑。嗣因求深造，留学日本，考入早稻田大学院，专攻经济，课余常撰稿。不幸女士东居甫及一年，即患盲肠炎，施行手术后，不如平日康健，后竟由于重伤风引起肺病，经年始愈。今春以资尽归国，舟车劳颠，眠食失常，病又发作，到沪后，即陷于顽固失眠，神经错乱，虽经其妹佩珊费尽心力，亦未能救治，卒之自杀逝世。据闻女士善后事毕，将由其友人搜集女士生前遗著，辑集纪念。

6 月 1 日上海《大公报》第三次发布消息，介绍于立忱后事之凄凉与其为人品格。

于立忱移葬中国公墓

在沪自缢身死之于立忱女士，于前晨（五卅）十时，自中国殡仪馆移葬于漕河泾中国公墓，并无仪式，仅十数友人临送薄棺一具，薄然就道，景况至为凄凉。此一个质弱心强之女儿，遂于此了其一生。按于立忱女士（原名于佩琛）曾肄业北平国立师范大学，于“九一八”事变后被推为全校学生代表，南下入京向中央请愿，颇为贤劳，后因当局以爱国运动所注意，勒令离校，在校于日常功课外，并留意于报章上时事，与其女同学邬一先最友善，出入相偕，她于离校后，自知努力求进，继赴天津任《大公报》妇女副刊编辑，并兼任教课，即改今名，旋欲求深造，东渡日本入早稻田大学，专攻经济学，为期三载，及至本年二月学成归国，最近因肺病复发，神经错乱，颇成痛苦，有厌世之念，忽于上月二十一日夜间背人自尽，当由其妹于佩珊办理一切善后，女士年二十五岁，广西贺县人，父母尚健在，有姊妹七人，她最长，除佩珊一人在沪，余均在京津等地读书，她于自尽之夜留有绝笔书云“如此家国，如此社会，如此自身，无能为力”。

立忱去世的日期到底是5月21日夜，还是22日凌晨，已不那么重要，总之不幸已经发生。从事发到6月1日下葬，十天工夫，上海《大公报》连发三次消息；天津《大公报》也于23日刊登一则短讯；加上于佩珊署名的《讣告》，于立忱的后事五次见诸《大公报》报端，对于一位25岁的年轻同人，报社的做法不同寻常。特别是最后一则消息写于立忱移葬漕河泾中国公墓时的情景，读来尤感悲伤："并无仪式，仅十数友人临送薄棺一具，薄然就道，景况至为凄凉。此一个质弱心强之女儿，遂于此了其一生。"这些报道出自何人之手、逝者何以享如此哀荣虽无明确答案，却不由人不想到《大公报》的总编张季鸾。

"张季鸾和我们的友谊应该说是双倍的"[①]——这是郭沫若《洪波曲》中的原话。所谓"双倍"，是指张季鸾和郭沫若都是留日出身，又是拿笔杆的同行；而张季鸾和于立群之间的关系就更有渊源了。张季鸾和立忱是有通信往来的，且对立忱有过超越一般关系的期求而遭到委婉的拒绝。为了这些通信，张季鸾曾几次叮嘱于立群从大姐的遗物清理出来，交还给他。不意淞沪抗日战争爆发，没来得及交还，待到战后张季鸾却成了故人。于立群说过，大姐去世后，张季鸾曾经承诺送她上学，被辞谢了；但是大姐的丧葬，他是帮了忙的，还有意为大姐立一个墓碑，同样因为战事紧张没有实现。所有这一切，或许是当事人的一种自我救赎罢，不过他终竟没有为"此一个质弱心强之女儿"写一篇署名的追忆。

对立忱去世有报道的还有上海《立报》和《申报》。5月29日的《申报》比同日《大公报》略有补充，提到于立忱生前"律己极严"；在北平女师大"学业操行为全校师友敬重"；稿件"理论极受读者欢迎"；"生前女友，国内如女作家白薇、沈兹九、谢冰莹，国外如日本女作家神近市子、竹中繁、林芙美子、中条百合子皆极契合"；"下期《妇女生活》亦将为之出一追悼特辑"云云。

值得留意的是，《大公报》《申报》两家报纸29日的消息都提到"女士善后事毕、将由其友人搜集女士生前遗著辑集纪念"——而这件事并无下文。于立忱安葬后不久，"七七""八一三"接踵而来，于立忱的朋友们立即投入抗日救亡，来不及整理她的遗稿遗物，完全在情理之中。但是当抗日战争进入相持阶段，甚至在战争结束，进入和平年代以后，于立忱的纪念集仍然未见成型，这又是什么原因呢？

这或许和黎莉莉在于立群去世后提到的一件往事有关。黎莉莉原名钱蓁蓁，钱壮飞的女儿。1927年一心从事革命工作的钱壮飞把她送入黎锦晖主办的中华歌舞团（后更名为"明月歌舞剧社"）学习歌舞。在赴南洋演出后，蓁蓁随黎锦晖一家住在新加坡。按照当地法规，同住者必须同一姓氏，蓁蓁就随黎家女儿黎明晖，改名黎明莉。1931年4月，钱壮飞将顾顺章叛变的消息及时报告中共中央机关，即秘密转移到中央苏区。同在这一年，明月歌舞剧社到南京演出，黎明莉又改名为黎莉莉，从此

① 郭沫若：《洪波曲》，《郭沫若全集·文学编》第14卷，人民文学出版社1992年版，第164页。

一直沿用这个名字活跃在演艺界。于立群也是 1931 年进入明月社的，一年后因为从事演艺活动触犯封建家规，被剥夺姓于的资格。立群索性和家庭断绝一切关系，接受黎锦晖的好意，改姓黎，叫明健。

黎莉莉回忆说，战前她在上海的住处稍稍宽敞些，于立群曾把一个箱子临时存在她那里，说是大姐立忱的东西。不久，上海战事紧张，于立群参加了国际难民收容所和《救亡日报》的工作。黎莉莉为随时应变，轻装简行，也处理掉许多东西。于立群后来辗转武汉、重庆、上海、香港，于立忱的遗物只留下两样：一叠零乱不成文的废稿，和她生前喜欢的一块棕色暗花的绒台布。除此之外，于立忱在报刊上发表过的文章剪报或原稿、信件、书籍，一概没有，不用说履历表或是学业证明，甚至连张照片都没留下。这意外的结果和黎莉莉的回忆对上了口径，——于立群存放在黎莉莉那里的箱子在战乱中丢失了，这不能不说是一份深深的遗憾。然而，想想有多少骨肉同胞惨死在日寇的铁蹄之下，有多少森林煤矿被日本侵略者掠走，相比而言，散失掉的遗物又算得了什么呢？新中国成立后，于立群和王人美、黎莉莉、杨露曦、白虹这些明月歌舞剧社的伙伴们聚首北京，大家不时有些走动，于立群没有在同伴间重提这件事。几十年过去了，黎莉莉却忘不掉那个箱子。于立忱的纪念集一直没有下文，怕正缘于此罢。

半月述週

悼于立忱女士

于女士遺影

記得三年前，記者正編着申報婦女園地的時候，天津大公報上，同樣有一個週刊婦女與家庭。爲了它持論的正確，我很歡喜這刊物，除出按期剪下留待參考以外，留意打聽這刊物的編者，後來知道這編者也是女性，姓于名立忱，正在這時候，這刊物就停刊了。一年多以後，本刊已出世，朋友從東京介紹來署名何華（于君筆名）的稿子，從此我和她成了文字交，並且知道她在日本很用功，日文日語都進步得很快，經濟學也研究得不錯。曾要求她替本刊做駐日通訊員，她雖答應了，但始終沒寫東西來。由朋友傳來消息，知道她患咯血症，在靜養中。

图 4　《妇女生活》第 4 卷第 10 期上的于立忱遗像

话题重新回到 1937 年 5 月 29 日的《申报》。《于立忱将安葬中国公墓》这则消息最后写道：“下期《妇女生活》亦将为之出一追悼特辑”，这句话应与沈兹九有直

图5 年轻时的于立群，图片由家属提供

接关系。她当时是上海《妇女生活》半月刊的主编，两年前在《申报》主持过副刊《妇女园地》，和《申报》关系熟稔。不过新一期《妇女生活》并没有出"追悼特辑"，而是根据来稿时间不一，从第 4 卷第 10 期起接连三期，每期刊发一篇怀念文章，并逐期在《申报》上登出篇目预告。

首先在第 4 卷第 10 期上登出的是沈兹九的《悼于立忱女士》，标题旁边一张"于女士遗影"让人眼前一亮，这是迄今为止唯一一张真实可信的于立忱的照片！照片是从户外合影上裁剪下来的，不是照相馆拍的人像，左侧肩臂还被遮挡了一部分。但这已经非常难得了，我们终于见到于立忱的模样，短发齐耳，戴一副细边的眼镜，目光平和，不露笑容，若不是下颚的那份娟秀，面容、神情都和那件西服上衣一样持重，不像只有二十五岁的样子。对比于立群年轻时的照片，两人的脸型确是很像很像。有了《妇女生活》上的立忱遗像，网络上那张吸人眼球的靓女照该撤了。

另有一张被张冠李戴的照片也在这里一并澄清。早些年，媒体报道上海照相业老字号王开照相馆意外发现一批抗日战争前留底老照片的消息，照相馆请电影界前辈秦怡从中辨认出几位当年的电影明星，包括周璇、蝴蝶、阮玲玉、王人美、黎莉莉、金焰等。辨认时，一张着色的艺术人像——身穿短袖绿格旗袍，戴裘皮披肩的女子被指认为黎明健（于立群），其实是搞错了。这组王开照相馆的明星照在报上登出后，戴裘皮披肩女士的家属就写信给照相馆负责人，说这女士是他家一位长辈，这张照片很早以前就装在镜框里，一直挂在她家墙上。

沈兹九和于立忱有为知名大报编辑妇女版的相同经历，一个主持上海《申报》的《妇女园地》；一个主持天津《大公报》的《妇女与家庭》。沈兹九赞成《妇女与家庭》的持论，常做剪报留待日后参考，但两人并不相识。待沈兹九离开《申报》，

图6　王开照相馆的这张人像被误认作黎明健

独自创办《妇女生活》半月刊后，朋友介绍来一篇“何华”写于东京的稿件，原来何华就是于立忱，彼此才有了联系，于立忱答应为《妇女生活》做驻日通讯员。沈兹九在这里又提供一条重要线索——于立忱用过“何华”这个笔名，为我们在老旧报刊上寻找她的文章，解索她的其他笔名，提供了莫大帮助。

《妇女生活》杂志接下去刊登的两篇悼文是郭沫若的《断线风筝——纪念于立忱女士》、谢冰莹的《痛心的回忆——悼立忱》（以下简称《痛心》）。《断线风筝——纪念于立忱女士》被收入多种郭沫若的作品集，前面已提到，不重述。《痛心》写于逝者下葬后七天，回忆了谢冰莹第二次去日本时同于立忱的相识和交往。不知何故，该文没有收进谢冰莹的任何作品集，极少被人关注。对照这篇佚文和作者晚年的《于立忱之死》，前者像镜子一样告诉人们，后者所谓“揭秘”是造假。这篇佚文的具体内容将在后文中叙述。

二　与没落家庭彻底决裂

于立忱生于1912年，这年份来自七妹于立修的推算，依据的是母亲岑蕴文的说法：除了立修出生比较晚，上面几个子女彼此都差两岁的样子。于立修的推算和《大公报》介绍于立忱辞世时年仅25岁的说法相吻合。但生日是哪一天，已无从查找。《大公报》对其家庭的介绍，“父母尚健在，有姊妹七人，她最长，除佩珊一人在沪，余均在京津等地读书”，只是笼统一说，其实她的弟妹那时未必都有书读。借此机会讲讲于立忱的家事。

母亲岑蕴文（1891—1978年），名桂婄，广西西林人。清末署理两广总督岑春煊是她的三叔。岑蕴文是庶出，个子瘦小，肤色暗黄，幼年没受过多少娇惯。在大家族里获得的最大收益是读了十多年的私塾，通格律，写得一手好字。到了出嫁年龄，被嫁给君主立宪派的代表人物于式枚的侄儿于景昕。

于景昕，字孝初，其父于式棱，行四，和长兄于式枚是同父同母的兄弟，一对广西贺县籍的进士，原籍在四川营山县。于式枚，字晦若，光绪六年（1880年）殿试获二甲第四十九名。他做李鸿章幕僚十余年，专司文案。李鸿章后人出资影印的《李文忠公尺牍》32册所根据的就是于式枚遗物中由他书写，经李鸿章改定，再由他纂辑成册的函稿。于式枚长年替他人作文章，却没有自己的著述，《清史稿》其名下的立宪派主张只是言论片段，不是完整文章，行世的在成都写的十几首格律诗和会试朱卷，都是早年的东西。他出使过欧洲，考察过德国宪政，官至吏部侍郎、学部侍郎。1915年游历昆山时突发急病不治而亡，谥号文和，康有为为他作了祭文。于式枚为人耿介，据说有人曾想为他祝寿，当然是有所图；他不收礼，不见人，隔窗将来客骂了出去。四弟于式棱，字渊若，也是博闻强记的人，光绪二十四年（1898年）应殿试，名列二甲第三十六名，但日后的作为则输于长兄，辛亥前是翰林院的编修，辛亥后，和长兄一起受聘于清史馆。据《清史稿》关外版名录，于式枚任总阅，于式棱为协修。同父异母的两兄弟科考不利，又不善经营，家道中落时于式枚还在世，他试图在江浙经营农桑，因病故而无果。

岑蕴文的婚事不可谓不门当户对，但日子过得并不和顺。婚后她改姓于，先怀过两个男孩，不幸都夭折了。第三胎即长女立忱（佩琛）。随后又一连产下四个女儿：立昭（佩瑶）、立群（佩珊）、立铭（佩珠）、立人。女儿越多，母亲的头越抬不起来，整天被阴云笼罩着。两年后，于蕴文总算松了口气，给于家生下个男婴，排行老六，取名于达人，字立平。好景不长，五年后于蕴文再次临盆，生下的还是女儿。冷言恶语重又成为于蕴文的家常便饭。

七妹出生第二年，北洋政府被推翻，蒋介石迁都南京。原在北洋政府农林部做过一官半职的于孝初丢了差事，他不改遗少旧习，赌博，喝花酒，夜不归宿，成为没落贵族的典型，家产被他挥霍到连妻儿的温饱都难以为继的地步。于蕴文无法独自抚养一群年幼的孩子，更不堪忍受于孝初的家暴，不得已把唯一的儿子和稍大两岁的五妹过继给一位没有子嗣的世交，让他们随养父改姓刘。养父过世较早，生活越过越凄苦，养母断断续续地供两个过继的孩子上学，不久也撒手人寰。于蕴文带着一岁的小女儿投奔了上海的岑氏亲戚。嫁出去的女子泼出去的水，她明白自己不能住在岑家吃闲饭。这位缠过足的瘦小女人鼓足勇气，凭着早年的旧学功底，应聘了上海市教育局的文书，以后又被南京政府行政院录用为书记官，负责办理任免登记、档案管理、文告拟写，是民国政府里最早的女职员。几年后，七妹到了上学年龄，于蕴文很争气，用自己的收入供她读书。不过七妹直到1938年底才有了"立修"这个学名，是郭沫若为她起的。当时，郭沫若、于立群和三厅机关从武汉撤退到桂林，和带着小女儿回老家避难的于蕴文不期而遇。立修进了孩子剧团，几年后，母女两人加上失去养父母的达人（立平），都通过郭沫若于立群的关系先后到达延安。这是后话。

大姐佩琛毕竟年长几岁，能比弟妹们体谅母亲的离家出走。她蔑视于孝初的自甘堕落，立志要靠勤奋努力来书写自己的人生，结果也被逼出家门。那时她还未成年，不清楚是以怎样的毅力渡过一道道难关的，竟用两年时间修完高中的全部课程，考上北平女子师范大学。北平女师是所有名气的学校，刘和珍、杨德群等这些“为了中国而死”的学姐在学妹们心里播下正直、坚毅的种子。另外，师范类学校免收学费，也是佩琛选择报考师范的实际原因。没有一定的经济来源，上不了清华、北大，不用说学费更贵的燕京大学了。1931 年 7 月北平女师并入北平师范大学，佩琛随之成为北师大的学生。网传于立忱大学期间在熊佛西改编导演的法国名剧《哑妻》里担任主演，此说存疑。1927 年熊佛西留学归来，任北平国立艺术专科学校的教授和戏剧系主任，在艺专和燕京导演过学生演出，但是于立忱并不是这两所学校的学生。

母亲和大姐被从家中逼走以后，三妹佩珊便成了于孝初发泄无名怒火的主要对象。佩珊读完四年初小就失学了，适逢中华戏曲专科学校成立，招收 10 岁至 13 岁有初小文化程度的男、女生，管吃管住不收学费。她自行报考，分在“永”字班，取名“于永言”。这件事被于孝初大骂为“有辱家风”，不容分说地把她从戏校抓回家。家，空荡荡的，没有温暖，没有亲情。饿了，只能翻箱底找点东西去当铺换钱，买些棒子面来做糊糊。饥一顿饱一顿的日子尚且能过，最胆战心惊的还是于孝初深夜回家，这一夜必定是一顿打骂。佩珊无处可藏，只好钻到床下，蜷缩在棍子打不到的角落里迷迷糊糊地捱到天亮。

1931 年初，黎锦晖主持的上海明月歌舞剧社来北平招生，是个难得的机会，大姐支持三妹再次背着于孝初去试试。佩珊用“于斯咏”的名字报了名，顺利通过考试，和明月社新招收的小学员们一起离开北平，逃离了那个冷冰冰的家。这一年，明月社发展迅速，在王人美、黎莉莉的班底上又增加了白虹、周璇等一批活泼热情、能歌善舞的小姐妹，有了黎锦光、王人艺、聂耳这些才华出众的音乐家。于斯咏（佩珊）在这里学歌舞，学钢琴，过上有笑声的集体生活，再不担心半夜三更袭来的恐惧。星期天伙伴们外出游玩的时候，她喜欢在宿舍里临帖练字。剧社过段时间还给大家分些演出收入，钱是平分的，经济上虽不宽裕，但与北平的生活相比绝对是两重天。

纸包不住火，于孝初很快得知了佩珊的去向。囿于黎锦晖已是名人，不便直接在他面前发飙，于孝初就追到上海，找到名存实亡的妻子于蕴文，联名由律师出面，宣布把进入演艺圈的于佩珊革除家门，不得姓于。佩珊并不理会这套封建礼数，大姐的独立自主早给她带来潜移默化的影响，在她心里，姓不姓于，没有任何关系，不过一个符号而已。留在明月歌舞剧社是她唯一的选择，宁肯与家中一切亲朋好友脱离关系。黎锦晖是位开明、包容、和善的长辈，同情佩珊的遭遇，为她另起了“黎明健”的名字，却不以“义父”自居。从此明月歌舞剧社里的“黎家军”又多一个成员。

图7 明月歌舞剧社时期的聂耳（右）、白虹、黎明健（左），图片由家属提供

1931年9月，一个多事之秋。日本关东军制造了“九一八”事变，轻而易举地占领沈阳，继而控制了东北大部分地区，内地青年强烈要求国民政府出兵抗击。12月1日，清华、燕京、北大的二百多名同学南下请愿，随后北平又有2000多名大学、中学的学生向南京进发，得到津、沪、济南同学的响应。15日向外交部抗议示威的北平同学被军警包围殴打。两天后南京市和外地同学联合行动，当请愿队伍走到国民政府附近的珍珠桥时，不敢下令还击关东军的南京政府却让军警用刺刀来对付手无寸铁的学生。百余名同学被捕，百余名同学受伤，秦淮河上浮着遇难同学的尸体，各地学生被武装遣返回原地。

立群、达人、立修都回忆说，大姐是参加了南下请愿的，但对她南下的具体经历，这些已经离开北平的弟妹并不了解。有关佩琛这段经历最详细的说法，仅有《大公报》那段文字：“于‘九一八’事变后被推为全校学生代表，南下入京向中央请愿，颇为贤劳，后因当局以爱国运动所注意，勒令离校。”推理，立忱应是北平学生第二批南下请愿团中的一员，1932年被学校除名。近年，北京师范大学已把建校以来全部学生资料数字化，我们希望从中找到她的一些信息。出乎所料，在1932年以前的档案里竟查不到“于佩琛”，查不到“于立忱”，查不到“广西贺县籍”的女生，不要说学科成绩，连入学信息都被一笔勾销了。学校是在惩一儆百，一个在“九一八”事变后站出来维护民族尊严的学生，就这样从这所学校彻底消失了。

1932 年 3 月 1 日，在日本军队的支持下，伪满洲国成立。于孝初和于佩琛背道而驰，仗着遗老遗少的裙带关系去了东北，先投靠郑孝胥，郑孝胥死后又效忠王克敏，在警察署里混得一个差事。于孝初自持出身世家，动不动大骂子女辱没家风，殊不知真正辱没家风、辱没祖先的不是别人，而是他自己。相传于式枚出使欧洲时，尝随身携带一抔黄土，不忘自己是炎黄子孙。他定然不曾料到，于氏家门里出了于孝初这样不肖之后。

可怜继续受着于孝初摆布的二姐立昭、四妹立铭，不知她们各自经历过怎样的梦魇。

三　《大公报》妇女版有了新主编

从投寄稿件变为《大公报》记者

1933 年 4 月 29 日，天津《大公报》刊登了一篇“于立忱女士投寄”的稿件——《乡村小学教员生活的追忆》。原来，于立忱没有被“勒令离校”的处分吓倒，她索性离开北平，在天津郊外一所乡村小学里当了教员。这篇追忆没提小学的校名，但看来学校办得挺不错。三位年轻老师同住一间宿舍，兴趣爱好各不相同，一个会弹风琴，一个一有空就见缝插针地念英语，一个活泼开朗，喜欢体育，是个受同学欢迎的“大孩子”，可惜看不出哪个是于立忱的原型。学生都来自农村，年龄参差不齐，年龄大的和老师相差无几。上午、下午各三个小时授课。学校聘了一位老妪，帮这几个女教员生火、做饭。午饭，大锅下面条，一碗酱，一碗白菜丝，热气腾腾的，很香。晚上，大家一起动手包饺子，羊肉白菜馅，时不时侃一段聊斋故事，消解连讲六堂课的疲惫。睡前再读两三个钟头的书，预备好第二天的课程……再平常不过，而又勤奋、进取、充实的一天。

立忱一面教书，一面继续关心时政。6 月 3 日《大公报》又有她的一篇随感《津变时的大学生——请你自省究竟自己是哪一类?》，署名何华。文章分析了“九一八”事变以后，激情燃烧过的大学生们发生的分化。第一类，数量不少，变得“富有经验”“深知世故”了，嘴边挂着“政府尚且没有办法，我们又奈何”的话，不再像当初那样浮躁。第二类，高官富商家的子弟们，租界里的高楼是他们的“堡垒”，坐在沙发里，看看报纸上的大字标题，谈谈各自的女朋友。第三类，是些书呆子，“讲义是他们的圣经，分数是他们的生命，什么新兴社会科学，什么社会运动，全是狗屁”。再一类同学，“因政府对民众运动的取缔，学校的严禁”，他们的痛心变成了漠然，兴奋也消磨殆尽，无精打采，消极、颓废，读起报来只有叹气……最后一类，是那些"血旺性刚的青年，受了这莫大的刺激，勇敢的脱离了生活的羁绊，走入社会，站在时代青年的最前线了"。按照文章副标题"请你自省究竟自己是哪一类?"，来分析作者本人的话，显然，她正属于最后这类"血旺性刚"的青年，或者正朝着"站在时代青年的最前线"的方向努力着。

她的文章在《大公报·本市付刊》上频频刊出，甚至连续4天，天天有她发的消息。7月23日报社登出致"立忱君"的"代邮"："见报务请将续稿送来为要。"估计从这时起，她被《大公报》正式聘用了。

和焦菊隐的一次交锋

1933年8月中旬，中华戏曲学校应天津明星戏院邀请来津演出，这次已是戏校二进津门了。

梨园科班历来重视传授技艺，中华戏校则强调文化艺术教育，要使戏曲在人生、学术各方面都具有尊严。戏校成立不满三年，学员演出反响不错，校长焦菊隐突破梨园科班老规矩的新做法颇受社会关注。

于立忱作为《大公报》记者，走访了学员们在天津的临时住处中和栈，观察了这群孩子的伙食，除了虾米炒韭菜沾一点荤腥，余下的都是素菜，并非厨师说的有鱼有肉。她同男女学员各自进行了交谈，了解到不少孩子进学校学戏的目的，在异口同声"因为学校好"的回答背后，其实还是为了挣钱养家。通过聊天，还得知因为演出场数多，孩子们学文化的时间常被挤用；学生的演出学校可以盈利，入学时虽不收费，但要与校方签保证书，中途退学要赔偿学校教育费，等等。她直言快语、有褒有贬地写道："这一天的访问，所得的印象，是中国大群的青年，为经济所迫，没有出路，走向消极的习艺。其次这个学校虽有极浓厚的梨园气息，但已较旧式的科班进步了很多。""将来在每一期的毕业生里，由学校选送一个成绩最好的学生，赴欧美研究戏剧……五年以后中国可以有第二个梅博士出现了。"① 这篇署名"忱"的《中华戏曲学校学生生活访问记》一见报，立即引来魏启明一篇忧心忡忡的议论，认为"戏专旗号极其堂皇，而其本质不过如此，社会对斯尤不可漠视"②。焦菊隐遂公开致信《大公报》，陈述了学校面临的种种困难，采取的各种措施、努力，以及学校的经费支出和演出收入，指出《大公报》记者不能把在天津中和栈的所见与北平戏曲学校等同看待。③

于立忱从容应答，写好《谨声明记者的立场》一文，次日见报。她声明："记者的责任是客观的记述事实，并有主观的予以批评的义务，反之，盲目的奉承与预怀成

① 忱：《中华戏曲学校学生生活访问记》，天津《大公报》1933年8月14日、15日。

② 魏启明：《读〈中华戏曲学校学生生活访问记〉》，天津《大公报》1933年8月17日。

③ 焦菊隐：《中华戏曲学校确令人怀疑》，天津《大公报》1933年8月18日。

见的褒贬，都不是一个记者的职责范围以内所应有的行为。”接着说看过焦菊隐的答辩，“对于焦君为艺术而牺牲，努力教育，惨淡经营戏曲学校的精神”是十二分的钦佩，然而艺术事业的价值不是某一时间、某一部分社会人士的喜恶所决定的，盼望焦君不要斤斤计较于学校的设备和名誉，反之“应当把办戏曲学校的一切困难，一切疑问，作为问题，提供社会人士研究”，“正是应当从‘怀疑’与‘误会’中来探讨艺术的真价值”。

于立忱引发的这场答辩，使戏曲教育的变革与现状成为平津两地的一个热门话题。几天下来，相关文章不下十篇，各自的话锋里不管理解、支持焦菊隐的呼声为主，还是对戏校未摆脱科班窠臼的质疑更多，两种意见倒没有完全势不两立，有的文章甚至二者均沾，既肯定焦，也不否定于。结果是，北平戏曲学校的影响扩大了，关注艺术教育新模式的人数多了，提倡重视戏剧教育的社会呼声增强了，还有的文章引申到戏剧大众化的问题，于立忱的名字自然也给不少读者留下印象。8 月 20 日《大公报》决定转换话题，声明北平戏曲学校的问题已有多人发表意见，因篇幅有限，有关该校文章不再刊载，讨论才告一段落。其实任何新事物的破壳出世，身上都会带有母体的痕迹，戏校与科班有剪不断的联系，焦菊隐日后在博士论文里也坦言，戏曲学校开设的课程具有科班学徒制的原则和按照科学的双重性。北平戏曲学校在中国戏曲教育改革路上留下的空谷足音，至今犹在耳际。

妇女版的“讲坛”由谁执笔?

《大公报》从 1927 年夏由吴鼎昌、张季鸾、胡政之接办，进入鼎盛期，不久妇女版应运而生，由蒋逸霄、何心冷编辑，从半月刊发展为周刊，初为整个版面，后改为半个版，断续坚持到 1930 年 9 月，报社为压缩篇幅，把妇女版停了。1933 年 9 月，停办了三年的妇女版复刊，主编的担子落在新近被报社录用的记者于立忱身上。翌年春，于立忱赴日留学，副刊由他人接手。

复刊后的妇女版仍叫《妇女与家庭》，自 1933 年 9 月 3 日起，逢周日出报。每期的头条栏目为“讲坛”，持续了 4 个月。其间副刊共出十九期，“讲坛”仅在 10 月 15 日第七期中断过一次，改为刊登立忱的署名文章《钱李二女士的自杀与社会原因》，其余十八期“讲坛”短评均不署名，讨论的问题有“家庭与学校”“谈妇女经济”“家庭与国货”“家长与子女教育”“女子怎样救国?”“妇女思想冲突问题”“情感与理性之调和”等。

第一期“讲坛”开宗明义，阐明副刊《妇女与家庭》的宗旨：

> 从广义来说：家庭是社会生活的出发点，从狭义来说：家庭是我们生活的小城廓。男女家主的慰安休息，求之于此。子女未来的学问事业，造端于此，所以改造家庭生活，实在是改造社会，改造国家的基本工作。我们想利用这个小刊

物，把妇女生活改造到充实化，把家庭状况弄到理想化，这个过重的责任，我们当然不能够单独地负担起来，所以希望全国各界，尤其妇女界同志，一同起来，帮着我们进行实际工作！

第二期“讲坛”以“家庭与学校”为题，写道：

近来许多家长，总怪学校教育不好，子弟容易变坏，不晓得先扪着心想想，他们做父母的，是否配给子女做榜样？

我们因此希望：今后的教育，应该注重人格教育，品行修养，而人格教育之实施，应该由家庭与学校双方负责，尤其家庭父母的责任更来得重！

社会上确实存在完全不称职，不配给子女做榜样的父母，但是对一般读者、一般家庭而言，“讲坛”的谴责是不是过于生硬，过于突然了呢？读着这番关乎人格教育的论述，这番绝对地置家庭、父母责任于学校责任之上的激烈言辞，让人感觉执笔者对家庭缺位、父母失责有着切肤的痛和恨，这些正是于立忱的亲身感受。

第四期“讲坛”题为“家庭与国货”，针对富裕阶层家庭主妇对洋货的依赖，批评说：

洋货充斥到上中级家庭之内，仿佛是稀松平常的事。任你如何高唱“提倡国货”，因为得不着女界的赞助，所以有了货也销不出，越销不出，便越不得发达，因为不发达，所以想改良也就没有力量，如此一来，国货前途，永远是无希望！

中国问题，实在太多，要救国家，更不是一方面，少数人的责任……我们希望家庭的主妇们，把提倡国货的责任，担负起来，至少可以拒绝洋货深入人们的日常生活！

富裕阶层的女性在副刊读者群中占有不小比例，“讲坛”对这个群体的批评折射了作者对振兴民族工业的急切心情和挑战权贵的勇气。

第十二期“讲坛”题为“希望大家注重劳动的锻炼”，认为中国妇女本来能劳动，现在占最大多数的农工妇女就是人人劳动；不劳动者，只是极少数生活在大都会里的部分富裕人士。不幸在于，受新式教育的女子反而易于倾向这种寄生虫的人生，忽略了自己在新时代的地位和责任。短评对上层社会的女性仍然不客气，警醒说：

假若受了新教育之人，既没有造成伟大的学问，贡献国家，……连处理家事的能力都没有，衣食住和育儿等等一切家政上的事，都不能自己做，都要靠庸

> 工；比旧式妇女强的，不过仅仅是文字上的若干智识，或者几句外国语，然而花钱的本领，却同样增高，成天价打扮得花枝招展，专候她丈夫或者朋友，陪着坐汽车，进舞场！照这样的人，就反而不如不受教育的旧式妇女了。

接着，作者肯定了各地在校女生大都秉承勤朴不华的校风，有志气，鄙弃寄生虫生活，但缺点是不喜劳动，不耐烦料理家政。希望同学们于求学之外重视劳动锻炼，因为“中国在若干年以内，一定要遭遇非常，到那时候社会上一定不容消费的寄生虫生存!”

第十九期，是“讲坛”最后一期，以“怎样才算爱儿童?”为题批评了中产以上家庭在子女教育上的弊端：食唯恐其不饱，衣唯恐其不暖，多读书怕伤了脑经，多运动怕摔坏筋骨，父母坐汽车的，一定叫子女也坐汽车，父母好奢华的，一定带子女同样享受，结果从童年便习就骄惰逸乐的生活，不是爱而是害了他们或她们。很有意思，这种种现象在我们当下的生活中仍然屡见不鲜。批评之余，短评提出理想化的主张：

> 儿童是国家未来的主人翁，要想造就良好的儿童，必须政府和社会，学校和家庭，富人和贫人，打成一片，大家负起保育儿童的责任，以质朴勤劳仁爱慈祥为教育标准，不可专务外表，尤不可偏重有产阶级，不可专靠学校，尤不可偏重贯注智识，必须身心并重，贫富一体，然后才能造就良好的第二代国民，如此才算是真正宝爱儿童!

这里所谓的“富贫一体”，在没有社会制度保障的前提下，当然只是作者的善良愿望，一条未必行得通的路。

妇女版“讲坛”的选题是和同一版上某篇大块文章的主题相呼应的，为本期《妇女与家庭》起到提纲挈领的作用。迄今并未见这期间的《妇女与家庭》有其他同仁和于立忱共同编辑，自然顺理成章地推断“讲坛”的撰稿人为于立忱。

妇女版主编的署名和文章

于立忱担任妇女版主编以前，在《大公报·本市付刊》上发表文章时，署名用过“立忱”，也用过“何华”。《妇女与家庭》复刊后，这两个署名反倒只出现了一两次，比在《本市付刊》上发文的频率低得多，显然不合规律。那么除了这两个署名，她就没有其他笔名吗？妇女版上频繁出现的两个单字署名“荷”与“华”，一下子让人联想到它们是“何华”拆分开的谐音字，而且诠释了“何华”的寓意在于周敦颐的《爱莲说》。“独爱莲之出淤泥而不染，濯清涟而不妖，中通外直，不蔓不枝，香远益清，亭亭净植，可远观而不可亵玩焉!”——定是立忱的至爱。

（一）“立忱”“何华”的评论

妇女版上使用这两个署名的文章是三篇评论，除前面提到的《钱李二女士的自杀与社会原因》，还有《关于妇女家庭职业》和《对于辜仁发控妻案的感想》。三篇评论都直击了妇女在现实社会中的生存状态，旧意识、旧伦理的禁锢，婚恋悲剧、就业困难等问题的深层原因，让我们来了解其中的论点。

《钱李二女士的自杀与社会原因》为前不久接连发生的两起知识女性的自杀而写，死者是遗产纠纷与婚前性行为的受害者，一个是北平师范大学的毕业生，另一个是河北女师的毕业生。文章没有过多拘泥在案件的细节中，而是理性地指出促成这两位女士自杀的根本原因，不外法律的不完善与社会伦理的不公正。男女不平等是几千年经济的以及各种社会原因积压下来的事实，女子的一切生存权在事实上被剥削是毋庸讳言的现象。国家的法律，虽一般性地承认了女子的人权，但实际上司法的人仍为男子，有予取予夺，左右操纵之权，女子却没有能力来享受已得的权利。

在分析了案件的社会原因过后，文章才来谈不能否认“个人之意志作用”。死者是接受过高等教育的，应该认清社会恶势力之存在以及己身所负之责任。消极的自杀，是弱者的行为，发生在受过高等教育的青年身上，尤堪痛惜！对于死者需予以深切的同情心，同时她鼓励女青年们“应有自身的猛醒”：认清客观环境，勇敢而正确地与一切因袭的思想、龌龊的势力斗争，同时将自我的生活支配于清晰的理智之下。这样，方不愧钱李二女士死后，留给我们的借镜。文章的立意和那些通过炒作死者隐私来谋利的小报完全不在一个水平线上。

《关于妇女家庭职业》和“讲坛”短评的观点一致，认为妇女寄生的现象在中产以上家庭里特别显著。贫家妇女须料理全家生活，其意义同用劳力向社会换得金钱无大差别。中产以上家庭的主妇则不然，除了交际娱乐，一切坐享其成，被称为“社会的寄生者”实不为过，而她们本身却没有自觉。文中再次提到妇女社会地位低落，是“由于经济不能独立”，这是于立忱反复申明的主张。以后她去日本留学，选择了少被女生关注，枯燥艰深的经济学专业，或许也是由此出发。

《对于辜仁发控妻案的感想》是于立忱为妇女版写的最后一篇文章。辜仁发时任江苏省民政厅厅长，为掩盖历时三年的重婚事实，堵住“新夫人”的嘴，居然实名检举“新夫人”违法敛财，卖官鬻爵，请蒋介石令江苏省主席陈果夫将其妻缉拿归案。案情荒唐之极，引发各地舆论关注。于立忱概述了三月份以来案情的几起几落，谴责辜仁发身为高官，溷身政界，明明是自己不满于糟糠之妻，想借年轻貌美善交际的新夫人作升官发财的捷径，却贼喊捉贼，“其用心的卑鄙龌龊，直非言语可以形容”。文章劝告那些读书只为“作太太”的知识妇女，不要被虚荣心所驱使，甘心居于傀儡地位，否则会断送自己终身的幸福。

（二）“荷”的采访

在妇女版的采访文章中，女子学校的教育状况得到持续关注。正如于立忱在一篇采访中所说，女子教育“具有决定女子一生运命的权威。提倡妇女运动，谋从隶属的地位解放出女性，首应注重女子教育的改善，是毫无疑义的”。半年时间里，她快节奏地刊发了对南京、长沙、北平、天津等地女子学校情况的报道，对天津南开大学女生、河北女子师范学院师中部、北平燕京大学三所学校的访问是她本人完成的，署名“荷”。

河北女师学院师中部是中国历史最悠久的女子学校，于立忱的这次采访很下功夫，回顾了学校前身——北洋女子师范学堂成立于前清光绪三十二年的历史，说那时“妇女解放方在萌芽”，北洋女子师范学堂是“女子教育的曙星”。如今这所学校仍然是河北省女子教育的重心，培养造就的小学师资，分送各地服务，颇著成绩，成为“女子从事教育的唯一出路”。

采访还详细介绍了学校目前的硬件设施，图书馆藏书的分类、数量，课时的安排，课余活动的开展，私人信函的管理，甚至食堂饭菜的种类和饭费标准……加之对女生性格的分析，使通篇数据翔实而不枯燥。不妨读读她记录的训育主任丁佩卿的回答：

> 自民国十七来此校服务，积极着手于各种训育方法之实施。以前管理学生方法，率少具体化，现制定各种详细规则，在管理上方逐渐收划一之效。以事务所系繁多，个人每日虽殊感忙碌，但见到学生均循谨就范，精神上则颇为愉快。记者因叩以对于女子教育之意见及年来对于女生性质之观察与训育之感想。据谈：以社会现况论，女子最适于家政，因中国家庭尚未科学化的整理，如饮食卫生，儿童管理等从无讲求，女子应有改善之知识。其次，女子适宜于教师，盖以性情温和，适于教导儿童之故。再次则为艺术。盖女生性情显著之优点为温和娴静，其劣点则为嫉妒，如学生有用功者，不知仿效，反生妒视；虚荣心——如艳羡他人之衣饰及对伟大人物认为荣耀之崇拜。其次则为怯懦，如易哭，胆小，无毅力克服较繁重之功课等。它如喜修饰，亦为女生的特点。对管理方面须手到嘴到，虽琐碎但易行。总之女生富于感情，重面子，偶触校规，以理劝喻之，均认过，若加申斥必哭。至女生读书，抱远大目的，研究切身学问者，固不乏人，但大部分均无所谓，以家庭环境所许，便来读书。虽多数志愿升学，但毕业后亦因环境关系，服务者恒十之六七——毕业生由学校介绍各校服务，现天津北平，唐山，山东，及各外县小学均有本校毕业生——女生较男生聪明，但毅力不足，体力尤差。记者嗣叩以现有体育及学生课外活动交际婚姻等情形，丁先生复谓校中每学期有体育必修课二小时，课余并组织有各种球队，由体育教员分别指导练习，但

女生性情，多不喜欢体育，体弱易病，仍为普遍之现象。课外活动有学生自治会，分设学术，艺术，讲演，出版，体育等八部。组织各种研究考查团体，如社会考查团，学术研究会，国乐社等。对外服务则有民众补习学校，及救国运动，慈善运动……

学生食堂办得好不好，是学校管理水平的标尺，报道对此写得十分详尽：

适打晚膳铃——下午六时——丁先生复导记者同往饭厅参观，该校与女师学院合一饭厅，在东邻女师院内。院内可通行，是日天雨，遂由走廊穿过，约行数分钟始至，容千余人之饭厅，黑色方桌行列，有八百余学生方晚膳，均衣罩蓝布大褂（此为该校冬季制服），围桌而坐，每桌六人，火锅一，碟菜四，多蔬菜豆腐之类。馒头米饭之外，有小米稀饭。丁先生告以住宿生必须包伙，每月费用五元，日二餐，早点为稀饭与咸菜。分二厨房承包，一为学校所办，一为学生会自办，费用相同。拥有数百人之饭厅，静寂无哗，学生来往就餐者，殊有秩序，见丁先生，辄呼为礼……①

读罢可知当时天津的女子中专教育已经积累了相当丰富的经验，校风崇尚质朴，没有北平女学生那种“摩登密斯”的现象。文章的副标题恰是画龙点睛，道出学校的长项和短版：“温和娴静大都富于感情，训练严格注意积极指导，身体都不很健康，患胃病者居多。”这些报道不仅为当时准备继续求学的女青年提供了参考信息，也为今天从事中国近现代教育发展史研究的专业人员贡献了20世纪30年代女子师范教育的真实状况。

于立忱的文章富有画面感，且看她笔下的“南开”：

提起女学生三个字，总会引起人们一种新颖的感觉，是羡慕，是神秘，是嫉妒，是鄙视，是……人们憧憬着她们无限光明的前途，她们将要担负起来的社会使命，她们雅素的生活，与丰富的知识，不禁要赞叹一句，这是我们需要的“时代女性”呢。

城南八里台，原为津市的名胜之一，水源环接，居民寥落，夏日以荷花称盛，因有“八里荷花”的美名。南开大学便在这个环境中间，利用了四百余亩的荒园，起建校舍。因为地处郊外，风景幽穆，空气清新的缘故，近年来，变为一班青年专心攻读最适宜的学府。校内利引水势，池塘甚多，芦荷丛生，校园的修葺亦颇有可观，如南北二莲池——以荷花著名，赏莲亭，西极亭，桃林，枣

① 荷：《河北女师学院师中部学生生活访问记》，天津《大公报》1933年12月10日、17日。

林。北极亭，百护林等均足为触目驰怀的佳境。丽生△（“生”后一字无法辨识。作者注）内的金鱼，尤为一时的名贵。①

再看她眼中的“燕京”：

在尘土飞扬的大风中走下了汽车，这天正是星期二，走进学校以后，静悄悄的路上，没有一个人行走，那华贵的建筑的楼房，巍峨而宁肃地矗立在四处，表示出燕大的气宇。因为春的迟临，带了微微苏醒的草木，被大风捲披在路的一边。路是修整而净洁的。……行进女生宿舍，便看见两三个女生下课回来，穿着反皮大衣，或裁剪得很入时的呢大衣，行路的姿态，很是优美庄严，也许还略带点傲慢的神气，表示出她们每个人都具有一副健全合度的体格，换句话说，她们是富有西方近代美的。②

南开大学、燕京大学，这两所名校校园景观和学生气质的差异，已被惟妙惟肖地呈现出来。

于立忱为妇女版写的其他采访，署名也都为“荷”，它们是《女师学院的菊花》《寒风凛烈中又一菊展》《本市一个女子商店　百岁公司采访记》《妇女国货年与儿童年开幕》。

《妇女与家庭》基本上每期一篇专访。复刊后头两个月，采访均不署名，两个月以后这种情况才有了改变。头两个月的那些佚名采访，我们无法确定是否都出自于立忱笔下，但下面这三篇由她执笔的迹象非常明显。

先看复刊第一期、第二期的“妇女专访”栏目，是《三八女子职业学校张人瑞谈妇女运动》的连载。记者介绍采访对象张人瑞，湖南湘潭人，1923 年毕业于北平女师，复进入北平师范大学研究教育，后因家事辍学至天津，在津先后创办日新妇女商店、妇女救济院、三八女子中学校，曾任国民党天津市党部干事。文章称她是几经艰难而志不为动的女士，是“妇女运动之先导”“妇女职业与妇女教育之实行者”③。在被采访时，张人瑞肯定了女性的优点：心思细密，做事周到，做事求好的心思极为强盛，有热烈的同情心，肯于牺牲。对于现时的妇女运动，其看法是：首先的应是妇女教育；其次应增进妇女的职业技能；设法减轻妇女的家庭负担，摧毁妇女运动最大的阻碍力封建思想。张人瑞同于立忱对妇女运动的看法有许多共通之处，又是于立忱学生时代的前辈同窗，在“本刊恢复伊始，拟专辟‘妇女专访’一栏”的时候，由

① 荷：《南大女生生活》，天津《大公报》1933 年 11 月 19 日、26 日。
② 荷：《北平燕大女生健康运动周参观记》，天津《大公报》1934 年 3 月 25 日。
③ 天津《大公报》1933 年 9 月 3 日。

妇女版新任主编亲自采写，提前备好复刊号的首篇“妇女专访”，应是合情合理，理所应当的。

再看“国货调查”栏目。《海京毛织厂状况一般》和《国产“抵羊牌”毛线，东亚毛呢纺织公司参观记》这两篇文章介绍了两家靠民族资本开办的纺织厂的创建经过、生产能力、工人状况、原料来源、产品特点。文中有对提倡国货的底气十足的大声疾呼：

> 自海禁大开，外货运销中国，一般人民生活有了普遍的提高，同时民族工业，因了政治经济的种种原因，陷入于疲惫不振的状态……人民的生产力尽为外资所剥削，以至国家经济日趋破产，社会日趋贫弱。这里，提倡国货，固尚需有经济上的根本办法，但从家庭生活中尽先的改良，凡已有国货的用品，尽量用国货来代替，亦未尝不是挽回漏卮，提倡民族工业利益积极的方法之一；这里需要家庭的主妇们觉醒起来，参加国货救国运动！①
>
> 现在大家可以转变迷信洋货的信念，因为国货毛线中，黑军突起的“抵羊牌”，出品精良，价格低廉，堪与洋货抗衡，是国货的生力军。应该从家庭中人人负起提倡的责任来，优先使用国产品“抵羊牌”毛线！②

考察要点和于立忱旅日期间的《名古屋视察记》极其相似，论点也和“讲坛”栏目中的《谈妇女经济》《家庭与国货》《提倡国货》同调，符合于立忱的语气。

（三）“华”专门面向“顾问栏”

副刊欢迎读者来信提问，为读者开设的“顾问栏”拉进了和读者的距离。“华”在顾问栏里解答问题的数量不很多，但也涉及父母如何共同承担子女教育，如何面对失业，如何解除订婚婚约，关于睡眠等实际问题。这些“小豆腐块”，三言两语，简单明了。

“华”的署名还用在1934年3月4日“抵羊牌毛衣春季赛美运动会开幕”的消息上，呼应了前面提到的未署名的《国产“抵羊牌”毛线，东亚毛呢纺织公司参观记》，为于立忱是其执笔者的推断又添一条依据。

妇女版的开阔视野

于立忱是城市青年，但她的目光并不局限于城市生活、学校教育。她的约稿范围非常广泛，在《妇女与家庭》上刊登的大块文章有《解放农村妇女》（明已）、《平

① 天津《大公报》1933年9月17日。

② 天津《大公报》1933年10月15日。

东战区的农村妇女》（张萍）、《对于女警察的希望》（夏英喆）、《中国妇女解放之根本问题》（柴家禾），以及民族工商业、纺织生产、女子百货的调查等。副刊还不时有介绍美国、苏联、日本等国外妇女生活状况的文章，如《美国妇女情形》《苏联妇女的今昔观》，列宁夫人撰写的《苏联妇女解放的诸问题》；对希特勒在德国推行的带有战争色彩的妇女政策、生育政策，也有及时而态度鲜明的解剖。夏英喆、王非曼、姜国仁等女作家、女教育工作者都在副刊上发表过文章，尤以后来去过延安的夏英喆的文章为最多。

《妇女与家庭》呈现出一个开阔的视野，有对女性的解放与经济独立、恋爱婚姻、国家前途等重大社会问题的讨论，也有着装消费、育儿健康、花卉养植等方方面面的常识。于立忱的才干也是多方面的，是有棱有角的主编、又是观察细腻的记者，还兼善摄影。《妇女与家庭》上有她拍的照片，署名"忱摄"，虽说尺幅小，印刷质量使清晰度大打折扣，可是取景的别致并不受影响。例如 12 月 24 日的"宁园小立"，逆光勾出两个凭栏眺望的女子，身穿旗袍，手中一把浅色阳伞的圆影刚好投在脚下，图片说明笔调轻松："要穿适当的衣服在适当的环境。在学校或工作的时候，不当穿时髦的绸缎衣服。反之如在广众的交际场中，衣影缤纷的当儿你却穿一件蓝布衫又显得寒酸了。"妇女版的采访文章多配有图片，并注摄影者姓名。"荷"的采访配发的照片却未标摄影者，正说明图与文都是"荷"的作品。

七个月的时间，《妇女与家庭》拥有了不小的读者群，主编的感染力很快就被商家捕捉到了。1934 年 4 月 8 日是星期天，《大公报》商业版有条显眼的广告，广告语也特别：

> ——前些天《大公报》妇女版主编于立忱在伉俪社社员大会中她说："做太太的应该知道，穿一件洋货料子的衣裳，不论他是否觉得美丽，实在是太不光荣的事！"彼时那些贤伉俪没有不十二分的同情于女士的话。——

原本是推销国货衣料的广告，商家不找名媛代言，而请副刊编辑来作推广，于立忱的影响力可见一斑。

四　求学路上的奋斗与艰难

于立忱的《对于辜仁发控妻案的感想》，提供了她旅东行止的相关信息。以往凡谈及她的留学时间，都笼统说 1934 年春，不知到底几月份动身。辜仁发的案子 1934 年 3 月曝光，于立忱的评论 4 月 1 日发表，说明此前她尚未启程。日本学校实行春季开学，每学年分为三学期，2 月底至 4 月上旬为春假。推算下来，于立忱应在 4 月初动身，途中辗转数日，在新学期开始前赶到东京，进入早稻田大学院经济系。

4 月 28 日，天津女青年会在《大公报》上预告，30 日的劳工节大会将有于立忱等人出席演讲，但此后并未见有于立忱到会的报道，恐怕这条预告有扩大宣传的作用，其实于立忱此时已经不在天津。

曹聚仁赞同她的观点

留学初期，立忱就妇女与教育问题继续向《大公报》及大公报旗下的《国闻周报》投稿，写过《娜拉脱离家庭的原因与走后怎样的问题》和呼吁改革国内小学教育，提高教员待遇的文章。1935 年 7 月的《献给时代的女性》，投给了沈兹九的《妇女生活》。

《娜拉走后怎样》是鲁迅 1923 年底在北京女子师范高等学校文艺会上的演讲，是妇女解放运动所要面对的深层次的大问题。立忱在讨论中认为，娜拉不是奇人，而是一个普通女子，具有一般女子所有的优缺点。这观点很实际，很有现实意义，得到曹聚仁的赞同。在总结十年来这个老话题有无进展时，他专门引用了于立忱的说法：

> 于十年之后，回复到十年前的旧问题，其观点难道一点没有差别吗？不，十年前的娜拉，以女英雄的姿态出现于我们面前；现在大家心目中的娜拉，已如于立忱所说："我们理想中的娜拉，应是一个普通的女子，具有一般女子所有的性情与气质，她有一般女子所有的优点，也有一般女子所有的缺点；觉悟的时机到来，她先人觉悟了，却不是由于她是奇人，正是因为她具有普通人应有的各面。"（见《娜拉脱离家庭的原因与走后怎样的问题》）因此，娜拉出走以后的种切，并不能依靠一斗或一担的同情来支持；所需要的还是鲁迅所提出的问题："梦是好的，否则，钱是要紧的。"①

除了曹聚仁看重的这一提法，《娜拉脱离家庭的原因与走后怎样的问题》里不少论述都比立忱主编《大公报》妇女版时的文章更有深度。她认真阅读了倍倍尔的《妇人与社会》，她读的可能是日译本，或夏衍 1927 年通过日译本转译的中文本。因为该书的中文译名 1955 年才根据德文版改译为《妇女与社会主义》。文中介绍了该书从人类社会发展史的角度，对妇女地位低下的社会历史原因进行的分析。立忱写道，娜拉出走以后有两条路可走：第一条路，具有百折不挠的精神，勇敢的走向这新发现的奋斗目标，为争取人的权利，牺牲一切，在所不惜。第二条路，由于挫折感到精神上的疲劳，便暂时停顿不再前进。这种畸形的生活不能持久，或者找到比以前的家庭幸福些的休息处所，安逸终了；或者因无处可走，仍回到原来的家庭，亦非心之所甘。性格强烈的，会采用自杀的决策；性情弱一点的，会糊里糊涂地堕落下去。中

① 曹聚仁：《娜拉出走问题》，《申报》1934 年 5 月 28 日。

国社会少有脱离家庭的妻子能达到理想中的成就，迂回周折的结果仍逃不出原有生活的范围，不过为自己的一部历史多点缀了些花样而已。她认为，聪明的娜拉应该了解目前的傀儡地位“不是某一特殊环境的原因，而是缘由于整个社会制度的普遍现象。”中国的娜拉“普遍的出现于生活基础最不稳定的中产社会”。“经济的独立，最易促进女子人格上的自觉”。“从事职业劳动的妇女，才能把妇女运动的责任担负起来!”① 这些阐述里有她的理性思考。

勤奋、拼搏抵挡不住肺结核

于立忱留学期间的主要精力，相比而言，更集中在与日本的政治、经济相关的问题上。她翻译了日本法学家美浓部达吉的《日本政局之展望》，经济学家小岛精一的《英国之远东政策与日本》《中日满经济集团的意义及其展望》。这些文章对日本在中国东北、华北地区的推进计划，对日本在东亚、南亚地区的经济政策有直截了当、毫无遮掩的论述和大量数据。

1935 年 5 月，《大公报》“三驾马车”之一的胡政之和王佩之、黄钱发两位报社元老访问日本，于立忱随同他们考察了名古屋。日外务省东亚局长桑岛立计提前通知名古屋商工会议所理事三浦协助照料。26 日晚乘夜车从东京出发，翌日清晨抵达名古屋，立即投入为期两天的行程。他们紧锣密鼓地访问了《新爱知》《名古屋新闻》两家新闻机构、六家工厂、五个家庭小工业，涉及新闻出版、陶瓷、毛纺、时钟制造、现代化养鸡、传统工艺品等门类。还顺路参观了扩建中的日本第四大货运港名古屋港，访问了大阪朝日驻名支局。考察对象从大到拥有 800 名员工的知名企业，到仅仅有 1 名老妪独立操作的家庭手工业，规模不一，产品各异。于立忱很快写好《名古屋视察记》，和胡政之的《日本之行》在同一期《国闻周报》上发表。

《名古屋视察记》详细记录了一路的见闻，对采访对象的历史与现状、产品特色、生产工艺、内外贸易销售额、企业管理特色、技师与工人人数、女工童工比例、劳动时间和工资收入，逐一加以归纳，为国内民族工商业界提供了大量参考信息。视察记还对与中国同类产业和市场营销有直接关联的环节夹叙夹议，对不允许近距离参观的军工生产也不漏过要捎带一笔，在大量的细节描写中显示出娴熟的职业技能。

几个月后，国内金融界商界联合组成大型经济考察团，拟对日本作为期三周的访问。10 月 2 日天津《大公报》报道了考察团即将东渡的消息，考察团规格颇高，团长为《大公报》社长、著名实业家吴鼎昌，团员均为金融工商界的显要人物：中国银行总经理宋汉章，汉口商会会长黄文植，上海银行公会会长、上海商业储蓄银行总经理陈光甫，广东中央银行行长邹敏初，北平银行公会会长、金城银行总经理周作民，中国、交通两行常务董事钱永铭，上海商会会长俞佐庭，招商局总经理刘鸿生，

① 《国闻周报》1934 年 4 月第 11 卷第 16 期。

天津银行公会会长钟锷，浙江兴业银行总经理徐新六，交通银行总经理唐寿民，中国农工银行总经理胡筠庵，以及中国酒精厂的董事长、武昌裕华纱厂的厂长，等等，加上他们的私人秘书、专家、亲眷，浩浩荡荡34人。名单最后一位为“事务员于立忱女士（北平女师范学校毕业，在日留学）”。她的这次任用，想来是《大公报》的安排，或者与高效的名古屋之行有关联。紧接着，3日、4日两天的《大公报》连载了她翻译的小岛精一的《英国之远东政策与日本》，译者推荐该文“内容多代表日本有关者之意见，殊有参考之价值也”，可视为对赴日考察的配合。5日《大公报》刊发“社评”，介绍考察团此行将注重与经济界人士接谈，不愿多作政治色彩之交际，“希望日方息止对华之政治上之相凌，而真正走上两国平等提携之路”。

考察团临行前茶会、宴会一场接一场，吴国桢、孔祥熙分别单独饯行。上海《申报》《大晚报》也对包括于立忱在内的考察团名单、送行活动、在日行程有连续报道。吴鼎昌在行前讲话中说：欧战以还，日本工商业突飞猛进，我国经济界久拟前往考察，今幸于短期内成立各地各业联合之考察团以偿夙愿。此行将详细考察人造丝、纺织业、银行学、会计学，其他新兴工业暨经济情形。因考察种类不一，团体行动之后再行单独或分组考察，返国后将报告考察所得，以供各界参考。10月6日，于立忱随考察团登上上海丸。汇山码头，光影闪动，送行者不下百人，有孔祥熙的代表、中央银行秘书长谢霖，有外交部次长唐有壬，还有梅兰芳、邹秉文等各界名流。日本驻沪总领事、情报部部长、日本在华工商会议所会长、在华纺织同业会会长，也在送行人群中。给这样一个重镇如云的考察团作事务员，必定头绪繁多，压力山大，年轻干练的于立忱面临新的挑战。

万没有想到，挑战会成为谢幕。赴日经济考察团启程以后，经常刊登于立忱文章的《大公报》《国闻周报》上再无她的信息，替沈兹九的《妇女生活》做驻日通讯员的事也未兑现。“由于重伤风引起肺病”，应该就是在这时发生的。沈兹九的朋友也来信证实她患了咯血症，“在静养中”。过度劳累，营养不良，是肺结核的基本诱因，揣想这就是于立忱留学生活的缩影。当她的名字终于重新出现在报刊上时，竟然是《讣告》。

谣言被谢冰莹本人澄清了

立忱离世时，谢冰莹在湖南衡山，通过姚潜修的来信才得知了消息。谢立刻动笔写了《痛心》这篇文章，回忆她和于立忱是“在一九三四年岛国的冬天认识的”。这年11月上旬，曾是北方左联领导成员的谢冰莹再次赴日，拟入早稻田大学学习，在参加留东学生聚会时初识了在早稻田深造的于立忱。

她们再次见面是在一个“狂风暴雨的黄昏”，在谢冰莹住处，东京阿佐ケ谷的樱之家。东京冬季多雪，不会有“狂风暴雨”，何况是平均气温比现在低的20世纪30年代。时间应在1935年3月下旬或者更迟一些。这天，于立忱在从汤浅芳子那里径直来找谢冰莹，邀她一起向汤浅学俄文。因为三年前谢来日本时，汤浅在中条百合子家里见过她，彼此认识。汤浅从事苏俄国文学翻译多年，译过契科夫的《樱桃园》，高尔基的《马卡尔·楚德拉》《在底层》等。中条百合子是小说家兼文学评论家，日本“无产阶级文化联盟”中央协议会委员和妇女协议会的负责人，1932 年与宫本显治结婚。宫本被判无期徒刑后，中条坚持信念不动摇，直到战后宫本被释放。在她身后出版的与丈夫的狱中通信，被誉为“真正的爱情诗篇”。汤浅和中条曾于 1927 年结伴去过苏联，访问过高尔基，参观过工厂、矿山、学校，为苏联人民建设社会主义的热情所感动。

谢到日本几个月后，日语水平已大有提高。她满心欢喜地接受了立忱的提议，抒发着见到了“照耀着全宇宙发热的太阳”般的心情：

> “好极了！立忱，我们一路去吧。”
>
> 于是四只手握得更紧了，两颗心跳得更快了，两个人像孩子似的抱着傻笑，闪烁在我们前面的是一座花园，一个美丽的新世界，一个照耀着全宇宙发热的太阳。

不管后来于立忱向汤浅学习俄文的进展如何，这件事都证实了她和日本“无产阶级文化联盟”成员、与日共女作家的交往，丰富了《申报》所介绍的她和“日本女作家神近市子、竹中繁、林芙美子、中条百合子皆极契合”的说法。

《痛心》接着写了于立忱的那次住院手术，写了谢和《朝日新闻》社的竹中繁及其他朋友在病房里探视的情形：

> 你对待朋友是那样的热情，关心，你是竹中繁女士最佩服最喜爱的中国友人。……你害了盲肠炎躺在庆应大学的病院时，天天有许多中国朋友去看你，但女性中以我和竹中最勤。记得是割盲肠炎的那天早晨，我第一个跑去看你……
>
> “我知道你今天施手术，所以没有准备去学校，抱着的是牛肉汁和鲜花。”
>
> 望到鲜花你微笑了，要我好好地插在瓶里。一会儿竹中来了，她手里也拿了一束鲜花，比我的还大，你更高兴了，不住地叫着：
>
> “妈妈，妈妈，很感谢你，很感谢你！”
>
> 被推去手术室的一刹那，你的脸色突然变得惨白，用着留恋而恐惧的视线在我们的脸上扫射了一下，竹中和我同时宽慰着说：
>
> “不要害怕，一下就回来的。”
>
> ……半点钟过后你被推回房里了，所有在等候着消息的朋友都庆祝你渡过了难关，你自己那时更比我们快活。

原文写得比较琐细，引文用了删节号，以突出这样两个关键点：

一、于立忱是因“害了盲肠炎”住院手术的，和产科无关。

二、于立忱从被推进手术室到手术结束回到病房，房间里有不少来看望的朋友，谢冰莹是其中之一。

手术是在哪年哪月呢？据 1935 年 4 月 23 日《读卖新闻》，谢冰莹于当年 4 月 14 日夜在大岛公寓被警察带走并拘留。[①] 被捕的原因，一说是抗议溥仪访日，另一说是“被认为有国际共产主义嫌疑”[②]。后经柳亚子去电营救，三个星期后保释出狱，限期离境。对照 1937 年 5 月 29 日《大公报》的说法：“不幸女士东居甫及一年，即患盲肠炎。”于立忱 1934 年 4 月上旬辞去《大公报》妇女版工作，东居甫及一年，手术应该是也只能是 1935 年的 4 月上旬。假如这次手术是在于立忱 1937 年临近回国之前，谢早已不在日本；哪怕只晚上十天半月，谢也会因失去行动自由无法去探视的。《痛心》再清楚不过地证实了于立忱这次住院手术的病因、时间、地点。

文章继续写道：

> 从狱中出来后，我们住在日华学会，你每天都来看我们。并且告诉我竹中很关心我们。
>
> “她问你们什么时候走，她和神近市子都要来送行。”
>
> “不！连你都不许去送。”
>
> 我是怕连累你们才这样说，你却说：为了朋友，为了正义，什么都可牺牲。我们被捕时，日警已去搜查过你的房子，但你一点也不害怕，仍然为我们的事奔走。五月十七日是我们离开东京恢复自由的日子。
>
> 想不到东京站一别，竟成了永诀。立忱，叫我如何不伤心！
>
> 为了怕妨碍你在东京的生活，我们回国后，很少给你写信，你几时回国的，我也不知道。五月十七日我安葬了母亲回到衡山来，才读到潜修兄的信，说你在杭州西湖养病，天天想自杀，正要写信给你，却不料噩耗传来，你已经离开了人世！

这段文字里多次提到的“我们”，是指谢冰莹和黄震（特），从 1932 年到 1940 年他们生活在一起，但 1934 年秋黄震没有和谢同时东渡，大约第二年 3 月才在日本与谢会合。

梳理一下谢同立忱交往的这几件事，它们前后衔接得很紧。1934 年底相识。

---

① 转引自叶扬兵《谢冰莹第二次日本之行起止时间及在东京被捕时间考》，《新文学史料》2018 年第 4 期。

② 本报特写《前线参加抗战的谢冰莹会见记》，《立报》1937 年 10 月 4 日。

1935 年天气转暖后，立忱约谢一起学俄文。4 月上旬立忱动盲肠手术，手术当天谢与友人同去探望。4 月 14 日谢和黄震同时被捕，立忱因受牵连，住处被搜查。谢、黄二人被关押三星期后，5 月上旬出狱，17 日离开东京回国。离开东京前，立忱每天去住处看望他们，直至去车站送行。《大公报》说立忱“施行手术后，不如平日康健”，显而易见，谢在遇到危难时，立忱无所顾忌地为她四处奔走，应是术后身体未能很好恢复的原因之一。

谢当时对于立忱深怀感激，《痛心》写得很中肯：

> 你是个受过苦难来的女人，也是个经过无数挫折，从黑暗的社会里奋斗出来的战士，你有女性的温柔，慈爱，多情，同时更有男性一般的刚强勇敢。对于现社会，你时时都感到不满，但你并不空发牢骚，你在整天着埋头读书，研究，你常说：“我要准备工具，准备建设新社会的工具！”……你生来富有反抗的精神，你反抗束缚你的家庭，反抗吃人的礼教，反抗黑暗的社会，反抗一切的强权和帝国主义，而独不能和病魔抵抗到底，立忱，我替你悲哀，替一切患了病而没有钱供给她长期休养的穷朋友悲哀，自然也替自己悲哀！

四十七年后，谢冰莹七十八岁，是失忆，还是蓄意？她的《于立忱之死——是郭沫若害死她的》，一开头就说于立忱是《益世报》记者，接着是一长串在“产科病房”里独自向谢冰莹的哭诉，要和郭沫若“回上海结婚”。年轻人可以不懂，但谢冰莹不会不清楚，在国民党当局没有撤销悬赏通缉的时候，郭沫若这个尽人皆知的政治犯怎么回上海？谣言一出，处处打脸。为了达到明确的政治目的，丑化郭沫若，拿不相干的人来随意编派，姑且罢了，想不到一位女作家，能编出龌龊到这等地步的“秘密”，写出如许“寡廉鲜耻”“人格扫地”的话来伤害、侮辱救助自己于危难的亡友。

那些替谢冰莹传谣、续谣的网络写手，是不是需要冷静一下呢？

左翼朋友间的友情

于立忱的七妹立修谈及对大姐的印象时说，觉得大姐很像早年学生运动中的共产党员，不过我们没有发现能够切实证明这一点的信息。至于百度说于立忱“还在大学三年级时，她的共产党身份被国民党特务发现”，亦无资料佐证。

《大公报》是秉承“不党、不卖、不私、不盲”的办报原则的。于立忱作为《大公报》的派出记者，留学期间未见在左联东京分盟的刊物《东流》《杂文》《质文》等上发过文章，但是，这不妨碍她参加留东同学会的活动，不妨碍她和左翼学生建立相互信任的关系。

1934 年春，正是中国留日学生数量大幅度增加的时期，其中有不少进步青年，一度中断的东京左联分盟的活动也逐步恢复。早稻田大学经济系，和于立忱先后期的同学中有这样一些人：朱洁夫，1932 年入校，后在郭沫若领导的三厅、文工会工作。杨凡，1933 年入校时已是中共党员，郭沫若为他翻译的高尔基《文学论》写过序。杨凡、朱洁夫是留东同学会负责人，经常组织留学生的活动。1935 年 10 月 5 日郭沫若在东京中华基督教青年会演讲时，会场里有人制造骚乱，是他们两人最先冲到台前保护了郭沫若。[①] 林林，1933 年入校，后转文学专业，任左联东京分盟干事会干事。姚潜修（尔觉），1935 年入校，东京分盟刊物的成员。他们后来都是《救亡日报》社的中坚。还有同校不同系的邢桐华，俄语极好，《质文》中与俄语有关的内容都由他来校订，包括林林译述的高尔基的《论文学》。一心渴望学好俄语的立忱，想必知道这个同样因肺病咯血的同学。邢桐华后来也加入三厅机关，撤到桂林一年半以后病逝。[②]

图 8　1936 年郭沫若与左联东京分盟成员。前左起：邢桐华、任白戈；前右起：魏猛克、陈北鸥；后左起：蔡代石、张香山、姚潜修、张罗天，图片为郭沫若纪念馆馆藏

1935 年夏，大革命时期的中共党员任白戈也因国内政治形势所迫转移到日本，他没有进入某所大学学习，于立忱同样了解他的情况。得到鲁迅、郭沫若支持的《杂文》《质文》正是任白戈带领一批文学青年们创办的。秋冬时节，东京左翼文化总同盟成立，任白戈担任干事会书记，在中国学生中间组织了研究马克思主义的社会科学团体，推动各校留学生通过选举把国民党把持的留日学生总会的领导权夺了过来。西安事变后，他受到东京警视厅的监视，留在日本已不安全。1937 年 2 月，于立忱学业结束，《大公报》停发了对她的资助。立忱清楚任白戈的处境，约他一起回

① 郭沫若：《侠情和友谊的纪念》，《郭沫若全集·文学编》第 16 卷，人民文学出版社 1989 年版，第 223 页。

② 郭沫若：《螃蟹的憔悴——纪念邢桐华君》，《新蜀报》1940 年 7 月 6 日。

国。无论肺结核有没有痊愈，回国途中有志趣相和的朋友同行，都是幸事。立忱做了稳妥的安排，让任白戈和妻子李柯（月轩）搬来和自己同住，松懈了警方的注意。李柯曾把郭沫若的《豕蹄》用拉丁拼音写出，和原文一起对照出版，还是个有戏剧表演才能的北方姑娘，写信支持过家乡绥远的妇女刊物《新女性》。几天后，他们三人同船离开日本。任白戈这样回忆：

> 我在日本未住学校，也未参加那些学校的活动，并用的假名在日本居住的。但日本警察从我在日本一年多的活动知道我是左翼的人物，所以把我列入监视的名单。日本警察差不多每一星期或半月都要到我们住地访问一次。在这种形势下面，我们就只好沉着气呆在日本。到了 1937 年的春天，形势缓和了。日本的警察也不常访问我们了，我便准备回国。适逢原来和我认识的《大公报》的记者于立忱也准备回国，她约我一道走。她在日本因《大公报》的关系同日本各大报纸都有联系，是日本警察认为毫无问题的人。我的情况和处境她都知道，我们就商量好了，把一切行李都托运了，随身只带日用的东西。当我动身回国前，我还搬到她住处去一同动身。一路上还有日本各报社派人来照顾她。这样我就在她的掩护下顺利回到上海了。①

回到上海，立忱的结核病复发，再度咯血，加上重度失眠，一年多前因肺病而导致的抑郁情绪骤然加剧，痛不欲生，精神迷离。在杭州葛岭保俶塔旁的疗养院疗养时，几次轻生，幸被及时发现。白薇在病中也得知其近况，说立忱“是最近认识的几位可爱的女青年中最优秀的一位，可惜她病着并且忧郁得很厉害”②。西湖的空气使立忱的肺病有所缓解，返回上海。任白戈嘱咐姚潜修、林林帮助照顾她③，暂住在林林家里。不料仅仅三天，猝不及防的悲剧还是发生了。

留学前任天津左联书记、就读东京高等师范学院的张香山，比立忱稍晚些时候结业回国。当他在报上看到立忱的噩耗时惊诧不已，回想 1936 年秋天蔡代石、魏猛克准备回国，立忱在住处为他们饯行，伴着郭沫若同去了一伙《质文》社的“不速之客”；回想 11 月 15 日“三五七祝”这天为给郭沫若令郎过节，在千叶县的田圃小径，郭先生家的廊上交谈对日本下等社会以及“水平社”的看法；回想留学生们一起在如水会馆看电影《复活》；回想 1937 年初受到日本“刑事”追究并涉及立忱时，怕连累到她，“终于用狡猾的方法没有提起我们之间的关系”，希望她能养好病，重振过去服务社会的精神，所有这些不久前才发生的桩桩件件，让他不禁落泪。④

---

① 任白戈：《我在左联工作的时候》，《左联回忆录》，知识产权出版社 2010 年版，第 302 页。

② 楚阳：《感怀——对于一个自杀了的同病者》，《立报》1937 年 5 月 31 日。

③ 林林：《任白戈在东京片段》，《文史杂志》1993 年第 1 期。

④ 张香山：《吊于立忱女士》，《立报》1937 年 5 月 26 日。

因为职业关系，于立忱生前交游很广，可是在她生命的最后时刻以至身后，除了亲人立群，守护在她身边的不是《大公报》的同人，不是她服务过的实业界重镇的部属，而是从日本归来的左翼朋友，他们并不限于早稻田大学的同学。立忱的生前身后得到过他们的信任、理解、保护，感受过温暖的友爱，值得欣慰。

1936年末，立群已进入新华电影公司。她用黎明健的名字，先后参加过《人间仙子》《壮志凌云》《青年进行曲》的拍摄，在《秋雨残花》《富春江》里扮演过女主角。转过年来，因为立忱的关系，黎明健的朋友圈里除了司徒慧敏、田方、吴永刚这些左翼电影工作者，又增加了不少从日本回国的左翼青年，进而认识了何香凝、潘汉年、郭沫若……黎明健想随任白戈、李柯一起去延安，没来得及实现。姚潜修参与了上海第一国际难民收容所的管理，林林介绍她加入收容所的志愿者队伍。她一面参加街头演剧宣传，一面学习紧急救护知识，组织“抗日妇女衣履缝纫团”，和其他妇女团体联合组成前线慰问队，把困在田间、路旁的伤兵送到市内的医院。人们不时在报上看到她发来的战地报道：

> “晚上日本鬼子是不敢动的，最讨厌就是汉奸，我们的交通，电话线常常被他们妨碍，从前我们拿到一个汉奸时总不肯随便就弄死，大半数都送到后方去，现在可不了，抓到就毙了。”“几年来我们受鬼子的气真叫人太难耐了，这次总算有了杀敌的机会，怎么肯放松呢！只要我们没有死，我们总得给东洋鬼子打回老家去。”听这些话，我兴奋到说不出话来，“有了这样不怕死的战士，最后的胜利一定是属于我们的了！”①
>
> 突然敌机又来了。整个的队伍便分散开来。我躲到草堆里，仰望飞机的动静，不久它就飞走了。我由草堆里钻出，忽看到身旁有两位武装的儿童身上带有不少东西，我好奇的去问：“你们几岁啦?”“我十四。”“我十五。”他俩活泼的答着。说是四川人。我又问：“你们是到前线去作战吗?”“是的。”他的答复叫我吃一惊，我本以为他俩是勤务兵，倒没想到——是火线上的斗士。我不自主地和他们说：“你们真是好男儿。已打过仗了吗?”“打过，我并且用手榴弹将冲到我阵地来的敌人炸死过好几个。”他们得意的说着。时间不许我们仔细再谈，便拍了一张照留个纪念。这两位武装小同志我将永远记着他俩的伟大。②

相信如果于立忱健在，定会写出更多昂扬士气的文章，抓拍到更多真实感人的战地场景。

上海沦陷前夕，黎明健面临着几种不同的选择。新华影片公司留她继续拍片，张

① 黎明健：《战地的一夜》，《救亡日报》1937年9月18日。

② 黎明健：《战地剪影》，《救亡日报》1937年11月6日。

救亡日報
戰地剪影
黎明健

图 9 《战地剪影》作者黎明健（中）与淞沪火线上的小战士

季鸾许诺出资送她去读书，都被她回绝了。她把“抗日妇女衣履缝纫团”募集的余款一百元交给夏衍，托他转给八路军，做好参加洪深领导的战地演剧队转入内地工作的准备。这时，她得到郭沫若的介绍信，介绍她去延安上学，真是无比欢欣。于是，她和《救亡日报》南下先遣队成员姚潜修、林林、叶文津这些立忱的朋友一同撤往广州，等待机会绕道前往日夜向往的北方。

图 10 1937 年底《救亡日报》南下先遣队员在广州：于立群（左一）、姚潜修（左三）、郁风（左四）、林林（右二）等。叶文津摄

抑郁症，对于今天的人们来说，已经是一种常见病，高发于青年和老年两个年龄段，有多种治疗方法。然而对于人均寿命只有 35 岁、精神医疗常识尤为不普及的昔日中国，抑郁症却是专门扼杀青春的杀手。严重的抑郁症患者如果得不到适当的物理的或化学药物的治疗，是无法自愈的。越是一向严格律己，长期隐忍内敛而有抑郁倾向的年轻人，病情暴发越是突然。于立忱正是这样一个被抑郁症夺去青春的患者。曾几何时，她不止一次地在文章中分析过女青年自杀的社会现象，哪料到高远的志向和过低的自我评价形成的巨大反差，会使她神经崩溃，被病态的苦闷、自卑、绝望淹

没。从1933年4月开始投稿，到1936年12月的绝句《咏风筝》，她的写作生涯只有三年半。文如其人，透过如今搜寻到的这些文字，可以看到一个清纯洁白、正直奋进、敏感热忱、独立忘我而脆弱的身影，为争取妇女解放、实现社会公平、发展教育、振兴民族工业、增强国家实力做过的努力。

感谢翟月、何玉、李玉彩、陈瑜等人的帮助，使于立忱的生活轨迹、著译文章有了集中回放的可能。

（原载《新文学史料》2020年第1期）

附

于立忱著译文章

（1933.4.—1936.12.）

	标　题	日期	发表报刊	版面	署名
1	乡村小学教员生活的追忆	1933年4月29日	大公报·本市付刊	13	于立忱女士投寄
2	津变时的大学生——请你自省究竟自己是哪一类	1933年6月3日	同上	13	何华
3	河北普通考试杂记（上）	1933年6月12日	同上	13	何华
	河北普通考试杂记（下）	1933年6月13日			
4	东局子基督教救济会　难民收容所开会结束	1933年6月30日	同上	13	立忱
5	基督教救济会难民收容所结束后　百余难民移归红十字会照料	1933年7月1日	同上	13	立忱
6	慈惠小学校昨举行毕业纪念会 教育局长派员莅校训话　家长毕集来宾欢聚一堂	1933年7月2日	同上	13	立忱
7	慈惠学校恳亲会各级学生表演均见优长	1933年7月3日	同上	13	立忱
8	中华戏曲学校学生生活访问记（未完）	1933年8月14日	同上	13	忱
	中华戏曲学校学生生活访问记	1933年8月15日			
9	谨声明记者的立场 读了"中华戏曲学校确令人怀疑"以后——致中华戏曲学校校长焦菊隐君——	1933年8月19日	同上	13	于立忱
10	［讲坛］妇女与家庭	1933年9月3日	大公报·妇女与家庭	11	未署名
11	三八女子职业学校张人瑞谈妇女运动（上）	同上	同上	11	未署名
	三八女子职业学校张人瑞谈妇女运动（下）	1933年9月10日			
12	［讲坛］家庭与学校	同上	同上	11	未署名
13	［讲坛］谈妇女经济	1933年9月17日	同上	11	未署名

续表

	标　题	日期	发表报刊	版面	署名
14	海京毛织厂状况一般　美国机器华人经营　生产最优良的国货呢绒	同上	同上	11	未署名
	海京毛织厂状况一般（续）华人主办及管理中国原料的生产品	1933 年 9 月 24 日			
15	［讲坛］家庭与国货	同上	同上	11	未署名
16	［讲坛］家长与子女教育	1933 年 10 月 1 日	同上	11	未署名
17	［讲坛］家庭与儿童	1933 年 10 月 8 日	同上	11	未署名
18	钱李二女士的自杀与社会原因	1933 年 10 月 15 日	同上	11	立忱
19	国产“抵羊牌”毛线　东亚毛呢纺织公司参观记	同上	同上	11	未署名
20	［讲坛］提倡国货	1933 年 10 月 22 日	同上	11	未署名
21	青年会主办的扩大提倡国货大会 参加展览者六十余商号日常生活必需品大致具备	同上	同上	11	未署名
22	［顾问栏］答静仪女士	同上	同上	11	华
23	［讲坛］园艺与生活	1933 年 10 月 29 日	同上	11	未署名
24	女师学院的菊花 异卉千株纷然并呈　枝叶丰茂赋色特艳	同上	同上	11	荷
25	［顾问栏］答湘英女士	同上	同上	11	华
26	［讲坛］公生活与私生活	1933 年 11 月 5 日	同上	11	未署名
27	寒风凛烈中又一菊展：南开学校名株三千	同上	同上	11	荷
28	［讲坛］家庭中的外交	1933 年 11 月 12 日	同上	11	未署名
29	本市一个女子商店　百岁公司访问记	同上	同上	11	荷
30	［讲坛］望大家注重劳动的锻炼	1933 年 11 月 19 日	同上	11	未署名
31	南大女生生活　八里荷花芝琴楼中的一瞥	同上	同上	11	荷
	南大女生生活（续） 活泼健康富自治劳作的精神 功课繁忙无业余研究的机会	1933 年 11 月 26 日			
32	［讲坛］女子怎样救国？	同上	同上	11	未署名
33	［讲坛］父女思想冲突问题	1933 年 12 月 3 日	同上	11	未署名
34	［顾问栏］答天津一女子	同上	同上	11	华
35	［讲坛］情感与理解之调和	1933 年 12 月 10 日	同上	11	未署名

续表

	标　题	日期	发表报刊	版面	署名
36	河北女师师中部学生生活访问记	同上	同上	11	荷
	河北女师师中部学生生活访问记（续）	1933 年 12 月 17 日			
37	［讲坛］家庭里的有闲阶级	同上	同上	11	未署名
38	［讲坛］甚么是美？	1933 年 12 月 24 日	同上	11	未署名
39	［讲坛］太太不过新历年	1933 年 12 月 31 日	同上	11	未署名
40	［讲坛］怎样才算爱儿童？	1934 年 1 月 7 日	同上	11	未署名
41	妇女国货年与儿童年开幕	同上	同上	11	荷
42	关于妇女家庭职业	1934 年 2 月 18 日	同上	11	立忱
43	抵羊牌毛衣春季赛美运动会开幕	1934 年 3 月 4 日	同上	11	华
44	北平燕大女生健康运动周参观记	1934 年 3 月 25 日	同上	11	荷
45	对于辜仁发控妻案的感想	1934 年 4 月 1 日	同上	11	何华
46	娜拉脱离家庭的原因与走后怎样的问题	1934 年 4 月 11 卷 16 期	国闻周报		于立忱
47	小学国语教材商榷 ——读“南京教育界一桩风雅韵事”的感想	1934 年 6 月 24 日— 1934 年 6 月 27 日	大公报 （连载）	4	于立忱
48	东乡纪念展览会（未完）	1934 年 9 月 1 日	大公报	5	何华
	同上（署“1934. 8. 10”）	1934 年 9 月 2 日			
49	美浓部达吉：日本政局之展望	1935 年 1 月 18 日— 1935 年 1 月 25 日 不含 0122	大公报 （连载）	5	于立忱译
50	名古屋视察记	1935 年 6 月 24 日 12 卷 24 期	国闻周报		于立忱
51	小岛精一：中日满经济集团的意义及其展望	1935 年 7 月 12 卷 29 期	国闻周报		何华译
52	献给时代的女性（署“1935. 7. 25. 于东京”）	1935 年 9 月 1 卷 3 期	妇女生活		何华
53	小岛精一：英国之远东政策与日本	1935 年 10 月 3 日— 1935 年 10 月 4 日	大公报 （连载）	5	何华 女士译
54	咏风筝（1936. 冬）	见郭沫若《断线风筝——纪念于立忱女士》			

附注：于立忱主编的《大公报》妇女版未能确定执笔人的佚名文章尚有 5 篇：1933 年 9 月 10 日《儿童时代　慈母与之教育》《绰号“白胡子”的女民族英雄》，9 月 24 日《钢琴演奏会》，10 月 1 日《本市著名钢琴家夏志真女士访问记》，10 月 8 日《卞太夫人访问记》。

第三篇

新刊佚文

抗日战争中国的文艺动态*

郭沫若

文化是人类的智慧对于自然界暴力的克服，对于人事界暴力的克服。举凡自然界中所存在的一切物质的力量，要驯服它，使它尽最大的效用于人类；要防御它，使它不为丝毫的患害于人类。举凡人类本身所有的一切力量，也同样要使它在合理的关系上，向着人类共存共荣的轨道上发展，而阻塞其相反的途径。这，应该是人类文化的基本的原则。文化的本质是富有战斗性的，举凡合乎这种原则的战斗便是促进文化的契机。

中国近百年来继续不断的反帝国主义的战斗，使中国文化逐渐地获得了生机，而在最近三年半的期间，反对最横暴、最凶残的日本帝国主义的大规模的战争中，中国的新文化运动可以说是发展到了相当的高潮了。中国的人民大众从长久的冬眠期中觉醒了转来，在保卫祖国独立、保卫民族生存的艰苦战斗中，肩负着保卫文化和创造文化的神圣任务而迈进。

为使情形更容易把握起见，我们现在请具体地专就文艺一方面加以叙述吧。

中国的新文艺运动，应该导源于前清末年，以黄公度、刘铁云、曾孟朴诸人为其代表，追溯起来，已经有了四五十年的历史了。那几位前驱者的活动，受着祖国的现实地位的规约，开始便是以反帝反封建的姿态出现的，虽然是在不十分明确的意识之下。中间经过一九一九年的“五四运动”，随着反帝反封建使命的明确化，新文化运动乃至整个的文化运动，获得了划时期的胜利，由叛逆的地位升到了支配的地位。尔来在新旧间仍有不断的斗争，纯粹的旧的势力在外表上虽然仅仅维系着它那惰性的长老般的存在，然而在新的阵营内部起了显著的分化，意识不十分明确的人仍为旧势力所勾引了去，转而以新的形势作为旧的意识的护符。而帝国主义的第五纵队——民族买办阶级，也获得了并加意培植了一批代言人，因而在一九一九年代的新旧文白之争，一变而为一九三零年前后的左右派之争。其斗争之激烈，使文艺战士因而丧失自由甚至生命者，大有人在。然而反动文艺虽然获得权力背景的支持，而中国新文艺的领导权却始终掌握在前进者的手里。“九一八”以来，日本帝国主义的侵略日紧一日，民族买办阶级和封建残余势力感觉着本身的危殆，使他们不得不缓和其对内的斗

---

* 据郭沫若纪念馆馆藏手稿编入。

争，而一致地集中在反抗日本帝国主义的旗帜之下。在“七七”的前夜，前进的文艺工作者们因而有左翼作家联盟的解消，而使全国作家大团结的活动增加了进行的顺利。很明显的，左翼集团的解消并不是由于左翼领导理论的错误，而是由于反帝号召的得到全面的支持。在反帝的斗争当中，统摄反封建的斗争，而封建残余势力事实上由于侵略战争的破坏性和民族危机超过了阶级利害的自觉，也解除了它们本身的一部分的桎梏，而获得了意识上的一步前进。就这样，中国的抗日战争是促进了中国新文艺乃至文化运动一般的发展。

抗日战争以来在中国文艺界最值得纪念的一件大事，便是文艺作家们的大团结——中国文艺界抗日战争协会的结成。这在中国的现代是一种惊异的出现。所有的一切文艺工作者——诗人、剧作家、小说家，批评家、文艺史学家，乃至大多数的新闻记者，不分派别、不分阶层、不分新旧，都相互地携起手来，为保卫民族的生存和祖国的独立，从事于反侵略的艰苦的斗争。继这文艺界抗日战争协会而起的，有全国戏剧界抗敌协会、全国音乐界抗敌协会、全国电影界抗敌协会、全国美术界抗敌协会、全国木刻界抗敌协会等等全国性的组织，各个文艺部门的工作者也都踊跃争先地担负起了团结抗日战争这一神圣的义务，这些全国性的组织大都出现于武汉作战的期中，虽然是经过着一些迂回曲折的路径，但直到现在大抵尚能保持着它们的活动和发展，特别是文协。这原因，如上所述，固然是由于客观条件使然，而主观的人为的努力也是未可忽视。在这儿我们值得特别提起的，便是邵力子先生，他是事实上的文协的保姆，文协在他的提倡和保护之下成立了起来，现在他虽然因为业务上的关系而远远地离开了，文协依然保持着一贯的团结抗日战争的精神而发展着是值得使他欣慰的。

中国作家，就这样由于抗日战争的需要促进了本身的团结并促进了全国的团结，同时也因为抗日战争的需要而改进了自己的生活。抗日战争以前作家生活固然有种种不同的姿态，而一般地都是超现实的，远远地和中国的社会，中国的人民大众脱离。旧式的文人株守着传统的贵族式的生活，固不用说，新式的买办阶级和封建地主的代言人大都陶醉于美式的生活方式而成为民族的新贵。然而就是一般有前进意识的工作者们，他们的生活方式和欧美式的新贵们相差得也并不多远。这理由是很简单的。中国的任何派别的文艺作家可以说都是小资产阶级出身，而历史尚短的中国新文艺是发生在少数近代化了的都市如上海和北平，故尔尽管有不少的人在意识上是前进，而在生活上却不免受着束缚。加以由都市所发生的文艺一时也无法和都市脱离，一和都市脱离，于印刷发行上便不免要发生影响。这些缺陷在平时也早就注意到了的，“到民间去”“到农村去”的号召，平时早就提了出来，就因为受着种种客观条件的束缚，一时总不容易实现。然而抗日战争以来却一举而实现了。战争一开始，日本帝国主义挟其优势的海陆军，首先便占领了北平和天津，其次便是上海和南京。这些大都市正是一切文艺家们的乐园，失掉了某国的文艺家们自然不能不向四方疏散。而且随着那些大都市的近代设备和文化机构的向后方移动，后方的若干据点便迅速地近代化了起来，特别是印刷技巧的进步异常惊人，大后方的城市如重庆、成都、昆明、桂林等地，差不多已经达到了抗日战争以前的上海的水准了。这文人的内移和后方都市的迅速近代化，便促进了文艺生活的飞跃的变革。平常集中于若干城市的文人们，现在大批地到了民间、到了农场、到了各战区的军队里，大后方的产业界里，边区的建设里。文人的生活和人民大众的生活打成了一片，文人从生活中得到学习的机会，大众也从文艺中得到生活的借鉴，交互影响而使整个的国民生活得到改进的契机——这是抗日战争以来中国文艺界的另一个意外的收获。

由于时代的进展，作家们生活的改变，中国的新文艺开辟出了广大的天地，更切实踏上了新现实主义的道路了。目前有无数的作家散布在各战区，辛苦地从事着各方面的工作，而在大后方的作家们也有不少的机会，随着军队的开拔，慰劳团和视察团的派遣，向前后方游历，短期间之内便可以踏破几千里的国土，各地的山川风物，人民疾苦，都收罗在他们的采集囊里。这在平时差不多是梦想不到的事体。视野扩大了，资料增加了，反映现实，批判生活的使命，已经不是理论的问题，而是实践的问题了。概括地说来，在长期的战争中，文艺本身的发展，亦不无品质上的差异。在抗日战争初期，一般的作家们受着战争的强烈的刺激，都显示着精神上的兴奋，而失却静观的沉着。因而初期的抗日战争文艺，在内容上大抵是直观的、抒情的、性急的、煽动的，而在形式上以诗歌和独幕剧占着优势的地位。作者激昂，读者亦不耐迂缓。随着战争的长期化后，一般的国民情绪都逐渐地镇静下来，艰苦的战斗也减削了廉价的乐观，战果的批判和胜利条件的检讨必然地导引着作家们恢复到静观和反省的本来的岗位，使得他们在现实生活的体验既经饱满之后，不得不站在比现实超越的据点而加以整理、分拆、综合、批判。因而在创作方面便表现了某种程度的质的提高，像长篇小说、多幕剧、叙事诗和诗剧等比较有重量的作品，在最近的一年中逐渐地产生了出来。这个可喜的现象——新现实主义的坚实的步骤，是预兆着中国文艺的伟大的将来。

以上所述，一、作家们的大团结，使一切从事文艺工作者的笔都集中到反帝斗争的这一点；二、作家生活的改进，作家与人民大众打成了一片，使文艺在现实的沃野里广布了她的根毛；三、新现实主义的实践，使作家们不甘于无批判的对于现实的再现或反射，而努力于有计划有组织的构成——这些，毫无疑问地，是抗日战争三年半以来的中国文艺界的显著的进步。

这些进步在中国文艺界是极可庆幸的现象，然而它们是在种种的困难条件之下发展了来，一直是沿走着相当迂回曲折的道路，而在将来的发展上，那些困难的条件不仅未能尽量的克服，其中有某些条件的困难程度反而有日见严重化的趋势。这些障碍的克服是在中国作家身上，除掉文艺创作本身之外，所被课予的问题，我们得须在这儿，简略地加以陈述。

障碍之由于外因者即是自战争发动以来敌人的大规模的封锁。中国的海岸线差不多全部被敌人封锁了，而国内的主要的交通干线也差不多全部或局部地沦陷在敌人的手中，因而在物质的和精神的资料供应上便受着很大的限制。例如纸张的缺乏是相当严重的问题，外来的纸张来路断绝，而国内用新法或土法所产生的成品，因产量有限，实际上是供不应求。纸价便因而高涨，出版物也因而高涨，一般读书阶级的购买力也就因而减低，甚且因纸张的缺乏，使作家们连原稿纸的需要都感觉着难于应付了。这种现象在战区里面尤其严重，笔者自己便接收过不少次数由战区里寄来的原稿或印刷品，多是写印在业经使用过的废纸的背面，而且纸质多不良好。在前方更因为这种困难而有"街头文艺"的发生，便是把诗歌小说或其他的作品直接写在墙头壁上以传诵。前方的作家们这种苦斗的精神是值得令人钦佩的，然而困难的严重及其对于文艺活动的阻碍，也是无可讳言的事实。

其次，交通的梗塞同样地阻窒了书籍的流通。国内的书籍的发行发生了困难，影响了出版业者的生产，也因而影响了作家的精神生产及其物质的生活。在抗日战争期中，中国作家生活的艰苦是有为国外的人所难于想像的。书籍流通的困难不仅限于国内，国外的书籍同样也很难得达到我们的手里。就这样作家精神食粮的缺乏，也不能不说是一个严重的问题。抗日战争以来欧美名家的新作品差不多是和我们绝缘了。苏联作家的作品幸还和我们保持着联系，但也不如抗日战争前那样的便利，而且因为翻译者的短少也不容易和一般的作家接触，这确是很大的一个遗憾。我们深切地知道，国际间文艺作品的交流是创作欲的绝好的刺激，而我们却失去了这观摩的机会。

障碍之由于内因者，第一是一般民众的教育水准过低。在抗日战争期中为要推动民众作家们于制作上便不能有所牵就，例如"旧瓶盛新酒"的办法，便是利用民间流传的旧形式装入应时的抗日战争的内容，以便于一般落后民众的接受。这在抗日战争的初期成为了一种风气，大抵的作家差不多都尝试过这种工作。这种工作的流行在一部分批评家间甚至生出了一种偏向，直到最近都还有人主张，中国的新文艺应该放弃"五四"以来的传统，把民间形式作为中心源泉而再出发，以产生新的民族形式。这种相当巧妙的"开倒车"的意见，在中国的论坛上惹起了很大的波澜，近来算是把它克服了。新的民族形式只有由新的现实之批判整理而产生，决不是任何旧有形式的复活。但由此可以看出，中国作家除掉本位的文艺创作之外，还须得担负着多少格外的工作。民众教育的初步工作，甚至如识字运动，都须得作家们来兼顾，这是多么耗费精力和时间的事体。在"抗战高于一切"的原则下，民众动员的工作自然是必要的，作家借此不用说也可以得到向民众学习的机会，然而假使教育已经相当普及，民众的知识水准已经相当提高，作家们不是可以有更多的精力和时间来从事更有重量、更有高级教育意识的创作吗？即以向民众学习而言，不是可以更加专心致志的吗？

其次我们应该说到政治的因素，这在事实上是最有问题的一个条件。文艺运动乃至一切民众运动的顺利发展，须得有开明的民主政治为其导引与支持，而民主政治在中国并未能普遍的建立。中国的统一战线是构成于相当复杂的一些阶层，其中如买办资产阶级和封建地主，他们虽然也参加了这一战线，但始终是从利害打算出发。他们的目的是在从横暴的侵略中保卫自己的所有，并无心于真正的民族解放。而且对于这后者倒是怀抱着恐惧的。敌人的侵略过甚固然是危险，民众的发展过甚也同样是危险。因而在这些阶层的比重比较大的地方，在“两利相权取大，两害相权取小”的原则下，他们的态度始终是动摇的——像汪精卫的背叛民族，率性投降到敌人阵营里的，可以说是极露骨而且极愚蠢的一个代表。真正的民主政治未能建立，集会结社言论出版等，并没有享受到应分享的自由。检查制度的严厉甚且有过于抗日战争以前的程度，而且日益加紧。这便使得文艺运动不得不采取着迂回的道路，而呈现出不平衡的现象。

这些由于外因与内因的层层的困难，恕我们不便再加以更详细的阐述了。有了这些困难的存在便可以说明中国的新文艺为什么处在伟大的时代而不能有伟大的作品产生，为什么有好些有为的作家甚且在这大时代当中而沉默了下去。现实跑在了笔的前头，一部分的作家们在感受着窒息的苦闷。目前在我们身上的问题，不尽是怎样努力于伟大作品的产生，而是怎样努力于争取产生这样作品的环境。

历史是不走回路的，虽然苦闷，并不悲观，中华民族的伟大的前景，中国文艺的伟大的前景，充分地足以鼓舞我们的披荆斩棘的勇气。

（一九四一年四月二日）

俄文译本《郭沫若选集》序*

郭沫若

一

中国民族对于诗歌是很敏感的。从文学的滥觞时代开始，我们的祖先便认为抒情的是诗，说理叙事的是文。诗与文很早就分化了。故中国民族不像别的民族那样，没有长篇大套的叙事史诗，在纪元前五世纪便选辑成集的《诗经》，主要是黄河流域的人民与贵族间的抒情的诗歌。迟约二世纪出现的《楚辞》，主要是以屈原为首的长江流域诗人的抒情诗歌总集。

庄周有极卓越的诗才，他的一部哲理论集《庄子》并没有用诗的形式来写，虽然那里面有好些是韵文。司马迁是同样有诗才的人，他的《史记》是中国古代的历史记录，同时也是典型的杰出的散文。

诗歌与散文两条路线的平行发展，就有点像铁路上的两条轨道那样。戏剧文学在中国完全是诗与文的，因为抒情部分是诗，叙事说话部分是散文。它发展得很迟，在纪元十三世纪才有元代杂剧出现，就中王实甫的《西厢记》是一个特出的高峰。

这些书，《诗经》《楚辞》《庄子》《史记》《西厢记》，都是我小时候所特别喜欢的。它们培养出了我的喜爱文学的倾向。

二

在我们这一代，中国遭受到资本主义殖民国家的侵蚀，逐步深沉的陷入了半殖民地的境遇。

我们是和资本主义的文明接触了。在我二十岁前后，我和欧洲文学发生了接触，通过翻译或直接阅读，我能够欣赏莎士比亚、歌德、雨果、托尔斯泰、易卜生的作品。

但在我们这一代的中国的爱国青年，一般地说来，都是不重视文学和艺术的。在我们的年轻时代，一般的要求是“富国强兵”，便是怎样才能把我们的祖国从半封建

---

* 据郭沫若纪念馆馆藏手稿录入。

半殖民地的贫弱的境遇中解放出来。要达到这个目的，我们在初囿于纯技术的观点，认为文学和艺术是没有什么实际效用，必须努力学习科学和技术。

我是在这样的时代要求之下，我曾经选择了医科作为我的学习对象。中国在前是被人称为“病夫之国”的。学医我认为可以增进人民的健康，自然也就可以使祖国富强起来了。

但我的选择是失败了的。主要的原因是我在十七八岁曾经得过一次肠伤寒（thy-poid），我两耳重听，不能掌握听诊的技术。

三

我自己和我们的祖国一样，是经过长期的苦闷的。因为找不出自己应该走的道路。我有一个时期，时常怀抱着自杀的念头。

毛泽东同志说“是十月革命一声炮响给中国送来了马克思列宁主义”。这使中国找到解放自己的道路，同时也使我们中国的爱国青年从歧道中解救了自己。

1919 年的“五四”运动标志着中国人民意识的觉醒，明确地是十月革命的炮声的影响。我当时还在日本的一个大学里研究医学，但我的精神随着人民意识的觉醒而觉醒了。

我就在“五四”前后正式地开始了文艺活动。

当然，在当年我们对于马克思列宁主义是没有深入的了解的，但这对于我们在感受影响上并无妨碍。我们对于太阳即使没有深入的研究，太阳不是一样地给予我们以光辉和温暖吗?

有了人民意识的觉醒，便逐渐懂得了文学艺术的价值，它在唤醒人民的爱国精神，鼓舞人民的战斗意志，提高人民的建设热情上，是可以很好地为争取祖国解放服务，为增进人民幸福服务的。

四

我曾经学习过医学，我倒也并不认为是遗憾的事。医学的学习使我接受了自然科学的熏陶。这在对事物的观察和分析上对我是有帮助的，在马克思列宁主义的深入了解上对我是有帮助的。

我在从事文艺活动之外，根据辩证唯物主义与历史唯物主义也研究了中国的历史，特别关于中国古代社会的研究，我是特别费过力气的。有的朋友认为，我在这一方面的努力比起文艺活动来是有着一些成就的。

我的研究历史是根据马克思列宁主义，但我也想通过中国历史来宣扬马克思列宁主义，通过具体事实的形象说明，是了解抽象理论的捷径。

在三二十年前，中国的守旧派有一种拒绝进步理论极顽强的借口，便是“国情不同”。假如我们通过历史事实，证明了人类社会的发展，除掉有若干的特殊性之外，有它的共通性，那我们就比较容易粉碎那种顽强的借口。

古代既然是那样，未来也必然是那样。

这样就容易使人相信，马克思列宁主义是“放诸四海而皆准”的真理。

五

遗憾的是我自己并没有一定的专长。我从事的方面比较复杂，精力不大集中。应着时代的要求，有时也陷于被动。

在不知不觉之间，我自己竟也超过了六十岁的年龄了。究竟确切地有了些什么贡献，自己不能说。我希望朋友们给予我以严格的客观的评价。

假使我以前的努力是毫无成就，这对于我也是很好的鞭策；我自信还来得及补救，我还可以而且也应该作更进一步的努力。

假使我以前的努力是有着一些成就，那主要是伟大的十月革命给予我的启发，我应该向我们伟大的导师们感谢，向伟大的苏联人民感谢。

因此，这个选集能以俄文译本出现，在我是非常荣幸的事。我可以借此向苏联的师友们致谢，并向他们请教。

我诚恳地感谢译者同志的努力，并希望这宝贵的努力不至于白费。

郭沫若

11/1/1953

于莫斯科大旅馆

俄文译本《中国诗歌选》序*

郭沫若

中国的诗，严格地说即汉民族的诗，是有它的民族的特色的。

它从三千年前有诗的记录以来，就以抒情诗为它的主流。别的民族、包含中国的某些少数民族在内，差不多都有长篇的叙事诗或史诗，在汉民族却没有。

中国古代的神话传说没有被保留在诗的形式里，虽然在屈原的《天问》里面有些孑遗，但那首奇特的诗（这个诗集中没有选入）并没有把神话传说作为题材而加以展开，而只是提出了一些神话传说的名目而表示自己的怀疑。《天问》也是一首抒情诗，而非叙事的史诗。

事实是这样，但为什么会是这样，那就很难解答。可能是在远古的年代里有过传说史诗，而被遗失了；也可能是根本就没有。遗失是很难说明的，根本没有也是很难说明的。主张遗失说的人，责怪以孔夫子为首的儒家的删诗。孔夫子不喜欢神话，所以他把古代的史诗都删弃了。但反对儒家的周秦诸子，为什么又没有把那些史诗保留下来呢？而且在周秦诸子的著书里面也引用了一些"逸诗"（就是儒家选辑的《诗经》里面所没有的诗），但那些诗的辞句和风格和《诗经》也相差不远。所以古代叙事史诗被儒家删弃了的推测是难以成立的。

那么，可能就是根本没有了？这也很难肯定。这样大的一个民族，而且是具有长远的历史的，照道理讲来，在有文字记录以前，应该有口头传述的史诗流传；而在实际上却没有遗留下来，毕竟是可奇怪的。

汉民族在很古的时代，似乎就严格地把诗和散文分开了。诗用以抒情，散文用以叙事。一部《诗经》和一部《尚书》就显示着这种严格的区别。长于叙事的左丘明，他不用诗的形式来写春秋时代的列国故事。同样长于叙事的司马迁，也不用诗的形式来写从黄帝到汉武帝这一期间的故事。左丘明和司马迁是中国古代的大文章家，他们应该是会做诗的（司马迁有韵文的赋流传，但可疑），但他们不用诗来叙事。

周秦诸子的著书里面，有不少有韵的说理文字或对话体的故事。这种有韵的对话体的故事，在《庄子》里面特别多。这一文体发展成为汉朝和其后的"赋"。如从西洋的文学范畴来看，这些东西似乎也可以说为"诗"。但在中国是称这些以有韵的语

---

* 据郭沫若纪念馆馆藏打印稿录入。

言说理或写故事的文字为“韵文”，即是有韵的散文，和诗是有区别的。

自东汉以后，偶然有叙事诗出现了，如象《孔雀东南飞》之类，但在诗史上一直没有形成为主流。唐代的“变文”（由敦煌发现的颇多）金代以后的“弹词”，可以说是长篇叙事诗。元代的“杂剧”和明清的“传奇”可以说剧诗。但在中国，一般的习惯，都认为这些和诗是有区别的。

因此，中国的诗，沿着几千年来不断的发展，基本是抒情诗。这是一个特色。

由于是抒情诗的关系，中国的诗是现实的，在文字上是十分简练的。中国很少长诗，如屈原的《离骚》要算相当长的了，但也只有三百七十多行。《离骚》虽然有不少的超现实的成分在里面，但他的情调基本是现实的。

抒情的，现实的，简练的，这些应该是中国传统诗歌的特色。

就因为这样，中国的诗是优美的，历代的诗有很多具有着玉器或珍贵宝石那样的感触。但无可否认，中国的诗中是缺乏悲壮美的成分的。

现代的诗人，颇有人从事长篇叙事诗的创作。希望这一新的尝试能够有辉煌的成就，把悲壮美的缺乏补足起来。

郭沫若

1956、6、27　北京

郭沫若往来信函

许宝驹致郭沫若[①]
（1959年6月20日）

郭老：

我利用病后疗养期间，草就五幕《文成公主》昆曲一种，兹送请览阅。以我写作水平之低，又未能多搜集材料，冒昧动笔，自然浅陋可笑！但如蒙赐予批评指正，使我能重加修改或重新写过，自是万分盼幸的事！

我去年患食管癌，经肿瘤医院用钴60放射治疗，已获痊愈，惟精神体力尚未恢复，现仍服中药，继续疗养。

谨致

敬礼

许宝驹

六月二十日

郭沫若致许宝驹[②]
（1959年6月22日）

许宝驹同志：

大作《文成公主》拜读了一遍，具见匠心，佩服佩服。开场时李道宗的说白似乎少了一点，与禄东赞不平衡。辞曲中多新语汇，如“和平友好”“跃进”“四海和平”“和平世界”等，是否可以稍微改一下？“莽天涯归路杳茫难认取”句，我觉得消极了一点。好不好改为“莽乾坤一望无涯新版图”？请您考虑考虑。

专复顺致

敬礼！

郭沫若

一九五九年六月廿二日

---

① 据郭沫若纪念馆馆藏手迹资料编入。许宝驹（1899—1960年），字昂若，时任民革中央常委。

② 据郭沫若纪念馆馆藏手迹资料编入。

第四篇

专题研讨

【编者按】

2021 年是中国共产党的百年华诞，2022 年又逢郭沫若诞辰 130 周年。一百年来，一代又一代的中国共产党人前赴后继、不畏牺牲，为祖国和人民奉献出自己的一切，郭沫若便是他们中间的一员。郭沫若是马克思主义的坚定信仰者和忠实实践者，一心一意、矢志不渝跟随中国共产党走过了半个多世纪的奋斗之路。

1926 年，郭沫若任广东大学文科学长，其间结识了中国共产党的领导人毛泽东、周恩来。1926 年 5 月，郭沫若应毛泽东邀请，在第六届广州农民运动讲习所开学式上进行了演讲。一心向党的郭沫若向党组织递交了入党申请书，党组织讨论认为，他还需要在实际工作中进行锻炼。郭沫若接受组织意见，在党组织的安排下投笔从戎，任职于国民革命军总政治部并随军北伐，真正投身到革命的洪流中。

1927 年 3 月，在蒋介石发动“四·一二”事变前夕，郭沫若已察觉到其即将叛变的阴谋，撰写了檄文《请看今日之蒋介石》，揭露了蒋介石“背叛国家，背叛民族，背叛革命”的行径，因此受到国民党的通缉。

1927 年 8 月，郭沫若奔赴南昌参加“八一起义”。在队伍南下广州的途中，经周恩来和李一氓的介绍，郭沫若光荣地加入了中国共产党。在严酷的革命斗争中，郭沫若经历了对马克思主义从理论认知到实践参与的巨大飞跃，从此，他更加坚定地紧随中国共产党的步伐，再也没有离开这支革命的队伍。

本卷选取了吴奚如《郭沫若同志和党的关系》、李斌《关于郭沫若的党籍与党龄》两篇文章，对郭沫若与中国共产党的关系进行探讨和辨析，以期还原郭沫若这位党龄 51 年的共产党员的光荣之路。

郭沫若同志和党的关系

吴奚如

郭沫若同志逝世后，许多有关他和党的关系的记述不甚明确，弄得读者不免对郭老的党龄发生了错误的看法，有人以为郭老真的长期是党外民主人士，只是在全国解放后才重新入党，这是不符合史实的。

郭老是在1927年南昌“八一起义”后，在行军作战中经周恩来同志和李一氓同志介绍加入中国共产党的，他的党龄应从1927年一直算到1978年逝世为止，一共五十一年。

或者有人觉得郭老在大革命失败后去了日本，是自由行动，那十年是自动脱党，所以在全国解放后才重新入党的吧？不是。郭老去日本隐居，专心从事学术研究和著作，那是经过当年党中央决定，保留党籍，完成党给予他的一项重大任务的。当年，白色恐怖遍及全国，一般党员投身于农村的如火如荼的武装斗争，一部分党员留在白区和国民党反动派进行地下斗争而不断遭受国民党的逮捕和杀害。郭老当时已是著名的革命文学家、政治活动家，而且许多国民党人都认识他。按当时他个人的具体条件，党不能把他当作一个普通党员派到乡村去打游击，也不能让他继续留在上海提倡“普罗文学”，听任国民党的杀害。

当年，党中央为了爱护像郭老这样在社会上、在学术界有名望的党员，决定派他们到国外去隐居，专心从事学术研究，成为有声誉的专家，以期在中国革命胜利后回国成为文化界的领袖人物，建设新中国无产阶级文化的基石。当年，合乎这个条件的党员，除了郭老外，还有钱亦石同志和董老等。当时，党中央这一决定，无疑是开明而正确的，比之以后的立三路线、王明路线的领导者在干部政策方面不知贤明而厚道几百倍。瞿秋白在中央红军突围北上时，以他的名望、他的病弱的身体，不是可以许他坐上担架，保护他的安全，留作革命胜利后的用处吗？可是，却被当时王明路线的执行者、党中央当时作为总书记之一的一位同志的对他这样一句评语：“瞿秋白已是过去时代的人了”而弃置不顾，要他自己逃往上海而致中途被白军（那是国民党军的师长宋希濂）捉到，他用了类似《离骚》那样哀怨而悲愤的笔调，写下了一篇《多余的话》而慷慨就义吗?!（后来，1937年上半年当《大公报》的附属刊物《国闻周报》登出了瞿秋白的那篇文章《多余的话》，那位同志当时对我说“这真是多余的话呀!”那篇被《国闻周报》公开刊出的文章，是从国民党档案中用高价买到的，恐怕不免有敌人的删改吧?)

郭老幸而有当年党的八七紧急会议后成立的新中央的爱护，才派他和董老、钱亦石等党员去日本（董老到日本后又转往苏联的）隐避待命，直到 1937 年祖国抗日战争爆发，才逃出日本，归国效劳了。因此，郭老一从日本平安回到上海，他的党籍就恢复了，叫作特别党员，以无党派人士的面目，展开了公开的抗日民主的革命活动，去带动当时广大的民主人士向中共靠拢，起了比一个党员更大的作用。他当时是特别党员，受党中央长江局周恩来同志等少数负责人直线领导，不过党的小组生活，不和任何地方党委发生关系。他在被周恩来同志决定出任国民党军委政治部第三厅中将厅长时，也只是让三厅的党特支三个负责人（冯乃超、刘季平、张光年）知道他的特别党员身份，秘密出席党中央长江局有关第三厅工作的重大会议。

在第三厅未组成之前，郭老曾经和新四军军长叶挺将军住在一道——原汉口日本租界太和里，有时自己不满党外民主人士这一身份的寂寞，就激情洋溢地来到长江局，向周恩来书记请命："让我住到长江局（当时对外叫作八路军武汉办事处）来，以公开党员的身份进行痛痛快快的工作嘛!" 恩来同志总是以老战友的情谊，对郭老慰勉交加，请他还是以非党人士的身份忍受内心的"寂寞"。

1938 年夏，党中央根据周恩来同志的建议，作出党内决定：以郭沫若同志为鲁迅的继承者，中国革命文化界的领袖，并由全国各地党组织向党内外传达，以奠定郭沫若同志的文化界领袖的地位。

这样，郭老一直到全国解放后才结束非党人士的身份，对社会宣告重新入党，成为公开的共产党员了。

（原载《新文学史料》1980 年第 2 期）

关于郭沫若的党籍与党龄

李　斌

关于郭沫若的党籍与党龄，曾经扑朔迷离，绝大多数人并不知情。很多人道听途说，传言郭沫若曾经“脱党”，并由此引申出郭沫若信仰不坚定，是“墙头草”等谬论。故而有必要对郭沫若的党籍和党龄问题做出符合实际情况的考察。

一

1924 年，郭沫若在翻译完日本学者河上肇的《社会组织与社会革命》后，开始转向马克思主义。在中共领导人瞿秋白等人的推荐下，1926 年 3 月，郭沫若前往广东，就任广东大学文科学长。在广东大学期间，郭沫若申请加入中国共产党。据当时担任中共广东大学总支书记兼粤区学生运动委员会委员的徐彬如回忆：

> 1926 年北伐前，郭沫若任中山大学文学院院长。不久，郭沫若把文学院整顿得很好。此时，郭沫若要求入党，写了申请书，我当时任总支书记，总支讨论的结果表示同意，报请粤区区委批准。粤区区委讨论的结果认为郭沫若暂时不入党为好，可以等一等，让郭沫若通过实际工作，再锻炼锻炼。区委书记陈延年同志先让毕磊同志通知他，后由恽代英同志代表党组织和郭沫若进行了谈话。郭沫若听后，表示愿意放弃文学院院长的职务，同意到军队做些实际工作。当时正值北伐军组织政治部，邓演达任军事委员会政治部主任，孙炳文任政治部秘书长，恽代英同志就安排郭沫若任政治部宣传科科长。①

宋彬玉等人于 1984 年采访了时任中共广东大学总支委员会宣传委员的韩拓夫。他对郭沫若当年申请入党情况的陈述和徐彬如的回忆相似：

> 中山大学（即广东大学）设中国共产党总支委员会，从一九二六年一月直到一九二七年清党为止。书记是徐彬如，文科三年级学生。我是宣传委员，组织

① 徐彬如：《忆代英同志》，《六十年历史风云纪实》，中国文联出版公司 1991 年版，第 199 页。

委员是我的一个同乡，已被杀害。还有其他几个委员，……我当时是文学院预科学生，和许涤新同一支部。

郭沫若到广东大学后曾要求加入中国共产党，经粤区区委研究，认为再等一等，要他到军队里锻炼锻炼。……那时共产党员都参加到国民党，要求入党的同志，也先参加国民党里面进行锻炼锻炼。①

在国共合作的背景下，1926 年 7 月，郭沫若加入国民党，参加北伐，并担任了北伐军总政治部副主任。郭沫若此时虽然是国民党员，但在思想上他早已是一名马克思主义者，所以当他发现蒋介石有背叛革命的迹象时，毅然写下了《请看今日之蒋介石》这篇战斗檄文。其实，当时蒋介石十分器重他。蒋介石在南昌讲演时，郭沫若常常在一旁大声将他的话传递给听众。蒋介石的夫人到南昌，是郭沫若陪同的。蒋介石甚至许诺在完成统一后，由郭沫若负责领导江南几省。郭沫若如果不是因为坚定的马克思主义信仰，他不会抛弃个人的大好前程，选择“反蒋”这条充满危险的革命道路。

在蒋介石发动“四一二”反革命政变后，郭沫若秘密抵达上海，向周恩来等人汇报了蒋介石的情况。4 月 16 日，周恩来、赵世炎、罗亦农、陈延年、李立三致电中共中央，建议出师伐蒋：

武昌三道街省农民协会刘子谷转屈楚豪、李家祥、郭沫若来道及九江、安庆捣毁党部、工会，屠杀民众，纯由蒋氏直接指挥。近日杭州、南京及上海大屠杀与捕杀共产党，要证明蒋氏结帝国主义反动之迹已著。②

从周恩来等人对郭沫若情报的高度重视来看，他们将郭沫若当成了在组织上尚未入党的同志。郭沫若的积极呼吁对于中共中央决定独立自主地开展革命斗争起到了一定的促进作用。

1927 年“八一”南昌起义爆发，郭沫若在缺席的情况下担任了南昌起义部队主席团成员兼宣传委员会主席。郭沫若在部队撤退的前一天赶到了南昌，随着起义部队撤退。8 月底，起义部队撤退至瑞金时，郭沫若由周恩来、李一氓介绍，和贺龙一起加入中国共产党。据李一氓回忆：“在瑞金的时候，周恩来同我商量，要介绍郭沫若入党。究竟是郭沫若提出在先，还是组织上要他入党在先，现在无从说起。我看这不

① 宋彬玉、张傲卉：《访问韩拓夫谈话记录》（1984 年 1 月 17 日，记录经韩本人审阅），转引自《大革命时期郭沫若同党的关系——兼谈郭沫若的思想发展》，《郭沫若研究》（第 4 辑），文化艺术出版社 1988 年版，第 224—225 页。

② 《上海区委电报一则——关于蒋介石叛变及目前时局问题（一九二七年四月十六日）》，中央档案馆等编《上海革命历史文件汇集（中共上海区委文件）一九二六年——一九二七年》，1986 年，第 417 页。

是一个重要问题，因为当时对郭沫若来讲，入党的时机已经成熟。”① 郭沫若加入中国共产党在起义部队中是秘密的，即使起义部队中有些中共党员也不知道，更不用说起义部队之外的人了。

1928 年春，郭沫若在党组织同意下东渡日本。关于他流亡时期和党组织的关系如何，由于东京党组织属于地下组织，又曾遭到破坏，档案不存，这方面没有确凿的证据。

1935 年，瞿秋白被国民党军队逮捕。记者去狱中采访他，他对记者曾说过这样一段话：

> 郭沫若到日本后，要求准其脱党，闻系出于其日本老婆之主张，以在日如不脱党，处处必受日本当局干涉，不能安居。苏维埃中央原谅其苦衷，已准其脱党。②

这段访问记成为后来很多人认为郭沫若流亡期间主动脱党的主要证据。但此处存疑较多。第一，瞿秋白和郭沫若是十分亲密的战友。瞿秋白推荐郭沫若去广东，由此才有后来郭沫若的戎马生涯；他们在大革命时期的武汉曾经一起畅谈革命；瞿秋白生前最后一封信就是写给郭沫若的。瞿秋白被捕后，忠贞刚烈，临危不惧。郭沫若在日本以马克思主义理论研究中国古代社会、考释甲金文字，信仰十分坚定。瞿秋白出于掩护战友的目的，可能会说郭沫若已经“脱党”，从而给郭沫若减去不必要的麻烦。第二，这篇文字是由一名国民党认可的记者去采访一名作为囚徒的中共前领导人，揭载在《国闻周报》上，访问记和瞿秋白的真实回答之间是否有不吻合，甚或涂改之处，我们已经无从知晓，因为既没有录音，囚徒也不能公开发声辩护，故而只能存疑。第三，除瞿秋白这段文字，笔者没有见到其他任何当时的知情人说郭沫若在日本曾“脱党”。孤证不足为凭。综上所述，笔者觉得《瞿秋白访问记》不足为训。

《瞿秋白访问记》曾经产生了一定的影响。1958 年 10 月 30 日，中国科学院党组给周恩来、聂荣臻提交关于郭沫若、李四光、钱学森三人的入党报告。报告草案中关于郭沫若的情况表述为：“郭老长期以来在党的领导下从事革命工作，但因党籍问题未能公开解决，思想上存在严重的苦闷。根据郭老大革命时期便参加了党，以后虽一度脱党，但在党的领导下为党工作。我们认为可以吸收郭老从③新入党，不要预备期，做④为正式党员。”报告稿后来修改为：“郭沫若同志长期以来，因党籍问题未能

① 李一氓：《北伐和南昌起义（下）》，中共中央党史研究室编《中共党史资料》（第 40 辑），中共党史资料出版社 1992 年版，第 24 页。

② 李克长：《瞿秋白访问记》，《国闻周报》第 12 卷第 26 期，1935 年 7 月 8 日。

③ 原文如此，引者注，下同。

④ 原文如此，引者注，下同。

公开解决，青年人经常写信质问他，思想上存在苦闷。这次由周恩来、聂荣臻同志介绍沫若同志从新入党，我们意见不要预备期，做为正式党员。”[①] 郭沫若正式入党后，中国科学院物理所实习员黄美蓉坦言：“郭老过去脱过党，为什么还要发展他?”[②] 从报告的修改和黄美蓉的反应来看，当时中国科学院内部关于郭沫若的党龄存在不同看法。报告初稿和黄美蓉认为郭沫若“一度脱党”“过去脱过党”，应该是受到了《瞿秋白访问记》的影响，报告稿回避了这个问题，但也没有说清楚郭沫若的党龄。

二

郭沫若在1978年6月12日逝世后，全国人大常委会副委员长乌兰夫和国务院副总理方毅一起去看望于立群。两位国家领导人征求于立群关于郭沫若后事的意见。于立群提出：

> 就是郭老党龄的事。一九二七年八一南昌起义后，在行军中由周恩来同志和李一氓同志介绍郭老入党，这件事许多人都知道的。大革命失败后，郭老去了日本，不少人以为郭老自动脱党，一九五八年报上发表郭老重新入党的消息，举国皆知，误以为这时郭老才是共产党员。事实不是这样的。郭老去日本以前，周恩来同志代表党曾经和郭老谈话，告诉他这是党中央决定，派他去日本，党籍保留。郭老不是自动脱党。郭老从不计较个人的事，所以多少年来，一直不提。我希望党考虑这个问题。[③]

乌兰夫和方毅将于立群的意见反映给了党中央。党中央经过调查研究，在邓小平代表党中央给郭沫若所作悼词中，对郭沫若和党的关系有如下表述：

> 一九二七年参加南昌起义，同年八月加入中国共产党。一九二八年旅居日本，从事中国古代史和古文字学的研究工作，并积极支持留日青年和国内文艺界的革命文化运动。抗日战争爆发后，郭沫若同志回到祖国，在敬爱的周总理的直接领导下，贯彻执行毛主席的革命路线，组织和团结国民党统治区的进步文化人士，从事抗日救亡运动。[④]

邓小平同志的悼词，确定了郭沫若1927年8月加入中国共产党，并认为郭沫若

---

① 《关于同意郭沫若、李四光、钱学森入党问题的报告》，中国科学院档案，档案号1960—11—6—1。

② 《关于郭沫若、钱学森二同志入党的反映》，中国科学院档案，档案号1960—11—6—7。

③ 周而复：《缅怀郭老》，《周而复文集》（第19卷），文化艺术出版社2004年版，第255页。

④ 《在郭沫若同志追悼会上　邓小平副主席致悼词》，《人民日报》1978年6月19日。

在流亡日本时期支持了革命工作，全面抗日战争爆发后在周恩来的“直接领导下”从事革命工作。但悼词没有明说郭沫若是中共的秘密党员，这需要进一步明确。

1980年，吴奚如发表了《郭沫若同志和党的关系》，文章认为：

> 郭老在1927年南昌八一起义后，在行军作战中经周恩来同志和李一氓同志介绍加入中国共产党的，他的党龄应从1927年一直算到1978年逝世为止，一共五十一年。
>
> 或者有人觉得郭老在大革命失败后去了日本，是自由行动，那十年是自动脱党，所以在全国解放后才重新入党的吧？不是。郭老去日本隐居，专心从事学术研究和著作，那是经过当年党中央决定，保留党籍，完成党给他的一项重大任务的。
>
> （中略）
>
> 郭老幸而有当年党的八·七紧急会议后成立的党中央的爱护，才派他和董老、钱亦石等党员去日本（董老去日本后又转往苏联的）隐蔽待命，直到1937年祖国抗日战争爆发，才逃出日本，归国效劳了。因此，郭老一从日本平安回到上海，他的党籍就恢复了，叫作特别党员，以无党派民主人士的面目，展开了公开的抗日民主的革命活动，去带动当时广大的民主人士向中共靠拢，起了比一个党员更大的作用。他当时是特别党员，受党中央长江局周恩来同志等少数负责人直线领导，不过党的小组生活，不和任何地方党委发生关系。他在被周恩来同志决定出任国民党军委政治部第三厅中将厅长时，也只是让三厅的党特支三个负责人（冯乃超、刘季平、张光年）知道他的特别党员身份，秘密出席党中央长江局有关第三厅工作的重大会议。①

吴奚如，1925年入黄埔军校，同年加入中国共产党。大革命失败后，曾任中共湖北省委军事委员会代理书记、河南省军事委员会委员兼秘书。1938年2月，到武汉任周恩来的政治秘书。② 也就是说，在1928年郭沫若赴日之前与1938年郭沫若在武汉担任国民政府军事委员会政治部第三厅厅长这两个关键的时间节点上，吴奚如都在党内担任要职。所以他的话是权威的。

郭沫若的女儿郭平英等人读了吴奚如的文章后，采访了吴奚如文章中提到的几位知情者。冯乃超说：

---

① 吴奚如：《郭沫若同志和党的关系》，《新文学史料》1980年第2期。

② 中国新四军和华中抗日根据地研究会编：《新四军和华中抗日根据地人物词典》（上），中共党史出版社2016年版，第472页。

——“长江局讨论三厅工作的会议，你们父亲是和我们一起参加的。但是特支不知道他的组织关系……”

——“召开八大时，我看到他。他还坐在党外人士的席位上，我觉得有些意外。他的关系一直在总理手里，你们母亲的关系在邓大姐手里。”

冯乃超肯定了吴奚如所说的郭沫若秘密出席党组织的有关三厅工作的会议，但否定了吴奚如所说的特支知道郭沫若的组织关系。郭沫若的组织关系，周恩来肯定是最清楚的。现在周恩来已经逝世，也没有留下这方面的档案，是否还有其他知情者呢？郭平英等人采访了阳翰笙：

翰老作了十分肯定的补充：“在三厅，你们父亲和我，还有田汉，是三个特殊党员。我们不参加特支的活动，所以特支不清楚我们的身分，我们的党费直接交给中央。你们父亲是用 K 字作代号的，他的党费交得比我们都多。”①

阳翰笙对郭沫若在抗日战争时期秘密党员身份的肯定，也出现在他自己亲自写的另一篇文章中：

三厅成立后，三厅的几位负责人：郭沫若、冯乃超、田汉、杜国庠和我五个人是一个特别党小组，由周恩来直接领导，周恩来是组长。吴奚如同志是联络员，负责收党费。三厅其他普通党员单成立一个特支，先后由张光年和刘季平任特支书记。特别党小组和特支是完全分开的，彼此没有关系。周恩来指定冯乃超只和特支支部书记联系。党员全部是秘密的，采取单线联系的方式。所以有的党员彼此间也不一定知道。我们这个特别党小组一直存在到皖南事变以后。一天，周恩来同志召集我们几个人在邓颖超的卧室里向大家宣布：我们这个特别小组解散，以后改为单线联系。

众所周知，郭沫若同志一直到 1958 年才以重新入党的形式公开他党员的身份。郭老对这件事始终处之泰然，足见郭老胸襟之伟大。这是一个真正革命者的本色！②

阳翰笙，1925 年加入中国共产党，参加过南昌起义，担任过左联的党团书记、中共上海局文委书记，1938 年起担任三厅主任秘书，在郭沫若领导下工作。他和郭

① 郭平英：《一个共产党员的泰然》，《郭沫若百年诞辰纪念文集》，社会科学文献出版社 1994 年版，第 162 页。

② 阳翰笙：《风雨同舟战友情——深深缅怀郭沫若同志》，《阳翰笙百年纪念文集》（第 3 卷），中国戏剧出版社 2002 年版，第 401 页。

沫若有着长达半个世纪的工作关系。阳翰笙这条回忆可以和吴奚如、冯乃超两人的回忆相印证。阳翰笙说吴奚如是三厅特别党小组的联络员，他自己是小组成员，阳翰笙和吴奚如都说郭沫若是秘密党员，如果没有特别的证据，对于他俩人的回忆是不好质疑的。冯乃超说“特支不知道他的组织关系”，按照阳翰笙的说法，特支和特别小组“是完全分开的，彼此没有关系”，所以特支不知道郭沫若的组织关系，是可以理解的。

上述说法都是回忆。时隔多年，回忆不一定准确。这也难怪有人对此提出质疑。我们还需要关键的确凿证据。幸运的是，我们在于立群档案里发现了一封邓颖超1938年5月18日写给于立群的信：

亲爱的媳妇小于：

好多天不见你，常常想念着你那个小样，怪可爱的！

你最惦记着的问题已经代你办好了，我和沫若兄二人作介绍人，请你准备好加进来罢！

外附给沫若兄的收条，请转他为荷！匆匆不尽，庐山回来见。

你的妈妈
五月十八日①

这是邓颖超通知于立群，她和郭沫若介绍她加入中国共产党。按照中国共产党的章程，入党介绍人必须是党员。如果郭沫若当时不是中共党员，他有什么资格介绍别人入党呢？有了这封信，我们可以肯定吴奚如、阳翰笙回忆属实，郭沫若在抗日战争时期是中国共产党的秘密党员。

郭沫若的真实身份是中国共产党的秘密党员，公开身份是民主人士，这一身份一直持续到1958年。1957年反右运动之后，要求郭沫若入党的呼声越来越高。郭沫若1959年初发表文章说：“过去很多青年同志来信问我为什么没有入党？上海还有位少年同志来信要和我比赛：是我先入党，还是他先入团？这都说明很多同志在关心着我的思想立场。我接受很多青少年同志的鼓励，每逢我接到他们的信，我便告诉他们说，我是在积极创造条件争取入党，并劝他们务必争取入党入团。”②“很多青年同志来信”并不是夸大，笔者就看见一封南京航空学院1701班的大一新生林鼎武在1957年12月6日写给郭沫若的信：

我认为在前一阶段，作为在青年人当中具有崇高敬仰和重大影响的您——敬

---

① 手迹复印件，北京郭沫若纪念馆“妈妈屋”展出，2019年。

② 郭沫若：《学习毛主席》，《中国青年报》1959年1月3日。

爱的郭老，不够关怀我们青年人的成长，几乎没有在报刊上指导我们。严重的问题还在下面。有相当部分的青年人曲解了你，他们认为您是“只专学术不管政治”的民主人士。他们甚至提出来这样的口号，“我只做郭沫若，不做刘少奇”，“民主人士，比党员的贡献更大”，“先专后红”等等。必须指出，这种现象的存在和影响是非常广泛而严重的，就以中学时（今年我才转入大学）我班就有30%的同学就是如此。我院中反右斗争也有相当部分的同学同样如此，甚至学生右派分子中有一些就是由“不管政治”“一心为当专家”而蜕变来的。敬爱的郭老，难道能够让这样的现象存在下去而危害青年人的健康成长吗？我想作为国家机关的领导者的您，一定会重视这个严重问题的，一定会为扫清青年人前进道路的障碍物而作出努力！①

林鼎武同学要求郭沫若写一篇文章在《中国青年》上发表，讨论“又红又专”问题，但实际上也指出了郭沫若当时作为“民主人士”的负面影响。这种情况，在中国科学院内部也有反映。郭沫若入党后，物理所实习员陈一勋认为：“郭老入党对很多人是个教育，过去很多人拿郭老作例子说明只专不红的道路，现在他入党了确实令人兴奋。”②

所以，郭沫若在1958年以重新入党的形式公开他的党员身份，这是形势所需，是响应群众的呼声，是为了党的事业发展的需要。

关于郭沫若的党龄问题，是郭沫若著作编辑出版委员会在编辑《郭沫若全集》时所遇到的重要问题。郭沫若在《学习毛主席》中说：“过去很多青年同志来信问我为什么没有入党？”《学习毛主席》编入《郭沫若全集》时，这句话需要给出注释。郭沫若著作编辑出版委员会给1958年郭沫若的入党介绍人聂荣臻和中央组织部写信，请求就郭沫若和党组织的关系给一个权威说法。聂荣臻同志办公室于1985年复信：

中央组织部并抄郭老著作编委会：

编委会的来函，我们已报告聂荣臻同志。关于郭老入党时间，荣臻同志讲，应从一九二七年算起。一九五八年周总理和我介绍郭老重新入党后，在国务院一次会议上，总理讲郭老是恢复党籍的问题。

谨复。

中央军事委员会聂荣臻副主席办公室

一九八五年十二月十二日③

① 郭沫若纪念馆馆藏手迹。

② 《关于郭沫若、钱学森二同志入党的反映》，中国科学院档案，档案号1960—11—6—7。

③ 手迹复印件，郭沫若纪念馆资料室藏。

中组部在详尽调查的基础上，于1986年回信郭沫若著作编辑出版委员会，对郭沫若的党籍和党龄问题做了简要清楚的说明。《郭沫若全集·文学编》（第17卷）在《学习毛主席》一文的注释中照录了中组部的批复：

> 作者系于一九二七年八月参加南昌起义时加入中国共产党。翌年经组织同意，旅居日本，继续为党工作。抗日战争时期归国后，即恢复了组织关系，在周恩来同志的直接领导下，以无党派民主人士的身份，从事抗日救亡运动和民主革命运动。一九五八年以重新入党的形式，公开共产党员身份。①

这是迄今为止最权威的关于郭沫若党籍和党龄的说法。1928—1937年，郭沫若流亡日本期间继续“为党工作”，党组织对于他这段时期的工作是认可的。全面抗日战争爆发后，他一回国就恢复了组织关系，是中共的秘密党员；1958年重新入党，是形式，通过这种形式，公开了他的共产党员身份。

三

郭沫若长期作为中共秘密党员，处于隐蔽战线，这就谈不上他个人在党内的地位和影响。他为革命做出了巨大牺牲。

据吴奚如回忆，抗日战争时期，郭沫若曾要求公开他的中共党员身份，周恩来没有同意：

> 在第三厅未组成之前，郭老曾经和新四军军长叶挺将军住在一道——原汉口日本租界太和里，有时自己不满党外民主人士这一身份的寂寞，就激情洋溢地来到长江局，向周恩来书记请命：“让我住到长江局（当时对外叫作八路军武汉办事处）来，以公开党员的身份进行痛痛快快的工作嘛!”恩来同志总是以老战友的情谊，对郭老慰勉交加，请他还是以非党人士的身份忍受内心的“寂寞”。②

郭沫若即将出任国民政府军事委员会政治部第三厅厅长，如果公开了他的共产党员身份，他是不便于担任这个职务的。周恩来即将出任政治部副部长，在周恩来看来，只有郭沫若出任第三厅厅长，“我才可考虑接受他们的副部长，不然那是毫无意义的”③。不公开郭沫若的中共党员身份，是出于团结抗日战争大局的需要。郭沫若

① 《郭沫若全集·文学编》（第17卷），人民文学出版社1989年版，第278页。
② 吴奚如：《郭沫若同志和党的关系》，《新文学史料》1980年第2期。
③ 郭沫若：《洪波曲》，百花文艺出版社1959年版，第17—18页。

这一秘密身份一直持续到 1958 年。他不仅要忍受“寂寞”，还为此做出了牺牲。

中华人民共和国成立后，郭沫若身兼多个重要职务，他付出心血最多的是中国科学院。他以公开的无党派民主人士的身份担任中国科学院院长，这符合中国科学院建院之初的情况。当时，知识分子中的中共党员数量较少，中国科学院党组力量较弱。据吴征镒回忆，他在新中国成立之初“调入刚成立的中国科学院工作，时恽子强、丁瓒任正副党委书记，我与汪志华任党支部正副书记，但全院党员只七人，组成党组管理一切，北京各所都无党员”。[①] 当时，中国科学院党组不公开活动，很多决议通过行政领导落实，作为院长的郭沫若举足轻重。随着中国科学院中的中共党员数量的增加，在 1952 年下半年思想改造运动结束后，中央充实了中国科学院党组的力量。原中共中央西北局宣传部长张稼夫调任中国科学院党组书记。此后，中国科学院的决策者逐渐由院务会议转向中国科学院党组，郭沫若的地位出现了微妙变化。

1955 年 3 月，中国科学院召开了党组扩大会议，郭沫若应邀出席。在会上，郭沫若发言：“科学院在 1952 年以前，党的核心力量很弱。自从 1952 年底稼夫和力生等同志加入之后，确实和过去不同……但我对加强科学院党的领导还有两点建议，一是请中央派一位更高级的、真正有领导能力的同志担任院长职务，只有如此，才可以和政府有关各部有机联系，也可以统筹规划科学工作，我在这里不是说客气话，让我多写两篇文章比当两三年院长更有好处。请陈毅同志把这个意见向中央转达一下，不然，我见了毛主席和周总理还是要提的。请中央不要把我当成统战对象看待。让我领导科学院的工作，确实值得考虑。”[②] 参会的陈毅当场拒绝了郭沫若的辞职，批评了科学院党组，特别指出：“郭院长是够世界水平的科学家，马列主义水平也很高，是很好的院长，和共产党员不同的只是没有党证。因此不同意郭提出的辞职意见。”[③]

这个细节值得注意，正如论者所说：“郭沫若在工作中，与党组产生了一些嫌隙。主要是郭沫若的身份特殊，科学院党组并不清楚他共产党员的身份。”[④] 也就是说，郭沫若因为不能公开他的中共党员身份，做出了牺牲。如果此时公开了他的这一身份，他当然会成为中国科学院党组的主要负责人，也就不会被“当成统战对象看待”，不会和党组之间产生“嫌隙”，从而发挥更大的作用。

四

郭沫若具有牺牲精神，这是一贯的。郭沫若自从有了马克思主义信仰后，一直以

---

① 吴征镒：《百兼杂感随忆》，科学出版社 2008 年版，第 41 页。

② 《中国科学院党组扩大会议一次会议记录・郭沫若发言》，中国科学院档案，档案号 1955—01—001—04。

③ 《中国科学院党组扩大会议一次会议记录・陈毅发言》，中国科学院档案，档案号 1955—01—001—04。

④ 向明：《“内定”院长郭沫若在中国科学院建院之初的角色与困境》，《郭沫若与新中国暨中国郭沫若研究会第七次会员代表大会论文集》，威海，2019 年。本文上段论述，参考了向明的这篇文章，特此致谢。

共产党员的标准严格要求自己，具有高度的组织纪律性和党性原则。

在南昌起义撤退途中所写的政治小说《一只手》中，郭沫若借小说人物的口说："要想成就大业，不牺牲是没有办法的。你听见过那蚂蚁子过河的话过没有？听说有甚么地方的蚂蚁子要搬家，路上遇着一条小小的河，那领头的蚂蚁子便跳下河去。一个跳下去，两个跳下去，三个跳下去，接接连连地都跳下去。跳下去的不消说是死了，是牺牲了。但是它们的尸首便在小河上浮成一道桥，其余的蚂蚁子便都踏着桥渡过河去了。我们现在就是要做这些跳河的蚂蚁的啦。"① 将自己与无数同伴的尸首铺成一座浮桥，让后死者踏着前进，其体现出的牺牲精神，表现了郭沫若高度的组织纪律性和党性原则。

"蚂蚁"的比喻后来多次出现在郭沫若的作品中，在1936年出版的《豕蹄》的《序言》中，郭沫若说："最后因为想到要把这个集子献给我的一位朋友，一匹可尊敬的蚂蚁，于是由这蚂蚁的联想，便决心采用了目前的这个名目——《豕蹄》。"② 这位朋友就是正在参加长征的成仿吾。在初版本《豕蹄》的《序言》后，有一首《献诗——给C. F.》。在这首诗里，郭沫若将成仿吾比喻为蚂蚁，他和一大群蚂蚁"在绵邈的沙漠中"无声无息地砌叠"Aipotu"（乌托邦），说这些蚂蚁摇旗呐喊，热心地把自己"塑成为雪罗汉的/春季"③。不久郁达夫来东京，带来成仿吾在长征中牺牲的谣传，郭沫若尽管不信，但还是写了他在《女神》之后最好的诗歌《怀C. F.》，这首诗深情地写道：

> 爬过了千里的平原，万重的高山，浩荡的大川，
> 要在砂漠的边际，建立起理想的社团。
> 我赞美那有纪律的军旗，
> 我赞美着成了蚂蚁的你。
> 你现在，可仍是辛勤地，但可欣幸地，
> 采集着大众的粮食，
> 扫除着内外的污秽，
> 含运着沉重的砂泥？
> （中略）
> 但我的想念不曾一刻离开过你，
> 不曾一刻离开过那千山万水地，千辛万苦地，
> 为着理想的aipotu之建立，

① 麦克昂（郭沫若）：《一只手（续）》，《创造月刊》1928年3月1日第1卷第10期。
② 郭沫若：《序言》，《豕蹄》，上海不二书店1936年版，第7页。
③ 郭沫若：《献诗——给C. F.》，《豕蹄》，上海不二书店1936年版，扉页。

向砂漠中突进着的军旗。
我自己未能成为蚁桥中的一片砖，
我是怎样地焦愤，自惭，
我相信你是能够同感。
（中略）
我现在，在电灯光下写着这首诗，
生则作为我对于你的献辞，
死则作为我对于你的哀祭。
但只愿你生是作为一匹蚂蚁而生，
你死也是作为一匹蚂蚁而死，
理想的蚁塔总有一天要在砂漠中建起！①

这不仅表达了对老朋友的诚挚思念，也是对中国革命的魂牵梦绕。郭沫若将成仿吾等人比喻成一大群蚂蚁。他看重的是蚂蚁的牺牲精神、高度的组织纪律性和集体观念。“理想的蚁塔”正是他心中的共产主义社会。

郭沫若对于具有高度组织纪律性和牺牲精神的蚂蚁的角色认同，是长期一贯的，多年后，他给云南大学附中学生自治会主办的《附中报》题词中还说：“非洲有一种蚂蚁，在集体行进的时候，如遇小溪阻隔，前面的蚂蚁便跳下水去，搭成一座蚁桥，让后续的蚁群从它们身上过去。这种蚁命，真可说是重于泰山了。”② 郭沫若对蚂蚁的赞美和角色认同，充分体现了他的牺牲精神。正如熟悉他的李初梨所说：“他是伟大的自我牺牲者。为国家民族的独立解放，为后来一代的光明幸福，不惜放弃他个人的事业，牺牲他自己的荣誉以至生命。他就是那投火自焚的凤凰。”③

作为中共长期的秘密党员，郭沫若正是以一贯的牺牲精神，为党和国家做出了重要贡献。

［原载《海南师范大学学报（社会科学版）》2020 年第 4 期］

① 手稿复印件，北京郭沫若纪念馆展厅展出，2019 年。
② 李衡：《难忘的激情》，《云南日报》1979 年 12 月 9 日。
③ 李初梨：《我对于郭沫若先生的认识》，《解放日报》1941 年 11 月 18 日。

第五篇

论文选编

郭沫若与内山完造和内山书店

蔡 震

郭沫若留学日本的背景与流亡日本的经历，使得他的人际交往关系中有不少日本朋友，其中有两位日本书店的老板可以说是很重要的朋友。一位是文求堂主人田中庆太郎，一位是内山书店老板内山完造。不过两家书店一个在东京，一个在上海。郭沫若与两位书店老板交往的经历和情况也大为不同，但他们在郭沫若的人生轨迹中都是重要的存在。关于郭沫若与内山完造和内山书店，在郭沫若研究中还鲜有述及，或者是因为史料有限，且非常零散。所以，本文先将已有的史料进行梳理、考察、汇集。以便对于郭沫若与内山完造和内山书店的关系有一个概括的、大致的了解，进而可以借这些史料为线索，发掘、钩沉相关联的史实、史事。

一

郭沫若与内山完造相识同鲁迅一样，都是缘于逛内山书店。不过鲁迅是从书店买书，郭沫若是在书店看书。

1925 年春，携妻儿刚刚从日本回到上海的郭沫若，受聘于大夏大学当讲师，讲授文学概论。已经踏入文坛的郭沫若，此时“起了一种野心，很想独自树立一个文艺论的基础”。有“文艺总论，再就诗歌、小说、戏剧等以作分论，以构成所悬想着的‘文艺的科学’”。郭沫若的这个“规划”是需要有多方面的参考书的，但他“素来是没有什么藏书的人”，大夏大学是个弄堂大学，“在开散学，图书馆是没有的”。于是，郭沫若“每每跑到北四川路的内山书店去借阅或立读。为着一礼拜两点钟的讲义，总要牺牲好几天的工夫”[①]。他成了内山书店的常客。那时在上海，但凡研究日本学问和需要日文书籍的中国人，没有人不知道内山完造和内山书店的。

所谓“立读”，就是站在书店的书架前取了书架上的书来阅读，一本书可能要若干次才能读完。这是郭沫若在留学时就熟稔的一种读书方式，他称之为“渔猎书店”。后来编入《文艺论集》的《文学的本质》《论节奏》等文艺论著，就是在这样

---

① 郭沫若：《创造十年续篇》，《郭沫若全集·文学编》第 12 卷，人民文学出版社 1992 版，第 225、226 页。

阅读学习期间写成的。

郭沫若没有说到是不是在此期间结识了内山完造，但半年多之后的一次活动，表明他与内山完造至少应该在1925年间已经相识了。①

1926年1月24日《申报》（本埠增刊）上刊登了一则《日本文学家来沪》的新闻，报道日本著名作家谷崎润一郎抵达上海的消息。报道说："内山书店主人内山完造设宴为之洗尘。我国文艺家到者有，郭沫若、田汉、谢六逸、欧阳予倩等。"谷崎润一郎在回国后写的《上海交游记》② 中记述得更清晰：内山完造出面安排的这次洗尘的宴请，实际上是为他介绍认识中国新文学的作家，他称之为"见面会"。

谷崎润一郎1918年初次到访中国时，即想结识中国文坛"新的文学家"，可惜未能如愿。事隔几年后他于1926年1月14日乘船抵达上海，再次游历中国。这一次刚到上海，就从号称"掮客宫崎"的经纪人宫崎仪平那里得到这样的指点："你亲自到内山书店看看吧。你知道内山书店的主人吗？书店的主人与中国的文学家有联系和交往。"几天后，谷崎润一郎由朋友带着去到北四川路阿瑞里③的内山书店。

内山书店创办于1917年，是当时在中国境内除东北之外最大的一家日本书店。谷崎润一郎这样描述了他见到的内山书店和内山完造："书店的主人精神饱满，性格开朗，是一位很有趣的人。书店里面的火炉周围放着桌子和长椅子，来买书的顾客可以坐在那里一边喝茶一边谈话——好像是书店专为联络爱好书籍的顾客提供的休息处。我在那里一边喝茶，一边听书店的主人讲中国青年的现状。据书店主人说，这个店一年大约可以卖八万元的书，其中的四分之一是中国人买去了。而且这样的营业率还在不断地增长。那么，中国人主要买些什么种类的书呢？主人说，很难说什么种类，什么种类的书都买。例如哲学、科学、法律、文学、宗教、美术等等。可以说现在的中国人的新知识几乎大部分是通过日文书籍供给的。当然也不限于日文书籍，日译本的西洋书籍也读。其原因之一是因为上海是商人的都市，虽然有西洋书店，书的种类也是有限的，很难买到他们所希望的原版书。"④ 谷崎润一郎请内山完造帮他联系中国新文坛的作家，恰好也有人在报上见到谷崎润一郎到达上海的消息后希望见到他。于是，内山完造在1月中旬安排了这个"见面会"。

在见面会之前，内山完造特意向谷崎润一郎介绍了郭沫若、田汉、谢六逸三位作家。除了文学创作，内山完造还对谷崎润一郎说："郭君夫妇俩非常好。他们把那么多的孩子抚养带大，一直到今天还是很辛苦的。郭君是了不起的，那位日本妇人非常

① 郭沫若1921年有两个月在上海，1923年4月至1924年3月亦在上海，从事文学活动。尚未见有他与内山完造和内山书店关联的史料。

② ［日］谷崎润一郎：《上海交游记》，日本《女性》杂志1926年5月第9卷第5号开始连载。

③ 谷崎润一郎的原文如此。内山书店创办后几次易址，关于内山书店此时的地址，一般都认为是在魏盛里。《上海交游记》是现在所见最早写到内山书店情况的文字，其他关于内山书店的回忆文字，包括内山完造本人所记，均迟于此文若干年。

④ ［日］谷崎润一郎：《上海交游记》，日本《女性》杂志1926年5月第9卷第5号。

感谢他。”显然，内山完造此前与郭沫若已经不只相识了，两家还有了来往。

“见面会”宴请安排在内山书店二楼。参加“见面会”的，除《申报》报道的四位作家，还有方光焘、徐蔚南、唐越石以及另外两位日本人。内山完造特别介绍谷崎润一郎认识郭沫若等三人，大概因为谷崎润一郎在日本文坛属于唯美派作家。郭沫若、田汉是早期创造社成员，而创造社作家是被认为具有浪漫、唯美倾向的。谢六逸同样有留学日本的背景，虽是文学研究会成员，正在编辑《文学旬刊》，但谢六逸专门研究日本古典文学，此时正在翻译日本古典文学名著《万叶集》和《源氏物语》。“见面会”宴请后，郭沫若和田汉与谷崎润一郎同往其下榻的一品香旅馆交谈，直到深夜。

就在参加了内山完造举办的这次“见面会”之后不久，3 月，郭沫若即应广东大学之邀，赴广州，出任该校文科学长。又几个月后，郭沫若参加国民革命军北伐。安娜和孩子也曾前往广州，但在郭沫若随军北伐后返回上海。他们在上海期间，得到内山完造关照。1927 年 3 月下旬，武汉国民政府任命郭沫若为总政治部上海分部主任，命其前往上海组建上海分部。这时，宁汉已经分裂。郭沫若于 3 月 31 日撰写了《请看今日之蒋介石》，公开与蒋介石决裂。

4 月 8 日，郭沫若到达南京后即获知总政治部上海分部已被蒋介石查封，分部人员也已经被捕。4 月 14 日，郭沫若乘火车到达上海。“四一二事件”后的上海白色恐怖正达到高潮。他立即前往内山书店与上海分部秘书李民治会面。[①] 随后，晚间在李民治家见到周恩来，向周恩来谈了蒋介石在九江、安庆捣毁党部、工会，屠杀民众的情况。周恩来后根据蒋介石在江西、沪、宁等地叛变革命的行径，起草了致中共中央意见书，即《迅速出师讨伐蒋介石》一文。[②]

南昌起义，郭沫若被任命为起义部队总政治部主任，那时他尚在从九江赶往南昌的路上，赶到南昌后即随起义部队南下。起义失败后，郭沫若于 1927 年 10 月下旬经香港辗转回到上海。由于被国民党和南京国民政府通缉，郭沫若与家人只得匿居在窦乐安路一栋小弄堂房子里深居简出。到了 12 月间，郭沫若计划全家都去苏联。[③] 中共中央也已经“答应郭沫若全家都去”。[④] 于是等一艘苏联船的船期。然而，8 日晚，郭沫若突患斑疹伤寒。12 日，在内山完造帮助下，他住进长春路 353 号日本医师石井勇寓所治疗。直至转过年的 1 月 4 日，郭沫若才病愈出院。

在身体恢复期间，郭沫若少有人际往来，几个创造社朋友之外，似乎只有内山完造。在他《离沪之前》[⑤] 的日记中有几处记载道：

---

① 林甘泉、蔡震主编：《郭沫若年谱长编》第一卷，中国社会科学出版社 2017 年版，第 392—393 页。

② 中共中央文献研究室编：《周恩来年谱 1898—1976》，中央文献出版社 1998 年版，第 53 页。

③ 郭沫若：《跨着东海》，《今文学丛刊》第一本，春明书店 1947 年版。

④ 李一氓：《李一氓回忆录》，人民出版社 2001 年版，第 97 页。

⑤ 郭沫若：《离沪之前》，今代书店 1936 年初版，第 5、7、34—35 页。

1928 年 1 月 16 日，让安娜去内山书店买回日译本《资本论》两册。内山完造对安娜说："很难懂，文学家何必搞这个。"晚，接内山完造送来的菊花锅。

1928 年 2 月 2 日，晚，与安娜同往内山书店，赠内山完造《浮士德》一册。

1928 年 2 月 3 日，接内山完造赠葡萄酒，祝贺《浮士德》出版。

苏联未能去成，郭沫若考虑再三，决定去日本，也得到周恩来同意。船票已经买好 2 月 24 日开往神户的一艘日本邮船。但 23 日晚，郑伯奇带来李民治送到的消息，说："寓所已由卫戍司令部探悉，明早要来拿人。"遂临时与成仿吾、王独清同往王独清住处。后与成仿吾去到内山书店，经内山完造联系，二人夜宿于日本人开的八代旅馆。次日，郭沫若独自一人前往码头，到码头送行的只有内山完造。郭沫若买船票用了假名"吴诚"（南昌大学教授），名片也是由内山完造帮助印制的。[①]

从参加北伐到流亡日本，是郭沫若人生旅程中一个重要的时间段，其间，内山完造可说是很得他信任的一个朋友。

二

郭沫若这一去日本就是十年，内山完造和他的书店虽然一直在上海，但郭沫若与他们的联系从未中断，并且内山完造和内山书店成了他流亡生涯中重要的存在。

郭沫若携一家人流亡日本，在最初几年，他的经济来源仍然全靠在国内出版著作、发表文章的稿酬、版税，包括创造社在被查封之前每月给予他版税的资助。这些钱款都是通过内山完造和内山书店收转至东京京华堂的小原荣次郎（后来寄至文求堂），再转交给郭沫若和安娜。[②] 虽然这只是一桩事务性的事，但并非偶一为之而是延续数年，足见内山完造对于朋友的热心与悉心。事实上，内山完造和内山书店不只是为郭沫若收转各处稿酬，郭沫若把许多与出版有关的事情，都交由内山完造和书店代为处理。我们可以从许多郭沫若的书信中看到这样的情形。

现代书局在郭沫若流亡日本期间出版了许多种他的著译作品。书局与郭沫若的信函联系，都是经由内山书店。"《同志爱》已寄到内山处，此书乃余生平最得意之作，自信书出后可以掀动国内外。内容并不十分红，你可以先去看看。那书现代如要，稿费要一千五百元，现金交易。因该书另有两处要，你们如要，请从速。"[③] 这是郭沫若 1932 年 8 月 29 日写信告知叶灵凤的。他的一部小说完稿后已经寄放到内山完造

① 郭沫若：《离沪之前》，今代书店 1936 年初版，第 65 页；成仿吾：《郭沫若选集（英文版）·序》，《郭沫若研究》第 1 辑，文化艺术出版社 1985 年版。

② 郭沫若：《O·E 索隐》，《新华日报》1941 年 10 月 19 日。

③ 载孔另境编《现代作家书简》，上海生活书店 1936 年初版，第 204 页。《同志爱》应该就是《骑士》，现收入《郭沫若全集·文学编》第 10 卷。

处，等待联系出版事宜（待价而沽）。现代书局考虑后似有出版之意，叶灵凤便书信联系了郭沫若。但这期间良友图书公司先索要了书稿，意欲出版，于是郭沫若9月25日复信叶灵凤，说："《同志爱》良友款尚未付清，又对于内容有改削之意，卖约寄来，我尚未签字。现代定要时可速备千五百元现款携往内山，将该稿索回。凡经我同意之处可稍加改削。到内山时即以此明片为凭可也。"①

《创造十年》1932年9月由现代书局出版，11月，郭沫若又有信给现代书局李赞华。写道："全书十万字，千字15元。稿费须先付。""现代自十一月起按月交中币贰百元于作者代表内山先生，交满三个月后，即明年一月底交稿一半。另一半仍（预）先交钱后纳稿。""现代如能一次筹足一千五百元交于内山先生处，作者则限于一月之内即将全稿交出。""又鄙人之三种著译《浮士德》《橄榄》《沫若诗全集》，贵局若不履行印税之缴纳，应停版，请将纸版交与内山先生为盼。"② 前文说的是《创造十年续编》，后文所说到三种著译作品的纸板，即排版后做成的纸型，那是拿到印厂直接就可以上机开印的。

1933年9月9日，郭沫若有一封信致叶灵凤，说："信接到，汇款二百元亦如数领讫，至感至感。关于光华事，拜托拜托。所有各种文件，均存内山书店，可将名刺携去商量妥善办法。内山处已有信去预告矣。"③ 这是说的《武昌城下》书稿出版之事。《武昌城下》原拟由光华出版社出版，也谈好了稿酬，但光华社只支付了一半，没了下文。郭沫若便没有把书稿交光华出版社。现代出版社有出版的意愿，故郭沫若致信叶灵凤，告知可去内山书店商妥此事。也就是说，他把所有事宜以及需要的文件都已经托付授权给内山完造了。

总之，事情无论是否做成，内山完造和他的书店都是居间者。当然类似的事情也不仅仅是在出版郭沫若著译作品最多的现代书局与郭沫若之间。但凡与出版有关之事，郭沫若多要联系内山完造。

"兹有一事拜托：今日得见神州国光社读书杂志三卷六号末新书预告内有拙译著二种，其详情见同封致胡秋原信中。请兄费心捧信交去，将该译稿取还，停止其印刷。如前方不允时，请费心为登报申明。用费若干，请暂垫出，当嘱上海内山书店如数璧赵。"④ 这是郭沫若1933年7月24日写给赵南公（泰东老板）的一封信。信中所说之事，是指神州国光社新书预告中有郭沫若的译著《德意志观念形态论》及《沫若四种》。但《德意志观念形态论》是四年前郭沫若交由梅电龙携带去神州国光社的旧译稿，却一直没有就出版之事成约。郭沫若"屡次索回，迄未得复"。突然看到神州国光社的出版预告，郭沫若很气愤，而《沫若四种》"更不知何人所为"。所

① 载孔另境编：《现代作家书简》，上海生活书店1936年初版，第205页。

② 郭沫若纪念馆馆藏资料。

③ 载孔另境编《现代作家书简》，上海生活书店1936年初版，第202—212页。

④ 郭沫若纪念馆馆藏资料。

以郭沫若函请赵南公帮助交涉处理此事，所需要的费用将嘱内山书店“璧赵”。

1934 年，容庚与郭沫若等十余人“合资摄影”拍摄《泉屋清赏》青铜器照片。《泉屋清赏》是日本住友将所藏青铜器精品印制的图片集。住友所藏“多瑰异之品，其木印之美，他国莫及”。《泉屋清赏》为非卖品，北平图书馆以千金欲购此木印本，亦不可得。容庚与郭沫若等遂决定集合同道合资摄影，“六寸之图，每份犹需六十元”。5 月 21 日，郭沫若致信容庚，询问“《泉屋》印片尚须缴费若干？乞详示，当嘱沪上友人直接寄上也”。“沪上友人”即是内山完造。故 6 月 12 日再致容庚的信，谓：“来示悉。数已嘱上海内山书店寄上，乞查收。”①

赵景深 1936 年策划编辑《沫若前集》，先请钱杏邨联系郭沫若，初步商定了编辑事宜。3 月初，赵景深致信郭沫若催要书稿，郭沫若于 15 日复信。写道：“惠书奉悉。关于《沫若前集》事，早经杏邨传达，惟因事忙，迄未着手编制。今得来书，赶着把《诗歌戏曲篇》编了出来（所有错字错句均加改正，每诗后详记年月），已寄交内山，请备三百金往取。”4 月 3 日，郭沫若再一次复信赵景深，商定出版契约之事。信上说：“三月廿日手书早已奉悉，因事稽复，恕罪。上次大札中所言要点，谓‘《沫若前集》每册编成时各备洋三百元取稿，共洋一千二百元。书出后当按月致酬一百元，年终结账。如销路好当再增加版税’。版税一层，据前若英来信乃百分之二十。契约期限请定为十年，期满时再由双方合议取决。契约照兄前函所称，请内山完造氏为保证人，以后一切款项交涉，均由内山氏作中介。”②

这样的事情，在郭沫若流亡日本期间，不知还有多少。内山完造和内山书店差不多可以称为郭沫若的“驻沪办事处”了。

郭沫若时有一些它事也会想到内山完造和内山书店。譬如：周作人 1934 年访日时，经郭沫若介绍拜访文求堂田中庆太郎。交谈时谈到《洛阳故都古墓考》一书，田中庆太郎很感兴趣。郭沫若遂告知田中庆太郎自己手中有一册，可奉借。并建议他“尊处似可托内山书店代购，在日本当能行销若干部也”。③ 1935 年 7 月，正在日本留学的傅抱石因母亲病故，不得不结束留学生涯归国，且为安葬母亲之事发愁。与傅抱石交谊甚笃的郭沫若得知消息，立即联系内山完造，“特意卖给内山书店一部文稿，让内山书店把应得的全部稿酬，直接地汇给了抱石”④。

郭沫若流亡日本期间是受到日本警察和宪兵双重监视的，因为他作为政治流亡者的身份。所以，他与国内的通信联系是非常小心翼翼的。有些直接的来信，都以他长子的名字为接信人，譬如，茅盾为两个口号一事致信郭沫若，就是寄在佐藤和夫名下。有些信函是托人代交，譬如，凤子 1937 年春应邀到东京排演《日出》，就转交

---

① 曾宪通编注：《郭沫若书简——致容庚》，广东人民出版社 1981 年版，第 129 页、第 131 页。

② 赵景深：《〈沫若全集〉和〈郁达夫全集〉——郭沫若给我的信》，《新文学史料》1980 年第 2 期。

③ 马良春、[日] 伊藤虎丸主编：《郭沫若致文求堂书简》第 153 号，文物出版社 1997 年版，第 299 页。

④ 罗时慧：《怀念》，《群众论丛》1980 年第 2 期。

了阿英托带的密信，信中告以“西安事变”后国共再次合作的前景。凤子回国时郭沫若又托她带一信给白崇禧，希望桂系与蒋介石南京政府之间消除芥蒂，携手共赴国难。内山完造和内山书店也是郭沫若与国内通信联系的一个渠道。

鲁迅逝世后，国内文化界在1937年准备成立“鲁迅纪念委员会”，筹备委员会通过内山完造函请郭沫若参加纪念委员会。郭沫若在接读内山完造来信后，“函复应之”。7月17日，鲁迅纪念委员会在上海成立，宋庆龄（后为蔡元培）为纪念委员会主席，郭沫若、许寿裳、许广平、茅盾、史沫特莱、内山完造等七十余人为委员。[①]

其间，郭沫若还收到内山完造寄来的《海上述林》上卷。这是鲁迅生前为纪念瞿秋白辑录了他的文学译作编辑成书，托内山完造在东京印制的。而许广平寄赠郭沫若的《鲁迅书简》一书[②]，应该也是经内山完造寄出。

1937年6月12日，郭沫若收到文求堂转来内山完造的信，“中有民治一函”，即李民治（李一氓）的来信。22日，又收到李民治一信[③]。李民治此时书信联系郭沫若，与他流亡之初时的联系显然不同了。那时李民治联系郭沫若，也都是通过内山完造，主要是作为创造社朋友，帮助郭沫若联系著作在国内出版事宜。郭沫若的《甲骨文字研究》《殷周青铜器铭文研究》都是经由这样的联系，在大东书局出版。1932年后二人之间未通音讯。此时的李民治已在陕北，任中共陕西省委宣传部部长，他因何事联系郭沫若，未见原信，我们不得而知，但断不会是私事。所以他给郭沫若寄信是要费些周折的，像前一封信二月底就寄出了，那正是“西安事变”之后不久。如果不是内山完造和内山书店，难说这信函会怎样寄到郭沫若手中。

三

“卢沟桥事变”后全面抗日战争爆发，郭沫若别妇抛雏秘密回到上海，投身于全民抗日战争的滚滚洪波之中。不久，前往武汉就任国民政府军事委员会政治部第三厅厅长负责抗日战争文化宣传工作，1938年12月末转往重庆。

1937年“八一三”事变后，内山完造携病中的妻子回到日本，暂居在京都。9月的一天，他被警视厅传唤。警察审查他与曾住在市川“叫郭沫若的那个共产党”的关系，讯问他与郭沫若“在逃”一事有没有关系。内山完造在拘留所被关押了四天之后才放出来。[④] 他在日本短暂逗留后仍回到上海。

抗日战争胜利后，郭沫若于1946年5月携家人再到上海。内山完造到溧阳路郭

① 鲁迅先生纪念委员会编：《鲁迅先生纪念集》，上海文化出版社1937年版；1937年7月17日《申报》。

② 见林甘泉、蔡震主编《郭沫若年谱长编》第二卷，中国社会科学出版社2017年版，第690页。

③ 蔡震：《郭沫若生平史料考辨》，社会科学文献出版社2014年版，第378页。

④ 见［日］内山完造《上海下海——上海生活35年》，杨晓钟等译，陕西人民出版社2012年版，第78—81页。

沫若的寓所看望他，见入住不久的寓所内“四壁萧然”，即以一幅画《南天竹》相赠。

郭沫若在画上题诗一首，诗中咏道：“画者东倭观藟氏，赠余者谁邬其山。两国烽烟亘八年，何幸人情仍是田。鲁翁已逝达夫死，相对不觉两泪泫。逊言补壁犹尚可，此画来自江户川。我亦有家江户边，木莲金桂碧联娟。欲飞无翼渡无船，网罗八面火连天。炊骸易子遍地传，但居域外亦平安，待余重造桃花源。”并自注：“邬其山氏见余四壁萧然，以《南天竹》一幅为赠。画虽寻常，厚情可感。略嫌白地太多，因题此诗以补之。画者俨若预知此事而为余留余地者，亦觉颇有意思。”邬其山，即内山完造。鲁翁，即鲁迅，与郁达夫，均与内山完造交谊甚多。郭沫若因画和赠画之人而感慨人事沧桑，亦触动了对江户川畔分别多年的家人的思念。他欣慰“人情仍是田”，祈望家人平安。一日后，郭沫若觉得画作上端空白还是太多，便又题诗一首。其实也是他仍有感触要抒写出来：“天寒地冻众草炙，南天一株怡然赤。有鸟有鸟来相宅，接首倾心情脉脉。阳春有脚犹踯躅，相忘誓死不它适。”①

抗日战争胜利后不久，内山书店即被国民党当局作为敌产征收。内山完造从归国的日本人那里购进了一些书籍，又开设了一家旧书店。但是到了 1947 年 12 月，内山完造被上海警察局行政署日侨股监禁，随即被强制回国。内山书店被征收的书籍，由国民政府教育部指令中央图书馆接收。②

新中国成立后，内山完造在东京参加了筹建日中友好协会的工作，致力于中日友好活动。1950 年，日中友好协会成立，内山完造任副会长，他与郭沫若的交往有了新的内容。

1953 年 2 月，内山完造作为日中友好协会的代表来北京，与日本和平联络委员会等团体的代表一起，参加中日友好活动，再次见到郭沫若。③

1955 年 12 月，应日本学术会议邀请，郭沫若率中国科学代表团访问日本。这是新中国成立初期以民间交往的形式进行的一次重要的文化、外事交流访问活动。

12 月 1 日傍晚，中国科学代表团乘机抵达东京，受到日本各界人士的盛大欢迎。内山完造也在欢迎的人群中，并且参加了当晚举行的欢迎宴会。次日一早，他就来到代表团下榻的帝国饭店看望郭沫若。二人寒暄过后，郭沫若向内山完造问道：“文求堂的田中先生还健在吗？”得知田中庆太郎已经故去，又问道：“夫人现在怎样呢？我很想见她一次，请你帮助给联系一下。如果可能，我很想去为田中先生扫墓。”郭沫若告诉内山完造，“田中先生曾经帮了我很大的忙。我在日本写的书，如果没有文

---

① 两诗均以《题〈南天竹〉》为题，发表于 1947 年 1 月 15 日上海《联合日报·晚刊》。现收《郭沫若全集·文学编》第 2 卷。

② 见［日］内山完造《上海下海——上海生活 35 年》，杨晓钟等译，陕西人民出版社 2012 年版，第 20—21 页。

③ 参见 1953 年 2 月 23 日《人民日报》。

求堂，没有田中先生的帮助，是不可能写出来的呀！”内山完造为郭沫若如此重友情十分感动，禁不住流下泪水。他当日便联系了田中庆太郎的夫人岭子。郭沫若于3日见到了岭子夫人，4日往叶山高德寺祭扫了田中庆太郎墓。①

日中友协虽然不是中国科学代表团访日的邀请方，但身为日中友协副会长的内山完造一直陪同郭沫若访日期间的活动，显然其中还包含他与郭沫若多年朋友的情谊。从东京大学到千叶大学参观，看望市川须和田旧居的邻居们，直到京都、大阪、奈良、冈山、广岛、福冈等地一处处访问。内山完造在郭沫若和代表团即将离开日本时，特别撰写了文章刊登在《赤旗报》。他在文章中写道：“建造人类共同的伟大的劳动人民的乐园。郭团长无论在哪里，都向日本青年明确地提出了这样的目标。我跟青年们一起，向他表示衷心的感谢。”“作为日中友好运动的第一步，我们日本人将为亚洲和平与世界和平努力奋斗。请你们紧握我们的手吧，让我们共同为了人类的幸福，为了全世界的和平，一道去工作吧！”②

1959年9月，来中国参加新中国成立十周年庆典活动的内山完造于20日突发脑溢血在北京逝世。9月22日，中国人民对外文化协会举行内山完造追悼大会，郭沫若与楚图南等出席追悼会。③ 内山完造1885年生于日本冈山，逝世后按照他生前的遗愿：死后骨灰一半葬在中国，内山完造安葬于上海万国公墓。

1962年4月8日，郭沫若为纪念内山完造逝世三周年作四言诗一首：

东海之土，
西海之花。
生于冈山，
葬于中华。
万邦友好，
四海一家。
消灭侵略，
幸福无涯。④

内山完造虽然辞世了，郭沫若与内山书店的联系仍在。不过这是在日本东京的内山书店。东京内山书店是由内山完造的胞弟内山嘉吉于1935年10月创办的。当时，日本侵略中国的战争已经开始了，但是日本民众对于中国其实并不了解。内山完造自己因为身处中国，对中国人的生活有了相当了解，为了让日本人了解中国与中国人，

① 参见刘德有：《随郭沫若战后访日》，辽宁人民出版社1988年版，第61页。

② 参见刘德有：《随郭沫若战后访日》，辽宁人民出版社1988年版，第337页。

③ 参见1959年9月23日《人民日报》。

④ 据手迹，郭沫若纪念馆馆藏资料。

他用日语写书出版，但觉得这样还不够，希望在东京也这样做，所以建议、鼓励内山嘉吉在东京办书店。于是，内山嘉吉创办了东京内山书店，内山完造作为东京内山书店的顾问。内山嘉吉当时给书店的定位是：面向日本读者出售由上海内山书店邮寄来的中国书刊。专卖中国书籍，这与上海内山书店恰好相反相成。

1965 年，适逢日本内山书店建店 30 周年纪念，中国国际书店函请郭沫若："在百忙中抽空题几个字。由我店作为礼物赠送该店，题什么字由您决定。"郭沫若遂于 12 月作七绝一首《贺日本内山书店成立三十周年纪念》。诗咏道：

东海频教一苇航，
鉴真寂照有余光。
如何坌断居奇者，
尾逐妖星惯阋墙。①

1971 年 10 月 3 日，郭沫若会见应中国国际书店邀请来访的几家日本书店负责人，其中有内山书店经理内山嘉吉和夫人内山松藻。

1975 年 5 月 18 日，郭沫若应内山嘉吉来信之请，为内山书店庆祝开店 40 周年题写横匾。

在辞世的前一年，1977 年 6 月 17 日，郭沫若还在北京饭店会见了内山嘉吉和夫人内山松藻。他从结识内山完造谈起，回忆了两人的交往、友情，赞扬内山嘉吉继承兄长的事业，希望内山嘉吉一家继续经营好内山书店，为促进中日文化交流做出贡献。② 这番交谈，宛如给他与内山完造和内山书店交往的历史画了一个圆满的句号。

（原载《郭沫若学刊》2020 年第 1 期）

① 据郭沫若纪念馆馆藏资料。诗现收入《郭沫若全集·文学编》第 5 卷，人民文学出版社 1984 年版，第 83 页。作者附注："寂照，日僧名，留宋三十一年，示寂于杭州。"

② 参见 1977 年 6 月 18 日《人民日报》。

鲁迅、郭沫若与内山完造相关史实疏正

张　勇

鲁迅与郭沫若是中国现代文学史上两个举足轻重的重要人物，他们一生中有着诸多剪不断、理还乱的密切关联。但目前在有关两者的研究中，多集中在文艺创作观念、思想体系构建等方面的阐述，有关两者之间关系的基本史事考证的还不够。[①] 这就直接导致了在鲁迅与郭沫若关系的考究中，还存在诸多不实的观点结论，内山完造及内山书店就是二者关系研究中的盲点。

从目前的研究成果来看，鲁迅与内山完造之间关系的阐述比较全面清晰，但是有关郭沫若与内山完造之间关系的研究就逊色了很多，而作为鲁迅和郭沫若朋友圈中重要一员的内山完造，他们三者之间关系的研究更是鲜有触及，即便是寥寥几句的结论，也存在诸多错误。现将三者相识时间、鲁迅与郭沫若未曾谋面原因等史实进行梳理、考证、探究，以期能更正相关结论。

一　郭沫若与内山完造相识时间考析

鲁迅与内山完造的关系无须赘言，他们之间“亲如家人的交往”[②] 在现代文学史上留下了一段佳话。郭沫若一生中有20多年的时间在日本度过，他的人际交往与日本社会有密切关联，在他的朋友圈中日本友人占着相当大的比例。内山完造便是其日本友人中密切而又独特的一位，郭沫若对于内山完造来讲是挚友，也是客户，亦是中间人。正如内山完造和他的内山书店对鲁迅所造成的重要影响一样，内山完造在郭沫若的人生重要节点中也是起到至关重要的作用，可以说没有内山书店，郭沫若可能会推迟走向马克思主义的道路，没有内山完造，郭沫若也许在日本流亡期间寸步难行。鲁迅与内山完造相识于1927年10月，这个史实是非常明确的，鲁迅和内山完造本人都有过相关的记载，内山书店的员工也做过相关的论述，那么郭沫若与内山完造是何时相识的呢？

---

① 有关鲁迅与郭沫若比较研究的梳理，请参阅魏建、赵强发表于2006年第5期《鲁迅研究月刊》上的《新时期鲁迅与郭沫若研究述评》。

② 薛绥之：《鲁迅与内山完造》，刘献彪编：《鲁迅与中日文化交流》，湖南人民出版社1981年版，第229页。

有关这个问题魏奕雄在《郭沫若与内山完造交情琐谈》一文中明确指出“一九二一年四至八月”“郭沫若与内山完造的第一次见”，并且认为：“比鲁迅先生在一九二七年初识内山早了六年。”① 另外，邓牛顿、陈嘉冠在《郭沫若与内山完造》一文中也认为郭沫若与内山完造相识于1921年②，但是查阅相关史料，这肯定是一个错误的时间，那么郭沫若与内山完造是何时相识的呢？郭沫若比鲁迅结识内山完造真的早了六年有余吗？

首先，从1921年郭沫若活动时间的角度来看。1921年4月至8月郭沫若主要是往来于日本与上海之间，与泰东图书局老板赵南公商议成立创作团体的有关事宜。“1921年4月1日，在门司与成仿吾会齐，同船回上海；5月27日，乘‘八幡丸’启程往日本；7月1日，从福冈回到上海。”③ 因此“一九二一年四至八月”郭沫若绝无与内山完造见面的可能。

郭沫若要与内山完造见面、相识、相知，需要非常充裕的时间作为保证。史料记载，郭沫若在20世纪20年代共有五次往返于上海和日本之间。具体时间为：

第一次往返：1921年4月1日在门司与成仿吾会齐，同船回上海，3日抵达上海。1921年5月27日乘“八幡丸”启程往日本，30日回到福冈家中。

第二次往返：1921年7月1日从福冈回到上海。9月16日中午乘船赴日。

第三次往返：1922年7月2日从日本返回上海，9月3日乘船返回福冈。

第四次往返：1923年4月1日，携安娜和三个儿子启程归国。4月2日，回到上海，住民厚南里泰东图书局编辑部。1924年2月17日，送安娜和孩子们去日本。1924年4月1日，离开上海，重赴日本福冈。2日抵达福冈。

第五次往返：1924年11月16日，携妻儿由日本回到上海，在环龙路44弄8号租住。1928年2月24日化名南昌大学教授吴诚，乘日本邮船“卢山丸”赴神户，27日抵达神户港。

前四次在上海停留的时间分别为24天、78天、64天和360余天，这些断断续续的往返主要是用来处理创造社出版事宜，以及协调创造社与泰东图书局之间各种烦琐的关系，能够用于社交方面的时间几乎没有。因此在1924年11月16日第五次回到上海之前，并没有与内山完造见面、相交的充裕时间。

其次，从郭沫若对20世纪20年代初上海书店认识的角度来看。1923年初“我回到上海已经半年，上海的大小书店于我只是些破纸篓，把我渔猎消遣已经消灭了。伊文思书店虽然我知道他的西书颇多，但我因为路远，竟连一次也还不曾来过。”④ 郭沫若在其自传中，曾讲述过1923年他在一家由英国人创办的伊文思书店的不愉快经历。

---

① 魏奕雄：《郭沫若与内山完造交情琐谈》，《郭沫若学刊》1988年第3期。
② 邓牛顿、陈嘉冠：《郭沫若与内山完造》，《内山完造纪念集》，上海文化出版社2009年版，第507页。
③ 林甘泉、蔡震主编：《郭沫若年谱长编》第一卷，中国社会科学出版社2007年版，第183页。
④ 郭沫若：《百合与番茄》，《郭沫若全集·文学编》第12卷，人民文学出版社1992年版，第395页。

> 在电车上突然发现了伊文思的招牌，我的渔猎欲便促着我下了车。我跨进书店去，想享受我半年以来久已忘却了的一种快乐。我刚进书店里在一处书栏前立定，一位西崽便突然跑到我面前来问我想买甚么书。我说："你等我看一看再说。"他两只眼睛在我身上打量了一会，又走向别处去了，但眼睛总是在挂着我。哈哈，你把我当成了毒手！我这天穿的衣裳是我在日本穿了十年的一套哔叽学生装，上面套了一件前年在上海缝的十二块钱的雨衣。穿这样装束的人要进西书局，怕是僭分了罢？我心中虽然感受着隐隐的不平，感受着受了侮辱，但是我也佩服我们做西崽的同胞，毕竟能忠于职守如此。①

这次因书店工作人员以貌取人的做法，引起了郭沫若的极大反感。而此时内山书店在上海已经小有名气了，特别是在内山书店"客人们可以自由翻阅，而且中间放着几把凳子，可以慢慢阅读，甚至提供茶水和点心"②，这与伊文思书店的服务态度形成了鲜明对比。郭沫若此时的话语中明显可以看出，他还未曾到过内山书店，更不用说与内山完造有任何交集。

再次，从内山书店经营理念的转变来看。内山书店的创始人非内山完造，而是其妻子美喜，1917 年书店成立之初一切都显得凌乱无序，书店仅是他们住所改造而成，内部空间更是逼仄的可怜，"一楼有一间 8 张草席小的木房间和铺有 3 张草席和式房间（带厨房）；二楼有 11 张草席大小并带有一个三角形的小房间"③。在书店的经营上，也仅仅只是售卖基督教方面的书籍，是日本人在上海开设的专门经营基督教方面的书店。无论从何种角度来看，内山书店都是"以夫人的家庭副业形式诞生的"④，直到 1924 年，"内山完造买下了魏盛里临街的一所房子，作为独立的书店经营场所"⑤。

虽然从 1920 年夏天开始，上海 YMCA（基督教青年会）与内山书店合作开始举办夏季文化讲座，讲座的内容涉及经济学、文学、社会学等多方面的知识，但此文化活动还只是面向在上海的日本人，因此造成的影响和范围也有限。直到"1924 年内山书店从完造的住处搬出，开始独立经营。从那前后起，内山书店成了日中文化人及文艺爱好者逗留聊天之地"⑥。能成为文艺爱好者趋之若鹜的读书之处，主要还是出

---

① 郭沫若：《百合与番茄》，《郭沫若全集·文学编》第 12 卷，人民文学出版社 1992 年版，第 395—399 页。

② ［日］内山完造：《上海下海——上海生活 35 年》，杨晓钟等译，陕西人民出版社 2012 年版，第 30 页。

③ ［日］吉田旷二：《鲁迅挚友内山完造的肖像》，［日］村尾沙耶佳、李恒伟译，新华出版社 1996 年版，第 64 页。

④ ［日］吉田旷二：《鲁迅挚友内山完造的肖像》，［日］村尾沙耶佳、李恒伟译，新华出版社 1996 年版，第 64 页。

⑤ ［日］吉田旷二：《鲁迅挚友内山完造的肖像》，［日］村尾沙耶佳、李恒伟译，新华出版社 1996 年版，第 74 页。

⑥ ［日］高纲博文：《上海内山书店小史》，成炜琰摘译，《档案与史学》2002 年第 4 期。

于图书资料的丰富性、书店环境的舒适性等方面的原因，至此内山书店真正实现了由单一图书售卖到文化多元参与性质的转变，创造了吸引上海各界文人到来的条件。

而郭沫若第一次提到内山书店是在《创造十年续编》中，他写道："受聘任大夏大学讲师，讲授'文学概论'课。希望借此为自己建立一个文艺论的基础，以构成'文艺的科学'，包括总论，诗歌、小说、戏剧等分论。为此常到内山书店去读书，以编写讲义。"① 之所以要到内山书店去并不是为了买书，主要是"自己没有书，而且没有钱买书"，所以这时尽管是路远，不方便，但是也要"跑到北四川路的内山书店去借阅或者立读。为着一礼拜两点钟的讲义，总要牺牲好几天的工夫"②。

那么郭沫若去大夏大学任教是什么时间呢？郭沫若曾提及"在学艺大学开办之前，也在大夏大学当过几天讲师"③。而学艺大学自 1924 年 11 月郭沫若到上海后便开始筹备，当时郭沫若"被指派为筹备委员会之一人，并被预定为大学的未来教授。"④ 郭沫若在五卅运动时，在上海街头和周全平见到了"一位学生气喘着向我说。那是大夏大学听过我的课的人"⑤，因此郭沫若在大夏大学的任教时间应该是在 1925 年 5 月前。既然到内山书店去的目的是查阅书籍来准备大夏大学的课程，郭沫若去内山书店的时间肯定是在 1925 年 4 月之前。因此，内山书店经营理念发展的轨迹，也说明在 1921 年前后郭沫若没有接触内山书店及内山完造的心理机制，他们之间的接触应该是在 1925 年 4 月前。

最后，从郭沫若在上海的住址与内山书店地址变迁的角度来看。内山书店创办时的地址是在四川北路魏盛里 169 号（今四川北路 1881 弄），1924 年，内山完造又买下了魏盛里临街的一所房子，作为独立的书店经营场所。书店由人店杂糅，店面标示不清晰，转而到了交通便利的临街店面，使购书者能够便利地找到其处所。郭沫若居所的变迁也经历了同样的过程。1921 年 7 月郭沫若由日本返回上海后，就一直居住在马霍路泰东图书局的编译所里。马霍路即是今天的黄陂北路，这里地处黄埔区距离内山书店大约 5 公里，要有一个半小时的路程。1922 年郭沫若便搬到了哈同路民厚南里（今静安区铜仁路），这里距离四川北路约 3 公里。在当时交通状况下，这么远的路程估计郭沫若是很不方便前往的。其实郭沫若曾于 1923 年 11 月中旬才到四川北路去拜访周全平，这是他第一次离着内山书店如此之近。但是"从哈同路上车一直坐到北四川路，在老靶子路附近下了车。我不知道吴淞路在甚么方向"⑥。从此即可看出，郭沫若对于北四川路这一带是极为陌生的，假如他此时已经与内山完造相识，

① 林甘泉、蔡震主编：《郭沫若年谱长编》第一卷，中国社会科学出版社 2007 年版，第 321 页。
② 郭沫若：《创造十年续编》，《郭沫若全集 · 文学编》第 12 卷，人民文学出版社 1992 年版，第 226 页。
③ 郭沫若：《创造十年续编》，《郭沫若全集 · 文学编》第 12 卷，人民文学出版社 1992 年版，第 224 页。
④ 郭沫若：《创造十年续编》，《郭沫若全集 · 文学编》第 12 卷，人民文学出版社 1992 年版，第 218 页。
⑤ 郭沫若：《创造十年续编》，《郭沫若全集 · 文学编》第 12 卷，人民文学出版社 1992 年版，第 230 页。
⑥ 郭沫若：《创造十年续编》，《郭沫若全集 · 文学编》第 12 卷，人民文学出版社 1992 年版，第 395 页。

并成为内山书店座上宾的话，他应该是对北四川路极为熟悉才对。

从以上四个方面的分析来看，郭沫若与内山完造的相识应该是在 1925 年夏至 1926 年 1 月期间，而非“一九二一年四至八月”，据此时间推算，内山完造与郭沫若的相识也仅仅是比鲁迅的相识早了一年多的时间，因此郭沫若“比鲁迅先生在一九二七年初识内山早了六年”的结论是有悖于历史事实的。

二 新友与旧客：鲁迅与郭沫若失之交臂的会面因缘考

鲁迅与郭沫若“从未见面，并有过深深的仇怨。后人却把他们紧紧地联系在一起”①。在鲁迅与郭沫若的生活地理轨迹以及双方交往体系的诸多元素中，内山完造及内山书店应该是个重要的交汇点。内山完造与鲁迅关系紧密，两者相识虽晚，但结成了一生的挚友，郭沫若与内山完造从他们相识直至内山去世，也一直保持着亦商亦友的密切关系。鲁迅与郭沫若虽共同与内山完造相识，但三者却始终没有能够相聚在一起，甚至鲁迅和郭沫若生前也未能见上一面。考察鲁迅和郭沫若各自的人生轨迹，只有 1927 年 10 月至 1928 年 2 月的上海，在近四个月的时间内是他们一生中唯一一次共同在同一座城市之中生活，而这期间他们生活中为数不多的交汇点便是内山完造和他的内山书店，这是他们两人生前唯一可能相遇和相见的时间、地点和人物，但因主客观的诸多因素他们却没有见面的机缘。

1927 年 10 月，参加南昌起义失败后的郭沫若，返回上海后便隐居窦乐安路，直到 1928 年 2 月流亡日本，这段时间也恰恰是郭沫若与内山完造联系最密切的时期。与此同时，鲁迅也于同年 10 月由广州来到上海，在此度过了其生命最后的十年，成为他“一生最重要的时间段”②。一到上海，即便是住址还未选定的情形下，鲁迅在难得的空闲时间内光顾了内山书店，并还购置了书籍，不久后便成为内山书店的常客。按照常理推测，因内山完造和内山书店的存在，在四个月的时间内还是出现了鲁迅与郭沫若一生中最可能见面的契机和场所，然而最终却失之交臂。原因何在呢？后人研究多从鲁郭二人关系的角度出发，将两人未能见面的原因简单归结在于彼此的不睦。然而，事实上鲁迅与郭沫若真正开始交恶，是始于 1928 年 6 月郭沫若署名杜荃所作的《文艺战线上的封建余孽——批评鲁迅的〈我的态度气量和年纪〉》③ 一文，由此引起双方持续的笔墨之争。1927 年 10 月，二人还并无交恶的迹象和缘由，他们完全有彼此见面的机缘和可能的。

那么造成鲁郭二人未能会面的原因何在呢？据鲁迅日记记载，他在距内山书店不

① 魏建、赵强：《新时期鲁迅与郭沫若研究述评》，《鲁迅研究月刊》2006 年第 5 期。

② 张梦阳：《新世纪中国鲁迅学的进展与特点》，《山东师范大学学报》2019 年第 2 期。

③ 林甘泉、蔡震主编：《郭沫若年谱长编》第一卷，中国社会科学出版社 2007 年版，第 427 页。

远的景云里安顿了下来后，他几乎天天前往内山书店购书、闲谈。郭沫若大约也是于1927 年 10 月下旬返回上海，并隐居在窦乐安路，此处步行至景云里不超过一刻钟，基本与到内山书店的距离差不多。据郭沫若在其自传《离沪之前》中的记述，在1927 年 10 月郭沫若由广州回到上海至 1928 年 2 月再由上海避难日本的期间，郭沫若与内山完造彼此互访，郭沫若也多次与安娜一同前往内山书店拜会内山完造，此时郭沫若与内山完造联系颇为频繁。然而近在咫尺之间，鲁迅却与郭沫若无一面之缘，是主观为之抑或是客观条件所限呢？

不得不说，鲁迅与郭沫若 1927 年 11 月至 1928 年 2 月未能在内山书店碰面，他们双方自身在主客观方面上就有很多制约的因素。

首先，鲁迅与郭沫若此时都不便公开各自的身份。1927 年 5 月 6 日蒋介石下令开除郭沫若国民党党籍，并严令通缉，11 月初，郭沫若参加南昌起义失败后便秘密返回上海，被四处通缉的郭沫若完全处于隐秘的生活状态之中，在内山书店这样一个公开场合与鲁迅会面肯定是不可能的。另外，鲁迅此时虽然没有处于郭沫若这样紧张的生活状态之中，但是他之所以选择了离开广州，也是为了回避矛盾丛生的人事纠纷，以及别有用心人的恶意中伤才来到了上海，此时在他的内心中也是不愿意与陌生人相会的。特别是在鲁迅刚刚来到上海时的一段时间内，他几乎是足不出户，鲁迅在10 月 14 日给台静农、李霁野的信中谈道："到此已将十日，不料熟人很多，应酬忙得很。邀我做事的地方也很有，但我想关起门来，专事译著。"[①] 此时在鲁迅的内心里是不愿意与陌生人接触和会面的，这段时间他除了接受大学邀请的演讲和讲课外，几乎很少和客人单独会见，即便是会客也多是不得不见的朋友，如北新书局的老板李小峰，他们谈论的也多是"商量鲁迅的书籍以及北新的杂志如何处理"[②] 等工作上的事情，再有就是如冯雪峰等旧友熟人，唯有与丰子恺是第一次见面。[③] 由此可见，遭遇过多人事纠葛的鲁迅，在主观上也不愿意和不熟悉的陌生人相见的。一个是不想见，一个是不能见，鲁迅与郭沫若的会面自然就无从谈起了。

另外一个重要的客观原因便是郭沫若突然染病。对于此次毫无征兆的病情，郭沫若在自传《跨着东海》中记叙道："十二月八号的晚上，我突然得了重病。头痛，四十度的高热，脸色发红而带浮肿，两眼充血"，"第二天睡了一天，病情毫无起色，经过日本医生的诊察，疑是斑疹伤寒。于是在第三天上便不能不进病院了"[④]。最后病情不断加重，甚至于"完全失掉了知觉。不断发出谵呓，时而表现狂暴。听说在

---

① 鲁迅博物馆编：《鲁迅年谱》第三卷，人民文学出版社 2000 年版，第 8 页。

② 施晓燕：《鲁迅与共和旅馆》，《上海鲁迅研究 · 〈狂人日记〉100 年》（总第 80 辑），上海社会科学院出版社 2018 年版，第 54 页。

③ 鲁迅博物馆编：《鲁迅年谱》第三卷，人民文学出版社 2000 年版，第 18 页。

④ 郭沫若：《跨着东海》，《郭沫若全集 · 文学编》第 13 卷，人民文学出版社 1992 年版，第 310 页。

最严重的时候，医师已经关照了安娜，可以准备后事了”[①]。虽然经过了一个月后，病情不断好转，但是身体依然非常虚弱，“回家的时候还不能走路，上楼是两脚两爪爬上去的”[②]。这样的身体状况，也使郭沫若几乎没有时间和体力像以前健康时出门前往内山书店购书会客了，他去内山书店的次数便相应地大大减少了。恰恰鲁迅在1928年初到内山书店的频次相较以前反而也减少了[③]，这样鲁迅与郭沫若在内山书店碰面的概率自然而然就很低了。

彼此身份受限抑或一方身体欠佳，这些原因虽然客观上减少了鲁迅与郭沫若见面的机会，但是他们此时共同朋友内山完造主观情感上的抉择，也预示了此次历史性谋面的不可能性。

作为鲁迅与郭沫若共同的朋友，内山完造兼具了基督教徒和商人的双重角色，幼年经历磨难的内山完造在开始信仰基督教后，逐渐成为一个典型的人道主义者，他“注意到世上的许多不合理及不公平现象，开始对弱者产生同情意识并尽可能地去帮助他（她）们”[④]。内山完造还是一位成功的商人，他把一家弱小的书店经营为颇受中国现代文化人喜爱的文化场所，即便是有人对此有疑惑，但鲁迅却坚持认为“我确信他做生意，是要赚钱的，却不做侦探；他卖书，是要赚钱的，却不卖人血”[⑤]。在内山完造身上显示出关西商人典型的善解人意和对朋友忠实可信的品质。对于郭沫若和鲁迅这样敏感的人物，作为朋友的内山完造考虑的首要问题是如何更好地保护他们。郭沫若《离沪之前》的日记中记载着他与创造社成员成仿吾，共产党人和进步人士周恩来、李硕勋等秘密频繁地接触，因此他的隐居地是不可暴露的。所以我们可以看到，内山完造经常造访郭沫若的住处，但直到郭沫若快离开上海时，郭沫若与安娜才去内山书店进行了礼节性的回访。而作为顾客认识的鲁迅，无疑也给内山完造留下了良好且深刻的印象，但对于内山完造来说在短时间与鲁迅的接触，可能也仅仅是书商和顾客之间的商品买卖关系，最多也仅是文学爱好者对一个著名作家的崇拜之情，至于说到多么深厚的情谊，估计还很难达到。即使内山完造与鲁迅建立了良好的朋友关系，也并不代表他可以起到鲁迅与郭沫若之间纽带的作用。鲁迅在上海生病、被追捕等关键时刻，也是内山完造鼎力相助，但内山完造也未将此消息透露给不相关的外人，可见作为诚信商人的内山完造对友人私人信息的守口如瓶。

商人都是具有两面性的。虽然内山完造因爱好和创作文学作品与鲁迅和郭沫若结识，但这毕竟只能算作业余的爱好，他的主业还是经营书店，他能够在书店林立的上

---

① 郭沫若：《跨着东海》，《郭沫若全集·文学编》第13卷，人民文学出版社1992年版，第311页。

② 郭沫若：《跨着东海》，《郭沫若全集·文学编》第13卷，人民文学出版社1992年版，第311页。

③ 此频次可参见赵林《出版文化、民族主义与上海文化场域——鲁迅与内山完造的交往史》一文中的“鲁迅与内山完造及其内山书店的交往频次图”。

④ ［日］吉田旷二：《鲁迅挚友内山完造的肖像》，［日］村尾沙耶佳、李恒伟译，新华出版社1996年版，第41页。

⑤ 鲁迅：《伪自由书·后记》，《鲁迅全集》第5卷，人民文学出版社2005年版，第179页。

海把一个弱小的书铺做大做强，成为上海文化名流人尽皆知的大书店实属不易，这也从另外一个侧面反映出，内山完造是一位善于经营的精明商人。在此层面来看，如何维持与不同顾客之间良好的关系，是他在面对鲁迅和郭沫若时应首先考虑的问题。1927 年 10 月内山完造与鲁迅刚刚相识，属于新友，而他与郭沫若早就认识，属于旧客。作为书店老板的内山完造对于新友与旧客的态度肯定是完全不同的。

首先商人是谨慎的，对于书店的新客鲁迅尤其如此。鲁迅在 10 月 5 日刚到上海落脚于共和旅馆的第三天，便在找住所的途中惠顾了内山书店，他在当天日记中记到“往内山书店买书四种四本，十元二角。”① 一个“往”字，便十分清晰地看出，内山书店其实鲁迅是早有耳闻，恰好当天要去的景云里就在内山书店附近，因此在去看房的路上惠顾了内山书店是自然不过的事情了。② 虽然，鲁迅已经是家喻户晓的大作家了，但内山完造也只是把刚开始认识的鲁迅当作一名普通的顾客，反倒是鲁迅在去书店购书的同时，经常送给内山完造些礼物，如“往内山书店，赠以红茶一合”③ 的事件记载经常出现在此时的日记之中，这与后来他与内山完造夫妇经常互赠礼物是截然不同的。而此时，内山完造对于避难在沪狼狈不堪的郭沫若，则基本上是倾其全力，帮助他摆脱眼前的困境。由此可见，作为商人的内山完造在内心中对于结交程度不同的鲁迅和郭沫若的态度是不同的，也完全吻合商人谨慎性的特征。更有甚者每当谈到鲁迅与郭沫若之间关系和不同的时候，内山完造几乎都是三缄其口，他都是尽可能地回避这个敏感的话题。1938 年《新天地》杂志上发表了石原秋郎与内山完造有关鲁迅的对话，当谈到郭沫若及郭沫若与鲁迅的关系时，内山完造的回答简短而直接：“郭沫若是一个医学学士，毕业于日本九州大学医学院，他是极力反对鲁迅先生的，他们之间尽是论争。”④ 这是内山完造在公开场合中仅有的一次谈到郭沫若与鲁迅之间的关系。由此可见内山完造的谨慎程度。

其次商人的眼光是独到的，他总能跳出文学视野从更宽泛的外延去认知不同顾客的差别。对于鲁迅与郭沫若之间的性格差异，内山完造感到：“倘若以一言来形容鲁迅，我只能说他有着古武士之气概和中国式的血肉之躯，该强硬的时候他绝不妥协。这与郭沫若的性格稍有不同，我与郭有相当深的交情，他主要偏向于政治，所以浑身上下散发着一种政治家的气质。而鲁迅则是纯粹彻底的文学家，文章犀利伸展到一切可能的地方，至死都在拼命伸展抵抗。”⑤ 对于两人之间写作特色的差异，内山完造

---

① 鲁迅：《日记·十六〔一九二七年〕十月》，《鲁迅全集》第 16 卷，人民文学出版社 2005 年版，第 40 页。

② 关于鲁迅第一次去内山书店的原因，可参阅施晓燕《鲁迅与共和旅馆》一文的论述，在众多可能性中，笔者比较倾向于同意去景云里的路上经过内山书店的论述。

③ 鲁迅：《日记·十七〔一九二八年〕三月》，《鲁迅全集》第 16 卷，人民文学出版社 2005 年版，第 74 页。

④ ［日］内山完造：《我的朋友鲁迅》，何花、徐怡等译，北京联合出版公司 2012 年版，第 199 页。

⑤ ［日］内山完造：《我的朋友鲁迅》，何花、徐怡等译，北京联合出版公司 2012 年版，第 199 页。

的认知也是一针见血的："先生与创造社的创始人郭沫若都曾以'老子出关'为题材写过小说。连曾与他有过论争的人看了两人的作品后都要感叹，果然还是鲁迅非同寻常啊，同样题材的小说，郭氏写的虽然有血有肉，热情高昂，但那是面向中学生的，还是鲁迅的出色啊。不论是写什么，总之鲁迅先生的风格是难以模仿的。"①

这些为数不多的内山完造有关鲁迅与郭沫若之间关系的评价可以看出，互异、分歧是内山完造对鲁迅与郭沫若之间性情的基本判断，在内山完造的视野之中，鲁迅是属于书斋的，而郭沫若则是属于社会的，两者就如同两个不相交的平行线，因此见面与否在内山完造的内心中就显得并不那么重要了。试想在内山完造的内心中对同为自己顾客的鲁迅和郭沫若的定位是完全不同，他还有可能成为鲁迅和郭沫若会面的桥梁和线人吗?

各种复杂的因素导致了鲁迅与郭沫若擦肩而过，也为现代文学史留下了一段难以言说的历史过往和一段无法了断的公案。

三　圈内与圈外：内山书店"漫谈会"对鲁迅郭沫若会面影响辨析

现代文学研究领域中，作家人际交往圈子的变化并不是一个可有可无的问题，因为"人际关系归根到底也是一种社会关系。它表面上看来似乎完全是个人的行为，其实不能不受到一定的社会历史条件的制约"②。特别是如鲁迅和郭沫若这样经历过复杂多变的社会变革，具有传奇人生的文化名人来讲，他们每次历史境遇变迁和文化观念的变革都可以在其朋友交往圈的变化中寻找到端倪。

如果说内山完造和内山书店是鲁迅和郭沫若显在交集点的话，那么内山完造发起，在内山书店内进行的"文艺漫谈会"则是他们之间很重要的隐性交汇点。鲁迅和郭沫若都曾是"文艺漫谈会"的一员，但他们之间因"文艺漫谈会"所形成的不同"朋友圈"归属，也影响了二者人生走向和相互认知。

鲁迅是 1927 年 10 月 5 日才第一次来到了内山书店，而郭沫若则比他提前了很长时间。我们并不能用到达内山书店、结识内山完造的时间先后，来简单地判断鲁迅与郭沫若融入"漫谈会"的深入程度与紧密关系。恰恰相反，"圈外"与"圈内"的分别所造成的自我归属感的巨大差异，也是两者难以彼此认同的重要原因，更是他们今后交往中所出现系列争论问题的一个诱因。

内山完造和内山书店与鲁迅和郭沫若的关系，除了我们能够知晓的他们相识并深交、内山完造为鲁迅和郭沫若提供了诸多帮助、鲁迅与郭沫若很多进步书籍都是从内

① ［日］内山完造：《我的朋友鲁迅》，何花、徐怡等译，北京联合出版公司 2012 年版，第 147 页。
② 林甘泉主编：《文坛史林风雨路——郭沫若交往的文化圈》，浙江人民出版社 1999 年版，第 1 页。

山书店购得等历史史实外，内山完造在内山书店经营中所形成的“漫谈会”模式，对同样有着留学日本背景的鲁迅和郭沫若的文艺观念以及选择也产生了不可估量的影响。

“文艺漫谈会，又称‘上海漫谈会’，最初设在魏盛里的内山书店里。其没有规则，也没有特别会员，参加者就当时中日政治、文艺等问题自由地漫谈。”① 内山完造在内山书店中开设“漫谈会”的初衷本是书店经营方面的考虑。随着日本经济的增长，日本人开始不断走出国门来到海外，特别是中国上海成为海外日本人的重要聚集地。“1904 年，日侨人数为 3038 人，1905 年 4331 人，1906 年 5825 人，1907 年 6268 人，1908 年 7325 人。平均每年增加 1000 人左右。”② 特别是“北四川路区域就是日侨的高级住宅区”③。越是经济收入较高的人，文化的需求就越强烈。这些长期在海外生活的侨民，他们虽然已经离开文化母体，但是还未能融入迁入国家的文化体制，“因为很多外侨是这里的居民，而不是过客。居民与过客不同，居民有长久性，有认同感，长期居住在上海的英美人自称 Shanghailander，直译就是上海人，过客则呈临时性，无认同感。因为是居民，所以，他们引进电灯、电话、自来水、抽水马桶，首先是自己欣赏，满足自用，而不是为了炫耀、兜售。其结果也有宣传作用，但这种宣传不是灌输式宣传，而是示范式宣传。灌输式宣传是我说你听，俯视式的，示范式宣传则是我做你看，平视式的，后者更能让受众心悦诚服，自觉接受”④。内山书店就是成立于这样的文化环境之中，“漫谈会”的产生便是顺应日本侨民的文化需求应运而生的。因此“漫谈会”主要还是为了服务于日本侨民的文化需要，所以即便是“中国方面的参加者大多是留日回国的青年文学艺术家，其中不少人后来成为中国现代文坛的大师”，“日本方面的参加者大多是生活在上海或来上海访问的著名文化人”⑤。拥有了这些具有共同的文化背景和文化渊源的社会名流，内山书店自然而然地便成为上海乃至中国国内日本文化的聚焦点。基于此种成立的缘由和参加人员的范畴，“漫谈会”超越了单纯文化对话这样简单的初衷和设想，而逐步成为一种文化热点和文化时尚的标杆。“每当日本文人到上海，想结识和了解中国文坛人物时，只要找到内山书店，总能有所收获。”⑥

执着于时事批判的鲁迅，对于内山书店的“漫谈会”情有独钟。最明显地表现便是，他在日记、书信中经常提到参加“漫谈会”的情形和感受，如“晚内山邀往漫谈会，在功德林照相并晚餐，共十八人”⑦。鲁迅在漫谈会上发表了很多重要的、

① 陈祖恩:《上海日侨社会生活史（1868—1945）》，上海辞书出版社 2009 年版，第 237 页。
② 陈祖恩:《上海日侨社会生活史（1868—1945）》，上海辞书出版社 2009 年版，第 66 页。
③ 陈祖恩:《上海日侨社会生活史（1868—1945）》，上海辞书出版社 2009 年版，第 93 页。
④ 陈祖恩:《上海日侨社会生活史（1868—1945）》，上海辞书出版社 2009 年版，第 5 页。
⑤ 陈祖恩:《上海日侨社会生活史（1868—1945）》，上海辞书出版社 2009 年版，第 238 页。
⑥ 陈祖恩:《上海日侨社会生活史（1868—1945）》，上海辞书出版社 2009 年版，第 241 页。
⑦ 鲁迅:《日记・十九〔一九三〇年〕八月》，《鲁迅全集》第 16 卷，人民文学出版社 2005 年版，第 207 页。

有启发性的观点，都被内山完造记录在自己出版的书籍之中。但“漫谈会”后来因种种原因日渐衰微，难以为继，对此鲁迅毫无遮掩地表达了惋惜之情，他在给多位朋友的信中多次提及此事，“只是不能自由地到内山书店去漫谈，有些扫兴”①；“内山书店时常去，但不是每天，漫谈的人材也廖若星辰，令人感到寂寞”②；“内山书店营业如旧，但漫谈的同伴似已大为减少。就是说，对我说来是寂寞的”③。这些对友人之间的表述，都说明了鲁迅对于“漫谈会”的关注和参与程度。即便是到了生命最后的垂危之刻，鲁迅还依然挂记着“漫谈会”，在去世前三天，鲁迅仍然坚持参加“漫谈会”的活动。在去世前一天写给内山完造的绝笔信中依然提及“漫谈会”事宜，并且表达了“十点钟的约会去不成了，很抱歉”④ 的愧疚。

“漫谈会”贯穿了鲁迅在上海生活的始终，是他文化活动的重要组成部分，他不仅仅是“漫谈会”“圈内”的固定成员，而且还是核心人物。对于“漫谈会”这种“中日各界人士就政治、文艺等问题自由地进行交流，形成了一种良性的文化互动”⑤的文化活动，鲁迅是表示全力支持的。当凝结着33篇“漫谈会”成果的内山完造的随笔集《活中国的姿态》出版时，鲁迅欣然为其作序，这不仅仅是出于对内山完造的朋友之情，更主要的还是对“漫谈会”的接纳和肯定。“漫谈会”对鲁迅的影响是实实在在的，它使鲁迅收获了很多新的观念，在给内山完造《活中国的姿态·序》中鲁迅就开宗明义地表明很多见解“并非自己的发见，是在内山书店里听着漫谈的时候拾来的”⑥。

虽然，郭沫若较鲁迅早到“内山书店”，但是对于“漫谈会”来讲却属于“圈外”之人。郭沫若曾参加内山书店“漫谈会”最确切的，也是唯一的史料记载是这样的：

1926年1月，谷崎润一郎表示非常希望与中国优秀的青年文化人会面。经内山电话联系后，中日两国文化人择日在内山书店二楼会面。日本方面除谷崎润一郎外，还有大阪每日新闻社上海支社长村田孜郎、中国剧研究会的冢本助太郎等，中国方面出席的有郭沫若、欧阳予倩等。漫谈会上，中日两国文化人就两国文坛、剧坛的状况及翻译、电影等进行了广泛的交流。⑦

究竟郭沫若参加过多少次“漫谈会”并不好考证，但他能够受邀参加到“漫谈

① 鲁迅：《书信·330625致山本初枝》，《鲁迅全集》第14卷，人民文学出版社2005年版，第247页。

② 鲁迅：《书信·330929致山本初枝》，《鲁迅全集》第14卷，人民文学出版社2005年版，第260页。

③ 鲁迅：《书信·330924致增田涉》，《鲁迅全集》第14卷，人民文学出版社2005年版，第258页。

④ 鲁迅：《书信·361018致内山完造》，《鲁迅全集》第14卷，人民文学出版社2005年版，第403页。

⑤ 江枫：《内山完造与文艺漫谈会》，上海鲁迅纪念馆编《内山完造纪念集》，上海文化出版社2009年版，第144页。

⑥ 鲁迅：《且介亭杂文二集·内山完造作〈活中国的姿态〉序》，《鲁迅全集》第6卷，人民文学出版社2005年版，第275页。

⑦ 陈祖恩：《上海日侨社会生活史（1868—1945）》，上海辞书出版社2009年版，第240页。

会”，也能表明他已经进入中日文化交流的前沿文化圈，但相对于鲁迅的主动全面参与，郭沫若参加“漫谈会”则是被动的，另外次数也是极其有限的。内山完造在《老朋友》创刊号上曾经对“漫谈会”参与人员做了十分详细的介绍，在中国人的代表中有“欧阳予倩、田汉、郁达夫、唐有壬、唐槐秋、谢六逸、傅彦长、王独清、郑伯奇、陶晶孙等人”①。从人员名单中可以清晰看出创造社的很多重要成员都在列其中，而郭沫若却未被内山完造提及，从此也不难推断出他参加“漫谈会”的次数并不多。

如果以1928年2月郭沫若流亡日本作为一个分界线的话，此前和此后的郭沫若在各个方面的差异都非常明显。流亡前的郭沫若主要活跃于文学创作领域，流亡后的郭沫若主要致力于历史学和古文字学研究；流亡前的郭沫若更加感性，流亡后的郭沫若更加理性；等等。但是还有一点，以往研究都有所忽略，那就是流亡前后郭沫若交往“朋友圈”的变化。

五四新文化运动时期，郭沫若主要的精力用于创造社的创办和系列刊物的出版上，亦文亦医是他的生活状态，虽然身在日本，但心早就聚焦国内文坛的发展，所以在日本留学时期他主要交往的朋友却是成仿吾、郁达夫、张资平等创造社的缔造者们。他们同为留日的青年学生，为了共同的文化理想聚集在一起。随后又不断往返于上海与日本之间，回到国内的时间更多是与赵南公、张静庐等出版商人交涉刊物出版事宜，以及编排出版创造系列文化刊物。此时，他的“朋友圈”单一而明确。而到了1928年郭沫若开始长达十年流亡生涯后，其交往人员多为日本各界人士，如《骚人》杂志主编村松梢风，日本左翼作家藤枝丈夫和山田清三郎，作家藤森成吉、商人小原荣次郎、文求堂老板田中庆太郎等人，此时的“朋友圈”变得复杂而多样。

1928年前后，郭沫若“朋友圈”发生如此鲜明的变化，除了受到客观生活环境的限制外，另外一个非常重要的原因应是在与内山完造的交往，以及参加“漫谈会”所形成的新的心理。受邀参加“漫谈会”谈什么话题其实并不重要，重要的是，此种活动既是对郭沫若在中日文化界影响力的肯定，也是郭沫若融入日本文化交往圈的重要标示，郭沫若在这种潜在“文化交往圈”的人物关系网络中进入日本流亡十年时期。因此，“漫谈会”给郭沫若提供的是继续扩大人际交往和熟悉社会关系的平台，而非话题的研讨和文化的探究。

围绕“漫谈会”，鲁迅和郭沫若形成“圈内”与“圈外”的明显差异，从这个隐性的角度也暗示了他们难以在内山书店所搭建的文化场域中相见。从更深层次上也明显看出了鲁迅与郭沫若文艺观念上的差异，据此不久双方所爆发出的第一次激烈的论战，也可从“漫谈会”中找到些许端倪。

---

① 江枫：《内山完造与文艺漫谈会》，上海鲁迅纪念馆编《内山完造纪念集》，上海文化出版社2009年版，第144页。

结　语

内山完造经营的内山书店起步于五四新文化运作之初，历经近三十年的发展，从一片小书屋成为享誉中日文化界的大书店。中国现代文学史上最著名的作家鲁迅和郭沫若都是它的常客。内山完造甚至本人也从经营书店的商人成为中国现代文学史的见证者、参与者和书写者。内山书店为鲁迅和郭沫若所提供的文化活动场域已经超越了购买图书这样单纯商品关系的范畴，它成为中国现代文学作家创作、交往，甚至是文化选择的重要影响因素之一，内山完造和内山书店必然成为中国现代文学史上一道不可或缺的风景，同时更是阐释鲁迅和郭沫若决然绕不开的话题和视角。

鲁迅和郭沫若与内山完造和内山书店的关系更是错综复杂，有时间上的先后，也有文化认同上的差异，还有人际交往间的不同，但无论如何对鲁迅和郭沫若而言，内山书店不仅仅是书籍选购地、避难所、朋友畅谈处，内山完造也不仅限于书商、挚友和中介人，他们三者之间共同内化着彼此文化认同的潜在动能和内在情感。

（原载《鲁迅研究月刊》2020 年第 4 期）

从新发现手札看周恩来、郭沫若对抗日战争文艺工作的领导

沈卫威

1938年3月28日，郭沫若以第三厅厅长身份，参加国民政府军事委员会政治部会议，讨论筹备第三厅，4月1日第三厅正式办公，他出任厅长。1940年9月，郭沫若辞去第三厅厅长职务，改任政治部文化工作委员会主任。这期间，他在军委政治部主任陈诚（后为张治中）、副主任周恩来的领导下开展文化宣传工作。

本文仅选录最为重要的周恩来对郭沫若的几份签呈批示及郭沫若的一份手札，看国共合作期间，周恩来对抗日战争文化宣传的领导和郭沫若所做的具体工作，即郭沫若的抗日战争宣传工作与周恩来的实际支持。

抗日战争之初，国民政府军事委员会内部改组，下设军令、军政、军训、政治四部。政治部下属总务厅、第一厅（管辖第一处、第二处）、第二厅（管辖第三处、第四处）、第三厅（管辖第五处、第六处、第七处）、设计委员会、技术委员会以及国际问题研究所（这一专门情报工作机构，也归属第三厅）。而国际问题研究所正是1937年策划、实施、协助郭沫若从日本回上海的情报机构。

郭沫若出任军事委员会政治部第三厅厅长正好两年半（30个月），随后辞职，改任文化工作委员会主任。在他任厅长期间，政治部主任为陈诚，继任者为张治中。上下级工作配合顺畅，辞职的主要原因是1940年下半年国共两党政治分裂，随之，是1941年1月初爆发"皖南事变"。

周恩来作为共产党的主要领导人，抗日战争初期，因国共合作的实际需要，他曾再度出任军事委员会政治部的领导职务，先后与黄琪翔、张厉生一起出任政治部副部长。他对郭沫若抗日战争文化宣传实际工作签呈的批示，本是重要的文献。我不做进一步解读，为求将档案原貌，在这里直接呈现。

从诗人之诗，到流亡日本九年间甲骨文专家、上古史专家的学者之文，此时，郭沫若的身份是中将厅长，于是，在他的写作生涯中，出现了中将厅长的行政公文。

其一：

1938年7月29日，郭沫若以军委政治部第三厅厅长的名义，签呈"本厅工作计划及事业费预算书"：

签呈

七月廿九日
于第三厅

查本厅工作计划及事业费预算书，早经呈核，并于上月廿九日奉到

钧部治会字第二八三号指令，蒙示“为目前财力所限，将经常费核减为十五万九千九百十一元，临时费核减为六万一千二百八十五元，除临时费专案呈请外，余已经汇案造具全部事业费预算呈核”在案。后复奉

谕在呈核期间，将所拟工作择急先办；当经详加审择，得须即办者廿二项，共须事业费十一万三千七百〇五元。经与张会计长面商，昨荷电话通知，以部存现款无多，仅能先月垫本厅五万元，此数实难敷用。唯查戏剧宣传队等工作业蒙次第批准，于本月份先后举办，但未拨给经费，其已举办者，已由本厅垫付不少。其尚未举办者，值此宣传工作须加紧时期，亦应火速着手进行。特此签请

核示，请定月先垫发六万元，自本月份开始，以便向会计处具领支付，而利工作进行！

谨呈

部长陈

副部长周张

职郭沫若【郭沫若印】

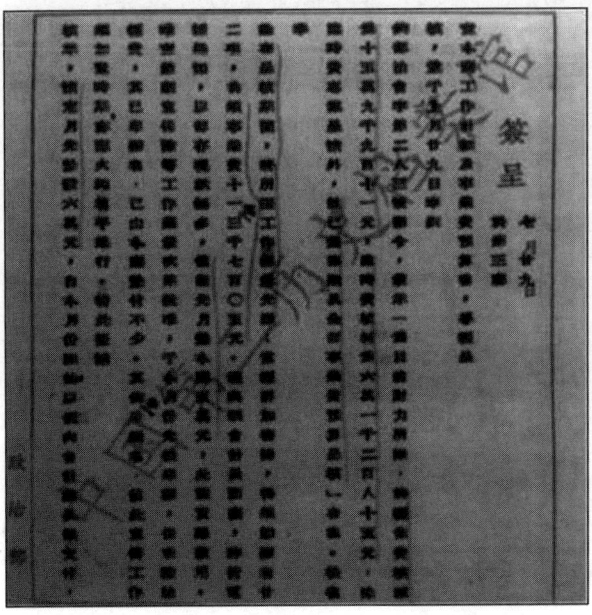

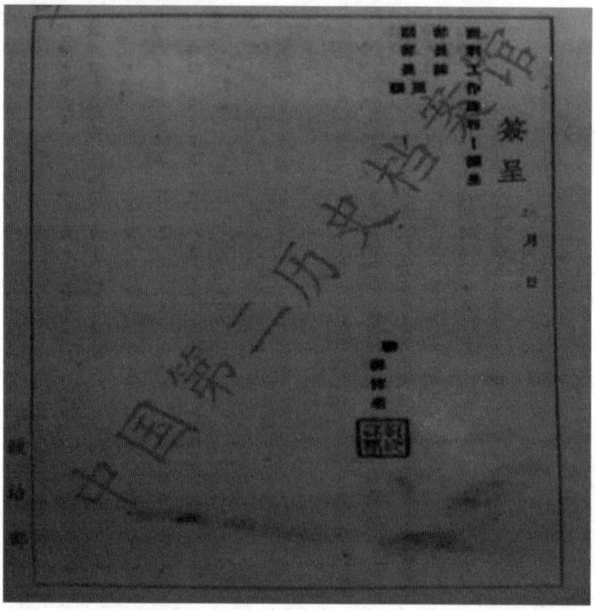
簽呈

月 日

政治部用箋

周恩来在30日批示：

所请之数，望与张会计长先行商定，可即照发。

周恩来

七，卅

所请之数，望与张会计长先行商定，可即照发。

周恩来

七，卅

政治部用箋

在8月2日张会计长拟出具体意见后，周恩来8月6日做出批示：

一，如张会计长所拟核发；

二，第三厅仍应照此数目将择急先办之，工作计划列项报告，以便考核，并应实报实销。

周恩来

八，六

在周恩来批示之后是张厉生签署的“厉生”。

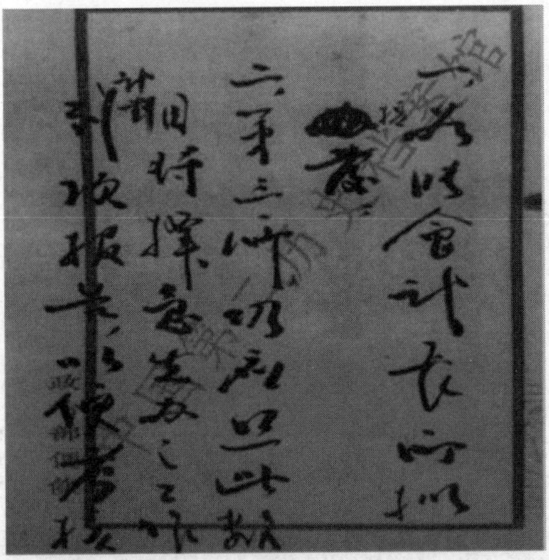

在此前的6月7日，因为事业费预算没有批下来，郭沫若曾向军事委员会秘书长张厉生，政治部部长陈诚，副部长黄琪翔、周恩来呈文，请求暂发临时周转金以应急：

签呈

目前非常时期临时动用在所难免本厅事业费尚未蒙批下毫无存储

请暂发临时周转金壹万元以备万一之急乞

鉴核谨呈

秘书长张厉生

部长陈

副部长黄周

郭沫若

六，七

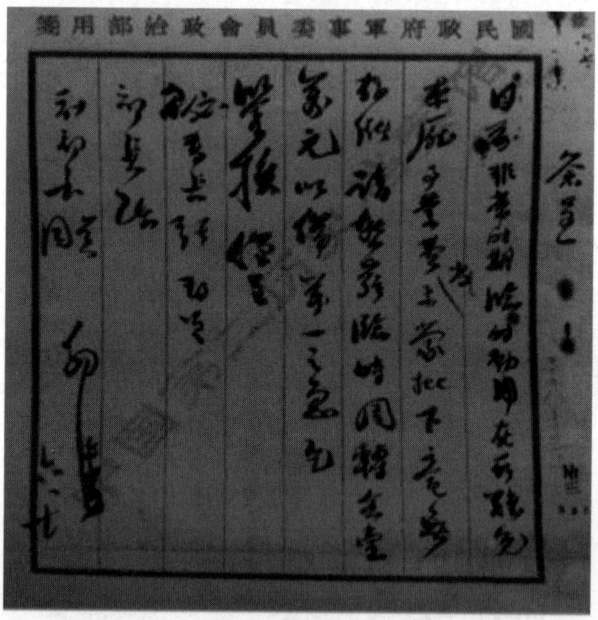

其二：

1938年8月29日，郭沫若以第三厅厅长名义，呈签：

查我方对敌宣传工作，迄今似尚欠迅速与确实，欲收深入与普遍之效，颇非易事。其最大症结为下级对敌宣传组织之缺如本厅前签建立对敌宣传组织意见，以格编制，未蒙核准。兹拟于现有政治部编制内，指定人员专司其事，庶幾对地

宣传工作之执行，有所保障。谨拟订各级政治部对敌宣传工作人员服务规程一种，

敬祈核准施行

谨呈

部长陈

副部长周张

职郭沫若【郭沫若印】呈

附呈各级政治部对敌宣传工作人员服务规程一份

周恩来 8 月 29 日在“签呈”后面批示：

此件可行，仍送贺秘书长一阅，并令行各级政治部。

周恩来

八，廿九

贺秘书长即贺衷寒。

其三：

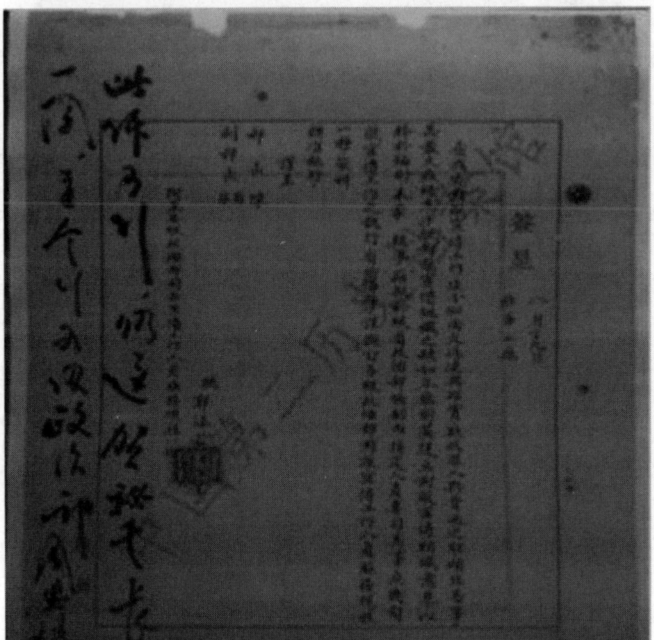

1938 年 11 月 5 日，国民政府军事委员会政治部第三厅上呈“为推行平剧抗敌宣

传恳请补助准予月给津贴贰百伍拾元由”，郭沫若批示：

一，可

二，按月津贴贰百伍拾元在歌剧费用项下开支

郭沫若十一，五，

周恩来批示：

照发十一，五，

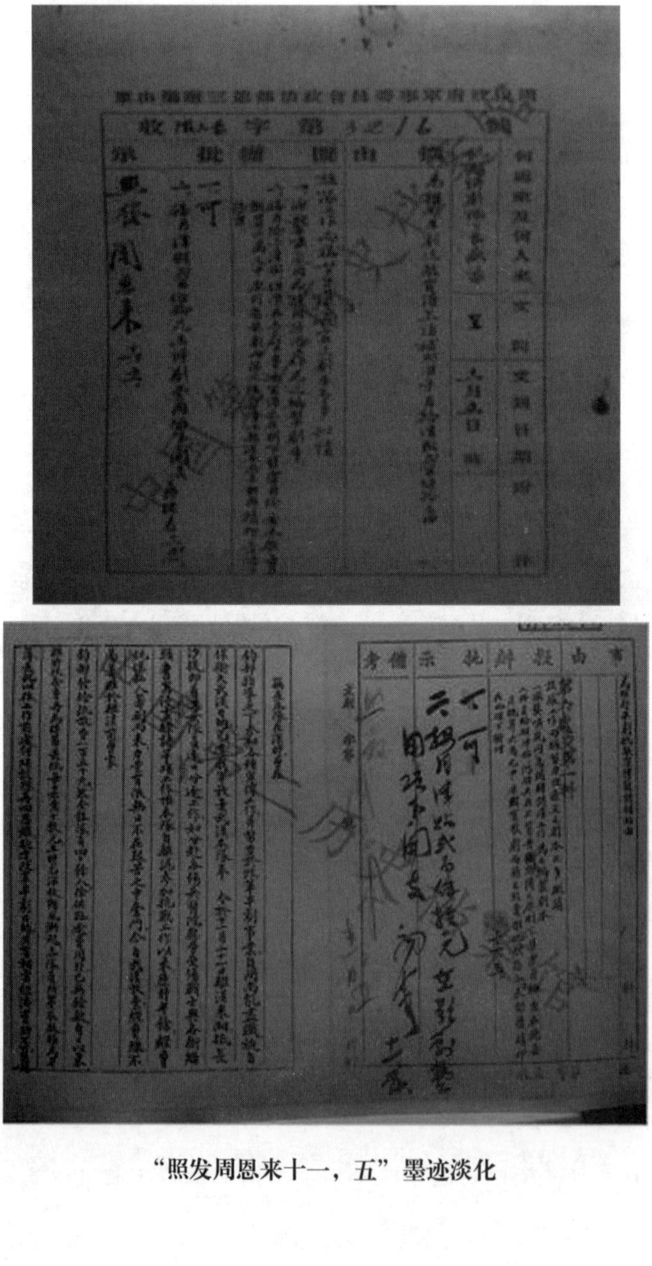

“照发周恩来十一，五”墨迹淡化

其四：

1939 年 1 月 30 日，周恩来收到洛阳第一战区司令长官部程潜催付抗敌话剧第十队费用的电文后，立即批示。

电文如下：

军委会政治部周副部长恩来十月宥副总洛电言达爵密现届廿七年度终结本部账款

亟待清理前垫借抗敌话剧第十队十月份经费壹仟元请饬即汇还以清手续并盼电复洛

弟程潜号酉副总

周恩来批示：

交第三厅速办

周恩来

一月卅

随即，第三厅主任秘书阳翰笙执行，并签字：

请

张会计主任核还

翰笙

元，卅

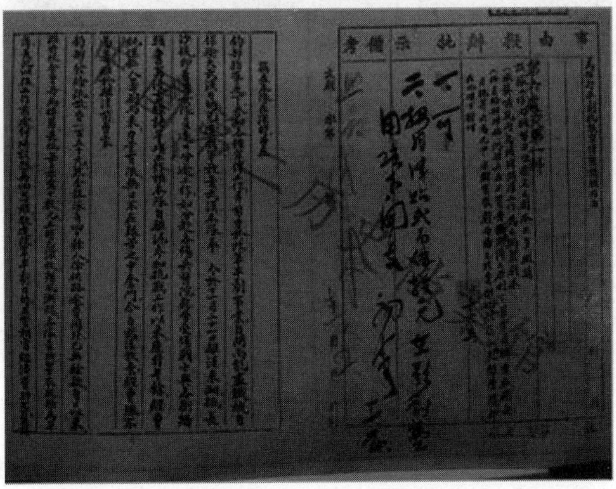

1939 年 11 月，军事委员会政治部第三厅下属“新安旅行团”的经费问题，引起

政治部副主任周恩来的重视，特写有较长的呈文，请陈诚部长批示。此信在档案中保留有后半部分抄件：

（三）该团经费拟酌给，可作津贴费每月三百元（该团工作繁多，除一般宣传外尚有电影幻灯等，消耗较多）。生活津贴费每月七百四十五元（团员每人每月十五元，四十五人合六百七十五元，顾问每人每月廿五元，二人合计五十元。另加办公费廿元），两项合计壹仟零四十五元。

（四）零时津贴费贰百元，拟请照准。

照抄周副部长签呈一件

关于津贴并指导新安旅行团事，郭厅长签拟八项办法均可照办。临时费二百元，经常费每月一千零四十五元，即在第三厅宣传积余费中开支。团印工作

训令证明文件可照发。旅费俟到桂林后再定。谨呈

部长核示。

周恩来十一，十一，

当于十一月十一日本

部长陈批："照办"

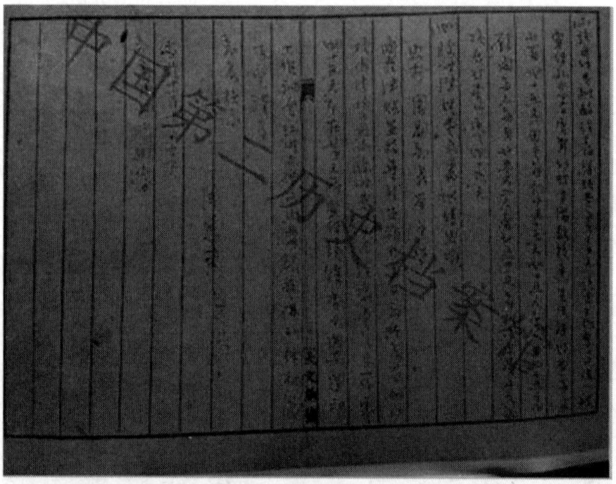

其五：

签呈八月十五日于第三厅

顷接第三战区政治部谷主任正纲来电，对该部筹办战地日报一案有所陈述；谨将抄呈原电，签请核示！

附抄原电乙件

职郭沫若【郭沫若印】

查前已有电说明款项数目，该件已发还三厅，请查出并复周八、十七

经费若干应先查询确实再核衷寒八、十六

时间：5 月 15 日。

件下批示“周”为周恩来。

件下批示“衷寒”为贺衷寒。

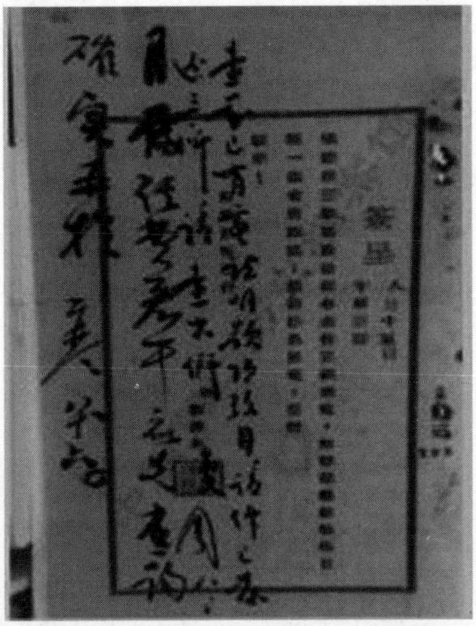

其六：

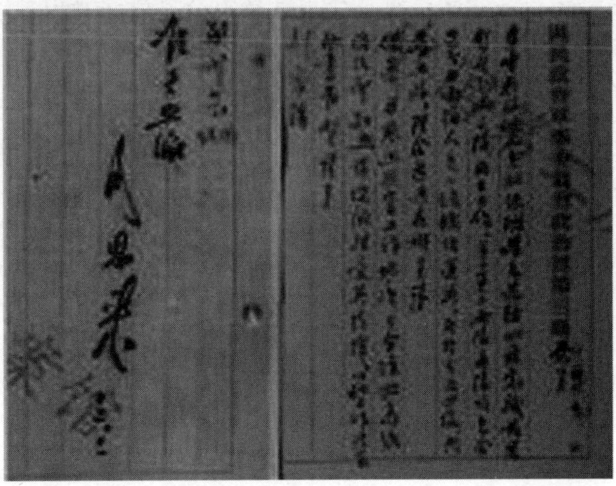

1938 年 12 月 3 日，以第三厅名义，呈签：

查电影放映人员训练班学员业经训练完竣，兹谨暂行分编三队，派出工作。第一、第二两队每队均包含足分为两队人员，一俟机件运到，即行分为四队，共为五队。理合造具名册，呈请备案，并恳照排定工作地区，分令该地高级政治部知照，俾便派往受其指挥，以利工作。谨呈

秘书长贺谨呈

部长陈

副部长周张

秘书长贺即贺衷寒。

部长陈即陈诚

副部长周、张即周恩来、张厉生

周恩来批示：

准予照派

周恩来十二、三

其七：

作为文化宣传的组织领导部门，有这样一批作家集聚，读书是必不可少的事情，于是，郭沫若决定在第三厅成立图书室管理委员会，并通报各处：

通知

①本厅决组织图书室管理委员会由范扬何公敢徐寿轩田汉范寿康杜国庠张志让诸同志组成之以范寿康为主任委员。

②凡本厅所藏图书须集中管理将已购书籍通盘编目其有各科专用性质者可分存各科由各该科自行妥为管理它科遇需要时得随时调取。

③以后各科处购买书籍事前须商同委员会决定之

郭沫若四、廿九

已通报各处四、廿九

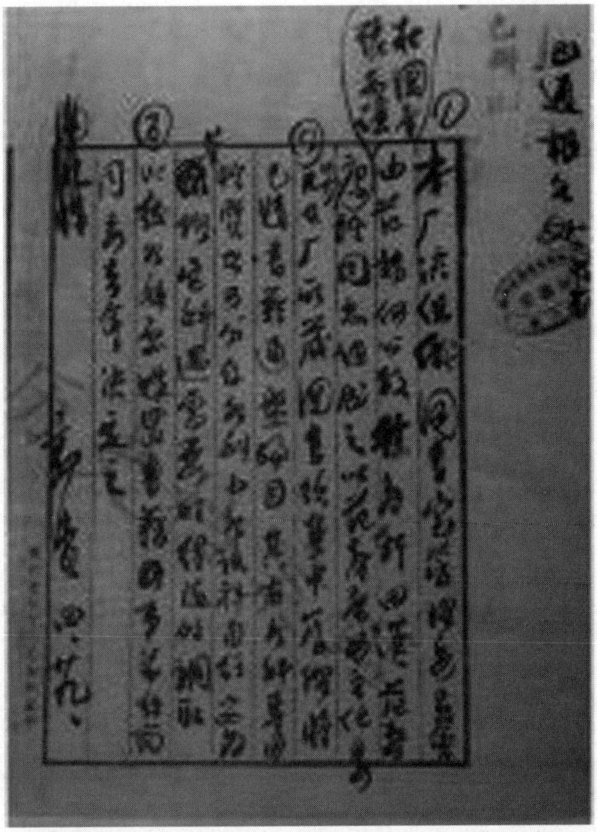

周恩来领导下的军委政治部第三厅、文化工作委员会，是一支强大的专业文艺团队，阳翰笙、田汉、冯乃超、洪深、胡愈之等人作为郭沫若的得力助手，办事效率与宣传工作在当时具有很大的社会影响力。

从上述几件呈文、电文和批示，可见周恩来、郭沫若的实际工作情形。同行学人所论述过的往事，不重复。

行政公文的特点是没有作家或官员的“自我”，不需要运思行文的“文心”，但这些手札具有书法的灵性、作者的个性；那些“呈文”“电文”虽多为秘书代笔，郭沫若只是同意后钤印或签名，却有战时行政公文的格式化和特殊性，时代使然。

（原载《文艺争鸣》2020 年第 9 期）

《郭沫若书信集》所收“致赛珍珠并全美作家”信札考释

袁洪权

1992年12月中国社会科学出版社出版的《郭沫若书信集》收录了“致赛珍珠并全美作家”信札一通。① 这通公开信收录在其中，主要原因应该是郭沫若为公开信的领衔人。但这种纳入郭沫若书信集的方式，却总给人以有不周全的感觉。质疑的地方在于，这种领衔签名人的公开信，真正的起草人有可能被无意遮蔽掉。最近对读已经公开的1945年11月叶圣陶日记，终于发现这背后隐藏了一段不被人了解的历史，特释读之。

先抄录刊于《中原·文艺杂志·希望·文哨联合特刊》的信札如下：

> 美国援华会作者委员会赛珍珠先生并转全美作家们：
>
> 我们是中国的作家，对于你们——美国的作家，一向抱着无限的敬意。我们彼此之间缺少个人的友谊，然而我们相信：我们彼此之间的心灵是息息相通的，因为我们的工作的目标是一致的，就是为了人类共同的幸福致力于民主、自由、独立与和平。
>
> 在这东西法西斯帝国终于都被击败的时候，我们对于伟大的美国人民的“灵魂的工程师”的你们，更抱着无限感激的热忱。但是，我们写这封信的当儿，我们的心是沉重的，因为不祥的内战已在中国普遍的爆发了，而美国在中国的士兵有卷入这次中国内战的迹象。我们相信：美国人民和美国在华的士兵，是不愿意插身在中国的内战的；可是请恕我们坦白直说：事实还是事实，唯有正视现实，才可设法挽救这有伤两国人民友谊的不幸。在这里，我们不打算一一指陈过去两个月在中国所发生的事情，——我们相信你们从美国报纸上也早已知道了，我们现在只想掬诚告诉你们：中国人民是坚决反对内战的，中国人民将尽其最大的努力来阻止内战，并要求实施民主政治，同时中国国民也十分珍视中美两国人民的友谊，所以，我们又迫切盼望我们的美国朋友也将尽力阻止凡有可能损

① 史承均先生称此信为“联名信”，也是成立的。史承均主编：《简明老舍词典》，甘肃教育出版社2000年版，第183页。

碍中美两国人民友谊的行动。我们特别要请你们发挥你们的如椽之笔的力量，使美国人民明白那些已经在中国发生的事实的真相，并为了东亚的和平，中国的民主政治的前途，以及中美两国人民悠久的友谊，而采取明智而有力的措施，这是我们迫切的期望。

郭沫若、老舍、叶圣陶、曹靖华、阳翰笙、
靳以、冯乃超、陈白尘、梅林、洪深、
茅盾、孙伏园、胡风、马彦祥、宋之的、
冯雪峰、吴祖光。①

从信札的注释方式来看，需要指出的是，《郭沫若书信集》收录此信时，在签名人的排列上有改动，原刊为每行排列5位文化人名字，并不是书信集内的每行4人。另外，《中原·文艺杂志·希望·文哨联合特刊》刊发这通信札时，直接冠题为《中国作家致美国作家书》②。因此，从原始文献的本真度来看，这通信札《郭沫若书信集》编排时，的确遮蔽了部分历史的“真相”。

新版《郭沫若年谱长编（1892—1978）》对这通信札有关注，兹抄录：“23日与茅盾、叶圣陶、老舍、洪深等17人，联名致美国援华会作者委员会和全美作家书，发表于重庆《新华日报》，又发表于《中原·文艺杂志·希望·文哨联合特刊》1946年1月第1卷第1期。”③ 按照《郭沫若年谱长编（1892—1978）》的处置方式，这很可能让人觉得此信札的写作时间为1945年11月23日，其实并不然。但这则年谱条目给人一条线索，重庆《新华日报》1945年11月23日的刊发，才是信札最初的出处。查《新华日报》1945年11月23日，第3版确有此信，它的题目是清晰的，为《请发挥你们的如椽之笔 阻止有损中美友谊的行动 郭沫若等致函赛珍珠和全美作家》。而编著者在还原这一公开信的过程中，显然是从题目出发进行判断的，题目中“郭沫若等致函赛珍珠和全美作家”给人误导，被认为是郭沫若领衔起草并发布的信件。《郭沫若年谱长编（1892—1978）》注意到1945年11月23日这则信息，却并没有对读已经公开出版的叶圣陶日记，导致其判断仍旧沿用1992年书信收录时的“误判”，难免让人有点遗憾。

从这一通公开信的落款人来看，叶圣陶也应为关键人物，他至少参与了公开信的签名活动。他这段时间的日记已经公开出版，研究界完全可以对照阅读，这里以这一

① 黄浩淳编：《郭沫若书信集》（上），中国社会科学出版社1992年版，第595—596页。

② 《中国作家致美国作家书》，《中原·文艺杂志·希望·文哨联合特刊》1946年第1卷第1期。

③ 林甘泉、蔡震主编：《郭沫若年谱长编（1892—1978）》第3卷，中国社会科学出版社2017年版，第1116页。

通公开信的起草起始过程进行摘录：①

九日（星期五）：……余则与彬然至中苏文化协会。先观木刻漫画展览，多陕北作家作品，颇有佳者。后出席杂志联谊会，余为主席。主要决议为致书美国人民，请促其政府撤回在华美军，以免参加我国内战之嫌。实则美军确已助一方面为内战。余又被推起草人，陈翰伯副之。会中听各人报告消息，知内战必将扩大。前途茫茫，余各人徒深愤慨。（第 473 页）

十日（星期六）：作《致美国人民书》。下笔不快，各杂志态度不一，有几家对于此点力主郑重，故措辞亟需斟酌，至下午四时方完篇，不过一千四百言耳。……作稿完毕，即与小墨共饮。六点到店，候陈翰伯。……翰伯以八时至，于余之稿略无增损。油印，分发，请各家签名，译为英文交与外国记者，皆由渠任之。（第 473 页）

十四日（星期三）：晨至店中，彬然告余杂志联名告美国人民书，主张美军即日退出中国，《东方杂志》不同意发出。黄任老亦有犹豫，以为有关国策。实际报纸上作此说者已多，美国舆论亦多云然，杂志界书之，未必即得罪美人。此种心理，余只能以不了解解之。……乘汽车至上清寺，访伏园于其中外出版社。谈发表致美国人民书事，共谓若有数社不签名，即见联合之不坚。为维护联合计，此书有从缓发出再事协商之必要。三时半，到特园鲜宅，出席全国反对内战联合会筹备会。特园主任喜以其房供人开会，言民主者往往趋之，谓其居曰“民主之家”。今日到者五六十人，梁漱溟任主席，发言者甚多。结果决定于最近期内开大会，并致书杜鲁门，亦言请美军退出中国，不由会署名而由知名之士个人签名。（第 475—476 页）

二十四日（星期六）：三时，到张家花园《国讯》社，出席十家杂志社之会。待至四时开会，余为主席。《东方》《新中华》《民主世界》来函要求退出《联合增刊》，表面言人手东下，无法兼顾，实则为第四期刊载责备美国之文，彼辈未能同意。经任老颂华劝说，《东方》《新中华》可不退出，《民主世界》无人出席，尚待疏通。余言联合非易，既联合而分离，予社会之印象太不好，最好维持原式，一家也不退出。众皆赞之。（第 479 页）

从叶圣陶日记的记录来看，1945 年 11 月 9 日杂志联谊会（包括《东方杂志》《新中华》《民主世界》等，也包括中外出版社、开明书店等）讨论致美国人民书之事起，叶圣陶为起草人，持续至 11 月 24 日。叶圣陶于 11 月 10 日起草完毕公开信原

① 下引文字均来自叶圣陶的公开日记，不再一一标注，具体页码另标引文之后。叶圣陶：《叶圣陶集》20 卷，江苏教育出版社 2004 年版。

稿，而在起草原稿的过程中，由于“各杂志态度不一”、时局走势的心态影响，难免制约其文字的酝酿。同日（11 月 10 日）晚，陈翰伯亦参与了公开信文稿的修改与润色，但“略无增损”。在陈翰伯修改和润色的基础上形成最终的定稿，交出油印、分发，请人签名，并译为英文稿（可惜英文稿至今未见）。由此可做出一个基本的事实判断，这通公开信的真正写作时间，应该就是 1945 年 11 月 10 日，而最后的定稿时间则为 1945 年 11 月 22 日。希望新版《叶圣陶集》收录这通公开信时，对其进行准确的注释。

公开信内容的具体落实（签名与公布）过程，却并不顺利。叶圣陶日记透露“各杂志态度不一，有几家对于此点力主郑重，故措辞亟需斟酌，至下午四时方完篇，不过一千四百言耳”即为明证。叶圣陶称“下笔不快”，即是其所指。在分送公开信初稿后，《东方杂志》不同意以这样的内容发布，决定退出联合签名。时为民主党派重要领导人的黄炎培（中国民主建国会）亦对公开信内容的表述有所“迟疑”，认为要求美军撤离涉及政府的国策，势必影响中美之间的外交情谊。叶圣陶显然对于这通公开信的发布亦有所考虑，甚至与中外出版社负责人孙伏园进行商议。11 月 14 日与孙伏园的碰头交谈中，叶圣陶出于联合策略之考虑，决定推迟再协商。所以，从中可看出，原计划在 14 日前后公布的公开信，迟至 11 月 23 日才由重庆《新华日报》予以公布，推迟了约十天的时间。另外值得注意的是，叶圣陶起草原稿字数一千四百多字，《新华日报》初刊时进行了必要的删改，字数最终不足六百字。这说明，从 11 月 13 日《东方杂志》负责人提出退出公开信签名后，杂志联谊会同仁尽力协调各方意见，最终形成了一致意见和建议，就是公开信末尾落款亦从原先的杂志联谊会签名，更改为个人签名。

需要指出的是，尽管郭沫若是这通公开信的“领衔人”，但这并不完全代表郭沫若本人的意见或意愿。从叶圣陶日记记录来看，郭沫若当时是以杂志的主编、负责人身份参加签名活动的，签名虽是个人行为，但代表的却是杂志。此时郭沫若主编的杂志，就有后来仍旧联合出刊的《中原》《文艺杂志》《希望》和《文哨》，而且他还是群益出版社的真正控股人。所以，该公开信似不宜作为郭沫若的书信收录在《郭沫若书信集》内。它不但由叶圣陶起草，叶还参与了全过程，建议将该公开信作为叶圣陶书信收录比较合理。

另外，参加联合签名的 17 人，不管是郭沫若、老舍、叶圣陶、曹靖华、阳翰笙、靳以、冯乃超、陈白尘、梅林，还是洪深、茅盾、孙伏园、胡风、马彦祥、宋之的、冯雪峰、吴祖光，他们都是战后滞留重庆的重要左翼文化界人士。老舍、梅林代表的是中华全国文艺界抗敌协会（后更名为中华全国文艺协会）。从最初的杂志社联合签名，到最后的 17 人签名的这一过程背后，我们也可以看出：进步文化界战后面对政治选择过程中的分裂，其实早在 1945 年 10 月至 11 月就已经出现。所谓的政治站队，必然对中国社会历史产生重大的影响。这从《东方杂志》《新中华》《民主世界》3

个杂志社负责人最终退出个人签名名单，以及之后的政治行为和政治坚守中，明显地可以让人看到和体会到。作为中间力量的进步政治代表，黄炎培此时的政治摇摆性，也从签名活动中可以看到。左翼文艺界对时局的“看法”，正如阳翰笙在日记中记下的时局观察，“内战的形势越来越严重了，文化界的朋友们都为这事异常焦心。我看这一危机如果不能制止，那中国的命运真会不堪设想了”[①]。

（原载《现代中文学刊》2020 年第 6 期）

① 阳翰笙:《阳翰笙日记选》，四川文艺出版社 1985 年版，第 442 页。

郭沫若致丁山的一封佚信

朱洪涛

1949 年 6 月 22 日郭沫若致丁山信

笔者在苏州市档案馆偶然发现了一封郭沫若致丁山的信函，档案号为105—1—0209，信件正文401字，约为两页A4纸大小，保存完好，墨迹清晰，行草笔迹飘逸潇洒，但识读起来有一定困难。查阅2017年中国社会科学出版社出版的五卷本《郭沫若年谱长编（1892—1978）》以及其他资料，均不见记载，确为佚信无疑。信件原文照录如下：

山甫先生：

你的长信，我接读了。同时把“通史简编批判”也拣读了一遍。你的笃挚精神，我异常敬服。批判已遵令送达范先生并将大函也一并送了去，以供参考。兹得范先生复函，对于大作，深表感谢。并欲将直函左右，望得更多批判。范函附上一阅，想亦兄所乐睹也。范先生，弟此次来平，能得相识，为人极通达而有操守，确是一难遇之通人也。鼎革之际，万事须从新整顿，时有不能尽惬人意之处。在所不免。望兄持之以毅力，若有所见所感，时时向负责者陈说，当改者必能即改，弟可保证也。日前董必武先生亦言及兄，言兄曾与于力先生通信，有所陈述，嘱弟代为致意。今后国事即是吾辈分内事，望共同奋勉。期以五年岁月，使之走上轨道。兄当不以为太迂缓否？倘能更加迅速，自是庆事。𠬝其卣，弟已见其一器，觉可疑。以卣盖与器底均有亚形貘字铭，而成文之长铭则在器之外底，与内铭不相属。古器中无此先例，殆妄人所为。余二自必同此情形。

饬注谨告，顺致敬礼。

弟　郭沫若顿首

六、廿二

山甫是史学家丁山的字。丁山（1901—1952年）是中国现代著名史学家，治古文字、考古、中国古代神话等多门学问，勤勉刻苦，后因生活艰苦、积劳成疾于1952年病逝于青岛，时人形容“生前窘乏，逝后萧条”。据顾颉刚读书笔记所写词条“丁山事迹”以及丁山的学生兼助手刘敦愿《回忆丁山先生》一文介绍，丁山祖籍安徽和县，三岁丧父，早岁家贫，后投靠北京的亲戚赵凤喈，得为北京大学的旁听生，后为沈兼士赏识，入北京大学文科研究所国学门攻读，“精心治学，写作甚多”。后在中央大学、山东大学、四川大学、西北大学、暨南大学等多所大学担任教职，所开课程有文字学、音韵学、校雠学、尚书学、中国沿革地理、中国史学史等二十多门课程，但其性情“傲上而亲下，故不能久其职”，曾被考古学家李济讥刺为“旅行教授”。丁山1949年之后的时光是在山东大学度过的。从其日记及诗词作品看得出，他是一位傲骨嶙峋、不随时浮沉、性情耿直的读书人。笔者在2019年3月7日对丁山之子女（八十高龄的丁敬女士、丁洹先生）的访问中亦可得此印象。

郭沫若与丁山的交谊主要因其学术探讨而建立。除了这封回函外，郭沫若还写过其他信件给丁山。如1949年6月26日郭沫若致丁山，谈及将丁山列名新成立的新史学研究会发起人。丁山去世后，郭沫若给刘敦愿去信谈其遗稿出版问题。应该说在丁山著作的出版事宜上，郭沫若是出过力的。

此信开头所谈是丁山所写关于范文澜《中国通史简编》的批判问题，此书初版于1941年至1942年，后来不断重版，影响巨大。丁山此文目前还未查到，疑其并未发表，据其1947年10月10日日记，"完成中国通史简编之批判"。丁山给郭沫若的这封长信亦未发现，笔者就此咨询丁洹先生，2019年12月19日答复如下："（父亲）写给别人的信极少，基本上没留原稿，写给父亲的最后一个学生，他的儿子把丁山信的复印件发给我约有十封。写给顾颉刚的，他女儿把复印件发给我四十封，共七十二页。家中留下别人写给父亲的信，早期的信放在安徽老家，（'文革'中农村破四旧给烧掉了）后来我知道这件事已无法挽回了（其实家中留的鲁迅给丁山的信，应该算是保护神了，'文革'中开始就提到鲁迅是文化革命旗手）。约1934年以后的信在抗日战争逃难反复搬家损失了大部分，剩下不多的信留在苏州母亲老家，'文革'中抄家基本上损失了，抄家之后我回到苏州在满地乱七八糟的地方捡到两封郭沫若的信，两封顾颉刚的信，另外几封不知道名字的信。我家损失很大，以后我发几封信复印件给您看。"这实在是非常可惜的事情。

此信最重要的部分应该是"鼎革之际，万事须从新整顿，时有不能尽惬人意之处。在所不免。望兄持之以毅力，若有所见所感，时时向负责者陈说，当改者必能即改，弟可保证也"这句话。郭沫若以朋友身份婉言陈说须改变方向以适应新时代要求，但郭沫若说得比较含蓄，具体所指为何，笔者结合《丁山日记》以及其他相关资料，略释如下。

第一，郭沫若与丁山是学术朋友，所指首先应该是史学研究路径的变化。大体而言，应以马列主义唯物史观为今后学术研究的新范式，这在丁山遗存的书信中都有提及。丁山在给刘敦愿信中言道："近读马列思想原理之书深信唯物史观实为人类文化发展之铁律。"[①]"我的身体不容许我实践马列主义的繁重工作，但誓以余年为马列主义思想而努力。在我有生之年，能完成一部唯物史观的商周史初稿，就算是不负人民养育之恩。"[②] 后来刘敦愿回忆道："1949年6月2日，丁山先生在山东大学迎来了青岛的解放，他为新时代的来临欢欣鼓舞，如饥似渴地学习马克思主义理论，初读恩格斯的《家庭、私有制和国家的起源》之后，就联系中国历史的实际，写了《姓与氏》……"[③] 但是据山东大学档案馆藏内部材料披露，有学生王某1951年10月13日记录丁山上课内容，他对唯物史观的反映并非平顺，"度量衡是历史学的基本最基

① 《丁山日记》手稿本，国家图书馆出版社2018年版，第701页。

② 《丁山日记》手稿本，国家图书馆出版社2018年版，第695页。

③ 刘敦愿：《博学的古文字学　古史学家丁山教授》，《文史哲》1985年第6期。

本的东西……唯物史观，你们这也不知道成吗。那只有去学社会发展史空空洞洞的理论了。我告诉你们，历史学问题，这不是你们能知道的问题，你们满脑子都是社会发展史问题，将来你们出去，那一套是卖不出去的”。[①] 让一个学者去改变多年研究形成的积习与路径恐怕并非易事。

第二，郭沫若告诉丁山新社会百废待兴，若有所见所感，应即向组织言明，组织上“当改者必能即改”。疾恶如仇、眼睛里容不得杂质的真性情使得丁山看到或听到不平不好之事，一定会有所表露。这在丁山的私人书信和旧体诗里表现得淋漓尽致，具体表现就是讥刺。如他在 1950 年 6 月 26 日所写的若干首绝句，其中两首为：“汪汪喔喔生高楼，好为信陵盗白裘。昨日身犹似射虎，居然今日挂羊头。”“虎冕蝦裾妙入时，奉承几句鼓儿词。哥儿拍手姐儿笑，一部膏旨即大师。”1950 年 4 月所作诗《戏咏》：“一阵寒流一阵雾，三月青州不见青。闻道饿殍满沟壑，五都歌舞庆升平。”[②] 丁山具体写诗的心理背景似不可考，但这些诗的表意已经很明确，让人很容易联想到另一位史学家陈寅恪的诗作。丁山常常流露忧生之嗟，一是生活困窘，二是认为他人对自己打压中伤。日记记载他与同事关系似颇不睦，加之出生贫苦，使得他观人察世总以眼见为实。因此他所希望一是国家太平，一是人人得有饭吃，而执教山大，工资之低，现状难改，提到调整工资水平，丁山放言：“吃得脑满肠肥月有存款的金刚之流却说‘农人生活比我们更苦’，如此政论，何尝不高且妙乎！然而金刚独肥众生皆瘦，则有目共睹之事实也。为政不在多言，但为实际工作”[③]，不过他仍然肯定新政权执政的实绩。假设这样的字句向组织汇报，不知会产生怎样的后果。据丁洹先生告知，丁山在山大遭人排挤，过得并不顺遂。郭沫若是非常了解老友性格才出此言，这从书信纵横随意的字迹中便可看出，只有相熟朋友之间才会这样运笔写作。郭沫若约定五年之期使之走向轨道，可惜丁山过早离世。

书信后半部分所谈青铜器研究，丁山在 1947 年 5 月 4 日、21 日日记中有这样的记载，“早写划其卣考释。”“学潮政潮勃然蜂起乘暇写成划其卣三器考释。”结合此封佚信可说明郭沫若是把丁山当成学术上的畏友看待的。

信末落款是 6 月 22 日，未属年份。不过从“来平”“鼎革”等字句判断，此信应写于 1949 年。《郭沫若年谱长编（1892—1978）》记载 1949 年 2 月 25 日郭乘“天津解放号”专车于中午 12 时抵达北平。10 月 19 日被任命为政务院副总理、政务院文化教育委员会主任、中国科学院院长。郭沫若此时还是以朋友身份写作此信，语气和缓，然主人翁心态亦流露其间，“今后国事即是吾辈分内事，望共同奋勉”，但因

① 朱斌：《“耿介拔俗”的一代史学巨匠——丁山先生生平与学术》，《文史哲》2016 年第 5 期。

② 《丁山日记》手稿本，国家图书馆出版社 2018 年版，第 643—645 页。

③ 《丁山日记》手稿本，国家图书馆出版社 2018 年版，第 701 页。

为身份、地位的差异，恐怕丁山不会有此感觉。

这封信的发现对认识易代之际的郭沫若、丁山等知识分子的思想动态当不无作用。

（原载《新文学史料》2020 年第 4 期）

郭沫若1946年演讲钩沉与补正

金传胜　何佩佩

1946年郭沫若寓居上海期间曾应沪上各文化教育团体的邀请，或参与座谈，或发表演说。演讲是郭沫若领导爱国民主运动、从事进步社会活动的重要形式，因而相关文献是郭沫若研究的基础性资料。《郭沫若年谱长编》（以下简称《长编》）对比较重要的座谈或讲演活动已有著录，并注明一些讲话记录的发表情况。由于文献阙失或不易搜寻，《长编》对少数演讲活动的记载存在语焉不详的情况，遗漏了一些讲演稿的发表信息。笔者通过查阅民国报刊，钩沉未见前人关注的郭沫若1946年寓沪期间的三篇讲演记录和两篇访问记，同时结合新史料，对《长编》已载的四次讲演进行补正。

一　在小学教师联合进修会星期讲座上的演说

1946年5月20日，上海《中华时报·华国》副刊登有一篇《推翻封建思想——郭沫若先生在小教联修讲》，署“乔政”。乔政是该刊投稿人之一，具体身份待考。文中透露，上海市小学教师联合进修会（以下简称“小教联”）主办的星期讲座在山海关路育才中学大礼堂举行，郭沫若与田汉应邀演说，郭氏讲《扩大民主思想》，田汉讲《新教育和新戏剧》。先由主席致介绍词，郭沫若随后演说。文章以第三人称的口吻，夹叙夹议地引述了郭氏演讲。兹仅将其讲词部分摘录、整理如下：

> 主席先生弄错了，鲁迅先生是被称为“中国的高尔基”，而我不是的。中国人就是中国人，何必要加上一套外国的名字；难道加上了外国名就荣耀了吗？
>
> 几千年来的封建思想仍然根深蒂固地存在于我国社会人士的头脑中，而比原子核还要坚固！封建思想是阻碍民主思想前进扩大的大敌。从前封建时代，人君是神圣的上层的，老百姓是卑贱的下层的；现在是民主时代的潮流，人君是卑贱的下层的，老百姓是神圣的上层的，但令人痛心的，社会上仍然被封建的思想所笼罩，现在的秦始皇仍处处表现着他所认为得意的手段去对待老百姓，在社会的每个角度都可看得到。
>
> 现在一般主持舆论拿笔杆的人们，他们做的是什么工作？今天对政府说一句

不恭维的话或不满的言语，就不得了了！就痛哭流涕！如丧考妣！天翻地覆地对付你，责备你。这和封建有何不同？

欧洲的德国，亚洲的日本，两个法西斯主义的发源地，今天一个战败，一个投降，但法西斯的精神仍存在我国社会中，怎不使人痛心疾首！封建时代人民就是帝王的奴隶，任意攫夺，恣情吞嚼，弄到民不聊生的时候，就铤而走险，揭竿而起，像明末的李自成就是代表着被迫而起的老百姓。

各位先生是基本建国者，把这种神圣的责任挑起来。中国二千年来的封建思想的残余，不要再在青年们的脑中存在。希望今后不再造成不民主、反民主、假民主，以妨碍民主的大道。各位在不民主、反民主、假民主所充满的环境、潮流中去训练一般青年成为民主的斗士，这是一桩不容易的事情。但是更希望各位教师在本位工作以外的社会施以再教育！今后要用民主的思想和封建思想作残酷的斗争！

因原文第三段起首云“昨星期日晨九时”，可知本次讲座时间为5月19日早上。5月13日上海《民国日报》所载新闻《小教联进会昨举行第三次晨会》称，12日上午9时小教联进会在山海关路育才中学举行第三次晨会，“莅会嘉宾有政协代表梁漱溟、郭沫若”，以及中国劳动协会会长朱学范、妇女界领袖胡子婴、戏剧界代表欧阳山尊等。不过文中并未出现郭沫若发表讲话的记录。5月20日《世界晨报》第4版“艺文坛”刊有一则短消息：“小教晨会，——小学教师表演唱出马凡陀之《朱警察查户口》，郭沫老①讲《政协后果》，田汉讲《戏剧与教育》。”这里的晨会即应指19日的星期讲座，此处田汉的讲题与“新教育和新戏剧”出入不大，而郭沫若的讲题与乔政所记迥异。或因此类讲演往往并未事先确定题目，故听者或新闻记者可能会按自己的理解来“代拟”讲题。

从演讲可知，郭沫若的核心主张是“封建思想是阻碍民主思想前进扩大的大敌”，要想扩大民主思想，必须推翻封建思想。当前的社会还充满不民主、反民主、假民主的现象，因此民主建设任重道远。演说最后，郭沫若对听众——广大的教师提出殷勤的嘱咐，希望他们帮助青年学生清除“封建思想的残余”，最终“成为民主的斗士”。演讲中“今天对政府说一句不恭维的话或不满的言语，就不得了了”这一段，很明显是有所指涉的，即著名记者羊枣（杨潮）被害之事。而就在讲话结束后，郭沫若马上前往国泰殡仪馆，参加上海文化界人士和美国新闻处举行的杨潮追悼会。他担任主祭人并致辞，大声疾呼：“这是个什么世界？这是个豺狼当道的世界，这是个比豺狼当道还要残酷，还要凶狠的世界，不但生没有自由，连死了也没有自

① “老”当为“若”的误字。

由……”①

二 在上海东吴大学的演讲

1946年6月2日上海《前线日报·学生周刊》第28期刊《今后教育应走的途径——郭沫若先生在东吴大学讲》（以下简称《途径》），未署记录者。该刊由叶家怡主编，每逢星期日发刊。文章首段云：“二十一号那天，郭先生应我们的学生会邀请，在慕尔堂演讲，讲题为《今后教育应走的途径》。我现在把郭先生所讲的内容约略的记下来，缺漏和错误，自然难免，这要请郭先生指正和读者原谅的。”据此可见，郭沫若演讲的时间应在5月21日，地点位于东吴大学慕尔堂，是应该校学生会之邀。文章主体即郭沫若的讲演，现酌加整理如次：

……（上略）我对于教育根本是外行，提起“教育”二字，我就不大高兴，什么叫做教育呢？（指我国的“教育”二字而言）“教”字上边是个“乂”，下面是“子”字，另一边是个“攵”字，象征一条鞭子放在头上敲。而“育”字呢？上边为“子”字的颠倒，下面是“肉”字。即是说你要吃肉，就得倒过头来，所以我的意见与其说“教育”，孰不如说“学育”。俗话说：“吃到老学到老。”的确是一句“金玉良言”。在以前我也会发表过那样的言论。据朋友告诉我说：“上海某报曾这样的反驳过我：‘假如郭先生言，岂不是教育部也要改成学育部不成？’”我以为纵使改成学育部也未尝不可，这是我在这儿带便申明的。

我以为一个大学应该有自由学习、自由研究的空气，譬如说一株树吧，种在旷野间深山里，给它充分的阳光和养料，让它自由去发展，将来必能成为一株“泼□②擎天”的大树：可作为栋梁之材，大学生亦是如此。教师的责任不过在必要时给他们以保护，辅助，以防暴风雨的袭击与害虫的损□而已。如果一株树种在小小的园地里，自然界所赐与的养料，已感不足，而还要加以人力来限制它，用绳索来束缚它，用剪刀来剪裁它，作成为一个小巧玲珑的东西，这纵使任人工之所欲，但不过供人观赏而已，又有什么用处呢？古云“十年树木，百年树人”这话，就是告诉我们树人也像木一样的，要让他自由去发展。现在我再具体的分为三点来讲，作各位的参考，分述如下。

（1）应重人格教育——无论你是学那③一部门的学生，首先当以人格为重，人格虽然好像是非常抽象空洞的东西，可是它有一个至高的准绳：就是以服务人

① 申由：《永生的死！——记羊枣追悼会》，《文萃》1946年5月23日第31期。

② 原刊漫漶之字以□表示。

③ “那”今作“哪”。

类为目的。古之人读书为做官，做官的任务一则在给皇帝捧场，一则在抽榨老百姓的血汗，这自然是不对的。我们有一句古话："民为邦本"，"民为贵"，这就是说一切都要以老百姓为重，尤以在今日民主的时代，同学们要处处为人民着想，万勿以升官发财飞黄腾达为目的。我希望大家将来献身于社会，在人民的旗帜下努力，那就不会走到堕落、丧人格的路上去。

(2) 学问与社会应打成一片——以前读书人和学问，与社会根本是脱离关系的，近来虽然把"工""商""农"都立成[①]为一种专门的学问，但仍脱不了以前的流弊，生活是生活，学问是学问，没打成一片。我刚说过，人生要以服务社会为目的，所以大学生除在讲堂听讲外，还要亲身到社会上去考察、学习，不然的话，多几个大学生不过多几件装饰品或多些消费者而已。今日的时代，我们决不可"闭门造车"，非学所用的坐在教室中读死书。

(3) 应注重科学——在科学落后的我国，当然要接受前进们[②]的文化来发挥我们自己的文化，迎头做到赶上的地步。我们试看英国的一九三九年的科学会经费，是六百万镑。苏联有一科学院（与教育部平行），一九四〇年一年的经费为六千万金镑。又美国在这次战争中发明了原子弹，所费竟达一万二千万美金[③]。这些之于中国的科学费用确未免太可怜了。近来苏俄发明在西伯比亚[④]不毛之地种麦，同时还能在寒带种热带的果品——柠檬，由此可见，人定尚[⑤]能胜天。前进国科学的发达，我们非伸长腿来追不可。发扬科学，为今日大学生唯一的使命。

我对于教育是门外汉，胡乱八道的讲，自然不能算是什么，这只是表明我的见解罢了。

《途径》这一讲题可能也是记录者所拟。《长编》系1946年5月中旬"应邀参加生活教育社上海分社成立大会，并讲话：'中国人动不动喜欢教育人，譬如拿政治来说，我们受训便受了十八九年，到今天还没有毕业。''时时要听听大人先生们的不知所云的训话'，'所以我根本不喜欢教育这两个字。教育这两个字何不改为学习？生活教育何不改为生活学习？'（6月16日《教师生活》第5期）"[⑥] 据5月13日《申报》载《生活教育社沪分社昨成立》，生活教育社上海分社于5月12日在上海新闸路小学举行成立大会，主席陈鹤琴致开会辞，郭沫若、施剑翘、田汉等相继演说

① "成"似衍。
② "们"疑为"国"。
③ 此处数字或有误记，茅盾《从原子弹演习说起》一文中说："据说试验费用也有七千万美元之多。"
④ "西伯比亚"今译作"西伯利亚"。
⑤ "尚"似衍。
⑥ 林甘泉、蔡震主编：《郭沫若年谱长编》第3卷，中国社会科学出版社2017年版，第1144页。

(《长编》未著录)。在讲话中郭沫若明确指出“生活教育”应改为“生活学习”。关于这一观点，郭沫若在6月1日写的《教育与学习》一文中有详细的阐发。

同时，参加生活教育社上海分社成立大会的田汉对郭沫若的“教育”应改为“学习”的观点印象深刻。1947年1月，他在上海文化函授学院新年聚餐会上的演讲《学习·个性·用自己》中特意谈到了对郭氏这一主张的看法：“当陶行知先生从重庆返上海后不久，生活教育社所召开的大会中，郭沫若先生与陶先生曾有小小的争论。郭先生认为‘教育’两字应改为‘学习’。郭先生专研文字学的，‘教育’的‘教’字在古义中不太开明，‘教’字的造型是一个人拿着鞭子打小孩子的头，而中国传统的教育就是这样，小孩子不听话，就用鞭子去打他。这不是教育，而是虐待。且中国一般的教育者往往摆起‘教育家’的面孔，而不屑与青年相接近。今日的青年与其仰求于这样的教育，倒不如自己学习。陶先生却认为不必把由来已久的‘教育’两字改为‘学习’，因为这样牵动得太大，‘教育部’将改‘学习部’，‘生活教育社’将改为‘生活学习社’了。可是陶先生完全同意郭先生的看法，而主张把这一种学习的精神实际贯注于新教育中。听到郭、陶两位先生的见解，使我深深地感到今日一般职业界的青年朋友们多在工作中自觉知识的不够。”①

在东吴的演说中，郭沫若再次重申自己的教育观：与其称“教育”，不如称“学育”（应即“学习”）。相较而言，《途径》与《教育与学习》的侧重点不同。后文末句疾呼：“放下管教的鞭子，学习，学习，再学习！”② 并在写作时间后提示“上海警管区制开始施行的一个值得纪念的日子”。可见此文预期读者是“今天的训导专家”“当局的大人先生们”“连‘黑表’也弄成白表的警政大员们”，旨在反对警管区制，呼吁政治民主化。演讲《途径》因是面向大学生而发，所以明确主张“大学应该有自由学习、自由研究的空气”，希望青年能够自由发展，注重人格教育，关心人民百姓，发扬科学精神，树立民主思想。所以这篇演讲比较集中地反映了郭沫若追求民主化、科学化的教育思想。

三 在上海中华工商专科学校的演讲

1946年11月14日上海《学生日报》第二版刊载了一篇《苏联的集体农场》，全文如下：

苏联自从一九一七年经过了“二月”，“十月”二次革命以后，人民对于土地的要求很深切，当时列宁便采纳了人民的意见订立了土地法规，把从大地主手里没收过

① 田汉：《田汉全集》第18卷《文论》，花山文艺出版社2000年版，第600页。

② 郭沫若：《教育与学习》，《教师生活》1946年6月16日第5期。

来的土地分配给农民，并且在土地法未公布前他这样地说："一个民主的国家，一定要尊重下层民众意见，在各种实际经验中，人民一定知道那一种是好的！"

列宁把土地分配给农民让他们自己去经营，去学习，去领悟！七年来的经验告诉他们应该放弃自己保守着的成见，而大规模地经营"集体农场"，当时列宁便对办理集体农场郑重地指出四点注意：那就是〇一要尊重人民的意志。〇二要完全放在人民的物质利益上。〇三国家用力量帮助经营。〇四渐进的。

这样先由国营（即苏维埃集体农场）开始试办，成功后，便仍归人民自己去经营。据统计苏联在一九二八年时民营的集体农场仅占百分之三．九，至一九四〇年便增至百分之九十六．九差不多都是民营的了。如此一来，生产量很快增加起来，从前个体经营时一个工作只能产出食粮三十一．一 kg 现在便增加到九十八 kg 了。

这便是苏联举办集体农场的大概情形，详细的报导可阅卡尔宾斯基著，佳敏之译的《苏联的集体农场》一书。

现在我要讲到书上所没有的情形，去年我到中央亚细亚乌士别克①的郊外集体农场。乌士别克和我国新疆省接壤，这地方从前叫乌孙，曾被我国元朝所征服，所以那里的老百姓和我们新疆老百姓差不多。这里革命前是白俄的统治地，现在是苏联十六个联邦中的一个。当我踏入乌士别克底集体农场的时候，我以为走进了"土地海"。棉花田里全是无边际的棉花，不像我国的土地划成乌龟背一样，不知损失了多少土地。他们用机器播种，灭虫，施肥，把土地，劳力都集中起来有效地应用，这样经过了二三十年的经营，把荒芜的乌士别克完全改观，不但人民富裕起来了，连文化水准也提得很高了。

他们有一定的组织，有五人到九人的理事会，又有监事会，年龄到五十五岁便不论性别可以当场员，工作分为七等，报酬是用"工作日"计算的，勤奋的人便可多得报酬，所以在苏联小规模的私有财产，仍是存在的。不劳动的人便没有饭吃，这是在宪法上规定的，有人问我，在苏联有没有乞丐，我的回答是"有"，不过非常少见，我在苏联四十天，只看见一个乞丐，是因为他懒惰不肯做工的缘故。他们的缴税是有一定的百分比的，以一定的百分比作为机器贷金，这里顺便提到机器的来源问题，苏联全国遍设机器站（这是国营的）每站所有的机器可供三十个集体农场应用。还有一定的百分比是作为"集体公费"用来建筑集合场所如电影院俱乐部医院等。妇女在生孩子时，住医院不要化钱的。

生产集体化了以后，生产量便增加，生活水准也跟着提高，他们很富，也很爱国，在这次反纳粹的战争中，爱国情绪高涨，农民单独献□的不少，假如这架飞机被打毁了，他们还有再献一架的力量，要我们中国的农民献一双公鸡或母鸡

① 一般译作"乌兹别克"。

倒还可以。

集团里，他们过着快乐无愁的生活，工余，他们最喜欢跳舞，吃酒，有一次我被邀请到乌士别克都城里一个建筑最雄伟精缴[①]的剧场里去观剧，剧名叫Othello，这里面的布置，灯光，服装，效果……，上海没有一个戏院可以和它相比的，但意外看见很多的农民坐着看戏，这在中国是极少见极少见的，又有一次我去听音乐，又碰见了许多农民，由此足见他们生活自由和文化水准的高了。

现在苏联的集体农场已经到了全国普遍化的程度，农业生产社会化是成功了，这完成了苏联工业化的要素，苏联革命至今不过二十九年，现在已成为世界上有数的工业化国家，他们的工业还在长足地进步中，回顾我们自己革命已是三十五年了，国家还是这样不景气，这是什么道理？还有一点很值得我们研究的，就是工业的成功是决定在劳动力与推销市场上的，像过去日本有中国替他作消耗，以促进他的发展，美国又是另外一种方式，这一点马寅初先生可以说出来的，还有劳动力的来源，美国是靠黑奴，其实美国的发达中国人出的力也不小，如巴拿马的繁荣，可以说全靠这所谓中国“猪仔”一手造成的，巴拿马铁路的筑成，中国“猪仔”染“黄热病”死的比铁路二旁所有的树木还多。

但是苏联的繁荣，是集体农场帮了它很大的忙，因为办了集体农场以后，便需要大量的机器，于是机器工业发达了，因着生产量的激增，人民都富裕起来了，购买力也强起来了，因此而刺激其他各种工业的发达，这是给我中国的一个好榜样，但我们中国必竟[②]是可怜的，从前常说“工业日本，农业中国”，今天却“工业美国，无业中国”了。

再说，苏联的集体农场，各方面都能相互配合起来，例如苏联用的棉花种，先是仰求于美国的，后来又采用埃及种，后来又因为埃及种易患传染病，于是在乌士别克设中央站陈列各种各样的棉花，供科学家去悉心研究，把埃及种改良为新埃及种，不但棉花纤维很长，而且结实又很健康，而为世界上最优良的棉花种，又如，中亚细亚的雨量太小，便利用了高山上的积雪，用水管来灌溉农田，又因土壤是半沙漠性，科学家们便研究制造人工肥料来改良，其他还有惊人的发现，近来“乞清”（音）发明“多年生麦子”，这是他在一个规模很大的农场里研究出来的，这农场是国家供给他研究的实验室，里面陈列着几百种麦种，由他细心的实验比较从许多复杂的种子中，找出其中最有效的一种来。

苏联是一个种族宗教都很复杂的国家，他虽有一八九种民族，九一种不同的宗教，但国家是尊重其民族形式的，发挥其优良传统与特长的，不像我国勉强的“清一色”，整个国家是建立在人民的福利上面的，他们生产与生活不脱节，生

① “精缴”疑为“精致”。
② “必竟”现作“毕竟”。

产与学术配合，凡学术有所启发，便立刻应用到生产上去，他们的国家都在打算，怎样提高人民福利，而全国人民也不分彼此地都为着国家公益做起，国家和人民已打成一片了，这是苏联能打退而至消灭他的劲敌的有力证明，所以苏联今后的恢复与强盛是无疑的。

文章最后有如下说明文字：“本文为郭先生于国父诞辰在中华工商职业专科学院演讲稿，发表前，未及经郭先生过目，文责由记者负——竹景焕。”可见这篇演说宣讲于国父诞辰日，即11月12日，记录人为竹景焕，发表前未经郭本人阅目审定。

这里的“中华工商职业专科学院”应指上海中华工商专科学校。该校1943年成立于重庆张家花园，由中华职业教育社创办，以培养工商界实用技术人才为宗旨。抗日战争胜利一年后自渝迁沪，于1946年9月底10月初举办两次入学考试，报名应考者十分踊跃。12月12日《上海中华工商专科学校校讯》第1期《本校成立及迁沪经过》中介绍学校的师资情况：“聘请马寅初、黄炎培、郭沫若、潘公展、江问渔、杨卫玉、叶圣陶、苏渊雷、王冠青、杜守素、张修山等为教授，皆一时硕彦。”同年10月10日中华职业教育社编辑出版的《社讯》第32期《中华工商专科学校概况》中也提到该校教授中有郭沫若、叶圣陶等。1947年，郭沫若还曾在该校演讲《不会说·不敢说·不必说》，由沈鹤如记录，刊于7月13日《国讯》周刊第421期。

本次演讲之前的9月8日，郭沫若还曾为中国建设社学术讲座作了同题演讲。两篇演讲在内容上有重合之处，都是以乌兹别克的郊外集体农场为例，介绍了苏联农业的机械化、工业化成就，以及农民文化水准的提高。不过在细节方面，两篇演讲可互相补充。

四　两篇访问记

1946年5月，郭沫若从重庆到达上海后，沪上的一些报刊记者纷纷前来采访，并请其题词。11日，上海《中华时报》第4版登载了一篇该报记者蒋友玫撰写的《政协中社会贤达的代表郭沫若先生一夕话》，同时刊发了方孟超所摄的“郭沫若近影”和郭氏的题词：“人类近代理性逐渐发展，和平协商可以解决一切矛盾冲突，可免除流血痛苦。郭沫若五、十。”既然题词写于10日，访谈应是在同一日。记者首先问郭沫若是否将有日本之行，他微笑着回答：“他们都在那边，我最近不会去的。”记者又问及未来的计划，郭答曰：“还不是摇笔杆。”随后郭沫若谈到国共纠纷问题。他“认为唯有和平谈判解决是中国唯一的出路，不论理想如何分歧，意见如何不同，只要大家为人类幸福着想，为人民生命着想，基于人类好生的天性，那么冲突一定会停止的”。“双方开诚布公，依照将来制成的宪章而合作，就可以步英国光荣革命的后尘，使数百年来灰沉沉的中国，进入光明的前途。”最后，郭氏还认为国民大会的延期是适当的，即使延至双十节也不嫌迟。

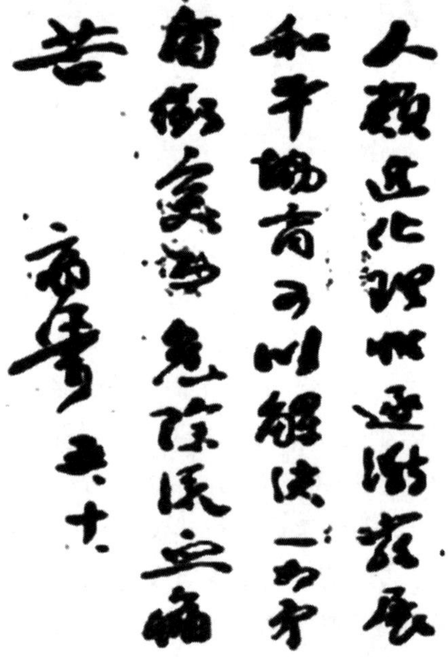

郭沫若为本报题字

同年 6 月 6 日，上海《文艺学习》第 2 期登有一篇文章《郭沫若先生访问记》，署“本刊记者：高粱”。该刊创办于 5 月 4 日，由上海文艺青年联谊会（以下简称“文谊”）编印，丁景唐主编。“文谊”是丁景唐、袁鹰、杨志诚（陆以真）等文学青年在中共地下党文委的领导下发起的组织，得到了茅盾、叶圣陶、赵景深、许杰、胡风、魏金枝、戈宝权、田汉、李健吾等老作家的支持与指导。据上文所述，5 月 24 日上午，高粱来到群益出版社拜访郭沫若。围着一个小小的圆桌，他们开始谈话。高粱首先向郭氏介绍了“文谊”的宗旨，并出示《文艺学习》创刊号，希望得到郭的指教。他随后向眼前这位素来敬仰的文坛前辈提出了三个问题：一是在日本的时候，怎样从学医转变到文艺工作；二是怎样开始写作生涯；三是写作应该特别注意哪些方面。以下将郭沫若针对三个问题的回答摘抄于此：

1. 学医的时候科目中最重要的是德文和英文，其他都是次要的，当时日本外国语的教法和我们中国是两样的。它着重于阅读，教材也是不同的，它将外国著名的作品当做教本，譬如歌德的作品我□是当教本读的。三年预科之后在这种情形之下当然很受影响，增强了对文艺更深切地爱好。进了医科之后因为听觉不便，觉得不适当，所以两年之后便搞文艺了。

那个时候日本的文艺刊物很多，而且总有一半以上的篇幅刊载创作。报纸的副刊长篇小说连载是不可少的，同时整个的文艺气息也很浓厚，新闻方面对文化报道也很重视，这对于我来从事文艺工作是有很大的影响的。

2. 起初我是用白话写些诗，并没有拿出来发表，后来在五四的时候，北方蓬勃着五四新文化运动，提倡白话文，上海也有《时事新报》的《学灯》，经常刊载着白话文的诗歌等文章，于是我便将自己以往所作的诗投去，登出来，这样便开始了所谓写作生活。

3. 应该充实自己的生活。许多青年写作的动机，大都是对自己的生活感到特别的意义，更将它写下来，所以，充实生活，使自己对生活感到有特别的意义，是写作的必要的条件。然而怎样来充实生活，使它成为有意义的呢？应该指出有意义的生活，并不是到什么地方去找寻，只要将注意力集中，在自己的生活中去发现，必然会收获到预期的成绩——发现生活的意义，也便是指导写作必要的条件。但是该抱着怎样的态度去发现生活中的意义呢？千万不能好高骛远，必须脚踏实地细心地不要放过生活中有意义的事物。文艺是生活的反映，要反映生活必须就教于生活专家。例如要写农民便要拜农民为老师，要写工人便要拜工人为老师。其余类推。

记者“高粱”是否即主编丁景唐，尚待考证。文末注明“本文因时间关系，未经郭先生过目”，但所记大体是符合实情的。例如关于因听力问题而弃医从文的经过，郭沫若在《我的学生时代》中亦曾回忆：“两耳重听，没有可能把医学，特别是临床医学学好，因此在大学中途的时候，又来了一次极端的苦闷，而终于逼着我走上了文学的路途。自己在国内所涉猎的，主要的就是文学。到了日本虽然把文学抛弃了，但日本人教外国语，无论是英语、德语，都喜欢用文学作品来做读本。因此，在高等学校的期间，便不期然而然与欧美文学发生了关系。”①因此，这些答复对于了解郭沫若的早期文学生涯及其写作思想具有一定的参考价值。最后，郭氏还谈了对上海文艺界的意见，并答应为“文谊”第三届文艺晚会演讲《文艺与科学》。郭沫若热心接受文学青年的来访并应邀演说，显示了他对进步青年的坦诚与关怀。

五　对四次讲演的补正

1946 年 5 月 15 日，郭沫若应邀出席上海保险业业余联谊会并做演讲，《长编》本日谱文如下：“应邀往上海保险业业余联谊会做演讲。呼吁人民大众利用会说的嘴，会写的笔，共同制止内战危机，并期待国际人士赶快认清中国人民的意志和力

① 郭沫若：《我的学生时代》，《郭沫若全集·文学编》第 12 卷，人民文学出版社 1992 年版，第 17 页。

量。（16 日《世界晨报》）"[1] 表明本条依据 16 日《世界晨报》。实际，同日《中华时报》载有一则消息《再有内战中国必亡》，比《世界晨报》报道稍详，其中提到："郭沫若氏起首即声明自己也是一个老百姓，并阐述老百姓在当前应有之任务。"两天后，上海《人民世纪》周刊第 12 期刊发了一篇郭沫若的演讲记录稿《反对战争》，内文署"郭沫若讲隆真定记"。该文以"刚才主席恭维我是：'老百姓的好朋友！'其实这话太把我'见外'了！难道我就不是'老百姓'吗?"为开场白。文中还有"我们有笔者'写'，有口者'讲'！使人人知道；中国眼前有条光明大道——就是用'民主的方式'来争取和平，唯有政治民主化，人民才有保障，经济才能复兴，文化才能有进步！中国才可能重新走向建设大道！"[2] 等内容，与《世界晨报》《中华时报》所刊演讲摘要相近。因此，《反对战争》当系郭沫若在上海保险业业余联谊会上的讲演记录。此外，记录人的身份也可作为佐证。1946 年 1 月，隆真定曾在复旦大学银行学会主办的《银行系刊》第 2 期上发表《论华商保险业之过去与未来》，《编后》中特意介绍道："隆君真定服务于保险界，是位奋斗青年，报章杂志常有大作发表。"可知隆氏供职于保险界。他不仅就保险业写有专门文章，而且曾在《新闻报》《立报》上发表《〈第二代〉观后记》《〈蜕变〉观后感》《这一代的责任》等文，说明其素爱文艺，关心社会。因此他参加上海保险业业余联谊会并认真记下郭沫若的演讲，就不难理解了。虽然此稿未注明曾经演讲者本人过目，但从内容来看，是基本符合郭沫若当时的见解的。

1946 年春，大中小学教师因生活困难，纷纷要求提高待遇，并进行了怠教、罢教乃至游行请愿等活动。上海市教育局为了缓和教师情绪，与三青团控制的"学生总会"组织"上海市尊师运动委员会"，计划募集 20 亿元[3]。6 月 16 日，尊师运动委员会联合学生总会、学生团体联合会、助学联合会，在天蟾舞台举行尊师联欢大会，全市各大中小学一百余单位学生近万人参加。会议由陈鹤琴主持，上海市教育局李熙谋副局长出席，郭沫若、王造时、林汉达等到场并致辞。6 月 17 日，《新闻报》《世界晨报》《侨声报》等皆有简讯刊出，《立报》刊《尊师须谋根本解决募捐是不得已而为之尊师运动昨开联欢会》，《中华时报》载《尊师联欢庆祝成功》（署"记者沅"），均记录郭沫若的讲话。《长编》已著录此次讲演，但是略显简略[4]。现以《中华时报》报道为底本，将其演说大要整理如下：

在古时，教师是被尊为太师太傅，他们的社会地位可想而知，如今却是大变

① 林甘泉、蔡震主编：《郭沫若年谱长编》第 3 卷，中国社会科学出版社 2017 年版，第 1143 页。

② 郭沫若：《反对战争》，《人民世纪》1946 年 5 月 18 日第 12 期。

③ 唐振常主编：《上海史》，人民出版社 1989 年版，第 877—878 页。

④ 林甘泉、蔡震主编：《郭沫若年谱长编》第 3 卷，中国社会科学出版社 2017 年版，第 1150—1151、1150—1155、1209 页。

了，这是可悲的事实！尊师运动的意义，就是要使今日的太师太傅们受到真正的尊敬。第一应该做到教育经费提高，目前的教育经费仅占国家全预算的百分之四．七，而军费却在百分之七十以上，这是一个太悬殊的比例。提高教育经费，才是积极的尊师，教师们的生活也永远有保障了。第二要争取教学自由，老师不能用“钦定”的尺寸去剪裁，天真无邪的青年学生的思想行为，老师的思想也不受“太上皇”的剪裁，教学绝对自由，希望以后不再用政治思想来干涉教育行政，党派活动最好退出学校。

1946 年 6 月 26 日、28 日《文汇报》第 4 版载有郭沫若在上海市立戏剧学校的讲演《谈历史剧》，由周惜吾笔录，《长编》已有著录[①]。不过此次讲演还有一个版本，由陈默记录，以《谈历史剧——在市立戏剧学校讲》为题刊于同年 6 月 29 日《前线日报 · 晨风》副刊。比较两个记录版本可知，它们的内容相近，但在细节的呈现上，陈默的版本值得一读。例如同是回顾现代历史剧的发展史，前文写道：“过去的戏剧如此，到了现在，当前的事实告诉我们，自民国三十年以后，在戏剧中间历史剧占据很重要的地位。”[②] 后文则更为详备而生动：“我国自从话剧兴起以来，因为要讲究题材的现实，慢慢地就与历史疏远了，直至抗日战争以后因为社会的急需，环境的遽变，历史剧便渐渐抬起头，起了胸，站稳了脚，在一九四一年后，大后方的历史剧，占有整个话剧的百分之卅六，可谓盛极一时。”是故，笔者认为陈默的记录稿亦有较大的参考价值。

《长编》中 1947 年夏的谱文曰：“应上海中等教育研究会的邀请，去青年会堂参加演讲会。”[③] 因本条未注材料来源，已难考其详。倒是 1946 年 8 月 30 日《中华时报》第 2 版上曾刊有一则消息《中教研究会聘郭沫若演讲》，内云：“上海市中等教育研究会定今日下午四时正，假座武定路（赫德路西）九四〇号麦伦中学，举行第十次‘暑期学术讲座’，敦请郭沫若先生讲《中国古代社会》，欢迎中教同人准时出席听讲。”这表明 1946 年 8 月 30 日下午，郭沫若曾应上海中等教育研究会（以下简称“中教会”）的邀请，为中教界讲演《中国古代社会》。

“中教会”与“小教联”同为中共江苏省委教师工作委员会秘密领导下的教育团体[④]，得到了郭氏诸多支持。他于陶行知去世后撰写的《读〈陶先生的最后一封信〉》一文即发表在“中教会”创办的《文汇报 · 教育阵地》副刊第 11 期（1946 年

---

① 林甘泉、蔡震主编：《郭沫若年谱长编》第 3 卷，中国社会科学出版社 2017 年版，第 1150—1151、1150—1155、1209 页。

② 王训昭、卢正言、邵华等：《郭沫若研究资料》，知识产权出版社 2010 年版，第 302 页。

③ 林甘泉、蔡震主编：《郭沫若年谱长编》第 3 卷，中国社会科学出版社 2017 年版，第 1150—1151、1150—1155、1209 页。

④ 教育大辞典编纂委员会编：《教育大辞典 10》，上海教育出版社 1991 年版，第 119 页。

8 月 2 日）纪念陶行知特辑中[①]。郭沫若早在 1930 年出版《中国古代社会研究》，是研究中国古代史的一流学者，故“中教会”请他讲《中国古代社会》可谓再合适不过了。

（原载《郭沫若学刊》2020 年第 1 期）

① 《郭沫若年谱长编》中仅云“发表于 8 月 2 日上海《文汇报》”。

从档案信函看郭沫若与抗敌演剧队的关系

张文心

1938 年 4 月 1 日，国民党政治军事委员会第三厅正式成立，郭沫若出任第三厅厅长，并接受周恩来担任国民政府军事委员会副部长的垂直领导。郭沫若主持第三厅的工作，在他亲自领导、协调与组织下，第三厅的工作主要是组织文化宣传，扩大抗日统一战线，支援抗日战争。作为厅长的郭沫若居中指挥、调度有方，亲力亲为，殚精竭虑，充分发挥了他杰出的领导、组织才能，为其麾下各种抗日战争宣传队伍的生存与发展，支持各地抗敌演剧队、宣传队在前方的工作，为抗日战争作出了卓越历史贡献。

一

抗日战争演剧队是抗日战争时期发生影响最大、最有代表性的文艺团体，隶属于第三厅领导。追究其发展始末，郭沫若发挥的作用不可埋没。

第三厅成立后，很快收编了包括上海救亡演剧队在内的各地很多戏剧团体，动员了一批戏剧工作者和爱国学生，自 8 月开始陆续成立了 10 支抗敌演剧队，4 支抗敌宣传队。1940 年 9 月郭沫若卸任厅长，原第三厅成员转移到文化工作委员会，“只能做研究工作，不能从事对外政治活动”①。抗敌演剧队与抗敌宣传队随即被迫合并改组，将原有抗敌演剧队的番号弃用，各队番号随配属战区序号重新命名。1941 年 4 月 1 日正式改名为军事委员会政治部抗敌演剧宣传队，简称剧宣队（为方便叙述，下文仍统称为“抗敌演剧队”）。至 1949 年解放战争胜利后演剧队全部解散。抗敌演剧队作为抗日战争时期极具代表性的话剧团体，被称为文艺的“轻骑兵”，他们将话剧作为抗日战争宣传的武器，以农民、士兵为主要观众，探索出了一条将话剧推向普通民众的发展道路。抗敌演剧队在特定历史时期发挥的作用不仅仅体现在抗日战争动员方面，在话剧的普及和话剧人才的培养上也作出了极大的贡献。

在演剧队成立和发展的过程中，有两个人起到了关键作用：一位是时任政治部副部长的周恩来，从抗敌演剧队的组织成立到陆续解散，全程都离不开周恩来的具体关

---

① 翁植耘编著：《在反动堡垒里的斗争——忆解放前重庆的文化活动》，重庆出版社 1982 年版，第 7 页。

怀和指导，现存的演剧队回忆录中可以看到许多与周恩来有关的记录，另有《周总理和抗敌演剧队》一书详细收录了大量相关史实；另一位便是时任第三厅厅长的郭沫若。

与周恩来相比，郭沫若在演剧队发展中起的作用却被遮蔽了，不仅抗敌演剧队队员后来发表的回忆录中极少提及，相关研究也十分匮乏。在已经出版的众多郭沫若传记和年谱中，也难以找到郭沫若与演剧队之间关系的叙述，这是十分遗憾的。从现存的第三厅档案材料可以看出，郭沫若在厅长任上，为演剧队做了大量工作：大到国民政府的文艺方针政策的传达，小到一次汽车油费的报销，郭沫若为演剧队解决了大量实际问题。抗敌演剧队的调配和后勤保障工作是第三厅日常工作中极其重要的一部分，其中的大量事务需要郭沫若本人亲自出面协调完成。这些工作虽然琐碎，却印证了郭沫若为抗日战争宣传作出的重大贡献。在这期间，郭沫若留下亲笔信函数十封，大部分未公开发表。所以本文结合这些尚未公开的函件，还原历史事实，来弥补郭沫若研究中的缺憾。

归于国民党麾下的抗敌演剧队，参与活动的多数戏剧工作者都有左翼背景，让抗敌演剧队的政治身份十分尴尬，在两党斗争的夹缝中艰难求生。加之战时特殊的历史环境，抗敌演剧队在生活和工作中常常要面对层出不穷、难以想象的问题。为了演剧队的生存和发展，郭沫若主持的第三厅在演剧队与国民党的官僚体系交涉过程中发挥了重要的协调作用，包括战区分配、经费调拨、人员任免管理等各个方面，尽可能地为抗敌演剧队的活动提供支持与庇护。

郭沫若本人在回忆录中提到过演剧队，并给予很高评价："这些大抵都是意志坚决、富有自我牺牲精神的青年，待遇不用说也是非常菲薄的，然而也一样地甘之如饴。他们分发到战区以后，所经历的各种艰难痛苦，那真是罄笔难书。他们有的在前线上阵亡了，有的病死了，有的整个队坐过牢（派往山西的第三队被阎锡山关过很久）。经过不少次的改编、淘汰、掺杂、分化，有的完全变了质。但有的在七八年的炼狱中一直维持到了胜利以后。"[①] 这个评价是中肯的。在这一节中，郭沫若列出了演剧队编队时的负责人和分发地点：

原队编成时的负责人和分发地点，我现在列表如下（主要靠着乃超的记忆）：

番号	队长名	分发地
1	徐韬	广东
2	吕复	江西
3	徐世美	山西
4	侯枫	湖北

① 郭沫若：《洪波曲》，《郭沫若全集·文学编》第14卷，人民文学出版社1992年版，第116页。

5　　王梦生　河南
6　　陆焕美　湖北
7　　冼群　　浙江
8　　刘斐章　湖南
9　　徐桑楚　广西

现在来看，这个列表中出现了多处错误，如抗敌演剧队第三队队长“徐世津”，在文中写成了“徐世美”，而第六队队长“陆万美”也被其写成了“陆焕美”，甚至该节题目《抗剧九队》也并不准确，抗敌演剧队实则划分为十个队，第十队成立时间稍晚一点，而被郭沫若（或冯乃超）忽略了。更为重要的是，在这一节中，郭沫若对自己与抗敌演剧队的关系，没有提及，这是导致郭沫若与抗敌演剧队关系长期不被重视的原因之一。

二

郭沫若对演剧队的支持，都表现在一些很琐碎的事情上，但这些历史的细节，足以看出郭沫若对抗日战争宣传的重视。以 1939 年 11 月处理抗敌演剧队第四队增补队员一事为例。由于战时资金短缺、物资匮乏，演剧队的经费时常被扣发漏发。在生活条件十分艰苦的情况下，大量演剧队队员罹患疟疾、肺炎等疾病，人员流失严重，士气低落，生存和演剧活动皆难以维持。为解决这些困难，抗敌演剧队第四队只得向第三厅请求援助。第四队提出想要派遣鲁阳、刘恪晨作为第四队代表前往重庆协调，要求添补队员十名，补给物品。由代理队长翁村向第三厅支借旅费四百元，协调鲁阳二人旅途中搭乘交通工具的问题，以及请求第三厅拨发奎宁和阿司匹林等药物，以解燃眉之急。

对于这些要求，郭沫若回复：

> 本年十一月十八日不列号呈悉，查该队所请第一、四、五各项，尚属可行，应予照准。其第二项，关于医药品一节，须俟本厅函请慰劳会核褒（复）后，再行饬遵。至第三项请免费乘搭交通处车辆，兹由本厅备函，着该代表持向交通处，直接洽商为要。①

由于第三厅本身并没有储存奎宁药物，郭沫若随后发函给全国慰劳前线将士总会：

---

① 见中国第二历史档案馆馆藏档案，档案号：七七二—901，第 67 页。

兹据本部抗演第四队来渝代表刘恪晨、鲁阳等二员呈称：该队在战区工作，时苦疾病，前方购药亦复不易，恳予核发奎宁丸及阿司匹林药片各二千粒，以济急用等情。查本厅暂无该项药片，贵会储存尚多，应请转发该队应用，相应函请，查照赐复为荷。①

而后郭沫若发函给第五战区长官部政治部请求对方进行接洽，并为第四队新招募的队员支借旅费：

老河口第五战区长官部政治部韦主任张副主任勋鉴：本部抗演第四队代表鲁阳等二员来渝，请准予在渝招补队员十人，除已借支旅费百元外，欲再借四百元作新招队员旅费，未审该队队长是否知悉，贵部是否同意。

应请查照，电复为荷。②

在与其他单位协调完后，郭沫若又发函给第四队代表鲁阳、刘恪晨：

本年十一月一日报告悉阅，于拟添补队员一项，仰即率领拟添补之人员携同名册（附履历），于十一月十一日下午三时至两路口本厅静候第二科科长洪深个别对谈为要。③

至此，抗敌演剧队第四队添补队员一事方才告一段落。仅此一件小事，前后往来公函近10封，郭沫若手写信函4封。由此可见，一旦涉及演剧队与国民政府其他部门交涉时，郭沫若大多需要亲自出面，借助他的厅长身份和文化名人的影响力来协调转圜，帮助抗敌演剧队摆脱困境。

抗敌演剧队在战区进行无偿的演剧活动就需要经费支持，由于战时兵荒马乱的特殊背景，第三厅常常需要与各战区协商支借、垫付、催发演剧队经费等事宜，在这一过程中郭沫若更是做了大量的工作。例如，为解决第六队的经费问题，郭沫若于1939年9月22日发函给本部总务厅：

请转汇洛阳第一战区政治部将发本部抗敌演剧第六队之七八两月份经费及本厅经汇该部转发该队之五月份经费（715）元，除扣除该队三月份透支之一百五十元外，一并改汇鲁苏战区政治部或五一军部转发该队。已汇一战政部之该队各

① 见中国第二历史档案馆馆藏档案，档案号：七七二—901，第69页。

② 见中国第二历史档案馆馆藏档案，档案号：七七二—901，第84页。

③ 见中国第二历史档案馆馆藏档案，档案号：七七二—901，第85页。

款，请于该部应领经费项下扣还。[①]

信后还附有一段很长的“说明”（见下图），详细介绍了第六队的迁徙轨迹和经费周转的具体情况，数据详细精确，从中可以看出郭沫若对演剧队具体情况知之甚详，且透露出殷切的关怀之情。

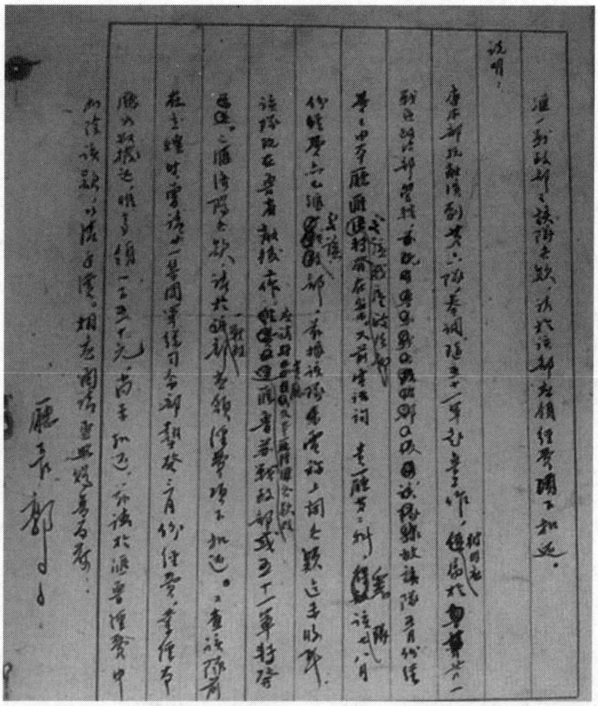

郭沫若给演剧队的信（局部）

因这一资料涉及抗敌演剧队第六队，而该队的史料一直较为匮乏，详细战斗经过不甚为人所知，故现将该队工作行进路线大致梳理如下：自武汉昙华林建队后，1938年9月下旬六队与抗敌演剧队第四队一同到达湖北省麻城市宋埠，遭到日军轰炸，队伍人心动摇时接到周总理指示“一定要到大别山敌后去”[②]，而后艰难地向大别山挺进。1938年12月终于进入大别山，在广西二十一集团军驻地以及六安、霍山等地进行慰问演出，后由于当地特务的限制和迫害，1939年5月离开大别山向山东进发。经两千里长途跋涉，队伍达到沂蒙山区，12月开始正式在鲁苏战区工作。1941年2月，因为参与了鲁苏战区国民党内部权力斗争，六队全部人员遭到扣押，被控告

① 见中国第二历史档案馆馆藏档案，档案号：七七二—298，第79页。

② 陆万美：《隽永的忆念》，云南人民出版社1981年版，第9页。

"勾结八路、宣传赤化、瓦解部队、煽惑兵变"[1]，情况十分危急。经多方力量营救，两个月后国民党总政治部勒令六队"就地解散"，六队成为最早解散的抗敌演剧队。虽历经艰险，队员们最终安全撤离，大部分队员后来加入了新四军、八路军，成为各部队文工团中的骨干成员。郭沫若上述函件中的"说明"部分，对六队的轨迹作了部分介绍，具有重要的史料价值。从上述公文中还可以看出，因抗敌演剧队第六队5月从大别山出发前往山东，导致经费派发出现问题，在9月22日发函时，5月、7月、8月三个月的经费演剧队还未收到，而3月的经费则是由二十一集团军司令部垫发。演剧队在这期间长途跋涉而没有收入，境况之艰难让人难以想象。这样的情况并不只发生在抗剧六队，其他队伍也常常面临这种境况。经费遭遇拖欠时需要由第三厅催促相关部门安排转发；演剧队为维持生计向所在战区支借的经费，也需要第三厅方面进行归还。其间的复杂金钱往来，锱铢必较，皆由郭沫若本人出面协调，足以展现出郭沫若在处理经费相关公务上的严肃负责的态度。当然，抗敌演剧队第六队与郭沫若的渊源还不仅于此。

在郭沫若逝世后，六队队长陆万美写有《红梅山茶忆郭老》一文，详细回忆了自昙华林开始与郭沫若的多次交集，其中有几件事格外值得注意：

> 我队在宋埠前线，遭受了日寇的残酷轰炸，队员被炸死，全队处于动荡、分化的紧急关头，敬爱的周总理坚决指示我们：要继续前进到大别山敌后。尊敬的郭老也谆谆地给我们不少鼓励，并下令立刻提前发给我们三个月的经费和许多书籍、宣传品、医药用品，使我们顺利挺近大别山。我们日愈深入到大别山、洪泽湖、山东沂蒙山区以后，联系已很困难，但我们仍想尽办法以电报或书信的方式向郭老汇报我们的工作。特别在一些危难的时刻，我们更迫切要求得到郭老的了解和救援。在国民党特务和地方军阀阴谋迫害，妄图开刀屠杀我们时，我们偷偷在豆油灯的黯淡黄光下，密密麻麻地写着向郭老的报告。这些报告也很不容易送到大后方。一次承一位到敌后来采访的记者热情答允"一定替我们送给郭老"。他是冒着生命危险通过重重封锁线，负责带去的。后来听说：渡淮河时，他把我们的报告，折叠在密封的竹筒里，用细绳绑好吊沉在小船旁边的河水里，等平安过了封锁线才又拿起来。这些报告都送到郭老跟前，有的后来还引用到三厅的表扬通报里。[2]

尽管演剧队在战区工作，箪食瓢饮，缺医少药，时常面临经费短缺等窘境，但在这一时期，演剧队经历的种种困难，仍可向第三厅反映，三厅即便无法做到有求必

① 陆万美：《隽永的忆念》，云南人民出版社1981年版，第18页。

② 陆万美：《红梅山茶忆郭老》，新华月报资料室编辑：《悼念郭老》，生活·读书·新知三联书店1979年版，第103—104页。

应，也会尽可能地提供便利。可以说，郭沫若任职的第三厅是维系国民党与抗敌演剧队的桥梁。而在1940年9月，郭沫若从第三厅卸任后，抗敌演剧队生存境遇每况愈下，经费和物资短缺问题越发严重，求告无门，无法得到当局妥善解决，如前述抗敌演剧队第四队再也无法继续坚持工作，只得解散。1941年后，抗敌演剧队与抗敌宣传队合并改编为抗敌演剧宣传队，交由各战区直接领导，国民党当局加大了对演剧队的审查力度，许多队内同志受到严酷的政治迫害，没有了第三厅居中调停和郭沫若的庇护，演剧队与各战区的矛盾日益加深，演剧队的处境更加艰难。

三

种种史料表明，郭沫若对于演剧队的关心和帮助，并不仅仅是为了履行厅长的公务，更是为了支持抗日战争。作为知名作家，在抗日战争时期他除了以笔为枪，通过创作《屈原》等作品支持抗日战争外，作为厅长，他也在积极履职，以实际行动支持抗日战争，对演剧队的支持，就是他积极支持抗日战争的一部分。郭沫若卸任厅长以后，对演剧队的发展依然十分关心，1943年剧宣二队建队五周年，郭沫若给剧宣二队回信，给予他们热情的肯定和鼓励："抗日战争已五年有半，你们在战地也足足工作了五年，你们的成绩自记录在战地民众及士兵同志的心底，你们的辛苦，我们也是时常想像着，而且藉以为我们自己的鞭策的"，"社会就是课堂，工作就是课目，你们经过了五年的坚实锻炼，这应该有这样的收获。我诚恳地庆贺你们，祝你们更进一步的努力"①。剧宣二队（原抗敌演剧队第九队）队长吕复在回忆郭沫若时，也谈到郭沫若对演剧队的关怀和支持：

> 当时我们还年轻，对党给演剧队的任务和郭沫若同志把各演剧队派到战区去的打算，理解不深，还时常闹一些思想问题。有一次，我和郑君里同志带了一份报告，去见郭沫若同志。他很生气地对我俩说："你们都要去延安，这里的工作谁做?"然后又仔细向我们传达毛主席和周副主席的指示，要我们懂得应该带领剧队在国统区宣传"坚持抗日、反对投降"这一党的主张，开展抗日民族统一战线工作和占领文化宣传阵地的重大意义，耐心解决了我们不愿在国民党统治区工作，一门心思要去延安的思想问题。后来又因为我们演剧队一些同志不愿到国民党军队中去做宣传工作，郭沫若同志在长沙以南的易俗河边召集我们全队讲话，要大家充分认识去战区前线工作的重要性，批评了我们不愿去战区前线的畏难思想。②

① 黄淳浩编：《郭沫若书信集》上，中国社会科学出版社1992年版，第565—566页。

② 吕复：《郭沫若同志和抗敌演剧队》，新华月报资料室编辑：《悼念郭老》，生活·读书·新知三联书店1979年版，第269—272页。

这篇写于1978年的回忆，虽然带有那个时代的清晰印记，但其中讲述的基本史实却是十分清楚的，它充分说明了郭沫若对演剧的关心和支持。郭沫若在《洪波曲》中谈到第三厅时作出了这样的评价：“假使要用批评的眼光来看三厅，认为它的存在在抗日战争期间多少有过一些贡献的话，那倒不在乎它在武汉三镇前后所做过的几次轰轰烈烈而却空空洞洞的扩大宣传，而实实在在是在这些文化触角所给予各战区和后方的安慰、鼓励和启迪。……尤其值得注意的，是文化人下了乡，受着了老百姓的熏陶，使先天带着舶来气质的新文化本身换上了民族气质。在这演戏或歌咏方面也特别显著。这是一件大事，我希望批评家们把眼光扩展到这一个圈子里来。”[①] 这里说的“文化触角”就是指抗敌演剧队，可见，在他的心目中，演剧队不仅宣传了抗日战争，给各战区和后方带去了“安慰、鼓励和启迪”，也促使了“五四”以来新文学的转变。

过去对于第三厅的研究，除了反复考量国共两党在其间的政治博弈之外，学术界多认为其主要贡献体现在组织武汉“祝捷宣传周”和献金运动等“轰轰烈烈而却空空洞洞”的宣传活动。对于抗敌演剧队这样的真正深入农村与前线的“文化触角”，却始终没有受到重视。抗敌演剧队在极其艰难的物质条件下，筚路蓝缕地走向最危险的前线、最偏僻的山村，足迹遍布云南、广西、四川、山西、河南、山东等地，无数队员为抗日战争宣传演剧事业献出了生命。他们不仅在抗日战争动员宣传方面作出了巨大贡献，也探索出一条将话剧本土化、民族化的道路。新中国成立后，演剧队的队员大多成为国内文工团、职业剧团、电影制片厂的骨干力量。但在演剧队生存、发展及为抗日战争宣传所作出的伟大贡献中，作为厅长的郭沫若也功不可没。所以重新发掘、研究郭沫若与抗敌演剧队的关系，对重新认识郭沫若在抗日战争时期的贡献，具有重要意义。

（原载《中国现代文学论丛》2020年第2期）

---

① 郭沫若：《洪波曲》，《郭沫若全集·文学编》第14卷，人民文学出版社1992年版，第109页。

覃子豪与郭沫若的交游及其翻译事况钩沉

程桂婷

覃子豪是台湾现代著名诗人，有“海洋诗人”和“诗的播种者”的美誉，曾参与创办“蓝星诗社”，主编《蓝星周刊》等，与纪弦、钟鼎文一起并称为台湾“诗坛三老”，深刻影响了台湾新诗的发展。覃子豪1963年10月10日病逝后，好友钟鼎文、彭邦桢、纪弦、痖弦等人组织“覃子豪全集出版委员会”，广泛搜集覃子豪作品，前后历时十年，分别于1965年、1968年、1974年，分三卷编辑出版了《覃子豪全集》。但正如田野所说：“由于海峡两岸长期的分离，覃子豪在大陆时期出版的和发表的著译作品，在台湾是很难征集齐全的。”① 的确，覃子豪赴台之前出版有诗集《自由的旗》与《永安劫后》，散文集《东京回忆散记》，在青年读者中享有很高声誉。特别是在抗日战争期间，覃子豪奔波于东南前线，积极参加各种抗日活动，集战士、诗人、记者、主笔、主编等多重角色于一身，同时还致力于翻译介绍裴多菲、雨果、叶赛宁、普希金等诗人的诗作，出版有译诗集《裴多菲诗》与《复仇的女神》。但这两种译诗集均不见于台湾三卷本的《覃子豪全集》。而《覃子豪全集》在收录其散文集《东京回忆散记》时，又因政治原因删掉了三篇文章，其中一篇是《郭沫若先生——东京回忆散记之二》，内容也有一部分与覃子豪的翻译活动有关。下面即从《覃子豪全集》不收或失收的文章与译诗集入手，将覃子豪与郭沫若的交游及其在翻译方面的贡献略作钩沉。

一　覃子豪与郭沫若的交游

覃子豪早在1926年就读于广汉县立初级中学时开始接触新诗，就特别喜欢郭沫若、闻一多等诗人的新诗。覃子豪在《郭沫若先生》一文的开头就写道：“在中学生的时代，我对于郭沫若先生就异常景仰，那个时候，我读过《我的幼年》《女神》《繁星》《少年维特之烦恼》等书，我们有个国文教师也姓郭，对于郭沫若先生也非常崇拜，在这位教师的影响之下，我们对于郭沫若几乎存在着一种神秘的观念。”②

---

① 田野：《〈覃子豪全集〉不全》，见广汉市文史资料研究委员会、广汉市覃子豪纪念馆筹建组编《覃子豪纪念馆落成专辑》（广汉文史资料选辑第10辑），1988年版，第162—163页。

② 覃子豪：《郭沫若先生——东京回忆散记之二》，《公余生活》月刊1944年6月10日第2卷第3期。

这里所列举的《少年维特之烦恼》为郭沫若所译。1932 年夏，覃子豪进入北平中法大学孔德学院高中部二年级预科班学习法语。与覃子豪同班并成为好友的贾芝后来也曾回忆："我们喜读世界名家拜伦、雪莱、歌德、惠特曼、普希金、莱蒙托夫等人的作品，我们曾在一起朗诵郭沫若译的那首热情的《浮士德》序诗，我与覃子豪对郭的译文交口称赞。"①

1935 年 3 月，覃子豪与诗友李华飞等人赴日本东京留学，当时郭沫若正索居于东京近郊的千叶县。在友人的介绍下，覃子豪给郭沫若写了一封长信，并寄上了自己的诗作。很快，覃子豪收到郭沫若回复的一张明信片，邀请覃子豪与友人一起去他的居所见面详谈。覃子豪接到邀请后异常兴奋，第二天就与友人一起兴冲冲地赶去千叶县拜访了郭沫若。在散文《郭沫若先生》中，覃子豪详细叙述了他们第一次见面的情景以及交谈的内容。他们从"独自莫凭栏，无限江山，别时容易见时难，流水落花春去也，天上人间"这一句旧诗词的语气谈起，谈到法国文学，又谈到国内作家，谈到林语堂和周作人，最后谈到外国文学及翻译。这次见面他们"一直谈了两个钟头"才告辞。

之后，覃子豪在东京与贾植芳、李春潮等人组建文学社团，并创办文艺刊物，刊名《文海》即是请郭沫若给取的。文海文艺社在东京举行文艺座谈会，请郭沫若参加，起初很多人认为不可能，因为日本警察对郭沫若监视甚严。然而，郭沫若不仅提前出现，并在会上作了简短的演说，让与会者都大为兴奋。遗憾的是，由于东京警察厅的严密监视，《文海》月刊仅出版一期就被查封了。

东京留学时期，覃子豪除从事诗歌创作外，还着手翻译法国诗人雨果的《惩罚集》，并自日文转译匈牙利诗人裴多菲的诗集。覃子豪对裴多菲诗作的喜爱最早源自鲁迅的翻译介绍。贾芝曾回忆说："鲁迅翻译介绍的匈牙利爱国诗人裴多菲的名作：'生命诚可贵，爱情价更高，若为自由故，二者皆可抛'，虽只寥寥四句诗，当时也只知裴多菲的这一首诗，却使我们终生难忘，对我们都愿为祖国奋斗献身发生了极大的鼓舞作用。这也可说是后来在抗日期间覃子豪还翻译出版了《匈牙利裴多菲诗抄》（1941）的最初的缘由。"② 但贾芝有所不知，覃子豪的这本译诗集《裴多菲诗》在其东京留学时期就已译成，并且是请郭沫若校对、审定的。覃子豪在散文《郭沫若先生》中有这样一段记载：

① 贾芝：《忆诗友覃子豪》，见广汉市文史资料研究委员会、广汉市覃子豪纪念馆筹建组编《覃子豪纪念馆落成专辑》（广汉文史资料选辑第 10 辑），1988 年版，第 32 页。覃子豪的译诗集《裴多菲诗》是在 1940 年 5 月由浙江金华诗时代社出版的，贾芝的回忆稍有出入。台湾版三卷本《覃子豪全集》也误记为"民国三十年由金华青年书店出版"。

② 贾芝：《忆诗友覃子豪》，见广汉市文史资料研究委员会、广汉市覃子豪纪念馆筹建组编《覃子豪纪念馆落成专辑》（广汉文史资料选辑第 10 辑），1988 年版，第 32—33 页。

裴多菲是匈牙利的爱国诗人，我觉得当时中国需要裴多菲这样的诗人，对中国才有好处，裴多菲的诗我是从日文译出的。日译者为匈牙利人麦兹格尔，精通日语，在日本帝大执教多年。因而，我相信他的译笔是忠实原文的。太爱好裴多菲诗的原故，全部译出了。为了恐怕有错误，我就把他拿给郭沫若先生请他替我校对一遍。

他答应了。但是他对于裴多菲颇不感兴趣。而我则认为裴多菲的诗，其价值是很高的。因为裴多菲较之欧洲十九世纪其他诗人现实些，他虽是以浪漫主义的姿态出现，而他的诗已经有写实的成分在里面。他不像雪莱、海涅的抒情诗那样完全属于玄想的。他的诗是从他琐屑的生活中提炼出来的，我们同裴多菲相隔一百多年，读起来，毫不觉得是过去的东西。仍有他的时代性。郭先生对于裴多菲的诗的不感兴趣，是出乎意料之外。但是，我对于裴多菲的爱好，并没有因郭先生的不感兴趣而减轻。

我感谢郭先生，终究在百忙中，抽了最宝贵的时光，给我校对了一遍，承他给我许多可贵的指示。

大概是1937年春天，覃子豪即将大学毕业回国之前，曾与李华飞等友人一起最后一次去千叶县拜访郭沫若。或许因为即将回国，那天谈话的内容都与国内文坛的情形有关。谈话中，覃子豪感觉到郭沫若好像很疲劳，似乎为什么问题而苦恼着，所以不久就匆匆告辞了。临行前一行人与郭沫若在花园里合照了一帧照片。贾芝在《忆诗友覃子豪》一文中对这张照片略有描述："也是1936年，我收到了覃子豪的一封信，并寄我一张他在东京附近的千叶县与郭沫若先生的合影。郭沫若先生身穿和服，双手锁袖。"[①] 与覃子豪同行的李华飞则一直珍藏着这张珍贵的照片，后由李华飞提供，这张照片影印在《覃子豪纪念馆落成专辑》中。

1937年5月，覃子豪由日本回到上海。由于日本当局对留日学生大加逮捕，许多留日学生都不得不回到国内，"七七事变"后，回国的留日学生则更多。让覃子豪十分意外的是，有一天他去码头接从东京回上海的同学，突然有人在人群中一下子就握住了他的手，他抬头一看，这个人竟然是郭沫若！"郭先生穿了一身青色哔叽的西装，戴了一顶呢帽，呢帽的边很阔，几乎把面部遮完，郭先生向我示意，不要张声，他告诉我他的地址之后，就分手了。其后，我看见两个同学在追随着他。"[②] 第二天，覃子豪就去旅馆看望了郭沫若。郭沫若回国后即投身抗日活动。1938年4月，国民政府军事委员会政治部第三厅在武汉组建，郭沫若出任厅长。1938年秋，覃子豪受

---

① 贾芝：《忆诗友覃子豪》，见广汉市文史资料研究委员会、广汉市覃子豪纪念馆筹建组编《覃子豪纪念馆落成专辑》（广汉文史资料选辑第10辑），1988年版，第35页。

② 覃子豪：《郭沫若先生——东京回忆散记之二》，《公余生活》月刊1944年6月10日第2卷第3期。

第三厅的派遣，前往浙江前线任《扫荡简报》的编辑，这应该也与他和郭沫若的相识交好有关。

短短两年多的日本留学生活给覃子豪留下了终生难忘的印象，但直到1944年4月，覃子豪于回国七年后在永安与友人们谈到东京的情形时，才开始决心写作《东京回忆散记》。从5月至8月，覃子豪先后写了《“三顾茅庐”——东京回忆散记之一》《郭沫若先生——东京回忆散记之二》《三上谦——东京回忆散记之三》《我的房东——东京回忆散记之四》，分别发表于福建永安《公余生活》月刊第2卷第2、3、4、5期。这些文章于1945年5月结集为《东京回忆散记》由福建漳州南风出版社出版。大概因为郭沫若是台湾当局所忌讳的中共革命分子，台湾三卷本《覃子豪全集》在收录此散文集时，删去了这篇《郭沫若先生》[①]。由此，覃子豪与郭沫若在日本时期的交游也就渐渐成为一段尘封的历史，少有人知了。

二　覃子豪的四本译诗集

如上所述，覃子豪的译诗集《裴多菲诗》在东京留学时期即已完成，并经过郭沫若校对审定。但因覃子豪回国后的生活动荡不安，居无定所，一直到1940年5月，才由浙江金华诗时代社出版。该诗集收录了覃子豪所译裴多菲诗作25首[②]，依次是《生呢？死呢?》《起来吧！马加尔人哟》《战歌》《我愿意死在沙场上》《军队生活》《从窗外窥看》《我的平原》《奇莎河》《冬天的草原》《乞丐之墓》《村庄附近的酒店》《没有结果的计划》《饮吧》《笑成为什么》《黄昏》《我在特普列晴市内的冬期》《希望》《恋人吗》《我的死》《乘驴的牧羊人》《我们在一起融合》《雪上的橇》《交换》《好酒屋主》《九月之末》，诗集前有评介文章《匈牙利争自由的诗人裴多菲》[③]，后附《后记》。

1942年4月，覃子豪的第二本译诗集《复仇的女神》，作为诗歌与木刻社主编的“诗木丛书”之一，由江西泰和尖兵书店出版，集中收录有覃子豪或从法译本或从日译本转译来的尼克拉索夫、普式庚和叶赛宁三位俄国诗人的部分诗作。但这本诗集现在国内尚未发现藏本，具体目次无从稽考。目前可见的与之有关的是覃子豪所作的《〈复仇的女神〉题记》[④]，其中简略介绍了这本译诗集的大致情况，这里摘录前面几段：

---

① 台湾三卷本《覃子豪全集》收录散文集《东京回忆散记》时删去了三篇文章，除这篇《郭沫若先生》外，还有《记蒲风》与《记李华飞的放逐》两篇。

② 《覃子豪全集》仅收有此译诗集中的6首，分别是：1.《战歌》；2.《九月之末》；3.《起来吧！马加尔人哟》；4.《村庄附近的酒店》，《覃子豪全集》中题为《村尽头的酒店》；5.《我们在一起融和》，《覃子豪全集》中题为《如果你是花朵》；6.《没有结果的计划》，《覃子豪全集》中题为《还家》。

③ 这篇评介文章在台湾三卷本《覃子豪全集》中有收录，题为《匈牙利爱国诗人裴多菲》。

④ 覃子豪：《〈复仇的女神〉题记》，《前线日报》1941年9月28日。

这个集子是旧俄时代的三个诗人的合集，尼克拉索夫（N. A. Nokrasov）、普式庚（A. S. Pauchkine）、叶赛宁（S. Ecenin）这三位诗人在中国读者中已经不是陌生的，用不着我来详细介绍了，除普式庚、尼克拉索夫在中国有很多作品介绍外，叶赛宁作品的介绍却是很少的，这是事实。

尼克拉索夫我是从法译本的露西亚抒情诗选（La Poaele Lvriue Russe）译出的，此书出版尼克拉索夫诗法译本尚未全译，其余未译的原因乃法译者 Andre Lirondelle 所摘译残缺不全之故，本书中所译，尚能代表尼克拉索夫的风格。

普式庚的诗是从法国 J. L Pouter-ma 所著的普式庚（Pau Ohkine）一书中译出的，普式庚自然有许多很好的抒情短章，可惜在 Pauchkine 书里却很少，主要的原因这是本研究普式庚的书，连普式庚的生平、信札、研究论文都有，所选的诗自然就很少，而且选译者的眼光不同。因此，Pauchkine 一书中所代表普式庚的诗，结果，不完全是普式庚的代表作，在这里，只转译了几篇，作为普式庚的爱好者一点兴趣。

叶赛宁这位年轻的天才的田园诗人，他的作品对于青年有着异样的魅力的，他的死，他的传记，在中国曾有几个人介绍过，在戴望舒所译《苏联诗坛逸话》，记载叶赛宁的生平和死的原因，极为详尽，然这位诗人的作品在中国却很少看见。

这里所译的是我在东京读日译本叶赛宁诗译出的，那是随读随译的，完全为爱好及兴之所至而译，一部份发表于申报自由谈，一部份则发表于诗时代及其他刊物，本拟再译几篇，以供爱好叶赛宁的读者，然原书在上海，只好这样了。

覃子豪去台后依然热衷于翻译介绍外国诗作。1958 年 3 月，覃子豪的第三本译诗集《法兰西诗选》第一集，由高雄大业书店出版，收入译诗 24 首。之后，覃子豪又着手翻译《法兰西诗选》第二集。然而不幸的是，第二集未及出版，诗人即病逝于台大医院。台湾三卷本《覃子豪全集》在编定《法兰西诗选》第二集时，将覃子豪病前所译诗歌一并收入，总计有 85 首之多，足见覃子豪日常的勤奋及其对翻译诗作的热情。

三 覃子豪去台前译作系年编目

因覃子豪去台前所译诗作大多未见于台湾三卷本《覃子豪全集》，且覃子豪第二本译诗集《复仇的女神》亦不见有藏本，现特将笔者多年来搜集整理的散佚于各地报刊的覃子豪译作简要编目如下：

1936 年 8 月 15 日，译诗《播种之夕》（雨果作）发表于《文海》第 1 期。

1936 年 11 月 16 日，译诗《战歌》（裴多菲作）发表于天津《大公报·文艺副刊》。

1937 年 1 月，译诗《从窗外窥看》（裴多菲作）发表于《草原月刊》革新号第 2 卷第 1 期，又于同年 6 月 1 日发表于《春云》第 1 卷第 6 期。

1937 年 3 月 1 日，译诗《我的平原》（裴多菲作）发表于天津《海风》第 5—6 期。

1937 年 4 月 2 日，译诗《我离开了空色的露西亚》（叶赛宁作）发表于《申报·文艺专刊》第 71 期。

1937 年 5 月，译诗《乞丐之墓》（裴多菲作）发表于《诗歌杂志》第 3 期。

1937 年 8 月 1 日，译诗《没有结果的计划》（裴多菲作）发表于《春云》第 2 卷第 2 期。

1938 年 6 月 15 日，译诗《起来吧！马加尔人哟》发表于重庆《文艺月刊·战时特刊》第 1 卷第 11 期。

1938 年 8 月 16 日，译诗《生呢？死呢?》（裴多菲作）发表于重庆《文艺月刊·战时特刊》第 2 卷第 1 期。

1939 年 12 月 4 日，译诗《我愿意死在沙场上》（裴多菲作）发表于《前线日报·战地》。

1939 年 12 月 6 日，译诗《我在特普列晴市内的冬期》（裴多菲作）发表于《前线日报·战地》。

1939 年 12 月 13 日，译诗《从窗外窥看》（裴多菲作）发表于《阵中日报（曲江）》第 4 版。

1939 年 12 月 14 日，译诗《恋人吗》《我的死》《雪上的橇》（裴多菲作）发表于《前线日报·战地》。

1939 年 12 月 15 日，译诗《冬天的草原》（裴多菲作）发表于《前线日报·战地》。

1939 年 12 月 16 日，译诗《村庄附近的酒店》（裴多菲作）发表于《前线日报·战地》。

1939 年 12 月 30 日，译诗《交换》《希望》《笑成为什么》（裴多菲作）发表于《前线日报·战地》。

1940 年 1 月 3 日，译诗《黄昏》《如果你是花朵》（裴多菲作）发表于《前线日报·战地》。

1940 年 1 月 4 日，译诗《乘驴的牧羊人》（裴多菲作）发表于《前线日报·战地》。

1940 年 1 月 17 日，译诗《生呢，死呢》（裴多菲作）发表于《前线日报·战地》。

1940 年 2 月 22 日，译诗《啊！这是愚蠢的幸福》《风雨之国》（叶赛宁作）发表于《前线日报·战地》。《啊！这是愚蠢的幸福》又于同年 7 月 23 日发表于浙江於潜《民族》第 20 期。

1940 年 3 月 1 日，译诗《乞丐之墓》（裴多菲作）发表于江西上饶《东线文艺》创刊号。

1940 年 5 月 10 日，译诗《饮吧》（裴多菲作）发表于《救亡日报》桂林版。

1940 年 5 月 24 日，译诗《薄暮的小径》（叶赛宁作）发表于《救亡日报》桂林版。

1940 年 5 月，译诗集《裴多菲诗》由浙江金华诗时代社出版。

1940 年 6 月 1 日，译诗《军队生活》（裴多菲作）发表于广州《中国诗坛》新第 4 期。

1940 年 7 月 7 日，译诗《星》（雨果作）发表于浙江於潜《民族》第 19 期，又于同年 9 月 1 日发表于广西桂林《诗》第 2 卷第 1 期。

1940 年 7 月 26 日，《匈牙利争自由的诗人——裴多菲》发表于《力报》第 4 版。

1940 年 8 月 7 日，译诗《恋人哟！一起来坐着吧》（叶赛宁作）发表于《前线日报·战地》。

1940 年 9 月 18 日，译诗《尼罗王纵乐之歌》发表于《前线日报·战地》。

1940 年 10 月 5 日，译诗《温暖的池沼哟》（叶赛宁作）发表于江西赣州《文化服务》第 1 卷第 3 期。

1940 年 10 月 16 日，译诗《可爱的国家哟》（叶赛宁作）发表于《前线日报·战地》。

1940 年 11 月 13 日，译诗《初雪风景》（叶赛宁作）发表于《前线日报·战地》。

1940 年 12 月 1 日，译诗《俄罗斯》（尼克拉索夫作）发表于江西泰和《诗歌与木刻》创刊号。

1941 年 1 月 8 日，译诗《在俄国谁能生活得很好》（尼克拉索夫作）发表于《前线日报》。

1941 年 2 月 15 日，译诗《在战争恐怖的中心》发表于《文化服务》第 1 卷第 5—6 期。

1941 年 3 月 12 日，译诗《滑铁卢》（雨果作）发表于《前线日报》“诗时代”双周刊。

1941 年 4 月 24 日，译诗《自由》（尼克拉索夫作）发表于《宁夏民国日报》第 2 版。

1941 年 5 月 1 日，译诗《马惹巴》（雨果作）发表于重庆《中国青年》第 4 卷第 5 期，又发表于同年 6 月 11 日的《前线日报》。

1941 年 5 月 28 日，译诗《波斯王》（雨果作）发表于《前线日报》“诗时代”双周刊。

1941 年 6 月 10 日，译诗《回忆》（普式庚作）发表于《江南文艺》第 1 期。

1941 年 7 月，译诗《卓雅》发表于江西上饶《东南青年》第 1 卷第 2 期。

1941 年 8 月 1 日，译诗《诗人》（普式庚作）发表于《新青年》第 5 卷第 9—10 期。

1941 年 9 月 28 日，《〈复仇的女神〉题记》发表于《前线日报》。

1941 年 11 月 15 日，译诗《给养娜》（普式庚作）发表于《东南青年》第 1 卷第 5 期。

1942 年 3 月 29 日，译诗《啊！回忆，春天，黎明》（雨果作）发表于《前线日报》。

1942 年 4 月 20 日，译诗集《复仇的女神》作为诗歌与木刻社主编的“诗木丛书”之一，由江西泰和尖兵书店出版。

1942 年 4 月 26 日，洋诗《鼓手的未婚妻》（雨果作）发表于《前线日报》副刊“诗时代”第 44 期。

从以上编目或可推断出覃子豪失传的译诗集《复仇的女神》的大致目次，至少包括，译自尼克拉索夫的 3 首：《俄罗斯》《在俄国谁能生活得很好》《自由》；译自普式庚的 3 首：《回忆》《诗人》《给养娜》；译自叶赛宁的 8 首：《我离开了空色的露西亚》《啊！这是愚蠢的幸福》《风雨之国》《薄暮的小径》《恋人哟！一起来坐着吧》《温暖的池沼哟》《可爱的国家哟》《初雪风景》。当然，这本译诗集肯定不止收录这 14 首译诗，应该还有一些译诗不曾发表，而另有一些已发表的译诗尚有待发现。

（原载《新文学史料》2020 年第 2 期）

五四时代的读者如何读《女神》

姜　涛

郭沫若的《女神》出版于1921年8月，虽然比《尝试集》晚出了一年多的时间，但在当时的读者和批判家眼里，却突破了早期白话诗的轨范，隐隐然，构成了新诗的另一个历史起点。在《女神》出版一周年之际，郁达夫就以不容置疑的口吻说“完全脱离旧诗的羁绊自《女神》始”，这一点“我想谁也该承认的”。[①] 郁达夫的评价不无溢美之处，但多少代表了当时一般读者的观感，不少作家的回忆也印证了这一点。比如，冯至的《自传》就提到：“五四”时期，“胡适的《尝试集》，康白情《草儿》，俞平伯《冬夜》，我都买来读，自己也没有判断好坏的能力，认为新诗就是这个样子。后来郭沫若的《女神》《星空》和他翻译的《少年维特之烦恼》相继出版，才打开我的眼界，渐渐懂得文艺是什么，诗是什么东西”。[②] 施蛰存用一个暑假反复研读《尝试集》，结果是对于胡适的新诗有了反对意见；《女神》出版后，他又读了三遍，“承认新诗的发展是应当从《女神》出发的”。[③] 戈壁舟的反应比前面两位更为直接：“我读了胡适的《尝试集》，才知道用白话写新诗；我读了郭沫若的《女神》，《凤凰涅槃》，才知道新诗中有好诗。”[④] 这样的阅读感受，在闻一多那里化为一个非常明确的文学史判断。1922年，在著名的《〈女神〉之时代精神》中，闻一多开宗明义就写道：“若讲新诗，郭沫若君的诗才配称新呢！不独艺术上他的作品与旧诗词相去最远，最要紧的是他的精神完全是时代的精神——二十世纪底时代精神。”[⑤] 这一判断后来也被钱杏邨、穆木天、焦孚尹、周扬等人重申，直至当代，逐渐沉积为一个看似妥当的文学史结论：《尝试集》作为“第一部”新诗集，其开端的地位不可动摇，但只是一个“开端”，甚或“过渡”而已，《女神》则由于其在思想、艺术上的多重成就而被奉为新诗成立的“丰碑”。

毋庸赘言，政治风云的变动、时代语境的转换，胡适、郭沫若二人政治身份的差

---

① 郁达夫：《女神之生日》，《时事新报·学灯》1922年8月2日。

② 冯至：《自传》，见冯姚平编《冯至全集》第12卷，河北教育出版社1999年版，第606页。

③ 施蛰存：《我的创作生活之历程》，见《十年创作集（小说卷）》，华东师范大学出版社1996年版，第800页。

④ 戈壁舟：《戈壁舟文学自传》，《新文学史料》1987年第1期。

⑤ 闻一多：《〈女神〉之时代精神》，《创造周报》1923年6月2日第4号。

异，直接影响了后人的态度。然而，除了外部历史与意识形态的影响，不同的“起点”认定，关涉的不仅是两本诗集的位置升沉，更为重要的是，有关新诗成立的合法性争议、有关新诗展开路径的不同想象，也就蕴含在其中。在这个意义上，回到“五四”之后的阅读现场，在读者和批判家的最初反应中，来考察《女神》的接受与阐释，或许更能在“起点”的意义上，挣脱流畅却也在一定程度上固化的新诗史叙述，去呈现新诗发生内含的复杂张力、不同话语的协商以及新的阅读程式的生成。

一

谈及“五四”时期《女神》的接受，不少当时读者的回忆，都会不约而同在“个性解放”的时代氛围中，谈及郭沫若狂放诗风的冲击力。茅盾就曾言及，最早引起他注意的“是他（郭）在一九一九年底发表的长诗《匪徒颂》……这首诗的叛逆精神是那样突出，的确深深地打动了我”①。可以辨析的是，《匪徒颂》一诗发表于1920年1月23日的《学灯》，茅盾不大可能在1919年底读到它。这里，差错只是出在时间上，但也说明读者后来的回忆不一定准确，是否无意间经过了“文学史”的过滤，也未可知。相较于高度类同的“事后追溯”，一些当时读者的反应，在不确定中更有某种真切之感。

比如，郭沫若投稿《时事新报·学灯》，被编辑宗白华发现的故事，是人所共知的文坛佳话，正是在宗白华这位特殊“读者”的激励下，郭沫若的写作才在1919—1920年进入“火山爆发”的时期，而此一时期，宗白华与郭沫若书信往来频繁，其中点点滴滴，记录这个最初读者的阅读感受。一方面，宗白华也被“翱翔的凤凰”“奔腾的天狗”所震撼，称赞“你的诗意诗境偏于雄放直率方面，宜于做雄浑的大诗”；但另一方面，沉浸于美学、哲学等“概念世界”中的他，似乎对郭诗中“自然Nature的清芬”，“哲理的骨子”更有兴趣，对于“雄放直率”豪放的“越轨”之作并非完全认同。在读了《天狗》一诗后，他委婉地批道：“你的诗又嫌简单固定了点，还欠点流动曲折。”②

不难看出，宗白华对郭诗的接受是有所侧重的，作为《学灯》编辑，他虽然明了“雄放直率”诗风的开创性意义，但在“诗境”上，似乎更关注郭诗中的自然玄思，在“诗形”上则偏爱那些曲折优美的精致之作。郭沫若在《学灯》上露面不久，茅盾的弟弟沈泽民就致信宗白华：“沫若的诗《夜》《死》真好极了。我希望你多向他要几首诗。”《夜》与《死》是两首风格隽永的小诗，属于清丽、悠远的类型，宗

① 茅盾：《一九二二年的文学论战》，见《我走过的道路》（上），人民文学出版社1981年版，第195页。
② 宗白华、田汉、郭沫若：《三叶集》，亚东图书馆1923年版，第26—27、35、79、79页。

白华复信也说："沫若的诗，意境最好。"① 对于郑伯奇来说，最初进入他视野的郭诗是翻译成日文的《死的诱惑》，他读着很有兴味，但读到《凤凰涅槃》后，却说"以后我的兴会，断断不在作者了，因为诗形成了我当时的唯一问题，而作者的诗形太非我所想的，所以便再没有多读了"②。郑伯奇关心的"诗形"具体怎样，现在不得而知，但《死的诱惑》与《凤凰涅槃》两者在他眼中的高下，不言自明。

刚才提到冯至的回忆，阅读《女神》让还在读中学的他得到了"诗"的启蒙，而当时他印象最深的，却不是《天狗》等代表性作品，而是《霁月》一诗，这首诗"无论在意境上，或是语言上都是别开生面的，既不同于古代的自然诗，也不同于一般的新诗。现在看来，这样的诗并不能和《女神》里其他强烈的革命的诗篇放在同等的地位上，但在当时，的确给我以一种新鲜的感觉"③。这段回忆夹杂着日后的"反省"，但与"强烈的革命的诗篇"的反差，反而暴露了他当年的口味。

作为一部诗歌戏剧集，《女神》中的诗作按照风格、体式，被分为三辑：第一辑取材于古代传说或历史，采用诗剧形式；第二辑收录的是诗情爆发时期的激昂扬厉之作，它们后来被认为是"女神"体的代表；第三辑则是小诗的汇集，有的"冲淡、朴素"，有的"飘渺迷离"。从今天的角度看，震撼"五四"时期诗坛的，不是《女神》里的那些平和、飘渺、清幽的小诗，而是第二辑里的激情涌溢的诗篇。然而，从宗白华、郑伯奇、冯至等人的反应看，《女神》中含蓄悠远、诗境复杂的一类，较之于"激情的喷涌"，似乎更受当时某一部分读者的欢迎，而对于郭沫若的狂放和肆意，他们的言语之中，往往还蕴含了批评。即便是《女神》的铁杆"粉丝"闻一多，在私下与友人的书信中也就认为："盖《女神》虽现天才，然其 technique 之粗簉簏以加矣。"④

早期新诗追求"诗体的大解放"，着力于诗歌表意活力的开放，说理、写实、叙事一应俱全，这不免会冒犯读者对所谓"诗美""诗意"的期待。《女神》中"惠特曼"体的狂放书写，无疑最为强烈地冲击了传统"诗形"，体现了"诗体的大解放"的活力。但还应看到的是，《女神》同时也是一部高度"非散文化"，甚至是"雕琢粉饰"的作品，在音节、用词及结构方面，都是相当考究的。辞藻的华美，大体均齐的格式和韵脚，以及诗歌经验的"骛远性""非日常性"，都是其显著的特征，迥异于当时的白话诗风。《女神》出版第二天，郑伯奇在《学灯》上发表的书评：诗集以前也出过两三部，数量很少，"说句不客气的话，艺术味也不大丰富"⑤。新与旧的

---

① 《时事新报·学灯》1920 年 1 月 19 日。

② 郑伯奇：《批评郭沫若的处女诗集〈女神〉》，《时事新报·学灯》1921 年 8 月 21 日、22 日、23 日。

③ 冯至：《我读〈女神〉的时候》，《诗刊》1959 年第 4 期。

④ 闻一多致梁实秋、吴景超，见孙党伯、袁謇正主编《闻一多全集·书信》，湖北人民出版社 1993 年版，第 81 页。

⑤ 郑伯奇：《批评郭沫若的处女诗集〈女神〉》，《时事新报·学灯》1921 年 8 月 21 日、22 日、23 日。

基本矛盾，在这里已隐没，代之以“艺术味”的有无。后来，焦尹孚干脆说，郭沫若的诗歌“仍不失外形与内美，音节之协和，词语之审梓”，应是“新诗的 Standard”①。由此说来，在当时读者和批评家的反应中，《女神》的位置实际是有些暧昧的，一方面，激昂扬厉、雄浑率直的诗风，最强劲地打破了传统诗体的形式束缚；另一方面，这部诗集又不乏美轮美奂之作，在用词、音节、诗境上“缝合”了读者“诗美”期待的断裂，因而可以成为一个坐标点，在“诗”的意义上与其他早期白话诗集区分开来，这也显现了既有阅读程式、诗美期待对新诗活力的潜在规约、钳制。

二

讨论早期《女神》的阅读，还有一个方面值得关注，那就是这本今天看起来过于直露的诗集，在当时却不一定被读者顺畅接受，其狂放不羁的句式，不断掺杂的外文词汇、科学术语，以及“泛神论”的观念，都可能让读者困惑不已。聂绀弩 20 世纪 40 年代的一篇文章，就记录了他初读《女神》的场景：

> 一位老书记官拿着一本“怪书”给他看，嘴里说着：“不通不通，这算诗么?”我呢，看着听着，渐渐走进一种高度的迷惑的情境……这是诗么？这诗好么？我一点也不晓得，如果一定要我发表意见，也很简单：岂有此理。②

在老少两位读者眼里，《女神》是一本“怪书”。“这是诗么？这诗好么”等一连串的疑问，也说明郭沫若带来的冲击力，尚不能有效安顿在既定的阅读期待和诗歌观念之中。这不仅是个别读者的反应，郑伯奇在书评中也提到：“郭沫若君的诗，据上海的朋友们讲，一般人不大十分了解。”③ 另一位评论者谢康说：“沫若的诗，颇有些人不大了解。”他自己 1919 年初读郭诗时，就感到“如此雄放，热烈，使我惊异，钦服，但是不大懂得”，并认为要读懂郭沫若，至少要受过中等教育，“了解者是不及其他诗人的普遍的”。这意味着，对于“五四”时期的读者来说，感受《女神》的冲击力并不难，但要消化这种冲击力，真的要读懂这本“怪书”，某种特殊“阅读能力”似乎不可或缺。有意味的是，两位评论者都看似无意地提到了另一本书——宗白华、田汉、郭沫若三人的通信集《三叶集》。谢康就认为读者对于郭诗不大了解，大概是未曾读过《三叶集》的缘故，并直接挑明了两本书在阅读层面的关联：“《三叶集》是《女神》Introduction 啊！”④

---

① 焦尹孚：《读〈星空〉后片段的回想》，见黄人影编《郭沫若论》，上海光华书局 1931 年版，第 145 页。

② 聂绀弩：《〈女神〉的邂逅》，《文艺生活》1941 年 10 月第 1 卷第 3 期。

③ 郑伯奇：《批评郭沫若的处女诗集〈女神〉》，《时事新报·学灯》1921 年 8 月 21 日、22 日、23 日。

④ 谢康：《读了〈女神〉以后》，《创造季刊》1924 年 2 月第 1 卷第 2 期。

《三叶集》1920年6月由亚东图书馆出版，是当时最为畅销的新文化读物，三个青年“在信中谈人生，谈视野，谈哲学，谈诗歌和戏剧，谈婚姻和恋爱问题”，其中有相当的篇幅，是围绕着对郭沫若诗歌的解读、评价而展开。虽然它与《女神》在出版时间上，相隔一年有余，但也可以看作宗白华、田汉这两位“经验读者”对《女神》的先期阅读。因而，说“《三叶集》是《女神》Introduction”并非虚言，当20世纪20年代一位读者捧起《女神》时，在他（她）的阅读视野里，可能首先会浮现出《三叶集》来。冯至在接触《女神》之前，就已读过这份“Introduction”：

> 正在这时期，我读到了郭沫若、田汉、宗白华三人的通信集《三叶集》……当时对我却起了诗的启蒙作用。我从这三个朋友热情充沛的长信里首先知道了什么是诗……此时，冯至住在故乡的小城，没有一个朋友，“这个小册子便成为我的伴侣”，“直到第二年《女神》出版了，我的面前展开了一个辽阔而丰富的新的世界”①。从《三叶集》到《女神》，对冯至来说，是一个“阅读程式”塑造的过程，更是一个“诗”的启蒙过程，是一个“什么是诗”的问题获得解答的过程。

从表面上看，《三叶集》中宗白华、郭沫若、田汉你来我往，十分默契，但田汉、宗白华二人对郭沫若诗歌的阅读反应是有所不同的：对于倾心于哲学研究的宗白华来说，他最感兴趣的是郭沫若诗中“清妙幽远的感觉”，自然玄思是他主要的“阅读焦点”，所谓“泛神论”的解说框架也由此而来。相形之下，郭沫若与田汉的讨论，更多围绕“人格公开”的话题展开，如郭沫若所称：“我现在深悔我同白华写信的时候，我不曾明明快快地把我自身的污秽处，表白了个干净。”田汉也回应：“与其说你有诗才，毋宁说你有诗魂，因为你的诗首首都是你的血，你的泪，你的自叙传，你的忏悔录啊。”② 在某种意义上，“泛神论”的哲理讨论与“人格公开”为自我坦白，微妙交错于《三叶集》中，对后来的阅读都发生了或隐或显的影响，尤其是“自叙传”“忏悔录”的文字，似乎对于读者更具感召力。闻一多就说：“我平生服膺《女神》于五体投地，这种观念，实受郭君人格之影响最大，而其一生行事就《三叶集》中可考见。”③ 郑伯奇甚至认为，郭诗不大受人了解，“这原因大概就由于不晓得沫若君的境遇和个性所致”。他自己对郭沫若狂暴的诗歌形式，一开始不太能接受，在阅读田、郭间的书信，“知道我所爱读的那位诗人的身世”后，才改变了态度，因为“不久我很怀疑我对于诗形的那种成见”④。将“境遇和个性”或“身世”

---

① 冯至：《我读〈女神〉的时候》，《诗刊》1959年第4期。

② 宗白华、田汉、郭沫若《三叶集》，亚东图书馆1923年版，第26—27、35、79页。

③ 闻一多：《致顾一樵》，见孙党伯、袁謇正主编《闻一多全集·书信》，湖北人民出版社1993年版，第41页。

④ 郑伯奇：《批评郭沫若的处女诗集〈女神〉》，《时事新报·学灯》1921年8月21日、22日、23日。

作为有效阅读的前提，这一方式无太多特别之处，甚至还是传统“知人论诗”的延伸，但重要的是，从《三叶集》到《女神》，某种“阅读导引”（introduction）建立了起来，如果扩张来看，这又与五四时期的思想、精神氛围以及文学观念的演进不无关联。

“五四”之后，在报刊上进行大胆的自我袒露，把“家庭、学校、团体……一切制度底衣服，尽情地剥去”[①]，似乎也是“新青年”中的一种风尚。正如郭沫若、田汉的通信所显示的，“人格公开”也成为彼此定交的手段，指向了一代新青年情感、知识“共同体”的生成。另外，在“舍我其谁”的精英意识驱动下，人格的砥砺与能力的锤炼，在一些青年组织、团体中成为中心议题。上述氛围也影响到了新诗前途的思考，自1920年起，早期新诗理论的一些代表性的文献，都不同程度跳脱“形式”的框架，将新诗人的人格、诗人的修养，看作新诗得以确立的关键。当时最为系统、最为完备的诗论——康白情的长文《新诗底我见》，论及了新诗建设的诸多方面，最后归结点便是：“要预备新诗底工具，根本上就要创造新诗人，——就是要做诗人底修养。”[②]

与“诗人人格”“诗人修养”的讨论相伴随的，还有一种抒情主义在新诗理论中的勃兴。如果说以胡适为中心的新诗试验，主要是以“文学工具”为突破口，那么，当新诗的脚跟刚刚站稳，新一代作者很快转移了注意力，不再纠结于“白话”的有无，开始从一种“诗本体”的角度，特别关注新诗内在抒情机制的确立。康白情的《新诗底我见》以“诗人底修养”为结论，而文章的开头则断言：“诗是主情的文学。没有情绪不能作诗；有而不丰也不能作好。”可以说，“主情”的转向与“诗人人格”的讨论，二者互为表里，水乳交融，共同交织在新的“诗”观念建构以及新诗的“读法”中。但深细来看，“人格修养”与“主情”论说，两种话语并不完全一致，其间还存在一定的龃龉：简言之，诗人人格、修养的讨论，与“五四”一代青年自我养成、自我塑造的构想紧密相关，非常强调人生、社会、自然等多方面的阅历，理想的诗人不仅要感性丰沛，同时也应有极强的社会感和实践经验。在致宗白华的书信中，郭沫若也以孔子和歌德为典范，提出所谓“球形天才”之说：不同于纯粹的哲学家、科学家、教育家、艺术家、文学家，“球形的发展是将他所具有的一切的天才，同时向四面八方，立体地发展下去”。而在现代“纯文艺”观念的襄助下，“主情”论说却往往指向一系列的排斥性、区分性话语，如诗与散文、情感与理智、审美与认识、主观与客观、表现与再现等。自20世纪20年代初开始，这种区分性、排斥性的话语，在新诗批评中逐渐泛滥成潮，成为重新拣选“正统”、重设诗坛“场

① 丏尊：《读存统底〈回头看二十二年来的我〉》，《民国日报·觉悟》1920年10月27日。

② 康白情：《新诗底我见》，《少年中国》1920年3月25日第1卷第9期。

域”规则的批评“武器”之一[①]。谈及怎样读《女神》，谢康就向读者建议：“作者是一个 passional，我希望读者须用 passion 去读才可以。要是求知识的根据，理性（狭小的）的满足，读这书的只有堕于不可解之渊而大叫失望罢了。”《女神》的作者专职在抒情（passion），也似乎是郭沫若后来留在新诗史上的基本形象。

“抒情”与“修养”，一为限止，一为扩张，两种趋向的交错，构成了此一时期新诗理论的内在张力，这也显示了五四新文化逻辑与现代文艺观念的碰撞。在后来的新诗史展开中，当“读者须用 passion 去读”的观念，在新诗的阅读和阐释中确立了优先性，五四时期新诗写作蕴含的社会经验视野，以及诗人对“球形”天才的向往，是不是也被暗中遮蔽、缩减，或许也是一个可以思考的问题。

三

1919 年 9 月之后，郭沫若的第一批新诗发表在《学灯》上，引起国内读者关注的同时，他的若干短诗也出现在日本的报刊上。1920 年 2 月 29 日，田汉在致郭沫若的信中写道：“我在《日华公论》上看见日本人译了你那首《抱儿浴博多湾》和一首《鹭》，我尤爱前者。”[②] 郑伯奇回忆：“我读沫若君的新诗，最初是那首《死的诱惑》，记得去年（应为 1920 年）春天某晚，大阪每日新闻的文刊上，标题‘支那’，‘新体诗’。”[③] 由此可见，《死的诱惑》等作品是作为新文学的标本被译介到日本的。它们不仅被田汉、郑伯奇等友人读到，读者中还包括日本的文艺理论家厨川白村。后来，郭沫若从创造社成员张凤举那里，得知了这个消息：“凤举又说到厨川白村（京大的文学教授）称赞过我那首《死的诱惑》，——因为大阪的一家日报翻译过——说是中国的诗已经表现出了那种近代的情调，很是难得。”[④]

与中国读者关注字句、音节的阅读不同，深谙近现代文艺思潮的日本文艺家，一下子就发现了郭诗中所谓的“近代情调”，言语之间，还将它看作中国新诗中令人惊喜的新质。《死的诱惑》后来被收入《女神》第三辑中，风格上属于清丽、素朴一类，与郭沫若留学生涯中的精神危机相关，以一种奇异的意象构造，传达出对“死亡”的向往。后来，郭沫若自评《死的诱惑》“只能算是一种过渡时代用畸形的东西”[⑤]。“过渡”指的是与传统诗词体例未完全脱榫，“畸形”意味了颓废的近代情调。今天看来，“畸形”或“颓废”，正是 20 世纪中国文学“现代性”的标签之一。

---

① 譬如，成仿吾《诗之防御战》（《创造周报》1923 年 5 月 13 日 1 号）以“文学是直诉我们的感情，而不是刺激我们的理智的创造”为标准，对早期新诗集大加挞伐。

② 宗白华、田汉、郭沫若：《三叶集》，亚东图书馆 1923 年版，第 26—27、35、79 页。

③ 郑伯奇：《批评郭沫若的处女诗集〈女神〉》，《时事新报·学灯》1921 年 8 月 21 日、22 日、23 日。

④ 郭沫若：《创造十年》，《学生时代》，人民文学出版社 1979 年版，第 97 页。

⑤ 郭沫若：《凫进文艺的新潮》，《新文学史料》1979 年 5 月第 3 辑。

对于当年的厨川白村来说，或许也曾如是观。

《死的诱惑》，后来被选入《新诗年选》（1919 年）中，编者愚庵（康白情）对郭沫若的评价是："笔力雄劲，不拘于艺术上的雕虫小技，实在是大方之家"，"而我更喜欢读他的短东西，直当读屈原的警句一样"①。这种选择，可能更多出于审美的偏爱，那种立足于"现代感性"的接受视野是缺乏的。在五四之后的社会氛围中，所谓颓废的"近代情调"，并不是阅读的兴奋点，能够引燃读者的，还是《女神》中激昂扬厉之 passion，而第一个在宏阔的视野中，为这种 passion 提供了一种现代阐释的，无疑是闻一多著名的文章《〈女神〉之时代精神》②，并非巧合的是，不十分起眼的《死的诱惑》也出现在这篇雄文中。

为了撰写《〈女神〉之时代精神》，闻一多颇费了一番苦心，从收集材料到最后付邮，历时两个月之久③。文章一开始就高屋建瓴，将《女神》定位为新诗的真正起点，并且提供了一种新的谈论方式："新诗"成立之基础，并不是语言、形式层面"新旧"之别，而是落在了与某种总体的"现代性"精神的内在呼应中。为了表达这种理解，闻一多使用了一个德国式的概念 Zeitgeist（"时代精神"），来概括他对《女神》中动荡不安之气息的感知。"二十世纪底时代精神"在他那里，被概括成"动的精神""反抗的精神""科学的成分""世界之大同的色彩""挣扎抖擞底动作"这五个方面。经过不断的转述、重申，所谓"时代精神"在今天听来，已近乎某种"陈言套语"。但作为一个思想史、精神史的概念，在闻一多的时代，"Zeitgeist"还是一个全新的、充满可能性的论述。相比于后来接续他思路的文学史家，往往仅在"五四"的背景中讲述"时代精神"，闻一多无疑站得更高、望得更远，将"二十世纪"这一宏阔的历史视野，展现在读者的面前。而且"时代精神"并没有落实为"民主""科学""个人的发现"等具体命题，他关注的毋宁是一种隐含在历史进程中的精神气质，一种强劲的时代风格、节奏，"新诗"之"新"，不在于白话的有无，要看能否与 20 世纪之内在节奏发生高频的共振。值得注意的是，在外向的能动、反抗、世界大同意识之外，闻一多还将"时代精神"与特殊的内心状态相连：物质文明的结果便是绝望和消极。然而人类底灵魂究竟没有死，在这绝望与消极之中又时时忘不了一种挣扎抖擞的动作。二十世纪是个悲哀与奋兴底世纪。

此时正在美国留学的闻一多，亲身体验到美国大都会物质文明的冲击，广泛接触到了 20 世纪欧美的文艺新潮，也敏感地把握到《女神》之中的"近代情调"，将悲哀、冲突、挣扎的内面感受，当作"五四"之后中国青年共振的心弦："现代的青年是血与泪的青年，忏悔与奋兴的青年。《女神》是血与泪的诗，忏悔与奋兴的诗。"

---

① 北社编：《新诗年选》，亚东图书馆 1922 年版，第 165 页。

② 《创造周报》1923 年 6 月 3 日 4 号。

③ 孙党伯、袁謇正主编：《闻一多全集·书信》，湖北人民出版社 1993 年版，第 81、107、123 页。

无独有偶，1921 年周作人的《三个文学家的纪念》说到波德莱尔的颓废，也认为“他的貌似的颓废，实在只是猛烈的求生意志的表现……所谓现代人的悲哀，便是这猛烈的求生意志与现在的不如意的生活的挣扎”。周作人 20 世纪 20 年代初对“颓废”之兴趣，或许受到了厨川白村的影响，厨川白村《近代文学十讲》里《近代的悲哀》一章，就曾将个人主义分为积极的与消极的，而积极的个人主义难免带有颓废的色彩[①]。闻一多在当时是否接触过厨川白村，不得而知，但他和周作人一样，都强调“绝望与消极”不一定导向颓废、泥醉，“近代情调”也可被克服、转化为一种挣扎的，求生的意志。对《新诗年选》收入《死的诱惑》一诗，闻一多也表示不解，认为编者“非但不懂诗，并且不会观人。《女神》底作者岂是那样软弱的消极者吗?”闻一多的批评针对了《新诗年选》的编者，换个角度看，似乎也与厨川白村形成了隔空的对话。

闻一多的阐释对后续的《女神》接受，产生了深远的影响，在朱自清、穆木天、钱杏邨、蒲风那里都可找到回声，几乎所有的文章中都会见到“动的”“反抗的精神”等字样。20 世纪 40 年代，借助为郭沫若祝寿，重庆文化界一时沸沸扬扬，《女神》又经历了一次大规模的命名。其中，周扬提供了一个最为经典概括：“他的诗比谁都出色地表现了‘五四’精神，那常用‘暴躁凌厉之气’来概括‘五四’战斗的精神。在内容上，表现自我，张扬个性，完成所谓‘人的自觉’，在形式上，摆脱旧诗格律的镣铐而趋向自由诗，这就是当时所要求于新诗的。”[②] 从形式解放到个性自我，再到“时代精神”，早期“新诗”的合法性得到了一次相当完整的重申，并包装上阶级的、意识形态的语义，升华到有关五四及新文化的整体性历史想象中。当“二十世纪的时代精神”被规约为“‘五四’精神”，作为一种结论稳定下来，闻一多当年阐释中那开放、充满动能的历史敏感，以及挣扎、冲突的心理深度，似乎也逐渐隐没了。同样隐没的，似乎还有解放的活力与诗美的规约、人格修养与“抒情主义”“近代情调”与“时代精神”之间的多重张力。

当然，任何经典的生成，都是一个流动的过程，必定会包含作家、批评家、读者的复杂互动以及特定历史语境的制约。返归当时的阅读现场，目的不仅是要呈现这一过程，更重要的是要在不同审美期待、认识路径的对话中，重新打开新诗的这个“起点”。这或许有助于松动固化的新诗史叙述，有助于当代读者感知五四时期热烈而驳杂的文化场域，重新想象那些可能被抑制的新诗可能性。

（原载《南方文坛》2020 年第 1 期）

---

① 小川利康：《周氏兄弟的“时差”——白桦派与厨川白村的影响》，《文学评论丛刊》2012 年第 2 期。

② 周扬：《郭沫若和他的〈女神〉》，《解放日报》1941 年 11 月 16 日。

论郭沫若《武则天》中的"历史真实"

李 斌

《武则天》是郭沫若最后一部历史话剧，也是郭沫若修改次数最多、在创作过程中征求意见最广泛的历史剧。在忙碌完与十周年国庆庆典相关的一系列国务和外交活动之后，郭沫若于 1959 年 12 月 24 日完成了《武则天》的初稿，此后不断修改，直至 1962 年 9 月出版。郭沫若纪念馆保存了《武则天》的十余份清样稿以及周扬、翦伯赞、吴晗、侯外庐、李伯钊等人讨论该剧的十余封未刊信函，可见郭沫若为此付出了大量心血。但这部郭沫若高度重视的剧作并没有获得舆论的一致认可。1960 年 7 月，时任全国文联副主席的周扬将第三次文代会的主报告送请主席郭沫若审阅。郭沫若回复："我的《蔡文姬》被您提到了，但就我自己来说，我觉得《武则天》比较还要满意一些。"[①] 但主报告定稿提的依然是《蔡文姬》。相比于郭沫若其他历史剧，《武则天》长期以来得不到学界的有效关注。作为 20 世纪中国马克思主义史学的领军人物、最具代表性的历史剧作家，郭沫若的主观努力和学界评价之间的错位究竟是如何形成的？其所表征的文学史内涵何在？本文从"历史真实"的角度对此展开初步探索。

一

按照郭沫若本人的说法，《武则天》"受胎于"他 1959 年夏天的龙门石窟之行。当看到武则天捐出脂粉钱二万贯所雕刻的大卢舍那佛像时，他深受感动，写诗咏道："武后能捐脂粉费，文章翻案有新篇。"[②] 从此开始了《武则天》剧本的酝酿。

郭沫若素未涉足唐史，对武则天更无研究，一尊佛像当不足以令这位日理万机的文坛领袖突发"文章翻案有新篇"的奇想。《武则天》的创作缘起和对话对象，应置于当时史学界、戏剧界的关注热点和时代氛围之中。

中华人民共和国成立后，重新评价历史人物成为史学界的热点。在被重新评价的人物之中，武则天是代表。但武则天的历史作用表现在哪些方面？史学界有分歧。以

① 郭沫若：《致周扬（1960 年 7 月 11 日）》，《郭沫若研究》2019 年第 1 辑。

② 郭沫若：《访奉先石窟》，《郭沫若全集 · 文学编》第 4 卷，人民文学出版社 1984 年版，第 38 页。

陈寅恪为代表的学者认为，武则天代表山东、江左人士破坏了“关中本位政策”，而翦伯赞、刘凌等学者用马克思主义的阶级分析方法，认为武则天代表了中小地主阶层对大地主利益的挑战。

1954 年，郭沫若担任召集人的《历史研究》创刊号刊发隋唐史研究权威陈寅恪的《记唐代之李武韦杨婚姻集团》，该文认为：“武氏掌握政权，固不少重大过失，然在历史上实有进步之意义，盖北朝之局势由此而一变也。”[①] 这延续了他在其名著《唐代政治史述论稿》中的观点：武则天当政时代逐渐破坏传统的“关中本位政策”，使得关中集团之外的山东、江左人士“上升朝列”，“而西魏、北周、杨隋及唐初将相旧家之政权尊位遂不得不为此新兴阶级所攘夺替代”[②]。文章发表后，郭沫若亲自致信感谢陈寅恪[③]。但不久后就有学者认为，武则天的“上台”“决不能单纯地看为是关陇集团与山东集团之间的斗争结果”，而是“大地主集团与新兴中小地主之间的尖锐矛盾下的产物”[④]。这一观点得到翦伯赞等人的呼应。翦伯赞认为：“武则天最重要的事业是无情地打击了当时最大的贵族世家，或者说打击了具有政治特权的大地主阶级。”“武则天动员了当时的中小地主阶层，或者说动员了当时没有政治特权的地主阶层，来了一次大扫除，在七世纪的中国扫除了这些历史的垃圾。”“她是中国封建社会的一个叛逆，也是中国封建社会的一个功臣。”吕振羽也有相似的看法：武则天和她的敌对力量“一方面表现为宫廷内部的矛盾；一方面是地主阶级内部大地主和中小地主的矛盾”。“她制定和实施的政策，主要是符合中小地主利益的政策。”[⑤]

1958 年 5 月 16 日，郭沫若给北京大学历史学系师生回信，要求他们“掌握了马克思列宁主义的人”要超过包括陈寅恪在内的“一切权威”[⑥]。7 个月后，北京大学历史系三年级三班研究小组在《历史研究》上发表文章批评陈寅恪的“种族—文化史观”，认为他“不从武则天掌政后到底改变了多少封建统治阶级残酷统治人民这一实质问题去考察历史，而随意以自己的假想去歪曲历史，这正充分暴露了他资产阶级伪科学的本来面目”[⑦]。但文章并没有就武则天如何“改变”“封建统治阶级残酷统治人民这一实质问题”展开论述，这似乎在等待《历史研究》召集人郭沫若的论断。

除史学界外，戏剧界对武则天的兴趣也越来越浓。就在郭沫若访问龙门石窟时，上海越剧院二团在上海艺术剧场首演了吴琛、王文娟、孟文棣创作的《则天皇帝》，

---

① 陈寅恪：《记唐代之李武韦杨婚姻集团》，《历史研究》1954 年第 1 期。

② 陈寅恪：《隋唐制度渊源略论稿·唐代政治史述论稿》，商务印书馆 2011 年版，第 202 页。

③ 《郭沫若致陈寅恪》，《刘大年来往书信选》上，中央文献出版社 2006 年版，第 97 页。

④ 刘凌：《论武则天》，《山东大学学生科学论文集刊（文科）》1956 年第 1 期。

⑤ 《历史的真实与艺术的真实》，《戏剧报》1959 年第 20、21 期。

⑥ 郭沫若：《关于厚今薄古问题——答北京大学历史学系师生的一封信》，《文史论集》，人民出版社 1961 年版，第 15 页。

⑦ 北京大学历史系三年级三班研究小组：《关于隋唐史研究中的一个理论问题——评陈寅恪先生的“种族—文化论”观点》，《历史研究》1958 年第 12 期。

此剧不久又在北京演出。《则天皇帝》共八场，按照时间顺序突出表现了武则天在感业寺为尼、斗争王皇后、处置上官仪、废除唐中宗、击败徐敬业，最后立庐陵王为太子等重大历史事件。中国戏剧家协会与北京市文联于1959年10月16日联合举行了《则天皇帝》座谈会。吴晗、尚钺、翦伯赞、吕振羽在座谈会上的发言都高度肯定为武则天翻案。尚钺认为，历史上有很多杰出人物，因为其先进思想和措施与保守势力相抵触，故而长期被污蔑，应该翻案，"问题在于怎样翻"，"《则天皇帝》这个剧已经有了很好的基础。因此，我希望，戏剧界的同志们在党的领导下，就武则天的问题来打一个漂亮胜仗"①。郭沫若的《武则天》就是在"漂亮胜仗"的召唤下产生的。

郭沫若擅长研究历史人物，也擅长创作历史剧，史学界和戏剧界对武则天的强烈兴趣触动了他。

在评价历史人物上，郭沫若有着长期的研究和独特的观点。他之所以选择屈原等人为研究对象，"主要是凭自己的好恶，更简单地说，主要是凭自己的好。因为出于恶，而加以研究的人物，在我的工作里面究竟比较少。我的好恶的标准是什么呢？一句话归宗：人民本位！""我就是在这人民本位的标准下边从事研究，也从事创作。"②和"人民本位"相对的是"帝王本位"。"人民本位。为最大多数谋最大的幸福。它的反面是一切变相的帝王本位，牺牲大多数人的幸福以谋少数人的安全。前者是扶植主人，后者是训练奴隶。"③ 他回顾抗日战争八年的历史剧时谈到了"历史真实"："从前对于历史上人物与事实底叙述和批评，一向是专站一定底立场，即站在帝王底立场来叙述批评的，是从王朝底利益统治者底利益出发的，是以帝王底利益为本位的。今天应以人民为本位，老百姓做主人，对于过去历史的看法，也跟着起了变化。因为我们是站在老百姓的立场看历史，从前被否定的，现在认为对；从前认为对的，现在则被否定了。历史从前是在统治阶级底手里，是被歪曲的，现在要纠正它。这种翻案，是要求历史底真实。"④

在充分汲取史学界、戏剧界有关武则天的研究成果和创作经验的基础上，郭沫若本着自己一贯研究和书写历史人物的角度，在国庆十周年庆典的祥和氛围中，将《武则天》主题设置为歌颂"人民本位"的代表者武则天，将戏剧矛盾设定为武则天和破坏和平的"帝王本位"代表者裴炎之间的冲突。

《武则天》导演焦菊隐认为，《武则天》中"每个人物都必须把自己的政治见解说出来，而政治见解是作家不能通过行为的刻画或内心的描写来表现的，只有使人物从自己的口中说出来"。如果"把《武则天》的议论性的台词删掉，人物立刻就失去

① 《历史的真实与艺术的真实》，《戏剧报》1959年第20、21期。
② 郭沫若：《历史人物》，海燕书店1947年版，"序"第1页。
③ 郭沫若：《答教育三问》，《新华日报》1946年6月25日。
④ 郭沫若：《抗战八年的历史剧》，《新华日报》1946年5月22日。

了他们自己的思想，而剧本也立刻变成了‘公案戏’。”[①] 讨论《武则天》中“人民本位”和“帝王本位”的冲突，主要看“议论性的台词”。

武则天在宣判裴炎等人罪状后对着洛阳群众和文武大臣及外邦使节说：“我辅佐先帝二十多年，我只知道爱天下的百姓，毫不顾恤自己的身子。天下的众百姓要安居乐业，不愿天下分崩、自相残杀；也不愿边疆多事，烽火连天。二十多年来我励精图治，劝课农桑，选拔贤良，和协万邦，丝毫也不敢苟且偷安。但是大臣将相们却每每人怀异心，甚至妄干天位，不知体恤百姓，唯恐天下不乱。裴炎、徐敬业、程务挺就是这种狂妄的人。尽管他们的地位多么高、门第多么豪、本领多么强、智谋多么巧，然而不爱百姓的人，决不会受到百姓的爱戴。”[②] 正因为武则天代表了“人民本位”，时刻关注哀告无门的民众，感化了赵道生、上官婉儿、郑十三娘与骆宾王，并依靠他们的力量最终彻底战胜了阴谋篡位的裴炎等人。

武则天属于帝王将相，郭沫若却以武则天代表人民利益，这和以出身论阶级成分的主流学界不一致，不仅翦伯赞、李伯钊等人在给郭沫若的反馈意见中提出了批评，这也成为很多学者否定《武则天》的主要根据。

翦伯赞在读完《武则天》清样稿后给郭沫若写信：“武则天压服了唐朝的贵族地主阶级，把唐朝的政权放在更广阔的中小地主的基础上，这对于当时的人民是有利的。但是无论如何，武则天的活动是要受到她的阶级性的限制的，您虽然注意了这一点，但在我看来，您给与这位女皇的人民性还是多了一些。”[③] 李伯钊在读完《武则天》清样稿后也提醒郭沫若注意：“我以为武则天当时之所以能够站住脚，群众爱戴她，相信她必定是个具有若干民主思想的帝王。不过最好不要给人一种错觉，好像武则天是人民的皇帝。”[④] 历史学家李诞在中国作家协会云南省分会举行的《武则天》座谈会上也认为：“她维护的主要是武家为核心的统治阶级的利益，不能把她过分夸大。我对郭老的翻案，大部分赞成，但把武则天写成古今完人，写成人民的皇帝却不敢同意。当时的人民应当是农民、手工业者，而不是地主。”[⑤] 史学家吴泽在写于1960年5月的论文中也说：“我们在肯定武则天的历史作用、从而给武则天以肯定的评价时，必须进行阶级分析，揭示其封建地主阶级食残成性的阶级实质。如果把历史观点和阶级观点割裂开来，不确切的美化武则天，是不妥当的。”[⑥] 这明显是针对郭

---

① 焦菊隐：《〈武则天〉导演杂记》，《文艺报》1962年第8、9期。

② 郭沫若：《武则天》，《人民文学》1960年第5期。

③ 《翦伯赞致郭沫若（1960年4月14日）》，转引自李斌《〈武则天〉的创作与修改过程》，《郭沫若研究》2020年第1辑。

④ 《李伯钊致郭沫若（1960年3月6日）》，转引自李斌《〈武则天〉的创作与修改过程》，《郭沫若研究》2020年第1辑。

⑤ 本刊记者：《关于剧本〈武则天〉的争议》，《边疆文艺》1961年第4、5期。

⑥ 吴泽：《论唐代前期统治阶级内部斗争与阶级斗争——再论武则天的历史作用问题》，《新建设》1962年第1期。

沫若的《武则天》。也有观众在看完根据《武则天》改编的淮剧演出后说："啊呀！武则天倒和共产党的干部一样了！"① 这都是对《武则天》主题的质疑。

对于这些否定武则天具有"人民性"的意见，郭沫若答复说："武后是封建王朝的皇后，而且还做过皇帝，要说她完全站在人民的立场，当然是不合理的。但她是出身寒微的一位女性，这就足以使她能够比较体念民间的疾苦，同情人民。她同情人民，故人民也同情她。有唐一代对于她的评价尽管有人也有些微辞，但基本上是肯定她的业绩的。"② 可见他对翦伯赞等人的批评有妥协，也有坚持。但总体来说，从初稿直到初版本，"人民本位"和"帝王本位"这一核心冲突没有改变。武则天在全剧结束时向群臣演讲的那段"天下的众百姓要安居乐业"的话，虽然字句有改动，但大意一直保留了下来。此外，武则天的台词在定稿第一幕中有："我随时都在鞭策着自己。为了天下的长治久安，我不能有一刻的偷闲。我要为天下的百姓做点事，我要使有才能的人都能够为天下的老百姓做点事。""要使天下的人都安居乐业，过太平的日子，这是我日日夜夜想办到的事。"③ 在定稿第三幕中有："为了天下人都能够安居乐业，我不敢有一日的偷闲。""我不能不替老百姓做点事。"④ 这些都是为了突出武则天的"人民性"。

后来否定《武则天》的学者，坚持认为《武则天》"人民本位"的主题违背了"历史真实"。如："历史上的武则天，既然是李唐王朝的天后，武周王朝的神圣皇帝，她就不可能同时是一个日日夜夜为老百姓着想的人"，故其基本精神"不符合于历史的本质的真实"⑤；"为了翻案，不惜以今天无产阶级领袖的标准去装扮封建帝王，把她和人民画等号，掩盖当时人民的苦难去粉饰太平，以迎合今人的好恶"，"是不符合历史真实和历史本质真实的绝对化的翻非为是的主观臆造的赝品"⑥；武则天"作为一个最高统治者，她首先要维护的是封建社会的总体秩序"，所以这"是一部失败之作"⑦。其实这些都不是评价剧本，而是评价历史人物，他们主要以武则天的阶级身份而非具体表现否定郭沫若在历史剧中关于武则天形象的塑造。这样的观点长期存在于《武则天》的研究中。

---

① 白坚：《评历史剧〈武则天〉——兼谈为武则天翻案问题》，《陕西师范大学学报》1983 年第 3 期。

② 郭沫若：《武则天》，中国戏剧出版社 1962 年版，第 115 页。

③ 郭沫若：《武则天》，中国戏剧出版社 1962 年版，第 23 页。

④ 郭沫若：《武则天》，中国戏剧出版社 1962 年版，第 81 页。

⑤ 白坚：《评历史剧〈武则天〉——兼谈为武则天翻案问题》，《陕西师范大学学报》1983 年第 3 期。

⑥ 曾立平：《评历史剧创作中的反历史主义倾向》，《戏剧艺术》1981 年第 1 期。

⑦ 谭霈生：《关于〈武则天〉》，《郭沫若研究文献汇要（1920—2008）》第 7 卷，上海书店 2012 年版，第 575、572 页。

二

在 1960 年 2 月之前的稿本中，武则天的形象还不够丰满。周扬致信郭沫若说："对于武则天，加以肯定颂扬，大多数观众是会接受的，只是剧中表现她的革新政治的措施仍嫌少一点。"[①] 这暗合郭沫若的思考。郭沫若在 1960 年 2 月对《武则天》进行了一次较大修改，通过新增台词突出了武则天"革新政治的措施"：一是施行均田制，二是广开言路。这些修改保留在《人民文学》1960 年 5 月号的初刊本中。

第一幕增加裴炎关于武则天保护均田制的如下台词：

> 她死死地保护着均田制，就说不上有太宗皇帝的风格。开国初年，由于地广人稀，施行了权宜的均田制。男子十八岁以上给田一百亩，十分之二为永业田，十分之八为口分田。老病残废者给田四十亩，寡妻妾给田三十亩；老病残废及寡妻妾而当家作主者，加田二十亩，五分之二为永业田，五分之三为口分田。永业田，身死可以传授后人，口分田由官家收回转给别人。在太宗皇帝时，永业田可以自由买卖，甚至口分田得到允许也可以买卖。近年来武后却违反太宗皇帝的遗规，连永业田的买卖都加以禁止，认为是"杜绝豪强兼并的途径"。其实人的勤惰贤愚不等，才能有高有低，平均划一是不合理的。[②]

第二幕第二场增加了骞味道和武则天、唐高宗关于"建言十二策"的讨论，首先就提到了保护均田制，武则天说：

> 劝课农桑说得太笼统，应该改为保护均田，严禁永业田和口分田的买卖。朝廷早就在这样做了。田亩的买卖如果不禁止，会逐渐集中到豪强兼并之徒的手里。因此，贫者愈贫，富者愈富，豪强兼并之徒还会凌驾朝廷而上，均田制也就会破坏了。[③]

关于武则天"广开言路"的措施主要通过增加骆宾王、上官婉儿、骞味道等人的对白表达出来。第一幕新增骆宾王的台词：

> 当今天下，告密之风盛行，无论是耕田的人、打柴的人，都可以到京城来告

---

① 《周扬致郭沫若（1960 年 3 月 15 日）》，转引自李斌《〈武则天〉的创作与修改过程》，《郭沫若研究》2020 年第 1 辑。

② 郭沫若：《武则天》，《人民文学》1960 年第 5 期，第 83 页。

③ 郭沫若：《武则天》，《人民文学》1960 年第 5 期，第 99 页。

密，沿途受五品官的待遇，谁也不敢阻拦。告密核实，封官赐禄；告密失实，并不反坐。这就是她所说的“广开言路”，真是亘古未有的奇事呵！①

第二幕第一场新增上官婉儿的台词：

天下的老百姓，无论是耕田的农夫或者砍柴的樵夫，有话都可以到京城里来说，沿途受到五品官的待遇，谁也不准阻拦。在以前的朝代曾经有过这样的事吗？任何人都可以推荐人才，自己也可以推荐自己，不分门第，不问资历，只要有才干的人就超级录用，像我自己就是一个很好的例子，在以前的朝代曾经有过这样的事吗？②

在第二幕第二场中新增的“建言十二策”的讨论中，武则天对骞味道说：

这第七件不好。既然要广开言路，又要杜绝谗口，那么谁还敢说话呢？我看应该重申一遍，天下的人都可以到京城来告密，沿途受五品官的待遇，不许阻拦。告密核实者受上赏，不实者无罪。③

值得注意的是，郭沫若在1960年2月增添上去的这些台词，却在1960年10月的修改中删除了，直到初版本（中国戏剧出版社1962年版）也没有加上。郭沫若在10月31日给周扬的信中说：“我根据座谈会上的意见，把话剧《武则天》又改了一遍。主要把谈到均田制和强调人民性的地方尽量删去了。”④ 他又于11月12日给侯外庐写信：“剧本在删改小节修改中，我也修改过一遍，主要是把关于均田制及强调人民性的地方删削了。”⑤ 所谓“座谈会上的意见”，笔者没有查找到。但在强调“历史真实”的批评界看来，这两处的“历史真实”都值得推敲。

郭沫若关于唐代“均田制”的文字来源于《旧唐书》《新唐书》《唐会要》《通典》等史书。唐高祖武德年间，颁布条文，施行均田制。唐高宗永徽年间曾下令“禁买卖世业、口分田”⑥。但这些政策仅仅是一纸条文呢，还是真正施行过？邓广铭和韩国磐在《历史研究》上有过争论。邓广铭认为唐代的均田制有名无实⑦，韩国磐

① 郭沫若：《武则天》，《人民文学》1960年第5期，第83页。

② 郭沫若：《武则天》，《人民文学》1960年第5期，第92页。

③ 郭沫若：《武则天》，《人民文学》1960年第5期，第99页。

④ 郭沫若：《致周扬（1960年10月31日）》，《郭沫若研究》2019年第1辑。

⑤ 郭沫若：《致侯外庐函（1960年11月12日）》，《郭沫若书信集》下，中国社会科学出版社1992年版，第325页。

⑥ 欧阳修、宋祁等：《新唐书》第5册，中华书局1975年版，第1345页。

⑦ 邓广铭：《唐代租庸调法研究》，《历史研究》1954年第4期。

根据敦煌文书，认为唐代均田制虽然“实施得很不彻底”，但“确实施行过”①。均田制究竟是对农民有利呢，还是逐渐“成为生产发展的障碍”②？这在学术界也有争论。就在郭沫若修改《武则天》期间，历史学家唐长孺根据敦煌文书撰文指出，武则天统治末期存在相当数量的浮逃户③，这可能说明武则天统治时期土地兼并严重，均田制并没有得到很好的维护，也可能说明建立在均田制基础上的租庸调给农民造成了极大的负担，造成大量农夫逃亡。故而，《武则天》中有关均田制的台词，受到持“历史真实”标准的批评家的质疑。

关于“广开言路”，《资治通鉴》在垂拱二年（686 年）条下记载：“太后自徐敬业之反，疑天下人多图己，又自以久专国事，且内行不正，知宗室大臣怨望，心不服，欲大诛杀以威之。乃盛开告密之门，有告密者，臣下不得闻，皆给驿马，供五品食，使诣行在。虽农夫樵人，皆得召见，廪于客馆，所言或称旨，则不次除官，无实者不问。于是四方告密者蜂起，人皆重足屏息。”④《武则天》初刊本中关于“广开言路”的议论显然来自这段材料，却与这段材料有两处出入。第一，《武则天》初刊本中讨论这件事的时间在调露元年（679 年）和永隆元年（680 年），即徐敬业造反之前，而这项政策的颁布是在 686 年徐敬业兵败之后，也就是说，680 年前后还没有这样的政策。对于颠倒历史顺序，批评界有共识，认为这违背了“历史真实”。郭沫若亲自参与改编的豫剧《武则天》就受到类似的批评：“在豫剧《武则天》里，作者叫武则天唱出‘天生我材必有用’这句李白的著名诗句，就不如另选同义而异词的词汇更妥当一些。（按：武则天于 705 年逊位，李白生于 701 年，他的诗作《将进酒》当然不会成于四岁以前。）”⑤ 第二，《资治通鉴》认为这项政策“盛开告密之门”，索元礼、来俊臣等酷吏由此登上政治舞台，正史对武则天的恶评，重用酷吏是重要原因。范文澜《中国通史简编》也以此为贬斥武则天的主要依据。《武则天》初刊本将其作为开明政策看待，这跟很多人的史识就大相径庭了。

当郭沫若告诉侯外庐他删削了“均田制及强调人民性的地方”时，侯外庐明确表达了他的担忧，“如果把强调人民性处尽删，则须代之以开明性，否则主题无法显出”⑥。郭沫若虽然没有“把强调人民性处”尽删，但删除他一度增补的武则天“政治革新措施”的台词，对于剧本的主题表达和武则天形象的丰满造成了一定的损伤，因为它们主要是通过这些政论性台词来表现的。

---

① 韩国磐：《唐代的均田制与租庸调——对邓广铭同志的〈唐代租庸调法的研究〉一文的商榷》，《历史研究》1955 年第 5 期。

② 刘凌：《论武则天》，《山东大学学生科学论文集刊（文科）》1956 年第 1 期。

③ 唐长孺：《关于武则天统治末年的浮逃户》，《历史研究》1961 年第 6 期。

④ 司马光等：《资治通鉴》第 14 册，中华书局 1956 年版，第 6438—6439、6426 页。

⑤ 李大珂：《避免时代的颠倒》，《戏剧报》1960 年第 19—20 期。

⑥《侯外庐致郭沫若函（1960 年 11 月 14 日）》，转引自李斌《〈武则天〉的创作与修改过程》，《郭沫若研究》2020 年第 1 辑。

三

在越剧《则天皇帝》座谈会上，吴晗认为："作为历史人物，武则天是很难写的。如把她五十年的事迹当编年史来写，那么戏太长了，也平了、瘟了。应该抓住重要事件来写，但重要事件未必都可以入戏。这种剪裁需要历史知识，更需要艺术手腕。"而《则天皇帝》"从艺术上说，有矛盾，但没有高潮，时间拉长了，戏太平"①。武则天执政五十年，在不同的阶段，她的对手在不断变化，从王皇后、褚遂良、长孙无忌、上官仪到裴炎、徐敬业、张柬之，等等。她跟这些人的斗争性质也是不同的。《则天皇帝》八场，每场除武则天外，大臣和近侍几乎都要换一批，既要争女权，也有打击贵族世家，这不符合有关矛盾集中和人物统一的现代戏剧规范。

早在创作《屈原》时，郭沫若就接受了西方戏剧的"三一律"，力争时间、地点、人物的统一。郭沫若认为宋之的的《武则天》和越剧《则天皇帝》"都从武后在感业寺为尼时写起，一直写到晚年。这种传记式的写法是难于写好的"②。他习惯的"戏剧式的写法"注重全剧矛盾的集中统一，这在《武则天》中得到了体现。

《武则天》初刊本为五幕。前两幕分别设置在679年和680年。裴炎、骆宾王、上官婉儿和章怀太子李贤密谋造反。明崇俨给章怀太子相面，说他活不过三十岁。武则天结识上官婉儿，将她和她的母亲郑十三娘带到身边。章怀太子派赵道生用毒箭杀死明崇俨。武则天派裴炎等人审出章怀太子暗藏武器，流放章怀太子，让赵道生去寺庙剃度修行。后三幕以裴炎和徐敬业的谋反为中心。武则天感化了赵道生和上官婉儿。裴炎和骆宾王在上官婉儿宅邸密谋造反，谈到"片火绯衣"的童谣。郑十三娘这才知道裴炎只是为了自己坐江山，而非效忠李唐，"我一直认为裴炎是大唐的忠臣，他不满天后是为了效忠大唐。我今天才知道，他完全是一个伪君子。他是王莽，他是司马昭，他是宇文化及！他想自己坐江山，不管老百姓的死活。我糊涂了一辈子，今天才看穿了他的真容"③。她决定支持同在偷听的赵道生揭发此事。裴炎担心事泄，将骆宾王打入天牢。武则天派李孝逸领兵镇压了徐敬业。徐敬业用以招揽人心的伪章怀太子江七被捉到京城，武则天令他扮成章怀太子的鬼魂，吓唬裴炎招供出是他杀死了章怀太子，裴炎向一旁的上官婉儿解释了"青鹅"的意思。上官婉儿、赵道生在天牢说动骆宾王。武则天以江七、骆宾王、上官婉儿等为证人，在群臣面前说明真相，判处裴炎死刑。

郭沫若"主要根据"张鷟《朝野佥载》这一"稗官野史""组织了我的话剧剧

---

① 《历史的真实与艺术的真实》，《戏剧报》1959年第20、21期。

② 郭沫若：《武则天》，中国戏剧出版社1962年版，第115页。

③ 郭沫若：《武则天》，《人民文学》1960年第5期，第109页。

本《武则天》"[①]。据《朝野佥载》，徐敬业欲反，令骆宾王联络裴炎。骆宾王教裴炎庄上小孩儿唱童谣："一片火，两片火，绯衣小儿当殿坐。"裴炎召见骆宾王，骆宾王指司马懿的图像，"说自古大臣执政，多移社稷"，又说"片火绯衣"童谣指的正是裴炎要坐龙位。裴炎大喜，给徐敬业捎去"青鹅"二字，意即他于十二月作为内应在京城起事。武则天破解"青鹅"，诛杀裴炎。

《旧唐书》没有裴炎谋反的记载。编者知道这种传言，但不相信："或构言务挺与裴炎、徐敬业皆潜相应接。"[②] 所谓"构言"，即不符合事实、别有用心捏造的传言。《新唐书·裴炎传》载："炎谋乘太后出游龙门，以兵执之，还政天子。会久雨，太后不出而止。"[③] 《资治通鉴》认为《新唐书》记载不确，并批驳《朝野佥载》："此皆当时构陷炎者所言耳，非其实也。"[④]"构陷"与《旧唐书》中"构言"相似。

吴晗认为《朝野佥载》可信度高，并引用了王夫之的《读通鉴论》："自霍光行非常之事，而司马懿、桓温、谢晦、傅亮、徐羡之托以仇其私。裴炎赞武氏，废中宗，立豫王，亦其故智也。"证明郭沫若的《武则天》是"有出处"[⑤] 的。但吴晗的夫人袁震相信《资治通鉴》，认为裴炎并不是自己要做皇帝，并贬斥《朝野佥载》自相矛盾[⑥]。针对袁震的批评，郭沫若除用《资治通鉴》自相矛盾处及裴炎人品驳斥外[⑦]，还申明了他对"历史真实"的看法："我是比较相信盛唐的稗官野史，而袁震同志则是相信晚出的官书和诏书。"[⑧] 其实袁震的看法代表了史学界的主流观点：裴炎忠于李唐而非欲篡位自立。大多数史学家认可《旧唐书·裴炎传》，将裴炎被杀原因归结为：不同意武则天为武氏先祖立庙；反对诛杀唐宗室；在徐敬业作乱时趁机提出："若太后返政，则此贼不讨而解矣"[⑨]，要求武则天返政于李旦。史学家赵光贤不满于郭沫若"丑化"裴炎，并批评郭沫若信"稗官野史"而非"正史官书"："就唐代正史与野史来说，我以为还是正史官书比较可信。因为这些正史官书是奉诏选写，而且多半有国史、实录、起居注等为依据。反之，私人的稗官野史则多凭个人一时的闻见就随便下笔，做不负责任的记述。所以二者可信的程度一般说是不能相提并论的。"[⑩]

---

① 郭沫若：《关于武则天的两个问题》，《郭沫若全集·历史编》第 3 卷，人民出版社 1984 年版，第 512 页。

② 刘昫等：《旧唐书》第 8 册，中华书局 1975 年版，第 2785 页。

③ 欧阳修、宋祁等：《新唐书》第 14 册，中华书局 1975 年版，第 4248 页。

④ 司马光等：《资治通鉴》第 14 册，中华书局 1956 年版，第 6426 页。

⑤ 吴晗：《谈武则天》，《人民文学》1960 年第 7 期。

⑥ 袁震：《是谁杀死了李贤?》，《光明日报·史学》1962 年 9 月 12 日。

⑦ 郭沫若：《武则天》，中国戏剧出版社 1962 年版，第 145 页。

⑧ 郭沫若：《关于武则天的两个问题》，《郭沫若全集·历史编》第 3 卷，人民出版社 1984 年版，第 513 页。

⑨ 刘昫等：《旧唐书》第 9 册，中华书局 1975 年版，第 2844 页。

⑩ 赵光贤：《裴炎谋反说辨诬》，《北京师范大学学报》1982 年第 4 期。

取材“稗官野史”而非“官书诏书”，实际上是郭沫若历史剧的一贯做法，这也体现在他对骆宾王形象的塑造之中。

郭沫若对骆宾王的《讨武曌檄》非常熟悉，《请看今日之蒋介石》的标题句式就来自《讨武曌檄》中的“请看今日之域中，竟是谁家之天下？”30多年后，他终于将骆宾王写入作品。《武则天》中几次出现《讨武曌檄》。武则天命上官婉儿念这篇檄文，多次赞叹“起得好”“对得巧”“会做文章”“动人感情”。但郭沫若也借武则天的口批评骆宾王：“你们看，他这文章里面，可有一句话说到老百姓上来的吗？古人说‘吊民伐罪’。他们在讨伐我，却不替老百姓说一句话。再说，这样的文章，老百姓能听得懂，看得懂吗？”“裴行俭品评过他们，说‘士先器识而后文艺’。我看，是恰当的。”① 这是借古喻今，表达郭沫若的文艺观念：文学作品得替老百姓说话，说老百姓听得懂的话；在评价作家时，“文艺”是后于“器识”的。这其实也体现了毛泽东《在延安文艺座谈会上的讲话》中的观点：文艺“为人民大众”服务，“以政治标准放在第一位，以艺术标准放在第二位”②。

关于骆宾王的结局，《旧唐书》载他被诛杀了，《新唐书》载他亡命不知所终，《资治通鉴》载他被徐敬业的部将所杀。《唐诗纪事》《太平广记》都有骆宾王大难不死，到灵隐寺做和尚的记载，郭沫若以“此故事大有诗意，故利用之以入本剧”③，在《武则天》中骆宾王被发配至杭州灵隐寺剃度为僧。

郭沫若给骆宾王留一条生路，体现了他对于有缺点，甚至犯过严重错误的知识分子的态度。“我虽然把他写成了反派，但对他依然抱有尊敬和同情。我采用了做和尚的一说，而使他悔过自新。”④ 武则天在发配骆宾王时说：“古人说：天下是‘天下人之天下’。朝廷今后要加倍地尊重农时，务尽地力，奖励耕读，通商惠工，广开言路，重用人才，要使四海如同一家，万邦如同一族。要使普天下的人都能够安居乐业，长享太平，文治光华，昭被九域。你们会做诗文的人，应该好好体贴这些意思！”⑤ 此处也可以看出，郭沫若希望那些在1949年前或在社会主义建设期间犯过错误的知识分子，能够改过自新，歌颂这个服务人民的伟大时代，重新投身建设中来。这同时也是在反右扩大化之后对上的一种委婉讽喻，“以借古喻今的艺术方式，委婉含蓄地提出了另一种建议和诤言”⑥。

① 郭沫若：《武则天》，中国戏剧出版社1962年版，第72页。

② 毛泽东：《在延安文艺座谈会上的讲话》，《毛泽东选集》第3册，人民出版社1991年版，第869页。

③ 郭沫若：《武则天》，中国戏剧出版社1962年版，第146—147页。

④ 郭沫若：《武则天》，中国戏剧出版社1962年版，第122页。

⑤ 郭沫若：《武则天》，中国戏剧出版社1962年版，第106页。

⑥ 吕家乡：《历史剧〈蔡文姬〉和〈武则天〉新解》，《文史哲》1993年第4期。

四

茅盾发表于1961年的文章认为，“让古人说今人的话——今人说惯而古人还不会说的一些俗语、流行语”是历史剧中“必须避免”的“时代错误”，这“好像古代人穿现代服装，极大地减少了历史气氛”[①]。要求历史剧的语言符合“历史真实”，这是当时评论界的共识。周扬在读完清样稿后给郭沫若写信说：“语言的现代化，是难免的，如果用唐代的话来对白，恐怕没有人能听懂了，只是有些表现现代概念的术语或流行语，如‘事后诸葛亮’之类，得以避免为好。”[②] 翦伯赞也提出：“一些现代语如‘重新做人’之类，我以为最好改一下。”[③]

这些只言片语的修改意见不影响全剧的主题和氛围，比较容易办到，但有些意见却让郭沫若为难。1960年10月31日，郭沫若回信周扬：“‘人定胜天’一诗，我把第四句‘时来四海红’改为‘风移四海同’，这样似乎还能合乎唐人的口气。这诗如果全部删掉，我感觉着有困难，因为它差不多是剧本的主题歌；要另外做一首，也很不容易。诗虽然是我拟的，但情调是有所摄取的。”[④] 看来，周扬希望将“人定胜天”这首诗删掉，理由包含这首诗与“唐人的口气”不合，也就是在语言上不符合“历史真实”，郭沫若极力解释这首诗“情调”符合武则天的实际。他为这首诗反复斟酌、费尽思量。

“‘人定胜天’一诗”即《人定胜天乐》，在剧中是回应上官婉儿的《剪彩花》的。上官婉儿是《武则天》中的重要角色，她的祖父上官仪因谋废武后，与其子上官庭芝被杀，上官庭芝的妻子郑十三娘和女儿上官婉儿被发配在洛阳宫中为奴。在《武则天》中，这对母女经历了从仇恨武则天到被武则天感化、死心塌地支持武则天的转变过程。如果说郭沫若在《蔡文姬》中将自己的时代体验移情于蔡文姬，表示“蔡文姬就是我”[⑤]，那在《武则天》中，郭沫若的镜像就是上官婉儿。上官婉儿为武则天分担部分工作，和武则天谈诗论词，并通过诗词唱和表达政见，这容易让人联想到郭沫若的职务，联想到他在酝酿《武则天》期间曾和毛泽东讨论《到韶山》和《登庐山》两首七律以及围绕《孙悟空三打白骨精》和毛泽东的诗词唱和。郭沫若曾

---

① 茅盾：《关于历史和历史剧——从〈卧薪尝胆〉的许多不同剧本谈起》，《茅盾全集》第26卷，人民文学出版社1996年版，第376—377页。

② 《周扬致郭沫若（1960年3月15日）》，转引自李斌《〈武则天〉的创作与修改过程》，《郭沫若研究》2020年第1辑。

③ 《翦伯赞致郭沫若（1960年4月14日）》，转引自李斌《〈武则天〉的创作与修改过程》，《郭沫若研究》2020年第1辑。

④ 郭沫若：《致周扬（1960年10月31日）》，《郭沫若研究》2019年第1辑。

⑤ 郭沫若：《蔡文姬》，文物出版社1959年版，“序”第1页。

将武后和上官婉儿与李白和杜甫相联系①，那她们在剧中的诗作理当光彩照人、好好斟酌。《武则天》中第一幕，武则天在章怀太子处发现上官婉儿的《彩书怨》诗稿，大为惊讶，要求上官婉儿步《彩书怨》的韵以《剪彩花》为题做出一首五律，上官婉儿略一思索就做出来了，武则天大为赞赏，从此把她带到身边，委以重任。《剪彩花》咏道："密叶因裁吐，新花逐剪舒。攀条虽不谬，摘蕊讵知虚。春至由来发，秋还未肯疏。借问桃将李，相乱欲何如?"剧中武则天对于该诗尾联有所怀疑，质问上官婉儿"是不是有意在含沙射影?"②

《武则天》初稿以全体合唱三遍《人定胜天乐》剧终："欲知相乱意，人定胜天工。月照九霄碧，花开四海红。光华月旦旦，瑞气乐彤彤。万古春长在，金轮运不穷。"这是对上官婉儿《剪彩花》中"借问桃将李，相乱欲何如?"的回复。1960 年 1 月 10 日，郭沫若将"欲知相乱意"改为"蜜桃人所种"，将"花开四海红"改为"时来四海红"，将颈联改为"春华月旦旦，秋实乐彤彤"，将"万古春长在"改为"万古生机在"。唱这首诗的由全体舞台人员变为在剧终登场的"男子各执桃花一枝，女子各捧蜜桃一盘"的"男女舞队"。在初刊本中，诗的内容未改，唱者变为"或执桃花一枝，或捧蜜桃一盘"的"女子舞队"。10 月 31 日，郭沫若将颔联中的"时来四海红"改为"风移四海同"，唱者未变。1962 年 6 月 20 日，郭沫若在清样上将剧终演出又做了一遍修改，初版本即用的此处修改。《人定胜天乐》中的"风移四海同"修改为"风移四海红"，"秋实乐彤彤"改为"秋实乐融融"。该诗本由舞女合唱，这次修改为武则天带着上官婉儿念。此次修改至关重要的是对该诗作者的确认，初刊文未定这首诗的作者，舞女合唱容易被人理解为编剧所作，这次修改则明确为武则天在庭审裴炎当天"一直在酝酿着"写出来的。将《人定胜天乐》定位于武则天对上官婉儿《剪彩花》的回复，君臣之间以诗词唱和交流政见，融进郭沫若对 1961 年毛泽东与他就《孙悟空三打白骨精》进行唱和之感念。此处修改也让全剧前后照应、结构更加紧凑。熟悉郭沫若历史剧的张颖认为，此处"一转而为武则天回答上官婉儿的诗'人定胜天'，这里转得自然转得好，使观众跟着演员的情绪落到这首诗上。当然这不一定是'主题诗'，但却让观众在看完戏后留下回味与联想。应该说，这是作家和导演最后精彩之一笔"③。

《武则天》以《人定胜天乐》为全剧高潮，"人定胜天"与其说是历史上武则天的思想，不如说源自由毛泽东在 1958 年所提倡，以此四字为题的铺天盖地的标语和报刊文章所营造的时代氛围。周扬建议删掉这首诗，当是因其不符"历史真实"。但郭沫若非但不删，还让武则天如此解释这首诗："剪彩花固然是人造的，一切人间的

① 《郭沫若同志给翦伯赞同志的信和诗》，《北京大学学报（哲学社会科学版）》1978 年第 3 期。

② 郭沫若：《武则天》，中国戏剧出版社 1962 年版，第 107 页。

③ 张颖：《漫谈话剧〈武则天〉》，《戏剧报》1962 年第 8 期。

文物，哪一样不是和剪彩花一样，都是人造的？即使不是人造的东西，凡是有益于人的，我们能够利用它，培植它、发扬它；反过来，凡是有害于人的，我们能够控制它、改变它、消灭它。这就是人定胜天呵！”[①]“利用它，培植它、发扬它”“控制它、改变它、消灭它”等词语不是唐代的话，而是1958年前后的流行语。这表明郭沫若彻底背离了当时历史剧语言须符合“历史真实”的共识，自然不会得到舆论的广泛认同。

余　论

如何评价武则天这样的帝王将相？其依据何在？这是郭沫若创作《武则天》时面对的首要问题。郭沫若虽然被尊为文坛领袖，但他的看法和主流意见并不相同。历史剧要遵循“历史真实”，郭沫若基本是认同的，但什么是“历史真实”？依据何在？郭沫若有他自己独特的看法：第一，郭沫若按照他多年的历史研究经验和阶级立场，对官方正史有着较多怀疑，故而在评价武则天上宁愿依据“稗官野史”，不依据“官书和诏书”，这和当时大多数人对历史材料的选择并不一致。第二，在评价历史人物上，郭沫若和当时主流做法一致，按照马克思主义的阶级分析方法，站在人民的立场，但他对阶级分析方法的运用却比较灵活，并不完全按照人物的阶级出身判定人物的阶级属性。他认为古代帝王也可以代表人民，而当时的主流学界则认为古代帝王必然是封建统治者的代表。第三，历史剧创作是否可以使用“影射”，采用古今对位法？郭沫若对此是肯定的，他认为“各个时代的历史，总有某种程度的相似”，所以历史剧“影射现代”并不违背历史真实[②]，而茅盾等批评家却不赞成“影射”，“不赞成让勾践的脑子里有我们例如‘群众路线’、‘劳动锻炼’等等观念，不赞成他的嘴巴居然说出我们今天通用的新词汇。”[③]

但是，《武则天》的定本并不完全是郭沫若个人观点的反映。在创作和修改过程中，郭沫若采用了当时通行的类似于集体创作的创作方式，谦虚谨慎，多方征求意见，不断修改。郭沫若征求了数十位文化名人的意见，戏剧界至少召开了三次《武则天》座谈会，还成立了由齐燕铭等五人组成的“删改小组”[④]。为了尊重反馈意见，郭沫若多次对《武则天》做出修改，有些修改让剧本更加完善，有些修改却损害了主题的表达和人物形象的丰满，让本应浑然天成的《武则天》被“历史真实”缠住了部分脚趾。

---

① 郭沫若：《武则天》，中国戏剧出版社1962年版，第20、107页。

② 郭沫若：《抗战八年的历史剧》，《新华日报》1946年5月22日。

③ 茅盾：《关于历史和历史剧——从〈卧薪尝胆〉的许多不同剧本谈起》，《茅盾全集》第26卷，人民文学出版社1996年版，第376—377、368页。

④ 郭沫若：《致周扬（1960年10月31日）》，《郭沫若研究》2019年第1辑。

绝大多数反馈意见都认为历史剧在人物塑造、结构设计、语言运用等方面要保持“历史真实”，但在修改过程中，郭沫若逐渐有意识地和这些观点拉开了距离。他给《武则天》淮剧改编者写信：“专家们的见解自然值得重视。但历史真实与艺术真实有时不能完全同一分寸。例如，关羽涂成红脸，应该没有那样的红色人种。斟酌采取可矣，不一定要全凭人意转移。”① 1961 年 9 月上旬，郭沫若在昆明观看完话剧《武则天》后赋诗：“金轮千载受奇呵，翻案何妨傅粉多?”② 并给夫人于立群写了横幅。于立群将它挂在自己的工作间，这是郭沫若家悬挂的唯一一幅郭沫若本人的书法。“翻案何妨傅粉多”，为了翻案，稍微背离“历史真实”进行粉饰有何不可呢？不久，郭沫若又表示：“写历史剧只要基本上不违背历史事实就行了，其他细节和人物是容许虚构的。历史故事，往往只有一个简单的轮廓，艺术家就应该用想像和其他的方法来把它充实起来。甚至可以允许虚构一些插曲。”③ 无论是“不一定要全凭人意转移”，还是“翻案何妨傅粉多”和“允许虚构”，都体现了郭沫若寻求将历史剧从“历史真实”的束缚中解放出来、追求更大的创作自由的努力。但他这些意见却并没有系统表达出来，而且他本人于此也存在游移模糊之处，且没有完全贯彻到《武则天》的修改中去，所以他对“虚构”的强调也就没有得到当时学界的重视和认可。

（原载《文学评论》2020 年第 6 期）

① 郭沫若：《致裴竹君、周慰祖（1960 年？4 月 20 日）》，《郭沫若书信集》下，中国社会科学出版社 1992 年版，第 324 页。

② 郭沫若：《在昆明看演话剧〈武则天〉》，《郭沫若全集·文学编》第 4 卷，人民文学出版社 1984 年版，第 290 页。

③ 郭沫若：《致石竹（1962 年 4 月 20 日）》，《郭沫若书信集》下，中国社会科学出版社 1992 年版，第 373 页。

论《脱离蒋介石以后》的写作背景、动机与批评策略

邹佳良

投身北伐对郭沫若整个人生历程具有十分重大影响："北伐，开启郭沫若亦文亦武的人生模式。"[①] 因此，北伐前后郭沫若思想转变也成为学界关注的热点，但对其北伐期间个人经历与微妙处境[②]及在此期间创作的两部重要作品《请看今日之蒋介石》和《脱离蒋介石以后》的研究仍显薄弱，[③] 对《脱离蒋介石以后》的研究尤其如此：迄今未有专文对其进行细致研究。就主题而言，《脱离蒋介石以后》毫无疑问延续了《请看今日之蒋介石》的讨蒋主题，仅仅将其放置在反蒋主题下进行释读又有削足适履之感。因而，相对在《请看今日之蒋介石》中揭露蒋介石制造的惨案、毫不掩饰地直呈反蒋的写作目的而言，郭沫若在《脱离蒋介石以后》中表露出的写作动机却扑朔迷离。那么郭沫若写作《脱离蒋介石以后》的意旨何在？这不仅需要在国民革命的视野下重新考察武汉国民政府在"四一二"政变前后的政治军事选择，更要捡拾起一些新中国成立后被郭沫若删改掉的文本碎片，辨别理清文本细节与郭沫若身处的历史场域间的互动关系，即：只有真正回到文本产生的具体时空领域了解文本碎片与历史细节之间的勾连关系，才能了解郭沫若在《脱离蒋介石以后》这篇文章中的写作动机：既有对公开叛变革命的蒋介石的讨伐，又有对武汉国民政府向蒋介石妥协行为的批评，进而相对准确细致地认识郭沫若在诡谲多变的大革命中的微妙处境与个人抉择。

---

① 蔡震：《北伐，开启郭沫若亦文亦武的人生模式》，《郭沫若学刊》2017 年第 2 期。

② 蔡震《在与国共两党的关系中看郭沫若的 1926—1927——兼论与此相关的史料之解读及补充》（《郭沫若学刊》2007 年第 1 期，删改后以《与国共两党关系中的大革命经历》为题收入《郭沫若生平文献史料考辨》，社会科学文献出版社 2014 年版）是少有探讨郭沫若北伐经历的文章。

③ 这方面的文章有：杨淑英：《郭沫若的两篇反蒋檄文》，《文史杂志》1999 年第 5 期；杨希之：《郭沫若反蒋抉择是怎样作出的?》，《郭沫若学刊》1987 年第 1 期；潘治富：《从"吹号"到决裂——郭沫若撰写〈请看今日之蒋介石〉前前后后》，《党史文汇》1994 年第 9 期。这些文章中关于北伐时期的内容，都是根据《请看今日之蒋介石》与《脱离蒋介石以后》相关内容改写而成。

一 “四一二政变”前后的武汉国民政府

1927 年 3 月 10—17 日，徐谦、邓演达、孙科及顾孟余等国民党左派在武汉召开旨在削弱限制蒋介石权力的国民党二届三中全会，将蒋介石煞费苦心才获得的国民党中央军事委员会主席、中央组织部部长、中央党部军人部部长、中央执行委员会常务委员会主席①等职解除，限制了蒋的权力。

但武汉国民政府对蒋介石的态度并不坚决，基本止步于国民党二届三中全会所取得的成果，并无彻底将蒋打倒的打算：国民党二届三中全会后，蒋介石虽从权力巅峰跌落，却仍位列各重要职能部门委员，国民革命军总司令一职更是迟至 4 月 1 日②才被解除，4 月 5 日又被任为“国民革命军第一集团军总司令”。③ 对于武汉国民政府的决定，蒋介石内心并不接受。3 月 18 日，蒋介石看到武汉国民政府的决议案后说：“压迫侮辱至矣”，④ 但其另立中央的准备工作尚未就绪，表面上还是承认武汉国民政府，向武汉国民政府报告行止：22 日，蒋介石致电邓演达报告个人行止和前方军事情况；⑤ 30 日，发电武汉国民政府“请示军事、外交进行方针，而且同时呈报安徽省党务委员名单”；⑥ 4 月 3—5 日，又与刚抵沪的汪精卫进行晤谈，并发表支持汪精卫复职的通电。⑦ 武汉国民政府受蒋释放的烟幕弹误导，未能对其真实意图作出准确判断，仍抱存蒋会听从号令的幻想。蒋介石到上海后，武汉国民政府一方面对蒋介石怀拯救同志的心态，连在“恢复党权运动”中激烈反对蒋介石的鲍罗廷也说：“假如我们不是爱惜蒋同志，就任他在上海，听他将来弄到一个失败的结果给我们看的。现在我们要他离开上海反革命的重心，免他受包围走去反革命”；另一方面，对于蒋介石在上海等地任命要职人员和与各国进行接触的行为也只“饬令遵照，并警告不得违反，否则以反革命论”。⑧ 武汉国民政府试图以惯用的党纪、命令和舆论使蒋介石诚服，但这对手握兵权的蒋介石不仅造不成威胁，还被蒋“哂笑”。⑨ 4 月上旬，获知蒋介石准备在上海清党和在南京另建政治组织后，武汉方面已经完全失去了对蒋介石的控制。相反，蒋介石到下游后不仅干涉武汉对江沪地区的管控，而且加紧了对武汉的经济封锁。

---

① 万仁元、方庆秋主编：《蒋介石年谱初稿》，档案出版社 1992 年版，第 576—607 页。

② 王正华编注：《蒋中正总统档案：事略稿本》第 1 卷，“国史馆”2010 年版，第 170 页。

③ 韩信夫、姜克夫主编：《中华民国大事记》第 2 册，中国文史出版社 1997 年版，第 596 页。

④ 王正华编注：《蒋中正总统档案：事略稿本》第 1 卷，“国史馆”2010 年版，第 130 页。

⑤ 王正华编注：《蒋中正总统档案：事略稿本》第 1 卷，“国史馆”2010 年版，第 133 页。

⑥ 杨天石主编：《中华民国史》第 6 卷（1926—1928），中华书局 2011 年版，第 331 页。

⑦ 韩信夫、姜克夫主编：《中华民国大事记》第 2 册，中国文史出版社 1997 年版，第 596 页。

⑧ 杨天石：《蒋氏秘档与蒋介石真相》，社会科学文献出版社 2002 年版，第 205—215 页。

⑨ 王正华编注：《蒋中正总统档案：事略稿本》第 1 卷，“国史馆”2010 年版，第 371 页。

当然，武汉国民政府对蒋介石也不完全只是“说说而已”，也有过出军讨蒋的打算，但和高调的政治谴责相比，东征进行军事决战就显得畏缩不前。得知蒋有在南京另立中央的打算后，武汉方面于4月7日召开了紧急会议责令军事委员会制订以南京为中心的作战计划的同时，也准备迁都南京以控制长江中下游地区。9日，张发奎的第四军登船准备东征，陈铭枢的第十一军也向安徽挺进。[①] 但武汉国民政府对于东征意见并不统一：第一，担心让第四军挺近南京“和帝国主义太靠近，会引起冲突和干涉”；第二，“当时汪精卫已从国外回到上海”，贸然进军害怕“蒋一定要扣留汪”。[②] 这两条意见获得大多数人的支持。第四军刚登船就得到留船待命的通知，11日又退回原驻地。

“四一二”政变后，武汉国民政府陷入了两面受敌的局面。除面临蒋介石的威胁外，奉军主力4月初已倾巢南下，中旬占领了京汉线的重要城市，并准备兵分三路进逼武汉。武汉在军事方面陷在东征讨蒋与北上讨奉的两难选择中摇摆不定。4月16日，武汉方面已作出“采取占领河南南部、安徽西部等‘防御性军事行动’，使陇海路成为‘保卫革命的第一线’”的北上决定，18日却“突然宣布，决定向东推进，占领南京，首先消灭蒋介石”[③] 后再行讨奉，随后又被邓演达游说改东征为北上。据邓演达回忆“‘往东’——‘打南京’——‘往北’的计划前后变更了四五次”“经过十多天的讨论”。[④] 在此前后，李宗仁派王应榆往武汉转达其“力主双方承认既成事实，大家分道北伐，待会师北京，再开会和平解决党内纠纷”的建议。武汉接受这个建议，宁汉双方分道北伐。[⑤]

客观而言，武汉国民政府在与蒋的对峙中逐渐落于下风，最终形成不可挽回的局面主要是由以行政命令、党纪和舆论代替军事行动的做法造成的。在此过程中，武汉国民政府至少错失了两次成功机会：第一，据苏联在华军事顾问分析，武汉国民政府“在3月23日到4月3日期间，完全可以轻而易举地解除蒋介石的武装”；[⑥] 第二，吴玉章认为“假使第四军按照原定计划调去南京，长江下游左右派力量的对比便会发生重大变化，蒋介石的反革命政变也不会那样顺利”。[⑦] 吴玉章的判断是准确的：蒋介石虽已发动政变，对武汉方面还是持退让态度，在13日的日记中写道：“若汉

---

① 王正华编注：《蒋中正总统档案：事略稿本》第1卷，“国史馆”2010年版，第184页。

② 吴玉章：《吴玉章回忆录》，中国青年出版社1978年版，第143页。

③ 杨天石：《蒋氏秘档与蒋介石真相》，社会科学文献出版社2002年版，第214—221页。

④ 邓演达：《中国革命最近严重局势之由来》，曾宪林、万云主编：《邓演达历史资料》，华中工业大学出版社1988年版，第157—158页。

⑤ 李宗仁：《李宗仁回忆录》（上），华东师范大学出版社1995年版，第344页。

⑥ 中共中央党史研究室第一研究部译：《曼达良、纳索诺夫和阿尔布列赫特关于蒋介石政变的书面报告》，《联共（布）、共产国际与中国国民革命运动（1926—1927）》（上），北京图书馆出版社1998年版，第269页。

⑦ 吴玉章：《吴玉章回忆录》，中国青年出版社1978年版，第144页。

口来逼，则让南京与彼，退守苏沪也。"[①] 但武汉既已错失良机，蒋介石自然不会将南京拱手相让，当然也更不会束手就缚。宁汉分道北伐虽以对付共同敌人达成和解，但将其看作武汉不得已才向蒋做出的妥协又未尝不可。

二 《脱离蒋介石以后》的双重写作动机

从武汉国民政府在"四一二"前后的一系列表现可知，武汉国民政府只是通过政令、党纪等限制蒋介石的权力，并没有将其彻底打倒的打算，对蒋是否采取军事行动一事上更是犹豫不决。在郭沫若看来武汉国民政府这些做法是向以蒋介石为代表的反革命势力妥协的表现。因而，郭沫若在《脱离蒋介石以后》中除延续《请看今日之蒋介石》的反蒋写作目的外，也有对武汉国民政府妥协行为的批评。

郭沫若在《脱离蒋介石以后》中对蒋介石的声讨可以放置进武汉国民政府的反蒋宣传中加以理解。武汉国民政府虽接受李宗仁提出的暂时搁置争议、分道北伐的建议，但并未因此中断反蒋宣传。在此期间，《汉口民国日报》以社论、专论及"打倒蒋介石专号征文"等多种形式进行讨蒋宣传。《中央副刊》则刊登《在倒蒋声中我所认为问题的问题》《亡党运动史之一页》《蒋介石才配正统的军阀》等文，并且连载郭沫若《脱离蒋介石以后》。因此，与《请看今日之蒋介石》一样，已发表的《脱离蒋介石以后》虽是以郭沫若脱离蒋介石前后的亲身经历为基本内容，但它的写作并非单纯的个人行为，应隶属于武汉国民政府此阶段讨蒋政治宣传的言说体系，[②] 延续《请看今日之蒋介石》的反蒋主题以配合此阶段武汉国民政府的政治宣传应当是郭沫若写作《脱离蒋介石以后》的动机之一。《脱离蒋介石以后》在当时影响很大，[③] 周佛海 5 月 18 日逃离武汉后，[④] 为了给自己投靠南京国民政府增加砝码，还以自己离开武汉前的经历为基本内容写了《逃出了赤都武汉》和《脱离蒋介石以后》唱对台戏。

郭沫若写作《脱离蒋介石以后》的另一个动机是对武汉国民政府在"四一二"的妥协行为加以批评。郭沫若对武汉国民政府的妥协行为进行批评是基于以下两方面原因：首先，与武汉国民政府对蒋的妥协态度相比，郭沫若的反蒋决心尤为坚决。3 月 28 日，郭沫若从朱克靖处得到"中央已有坚确的决心一定是要罢免蒋介石"的消息；29 日，在九江"得着一个顶快心的消息，就是听说中央在三月二十三号已经罢

---

① 王正华编注：《蒋中正总统档案：事略稿本》第 1 卷，"国史馆" 2010 年版，第 209 页。

② 参见拙文《论"恢复党权运动"与〈请看今日之蒋介石〉的写作》，《中国现代文学研究丛刊》2018 年第 3 期。

③ 臧克家：《奔向武汉——光明的结穴处》，《新文学史料》1980 年第 2 期。

④ 周佛海：《逃出了赤都武汉》，《黄埔周刊》（广州）1927 年第 8 期。

免了蒋介石的职权";[1] 31 日，郭沫若在朱德家中写了檄文《请看今日之蒋介石》，揭露蒋介石指使制造的多起旨在破坏拥护武汉国民政府的省市党部的惨案，呼吁讨蒋拥护武汉中央。据郭沫若回忆，写完《请看今日之蒋介石》的第二天还写了《敬告革命战线上的武装同志》一文。[2] 尽管后者已佚，从标题可以看出郭沫若已认识到武装反蒋的重要性与必要性。不论是从国民党二届三中全会后蒋介石从权力高峰跌落的事实看，还是从在朱克靖和朱培德处得到的蒋介石已被罢免的并不准确的消息看，郭沫若在此情况下写作讨蒋檄文、呼吁武装反蒋都有号召军民狠打"落水狗"和表明其坚决反蒋态度这两方面的因素。这与武汉国民政府对蒋的犹疑徘徊的态度迥然有别。其次，不应忽视的是武汉国民政府的妥协行为对写完讨蒋檄文《请看今日之蒋介石》的郭沫若产生的影响。郭沫若"发表了绝端反蒋的文章"，武汉国民政府不仅未免蒋，还委蒋为国民革命军第一集团军总司令，这使郭沫若的处境十分尴尬。4 月 3 日，邓演达责备郭沫若滞留江西未及时赶往上海主持"上海方面财政、外交及一切政治工作"的电报更使郭感觉进退维谷。郭沫若将此时的自己比作"火星子"："一个人在团体的活动里面的时候，他可以忘却一切。团体的意志就是他个人的意志，团体就好像一个绝大的洪炉，把一切的个人都融成一片了。但洪炉中突然迸出一个火星子出来的时候，这个火星子的命运是只有感着孤独而且渐就死灭的。孤独就是个人意识的抬头，渐就死灭就是执着个人意识的开始，我当时就好象成了这样的一个火星子。"[3] 或许只有经历过此情此景的人才会对孤寂之感与渐就死灭之心有最为真切的感受。这一非同寻常的感受使郭沫若把"个人意识"与"团体意志"疏离开，不再完全将"团体的意志"作为"个人的意志"，站在团体意志的外围对之进行检视、反思和批判。

以往只注意郭沫若写作《脱离蒋介石以后》的反蒋目的，并称之《请看今日之蒋介石》的姊妹篇，其对武汉国民政府妥协行为进行批评的写作动机却从未述及。究其原因，笔者认为有三点：第一，在宏大的革命叙事及与之相关的《请看今日之蒋介石》所奠定的反蒋基调下，《脱离蒋介石以后》多在这样的思维惯性下被释读，吞噬淹没了个人批评的微弱声音；第二，郭沫若北伐时期的相关史料零散而稀少，学界对北伐时期的郭沫若缺乏细致深入的研究；第三，新中国成立后，郭沫若在编《沫若文集》时将《脱离蒋介石以后》中与武汉国民政府相关的内容大量删去，《沫若文集》又是编定《郭沫若全集》的底本，因而致使读者难窥原文全貌。但郭沫若在《脱离蒋介石以后》中对武汉国民政府的批评对于认识理解北伐时期的郭沫若及其处境非常重要。因为只有认识到这一点，我们才能了解郭沫若所认可的革命和革命

① 郭沫若：《脱离蒋介石以后》（二），《中央副刊》1927 年 5 月 7 日第 44 号。
② 郭沫若：《脱离蒋介石以后》（二），《中央副刊》1927 年 5 月 7 日第 44 号。
③ 郭沫若：《脱离蒋介石以后》（三），《中央副刊》1927 年 5 月 9 日第 46 号。

行为既与蒋介石的背叛行为不同，又与武汉国民政府的妥协行为有异。这些不同使郭沫若在汹涌的革命浪潮中作出自己的选择。但在相关史料稀缺的前提下，想在史实上将这落到实处并非易事，因而有对文本《脱离蒋介石以后》进行分析的必要。

三 《脱离蒋介石以后》的批评策略

在郭沫若众多的自传作品中，《脱离蒋介石以后》并不惹人注目，研究者多征引其中的史实，以史料视之。站在史家立场将其视作史料，从中选取和事实有关的证据无可厚非，但从文史互证切入《脱离蒋介石以后》，分析文本细节表述与历史事实间的关联，探究郭沫若对蒋介石和武汉国民政府进行臧否时所用的批评策略，进而了解其处境与心境，似乎比单纯将该文归入史林要有意味一些。由此将发现：不论是对蒋介石的声讨，还是对武汉国民政府的批评，郭沫若都用了直接声讨和隐微批评这两种批评策略，但所批评的对象不同及郭沫若个人经历、处境原因，具体的表述方式又有所差异。

关于蒋介石屠杀农工背叛革命、勾结军阀帝国主义的事，郭沫若如此写道："明明是屠杀农工，他偏也要打着农工政策的幌子。明明做了帝国主义的走狗，他说不是，我是做的马儿。明明欢迎孙传芳、张宗昌的代表，极力向他们求和，他说不是，是他们来投降我的。""蒋介石的心，蒋介石的肺，的确是人所不能具有的。他的残忍，他的恶毒，不仅是一条狗，简直是一条疯狗了。"郭沫若认为蒋介石背叛革命的结局是："假如不早日自杀，一定有人要来暗杀你的。你就不遭暗杀，一定要和岳思寅、张凤歧一样领受人民的裁判。"① 这类旨在揭穿蒋介石假革命面目与反革命实质的语句与《请看今日之蒋介石》中的讨蒋言辞一脉相承，有陈事实、泻情绪、激众怒的特点。

此外，郭沫若对蒋的批评也采用了春秋笔法，于只言片语间寓贬词，而这些贬讥之词需要联系当时的历史背景才能理解其批评指向。比较有代表性的是文章开头郭沫若写了他在3月22日接到武汉的电报后去见蒋介石的场景：

> 当我还没有把电报拿出来的时候，他先就对我说："听说武汉有电报叫你到上海去啦。"我说："是的。"我便把电报拿给他看。
>
> 他说："这次到上海去，赶快要把总司令行营政治部的招牌打出来了。你是要跟着我同去的，到了南京上海，有多少宣言要仰仗你做。"②

---

① 郭沫若：《脱离蒋介石以后》（七），《中央副刊》1927年5月23日。收入《沫若文集》时，"我是做的马儿""是他们来投降我的"加了引号；删去了"假如不早日自杀……"整段。

② 郭沫若：《脱离蒋介石以后》（一），《中央副刊》1927年5月6日第43号。

首先看“当我还没把电报拿出来的时候，他先就对我说”。郭沫若在这里特地强调蒋介石先于郭拿出电报前就说出了电报内容，所欲传达的意思很明显：蒋对武汉国民政府与政治部的来往函电进行了监视。郭沫若其实是想着重强调蒋介石对各地通信机关的监视与封锁，切断武汉方面与各地各军的联系。3 月 25 日，郭沫若去游说李宗仁反蒋时，李宗仁以没有接到中央命令为托词，郭沫若以“现在中央的命令那里能够来，一切机关都被他封锁了。干了，中央是只有嘉奖你的”怂恿李宗仁。郭沫若写《请看今日之蒋介石》的初衷也是“因为一切的通信机关都被蒋介石封锁了，安庆三二三惨案，连相隔仅仅几点钟水程的九江竟一点风影都不晓得”[①]。可见，郭沫若在文中再三写到蒋介石封锁各地通信其实是想以此突出其早有背叛革命的野心。要明白“总司令行营政治部”的褒贬所在，就得先了解“总政治部”在国民党二届三中全会前后的全称及其隶属关系的变化情况。据 1926 年 8 月 23 日公布的《国民革命军总司令部政治训练部暂行条例》规定：“政治训练部受中央党部之指导并承总司令之命令”“政治训练部主任副主任由总司令提交军事委员会委任之”。[②] 由此可知，二届三中全会前，政治部隶属于国民革命军总司令部，全称当为“国民革命军总司令部政治训练部”，一般称作“总政治部”。由于当时蒋介石大权独揽，总司令实际上对政治部具有人事任免权。3 月 10—17 日国民党二届三中全会在武汉召开，开会首日通过了《中央执行委员会军事委员会组织大纲》，决定组织成立军事委员会，下设总政治部、参谋处、海军处等单位，15 日通过的《军事委员会总政治部组织大纲》规定总政治部人事任免权归中央执行委员会。[③] 结合蒋委郭为总司令行营政治部主任的时间是 3 月 14 日却有意将委任状时间写成 3 月 1 日、蒋在政治部名称上踌躇这两个细节[④]可以知道，蒋口中的“总司令行营政治部”应该是蒋打算为自己统领的部队设立的机构名称，意味着蒋此时已有背叛中央、另立组织的打算。由此可见，此处的“总司令行营政治部”是郭沫若因时因地而做的政治修辞，当时的人读到此处自会明白其意旨所向。

郭沫若在文中也对当时“弃甲曳兵而走的从反革命的势力之下逃回来”“象凯旋将军一样，成了骄兵悍将”的人进行了批评。但郭沫若批评[⑤]的对象不仅仅是“凯旋将军”们，还对武汉国民政府向蒋介石的妥协行为进行了批评。以在朱德家中写讨蒋檄文为界，郭沫若很明显将《脱离蒋介石以后》分成前后两部分：前部分写他脱离蒋介石及其爪牙的曲折经历，后部分写他得知武汉国民政府并未免蒋而是向其妥协

① 郭沫若：《脱离蒋介石以后》（二），《中央副刊》1927 年 5 月 7 日第 44 号。

② 王尹孚编：《国民政府颁行法令大全》（下），上海法学编译社 1928 年版，第 153 页。

③ 荣孟源主编：《中国国民党历次代表大会及中央全会资料》（上），光明日报出版社 1985 年版，第 321—325 页。

④ 郭沫若：《脱离蒋介石以后》（一），《中央副刊》1927 年 5 月 6 日第 43 号。

⑤ 郭沫若：《脱离蒋介石以后》（六），《中央副刊》1927 年 5 月 17 日第 54 号。

后的尴尬处境和经历，对武汉国民政府的批评主要集中在后一部分。首先，郭沫若毫不避讳地将武汉国民政府对蒋的态度定性为“妥协”：“中央那时并没有免蒋介石的职”“所采取的策略依然是和他妥协的”，郭沫若对此失望到了极点。他认为蒋介石和初到上海的汪精卫会谈的目的是“缓和反蒋的空气，而且分散反蒋的战线”，并“不客气地说”汪精卫和蒋会谈“实在不免太迂阔”。[①] 其次，郭沫若对武汉国民政府的妥协行为进行了讽刺。4月5日，先行到上海的李一氓根据郭沫若指示召开各级政治工作人员联席会议，[②]“通电拥护中央，写信质问老蒋，并群往总司令部请愿，促老蒋表明态度。被老蒋痛骂一场”[③]。蒋介石后以“总政治部本属于总司令部，惟该部到沪多日，并未向总司令部报到，擅自在外发表言论，认为反革命分子”将其查封。[④] 郭沫若得知此消息后，“心中却也暗暗欢喜，因为老蒋这样一表示，更足以促进我们中央的决心，因为我们中央的各领袖正在揖让立于朝与虎豹讲东方文化啦。请看罢，请看我们中国的这位麦索里尼！你看是可以和他讲礼，还是不可以和他讲礼的?”[⑤]“揖让立于朝”典出《论语·公冶长篇》：“束带立于朝，可使与宾客言也”，[⑥] 以“揖让”代“束带”更显恭顺谦让，并用“正在”表示状态。与陈寅恪所说的“用古典以述今情，古事今情”“融会异同，混合古今，别造一同异俱冥，今古合流之幻觉”[⑦] 相比，郭沫若此处用典虽略显蹩脚，但对武汉国民政府“礼”而不“兵”行为的讽刺还是十分到位的。最后，郭沫若还在个人的尴尬处境中表达对武汉国民政府妥协行为的不满。在书写个人经历时，郭沫若将个人处境放置在革命、武汉国民政府和蒋介石三个要素之中进行叙述。基本的表意逻辑是个人反蒋坚持革命，武汉国民政府却向以蒋为首反革命势力妥协，个人的尴尬处境在坚持革命与向反革命妥协的矛盾之处产生。在此逻辑下可以清楚地看清郭沫若个人对革命的认识、对自身革命行为的肯定及对向反革命势力妥协行为的臧否。郭沫若具体的批评策略却是以自己未完全理解中央意图擅自发表反蒋文章为由将自己坚持革命的行为定义为“反革命”：“我没有了解中央的意志便擅自发表了绝端反蒋的文章，中央并没有免蒋职，而我已宣称免蒋，这从党的纪律上来说，要我自己才真正成了反革命了。”初看，郭沫若确实是将自己反蒋行为定性为“反革命”，但细究之则发现此处是以国民党“党纪”为判定准绳，而不是以革命与否为评价标准，而且此处很明显是用的反语。从革命角度看，郭沫若认为自己非但不是“反革命”，反而是在坚持革命：“中央既已和蒋妥协，我

① 郭沫若：《脱离蒋介石以后》（三），《中央副刊》1927年5月9日第46号。收入《沫若文集》时，删去了关于汪精卫的整段内容。

② 李一氓：《模糊的荧屏》，人民出版社1992年版，第77页。

③ 郭沫若：《脱离蒋介石以后》（六），《中央副刊》1927年5月17日第54号。

④ 《总政治部昨日被封》，《申报》1927年4月7日。

⑤ 郭沫若：《脱离蒋介石以后》（四），《中央副刊》1927年5月11日第48号。

⑥ 杨伯峻译注：《论语译注》，中华书局2006年版，第49页。

⑦ 陈寅恪：《读哀江南赋》，《金明馆丛稿初编》，生活·读书·新知三联书店2001年版，第234页。

自己在党里的生命，无论如何是断送了的”，“但我要反抗到底，革命的职业可以罢免，革命的精神是不能罢免的”①。

与对蒋介石的声讨相比，郭沫若对武汉国民政府的批评存在以下特点：从篇幅看，声讨蒋介石的篇幅多而集中，批评武汉国民政府的篇幅则小而零散。从表意清晰度看，对蒋介石的声讨批评清晰明了，直接揭露蒋介石反革命面目的语句重章叠句、言辞激烈，隐微批评处又加以补充说明，生怕当时读者不明其弦外之音；对武汉国民政府的批评相对就要隐晦得多，指责武汉国民政府和汪精卫时只是点到为止，隐微批评处不仅用典故对所表之意进行“加密”处理，还将个人经历糅杂其间“混淆视听”。郭沫若在批评策略上作如此处理也是有因可循的：一方面，郭沫若写作《脱离蒋介石以后》的首要目的是反蒋以配合武汉国民政府的政治宣传，此时正值二期北伐、武汉国民政府表面上也尚有坚定的反蒋决心，不宜对其妥协行为作过多的负面批评；另一方面，写完《请看今日之蒋介石》后，郭沫若有过一段“正不敌邪”导致“私人的破产”的悲剧体验，② 虽然这只是一出有惊无险的滑稽剧，却使郭沫若想创作小说《未完成的悲剧》③ 来纪念这段非同寻常的经历。有此前车之鉴，郭沫若以相对委婉的方式对武汉国民政府的妥协行为进行批评也应是无奈之举。

也许是《请看今日之蒋介石》的影响太大的原因，《脱离蒋介石以后》复杂的写作动机和批评策略才被人忽视。在以上论述中，笔者试图将文本放回文本生成前后的历史语境，细致辨别文本细节和历史事实间的关系，在文史互动的基础上理解郭沫若的写作动机与策略。当然，任何一种对文本进行历史化的释读的尝试都有可能是片面的，“并非体现过去的全部真相，而只体现对事实有足够根据的一组有限的陈述”和“某一特定问题或某一组特定问题作出的回答”。④ 通过对《脱离蒋介石以后》的解读，我们不仅能够理解在国民革命行将失败之时郭沫若声明要续写《脱离蒋介石以后》的原因，⑤ 更能够相对清楚地看到这篇讨蒋与批汉的文章背后所隐匿的郭沫若对革命的认识与理解。这影响着郭沫若对诡谲多变的革命风云作出自己的判断与选择，尽管这种认识与理解在文章中表现得并不十分清晰具体，有时甚至只是暧昧不明的情绪的流露！

（原载《现代中文学刊》2020 年第 1 期）

---

① 郭沫若：《脱离蒋介石以后》（三），《中央副刊》1927 年 5 月 9 日第 46 号。收入《沫若文集》时，以上引文除“但我要反抗到底……”相关内容外，其余两处全被删去。

② 郭沫若：《脱离蒋介石以后》（三），《中央副刊》1927 年 5 月 9 日第 46 号。

③ 郭沫若：《脱离蒋介石以后》（六），《中央副刊》1927 年 5 月 17 日第 54 号。

④ ［美］柯文：《在中国发现历史——中国中心观在美国的兴起》，林同奇译，中华书局 2002 年版，第 212 页。

⑤ 参见邹佳良《北伐时期郭沫若给孙伏园的一封信》，《新文学史料》2018 年第 3 期。

性别意识与审美重构

——以郭沫若译《鲁拜集》为中心的考察

戚立强

《鲁拜集》的日文译者小泉八云谈到 Omar Khayyám（郭沫若译为莪默伽亚谟）时说："奥玛一直受到宫廷的眷爱，始终住在他的小房子里写着关于人生、爱情、酒和玫瑰的诗歌。"[①] 鹤西翻译的《鲁拜集》中有这样两个诗句："让我的手总不和酒杯分开，/我的心总倾注着对一位美丽女郎的爱！"[②] 酒与美女，一起为读者勾勒出了《鲁拜集》最为亮丽的风景。《鲁拜集》中与酒有关的字眼比比皆是，美女也经常出现。法国的爱德蒙·杜拉克（Edmund Dulac）、英国的罗纳德·爱德蒙·鲍尔弗（Ronald Edmund Balfour）、美国的爱德华·沙利文（Edward J. Sullivan）等为《鲁拜集》绘制的插图中，美女与酒杯（坛）都是被特别凸显的对象，就画面布局及比例而言，美女似乎更为引人注目。英译者菲茨杰拉德说："酒和美女是用以彰显他们所赞美之神的意象，而不是遮掩这些的面具。"（Using Wine and Beauty indeed as Images to illustrate, not as a Mask to hide, the Divinity they were celebrating.）[③] 菲茨杰拉德指出了波斯语诗篇中酒和美人这两大意象之于神的关系，但是他的英译本却被人视为将这些意象世俗化了。神圣化还是世俗化，不同的译者各有其理解和选择，这也就使《鲁拜集》的翻译呈现出迥然相异的审美风貌。

就《鲁拜集》中酒与美女这两个重要意象的翻译处理而言，郭沫若在众多汉译者中别具匠心。推崇菲茨杰拉德英文译本《鲁拜集》的郭沫若，非常重视酒之意象的翻译，不仅忠实地对译了原诗中直观的酒之意象，还将原诗隐喻酒而无"酒"字出现的诗句显豁地译成酒之意象，酒之意象在郭沫若的译文中明显得到了强化。与酒之意象的翻译相比，《鲁拜集》中的美女意象或者说女性色彩在郭沫若的翻译中则表

---

① ［日］小泉八云：《费茨吉拉德和海亚姆的〈鲁拜集〉》，《鲁拜集》，［英］爱德华·菲茨吉拉德英译，鹤西中译，北京联合出版公司 2015 年版，第 3 页。

② ［波斯］奥玛·海亚姆：《鲁拜集》，［英］爱德华·菲茨吉拉德英译，鹤西中译，北京联合出版公司 2015 年版，第 104 页。

③ Edward J. Fitzgerald, "Introduction", *Rubaiyat of Omar Khayyam*, The Pennsylvania State University, 2000, p. 13.

现出被淡化的倾向。郭译《鲁拜集》中女性色彩的淡化之所以值得注意，首先是因为郭沫若对女郎这一重要意象的翻译处理体现了译诗与原诗之间的巨大张力，这方面的探讨将有助于深入认识郭沫若的译者主体性及审美建构问题；其次，译诗中性别意识的呈现与现代汉语及白话诗歌形式的建设密切相关，郭译《鲁拜集》在众多汉译文本中非常典型地表现出了白话译诗所具有的现代的性别意识。整体而言，通过对《鲁拜集》中酒与美女两类意象的不同的翻译处理，郭沫若在某种程度上重构了《鲁拜集》某些诗篇的审美。

一 郭沫若译诗中女性色彩淡化的表现

郭沫若译诗中女性色彩的淡化主要表现在以下四个方面：第一，将原诗中女性化的意象转变为男性化的意象；第二，不译原诗中带有女性色彩的意象；第三，以男性代词替换女性代词；第四，将诗中出现的第三人称女性代词替换成第二人称代词。

郭译《鲁拜集》第 41 首将原诗中女性化的意象转变为男性化意象。And lose your fingers in the tresses of/The Cypress-slender Minister of Wine，郭沫若译为："酒君的毛发软如松丝，/请把你的指头替他梳理。"[①] 头发柔软的"酒君"，在原诗中所表现的是一种女性化的气质。单词 Cypress 一般译为柏树，与松树对应的则是 pine。日本译者小泉八云谈到这首诗时说："在波斯人中间，现在都还常常把美丽的女郎比作柏树，因为柏树高而苗条。"[②] 在波斯文化中，柏树代表的却是女性。英译者菲茨杰拉德显然把握到了原语诗篇中的女性意象，故而在英文译本中使用了 tresses，这个单词在英文中一般是指女性的长发。拥有女性长发的苗条的酒君，是一位女性，这两个诗行呈现给读者的是非常明确的女性化的意象。郭沫若将 Cypress 对译为"松"。松柏在中国传统诗文中常常并举，代表着坚强挺拔的男性阳刚气质。Slender 在原诗中修饰的是酒君，这是一个身材高挑的美女。郭沫若的译诗将 Cypress-slender 对译为"松丝"，"酒君的毛发软如松丝"，实际上就是将原诗中对身材的修饰转变成了对头发的修饰。在连续的转换中，郭沫若消除了这两处英文单词的女性标志。无论郭沫若译诗中的"你"是否可以理解成女性，酒君已经确切无疑地被郭沫若处理成了男性。这首译诗最后一个诗行中第三人称代词"他"的使用："请把你的手指替他梳理"，表明郭沫若明确地将"酒君"看成了男性。即便郭沫若当时并不知道波斯文化有以柏树比喻女性的习俗，从菲茨杰拉德的英文版中，也完全能够看出诗句中女性化的表述色彩，但郭沫若显然不想在自己的译诗中再现这一女性化的意象，所以他在译诗中

① ［波斯］我默·伽亚谟：《鲁拜集》，［英］菲茨吉拉德英译，郭沫若汉译，泰东图书局 1932 年版，第 42 页。

② ［日］小泉八云：《菲茨吉拉德和海亚姆的〈鲁拜集〉》，《鲁拜集》，［英］爱德华·菲茨吉拉德英译，鹤西中译，北京联合出版公司 2015 年版，第 13 页。

进行了一系列的置换，遂使译诗与原诗相比明显呈现出女性色彩淡化的倾向。

郭译《鲁拜集》第 24 首、第 42 首没有将原诗中带有女性色彩的意象译出。第 24 首最后两个诗行：

Dust into Dust，and under Dust to lie，

Sans Wine，sans Song，sans Singer，and—sans End！

郭沫若译为："尘土归尘，尘下陈人，/歌声酒滴——永远不能到九泉！"最后一个诗行有三个意象 wine、song、singer，郭沫若只翻译了原语文本中的前两个意象，却省略了 singer 这个意象。一般来说，有歌声自然就隐含着有歌者，没有歌者，也就没有歌声。但是英文版诗中三个意象并列出现，也就意味着对于诗人来说，歌声与歌者都是被欣赏的对象，处于相同的位置，而不宜将歌者处理成由歌声被联想到的间接意象。故此，郭沫若译文中的"歌声"只能被视为 song 的对译，singer 在郭沫若的译诗中被省略掉了。Singer 这个单词，绝不属于郭沫若所说的"难解处"。显豁的意象，没有难度的翻译，此处出现的意译只能是郭沫若特意为之。

原语文本中的 singer 是谁？要具体追踪诗中的歌者身份固然不可能，但是联系上下文，singer 的性别还是可以确定的。《鲁拜集》第 12 首中有：Beside me singing in the Wilderness，这里的歌者就是女性。第 24 首诗中的 wine、song、singer，在某种程度上可以视为第 12 首诗中的 verses、wine、you，酒、歌（诗章）、歌者（你）构成了《鲁拜集》反复吟唱的对象。醇酒、美人与诗章，这就构成了诗人眼里天堂的模样。但在郭沫若的翻译中，醇酒的意象被完整地保留下来，美女的意象却被尽可能地省略掉了。有歌声自然就有歌者，英文本在 song 之后紧接着出场的 singer，显然是强调歌者的性别，以便构建醇酒、美人与诗章三位一体的审美世界。郭沫若译文在略掉了 singer 之后，这首译诗的审美就和郭沫若在《读了〈鲁拜集〉后之感想》中提到的刘伶与李白的诗作非常相似了。郭沫若谈到中国传统诗人的享乐态度时，被列举出来作为例证的，都是沉溺于醇酒者，酒是叙述的核心，却没有谈及享乐者在美女方面的任何追求。醇酒、美人意象的不同的翻译处理方式，显示了译者郭沫若的某种主体性诉求，也是进入这一时期郭沫若精神世界的密码。

第 42 首译诗中，And if the Wine you drink，the Lip you press，郭沫若译为："倘若你把酒压唇"，[①] 更准确的翻译应如黄杲炘那般译为："你喝的酒和你吻的唇"。[②] 也就是说，郭沫若似乎将 the Lip you press 理解成了 press your lip，所以郭沫若将其译为自己拿酒压自己的唇，意即自己饮酒。但是，汉语叙及饮酒，一般只说"把酒"，而不叠床架屋地说"把酒压唇"。当然，郭沫若的译文也可以读为"把酒、压唇"，

---

① ［波斯］莪默·伽亚谟著，菲茨杰拉德英译，郭沫若汉译，《鲁拜集》，泰东图书局 1932 年版，第 42 页。

② ［波斯］奥马尔·哈亚姆：《柔巴依集》，黄杲炘译，湖北教育出版社 2007 年版，第 14 页。

即通过阅读上的停顿将其理解为两个分开的动作，“把酒”指的是诗人“把”酒给自己，而“压唇”则是“压”另外一个人的唇。如此一来，郭沫若与黄杲炘两位译者的译诗也就一致了。但是，将“把酒压唇”分读为两个不同的指向有过度诠释之嫌。笔者倾向于将郭沫若译文中的“把酒压唇”理解为“把酒”压自己的唇，而不是原语文本所表达的“你吻的唇”。the Lip you press 中的 you 所指代的对象一般认为是男性，这位男性所“压”的“唇”便是女性之“唇”。因此，原语文本中这个诗句歌吟的是美酒加美女。喝口美酒，吻一下美女，就像成龙演唱的《爱江山更爱美人》。但是，郭沫若的译诗却删除了原语文本中的美女意象（女性的因素），只保留了饮者饮酒的意象。

郭译《鲁拜集》第 100 首中的第三人称女性代词被译成第二人称代词：

Yon rising Moon that looks for us again—
How oft hereafter will she wax and wane;
How oft hereafter rising look for us
Through this same Garden—and for one in vain!（第 100 首）

郭沫若将诗句 How oft hereafter will she wax and wane 译为“你此后仍将时盈时耗”,[①] 译诗中的“你”对应的是原诗中的“she”。于是，英文版呈现的“她——我”的诗歌抒情情景转化为“你——我”的诗歌抒情情景，间接性的陈述变成了郭沫若诗歌创作中常见的情感直抒。

And when like her, oh Saki, you shall pass
Among the Guests Star-scatter' d on the Grass,
And in your joyous errand reach the spot
Where I made One—turn down an empty Glass!（第 101 首）

郭沫若将 when like her 译为：“你像那月儿”。[②] Her 作为代词，指代的就是第 100 首中的 Moon（月亮），郭沫若直接将其译为“月”，就语法逻辑来说，郭沫若的翻译没有任何问题。但是，英文版诗句以 her 指代“月”，月便与整首诗中美女的意象体系相呼应，her 的使用让母语即便不是英文的读者也能理解其女性化的色彩。在汉语文化体系中，月亮虽然属阴，常与嫦娥相联，自身却并不必然象征女性，就郭沫若的《鲁拜集》译文中的意象体系建构而言，也没有任何将月这个意象与女性相联系的迹象。整体而言，当郭沫若将“月”这一指代的对象替换 her 这个代词时，也就去除了原诗中的标志女性色彩的词汇。郭沫若在这一首译诗中选用的字词并不能够让读者见出女性的色彩，从郭译《鲁拜集》整体的翻译选择来看，郭沫若在第 100 首

① ［波斯］莪默·伽亚谟：《鲁拜集》，［英］菲茨吉拉德英译，郭沫若汉译，泰东图书局 1932 年版，第 100 页。

② ［波斯］莪默·伽亚谟：《鲁拜集》，菲茨吉拉德英译，郭沫若汉译，泰东图书局 1932 年版，第 102 页。

和第 101 首诗篇的翻译过程中表现出来女性色彩淡化的趋向。

二 女性色彩的淡化是译者郭沫若有意选择的结果

在《鲁拜集》的众多汉译者中，郭沫若是唯一有意淡化原诗中女性色彩的译者。

按照译诗形式，百年来《鲁拜集》的汉译可以简单地划分为旧体文言译诗和新体白话译诗。旧体文言译诗普遍地不对译原诗中的女性代词，如黄克孙的第 100—101 首译诗：

100	101
明月多情伴客身，	酒僮酒僮劝客来，
人来人去月无闻，	座中无我莫徘徊。
从今几度黄昏月，	醉翁去后余何物，
遍照园林少一人。	一只空空覆酒杯。[①]

旧体译诗属于文言诗歌系统，而文言第三人称代词不分男性、女性，汉译者使用文言的形式翻译西方诗歌时，基本都不对译第三人称代词。黄克孙等人的旧体译诗既没有对译女性单数第三人称代词，也没有借助其他手段呈现原诗的女性色彩。就译诗与原诗的差异而言，这自然也算是淡化女性的一种表现，但这一现象的造成并非译者个人选择的结果，更多的是旧体诗和文言两者藩篱所致。对于这种类型的翻译，笔者不将其视为有意淡化女性色彩的翻译实践。再如前面所述的《鲁拜集》第 41 首，旧体诗汉译者似乎都无意改变松柏在中国传统文化中的审美情趣，译诗中也很难见出表示女性的意思，如黄克孙的翻译："携壶浪迹山林上，/翠柏苍松供酒神。"[②] 翠柏成了"供"酒神的事物，而不是酒神本身。与旧体译诗相比，选择自由体翻译的译者除了郭沫若之外都明确地译出了这首诗中的第三人称代词"她"。黄杲炘译为："让你的手指在她发丝中忘情"，[③] 鹤西译为："且把你的手指插入她的卷发，/莫辜负那苗条女郎的劝酒持觞。"[④]"她"字的使用，表明两位译者都明确地将酒君看成女性。

除了《鲁拜集》第 41 首，其他诗篇中 she/her 的翻译情况也大多如此，如刘复（半农）从法文翻译的《鲁拜集》第 54 首：

---

① ［波斯］奥马尔·哈亚姆：《柔巴依集》，黄克孙译，译林出版社 2009 年版，第 225—227 页。

② ［波斯］奥马尔·哈亚姆：《柔巴依集》，黄克孙译，译林出版社 2009 年版，第 97 页。

③ ［波斯］奥马尔·哈亚姆：《柔巴依集》，黄杲炘译，湖北教育出版社 2007 年版，第 14 页。

④ ［波斯］奥玛·海亚姆：《鲁拜集》，［英］爱德华·菲茨吉拉德英译，鹤西中译，北京联合出版公司 2015 年版，第 26 页。

瞧瞧玫瑰花见到了晨风开放了：
黄莺儿被她的青春闹醉了。
我们喝些酒罢，为的是不知有多多少少的玫瑰花，
又被风吹落在地上化做了灰尘了！[①]

第100首（按照郭沫若译《鲁拜集》版本次序）鹤西译为：

啊，女郎，几时你和她一样
在那草地上群星般的宾客中来往，
请你斟酒时把满满一杯美酒
倾洒在我曾经坐过的地方！

第101首（此处所列译诗顺序依照的是郭沫若译《鲁拜集》版本）鹤西译为：

那边又升起了照着我们的明月——
今后啊她还会不断地圆缺，
今后啊她还会升起来寻找我们，
但在这花园里——有一人将遍寻不得。[②]

黄杲炘将这一首译为：

亲爱的，你瞧那月亮又在升起，
透过颤抖的梧桐寻找我和你：
今后她还将多少多少回升起——
在树荫里空把你我之一寻觅！[③]

上述列举的自由体译诗，都将文言译诗及郭沫若译诗中被省略或抹掉的“她”明确地译了出来。将各种版本的汉译《鲁拜集》放在一起稍稍对照，便能确定这样一个事实：《鲁拜集》汉译者众多，真正有意在译诗中淡化女性的只有郭沫若。在其他白话汉译者都将 she/her 对译为“她”的时候，只有郭沫若将其译为“他”；在其

① 刘复译：《我默诗八首》，《语丝》第76期，1926年4月26日。

② ［波斯］奥玛·海亚姆：《鲁拜集》，［英］爱德华·菲茨吉拉德英译，鹤西中译，北京联合出版公司2015年版，第62、60页。

③ ［波斯］奥马尔·哈亚姆：《柔巴依集》，黄杲炘译，湖北教育出版社2007年版，第203页。

他白话汉译者将酒君译为女性的时候，也只有郭沫若将其译为男性。郭沫若译诗中出现的人称代词“他”，并不是可男可女的传统汉语的混合用法，从郭沫若自身文学创作的实践来看，当郭沫若从事《鲁拜集》的汉译工作时，他已经非常明确地用“他”指代男性，而用“她”来指代女性。

三 郭沫若文学创作中第三人称代词“她”的使用

《鲁拜集》中的诗篇都很简短，第三人称代词的使用却较为频繁。简短的诗篇使每个字词的翻译都不容忽略，十音节五音步的诗句中第三人称代词频繁出现，这也就意味着译者和读者都需要反复地思考同一原语词汇的翻译和阅读问题。在这种情况下，《鲁拜集》中的 she/her 在汉语译文中到底对译的是“她”还是“他”，也就不是译者粗心大意所致，尤其是《鲁拜集》出版后又经过郭沫若的修订，修订后的译文没有改“他”为“她”的现象，故而可以确定《鲁拜集》译文中第三人称代词的使用不是源于排印错误或翻译时的手误，而是郭沫若自觉的翻译选择。但是，在将《鲁拜集》译文中第三人称的使用与女性色彩的淡化趋向关联起来之前，还有一个问题需要解决，即郭沫若文字中“她”与“他”这两个人称代词的使用概况。换言之，便是需要确认郭沫若在着手《鲁拜集》的翻译之前，已经明确地区分“他”与“她”并熟练地使用这两个第三人称代词了。

在中国现代文学发生期，翻译与文学创作中“他”“她”不分是常态。最早提出创造“她”字的，是刘半农。在“她”字被普遍接受为女性第三人称代词之前，现代知识分子曾使用“伊”“他（女）”等指代女性。郭沫若最早谈论第三人称代词区别使用问题的文字见于1920年出版的《三叶集》。1920年3月30日，郭沫若在写给宗白华的信中，转述了田汉的一段话：“我要造一新字。近来女性的第三人称用‘她’字而男性仍缘用‘他’，觉得太不平等。男的便是人，女的便不是人了么？所以我想把‘他’字底人旁，改成‘力’，从男省。”对于田汉的观点，郭沫若并不完全认同：“男女平权也不必在这些枝节上讲求。文字只求醒豁敷用，‘她’字底诞生也正符合这个意思。”① 由《三叶集》可知：第一，郭沫若和田汉交换过“她”“他”等字的区别及使用问题；第二，郭沫若在与田汉通信之前似乎就已经知道“她”字的创造，在使用方面强调“敷用”，而不必过于讲求在“男女平权”等方面的意义；第三，《三叶集》中郭沫若的信用“他”指代妻子安娜，田汉所写信件用“他”指代表妹，这表明《三叶集》时期郭沫若和田汉虽然明确了“他”和“她”区别使用的价值和意义，但在各自的书写实践中却还没有得到完全的落实。

1921年8月5日，泰东图书局出版了郭沫若的自编诗集《女神》，其中的许多诗

① 田汉、宗白华、郭沫若：《三叶集》，亚东图书馆1920年版，第134页。

篇在创作时间上早于《三叶集》中的通信，但是与《三叶集》相比，《女神》中“她”和“他”这两个第三人称代词的区别和使用已经非常明确和娴熟，再也没有用“他”指代女性的情况出现。兹简单列举一些使用“她”字的诗句如下：

1.《别离》（首刊于1920年1月7日《学灯》）：“我送了她回来”。

2.《演奏会上》（首刊于1920年1月8日《学灯》）：“她那Soprano的高音”。

3.《湘累》（首刊于1921年4月1日《学艺》第2卷第10号），剧中老翁与屈原谈到洞庭湖中歌唱的两个女子时所用代词为“她们”：“她们倒吹得好，唱得好，她们一吹，四乡的人都要流起眼泪”；提到鲧和他的儿子大禹时则说：“我又举了他的儿子起来，我祈祷他能彀掩盖他父亲底前愆。”①

4.《序诗》（首刊于1921年8月26日《学灯》）：“所以我把她公开了。”②

上述所引诗句，首刊本及《女神》各版本中“她”字都没有什么变化。其中，前两个诗句创作和发表时间皆早于《三叶集》通信，说明郭沫若在《三叶集》通信之前已经开始使用第三人称代词“她”，只是暂时还没有定型，《三叶集》中才会出现用“他”指代安娜的情况。

从首刊本到初版本，《女神》所收诗篇在第三人称单数代词的修订方面存在两个值得注意的现象：第一，添加第三人称代词“他”；第二，改“他”为“她”。添加第三人称代词“他”的诗篇有三，这类的修订在某种程度上凸显了诗中意象的男子类属，而不是通过代词的添加将女性化意象转为男性化意象。首刊本《新阳关三叠》第一节诗句：“眼光耿耿，不转睛地，紧觑着我。”③ 初版本在句首添加了一个“他”字。这个“他”指代的是太阳。首刊本中，这一诗节已经在两个诗行中反复使用“他”指代太阳，所以新增添的“他”所起的主要作用并不是凸显太阳意象的性别。首刊本《辍了课的第一点钟里》第六节诗句：“慢慢地开了后门”，④ 初版本在句首添加了一个“他”字，新添加的唯一的“他”字将这节诗中无性别的工人明确为男性。首刊本《立在地球边上放号》首刊本中的诗句：“无限的太平洋提起全身的力量来要把地球推倒。”⑤ 初版本在“全身的”之前添加了一个“他”字，新添加的诗中唯一的“他”字将太平洋的性别限制为男性。

从首刊本到初版本再到后来的各个版本，《女神》中的诗篇没有改“她”为

---

① 郭沫若：《湘累》，《学艺》1921年4月1日第2卷第10号。

② 郭沫若：《序诗》，《时事新报·学灯》1921年8月26日。

③ 郭沫若：《新阳关三叠——宗白华兄砚右》，《时事新报·学灯》1920年7月11日。

④ 郭沫若：《辍了课的第一点钟里》，《时事新报·学灯》1919年11月24日。

⑤ 郭沫若：《立在地球边上放号》，《时事新报·学灯》1920年1月5日。

“他”的案例，改“他”为“她”的诗篇有二。首刊本《死的诱惑》第一节诗句：“他向我笑道”，初版本将“他”改为“她”；第二节诗句：“他向我叫道”，① 初版本也是将“他”改为“她”。第一节诗中的代词的指代对象是“小刀”，第二节诗中的代词的指代对象是“海水”。首刊本《无烟煤》第四节诗句：“我悄声地对他说道”，② 初版本将诗句中的“他”改为“她”。这两处代词的修改，若是从《女神》自然意象的性别归属来说，似乎也不用改。《女神》中的海洋固然多为男性，而太阳多为女性，如《日暮的婚筵》中，夕阳明确地被描述成女性，用的代词是“她”，爱恋着夕阳的海水则被描述成男性，用的代词是“他”。夕阳与海水，便是诗人想象中的婚筵上的一对新人，新娘子是夕阳，情郎是海水。但是自然意象的这种性别区分似乎并不确定，如《新阳关三叠》中的太阳从首刊本始就一直是男性。蔡震从德语文化中的太阳（die Sonne）及日本创世神话寻找郭沫若《女神》自然意象的性别根源：“郭沫若创作《女神》时所身处的日本，其古代神话传说中的创世诸神许多是女性，日本民族崇拜太阳神，那位太阳神也是女性。”③ 这些固然能够解释《女神》中太阳为女性的问题。但是，《女神》中的太阳、海洋意象同时兼有男女两种性别，有的诗篇用“他”指代，有的诗篇却用“她”字指代，这种复杂的性别纠缠表明了郭沫若文学创作思想的杂糅性。

通过对诗集《女神》中“他”“她”两个代词的考察，可以发现郭沫若将第三人称单数代词用之于人时，不存在“他”“她”混用的情况。与《女神》的编纂同时进行的，还有《茵梦湖》的改译工作，有学者将《茵梦湖》视为“最早自觉使用‘她’字并且影响较大的译著之一”。④ 大体上可以肯定郭沫若在编纂《女神》时已经明确了“他”与“她”区别使用的思想意识。《女神》中太阳、海洋意象兼有男女两种性别属性，说明郭沫若乐于接纳外来新思潮，同时也在以自己的意愿强化或修正这些自然意象的性别属性。

《女神》诗集出版一年后，郭沫若开始翻译菲茨杰拉德英文版《鲁拜集》，《女神》中意象的使用是否以及在何种程度上影响到了《鲁拜集》的翻译是需要进一步探讨的问题，但是从意象的性别选择来说，《女神》对《鲁拜集》的影响并不明显。《女神》中太阳意象的性别在男女之间游移不定，《鲁拜集》中则是固定的男性；《女神》中海洋意象的性别也在男女之间游移不定，而《鲁拜集》中的海洋则是女性，如第 34 首中的诗句：“披着紫衣的海洋，/只是哀哭她见弃

① 郭沫若：《死的诱惑》，《时事新报·学灯》1919 年 9 月 29 日。

② 郭沫若：《无烟煤》，《时事新报·学灯》1920 年 7 月 11 日。

③ 蔡震：《从女性创世神话走出的〈女神〉——〈女神〉与日本文化》，《钦州师范高等专科学校学报》2005 年第 3 期。

④ 黄兴涛：《“她”字的文化史：女性新代词的发明与认同研究》，北京师范大学出版社 2015 年版，第 128 页。

了的主上。"①《鲁拜集》中太阳与海洋意象性别属性的固定化，可以解释为翻译受限于原语文本，但是考虑到郭沫若多处改换了《鲁拜集》原语文本呈现的性别属性，原语文本带给郭沫若的束缚终究只是造成意象性别固定化的一个因素，更重要的还是译者郭沫若自己的翻译选择。

在意象性别固定化的《鲁拜集》译诗中，第三人称代词"她""他"，体现了译者郭沫若对所指代的对象男女性别的准确界定。就此而言，若英文本中是男性，郭沫若用了女性的"她"，则表明郭沫若选择了将翻译对象阴柔化，或者说强化了译诗的女性色彩；若英文本中是女性，郭沫若却使用了男性的"他"，则表明郭沫若选择了去女性化（女性色彩淡化）的翻译策略。从《鲁拜集》的翻译实践来看，郭沫若的翻译选择带有明显的去女性化（女性色彩淡化）倾向。

四　译者主体的自我建构及审美重构

《鲁拜集》翻译中表现出来的女性色彩的淡化并不意味着郭沫若不重视女性。郭沫若翻译《鲁拜集》时，正值《女神》问世不久，在别人眼里，郭沫若赫然已经是一位女性崇拜者。《创造十年》中郭沫若记叙高梦旦请客，他自己夹坐在女士们中间。"大约是看见我是名诗集以《女神》，并做过《卓文君》一类作品的人，以为一定是一位女性崇拜者，所以才那样安置我的罢?"② 高梦旦究竟是如何想的，现已不知。但郭沫若从文学创作出发进行的揣测，恐怕更切近于自身的思想实际。在中国现代文学的发生期，郭沫若就是一个"女性崇拜者"。《女神》是郭沫若的第一部诗集。在《女神》中，歌吟"女神"的诗篇，除了第一辑首篇《女神之再生》，便是第三辑第一组诗"爱神之什"。《女神》问世之前，编发郭沫若新诗的宗白华在和郭沫若的通信中赞誉的，主要便是第二辑第一组诗"凤凰涅槃之什"。《女神》问世之后，最受读者研究者们推崇的，也是"凤凰涅槃之什"。郭沫若不以"凤凰涅槃之什"里的所咏之物命名诗集，而以《女神之再生》或《司健康的女神》等篇目里的"女神"命名，这只能说明郭沫若对"女神"抱有别样的感情，说是"女性崇拜"也很恰当，因为就在诗剧《女神之再生》中，郭沫若就以歌德《浮士德》结尾处的诗句作为题引："das Ewigweibliche，/zieht uns hinan"，郭沫若将其译为："永恒之女性，/领导我们走。"③

郭沫若并不单纯是女性崇拜者，他也是男性的崇拜者。周海波教授说："综合来看，《女神》由两个美学向度支撑：一是男性的力量向度，一是女性美的审美向度，

① ［波斯］莪默·伽亚谟：《鲁拜集》，［英］菲茨吉拉德英译，郭沫若汉译，泰东图书局 1932 年版，第 34 页。

② 郭沫若：《创造十年》，《郭沫若全集·文学编》第 12 卷，人民文学出版社 1992 年版，第 175 页。

③ 郭沫若：《女神之再生》，《郭沫若全集·文学编》第 1 卷，人民文学出版社 1982 年版，第 6 页。

二者相辅相成，架构起《女神》以男性为中心的世界，呈现出对时代的男性雄壮力量的赞歌。”至于女性美，既被视为“对男性中心的反思与批判”，又被看作“是对男性世界的反衬，从特定视角写出了女性对男性世界的互补”①。男性雄壮的美与女性的美，都是郭沫若推崇和歌颂的对象。有些研究者认为郭沫若真正尊崇的还是男性，而不是女性。宋益乔、石兴泽指出，郭沫若的文学创作中既有“崇拜女性的情感意识”，同时这些女性又是“男性精神的附丽”，“她们是用天使、圣女装饰起来的精神奴役”。② 张传敏从“一切的一”与“一的一切”推出郭沫若的个人意蕴中，“也包含了他对于男女从分离到合一的憧憬”，而这个“憧憬”又被归结为“郭沫若对自己男性身份认同感非常强烈，即使是男女合一，他强调的也是女性的男性化，强调的是男性的主导地位”③。李畅干脆认为郭沫若笔下的女性形象“从来没有独立的人格和真正的自我价值，完全是用男性的价值标准和审美理想打造出来的”。④ 邓芳认为郭沫若笔下的所有女性都被塑造成男性的附属，“没有男性便找不到生存的意义；自我贬抑而崇拜男主人公，自觉服从男性专权的等级关系；为男性利益牺牲生命或因男性已死而自杀殉情，表现出毫无自我意识的对男性的绝对服从”。认为上述这些描写表现了“郭沫若把女性形象的奴性、依附性、工具性等女性特质作为美好品质大加赞美”。⑤ 男性与女性的特征界定是社会化的结果，不将郭沫若笔下的男性女性置于社会化的历史长河中给予考察，郭沫若的女性崇拜情结很容易被误读为“男性精神的附丽”。

提出郭沫若文学创作中的男性崇拜与女性崇拜问题，就是想要将《鲁拜集》翻译中表现出来的女性色彩的淡化置于郭沫若整个的文学世界中进行考察。当郭沫若在翻译《鲁拜集》的实践中表现出淡化女性色彩的趋向时，译诗中男性的歌唱也就愈加明显，这似乎确证了郭沫若文学创作中的男性崇拜倾向。但是，女性色彩的淡化与男性歌唱的凸显并不就意味着与女性崇拜相悖。笔者以为郭沫若《鲁拜集》译诗中表现出来的女性淡化倾向恰恰是女性崇拜情结的表现形式之一。在男权社会里，女性崇拜很难摆脱男性精神的浸染，指出郭沫若塑造和推崇的女性身上带有“男性精神的附丽”，无损于郭沫若是现代文学作家中少有的表现出女性崇拜情结的作家这个事实。不同的人的女性崇拜各不相同，在《女神》中，郭沫若崇拜的女性有从神龛上走下来的女神们，有聂嫈、春姑娘那种大义凛然的女性，也有太阳、大海这类女性化的意象，她们所代表的是磅礴的生命力和创造力，她们的生命虽然也都与男性密切相

① 周海波：《〈女神〉：男人的生命歌唱》，《理论学刊》2007 年第 1 期。

② 宋益乔、石兴泽：《郭沫若女性形象塑造及其女性意识的发展演变》，《郭沫若学刊》2003 年第 4 期。

③ 张传敏：《〈女神〉中的女性情结探微》，《重庆师范大学学报》2012 年第 3 期。

④ 李畅：《女性，一个未被充分启蒙的性别——由郭沫若笔下的女性形象谈起》，《当代文坛》2013 年第 5 期。

⑤ 邓芳：《从女性主义视域解读郭沫若民国时期的历史剧》，《当代文坛》2005 年第 1 期。

关，却不是男性世界里花瓶似的摆设。概而言之，《女神》中的女性与《鲁拜集》中的女性大不相同。《女神》中的女性才是郭沫若心目中理想化的女性，《鲁拜集》中的女性却不是郭沫若崇拜的对象。《鲁拜集》中的女性才真的是宋益乔、石兴泽等学者所说的“男性精神的附丽”，与美酒、诗章一样，女性在《鲁拜集》中是男性的服侍者和享用的对象。郭沫若翻译《鲁拜集》时表现出来的淡化女性色彩的倾向，表明那一时期的郭沫若不满意那种沉溺或麻醉于女性的生活，更不愿意将女性作为颓废生活赏玩的对象，而这正是郭沫若女性崇拜的确证。

在《读了〈鲁拜集〉后之感想》一文中，郭沫若大谈诗人与酒，闭口不谈女性。郭沫若的兴趣所在，是饮者“于饮酒的行为之中，发现出一种涅槃的乐趣”。“涅槃”而不是“颓废”才是郭沫若对诗人与酒着迷的根本原因，而指向颓废的醇酒与美人却没有真正进入郭沫若的视野。就此而言，郭沫若理解与接受的《鲁拜集》，与莪默伽亚谟、菲茨杰拉德所追求的诗意并不完全相同。当郭沫若动手翻译《鲁拜集》时，已不再用“他”指代女性，译文中所用代词“他”字所指代的自然是男性，因此这一代词的选择可视为郭沫若在翻译过程中存在去女性化的选择。与去女性化选择相对应的，则是郭沫若明显将《鲁拜集》视为“心眼睁开”[①] 后出现的破坏（颓废）精神的表现，与《女神》所呈现的男性化的歌唱相吻合。在某种程度上甚至可以这样说，《女神》开拓的男性化的歌唱，在《鲁拜集》的翻译中愈加分明地被凸显了出来。只是在《女神》中表现出来的是那种在破坏中进行建设的富有创造力的男性化的歌唱，而在《鲁拜集》中表现出来的则是破坏（打破既定藩篱）与颓废，若是在整个郭沫若文学创作的历程中审视《鲁拜集》的翻译，《鲁拜集》似乎便是沟通《女神》到《星空》的一座桥梁，是郭沫若的歌唱从呐喊到彷徨转变过程中的一个重要环节。

在《鲁拜集》原诗中，诗、酒、美女构成了令人沉醉的天堂世界，而在郭沫若的译诗中，诗与酒的意象得到了凸显，相对淡化了美女的意象。郭沫若译文中淡化女性色彩问题，绝不是无意识所造成，而是译者在对原诗进行翻译的过程中创造再加工的结果。男性的美与女性的美，都是郭沫若推崇和歌颂的对象。郭沫若本身并不是男性或女性中心主义者，唯其如此，《鲁拜集》译文中表现出来的去女性化或淡化女性色彩的趋向就表现得更加明显。究其根源，窃以为与郭沫若个人在这一时期的家庭生活及其对文学理想事业的追求等密切相关。翻译即创作，郭沫若在翻译实践中自觉不自觉地以自身当时的审美诉求重塑了原诗文本，围绕着诗酒人生重新建构了《鲁拜集》的审美世界。

（原载《贵州师范大学学报》2020 年第 6 期）

---

① 郭沫若：《波斯诗人莪默伽亚谟（译诗百零壹首）》，《创造》季刊 1922 年 12 月第 1 卷第 3 期。

鲁迅与郭沫若对各自一篇演讲稿的修改

孟文博

长期以来，鲁迅与郭沫若都被看作中国20世纪文学史及思想史上的两座高峰，他们都以各自的方式给中国社会以巨大的影响，其中引人注目的一种方式便是在不同场合所发表的演讲。对于鲁迅与郭沫若演讲的数量统计及相关研究，已经有大量成果现世，兹不赘言，但笔者在对这些成果进行梳理之后发现，还没有学者从文本修改的角度来研究两人的演讲，更没有人对两人有代表性的演讲稿修改加以对比考察。笔者认为从这一角度来进行的研究不仅能更清晰地剖示两人因文本修改而被遮蔽的某些史实，也有助于我们更深入地认识两人的文化品格差异，由此笔者选择了鲁迅与郭沫若各一篇影响较大，在不同时期修改幅度也较大的演讲稿作为典型文本加以比对考察，这便是鲁迅的《娜拉走后怎样》及郭沫若的《屈原考》。

1923年12月26日鲁迅应邀在北京女子高等师范学校文艺会发表讲演，这篇讲演稿经陆学仁、何肇葆两位同学“笔记”，以“娜拉走后怎样？鲁迅先生讲演”为题，刊登在1924年该校《文艺会刊》第6期，这便是这篇著名文献最初的文字版本。同年8月1日，上海的《妇女杂志》第10卷第8号又刊登了此文，把题目改为了“娜拉走后怎样”，并用小字加了一个副标题“鲁迅讲演”，保留了“陆学仁 何肇葆 笔记”字样，同时又在这个题目之下加了这样一段话：“这篇是鲁迅先生在北京女子高等师范学校的讲演稿，曾经刊载该校出版《文艺会刊》的第六期。新近因为我们向先生讨文章，承他把原文重加订正，给本志发表。——记者附誌——”因此可以说，《妇女杂志》中的版本是这篇文章文字版的第二个版本。之后，鲁迅为了编论文集《坟》而又手抄并同时修改此稿，形成了我们今天能看到的《娜拉走后怎样》手稿长卷，此手稿和1927年3月由北京未名社初版的《坟》内容完全印合，这便是此文的第三个版本。笔者在比对了这三个版本之后发现，在鲁迅诸多的修改中，涉及意义变动，并且修改幅度最大的一处，便是勃兰兑斯对易卜生的一段回忆，这段回忆在三个版本中的呈现是这样的：

三版《娜拉走后怎样》文字对比

1924 年北京女子高等师范学校《文艺会刊》第 6 期中的版本	1924 年 8 月 1 日上海《妇女杂志》第 10 卷第 8 号中的版本	1927 年 3 月由北京未名社初版《坟》中的版本
他的朋友勃兰兑斯曾经说，有一回，珂本哈根的有名的女优们合请易卜生用晚餐，代表来感谢他戏剧上的劳力，他回答道，“我是自己在做诗，并不是替你们做什么。”于是大家默然了，再没有什么谈笑。餐毕之后，他却高兴的感谢道，“这晚餐很快乐。”	他的朋友勃兰兑斯曾经说，有一回，珂本哈根的有名的女优们合请易卜生用晚餐，代表来感谢他戏剧上的劳力，他回答道，“我是自己在做诗，并不是替你们做什么。”于是大家默然了，再没有什么高兴的谈笑。餐毕之后，他却高兴的感谢道，“这晚餐很快乐。”	相传在许多妇女们一同招待他的筵席上，代表者起来致谢他作了《傀儡家庭》。将女性的自觉，解放这些事，给人以新的启示的时候，他却答道，“我写那篇并不是这意思，我不过是作诗。”

显然，这段话从第二版到第三版的改动是最大的，这一修改充分体现在手稿长卷中，如下：

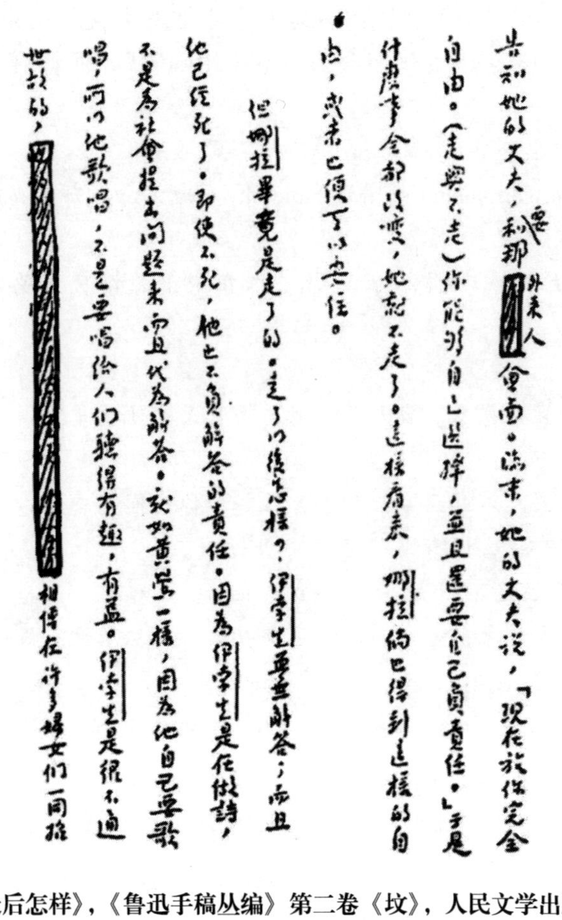

选自《娜拉走后怎样》，《鲁迅手稿丛编》第二卷《坟》，人民文学出版社 2014 年版

那么鲁迅究竟为什么要这样改？易卜生的这段轶事，究竟是不是勃兰兑斯所说的呢？根据许多学者对鲁迅藏书的研究，鲁迅在早年确实读过勃兰兑斯关于易卜生的著作。姚锡佩称鲁迅的藏书中“还收有丹麦文艺评论家勃兰兑斯撰写的评传《亨利·易卜生》，附12封易卜生在1889—1890年给作者的信，以及15幅插图和4幅摹写图”①。而“鲁迅最初是从他所熟悉的丹麦作家勃兰兑斯所写的《亨利·易卜生》中了解这位后来被称为存在主义哲学的先驱”②。黄乔生也在考察之后称：“鲁迅在东京时就很熟悉勃兰兑斯的著作，读过《易卜生论》《俄国印象记》《波兰》等。”③“文艺评论家勃兰兑斯（G. Brandes，1842—1927）的著作有《亨利克·易卜生》，这本评传里附有易卜生给他的12封信。”④这样看来，鲁迅早年读过勃兰兑斯关于易卜生的著作，应是无疑的，那么在勃兰兑斯的著作中，有没有对易卜生应邀赴宴的这段描述呢？直到目前，翻译过勃兰兑斯关于易卜生评传的只有林语堂，这本译著的名字为《易卜生评传及其情书》，最初由上海春潮书局于1929年出版。林语堂是公认的翻译大家，他的译本应当具有权威性，是我们了解勃兰兑斯这部著作的重要参考。就在林语堂的这部译著中，笔者果真找到了相关叙述，且与鲁迅的引述基本印合，但是两者之间又有不少不同之处。关于这场邀请易卜生参加的宴会的由来，鲁迅的引述是：“有一回，珂本哈根的有名的女优们合请易卜生用晚餐”，而林语堂译著中的叙述是这样的：

> 1981年我在Christiania的附近Sandvik-en地方，与哪威画家同住。我们觉得很舒服。有一天我说：
>
> “Ibsen实在可怜，这样一天到晚一人在城里旅馆房中独坐；我们一天请他如何？”
>
> “谁敢去请他？”
>
> “我敢，而且很愿意。我天天见他，而明天同他吃早餐。”
>
> （中略）
>
> “我们几位，总不外画家，作家，很想和你一同吃中饭，可否请你一往？”
>
> 他：“几位？你，还有谁？”
>
> 我便念出各位名字：“就是通共我们九位。”
>
> “在这样的大众之前吃饭与我的习惯相远。我从来没有做过。”

---

① 姚锡佩：《滋养鲁迅的斯堪的纳维亚文化》，北京鲁迅博物馆鲁迅研究室：《鲁迅藏书研究》，中国文联出版社1991年版，第110页。

② 姚锡佩：《现代西方哲学在鲁迅藏书和创作中的反映（上）》，《鲁迅研究月刊》1994年第10期。

③ 黄乔生：《中国新文艺的普罗米修斯——鲁迅的外国文学藏书和译介概述》，陈漱渝主编：《世纪之交的文化选择》，湖南文艺出版社1995年版，第154页。

④ 黄乔生：《中国新文艺的普罗米修斯——鲁迅的外国文学藏书和译介概述》，陈漱渝主编：《世纪之交的文化选择》，湖南文艺出版社1995年版，第150页。

我提起他不久刚在 Budapest 让几百人为他开一宴会，却去他的怀疑，而得他的许可，办这小宴会。因为要使他便利，我在他住的旅馆订定一间餐室；并且请他自己指定时日。①

关于鲁迅所引述的易卜生在宴会中接受女演员感谢，并因不合适的回答而导致“大家默然”，“餐毕之后，他却高兴的感谢道，‘这晚餐很快乐’”的那段话，在林语堂译著中又是这样叙述的：

在座一位总编辑陪着一位美丽卓绝的女演员 Constance Bruun 女士同席，起立说：“我的同席请我替 Christiania 剧院的女同事向 Ibsen 道谢，而且向他说：她们最喜欢扮演的脚色就是 Ibsen 所写的，而她们所能最得到益处加增见识的，也是 Ibsen 所写的。”

Ibsen：“此地我须声明一句，向来我不曾写脚色，我只表现活人，并且要声明我一生写着戏剧时，不曾有那一位演员，或女演员在心目前。也许写了之后，可以很侥幸的遇见一位这样可亲的女演员。”

Constance Bruun 很庄严地起立回答：她并未曾梦想 Ibsen 会想到她，Ibsen 的见她，今日还是初次，并且说她误用“脚色”一字所指正与 Ibsen 所谓“活人”完全相同。

Ibsen 全不自觉他这样的粗糙如何使席上来宾难过。我们起立时，他诚恳的感谢我替他设这酒宴，而很自然的说“今日的会非常热闹满意”。②

对比以上材料后，让我们再回到此文第一个版本的产生，当时鲁迅是在对大学生们发表演讲，处在一个较为激情的状态之中，他从记忆深处搜出这段记忆，对演讲主题加以佐证，虽然与原文有所出入，但应当说还是较为准确的，这也在一定程度上体现了鲁迅的博闻强识。之后《妇女杂志》向鲁迅“讨文章”，而鲁迅则是从自己所有的《文艺会刊》中“撕下刊登这初载的演讲稿加以订正后交《妇女杂志》发表”③。鲁迅的这一处理方式着实有点“简单粗暴”，个中因由也实难考证，不过当鲁迅为编纂自己的文集《坟》而收录此文时，态度则是相当认真，他用逐字逐句手抄的方式对此文再次进行编辑修改，而在写下“他的朋友勃兰兑斯曾经说，有一回”④ 这十四个字后，应该感到不妥，但一时又无法确认这段引述是否准确，于是便又仔细划去，改为《坟》各版本中的那段话。那么，鲁迅为何要这样修改，而不去查找一下相关

---

① ［丹］勃兰兑斯：《易卜生评传及其情书》，林语堂译，上海春潮书局 1929 年初版，第 40—41 页。

② ［丹］勃兰兑斯：《易卜生评传及其情书》，林语堂译，上海春潮书局 1929 年初版，第 44—45 页。

③ 姚锡佩：《敬阅台静农藏〈娜拉走后怎样〉手稿长卷》，《鲁迅研究月刊》2012 年第 11 期。

④ 《娜拉走后怎样》手稿见《鲁迅手稿丛编》第二卷《坟》，人民文学出版社 2014 年版。

资料加以证实呢？关于这一点，姚锡佩的判断是："鲁迅演说时是根据自己的记忆。他早年读过丹麦勃兰兑斯所写的《易卜生传》，也读过挪威两位评论家写的易卜生传记，这三本著作他一直收藏着。但他演讲时，正值他兄弟不和，净身离开八道湾时，自然无法找书查证；待到抄写这篇准备收入《坟》的文稿时，又正值他忙于南下厦门谋生之际，也无暇查考。所以尽管抄写时还写上了'他的朋友勃兰兑斯曾经说，有一回'但一经斟酌，还是涂掉了这句，隐去了与文章主题关系不大的勃兰兑斯名。"① 姚先生结合鲁迅个人生活背景对此处修改的分析，笔者也深以为是。不过同时笔者也认为，这段话是这篇讲演的重要组成部分，勃兰兑斯"与文章主题关系"也并非"不大"，毕竟勃兰兑斯在国际文坛有着极高的声誉，而引用他所说的话去论述易卜生，显然是更有说服力的，且这对于讲演本身也可以增色不少。笔者认为鲁迅之所以这样修改，首先是这篇文章在被收入进《坟》后，其性质便从一篇由别人记述的普通讲演稿变成了鲁迅向来极为重视的杂文，而其中的观点也是鲁迅向来所强调的，这样，鲁迅便有理由对其进行更准确的整饬，但当时鲁迅又囿于客观条件限制，无法查资料加以证实，因此便不得已采用了这样委婉但又较为稳妥的表述方式。这其实从另一个方面体现了鲁迅在创作与辑录方面的认真严谨。

现在我们再来对比一下郭沫若对自己一篇演讲稿的修改。1941 年 12 月 21 日，郭沫若在中华职业学校发表了一篇关于屈原的讲演，当时由余湛邦速记，后来这篇讲演稿以《屈原考》为名，收录进了 1942 年 4 月重庆文学书店出版的《蒲剑集》。1947 年 7 月，《蒲剑集》和《今昔集》合并为《今昔蒲剑集》，由上海海燕书店出版，后多次再版，20 世纪 50 年代初期，《今昔蒲剑集》又由新文艺出版社多次再版。同样是一篇讲演稿，同样在最初版中有对他人言论的引述，也同样随着版本的变化有作家本人对其引述内容的修改，郭沫若的修改方式和鲁迅却大相径庭。

在这篇《屈原考》中，郭沫若批驳了胡适和廖平对于屈原存在的否定，其中在列举廖平的两条论据时，他这样说：

> 廖先生的论据的第一点是《离骚》开头的几句："帝高阳之苗裔兮，朕皇考曰伯庸"，"名予曰正则兮，字予曰灵均"。秦先祖是高阳氏，所以第一句是叙秦的先代。始皇名政，实吕不韦子，所以"名予曰正则兮"的正字是"政"的隐射，这一句正是点出了始皇帝的御讳。
>
> 廖先生的论据的第二点是《离骚》几每句皆六字，秦代尊"六"，可证《离骚》为秦文。②

① 姚锡佩：《敬阅台静农藏〈娜拉走后怎样〉手稿长卷》，《鲁迅研究月刊》2012 年第 11 期。

② 郭沫若：《蒲剑集》，重庆文学书店 1942 年版，第 20 页。

在上海海燕书店和新文艺出版社的各个版本中，郭沫若所列举的廖平的两点论据被修改成了这个样子：

> 廖先生的论据据说主要是《离骚》开头的几句："帝高阳之苗裔兮，朕皇考曰伯庸"，"名予曰正则兮，字予曰灵均"。秦先祖是高阳氏，所以第一句是叙秦的先代。始皇名政，实吕不韦子，所以"名予曰正则兮"的正字是"政"的隐射，这一句正是点出了始皇帝的御讳。
>
> 我可以替他补充一个便是《离骚》几每句皆六字，秦代尊"六"，可证《离骚》为秦文。①

郭沫若在第一段的"论据"之后加了一个"据说"，而他关于第二段论据的修改，着实让人感到惊讶和迷惑，不仅如此，郭沫若在下篇对廖平的观点展开批驳时，还把"廖先生说秦代尊'六'，《离骚》大都每句六字，可证明为秦文"一句改为"我自己补充的一个证据，由我自己来解铃吧"。这句修改显然是对应上文的修改而做。那么这一条"《离骚》几每句皆六字，秦代尊'六'，可证《离骚》为秦文"的论据，到底是廖平所提，还是郭沫若自己"补充"的呢？要弄清楚这一点，必须追根溯源，看看在廖平关于屈原的著作里，是否曾提出这样一条论据。

廖平（1852—1932 年），字季平，四川井研人，近代经学家。廖平关于屈原和《楚词》的研究集中体现他的《楚词新解》和《楚词讲义》两部著作中。那么郭沫若是不是从这两部著作中看到了这条论据？早在 1935 年，郭沫若就曾发文谈到过"近人对于屈原传的怀疑"，文中便涉及了廖平的著作：

> 提出了这个问题的人，第一个是四川的廖季平先生，据谢无量先生的《楚词新论》上说："我十年前在成都的时候，见着廖季平先生。他拿出他新著的一部《楚词新解》给我看，说'屈原并没有这人'。他第一件说《史记·屈原贾生列传》是不对的，细看他全篇文义都不连属。他那传中的事实前后矛盾，既不能拿来证明屈原出处的事迹，也不能拿来证明屈原作《离骚》的时代。（中略）他第二件拿经学的眼光说《楚词》是《诗经》的旁支。（中略）他以为《诗经》本是天学，所讲的都是天上的事，自然《楚词》也是一样。所以有那些远游出世的思想，和关于天神魂鬼的文词。（中略）他第三件说《离骚》首句'帝高阳之苗裔'是秦始皇的自序。其他屈原的文章多半是秦博士所作。史记'始皇不乐，使博士为仙真人诗；及行游天下，传令乐人歌弦之。'秦皇三十六年"。

① 郭沫若：《今昔蒲剑集》，上海海燕书店 1947 年版，第 226 页。

廖先生的《楚词新解》我还没曾看见过。他的详细的论证我自然无从知道，但在这个简单的转述中他的主张的要点是活现着的。①

既然郭沫若在1935年5月之前“还没曾看见过”廖平的这部《楚词新解》，会不会他在此之后又看到了呢？答案应该是否定的，因为廖平在其《楚词新解》中并没有怀疑屈原的存在，相反，他倒是肯定了这一点。廖平认为：“惟有屈原明文者，乃为其自撰”，“如《鱼父》《卜居》，乃为屈子自作”，此外则“为屈子所传”。② 在此著作开篇的“楚词新解叙”中，廖平更是明确地说：“《离骚》者，子屈子所传也。”③ 终其全篇，廖平从未说过楚词乃“秦始皇的自序”或者为“秦博士所作”的话。

那么为何据谢无量所述，廖平在《楚辞新解》中否定了屈原的存在呢？关于这一点，笔者认为应该是谢无量的回忆出现错误，或者乃是笔误。何以为证？廖平在其《楚词新解》开篇“楚词新解叙”的结尾处有这样一句记述：“光绪丙午四月望日，则柯轩主人序于中严雪堂，时年五十四也。”④ “光绪丙午”乃是1906年，其时此书已写成。而谢无量的《楚词新论》中虽没有明确的时间标注，但这部书是作为上海商务印书馆《国学小丛书》之一于民国十二年五月，即1923年5月初版的。根据初版年月推断，《楚词新论》当完成于1923年前后，由此再根据谢无量所说的“十年前在成都的时候见着廖季平先生看，他拿出他新著的一部《楚辞新解》给我看”，这个时间应当是1913年至1914年。其时距《楚词新解》成书已经六年多，根本谈不上是“新著”。而据《六译先生年谱》记载：“民国三年甲寅先生六十三岁”“冬，成楚词讲义十课。此书本先生随手编撰，供学校讲授之用。大旨以楚词乃秦博士作，秦本纪始皇卅六年，使博士为仙真人诗，即楚词。”⑤ 民国三年即1914年，正与谢无量所述的“十年前”相对应。另外，廖平在其《楚词讲义》中也确实否定了屈原的存在：

《秦本纪》：始皇三十六年，“使博士为《仙真人诗》”，即《楚词》也。⑥

旧说以《楚词》为屈原作，予则以为秦博士作，文见《始皇本纪》三十六年。《楚词》为词章之祖，汉人恶秦，因托之屈子。《屈原列传》多骄，文不可

① 郭沫若：《屈原》，《中学生》月刊1935年5月第55期。

② 廖平：《廖平全集·杂著类·楚词新解》（第九册），上海古籍出版社2015年版，第384页。

③ 廖平：《廖平全集·杂著类·楚词新解》（第九册），上海古籍出版社2015年版，第381页。

④ 廖平：《廖平全集·杂著类·楚词新解》（第九册），上海古籍出版社2015年版，第383页。

⑤ 四川大学古籍整理研究所编：《儒藏·史部·儒林年谱·卷六·六译先生年谱》，四川大学出版社2007年版，第884页。

⑥ 廖平：《廖平全集·杂著类·楚词讲义》（第九册），上海古籍出版社2015年版，第347页。

同，后人删补，非原文。[①]

《大招》《招魂》或以为屈子作，或以为宋玉作，皆误。此为道家神游说，与屈子全无关系。[②]

廖平对屈原的存在由肯定转而否定，并不奇怪，此人在学术史上就以善变而著称，曾自称“六变”。梁启超认为他“晚年受张之洞贿逼，复著书自驳，其人固不足道”[③]。钱穆甚至有些愤然的认为：“不幸而季平享高寿，说乃屡变无已。既为《五变记》，又复有六变”，“及其死，而生平之所持说，亦如秋风候鸟，时过则已。使读其书者，回皇炫惑，迁转流变，渺不得真是指所在。盖学人之以戏论字衡为实现，未有如季平之尤也”[④]。

不过廖平虽然在其《楚词讲义》中否定了屈原的存在，却并没有提及“《离骚》几每句皆六字，秦代尊‘六’，可证《离骚》为秦文”这样一条证据。如此看来，郭沫若从廖平著作《楚词新解》和《楚词讲义》中看到这条证据的可能性便排除了。那么郭沫若除此之外最有可能从什么渠道看到这条证据呢？如果我们再回头看一下郭沫若在《屈原》一文中涉及廖平的叙述，或许会很自然地想到，也许他是从谢无量《楚词新论》对廖平言论的“转述”中看到的，毕竟由他那一段话的“转述”可看出郭沫若曾仔细阅读这部著作，而且认为自己虽然不知道廖平“详细的论证”，“但在这个简单的转述中他的主张的要点是活现着的。”

那么谢无量有没有在其《楚词新论》中提到这条证据？笔者在遍阅此书之后发现，他虽然述及了廖平和胡适对于屈原存在的怀疑，但也没有列出这条证据，而他自己则列举出三条论据，“确信屈原这人是决有的了”。此外笔者还发现，郭沫若在其1935年发表的《屈原》中所引用的谢无量的话是有删节的，在此不妨把这段话的原始完整版录于下方：

我十年前在成都的时候，见着廖季平先生。他拿出他新著的一部《楚词新解》给我看，说“屈原并没有这人”。他第一件说《史记·屈原贾生列传》是不对的，细看他全篇文义都不连属。他那传中的事实前后矛盾，既不能拿来证明屈原出处的事迹，也不能拿来证明屈原作《离骚》的时代。那些选古文的人，差不多个个都选这篇不贯气的文章，认他神韵最好。真是疯子。他第二件拿经学的眼光说《楚词》是《诗经》的旁支。他那经学上的主见，以为《诗经》本是天学，所讲都是天上的事，自然《楚词》也是一样。所以有那些远游出世的思想，

① 廖平：《廖平全集·杂著类·楚词讲义》（第九册），上海古籍出版社2015年版，第348页。

② 廖平：《廖平全集·杂著类·楚词讲义》（第九册），上海古籍出版社2015年版，第351页。

③ 梁启超：《清代学术概论》，上海商务印书馆1921年版，第127页。

④ 钱穆：《中国近三百年学术史》（下），商务印书馆1997年版，第722页。

和关于天神魂鬼的文词。也是适用诗经应该有的法度。这种廖先生所创的特别经学系统，我们不敢批评。但他的说法实在比匡衡所说的齐诗，还新奇得有趣。我当时自然也就解颐了。他第三件说《离骚》首句“帝高阳之苗裔”是秦始皇的自序。其他屈原的文章多半是秦博士所作。史记“始皇不乐，使博士为仙真人诗；及行游天下，传令乐人歌弦之。”秦皇三十六年。这就是廖先生的根据。但平空在文学史上去了一个屈原，加了秦始皇或秦博士。岂不连楚词这个楚字，也要推翻了吗?①

以上画线部分，便是郭沫若转引时用省略号省略的部分。郭沫若为何要省略这些文字，不得而知，只是谢无量在这段话最后一句的反问，倒是切中要害，颇具力度，似乎不应该被省略掉。

如果郭沫若也不是从谢无量的著作中看到这条证据，那么就只剩下了一种情况，便是郭沫若从一开始便弄错了，和鲁迅当年一样，他在中华职业学校发表这篇关于屈原的讲演时，也是处于较为激情的状态，结果就很轻易地从记忆中搜出一条似是而非的证据安在了廖平头上，但和鲁迅不一样的是，鲁迅的记忆是大致符合史实的，而郭沫若的记忆却与实际情况有着八竿子打不着的关系，这自然也为他日后那令人目瞪口呆的修改埋下了伏笔。

郭沫若的这篇演讲没有单独发表，而是直接以《屈原考》为名收录进 1942 年 4 月重庆文学书店出版的《蒲剑集》，对比鲁迅编纂《坟》，他是把《娜拉走后怎样》逐字逐句抄录一遍，并同时加以修改更正，而郭沫若在编纂《蒲剑集》时显然没有这般严谨，因此也未发现证据方面的问题。到了 1947 年，当郭沫若决定把《蒲剑集》和《今昔集》合并为《今昔蒲剑集》，交由上海海燕书店出版时之前，应该细读了一遍文本，终于注意到了自己当年引用他人论据时存在的未经严谨考证的问题。

如果说鲁迅当时的修改是囿于客观条件而不得已为之的话，那么郭沫若从 1947 年到 50 年代初期，在《今昔蒲剑集》多次再版的这段时间内，一直处于不断著述和参加社会活动的状态中，应该有时间也有条件对自己的这篇颇有影响的文献的史料证据细加考证，然而遗憾的是，郭沫若即使在这样的情况下也并未这样做，而是采取了看似“聪明”的矫正方式。

和鲁迅一样，郭沫若也活用了“据”字，对于引用第一条“论据”的修改，郭沫若在第一句话的“论据”后面加了“据说”二字，由这二字作牵引就从一开始点明了这条“论据”乃是“据”他人之“说”，而非自己查阅所得，这样一来便在一定程度上减轻了他对转引不加考证的责任。事实上，如果郭沫若真去查阅一下廖平否定屈原存在的《楚词讲义》就会发现，在这部著作中廖平并没有列出这样一条证据，

① 谢无量：《楚词新论》，上海商务印书馆 1923 年版，第 12—13 页。

他论及“《离骚》开头几句”的话只有一处，是这样写的：

> 帝高阳之苗裔兮。《楚世家》首此句，故人以为楚事；《秦世家》亦首此句，今故改为秦事。其实皆非本义。高阳颛顼为人帝，由人企天从此始。①

如果说鲁迅“据传”中的“据”是确有所“据”的话，那么郭沫若这里的“据说”究竟是“据”谁之“说”，已经没有任何线索进行考证了。但可以确定的是，它并非来自廖平。而在对第二条论据进行修改时，郭沫若更不敢确认它是否为廖平所提，而这次又难以再用“据说”二字为自己开脱，于是他干脆把这条“论据”放到了自己身上，再在下文中“自己来解铃”，结果竟形成了自己系铃自己解，自己竖靶自己打的奇特现象。

鲁迅曾在给友人的信中言：“我对于郭沫若先生的翻译，不大放心，他太聪明，又大胆。”② 而以上的分析让我们看到在这件事上郭沫若似乎也是“太聪明，又大胆”，自然这“聪明”二字还要再加上一个引号，与鲁迅在相似的修改中所体现出的严谨态度形成了鲜明对照。学术活动，无论是口头的，还是书面的，都容不得半点疏忽糊弄，否则不仅是违反学术规范，还会让自己非常被动，郭沫若身为学术大家，其学术成就当然有目共睹，不容抹杀，但在这件事的处理上却不能不说为我们做了这样一个反面例证。

（原载《鲁迅研究月刊》2020 年第 12 期）

---

① 廖平：《廖平全集 · 杂著类 · 楚词讲义》（第九册），上海古籍出版社 2015 年版，第 365 页。

② 鲁迅：《书信 · 341206 致孟十还》，《鲁迅全集》第 13 卷，人民文学出版社 2005 年版，第 276 页。

“修改”与“塑造”

——郭沫若《洪波曲》删改校读兼论回忆录的史料价值

杨玉霞

郭沫若的《洪波曲——抗日战争回忆录》是其生前所写的最后一部自叙传性质的回忆录，最初连载于香港《华商报》（1948 年 8 月 25 日至 12 月 5 日），原名《抗战回忆录》。“1949 年下半年，上海群益出版社曾排版成型”[①]，未能正式出版。1950 年 11 月 1 日至 23 日连载于上海《文汇报》，因故中辍，易名《洪波曲——抗日战争回忆录》，在《人民文学》（1958 年第 7—12 期）连载；1959 年 4 月《洪波曲——抗日战争回忆录》由天津百花文艺出版社出版。1959 年 9 月《洪波曲——抗日战争回忆录》收入《沫若文集》第九卷，1992 年的《郭沫若全集》第十四卷“据《沫若文集》第九卷版本编入，并对照最初发表时的文句，有重大改动处加注说明”[②]。

《抗日战争回忆录》一波三折的发表、出版历程，很容易为人所混淆。有一些资料误认为群益出版社出版了《洪波曲》的初版本[③]。从 1948 年《华商报》的《抗日战争回忆录》（简称“华商版”）到 1958 年的《洪波曲》（简称“人民文学版”），再到 1959 年百花文艺出版社的《洪波曲》（简称百花版），作者几次三番删削改易。郭沫若曾经在《洪波曲》的“前记”中说道：“这主要是根据我个人的回忆，是抗日战争时期的一个不够全面的反映”，同时又说道：“就请读者把这看成为历史资料吧。”故重新校读这些版本之间的异文就显得尤为必要。

鉴于篇幅限制，本文将列举分析关于陈诚和张治中的一部分删改内容。此二人同是蒋介石麾下的高级将领；陈诚与郭沫若在三厅的活动有着很大关联，张治中则与郭沫若关于文夕大火有一番书信往来；陈诚 1948 年赴台，张治中则留在北平发表《对时局的声明》，为建设新中国做出诸多贡献。梳理郭沫若对这二人在华商本和人民文学本、百花本分别做出的改动删削，可以窥见新中国成立初期社会环境的巨大转变以及其时郭沫若思想动态的动荡与变化。

---

① 高信：《〈洪波曲〉余波：夜读纪事》，《书与人》1995 年第 1 期。

② 郭沫若：《郭沫若全集·文学编》第 14 卷“说明”，人民文学出版社 1992 年版，第 1 页。

③ 如萧斌如、邵华编写的《郭沫若著译书目》《郭沫若研究资料》，上海图书馆编写的《郭沫若著译系年》等。

一 《洪波曲》中的陈诚：从“抗战将军”到“青年刽子手”

抗日战争期间，陈诚任国民政府军事委员会政治部部长，敦请郭沫若就任政治部下属第三厅厅长。《洪波曲》关于陈诚的删改集中于1958年的人民文学本，相关的内容，按文内顺序胪列如下：

《华商报》版与人民文学出版社版《洪波曲》对比表

华商版	人民文学版
那时候他因受陈诚的推勉，要他去收集在江南各地散在着红军部队，准备改为新四军，由他担任军长，共同抗日，这不用说是得到了中共的同意的。	P104：那时候在集中江南各地的红军部队，准备改编为新四军，由他担任军长。
陈诚……。论理当不会是专门在访问我。……每逢他来，同时一定也要把恩来请了来。	P106：陈诚……不会是专门来访问我。……每逢他来，同时一定也要把周公请了来。
陈诚的大名倒不愧是“诚”，他实在是有一点老实，在不经意之间，被我略略一探试，竟把他们的用意完全地招认出来了。	P106：陈诚的大名倒不愧是“诚”，在不经意之间，竟把他们的用心透露了。
我这样一说，弄得陈诚满脸通红。——这也是陈诚的可爱处，他那时还没有老练到连脸也不红的地步。	P106：我这样一说，弄得陈诚满脸通红。
我把话说完了，陈诚却赞誉了我一番，说整个政治工作都要照着我这些话做，以后我们可以尽量商量。	P107：我把话说完了，陈诚说都可以照着这些话做，以后可以尽量商量。
陈诚的态度似乎很有诚意，他本人虽然只有几次的简短的电报，但通过琪翔或恩来，表示了他一定要请我回去……	P121：陈诚也有几次的简短的电报来，还通过黄琪翔和其他的人，……
他这话使我感觉着满意：因为他至少认清楚了，宣传的力量可以抵得两个国防军。	P123：他这话似乎还慷慨，这表示他认识到宣传的力量至少可以抵得两个国防军。
这在后来，他只聘了陈铭枢，而回避了沈和孔。	P123：这在后来，他只聘了陈铭枢，而回避了沈和孔。
陈诚也就含笑着说：那我们也就不请你指导了。毫无问题的，他的确是感受着了精神胜利。	P123：陈诚也就抢着说，那我们就不请你指导了。
陈诚很慷慨地便答应了。这问题便告了一个段落。 ……但陈诚也依然维持了原议。 陈诚对于孩子剧团的处置，天公地道地说：我是始终感谢着他的。	P125：改“很慷慨地便答应了”为“同意了”；改第二句为“但陈诚大概是为了维持自己的威信，维持了原议”；删掉最后一句。

续表

华商版	人民文学版
……也是我隔了三个月才能回答他的信条的机会了。 我为这事，先坦白地说吧，也得感谢陈诚…… 陈诚在这里也实在很坦白，他立刻便决定了…… 但陈诚却慷慨地出人意外……那实在是很遗憾的事。不过陈诚个人倒还做得漂亮。听说当鹿地夫妇复员到上海的时候，受着意外的刁难，结果还是得到他的帮忙，才回到他们的祖国去了。假使传言属实，倒也算的是有全始全终之美的。	P126：删掉第一句、第二句。第三句改为“陈诚立地同意了”。删掉最后陈诚帮忙一段。
三厅的同人们和一切参加工作朋友们尽了至善的努力，我们是得承认的。这层是应该归功于陈诚和军令部诸公。我敢于相信，他们是出于有意的部署，但也没有预料到那虚伪底效果竟来得这么的宏大。	P114：改“我们是得承认的”为“是没有问题的”。改“这层……宏大”为“但也没有预料到那效果竟来得这么大”。
我说得相当火辣，又弄得陈部长红了脸……	P114：“陈部长”改为“陈诚”
陈诚这位先生，在抗日战争初期是有相当的声望……确实还打过几次硬仗。……特别是这后一种使国共合作在形式上具体化了，而且还网罗了一大批的文化人，着实是增加了他的身价。	P117：第一句改为“陈诚，在抗战初期不知底细的人们对他有些幻想。”“几次硬仗”改为“几仗”。最后一句去掉“着实是”。
但其实这位以剿共起家的武人，他懂得什么政治……	P117：改“武人”为“丘八”。
便轰轰然听见这样的传说：李公朴被陈部长扣留了！	P118：改“陈部长”为“陈诚”。
公朴那时还年轻，说话有时过于爽直，……陈诚虽然貌似浑厚，而心地是异常褊窄的。	P118：“过于爽直”改为“不加考虑”。“褊窄”改为“阴险”。
……因而他们也就不敢再轰轰烈烈地，怕过分刺激了日寇。 就在这样的幻觉之下，我敢于相信，就连陈诚和康泽都是奉命行事的。这样的用意，他们在事前也未必知道。 ……这一老毛病也是需要他们的工作：越是无声无息，越是近乎理想的。	P119：删掉左栏中的文字。
他慷慨地这样说：“那么这样办吧……”	P122：“慷慨地”改为“显得慷慨地”。
于是一时的抗日战争将军一变而为青年的刽子手，震怒了全体的进步人士。	P123：“抗战将军”加引号，加“显出了为青年刽子手的本来面目”。

如上所列，可以发现其改动主要集中于以下几个方面。

（一）称呼的变化

《华商报》刊登本中称呼陈诚为“陈部长”“辞修”，在《人民文学》再刊时全部修改为直呼其名。其实，这样称呼的改变在全文都十分明显，比如国民党员黄琪翔，初刊时称之为“琪翔”，后也直呼其名，而对中共方面，从亲近地称呼“恩来”改为更具有尊重意味的“周公”等。

（二）内容的变化

《人民文学》再刊版删掉了一部分陈诚的内容。比如：叶挺是受陈诚推勉，收集红军队伍改编新四军的；在三厅第一次部务会议上，郭沫若发言后，虽然发言十分尖锐，但陈诚却首先赞誉了郭沫若“一番”；孩子剧团成立一事，郭沫若表示“天公地道地说：我是始终感谢着他的”；鹿地夫妇经郭沫若引荐受陈诚之聘而进入三厅工作，解决了其生计问题，之后复员到上海，受到意外的刁难时，曾受到陈诚的帮助，其“全始全终之美”，等等。这些内容是对陈诚肯定性的描述，表达了郭沫若对于陈诚的某些赞许和感谢，但再刊时均被删改掉了。

在关涉其他一些国民党官员时也存在这一类删改，比如关于郭沫若想在广州恢复《救亡日报》而受挫，后余汉谋每月捐助毫洋一千元来支持《救亡日报》，华商版中称许“这态度是够慷慨的”，然后详细介绍了当时的物价水平表示其数目“相当可观”，并提到了在上海时陈诚认捐了三百元——这些内容在 1950 年 11 月《文汇报》刊登时依旧保留，但 1958 年的《上海文学》刊登时已经删掉，并将“慷慨”加引号，后面又解释其“慷慨”是因为“他不是蒋介石的直系，为了好买空卖空，不免也来小试一下两面三刀”。

（三）情感语气的变化

《人民文学》再刊时，谈论陈诚的情感语气发生了非常大的改变。表示好感和肯定的语词被删改，比如陈诚在敦请郭沫若担任三厅厅长一职时，曾经亲自到太和街去访问郭沫若，郭一开始用了“竟”字表示陈诚的这种诚意，但后来删掉。对于陈诚的抗日战争工作，文中也发生了评价的重大改变，如“陈诚这位先生，在抗战初期是有相当的声望的”改为“陈诚，在抗战初期不知底细的人们对他有些幻想”，将“打了几场硬仗”改为“打了几场仗”，将“一时的抗战将军一变而为青年的刽子手”一句中“抗战将军”加引号，整句改为“于是一时的‘抗战将军’显出了为青年刽子手的本来面目”，否定其为“抗战将军”而指其本质为“青年刽子手”。而原文中批评陈诚之处，语气加重：李公朴被扣押一事中，指“陈诚虽然貌似浑厚，而心地是异常褊窄的”，后将“褊窄”改为“阴险”，虽然都是贬义词，但无疑后者对人的贬抑更胜一筹；将“这位以剿共起家的武人”改为“这位以剿共起家的丘八”，其中“丘八”一词已是明显的斥骂了。

二 《洪波曲》中的张治中：被“冤枉”的“和平将军”

张治中与陈诚同为蒋介石麾下高级将领，不同的是张治中一直奔走于国共之间，为促成、维护国共合作而竭心尽力，关于张治中的修改集中于1959年4月天津百花文艺出版社出版的《洪波曲》。现列表如下：

《华商报》版与百花文艺出版社版《洪波曲》对比表

华商版	百花版
——奉谁的命？ ——张主席！	P206：删掉左栏文字。
在长沙放火，是张治中潘公展这一竿子人的大功德，那可毫无疑问。	P213：放火烧长沙，是国民党人在蒋介石指使下所搞的一大功德。
三个人死的时候都喊冤枉，大骂张文伯！	P213：删掉左栏文字。
长沙人对于张文伯也是不能原谅的……	P213：长沙人不了解真实情况，颇埋怨省主席张文白……
“三个人头”委实是太便宜了，然而张治中又何尝“张皇失措”呢？他完全是企图功名，按照着预定计划在行事。他把陈诚蒙着了，十二日的当晚甚至扣留了陈诚的交通车。他把恩来蒙着了，竟几乎使恩来葬身火宅。他满以为敌人在进军，这样他便可以一人居功而名标青史，结果是一将功未成而万骨枯矣。张治中实在该负责任，就是做秘书长的潘公展也实在该负责任，而军事当局却容赦了他们！说不定他们的计划甚至得到了那位当局的批准的吧？	P213：然而冤有头，债有主，埋怨张文白是找错了对头。张文白和其他的人只是执行了蒋介石的命令而已。据我们后来所得到的确实消息，张文白在十二日上午九时，曾接到蒋介石的密电，要他把长沙全城焚毁。因此关于长沙大火的责任应该由蒋介石来负，连“三个人头”认真说都是冤枉了的。

关于郭沫若与张治中就“长沙大火”这一文案，早有研究者进行过探讨[①]。这里主要探讨郭沫若修改部分与保留部分。通过比对可以看出，郭沫若在百花本《洪波曲》中对关于张治中的部分内容进行了修改，主要有以下几点。

（一）将长沙大火的主要责任由指向张治中改为指向蒋介石

华商版及人民文学版都直接指出长沙大火是“张治中潘公展这一竿子人的大功德”，而百花版《洪波曲》则改为“国民党人在蒋介石指使下所搞的一大功德”；原稿将长沙大火认为是张治中想“一人居功而名标青史”，后改为张只是执行了蒋的命令而已。

① 参见张鸿基《张治中与郭沫若的恩恩怨怨》，《名人传记》1990年第4期。

（二）删掉了部分争议内容

在百花版当中删掉了枪毙酆悌等三人时三人大骂张文伯的内容；删掉了对于张治中蒙骗陈诚与周恩来的指责。

张治中在读到《人民文学》上刊登的《洪波曲》之后，于 1959 年 1 月 7 日给郭沫若写了第一封措辞锋利的长信，就"长沙大火"之责、讽刺对联的引用、"党老爷"与"官老爷"之说、六辆卡车之诺、《救亡日报》之停刊等提出意见，认为郭沫若对自己的描述"有些地方可以说是有意袭曲事实，进行个人攻击"，希望郭沫若"笔下留情"。在第一次回信中郭并不愿修改自己的文字，只表示可以把张治中的长信作为单行本附录，而且在最后一段话中郭特别申明自己并非出于私怨。于是有了张治中的第二封信件，强调"长沙大火"事件中自己只是被动执行的地位，就几处基本史实提出修改意见，还提出原文一处描述不当的地方，并重复了郭在上封回信中的最后一句话，同意将自己的信作为附录。而郭沫若在随后的复信中对张指出的错误表示感谢，并称"您的信实在是宝贵的史料"。①

事件到此似乎已经结束。然而这一事件还是被周恩来及有关部门知道了，据张治中回忆录中提到：国家机关党务领导和统战部门领导先后找到张治中，说："郭这样写是不合适的，我们要他改正。"还说："不过，你的信上措辞也还厉害了些！"郭收到我的第一次去信，复信表示在印单行本时愿把来信作为附录，两位领导同志都表示以不作附录径行改正为好。后来郭接我第二次去信再复我一信说："蒙您进一步指出了我的一些错误，谨向您表示感谢。"同时见面时还握着我的手说："真对不起，请恕罪！"②

但这只是张治中一方的表述。从文中修改内容来看，郭沫若仍然是保留自己看法的。张治中所提出的《救亡日报》被停刊一事，以及"官老爷"等言辞，在百花本中没有删改，依旧保留。这些似乎说明，郭沫若和张治中就一些事情并未达成一致，而郭沫若对张治中的情绪也并不像张在后来的文字中说得那样客气。

三　郭沫若的"隔世之感"与"切肤之痛"

1950 年 10 月 3 日，郭沫若在北京重新检视《抗战回忆录》，不禁感叹："真是快，一转眼今天已经是中华人民共和国一周年后的第三日了。仅仅相隔两年，所写的东西，读起来就已经有隔世之感了。"③ 这一感叹表明当时社会政治环境等已然发生

① 以上信件内容见张治中《张治中回忆录》，华文出版社 2007 年版，第 168—175 页。

② 内容见张治中《张治中回忆录》，华文出版社 2007 年版，第 168 页。

③ 郭沫若：《洪波曲——抗日战争回忆录》，《人民文学》1958 年第 12 期。

天翻地覆的改变，也表达了郭沫若内心对于这一巨大转变的敏锐感知，但这一感知很快将变成切肤之痛。

1949 年下半年群益出版社排版成型、拟于 1951 年（样本上标注为 1951 年）出版的《抗战回忆录》中，对于陈诚的内容有无修改呢？据吉少甫回忆，“这本自传是于立群收齐香港《华商报》发表的郭老的 16 篇散文的剪报，又由郭老自己结集编校的”，是“郭老在香港交我的”。[①] 而据曾任群益出版社编辑的詹焜耀回忆：“但我在群益出版社审稿时，曾见有郝稼先生（好像是市西中学教师）寄来一部《抗战回忆录》，洋洋亦近百万字，惟行文措辞，俱不合解放后之口吻，忆及郭沫若先生之《抗战回忆录》，亦有此病，如称陈诚为辞修先生，称康泽为康厅长，称蒋介石为委座，为最高当局，一时亦不敢付梓，后此稿被郭老索回，重新改写，以《洪波曲》书名出版。”[②] 从中可以看出，群益的样本较之《文汇报》刊本还要早，因此改动不会多于《文汇报》刊本，对于陈诚等国民党人的描述和原稿相差很小，且《抗战回忆录》的文稿内容之“不合时宜”，编辑亦能一眼看出。

最后，这本《抗日战争回忆录》单行本，已经列入群益出版社出版计划，做了宣传广告，样本也已经印出，但“却因内容涉及统战问题，被令暂停出版”[③]。据吉少甫回忆：“还没有正式开印，就接到时任上海宣传部副部长的姚溱的电话，他说，此书有些内容涉及统战政策和统战人物，比较敏感，暂时停止出版。后来，我又接到时任国家出版总署办公室主任的胡绳的电话，直接传达了同样的内容。”[④]

1950 年，在柯灵的请求下，这篇被搁置两年的作品依旧以《抗战回忆录》为题，被重新发表于《文汇报》（11 月 1 日始），但仅仅刊登至原文的第六章第三节便中断（到 11 月 23 日）。从发表的这一部分来看，整体修改不大，调整了部分原先《华商报》中的文句、排版错误，个别地方词句稍有表动，比如对沈从文的表述，将“有些无耻的文人如沈从文之流”中“无耻”改为“清高”，但其他相对变化不大，对陈诚的叙述基本保持了原貌，刊登内容尚未涉及张治中。

但后来，这篇稿件还是被停刊。据柯灵回忆：“一九五〇年，我在《文汇报》工作的时候，《洪波曲》还没有出版单行本，我征得郭老的同意，开始在《文汇报》作为头版专栏，连续刊载。但不久有关领导部门就提出了意见，认为文章里涉及许多民主人士，为了统战关系，不宜继续发表。这种考虑，当然是不无理由的。但在报刊连载的作品，突然中途停刊，习惯上谓之‘腰斩’，对作者是很大的打击。在新社会里，还会使群众猜疑作者出了什么问题。我非常为难，感到对郭老不好交代。硬着头

① 吉少甫主编：《郭沫若与群益出版社》，百家出版社 2005 年版，第 207 页。

② 詹焜耀：《〈洪波曲〉及〈江山万里图〉》，顾国华编：《文坛杂忆　全编四》，上海书店出版社 2015 年版，第 297 页。

③ 汪震宇：《我与后期群益》，吉少甫主编：《郭沫若与群益出版社》，百家出版社 2005 年版，第 279 页。

④ 吉少甫主编：《郭沫若与群益出版社》，百家出版社 2005 年版，第 208 页。

皮去和郭老情商，没想到他也就同意了。同样的雍容自若，默无一言。但我同样不信他心里没有任何想法。”[①]

其实，当时《文汇报》上被“腰斩”的作品还有师陀的《历史无情》——《文汇报》“本来计划搞三大连载，听说张治中先生的《和谈回忆录》已经杀青，他也当面向浦熙修答应交给《文汇报》发表。后来他大概看看风色不对，一直不肯把稿子交出。这样，三大连载的计划就无法全部实现了。”[②] 同一时期，茅盾原著、柯灵编剧的电影《腐蚀》也被停映[③]，由此可见当时出版、发表环境的复杂性、多变性，秩序在重新调整、规范，即便如郭沫若、茅盾这样身居高位的成熟作家的作品，也被严格审查甚至“腰斩”，更毋庸说一些普通作家、作者的创作与发表了。

睿智如郭沫若，即便已经感知到这一社会的“巨大转变”，然而要适应这一转变，还是要付出大作被“腰斩”、被“暂停出版”的代价，等待作家的是——作出适宜的修改，以求文字的重见天光——“据说，后来是胡绳在北京与郭沫若当面谈了具体意见，郭老作了修改，1958 年 7 月起才在《人民文学》杂志上连载修订稿。1959 年 4 月由天津百花文艺出版社更名《洪波曲》首次出版。”[④]

福柯指出，“检查把层级监视的技术与规范化裁决的技术结合起来。它是一种追求规范化的目光，一种能够导致定性、分类和惩罚的监视”。[⑤] 而在“检查”“指导”之下，《抗日战争回忆录》中那些可疑和芜杂的成分被剔除，保留符合规范的部分，那些更加鲜活和生动的描述被擦除，而人物的阶级属性更加单纯和鲜明。显然，国家意识形态已经征用了所有的公共空间和私密空间，弥漫于文本的缝隙之间，修改必将成为意识形态运作的一种叙事方式。然而，除了上级“检查”“干预”之下，还有作为读者和当事人的意见：关心新形势下如何塑造和被塑造一个“自我”——如前所述，张治中提出抗议，并与郭沫若再三进行言辞相当严厉的“商榷”；在《中国电影》连载的《影事追怀录》中，田汉提出《洪波曲》所写的自己在长沙撤退途中“一路游山玩水”一事不确，等等。

结　语

郭沫若在说明自己写作自传的动机时这样说道：“我不是想学 Augustine（奥古斯丁）和 Rousseau（卢梭）要表述甚么忏悔，我也不是想学 Goethe（歌德）和 Tolstoy

① 柯灵：《心向往之——悼念茅盾同志》，《上海文学》1981 年第 6 期。

② 徐铸成：《徐铸成回忆录》，生活 · 读书 · 新知三联书店 2010 年版，第 185 页。

③ 柯灵：《心向往之——悼念茅盾同志》，《上海文学》1981 年第 6 期。

④ 吉少甫主编：《郭沫若与群益出版社》，百家出版社 2005 年版，第 208 页。

⑤ ［法］米歇尔 · 福柯著：《规训与惩罚》，刘北成、杨远婴译，生活 · 读书 · 新知三联书店 2003 年版，第 193 页。

(托尔斯泰)要描写甚么天才。我写的只是这样的社会生出了这样的一个人，或者也可以说有过这样的人生在这样的时代。”(《少年时代·我的童年》)郭沫若曾经在1958年《人民文学》登载《洪波曲》的“前记”中提出“就请读者把这看成为历史资料”，这显示出郭沫若在写作中注重“真实性”。

写作中的“修改”不仅包括作者基于对修辞环境(包括题目、读者和目的)的清醒认识，由于思想变化而对内容和形式重新认识、发现并创造，还包括了由于作者修养提升而对文体、样式以及遣词造句的更加熟练的把握。从这一点上来看，郭沫若对自己作品的不断修改，是对过往的不断覆盖和刷新，符合认识与写作的规律。但我们作为读者应该认识到：我们要慎重对待回忆录，既要重视其史料价值，也要学会甄别、校勘其中的史实，学会在与其他史料的互文关系中读解回忆录。

在回忆录《洪波曲》的写作、发表、出版与再版过程中，郭沫若始终坚持对于历史的尊重，对于自我的忠诚。但他无法超越身处的语境，语境深刻而迅疾的变化在其文字间刻下了深深的印痕。那些洁净的文本，文本里面对立鲜明的人物，终于在这一次次的描画中凸显，更加清晰，也更加模糊。我们只有回归初本，或者梳理从初本到最后版本的变化过程，才能发现暧昧不清的真相。那些历史人物一路走来的真实足迹，才能最终“成为历史资料”。

(原载《聊城大学学报》2020年第2期)

论鲁迅逝世后的“文坛领袖”论争

廖久明

鲁迅逝世后不久，文坛便爆发了郭沫若、茅盾谁为“文坛领袖”的论争。尽管发表在《大晚报·火炬》上的论争文章曾收入孔另境编著的《秋窗集》[①]（泰山出版社，1937 年 6 月），以“文坛领袖”“文坛重心”“文坛重镇”为关键词检索中国知网、读秀学术搜索，却都未检索到相关文章[②]，仿佛此次论争在中国现代文学史上从未发生过一样。实际上，梳理一下此次论争经过，对了解鲁迅逝世后的文坛、“两个口号”论争的真实结局和意义是有帮助的；通过检讨此次论争，还会发现中国现代文学史上的很多类似论争实际上没有必要发生，如果处理得当也不会发生。

一　论争过程及反映出来的左翼文坛内部矛盾

就中国文艺界而言，1936 年秋天属于多事之秋：标志着“两个口号”论争“结束”[③] 的《文艺界同人为团结御侮与言论自由宣言》在《新认识》第 1 卷第 2 号（1936 年 9 月 20 日）、《文学》第 7 卷第 4 号（1936 年 10 月 1 日）、《学生与国家》第 1 卷第 1 期（1936 年 10 月 10 日）发表后不久，鲁迅又于同年 10 月 19 日去世。在这段时间里，孔另境先是协助茅盾整理《中国的一日》，然后又为鲁迅逝世事奔忙，“等到把心情完全静定的时候，人们的身上早已披上轻裘了”。也是在这段时间里，“从各方面所袭来的刺戟还是很多”，孔另境却因为忙，“只得积郁在胸中”。忙过鲁迅逝世事后，孔另境的第一个愿望便是“发泄一下胸中的那些积淤”，“不意一动笔，竟惹下一场祸事来了”[④]。

---

① 《立报·言林》上发表的 11 篇文章，仅收录了孔另境化名东方曦写作的《我的答复》。

② 在介绍《秋窗集》时，陈子善简单介绍了因孔另境发表的三篇化名文章而引起的“一场不大不小的论战”（陈子善：《孔另境：〈秋窗集〉》，《签名本丛考》，海豚出版社 2017 年版，第 128—134 页），因未出现“文坛领袖”之类的词语，故无法检索到。

③ 茅盾：《回忆录二集·“左联”的解散和两个口号的论争》，《茅盾全集》第 35 卷，人民文学出版社 1997 年版，第 80 页；蔡震：《几函佚简与“两个口号”论争的史事》，《郭沫若生平文献史料考辨》，社会科学文献出版社 2014 年版，第 354 页。

④ 孔另境：《前记》，《秋窗集》，泰山出版社 1937 年版，第 1—2 页。为节省篇幅，以后凡引自该《前记》的文字仅在引文后注明页码。

（一）论争缘起：孔另境化名东方曦批评文坛现象的3篇文章

一天，孔另境偶然在11月5日出版的《中流》的《编后记》中看见这样的文字："这次专号收到各方面稿件总数在千篇以上……"他觉得有些"刺眼"："因为自己曾经整理过《中国的一日》的稿件，记得一共收到的稿件计有二千五百件左右（连木刻图画照相在内），为着统统看一个初遍，总共费去差不多二个月光景，那时整日埋头在文稿中，已经觉得疲累不堪，现在这位《中流》编者居然如此神速，能在仅仅五六天之内看完一千件来稿，而且又作了最后决定，我在佩服之余，不免暗暗地怀疑起来了。"（第2页）这期《中流》还刊登了许广平的《片段的记述》，其中引用了鲁迅生前的话："办刊物应多量吸收新作家，范围要扩大，不可老在几个人身上，否则要拖死的。"两相对照，孔另境"发生甚大的感慨"："于是我即查它的目录，当真——老在这几个人身上[①]，于是从悲感中发生了愤慨，决定老实不客气地给这位编者一点指摘。"（第3页）当日，孔另境便在《秋窗漫感》的总标题下写了《文坛禁地闲人莫入主义》[②] 投寄给《大晚报·火炬》，内云："这种把文坛当做'禁地'，禁止一切新进的有志的青年参加进来的闭关主义，不但这一种杂志，实是普遍的存在着的，但我们不看见有谁来说过句公道话，有谁来代这无数万千的投稿者呼喊一声，因此更使我们觉得鲁迅先生的这一句遗言的可贵，鲁迅先生一死的悲痛。"因为担心编辑崔万秋"也中了'介绍主义'的毒"，孔另境附了一封短简寄去，内云："这篇稿子确实写得太长了一点了，但也无法，有许多话是非说不可的。我猜想贵刊是会刊这篇文章的，所以寄上，分二三天登最好，不妥处请随便改。这署名你也许从未见过，但也请不喜深究吧。"

三四天后的11月16日，该文发表出来了。同时，孔另境接到了崔万秋的来信，内云："您的署名我们虽然从未见过，但您的这篇作品我们是很佩服的。我们很荣幸得到您的这篇严正的论文，刊载《火炬》上。欢迎继续赐稿。"两人的来信以《作者写给编者》《编者写给作者》为题，与孔另境化名"东方曦"在《秋窗漫感》总标题下写作的《文坛"明星"主义》一起，刊登于1936年11月20日《大晚报·火炬·每周文坛》。《文坛"明星"主义》以《今代文艺》第1卷第3号用大号字体发表郭沫若的戏联为例，批评"文坛'明星'主义"："像不久以前的《××文艺》，为要号召读者，把某名作家的一副数十字的戏联登了进去，而且还大事铺张，在广告

① 除鲁迅遗著《立此存照》及未署名的《鲁迅先生语录》、《纪念画辑八面》和《编辑后记》外，本期"哀悼鲁迅先生专号"还依次发表以下作者的文章（目录与实际发表顺序不完全一致）：景宋（2）、茅盾、杲汛、吴组缃、张天翼、鲁彦、郑伯奇、萧乾、赵家璧、靳以、以群、周文、田军、萧红、艾群、巴金、蒋牧良、田间、郑振铎、阿累、姚克、周楞伽、平心、胡风、许钦文、厂民、曹白、陈子展、端木蕻良、陆离、唐弢、李蕤、芦焚、吴克刚、陈毅、黎烈文。

② 为节省篇幅，根据上下文能够知道出处的引文不再加注。

和目录上用大号字私撰了一个冠冕堂皇的题目，这种迹近无耻的欺骗终于斲伤了自己杂志的信誉。然而从此也可见文坛的‘明星’主义确已发展得很极端的了。”①

12月7日，孔另境又化名东方曦在《大晚报·火炬》上发表《炉边偶论·(一) 介绍主义》，结尾云：“资本主义愈发展，人类生存竞争愈尖锐，介绍主义是迫于此种需要而产生的，它的葬送一定要伴着社会组织的变更。虽然，我还是要奉劝编辑家一句：文章虽是商品，而商品究亦有好坏，若只顾交情而把蹩脚货色来欺朦主顾，究属要破坏本身的信用的，我们虽无阻止介绍主义的发达，但总希望编辑家放出一点良心来，不要专顾交情而使好货色永埋地下，我们虽然也是在谋生活，同时我们也负着促进人类文化的任务啊!”

（二）论争开始:《大晚报·火炬》1936年12月18日第5版3篇文章

孔另境正在因为“外边的回响一点也不见”而“觉得乏味的时候”（第4页)，12月18日《大晚报·火炬》同时发表了郭沫若的《漫话明星》、若英的《例子并没有说完》、陈阜的《也是漫话（二则)》，由此拉开了“文坛领袖”论争的序幕。

郭沫若的《漫话明星》主要针对《文坛“明星”主义》写作，内云：“‘十足道地’的大明星，自然有‘极自然的现象’在。苏联的高尔基，中国的鲁迅，都先后去世了。现在就剩下着我们唯一的一个‘文坛重心’——茅盾了。鲁迅是被称为‘中国高尔基’的，已经死了，茅盾自然是‘高尔基第二号’，更有何疑？这真‘十足道地’的‘东方的太阳’。我们是虔诚地仰望着我们的‘太阳’时常照临着我们，不要每每躲在夜幕和乌云里不肯露出面孔。‘太阳’据说也还是恒星之一，其‘明’也赫焉。假如我们这样的仰望，在‘东方曦’先生看来也就是‘恶劣倾向’的‘明星主义’，是应该‘纠正’的话。这儿自应该把‘东方曦’先生另一笔很严正的文字重录出来，还请我们的‘文坛重心’——茅盾先生留意。”

若英（阿英化名）的《例子并没有说完》逐一针对孔另境已经发表的3篇文章写作，含沙射影地举例说明茅盾有更离谱的事例，然后在结尾写道：“例子有的尽是，我想也不必多举了。总而言之，对东方曦先生的意见，我是十二分拥护的。要加上注脚的，就是犯了以上的病，固然不可恕，自己掩起更甚于此的同样的行为，反而打官腔，作‘正义感’，尤其是不可恕。‘重镇’在文坛上自然应该有，但必是众望所归的，决不属于自吹自捧的‘海派’者流!”

陈阜的《也是漫话（二则)》(应该由于篇幅原因，此次仅发表文章开头部分和

① 对这段引文，茅盾晚年在回忆录中如此评价：“这段话的意思很明白，是批评《××文艺》(即《今代文艺》)，也是批评当时的出版商和杂志编辑，为招徕读者而把名作家抬出来当招牌的坏风气，与被强拉去当作‘明星’的作家并无关系。我自己就无数次被人当作‘明星’使用，抗议也无效。”茅盾：《回忆录二集·“左联”的解散和两个口号的论争》，《茅盾全集》第35卷，人民文学出版社1997年版，第90—91页。

第一则《盯梢》[①]）笼统地针对东方曦在《大晚报·火炬》上发表的“几篇漫话”写作，内云：“自从两个口号论战发生之后，直到现在为止，我们已读了不少的文章。其中始终固守一定的立场的人虽然不少，但始而主张这样，继而主张那样，再后又主张不这样，不那样的人也不是没有吧？我希望读者们能把参加这论战的许多老作家们的文章各各自始至尾读一遍，这对于那些作家们的性格的认识是有不少的帮助的。”了解“两个口号”论争情况的人一看就会明白，引文中的“始而主张这样，继而主张那样”的人指茅盾：在“两个口号”论争中，茅盾先写作了赞同“国防文学”的文章《需要一个中心点》（1936 年 5 月 1 日《文学》第 6 卷第 5 号，署名波）、《进一解》（1936 年 6 月 1 日《文学》第 6 卷第 6 号，署名惕），后又写作了认“两个口号”可以并存的文章《关于〈论现在我们的文学运动〉》（1936 年 7 月 10 日《文学界》第 1 卷第 2 号，署名茅盾）、《关于引起纠纷的两个口号》（1936 年 8 月 10 日《文学界》第 1 卷第 3 号，署名茅盾）、《再说几句——关于目前文学运动的两个问题》（1936 年 8 月 23 日《生活星期刊》第 1 卷第 12 期，署名茅盾）、《谈最近的文坛现象》（1936 年 10 月 10 日上海《大公报》，署名茅盾）。在这篇文章中，陈阜还用茅盾自己的话来批评茅盾，用以说明茅盾是一个言行不一的人，并说明茅盾“想用一种不大光明的手段或不很爽朗的态度去获得读者和作者的同情”：“矛盾［茅盾］先生在十二月号的《文学》上，写了一篇《研究和学习鲁迅》，他说我们必须牢牢记住，时时追踪鲁迅先生的战斗精神。他称赞鲁迅先生的‘一口咬住就不放’的战斗精神。这是确论，我们的作家们，尤其是理论家们，应该学习鲁迅先生这种精神。现在文坛上也许有不少已成名并有了颇高的地位的作家，本来以他的作品已足以获得他应得的声名或地位，但反而想用一种不大光明的手段或不很爽朗的态度去获得读者和作者的同情的吧？那么请他们学习学习鲁迅先生的那种不屈不挠的精神吧。”

根据以上介绍可知，尽管没有指名道姓，3 位作者都毫不例外地认为东方曦是茅盾的化名并加以攻击。

（三）论争继续：阿英与孔另境在《大晚报》的交锋及“坛外人语”

看见这 3 篇文章后，“为把‘罪孽’挑到自己的肩膀上起见”，孔另境写了《“东方曦”示众》，声明“东方曦决非茅盾，乃是我——姓孔名另境的便是”（第 5 页）。这篇文章还未寄出，孔另境便看见阿英化名若英发表在《大晚报·火炬》1936 年 12 月 21 日第 6 版的《关于沫若的戏联》。该文主要叙述了郭沫若“戏联”的发表经过和原因，并在结尾如此写道：“在拜读了茅盾的《此时此地》（《生活星期刊》）以

① 根据该文中的以下文字可以断定，第二则是写完的：“至于我之所以写这二则漫谈，原因倒很简单，我虽不大知道文坛上的事情，但因时常阅读文艺刊物和报上的副刊，而且读后又总有点感触的关系，因此就随便把我的感想写下来。”

后，久想根据那原则写一篇《茅盾先生在两个口号论争中的此时此地》，以示汪精卫先生七一三前后的政论不能专美于前，苦于人事匆匆，竟未能写定。却想不到因沫若的一副戏联，反而先成了这样'失敬'的告白，明知'螳螂当车'，终将被'权威'打下十八层地狱，然而在下地狱之前，究竟不得不声明如上。冒昧失当，知所难免，这只有请东方茅盾恕过了。"

在"两个口号"论争期间，茅盾仅在 1936 年 8 月 23 日《生活星期刊》第 1 卷第 12 号上发表了与论争有关的《再说几句——关于目前文学运动的两个问题》，该文由《什么是关门主义和宗派主义?》《文学家联合救国抗日运动中的关门主义和宗派主义又是怎么讲?》《为什么要讲创作自由?》三部分构成，主要对周扬进行了严厉批评。由此可知，三个多月前看见茅盾的《再说几句——关于目前文学运动的两个问题》时，阿英便打算写作《茅盾先生在两个口号论争中的此时此地》，"以示汪精卫先生七一三前后的政论不能专美于前"。应该是由于《文艺界同人为团结御侮与言论自由宣言》的发表，以及鲁迅的逝世，使阿英"未能写定"。现在因为郭沫若的一副戏联，"反而先成了这样'失敬'的告白"。

阿英在《关于沫若的戏联》的"附记"中如此写道："至于'东方曦'究为谁个，暇当一'考'，从思想观点，文章风格，生活体验，应用语汇等等方面一证之。"看见该"附记"后，孔另境"为不辜负若英先生的盛意"，"只好把《示众》一文留了下来，那意思的一半是想和若英先生开个玩笑，看看他究竟有没有法子当真考证出来"（第 10 页）。加上孔另境接到了崔万秋的来信："有些人议论东方曦是那一个，于是便不免猜这个猜那个。我以为先生始终用东方曦的名字论评下去就好了，对于外界的揣测，似乎不必顾虑。因为名字不过是一个符号，主要的还是议论的内容。况且，先生一登场，便是用东方曦的符号了。"孔另境决定不发表《"东方曦"示众》，"但他们的猜测又不能不理"（第 11 页），于是写作了《炉边偶论》之四《论猜测》，化名东方曦发表在 1936 年 12 月 28 日《大晚报·火炬》。该文论述了猜测的"三种形态"，在论述第三种形态时，以郭沫若误解自己的《文坛"明星"主义》为例进行说明："我想只要稍通文理的人是一看就明白的，在这里绝对没有攻击郭先生之处的，我特意用了'戏联'两字（这次若英发表的郭先生信里也果然是戏联两字），是明明在替郭先生脱御［卸］责任的（我是根据了一个人偶尔是无妨开开玩笑的主张的），我又用了'私撰'两字又明明告诉读者'戏论鲁迅茅盾'并非是郭先生自己加上的题目（这次若英说'私撰二字，事实上也是扑落了空，因为这一责任，同样是应该由我负的'。这种话再可笑也没了，难道是负转交责任的若英先生所加就可以说是'自撰'了么？我的主意是在替郭先生卸脱责任，既不是作者自撰，当然是编者私撰了，那里想得到是另外的阿×阿×所加的呢！）而且我说的'这种迹近无耻的欺骗，终于斲伤了自己杂志的信誉'，这里所谓'这种——欺骗'明白是指《今代文艺》的编者的'私撰'题目，大事铺张的办法，底下不是说'斲伤了自己杂志的信誉’吗，这不是更明明白白在攻击这位编辑者么？何以郭先生一定要把它拉到自己头上来，说是骂了呢？郭先生在开头就说‘这位东方曦究竟是谁，早有人写信来告诉我了’，要是郭先生因为这原故因而大大光火，那么我不能不说，郭先生实在扑了空。”

在《关于沫若的戏联》的同版，还发表了署名东方曦的《秋窗漫感·（一）文坛禁地闲人莫入主义》的部分手迹和孔另境致崔万秋信，全信为：“崔万秋先生，读到十八日《火炬》，知道我的《秋窗漫感》和《炉边偶论》引起了许多人的注意，愤慨，而且其中好像还有猜测。《也是漫话》中说‘能像东方先生一样熟知文坛上一切怪现象的人并不多’，其实作为‘东方曦’的我，实在对于文坛的‘怪现象’并不熟悉，所以会冒昧地写了那两篇，把我的直觉老实地说出来。同时对于各位的‘猜测’，我也莫名其妙，不过我也曾间接听说那‘猜测’是由于笔迹而来的，所以我现在要请你把我原稿上的笔迹公开出来。东方曦。”关于手迹发表及写信情况，东方曦在《论“猜测”》中如此写道：“十二月十八日的《火炬》竟有郭沫若，若英，陈阜三先生一致论列起我的话来，我是惶恐的，但仔细一读以后，又不禁好笑起来了。说［谅］读者也一定会看得出，三位先生的文章里一直在攻击一个人，这个人就是被当作用‘东方曦’我化名写《秋窗漫感》和《炉边偶论》的本人。/我于是赶紧写了一封信给编者崔万秋先生，要求他把我原稿的笔迹制版公开出来，那意思是想替这位吃夹账的某先生辩明一下，把‘罪孽’挑到自己的肩头上来——现在谅大家都已经看到了。”

紧接《论猜测》一文是林黛①的《坛外人语》。该文首先交代了自己写作这篇文章的原因：“在一个深秋的下午，在东方曦先生的小书斋中，偶然与他谈到文坛的现象，觉得有许多可痛心的地方，我们两个人的感慨完全是相同的，当时我就劝他写出来发表，于是他就写了一篇《秋窗漫感》，其后又续写了《炉边偶论》。虽然文章是他写的，自有他来负责，但我完全同意他写作的动机，完全同意他所指摘的现象。不料这两篇文章刊出以后，竟引起了意外的反响，郭沫若先生和若英先生都来针对着这两篇文章发表意见，若英先生尤其慷慨激昂地发了一下牢骚。据说还有许多人要就此发表意见，我是当时参加‘漫感’和‘偶论’的一个人，自然不便缄默。”然后对郭沫若、阿英的文章提出了严厉批评：“在这里，不能不使我替‘他们的文坛’惋惜。不管东方先生的文章有没有错误，但他的动机是很纯洁的，他的态度是很严肃的，然而我们来看看郭沫若和若英两先生的文章（其他的文章我还没有看到），却不能不使人失望。本来是严肃的论到文坛的一般现象，却被人拿来当作私人意气之争，将私人的牢骚来浪费笔墨，浪费篇幅，浪费读者时间，真太无谓。从郭先生的文章看，似乎

① 该文发表时署名“黛林”，今据收录该文的《秋窗集》修改，下同。《坛外人语》的署名不但在收入《秋窗集》时更改为“林黛”，孔另境在《战术的公开》中3次写作“林黛”，没有一次写作“黛林”。

他是不愿意别人被尊为‘重’镇而自己被列入‘明星’，这不是挖苦话，郭先生的《漫话明星》，除此之外，还有什么？若英先生显然是对于被尊为‘重镇’的人（说穿了，就是茅盾，其实据我所知，东方先生写作这篇文章，完全与矛盾［茅盾］先生无关）怀着敌意，因而来同情没有被列入‘重镇’而仅讥为‘明星’的郭先生。他的那两篇大文，除了拥郭攻茅以外，还有什么内容！因为这样，东方先生的严肃的指摘，却意外地形成了‘茅郭之争’。在这里，我没有别的感想，只觉得中国有些作家实在太不爱惜笔墨时间和精力，不努力著作去获得读者，只是从事于一些无谓的意气争执。”

（四）论争扩大：《立报·言林》发表的论争文章

在《大晚报·火炬》上发表“文坛领袖”论争文章后不久，《立报·言林》于1936年12月25—30日连续6天发表8篇相关文章：《戏致东方曦》（何典）、《戏联》（何典）、《秋窗漫感》（纪塔）、《文坛领袖》（纪塔）、《东方明》（无心）、《赋得“赫赫的太阳”》（阿英）、《我的答复》（东方曦）、《领袖问题》（李华飞）；另外，次年1月7日发表《解决纠纷的最好方法》（李豪）、《自私心的利用》（屈轶），1月23日发表《无益的争论》（林曦）。

何典即陈子展，从两篇文章的内容看，陈子展已经知道东方曦不是茅盾的化名。其中一篇文章为：

> 戏致东方曦
>
> 文坛寥落几明星，
> 至今文坛有重心。
> 漆黑一团长夜里，
> 东方曦也尚关门。
>
> 自从我在《言林》发表《戏赠蒲牢》一诗以后，《大晚报·火炬》也起了关于文坛的论争。因为有一位新作家东方曦先生发表他的评论文坛现象的处女作，攻击“文坛明星主义”，攻击“文坛关门主义”，连远在海外的郭沫若先生也恼了，写了一篇《漫话明星》。鄙意东方先生反对文坛也有明星，我不妨举起两手附议。可是他又提出某某两位为中国文坛重心，如今一位死了，另一位当为唯一重心。那末，不倾向这个重心的，就被摈在坛外或门外了。原来东方先生也还是文坛关门主义者吗？不免来个“戏问”①。

文章写到的《戏赠蒲牢》原载1936年12月10日《立报·言林》，署名何典，

① 何典（陈子展）：《戏致东方曦》，《立报·言林》1936年12月25日。

全文为：

> 算谁狗尾算谁貂？
> 立此存照大家瞧。
> 鲁迅空前不绝后，
> 替人何幸有蒲牢！
>
> 顷见《中流》第七期有蒲牢的《立此存照续貂》一条补白。按《中流》最初几期有署名晓角的《立此存照》，自大文豪鲁迅先生死后，已成绝响。今复得蒲牢先生续之，虽曰“续貂”，意存谦逊，然其为豪也亦大矣哉！诗以戏之。

1936年9月5日、10月5日、10月20日《中流》第1卷第1、3、4期补白栏发表了鲁迅的6则《立此存照》（署名“晓角”），11月5日第5期“哀悼鲁迅先生专号”第一篇文章即以手稿影印的《立此存照》，署名为“鲁迅遗著”，1936年12月5日《中流》第1卷第7期补白栏发表了茅盾的《“立此存照”续貂》（署名“蒲牢”）。结合《戏致东方曦》中的“自从我在《言林》发表《戏赠蒲牢》一诗以后，《大晚报·火炬》也起了关于文坛的论争”可以推断，自从茅盾在《中流》第7期以蒲牢为笔名发表《立此存照续貂》以后，一些人便认为茅盾有接替鲁迅成为文坛领袖的想法，陈子展于是“诗以戏之”。这应该是人们看见东方曦的《文坛“明星”主义》中的“文坛之有重心，本是一椿极自然的现象，如苏联之有高尔基，中国之有鲁迅茅盾等”便认为东方曦是茅盾化名的原因之一。

无心即金性尧，他与阿英一样仍然认为东方曦是茅盾的化名。他在文章开头写道：

> 数日前遇何典丈，承告“文坛佳话”故事，“烟士批里纯”忽油然而生，遂口占四句云：
>
> 昔日文坛双重镇，偏将副座屈茅盾。
> 鲁翁一死东方白，独霸秋窗作替人。[①]

关于该文的写作情况，沈鹏年有如此说法：“金性尧当时并不了解东方曦是孔另境的笔名。听陈子展谈了文学研究会与创造社两大文艺社团有关‘为人生’、‘为艺术’争论的历史纠葛以后，联想目前的争论有感而发，便口占了四句打油诗。他认为东方曦的文章小标题用了这个‘主义’、那个‘主义’等大帽子，颇不以为然，所

---

① 无心（金性尧）：《东方明》，《立报·言林》1936年12月28日。

以说‘独霸秋窗’。”[①] 结合诗句意思可以知道，“作替人”应为茅盾希望自己代替鲁迅之意。

纪塔在《秋窗漫感》中谩骂那些平时“总装作‘自由’的人”：“无党无派，拥护真理，反对倾向，不受任何人的约束，当然，不受谁的利用。但是他们最怕太阳光，他们装作正直的人，躲在阴暗的角落里，有时，也到街上来，却没有强烈阳光的天气。”[②] 在《文坛领袖》中则含沙射影地对阿英提出了严厉批评：

> 东方曦在《火炬》上写了几篇漫话，竟而惹起了许多人的注意，而且把东方曦当作茅盾先生围剿起来了。这真是文坛奇事。
>
> 鲁迅先生一去世，小报上就大登某某将回国作“领袖”，某某捧某某作“新君”的消息，最近又盛传某“理论家”出国迎“领袖”了，好像文坛没有了领袖，就没法过下去。我有点不懂这奇怪的道理。
>
> 本来，“理论家”时常拿“创作家”作支柱是真的，没有“领袖”“权威”就没法过日子，我不相信。偶像崇拜的观念还留在“理论家”的脑里或者可能说，但，青年作家是不需要那种硬捧出来的“领袖”的。
>
> 一个伟大的领导者是怎样出现的呢？那是由于他为群众利益作过艰巨的斗争，他有比平常人更勇敢的精神，他有替群众争取利益的才能，在文学界，还要加上他向反动者斗争的英勇，有比一般群众优越的作品——战斗武器，他还能清楚地分晰形势，决定战术与战略，因而，虽然他自己不以为自己就是，无形中他却成为领导者了，像巴比塞，高尔基，罗曼罗兰，鲁迅……都是这样的。
>
> 我们的“理论家”“描写辞典”的编辑们，不理解这一点，也不愿理解这一点，他们以为鲁迅先生一去世，可以随其所欲，去“请”“迎”他们底“领袖”了。
>
> 我，像我一样的青年，郑重的警告这些人：你们“捧”“迎”出来的所谓“领袖”也者，我们是不需要的，如果他是不曾为我们战斗过的人，就让你把他拥到我们跟前，我们像他在天边一样，不会拥护他的。
>
> 不要作迷梦吧，好好地编你底“描写辞典”吧，好好地在家抄吉尔波丁高尔基的文句吧，我们的领导者是在不断的斗争中锻炼出来的！用不到你们“捧”“迎”“请”或者“拉”出来的无用的家伙！[③]

阿英曾以戴叔清为笔名于1931年、1932年在上海文艺书局出版《青年作家ABC

---

① 沈鹏年：《文以载道秀出天南——悼文史大家金性尧先生》，董瑞兴主编：《文以载道——金性尧先生纪念集》，上海古籍出版社2008年版，第127页。

② 纪塔：《秋窗漫感》，《立报·言林》1936年12月26日。

③ 纪塔：《文坛领袖》，《立报·言林》1936年12月27日。

丛书》:《写给青年创作家》《文学原理简论》《文学方法总论（上）》《文学方法总论（下）》《语体文学读本（一）》《语体文学读本（二）》《语体文学读本（三）》《文学描写手册》《文学术语辞典》《文学家人名辞典》，由此可知，纪塔写作该文主要针对阿英。

阿英《赋得“赫赫的太阳”》全文为：

> 昔也未明今也曦，
> 圆圭方壁泄灵机。
> 世间万事皆矛盾，
> 鬼作冰人又一奇！
>
> 【跋】捧人也要拉鬼作陪，人间事可谓愈演愈奇，只苦了已登鬼录的鲁迅先生也。看了日前《言林》载何典《戏致东方曦》一诗，不觉技痒，爰赋打油一章，并以郭沫若《漫话明星》一文中语为题。自然是“郎损”（译音）之事，但决非有意在弄“玄”虚，幸阅者谅之。(文责自负)①

关于该首诗，沈鹏年有如此说法：“东方未明、圆圭、方壁、矛盾都是茅盾曾用过的笔名。阿英起先误会‘东方曦’也是茅盾的笔名，所以作诗讽刺。前三句都是针对茅盾的。第四句‘鬼作冰人’是指孔另境答辩文章《炉边偶论之四：论‘猜测’》，文中一再借鲁迅生前被诬的例子为自己辩解：孔说‘因替某一方面说话，就断言他是某一派人，说的话一定有某种作用，这就不免胡闹了！这就等于从前反对鲁迅的人诬蔑鲁迅一样，因为鲁迅同情苏联，同情革命，就说他一定是受了俄国卢布的缘故。这种可笑而愚妄的“猜测”，在我们中国的社会上竟可以随时出现的。’这是指责阿英。——阿英说‘冰人’者媒冰也。阿英认为鲁迅已死，东方曦借例为自己辩解是牵强附会，所以说‘鬼作冰人又一奇’。”② 实际上，“郎损”“玄”都是茅盾曾经使用过的笔名。③

看见纪塔的《文坛领袖》后，孔另境作《我的答复》，其中有关文坛重心的文字有：

> 其实，文坛的重心的确又是一椿极自然的现象，它是由作品给予读者的影响而形成的，我相信即使我并不形之于笔墨，也会普遍地蕴藏在读者的心中的，

① 阿英:《赋得“赫赫的太阳”》,《立报·言林》1936年12月29日。

② 沈鹏年:《文以载道秀出天南——悼文史大家金性尧先生》，董瑞兴主编:《文以载道——金性尧先生纪念集》，上海古籍出版社2008年版，第126页。

③ 苗士心编:《中国现代作家笔名索引》，山东大学出版社1986年版，第218页；徐乃翔、钦鸿编:《中国现代文学作者笔名录》，湖南文艺出版社1988年版，第390—391页。

“硬捧”是决不会成功的，而徒见其可耻而已。鲁迅先生丧仪中的万千群众就是铁一般的例证，要想做领袖的与其“吹”和“捧”，还不是多努力在作品上的好，读者才是最公平的审判者，我不是有言在前吗：“……这个重心的存在，一定要伴着一种领导作用，仅仅借一个名字是无用的，在自觉为重心的人也不断要自我批评，切实地负起领导的责任来才成的！”任意诬蔑我为“捧领袖”是连你们的孩子也会耻笑你们的。①

剩下4篇文章的主要内容为：李华飞的《领袖问题》将郭沫若三个月前在文海社座谈会上的一段讲话加上说明文字发表出来，郭沫若在讲话中发表了“新时代的领袖是由群众中产生出来”的观点；② 李豪的《解决纠纷的最好方法》认为阿英在《欲罢不能的再说几句话》中的“要求东方曦先生发表真姓名”是“解决纠纷的最好方法”，至于那些题外的问题：“像什么捧领袖等等，实在是没有再说下去的必要”；③ 屈轶的《自私心的利用》引用朋友对自己的说话，意在告诉人们不要在乎别人咋样，做好自己的事情，如：“有的人因为相互间有些嫌隙，于是找机会相互挑剔。有时，找错了门路，却还张冠李戴，给彼方一顿拳棒。然而，我却耐忍着个人的嫌隙，不再公众之前，空费别人耳目。绝交之外，别无更大的报复”；④ 林曦的《无益的争论》则认为此次论争是“无益的争论”，“希望我们的作家：把视野放大点吧，这已不是该作家浪费论争的时候了”。⑤

（五）论争结束：孔另境、阿英的论争及陈阜对此论争的评价

看见纪塔的《文坛领袖》后，阿英写作了一篇文章进行“答辩”，谢六逸来信告知，将在12月31日的《立报·言林》发表（该文未见发表）。接着，阿英看见了《坛外人语》，认为“重心已被拉开”，由于“有些事是非说清楚不可的，因此再添上几句”，于1937年1月1日写作了《欲罢不能的再说几句话——要求东方曦先生发表真姓名》，发表在《大晚报·火炬》1937年1月3日第5版。该文主体由《被恶毒的歪曲了主题》《关于〈论猜测〉与〈我的答复〉》《问题是比什么都简单》三部分构成。第一部分交代自己写作《例子并没有说完》《关于沫若的戏联》的原因；第二部分批评东方曦在《论猜测》《我的答复》中不肯承认东方曦是茅盾的化名；第三部分针对孔另境发表的手迹，阿英如此写道：“看诚然是看到了，可是这并不足以证明是否东方曦先生的手迹。即以东方曦先生所深然了解的鲁迅先生说，他寄出来发表的稿

① 东方曦：《我的答复》，《立报·言林》1936年12月30日。
② 李华飞：《领袖问题》，《立报·言林》1936年12月30日。
③ 李豪：《解决纠纷的最好方法》，《立报·言林》1937年1月7日。
④ 屈轶：《自私心的利用》，《立报·言林》1937年1月7日。
⑤ 林曦：《无益的争论》，《立报·言林》1937年1月23日。

子，就不一定是亲笔，有时是由人录副寄出的。有十余年编辑经验的东方曦先生，对于这不可靠谅所深知，以此来替‘吃夹账’的先生解脱，未免有点开他的玩笑了”，所以希望孔另境“马上把自己的真姓名发表出来”。

看见该文后，孔另境于1937年1月6日写作《战术的公开——答若英先生们》，发表在1937年1月10日《大晚报·火炬》。其中分析了阿英认为东方曦是茅盾化名的原因：

> 我所觉得奇怪的，[①] 若英先生们为什么一猜就猜到东方曦是茅盾先生呢？现在我不妨来说一说事件的经过。据说当我发表《文坛禁地闲人莫入主义》的时候，《火炬》编辑部以外的二三人，甚觉高兴，到处去宣传茅盾在用化名攻击《中流》了，《中流》编者黎烈文先生就是最早被告诉的一人，证据是笔迹，这些宣传家之一就写信去告诉郭沫若，继之，我的《文坛明星主义》又发表了，于是郭先生光火了，写《漫话明星》了，十二月十八日《火炬》的专号是这样成功的。但不久他们已觉悟东方曦并非茅盾（据说某“理论家”最初是热烈证明东方曦是茅盾，也是鉴定笔迹之一，最近也对人说确非茅盾了）。照理是可以掩旗息鼓了，但阿英（即若英）在《言林》（十二月二十九日）上的打油诗中还硬派是茅盾（诗曰《赋得赫赫的太阳》，其中把茅盾曾用过的笔名一概写了进去）。究竟是何居心，真是奇怪得很呢！
>
> 当初因为谣传东方曦是茅盾完全由于笔迹而来，所以我赶紧请崔万秋先生发表原稿，我的猜测是极其单纯的。不意看了十二月二十七日《言林》上纪塔先生一文，才恍然其中还有捧领袖的关系在里边，他们之所以一起头就派定是茅盾而加以围剿的缘故，实在到不是因为我的笔迹像茅盾，而是因为我的文章内有可被利用之处，借来倒茅拥郭而已。若英之所以在明知东方曦另有其人的时候，而还故意把茅盾东方曦牵在一起而加以攻击，其根本的原因也还是这个道理。因此林黛先生的文章，到实在是深知文坛怪现象的产品，若英之说他故意把重心移开，完全是瞎说。
>
> 若英（即阿英）之加我“自吹自捧”的罪名，还是同一技俩，因为我的文章里说中国文坛重心是鲁迅茅盾，他认作者东方曦就是茅盾，于是就成了茅盾捧茅盾了。这是一个多么可笑的见解呀，我们不问茅盾究竟还需要不需要有人来捧他（这是根据一个比阿英稍高一筹的见解，即东方曦并非茅盾，然而是一位捧茅盾的人），即使需要，也无自写文章捧自己的愚蠢办法，从这里可见阿英实在是并不很聪明的。不错，自吹自捧的事情也并非决没有的事，据我所知，阿英的好朋友中就有过这种事，在北平也有过，后来还给人揭发，弄得狼狈不堪，阿英大概就据此类推起来了，可怜亦复可笑！

---

① 发表时为“我们觉的奇怪的”，今据《秋窗集》更正。

看见该文后，阿英于1937年1月12日写作《请看东方曦的最后法宝》，化名若英发表在同年1月13日《大晚报·火炬》。其中心论点为：写作《战术的公开》的东方曦“开始实行最可耻的造谣中伤”，然后从“不公开真姓名的茅盾律”“东方曦究竟是什么人”“最后法宝的出现”三个方面进行论证。东方曦看见该文后“笑了”，“不再作无聊的答辩了”（第19—20页），于是论争基本结束。

发表若英的《请看东方曦的最后法宝》的第二天，即1937年1月14日，陈阜在《大晚报·火炬》上发表了《也是漫话·（二）意外之气》，全文为：

当一场论争或类似论争，论争被引起了之后，我总要听到一些似乎是主持公道的人的喟叹，他们以为这是一种意气之争，是在真理与正义的假托之下，干着自私的行为的。

现在我又在某报上看这样的一篇文章，题为《自私的利用》，[①] 在开头的时候这么说：

“人总不能无自私心，因为我们生活在这私有社会里，在所自用耳”。因此“有的人为了抬高自己身价，往往拣一个文坛有地位的作家，予以打击。若能打胜，我固一世的英雄；即使打败，也得附骥尾而不失‘重镇’之类的对手。创造社排击鲁迅，闻系为在东京时的决议，即系一例。”

在作者的“人总不能无自私心”的正命题之下，一切都给丑化了。创造社之“排击”鲁迅是否原于创造社诸人为着抬高自己的身价，也都为着要作为一世的英雄或作为鲁迅这重镇的对手，而“排击”鲁迅，我不是创造社中人，不能有所辩明，但从中国新兴文学的发展史看来，我以为这位先生所说的未免意气一些。即使创造社诸人当时的行为纯是一种自私的行为，但在客观上却产生完全不同的效果，就是不晓得“奥伏赫变”[②] 的鲁迅，后来终于多读了一些社会科学的书，而缓缓健定起来，这与当时创造社的“排击”正有着密切的关系。此外，在当时也有许多青年受了“创造”与“太阳”等的启蒙，开始对于新的世界，新的文学有了憧憬，不管他们当时的理论有了若干的错误，在文学史上这功绩总是不能否认的。我们难道能够以意气和自私等来抹去这次论争的意义？

自然，我也明白那位先生的“言外之意”。他对于这次《火炬》上由东方曦的漫谈引起的一场争论，也颇有讥讽之意。但我以为这是不必的。这次的争论到现在似乎还没有完结，经过也迷离得很。在事态没有完全显明之前，我们似乎不必过分性急，而遽以为这是一种自私的行为，一种报复的行为。这不是一个公正

① 根据引文可知，《自私的利用》正确题名是《自私心的利用》，原载《立报·言林》1937年1月7日，署名屈轶。

② 发表时为“奥息赫变”，今据《秋窗集》更正。

的评论者的口吻和态度。正如过去有许多人责备某些刊物①的编者，那些责备也有出于至诚的，我们用不着肯定他们都是些投稿不遂的人，都是那些不“反省自己，想藉此以改进自己的工作的”人。这是一种扭曲事实的讲法。

过去曾有过二个口号的论争，这次论争在某些人看来是一种宗派的，意气的。就是“小说家”的座谈会里，好像也要把这论争归结为周扬与胡风两人间的争论一样。我以为这是一种最病态的见解。照这样的说法，那么这次的论争完全是浪费的，而参加这些论争的人都有形地无形地为他们两人所利用。这是公允的见解么？我希望我们在论事的时候，能够透过事实的里层，不要挣住一些皮面的事义而妄加测度。

世上不免有意气之争，但一切之争却不尽是意气的。把一切的论争肯定为个人的意气之争，我们将毫无所得，而这世界也未免太黑暗了吧！毕竟世上的人并不都是“卑细的动物”，所以我们才相信真理与正义尚存在于人间。以为世上一切都是出自个人的私心的，也许说这话的人正戴着自私的眼镜吧！

该文发表后，《大晚报·火炬》再未发表相关文章。

二　郭、茅当时都没有当“文坛领袖”的想法

（一）郭沫若的态度

在此次论争中，郭沫若仅写作、发表了《漫话“明星”》。这篇文章在交代自己写作该文的原因、将东方曦在该文中含糊其辞的内容补充完整、交代自己写作“戏联”的经过、纠正金祖同附识中的不实之处后如此写道：

我拟了那对联，自然是没有发表的意思的，——老实说，不是不想发表，是不敢发表。何以不敢呢？东方先生不云乎？——“文坛之有重心，本是一椿极自然的现象，如苏联之有高尔基，中国之有鲁迅茅盾等”。鲁迅茅盾两位是中国文坛的二大“重心”，是由来已久的事。况且此“文坛重心”也者，苏联只有一个而我国却何幸而有两个！而我那副联语，却又一时把两个“重心”都伤犯了，这还了得！金君侯君，毕竟年轻，不识利害，竟“偷偷”把那东西发表了出来，乐得受着了“迹近无耻的欺骗”之罪名。我呢？“自己”早也就是“觉悟”着的。早迟总有大祸临头。记得在鲁迅生前似乎曾暗暗地骂我为“人样东西”，而在鲁迅死后，又有人明明地骂我是信口“诬蔑”。犯上之罪浮于天，而今竟果真被超升为“明星”了。

① 发表时为“刊外”，今据《秋窗集》更正。

但是，不要高兴，"明星"是有套头的，套头只是"空头"，并非"花边"。"十足道地"的大明星，自然有"极自然的现象"在。……（剩余引文请见第一部分）①

从以上引文可以看出，郭沫若仅仅对将茅盾列为"重心"不满，并没有自己当"重心"的意思。

如果说《漫话"明星"》有可能让人们误会郭沫若希望自己当"文坛重心"的话，不妨看看论争期间李华飞发表在《立报·言林》1936 年 12 月 30 日第 2 版的《领袖问题》：

是三个月以前了。那时文坛上的两个口号争论得最激烈。某天文海社的座谈会，特请郭沫若先生发表对此论争的意见。当时我作了简单的记录，曾给郭先生改后，预备在第二期《文海》上刊载，后来因为日本环境异常恶劣，出版有阻碍，而这记录也就藏在箱里。这几天"文坛"上为了"领袖"，正在争吵，而那篇文章也正谈到这个问题，故将其发表于此。

下面就是：

"还有一点须得向大家讲的，刚才不是听着讲某些人要打倒某些人的话，真正说来，一个人除非自己要倒，并不是谁可以把他打得倒的。我们中国人少受理论的训练，一作起理论斗争来，当事者每容易动感情，旁观者也推波助澜，看见论争便以为在打架，不是说谁要打倒谁，便是说谁要同谁争领袖。其实事情倒没有那么素朴的。新时代的领袖是由群众中产生出来的，不是像从前的封建时代那样，明杀或暗杀得一个领袖便可以篡夺的。中国是半封建的社会，用明争暗杀的手段去争领袖的，不能说全无，但那样争夺得的领袖地位，未见得能保持长久。现在，时代的推动者是群众，一个作家或领导者，得不到群众的信仰与爱戴，那他的威势等于风前烛光。个人主义的气质，在集体的时代面前，是已经该进博物馆了。要作一个时代尖端的作家，就须得时时与大众握手，养成集体的精神。"

李华飞 1937 年 1 月写作以下附识后，将郭沫若此次谈话记录以《和大众握手——谈目前的文学论争》为题发表在《思想月刊》第 1 卷第 1 期（1937 年 2 月 1 日）："这篇笔记，本来预备在《文海》第二期发表的，后来该刊停办，致将此稿搁下，现在重行发表，似乎过时一点，不过，当作文献来看待时，也是不失其价值的。"该文落款为"一九三六年九一八的次日　华飞记"，由此可知，此次谈话时间为 1936 年 9 月 19 日。此时，"文坛领袖"论争尚未爆发，郭沫若的话应该准确表达

① 郭沫若：《漫话"明星"》，《大晚报·火炬·每周文坛》1936 年 12 月 18 日。

了他的意思。

再来看看郭沫若写于1936年7月25日的《青年们，把文学领导起来!》。他在这篇文章中如此写道："青年的使命，青年的责任是很重大的。青年人不要小视了自己，然而也不要因为使命之大而大视了自己。使命愈大，如所完成的愈小，则那种人是愈不足道。有着伟大的使命便应该用莫大的努力来完全这项使命。我们要有火车头那样的猛勇，飞机头那样的神速，不顾死活地，脚踏实地地，用尽全力作彻底的工作；我们的这一个全身，应该要造成为一个超级的战斗艇，我想由这样的青年所领导出来的文学才会是真正的人的文学。"① 一个希望"青年们，把文学领导起来"的人，怎可能产生自己当文坛领袖的想法？

实际上，郭沫若当时的处境决定了他不可能产生当"文坛领袖"的想法：他当时身在日本，怎可能当中国的"文坛领袖"？即使有这个想法，中国的一些作家及读者也不会同意，犹如纪塔在《文坛领袖》中所写的那样："我，像我一样的青年，郑重的警告这些人：你们'捧''迎'出来的所谓'领袖'也者，我们是不需要的，如果他是不曾为我们战斗过的人，就让你把他拥到我们跟前，我们像他在天边一样，不会拥护他的。"看看以下引文可以知道，孔另境在列举"文坛重心"时没有写郭沫若，可以说是他的真实想法："文坛之有重心，本是一椿极自然的现象，如苏联之有高尔基，中国之有鲁迅茅盾等，但我们不可不留心的，这个重心的存在，一定要伴着一种领导作用的，仅仅借一个名字是无用的，在自觉为重心的人也不断要自我批评，切实地负起领导的责任来才成"；"话是我说的，决不想收回的，我说中国文坛的重心是鲁迅茅盾，但底下明明还有一个'等'字，意思是'未完'的，因为一时想不起来，就列举了仅仅两个名字，倘使当时有人在旁边提醒我一句，我也许就会把×××先生的名字也加进去的，但也许竟不加也是可能的。文章原是代表我一个人的观点的，我为什么要随便听从人家的指挥呢？"前一段引文出自论争爆发前的《文坛"明星"主义》，后一段引文出自论争爆发后的《我的答复》：前一段引文含蓄地告诉我们，孔另境不将郭沫若列为"文坛重心"的原因是郭沫若身在日本，没有起到"领导作用"；后一段引文则直白地告诉读者，他本就不打算将郭沫若列为"文坛重心"。

在谈到将戏联发表时，阿英如此写道："自然，要是沫若能有继鲁迅而成'权威'的资格，为维持他'权威'的'尊严'起见，我也许会以'一得之愚'，劝他藏起真面，打起官腔。遗憾是他似乎没有这种野心，发表出来又何妨呢？"② 由此可知，阿英也知道郭沫若没有当"文坛领袖"的野心，他不过是反对茅盾当"文坛领袖"罢了。

① 郭沫若：《青年们，把文学领导起来!》，《文学大众》1936年9月5日第1卷第1期。该文未收入《郭沫若全集》。

② 若英：《关于沫若的戏联》，《大晚报·火炬》1936年12月21日。

（二）茅盾的态度

论争期间，茅盾没有发表相关文章。不过，看看“两个口号”论争中写作的以下文字可以肯定地得出结论，茅盾当时不可能产生当“文坛领袖”的想法：

关于“国防文学”的口号，我自己说过一些话，但我现在多少有些不同的见解了。原因是我看了郭沫若先生的文章《国防·污池·炼狱》，我认为他的解释最适当。他说：

“国防文艺最好定义为非卖国的文艺，或反帝的文艺。”又说：

“我觉得国防文艺应该是作家关系间的标帜，而不是作品原则上的标帜。”

这两句话，我觉得都很对，所以，我现在想，“国防文艺”这口号，若作为创作的口号，本来是欠明确性的，而过去我们把这口号认为一般的创作口号，也就有关门主义和宗派主义的危险。①

郭沫若先生的《蒐苗的检阅》是“澄清”空气的一大助力。我记得：当鲁迅先生的《答徐懋庸并关于抗日统一战线》发表后，就有一位青年朋友写信给我说，鲁迅先生此文出后“似乎引起了一些青年人对于文学上的统一战线的失望”（原信中语）。我当时立即回覆这位青年朋友一信，说明我的看法不同：“鲁迅先生文中对文学家联合战线又一度表示了切实的意见，并提出了宝贵的批评，不知何以会引起了一些年轻人的失望？鲁文中又揭露了一些文坛上过去的‘鬼蜮’，是这些‘鬼蜮’曾使文坛纠纷，所以这一揭露正是为了要‘是正’一些青年人的视听，何以又会似乎引起了失望？”我还劝这位朋友转劝他所遇得到的“失望”的年轻人应当从上述两点去看鲁迅的《答徐懋庸》，庶几能把握到问题的焦点。现在我读了《蒐苗的检阅》，知道郭沫若先生与我有同见。沫若先生说：“读了这篇文章的朋友，尤其年青的朋友，都很愤慨，而且有许多人愈见的悲观，说情形是愈觅的严重了。其实我底意见却恰恰是相反。”沫若先生指出《答徐懋庸》文中鲁迅先生于当前问题“态度很鲜明，见解也很正确”；沫若先生论及《答徐懋庸》文中有关“人事”的部分时，说：“我看‘家丑外扬’‘仇方称快’的忧虑也是不必要的。如有可扬的‘家丑’则当风扬之，吹涤净干，倒是快意的事。至于‘称快’的那种昧良的‘仇方’在国内或者还像没有；我的感觉反是向来和我们不同路的人倒是为我们所动而有愿意来和我们同路的意思了。”在《蒐苗的检阅》结尾，沫若先生恳切地说：“那些曾经以强迫手段诬蔑自己兄弟的人，怕已经自行在悔过而转向了吧。‘从前种种如昨日死，从后种种

① 茅盾：《中国文论四集·关于引起纠纷的两个口号》，《茅盾全集》第21卷，人民文学出版社1991年版，第149—150页。

如今日生’，悔者可以侮其悔；转者可以转其转。”

沫若先生此文在“澄清”空气上，实是极大的助力！①

在这两篇文章引文中，茅盾都引用郭沫若的话并高度评价其观点，在这种情况下，茅盾怎可能无视郭沫若的存在而奢望自己当“文坛领袖”？

再来看茅盾晚年回忆看见《答徐懋庸并关于抗日统一战线》的情况，可知茅盾当时确实不可能无视郭沫若存在而奢望自己当“文坛领袖”：

鲁迅答徐懋庸的信发表之后，我曾给在东京的郭沫若写过一封信，希望在两个口号的论争中我们与鲁迅的步调一致，共同地积极地引导青年向正确的方面，使这场论争早日结束。郭沫若没有给我回信。但从《蒐苗的检阅》这篇文章看，他不赞成我的意见。

我曾与鲁迅议论到郭文。鲁迅说，不必理睬它了，它只是就口号来反对口号，对于我们提出的文艺家联合阵线的大原则，文章还是赞成的。而且郭沫若是创造社的元老，底下有一大帮人，如果我著文反驳，马上会有一群扑上来的，犯不着。冯雪峰也不主张答辩，他说这个问题已经明朗了，没有必要再展开争论。②

明明看出郭沫若在《蒐苗的检阅》中不赞同自己的“意见”，却在自己文章中引用郭沫若的文字并进行高度评价，如此委曲求全的人怎可能产生当“文坛领袖”的想法？就连鲁迅都忌惮“底下有一大帮人”的创造社元老郭沫若，茅盾怎可能不忌惮？

1936年7月21日，茅盾致信郭沫若，转寄潘汉年特意致郭沫若的一封信，然后写道：“公信（拟取公开信的形式）正属草中，待脱稿后再由此间各位朋友补充校订。”潘汉年在信中写道：“国内文化界情况想深知一切，宗派与左稚倾向依然严重，我们有许多意见，要你、茅盾、鲁迅三人共同签名发表一个意见书公开于文化界——内容侧重文学运动，与你所写反对卖国文学的联合战线诸论点差不多，已由茅盾兄起草，恐来不及经你过目，可是我们相信发表后不会使你不满意，或少有未尽善尽美之处，盼你另文补充，发挥。我们认为在原则上不会有不同意见，所以擅越替你签名了，请原谅。”③ 潘汉年当时到上海的身份是中共驻共产国际代表团派遣回国参加国

① 茅盾：《中国文论四集·谈最近的文坛现象》，《茅盾全集》第21卷，人民文学出版社1991年版，第195—196页。

② 茅盾：《回忆录二集·“左联”的解散和两个口号的论争》，《茅盾全集》第35卷，人民文学出版社1997年版，第82页。

③ 转引自蔡震《几函佚简与“两个口号”论争的史事》，《郭沫若生平文献史料考辨》，社会科学文献出版社2014年版，第355页。

共谈判工作的联络员，信中的“我们”应该包括上海党组织。由此可知，即使在上海党组织那儿，鲁迅、郭沫若、茅盾也是相提并论的。在这左翼三巨头中，谁也不会怀疑鲁迅的地位最高；潘汉年以“我们”的名义而不是以创造社小伙计的名义给郭沫若写信，[①] 由此可见对郭沫若的高度重视。在这种情况下，茅盾怎可能在鲁迅逝世之后无视郭沫若的存在而奢望自己当“文坛领袖”？

再来看一篇追悼鲁迅逝世文章中的相关文字：“我们文学界的，也可以说文化界的两个领袖，郭沫若先生一贯精神是反抗，而鲁迅先生则是倔强，钢铁般的倔强，贯注在，因而也显示在他的一切作品的内容与作风上。”由此可知，在当时读者心目中，鲁迅、郭沫若才是“文坛领袖”，茅盾则不是。在这种情况下，茅盾怎可能在鲁迅逝世后无视郭沫若的存在而奢望自己当“文坛领袖”？

茅盾晚年在回忆“‘左联’的解散和两个口号的论争”时，作为“余波”回忆了这次“文坛领袖”论争。茅盾在写作该部分文字时参考了《秋窗集》，所写内容基本属实。当看见郭沫若的《漫话“明星”》后，茅盾回忆他当时的反映是：

> 我一边看一边心里纳闷：为何沫若先生突然施我无端的攻击?!“戏联”一事已过去三个月，况且我也并无出格的言语呀！待看到上引的最后一句（引者按：“我们是虔诚地仰望着我们的‘太阳’时常照临着我们，不要每每躲在夜幕和乌云里不肯露出面孔。”），又想到文章开头称呼化名“东方曦”的人为“赫赫的太阳”，我才茅塞顿开，恍然大悟。原来郭沫若认定“东方曦”是我的化名(那个在他耳边嚼舌头的真是作孽)。茅盾化名写文章捧茅盾，而且自封为“文坛重心”——哈哈，我禁不住大笑起来。我的确用过一个笔名叫“东方未明”，但并不叫“东方曦”呀！但笑过之后，我又感到悲哀！我低头又看报纸，才发现这一期《火炬》上还有两篇借“东方曦”这个由头来骂我的文章，都用的化名，一个叫“若英”，一个叫“陈阜”。尤其“若英”那篇《例子并没有说完》，歪曲事实，捕风捉影，指桑骂槐，好像作者与我有着深仇大恨似的，而从文章的内容看，又不像是敌人方面的。我这才感到问题并不那么单纯。

尽管茅盾“感到问题并不那么单纯”，但他并没有写作文章参与论争，而是要孔另境“立刻把论争停下来”。[②] 这段文字还告诉我们，在茅盾看来，“茅盾化名写文章捧茅盾，而且自封为‘文坛重心’”是一件非常滑稽的事情，也就是说，他当时并没有当“文坛领袖”的想法。

---

① 行者：《追悼我们民族的巨人鲁迅》，《1913—1983 鲁迅研究学术论著资料汇编》第 2 卷，中国文联出版社 1986 年版，第 141 页。

② 茅盾：《回忆录二集·“左联”的解散和两个口号的论争》，《茅盾全集》第 35 卷，人民文学出版社 1997 年版，第 91—92、94 页。

关于郭沫若、茅盾在文坛的地位，林黛在《坛外人语》中的以下文字应该代表了当时大多数人的看法："至对于茅盾郭沫若，我觉得他们同是'文坛重镇'，但同时也同样被书贾视为'明星'而做着活动广告。这两位无疑都是可尊敬的作家，但同时也无疑各有缺点。"①

三　对此次论争的检讨

最后，笔者拟从论争参与者（孔另境、阿英、郭沫若、茅盾、其他人）、刊载论争文章的载体（《大晚报·火炬》《立报·言林》）、论争的意义三个方面对此次论争进行检讨。

（一）对论争参与者的检讨

从表面上看，孔另境对"文坛禁地闲人莫入主义""文坛'明星'主义""介绍主义"的批判都是应该的。看看现在的文坛却会发现，这些现象仍然存在，并且愈来愈严重，意味着这些现象的存在是有原因的。所以在批判这些现象时，最好不涉及个体，并且设身处地考虑一下批判对象这样做的原因。

基于这样的看法，笔者认为孔另境在批判"文坛禁地闲人莫入主义"时举例不恰当：《中流》出版"哀悼鲁迅先生专号"，时效性很强，怎可能与自己协助茅盾编《中国的一日》相提并论？在短时间内看完一千多篇来稿是不可能的，编者选择那些"文坛熟人"的稿子因此是可以理解的。况且，就纪念文章而言，不管是就价值或者读者的期待来说，"文坛熟人"一般比"闲人"的稿子价值大、更受读者欢迎。孔另境甚至在该文中如此写道："从这个数学的与生理学的考察，我们确实可知道这位编辑先生实在是并未看文章的，也许是看了一个题目，也许是仅看了一个署名，他除了在编后观里'向各位作者表示诚挚的谢意与歉忱'而外，他实在是在欺骗读者，对投稿者说谎话了。"如此一来，便涉及编辑的人格问题，在写作这样的文字之前，最好考虑一下编辑这样做的原因。

"文坛'明星'主义"批判利用文坛"明星"招揽读者，如果站在出版者角度考虑是可以理解的：有哪位出版者不希望通过各种手段招揽读者、扩大自己的影响？对此，孔另境是知道的："文坛'明星主义'的形成，主要的动力实在倒不是编辑者而是读者群，因为读者购买的选择，往往只看作家名字而不看作品内容，这发展的结果使编辑者获得了统计的说明，编辑者为迎合读者起见，自然只得用捧的方法把名作家奉为'明星'，而其余的新进作家却从此遭殃了。"既然如此，孔另境却将《今代文艺》"为要号召读者，把某名作家的一副数十字的戏联登了进去，而且还大事铺

① 林黛：《坛外人语》，《大晚报·火炬》1936年12月28日。

张，在广告和目录上用大号字私撰了一个冠冕堂皇的题目”的做法称作“迹近无耻的欺骗”，实在太过了。

就对“介绍主义”的批判来说，孔另境的批判便恰当得多：只是针对这种现象进行批判，不但没有举例，分析也较客观。因此，结果也好得多：除阿英在《例子并没有说完》另外举了一些例子外，再未引起其他争议。在《战术的公开——答若英先生们》中，孔另境如此写道：“我写《秋窗漫感》的原因只是想发泄一点牢骚，事前林黛先生是知道的，写好以后也曾给住在邻近的某先生看过，因为没有人表示不同意，所以就毅然投寄了《大晚报》。既然要批评文坛现象，自然得举出实例来的，但一举实例，就不免要牵涉到个人，而我偏偏和这几个牵涉到杂志编者都有些认识，很怕因此引起私情上的误会，所以除了在文章中预先声明我针对的是现象不是个人而外，还故意造出了一个笔名来，那意思是要逃避一些误会。”初初看来，孔另境的理由很充分，看看他写作的《介绍主义》却知道：“批评文坛现象”也可以不“举出实例来”。设身处地想想，在“批评文坛现象”时“举出实例”，作为“实例”的当事人不满也很正常：既然是文坛现象，意味着类似情况很多，为什么偏偏将自己选作“实例”？会不会是作者对自己有看法？

至于孔另境以后在论争中的言行，笔者认为除可以平和一些外，基本是妥当的，具体情况请见第一部分的相关内容。

在此次论争中，阿英的表现说明他确实是一个坚定的“拥郭攻茅”者。

在《例子并没有说完》中，针对东方曦的三篇文章一一举例，说明东方曦的“例子并没有说完”，并在末段如此写道：“例子有的尽是，我想也不必多举了。”就所举例子而言，茅盾晚年在回忆录中的评价为：“尤其‘若英’那篇《例子并没有说完》，歪曲事实，捕风捉影，指桑骂槐，好像作者与我有着深仇大恨似的，而从文章的内容看，又不像是敌人方面的。”①

在《关于沫若的戏联》的开篇，阿英如此写道：“自从沫若的戏联在《今代文艺》上发表以后，茅盾东方曦似乎‘颇有遗憾’，遂不惜以‘如椽之笔’，‘茅盾地’击之于《大公报》的《双十特刊》，再‘东方曦地’击之于《大晚报》的《火炬》。似乎虽不能‘食祖同之肉，寝沫若之皮’，但即使是‘旁敲侧击’，也得来‘痛击一下’，好维持‘重镇’的‘权威’。我当然没有到‘老虎头上捉苍蝇’的勇气，不过关于这一回的经过，却知道得较详细。为表白责任起见，不得不写一点文字，来作一回事实的报告。”针对郭沫若戏联和金祖同《后识》的文章有以下两篇：1936 年 10 月 10 日《大公报》国庆 25 周年特刊的《谈最近的文坛现象》，署名茅盾；《大晚报·火炬·每周文坛》1936 年 11 月 20 日的《秋窗漫感·（二）文坛“明星”主

① 茅盾：《回忆录二集·“左联”的解散和两个口号的论争》，《茅盾全集》第 35 卷，人民文学出版社 1997 年版，第 92 页。

义》，署名东方曦。很明显，阿英把东方曦当作茅盾的化名了。

在《欲罢不能的再说几句话——要求东方曦先生发表真姓名》的第一部分《被恶毒的歪曲了主题》，阿英说自己写作《例子并没有说完》《关于沫若的戏联》的目的是："说明郭沫若先生戏联发表的经过，拥护东方曦先生对文坛现象的两回指摘，指出文坛'自吹自捧自宣传'，以及隐蔽着自己更甚的恶，而装做正人君子，以欺世盗名的恶现象，而加以攻击，原文具在，何难覆按，却想不到'卖文十余年'的林黛先生，竟撇过这个重心，而加上一个'攻茅拥郭'的可怕的总结。"很明显，阿英没有说实话，他写作的那些含沙射影的文字，明眼人一看就知道是在"拥郭攻茅"。关于该点，第二部分《关于〈论猜测〉与〈我的答复〉》中的以下文字便是最好的证据："郭沫若先生也是了解了'东方曦'先生的本体而后有作，陈阜'钉'谁的'梢'，而又用《也是漫话》的题名，更是显而易见。大家不约而同的地方，就是各人写作的动机，都着重在一点上，说痛快一点，就是我们'并非猜测'的知道东方曦是谁，这个人化名自吹自捧，这也是要不得的文坛怪现象，所以我们加以攻击。"在第三部分《问题是比什么都简单》，阿英如此写道："为已经形成的无谓的纠纷不要再发展下去，我希望这问题能很简单的解决，因此，不得不向东方曦先生提出一个要求，即是马上把自己的真姓名发表出来。东方曦先生既有十余年的编辑经验，而对文坛情形又是那样熟习，想大家是不会不认识的。如果发表的姓名，使大家能确信其非'顶替'，或'封建家奴的脸谱'，而是东方曦本人，我愿公开的在广大的读者面前，向东方曦先生请罪，承认自己是'猜测'。如其不然，或东方曦先生食言，那么，自吹自捧的卑劣，和欺骗读者的罪过，东方曦先生是不能不承认的。在必要的时候，我的考证也许会做，但那将是检查真的东方曦先生是否和《秋窗漫感》与《炉边偶论》里的东方曦先生是一个人，现在似乎没有什么必要。"根据引文中的"封建家奴的脸谱"可以知道，阿英实际上已经知道东方曦是孔另境的化名：孔另境是茅盾的内弟。[①] 由此可知，阿英向东方曦提出的这个"要求"实际上是一个陷阱：如果孔另境公布东方曦是自己的化名，意味着承认自己是"封建家奴"；如果不公布，意味着孔另境"食言"，那么，"自吹自捧的卑劣，和欺骗读者的罪过，东方曦先生是不能不承认的"。[②] 根据《战术的公开——答若英先生们》中的以下文字可以知道，

① 根据《战术的公开——答若英先生们》中以下文字可知，孔另境对此很清楚："不过'东方曦'就是我这事情，林黛先生和见我文章的某先生都当时就知道而外，同里的还有几个朋友也即刻就知道了的，自然我当时是曾经要求他们代我守一些时候的秘密，不过并不可能，等到文章在报上一漏脸的时候，即刻被宣扬开去了。后来碰到朋友特意来问明的时候，我也不再否认，到现在，上海文坛上的人几乎已经都知道'东方曦'是谁（连若英先生们也在内），所以我若再出来声明姓甚名谁到像成了一椿赘举似的。"

② 根据《战术的公开——答若英先生们》中以下文字可知，孔另境对此很清楚："如其不发表，则我的罪状也已经派定。自吹自捧，欺骗读者"；"不过在下还有一点小顾惧，要是发表出来的真姓名，若英先生认为不满意呢，那末不但得不到若英先生的请罪，结果还是落得一个'自吹自捧，欺骗读者'的罪状的，这样一想的时候，又觉得胆怯起来了，算了吧，我还是在这里先承认'自吹自捧，欺骗读者'的罪状吧"。

孔另境对此是很清楚的："如其不发表，则我的罪状也已经派定。自吹自捧，欺骗读者"；"他一方面要我发表真姓名，一方面又说我上次发表的笔迹并不可靠，而且又说'如果发表的姓名，使大家确信其并非顶替……'好了，这个孩子也会明白的圈套，还是请你自己收回去吧。我身边没有'大家'，无从代我投票，而你们的'大家'我又不大信托，所以我看你们还是老老实实地说吧，东方曦的文章一定是茅盾做的，也许由化名东方曦的人重抄一遍才寄出来发表的，所以这个×××是东方曦的顶替。这样，再明白也没有了，我的真姓名发不发表岂非已毫无关系了么？你们的目的也岂非同样能达到了么？"

在《请看东方曦的最后法宝》中，阿英仍然不承认自己知道东方曦是孔另境的化名，仍然要求孔另境公开东方曦到底是谁，甚至将茅盾写入第一节的标题《不公开真姓名的茅盾律》。针对阿英的要求，茅盾晚年是如此看待的："其实那时候'东方曦'是孔另境已经传得谁都知道了，阿英之所以定要另境公开姓名，无非是为了证明他骂我是有道理的，因为东方曦虽然不是茅盾本人，却是他的小舅子呀！"①

需要说明的是，阿英在看见孔另境的手迹后仍然坚持认为东方曦是茅盾的化名并认为孔另境是"封建的家奴"，应该与孔另境曾帮茅盾草拟《关于引起纠纷的两个口号》有关：

> 第二天另境就把文章写出来了，大概是开了一个夜车。一共写了六页纸，标题改成了《关于引起纠纷的两个口号》。他在一旁解释道，原来的题目太含糊了，所以改用这一个。我把文章大致看了一遍，说，写得还不错，题目这样改也可以，先把它留在这里，我再仔细看一看。另境这个草稿，基本上把我的意见都写进去了，只是在分寸的把握上，对周扬的批评严了一些，而且还点了徐懋庸的名。我在草稿上作了修改，加重了对胡风的批评，指出他"左"的关门主义和宗派主义，删掉了对徐懋庸宗派主义的批评；对周扬则着重指出他把"国防文学"作为创作口号有关门主义和宗派主义的危险。②

根据"我在草稿上作了修改"可以得出以下两个结论：第一，如果没有重新誊抄，那么交给徐懋庸稿子的字主要是孔另境写的；第二，如果重新誊抄过，交给徐懋庸稿子的字则全部是孔另境写的——既然茅盾同意由孔另境起草一份初稿，并且认为"写得还不错"，尚未痊愈的茅盾不可能亲自誊抄。《关于引起纠纷的两个口号》却署名茅盾发表，如此一来，孔另境发表的部分手稿非但不能证明东方曦是自己的化名，

---

① 茅盾：《回忆录二集·"左联"的解散和两个口号的论争》，《茅盾全集》第 35 卷，人民文学出版社 1997 年版，第 94 页。

② 茅盾：《回忆录二集·"左联"的解散和两个口号的论争》，《茅盾全集》第 35 卷，人民文学出版社 1997 年版，第 74 页。

反而证明是茅盾的化名。即使不能证明是茅盾的化名，也说明孔另境曾帮茅盾草拟文章，那么，阿英怀疑茅盾的一些文章由孔另境草拟便是情理中的事情。

还需要说明的是，阿英之所以坚持认为茅盾会写文章将自己与鲁迅相提并论并坚决反对，应该与《对于文学运动几个问题的意见》《我观这次文艺论战的意义》两篇文章的发表有关。

《对于文学运动几个问题的意见》具有以下两方面的特点：第一，多次引用茅盾的话批评周扬："最近茅盾先生指出周扬等也有关门主义的理论，周扬就反问道：我的关门主义在那里？你茅盾先生滥用关门主义的名辞了。我以为关门主义是有的，并且很浓厚，很根深蒂固，以至于到现在还不自觉，并且不仅存在于周扬等几个人的身上"，"对于要求'创作自由'的不了解，不但如茅盾先生所说由于他们颠倒的引用高尔基的话，最根本的是由于周扬等不了解或不相信新文学的既成的基础（即所谓主观的力量）和有着大大地扩大的形势，由于他们不了解将怎样地去变动作家之间的关系。无论如何，'创作自由'在现在是适当的，也是迫切的要求"，"周扬的理论，一方面实在如茅盾先生所说，是东鳞西片地凑拢来的，他实在是一个小钱杳郸"；第二，多次将茅盾与鲁迅相提并论："他们的一切理论和办法，至多仍是'半开门主义'；所以茅盾先生说他们规定要'入场券'，鲁迅先生说他们'基本上宗派主义'，是非常正确恰当的指摘"，"周扬等的关门主义或宗派主义，还更多地表现在其他许多问题的意见上。对于'国防文学'口号的出色地宗派主义的解释，将别的较正确的文学口号指为'标新立异'，即使不算是暴君的态度，也是一副商标主义的市侩的气味，是早经鲁迅先生和茅盾先生的指出，我不用说的了"，"我以为，倘若我们将新文学运动有大大扩大的可能，以及我们应当求得这可能的实现这问题放在我们的脑子里，那么茅盾先生和鲁迅先生的意见，就是对我们很好的指示。我想很可以将他们两位的意见，作成为如下的我们运动的有机的'三原则'"，"现在的批评，对于作家们的评价，一般是过低的。举例说，不但对于一般作家和许多新起的作家的评价过低，即对于鲁迅和茅盾的评价也过低的"。①

对《我观这次文艺论战的意义》，先引用其中的两段文字再对其进行分析：

> 在这次论战的开始和在论战以前，在文坛的一角确曾存在着两派，即周扬先生与胡风先生的对立。但因有两个口号的论争以后，形势变了，一边仍是以周扬先生为中心的原来的一些人，而胡风先生等却忽然中途不见了，当周扬先生等人大鸣胜鼓的当儿却有鲁迅先生茅盾先生，以及后来的吕克玉先生出来给周扬先生等人以重大的批判。把他们的理论完全推翻了，同时也批判了和纠正了胡风聂绀

① 冯雪峰：《集外杂文与论文·对于文学运动几个问题的意见》，《冯雪峰全集》第5卷，人民文学出版社2015年版，第102—109页。

弩诸人的态度。形势就一变而成为新的两种对照：周扬等是主张用“国防文学”口号为联合战线的口号，反对“民族革命战争大众文学”的口号，鲁茅等却是主张抗×联合战线应用抗×的政治的口号，而不应以“国防文学”的口号去限制它的扩大，但并不反对“国防文学”为自由提倡的口号，因此，“民族革命战争大众文学”口号也可用，因为和“国防文学”并不对立的。这里显然是理论上的两派，而不是口号与口号的两派了。我们也就很清楚：鲁先生和茅先生等的意见是正确的，他们提的办法是正当的，适合于现在实际情形的；同时，论争愈发展下来，周扬先生等的意见的错误和宗派主义与关门主义，也完全暴露了，终于因为理论上站不住而是改态度了。这就是这次论争经过的大概情形。所以，这次的论争的意义决不在争口号，而是在克服文坛上的关门主义与宗派主义，因为几篇最正确的论文的中心问题都在这一点上。譬如茅盾先生《关于引起纠纷的两个口号》一文（《文学界》第三期），是自己站在正确立场上，毫不偏倚地为纠正两派人——一派是周扬等，一派是胡风聂绀弩等——的宗派主义而作的；又他的《再说几句》一文是为清算周扬的继续坚持的宗派主义和关门主义而作的。鲁迅先生《关于抗×统一战线问题》的长文（《作家》八月号），也是站在正确立场上非常明确的，深刻的指摘了和解剖了徐懋庸先生和周扬先生等的宗派主义的理论与气质，不但对我们指示了正确的观点与办法，即于一个富有宗派气质的青年的徐懋庸先生的批判，也有着对于我们非常宝贵的教育和辛辣的教训的意义，——看那文意，这辛辣的批判是全为了使运动的开展的，这就和理论问题一同涉及了。在那长文中，并没有一点争口号的态度。又如后来的吕克玉先生的《对于文学运动几个问题的意见》的长文（《作家》九月号）更是专对周扬先生的关门主义与机械论的批判，并且更明显地提出了正确的办法，而对于口号问题差不多没有说到。因此，如果以为这次论争是在争口号，那就表明还没有了解到正确的观点，将论争的真义抹杀了。

最后因为刚才又读到了郭沫若先生的论文《蒐苗的检阅》（《文学界》第四期），觉得很高兴，但有些意见未能同意，再在这里说几句话罢。郭先生的态度与用心非常好，是使这次论争会有好的解决的表示；他以前发表的《国防·污池·炼狱》一文，我也十分同意，但在现在这篇论文中，郭先生所了解的联合战线，似乎仍是鲁茅诸先生所指摘过的关门主义的主张，譬如他仍主张以一文学口号，并且只可以有一个文学口号，就是这种见解的表示。其次他以为鲁迅先生所说的“民族革命战争大众文学是中国普洛革命文学的一发展”是不妥当的，我则以为妥当，因为鲁先生所说的“普洛革命文学”是指前几年的左翼文学的，鲁先生开头就“左联五六年来——”我以为现在我们的文学无论叫“国防文学”或“民族革命战争大众文学”，都是以前几年文学的发展，我们怎么能切断历史呢？又对于郭先生对于“民族革命战争的大众文学”一名词之“拆字法”的看法，我也不同意，譬如说，现在中国革命的中心任务当然是民族革命，这是无容疑议的；民族革命战争，是一个现成的正确的名词，现在大家都懂得它的意义，我们大可放心的；而“大众文学”，我同意吕克玉先生的解释，是文学大众化的意思居多，因为文学大众化也是我们文学运动的急迫的任务。倘以为这口号有十一个字，太长了，则别人也可以拿“社会主义的现实主义创作方法”一名词来反驳。所以这些理由都不是有力的妥当的理由，反而要使人误解郭先生也在争口号，将论争的中心问题掩起来了，未知郭先生以为然否?①

这两段引文四次将茅盾与鲁迅相提并论，并且认为“鲁先生和茅先生等的意见是正确的，他们提的办法是正当的，适合于现在实际情形的”，对郭沫若的《蒐苗的检阅》提出了批评意见。

再看看作者身份便会发现，这两篇文章的意义非常重要：

丧事过后，有一天冯雪峰问我：你看过最近的一期《作家》吗？我说最近忙得什么杂志都没顾上看。他带点神秘地说，你可以看一看其中一篇评论两个口号的文章。我见雪峰的话中有话，等他一走，就找到那本杂志。这是《作家》二卷一期，上面除了鲁迅的一篇《半夏小集》，还有一篇《我观这次文艺论战的意义》，作者莫文华，显然是个假名，我不知道有这样一个人。我匆匆地读了一遍。这是一篇水平很高的带总结性的文章，从文章的笔调和口气，可以猜得出，这是党内一位负责人写的，而且还是地位比较高的负责人。现在已经知道，莫文华就是刘少奇同志的化名，而刘少奇当时是党在白区的领导人。刘少奇这篇文章发表时，正值鲁迅逝世，大家忙于悼念活动，因此没有引起应有的注意，被人们忽略了。当然，他用了个无人知晓的化名也是被人忽略的原因，当时文坛的陋习是看文章先看作者的名字。②

① 莫文华：《我观这次文艺论战的意义》，《中国新文学大系 1927—1937》第 2 集，上海文艺出版社 1987 年版，第 897—900 页。

② 茅盾：《回忆录二集·“左联”的解散和两个口号的论争》，《茅盾全集》第 35 卷，人民文学出版社 1997 年版，第 87—88 页。从回忆录中的以下文字可知，茅盾在该段引文中认为刘少奇因为使用“无人知晓的化名”而使《我观这次文艺论战的意义》“被人们忽略了”的看法可能值怀疑：“我托郑振铎去查，当天晚上他就来告诉我，文章是经宋云彬转给《火炬》的，但宋云彬不肯说出作者的名字。不过，他笑了笑道，另外有人传出来，说东方曦是令内弟。”同上书，第 92 页。在那“看文章先看作者的名字”的年代，有人看见如此重要的文章便去打听作者很正常，即使“正值鲁迅逝世，大家忙于悼念活动”而暂时“没有引起应有的注意”，忙过以后去打听却是可能的，只要有一人打听出来，便有可能流传出去。就“仓促策动”提出“民族革命战争的大众文学”口号的冯雪峰而言，既然在平息“两个口号”论争过程中采取了借助党的力量和“人事关系”来解决问题的方法，那么，有意无意地将莫文华是刘少奇化名这一秘密透露给他人，以证明自己正确的可能性也很大。阿英写作《关于沫若的戏联》的时间是 1936 年 12 月 17 夜，离《我观这次文艺论战的意义》的发表时间 10 月 15 日已过去两个多月，应有足够的时间打听出莫文华有来历。

莫文华是刘少奇的化名，“当时是党在白区的领导人”；吕克玉则是冯雪峰的化名，时任中共上海办事处副主任。[①] 根据第一部分的论述可以知道，到20世纪30年代中期，鲁迅、郭沫若、茅盾已经自然成为左翼文坛三巨头。在《对于文学运动几个问题的意见》中，冯雪峰却只将鲁迅、茅盾相提并论；[②] 在《我观这次文艺论战的意义》中，刘少奇还对郭沫若的《蒐苗的检阅》提出了批评。因此，这两篇文章很容易让人们产生这样的印象：在鲁迅已经去世的情况下，中国共产党可能让茅盾接替鲁迅成为“文坛领袖”。应该正因如此，阿英才会在《例子并没有说完》中如此写道：“至少，较之吕克玉先生写茅盾先生‘昼夜不息地挥汗编《中国的一日》’一类的‘宣传文字’，要更有意义。虽然这些文字里，也一样的‘钦定文坛重镇’，历举‘重镇在两个口号论争中的苦心。’”[③] 况且茅盾自己在1936年12月5日出版的《中流》第1卷第7期补白栏发表了《“立此存照”续貂》（署名“蒲牢”），以致陈子展在《立报·言林》1936年12月10日第2版发表《戏赠蒲牢》，对茅盾如此嘲讽道：“鲁迅空前不绝后，替人何幸有蒲牢！”

已经担任中共上海办事处副主任的冯雪峰，对周扬的态度是：

> 我始终没有从组织上去解决过问题。只在1936年8月上旬，我有过想向中央请示改组或撤销周扬他们这个“文委”（主要的是要停止周扬对文艺界的领导）的想法，曾对王学文谈过，也对当时是上海办事处主任潘汉年谈过；但我只有过这样的想法，并未成为事实，因为我当时找不出可以代替周扬的人，提不出方案，我就没有写报告向中央请示。而接着，鲁迅《答徐懋庸》一文发表，周扬的“威信”大为降低，因而“垮下去”，并表示不愿再管事，“文委”也就从此逐步自行停止活动，到1936年10月前后已等于不存在了（也等于自行消亡的，因为并没有宣布撤销过它）。[④]

---

① “我到上海后从4月底到7月底是我一个人负责进行上述四个任务。到8月初上海办事处（当时就称‘上海办事处’）成立，我任办事处副主任（主任是潘汉年）。当时上海办事处的主要任务是统战工作和情报工作；因当时新的江苏省委尚未成立，也兼负责同上海地下党组织和党员联系（但仍不负责审查党员和整理组织等工作），也负责在政策上领导文艺界工作。”冯雪峰：《关于1936年我到上海工作的任务以及我同文委和“临委”的关系》，《冯雪峰全集》第9卷，人民文学出版社2015年版，第293页。

② 关于冯雪峰从陕北瓦窑堡被派往上海前的中央指示，冯雪峰有如此交代：“行前，洛甫曾几次嘱咐我说：‘到上海后，务必先找鲁迅、茅盾等，了解一些情况，再找党员和地下组织。派你先去上海，就因为你同鲁迅等熟识。’”（冯雪峰：《有关1936年周扬等人的行动以及鲁迅提出“民族革命战争的大众文学”口号的经过》，《冯雪峰全集》第8卷，人民文学出版社2015年版，第3页）；“关于向上海文艺界传达中央政策，中央特别指示过我要依靠鲁迅把中央政策贯彻到文艺界去，也通过茅盾等人去宣传和贯彻。”冯雪峰：《关于1936年我到上海工作的任务以及我同文委和“临委”的关系》，《冯雪峰全集》第9卷，人民文学出版社2015年版，第296页。

③ “昼夜不息地挥汗编《中国的一日》”出自冯雪峰的《对于文学运动几个问题的意见》。

④ 冯雪峰：《关于1936年我到上海工作的任务以及我同文委和“临委”的关系》，《冯雪峰全集》第9卷，人民文学出版社2015年版，第298页。冯雪峰在《有关1936年周扬等人的行动以及鲁迅提出“民族革命战争的大众文学”口号的经过》中有类似交代，可参看。

面对这样的情况，赞同“国防文学”口号又不满茅盾、同情周扬的郭沫若挚友阿英，[①] 抓住孔另境的文章对茅盾指桑骂槐便可以理解。

孔另境写作《文坛“明星”主义》主要针对郭沫若的《戏论鲁迅茅盾联》：“鲁迅将徐懋庸格杀勿论，弄得怨声载道。茅盾向周起应请求自由，未免呼吁失门”，属于朋友间的游戏之作。在得知该戏联被金祖同偷偷寄回国内、被阿英拿去发表后，郭沫若于 1936 年 9 月 19 日立即寄出一张明信片，全信为：“信接到。戏联不便发表，请遏止，免惹意外的纠纷。至嘱。至嘱。石沱。九月十九日。”但是，“《今代文艺》在十七日已经出版了，‘遏止’是没有办法的。”[②] 由此可知，郭沫若在戏联的写作、发表问题上没有什么责任。根据《漫话“明星”》中的以下文字可以知道，郭沫若写作该文是因为有人告诉他“东方曦”是茅盾的化名，由此可知，郭沫若写作该文与这位“嚼舌头”（茅盾语）的人有关：“偶翻旧报，看见了十一月二十日《大晚报》的《火炬》，有东方曦的《秋窗漫感》一篇。这‘东方曦’是谁的化名早就有人写信来告诉过我，突然在旧报中发现，真如在暗夜中望见了赫赫的太阳。”但是，就《漫话“明星”》本身而言，郭沫若却存在以下不妥：一、孔另境写作《文坛“明星”主义》主要针对发表戏联的《今代文艺》，郭沫若却抓住该文中的“文坛之有重心，本是一椿极自然的现象，如苏联之有高尔基，中国之有鲁迅茅盾等”对茅盾冷嘲热讽（引文请见第一部分）；二、郭沫若即使要交代自己写作该文的原因、将《文坛“明星”主义》中的相关内容补充完整、交代写作戏联的经过、纠正金祖同和茅盾的说法，也应该客观地摆事实讲道理，而不是用嘲讽的语气，在面对不久前共同署名于《文艺界同人为团结御侮与言论自由宣言》的左联另一巨头茅盾时更不应该如此。1936 年日本“二二六”事件发生后，郭沫若先后两次给《宇宙风》的林语堂、陶亢德写信，呼吁团结御侮：“目前处在国难严重的时代，我们执文笔的人都应该捐弃前嫌，和衷共济，不要划分畛域。彼此有错误，可据理作严正的批判，不要凭感情作拢统的谩骂”；“目前国难迫紧，文学家间的个人的及党派的沟渠，应该及早化除”。[③] 但是，在涉及与自己有关的人事时，郭沫若却在《漫话“明星”》中如此写作，与自己的呼吁不一致。回头看看郭沫若在“盘肠大战”论争、[④]“两个口号”论争中写作的文章可知，他参与论争时常常感情用事、喜欢用嘲讽的语气写作，他确实是一个情绪化非常严重的人。

不过，看看该文中的以下文字可以知道，郭沫若肚子里早就憋着一口恶气：“茅盾先生大约是忘记了前节，故而他曾说劝过我多多发表意见”；“‘自己’早也就是‘觉悟’着的。早迟总有大祸临头。记得在鲁迅生前似乎曾暗暗地骂我为‘人样东

① 钱小惠：《两个“臭老九”——郭沫若和阿英的革命友谊》，《新文学史料》1998 年第 1 期。
② 若英：《关于沫若的戏联》，《大晚报・火炬》1936 年 12 月 21 日。
③ 《作家书简（二）》，《宇宙风》乙刊 1939 年 3 月 16 日第 2 期。
④ 廖久明：《“盘肠大战”论争中的茅盾与郭沫若》，《新文学史料》2017 年第 4 期。

西'，而在鲁迅死后，又有人明明地骂我是信口'诬蔑'。犯上之罪浮于天，而今竟果真被超升为'明星'了"。[①] 前一段引文告诉我们，此时郭沫若已经看见茅盾的《谈最近的文坛现象》，内云："我是请沫若先生积极发表意见，引导青年们到更正确。"[②] 茅盾晚年曾如此回忆他写作该文的原因："我想，何不写一篇纵论两个口号论争的文章，顺便也谈谈《蒐苗的检阅》中的那个问题和回击一下金祖同？"[③] 既然茅盾在自己的《谈最近的文坛现象》"顺便"谈到了郭沫若的《蒐苗的检阅》，那么郭沫若写作《漫话"明星"》回应一下也是应该的。后一段引文告诉我们，郭沫若看见了鲁迅骂自己为"人面东西"的《女吊》，内云："被压迫者即使没有报复的毒心，也决无被报复的恐惧，只有明明暗暗，吸血吃肉的凶手或其帮闲们，这才赠人以'犯而勿校'或'勿念旧恶'的格言，——我到今年，也愈加看透了这些人面东西的秘密。"[④] 鲁迅逝世以后，郭沫若写作了《民族的杰作——纪念鲁迅先生》（1936 年 10 月 19 日）、《鲁迅を吊る》（《吊鲁迅》，1936 年 10 月 22 日）、《不灭的光辉》（1936 年 11 月 1 日）等文章，发自内心地表达了自己的哀悼和崇拜之情，当看见《女吊》时，他只是一度不再写作文章纪念鲁迅或者在演讲中高度称赞鲁迅。但是，看了鲁迅生前骂自己为"人面东西"的《女吊》、死后他人骂自己"信口'诬蔑'"的文章后，郭沫若不高兴是毫无疑问的。"从鲁迅逝世后，他再也没有对鲁迅有任何不敬的言谈"[⑤] 的郭沫若，抓住机会写文章对关系一直不好的茅盾进行讽刺便是情理中的事情了。[⑥]

同时还应看到，孔另境在《文坛"明星"主义》不但将左翼三巨头的鲁迅、茅盾并列为"文坛重心"，将另一巨头郭沫若讥讽为"文坛明星"，还含蓄地批评郭沫若："文坛的'明星'主义是不能真正促进文坛的发展的，它只好助长文坛浮滑之风，而且于被捧为'明星'的作家却大大有害处，纠正此种风气的责任最好还是由文坛'明星'自己觉悟，一切敷衍之作绝对不写，要写，一定是十足道地的货色，要能如此，则虽被捧为文坛大'明星'，文坛盟主，也可无愧于心，对得起敬爱他们的读者了。"尽管郭沫若本人当时并没有当"文坛重心"的想法，不满这样的文字却很正常："不读犹可，一读下去才知所谓'明星'也者是讽刺的区区。我生何幸，竟得与蝴蝶王莹诸大姐同享此盛名，真是有点'诚惶诚恐'。"

① 郭沫若：《漫话"明星"》，《大晚报·火炬·每周文坛》1936 年 12 月 18 日。

② 茅盾：《中国文论四集·谈最近的文坛现象》，《茅盾全集》第 21 卷，人民文学出版社 1991 年版，第 200 页。

③ 茅盾：《回忆录二集·"左联"的解散和两个口号的论争》，《茅盾全集》第 35 卷，人民文学出版社 1997 年版，第 83 页。

④ 鲁迅：《且介亭杂文末编·女吊》，《鲁迅全集》第 6 卷，人民文学出版社 2005 年版，第 642 页。

⑤ 王锡荣：《"罗曼·罗兰致鲁迅信"哪里去了》，《鲁迅生平疑案（增补本）》，上海人民出版社 2016 年版，第 90 页。

⑥ 相关情况详见廖久明《略谈郭沫若对鲁迅、茅盾的不同态度》，《鲁迅研究月刊》2019 年第 2 期。

看看茅盾在此次论争中的表现，便会发现其做法值得称道：不但自己没有写作文章，还要求孔另境“立刻把争论停下来”。当然，这与茅盾在论争爆发前已经在《谈最近的文坛现象》发表了对戏联的看法有关：

> 在这里我带便想到郭沫若先生的一副戏联：“鲁迅将徐懋庸格杀勿论，弄得怨声载道；茅盾向周起应请求自由，未免呼吁失门。”这是戏谑，材料现成，忍俊不住，虽则徐懋庸并未被“格杀”而且“活”得很神气，接连发表了好多篇文章“反鲁迅”乃至“反巴金”；虽则我所要求“自由”的对象，事实上绝不是周起应。我读了这戏联，曾经笑了好一会儿。但是“偷偷的”把这联“寄给《今代文艺》发表”的金祖同先生（引号里的字，是用他的），在“附记”中忽然说他看见了我写给沫若先生的一封长信，“大致是劝他对此番论争，不要发表意见，以免为仇者所快，似乎是动以大义。不知茅盾先生连续发表的反周起应先生的论著，就不是为仇者所快么？国亡无日，再没有比团结起来救国更重要的事，我看这些不必要的手段，还是赶快的停止了罢！”一个月前，我确有一信写给郭沫若先生（今天有一位新从日本来的朋友说他也见过）。但这封信，除谈及上海文坛之“纠纷”及离奇的“谣言”外，我是请沫若先生积极发表意见，引导青年们到更正确。金祖同说我劝沫若“不要发表意见”，那不是活见鬼么？我曾经写过一二篇文章，很不客气地批评了周扬（即周起应）的关门主义的错误，及其对于“创作自由”一问题的盲目的高调，然而这样的论著，恐怕只有金祖同先生之类才觉得会被“仇者所快”罢？反之，倒是《文学界》第三期周扬的《与茅盾先生论国防文学的口号》一文出现后，就立即发生了有类乎“仇者所快”的现象，因为立即有一张小报上登出一篇长文，大捧其周扬而判定我是“自掘坟墓”。这一骂于我毫无所损，然而那一“捧”，却实在把周扬先生弄成太“滑稽”了！周扬先生虽然曾经委托他的一个朋友来向我私人作“声明”，可是直到现在他对这“太滑稽”的“捧”还舍不得一口唾沫！金祖同先生俨然正义地说：“我看这些不必要的手段，还是赶快的停止了罢！”什么是“不必要的手段”？难道我请沫若先生积极发表意见引导青年们到更正确去，算是“不必要的手段”么？难道我倘若是请沫若先生发表文章痛骂鲁迅或胡风的，那才在金祖同先生看来是“必要的手段”么？我和金祖同先生，毫无交往，无恩无怨，我犯不着骂他，不过他的“附记”里那几句话，实在关系太大，我不能不说话。①

关于《谈最近的文坛现象》的写作情况，茅盾晚年有如此回忆：

---

① 茅盾：《中国文论四集·谈最近的文坛现象》，《茅盾全集》第 21 卷，人民文学出版社 1991 年版，第 200—201 页。

到了九月下旬，《今代文艺》一卷三期上用醒目的标题登出了郭沫若的《戏论鲁迅茅盾联》和把这副戏联偷出来发表的金祖同写的《后识》。郭的戏联是："鲁迅将徐懋庸格杀勿论，弄得怨声载道；茅盾向周起应请求自由，未免呼吁失门。"很明显，这是朋友间的戏谑，是不供发表的。可是偷戏联的金祖同的《后识》中，却忽然说他看见了我写给郭沫若的一封长信，"大致是劝他对此番论争，不要发表意见，以免为仇者所快，似乎是动以大义。不知茅盾先生连续发表的反周起应先生的论著，就不是为仇者所快么？"对于这位素不相识的金祖同的无端攻击，本可以相应不理，可是他的蓄意颠倒事实，却使我不能缄默。正好这时《大公报》来问我约稿，而且指明要我谈谈上海文坛的现象。我想，何不写一篇纵论两个口号论争的文章，顺便也谈谈《蒐苗的检阅》中的那个问题和回击一下金祖同？于是我对《大公报》的编辑说：可以写一篇，但你们不能删改。他们同意了。[①]

最后对其他论争参与者进行检讨（对陈阜的检讨请见《对刊载论争文章载体的检讨》部分）。在这次论争中，陈子展化名何典发表了《戏致东方曦》《戏联》两篇文章，加上论争爆发前发表的《戏赠蒲牢》，一共发表了 3 篇，结合 1936 年 8 月在《立报·言林》发表的《戏问郭沫若》可以知道，陈子展喜欢写作游戏文章。不过，看看孔另境的以下文字可知，这种游戏文章产生了不好的效果："我在《大晚报·火炬》上写了几则关于文坛现象的漫谈以后，不料竟引起文坛上一致的注目，《火炬》连出专号，《言林》上也接连出现关于我的文字，大部份的文章都取着讥讽和攻击的态度。好的，来，就来吧，我是并不想就此掩旗收军的。但可怜而可惜的，这些'仗义执言'的诸家，他们虽洋洋得意的'戏'或'击'，却并没有一枝箭真正射中作为'东方曦'的我和我所写的文章的内容的，他们都是在攻击猜测中的另一'东方曦'，而且仿佛有一个并不光明的目的。"[②] 金性尧化名无心写的《东方明》产生的效果是同样的。纪塔接连在《立报·言林》1936 年 12 月 26 日、27 日先后发表《秋窗漫感》《文坛领袖》，第 1 篇采取谩骂语气，第 2 篇采取含沙射影的方式，不管其内容如何，该种写作方法都不可取。林黛在《坛外人语》对参与此次论争的人和当时文坛、其他文化部门"乃至任何社会部分"的批评虽然有些愤激，却基本做到了客观公正，尽管仍然采用了容易引起争议的举例法。李华飞在此次论争中的表现值得称道：他仅仅在郭沫若参加文海社座谈会的相关发言前写上说明文字，交给《立报·言林》发表，郭沫若自己的发言有力地说明此次论争犹如鲁迅曾经讽刺过的以

① 茅盾：《回忆录二集·"左联"的解散和两个口号的论争》，《茅盾全集》第 35 卷，人民文学出版社 1997 年版，第 82—83 页。

② 东方曦：《我的答复》，《立报·言林》1936 年 12 月 30 日。

下情况："乡间一向有一个笑谈：两位近视眼要比眼力，无可质证，便约定到关帝庙去看这一天新挂的扁额。他们都先从漆匠探得字句。但因为探来的详略不同，只知道大字的那一个便不服，争执起来了，说看见小字的人是说谎的。又无可质证，只好一同探问一个过路的人。那人望了一望，回答道：'什么也没有。扁还没有挂哩。'"①郭沫若本人没有当"文坛领袖"的想法，他人还有必要为他争论么？从表面上看，"要求东方曦先生发表真姓名"确实是"解决纠纷的最好方法"："因为这样不但使读者们可以明白过来，就是这个纠纷，也就可马上解决了。"但是，如果李豪看过论争全部文章并且持论客观、公正的话，就会明白东方曦发表真姓名并不能达到该目的，只能证实"关切和注意"此次论争的读者的猜测："东方曦究竟是谁的化名呢？这问题在读者的心目中，虽约略的知道一点，但可惜这知道也由于文章中间懂得的，事实上我们读者还是被朦在鼓里。"② 根据《自私心的利用》可以知道，屈轶③是在充当和事佬，这样的文章不写也罢。此次争论确实"无益"，笔者认为对待此类论争最好的办法是不参与，林曦④却写文章指出来实属无必要，尤其在论争已经结束的情况下。假设《中流》编辑黎烈文、《今代文艺》编辑侯枫没有使用化名参与论争，他们的做法值得肯定：尽管孔另境在批评文坛现象时将自己作为"实例"，他们仍然保持了沉默。除已知真实姓名的作者外，林黛、纪塔都对阿英进行了批评，李豪认为"解决纠纷的最好方法"是"要求东方曦先生发表真姓名"，更像一个普通读者所作，所以基本可以断定，黎烈文、侯枫确实没有使用化名参与此次论争。

（二）对刊载论争文章载体的检讨

根据相关史料可知，《大晚报·火炬》在此次论争中起了非常重要的作用。

孔另境在《我的答复》中如此写道："我在《大晚报·火炬》上写了几则关于文坛现象的漫谈以后，不料竟引起文坛上一致的注目，《火炬》连出专号，《言林》上也接连出现关于我的文字，大部份的文章都取着讥讽和攻击的态度。"对此，阿英在《请看东方曦的最后法宝》回复道："他'创造'了十八日《火炬》专号形成的原因，又派定我作打油诗有什么居心，更捏造出我把两个人拉出在一起的原因，不是为的'自捧'。"那么，孔另境的说法是否属实呢？

《大晚报·火炬·通俗文学》1936 年 12 月 16 日右边中间用黑体字刊登了以下

---

① 鲁迅：《三闲集·扁》，《鲁迅全集》第 4 卷，人民文学出版社 2005 年版，第 88 页。

② 李豪：《解决纠纷的最好方法》，《立报·言林》1937 年 1 月 7 日。

③ 王任叔曾使用屈轶作为自己的笔名，参见周锦编《中国现代文学作家本名笔名索引》，成文出版社 1980 年版，第 68 页；苗士心编《中国现代作家笔名索引》，山东大学出版社 1986 年版，第 102 页；徐乃翔、钦鸿编《中国现代文学作者笔名录》，湖南文艺出版社 1988 年版，第 69 页。

④ 司马文森（何章平）曾用林曦作为自己的笔名，苗士心编：《中国现代作家笔名索引》，山东大学出版社 1986 年版，第 93 页；徐乃翔、钦鸿编：《中国现代文学作者笔名录》，湖南文艺出版社 1988 年版，第 121 页。

《预告》:“星期五日《火炬·每周文坛》刊布郭沫若先生的《漫话明星》特此预告。”12月18日，郭沫若的《漫话“明星”》刊登在该日出版的《大晚报·火炬·每周文坛》上。由此可知，《大晚报·火炬》的编辑崔万秋收到郭沫若稿件后，如果叫阿英写作《例子并没有说完》，时间是来得及的。事实上应该确实如此：东方曦的《文坛“明星”主义》发表在1936年11月20日《大晚报·火炬·每周文坛》，如果阿英自己要写作这篇文章，他早就写作并发表了，用不着等到差不多一个月后才来写作。

根据郭沫若1933年4月3日致叶灵凤信可以知道，日本市川与中国上海之间的书信投递时间为7天左右：“今天是四月三号，此信到你手里当在十号以前，我将特别提醒你，请你于四月十号务必将二百元寄出。”[①]《漫话“明星”》的落款为：“一九三六年十二月九日”。结合《大晚报·火炬·通俗文学》1936年12月16日的预告，可以断定崔万秋收到该文的时间是12月15日。由此可知，崔万秋在收到郭沫若的稿件后，立即刊登预告，由此可见他那种迫不及待的心情。在刊登预告的同时，他应该将《漫话“明星”》拿给郭沫若的挚友、经常在《大晚报·火炬》上发表文章的阿英看，阿英看见后，决定写作《例子并没有说完》，针对孔另境的3篇文章逐一举例说明“例子并没有说完”。

在笔者看来，甚至可以认为陈阜是崔万秋的化名或者与之关系极其密切的人。《大晚报·火炬·每周文坛》1936年12月18日发表陈阜的文章时标题为《也是漫话(二则)》，实际只发表了一则《钉梢》，第二则《意气之外》发表在《大晚报·火炬·每周文坛》1937年1月14日，全文见第一部分的引文。根据引文可以断定，《意气之外》是对此次论争的总结：《大晚报·火炬》发表该文后再未发表相关文章。意味着出于版面原因没有在《大晚报·火炬·每周文坛》1936年12月18日刊登的《也是漫话》的第二则最终没有刊登，没有刊登的原因应该是“陈阜”很快就知道东方曦是孔另境的化名而不是茅盾的化名。再来看以下两段引文：

> 本刊前月发表了东方曦先生两篇论文，一为《秋窗漫感》，一为《炉边偶论》，所论具系触及现阶段的文坛现象，所以引起读者的异常注意。就是文坛人本身，也对这两篇文章，抱着很大的兴味，论辨的文章纷至沓来（如今日本刊所载郭沫若先生的《漫话明星》及若英先生的《例子还没有说完》均是），文坛顿呈活跃之相。
>
> 关于这些问题，编者是一张白纸，决不表示任何意见，只要言之成理，任何方面文章，均乐于刊载。希望作家诸君源源赐稿，各抒高见，惟望莫超出论争范围，并望避免用笔名，表示文责自负。

① 郭沫若:《致叶灵凤（1933年4月3日）》，黄淳浩编:《郭沫若书信集·上》，中国社会科学出版社1992年版，第387页。

还要附记一句：下星期一的本刊将有东方曦先生的《炉边偶论》之三《集体创作问题》发表。还有若英先生的《关于沫若戏联发表的经过》。

我在《火炬》上先后读了东方曦先生的几篇漫话，每次读后，总觉得在现在的文坛上，像东方先生一样，想以公正的态度，来暴露并斥责现在文坛上某些不良的现象的人实在是太少了。这不是没有原因的，第一能像东方先生一样熟知文坛上一切怪现象的人并不多，非亲与其事决不能知其底细；第二，现在说话的人很多顾忌，敢于直率地说出真话，而又不怕或因种种关系而不至于受人攻击的人是很少的；此外也许还有别的原因，此地可不必多说。我们希望能多读东方先生的漫话一类的文章，至少，它可以使我们更加了解现阶段的中国文坛的情况的。

第一段引文出自发表在《大晚报·火炬·每周文坛》1936 年 12 月 18 日的《编辑后记》，署名万秋；第二段引文出自紧接《编辑后记》的《也是漫话》，署名陈阜。两段引文有以下相同点：一是都给人客观、公正的感觉；二是都希望多发表类似文章。由此可以断定，陈阜确实可能是崔万秋的化名或者与之关系极其密切的人。第一段引文中的“如今日本刊所载郭沫若先生的《漫话明星》及若英先生的《例子还没有说完》均是”告诉我们，《也是漫话》不是外稿，意味着应该来自编辑部内部，崔万秋的可能性则最大。由此可知，孔另境在《我的答复》中说“《火炬》连出专号”符合事实：除《大晚报·火炬》1936 年 12 月 18 日发表了郭沫若、阿英、陈阜 3 人的文章外，1936 年 12 月 28 日还发表了孔另境的《炉边偶论·（四）论“猜测”》、林黛的《坛外人语》。需要说明的是，该“专号”是崔万秋出的，阿英可能是在不知情的情况下参与了而已。

为了使文坛呈现出“活跃之相”，崔万秋不但登预告、“连出专号”、可能化名陈阜参与论争，还刊登作者来信拉近编读之间的距离以便吸引更多人参与论争。除在《大晚报·火炬·每周文坛》1936 年 11 月 20 日刊登东方曦来信和自己复信、《大晚报·火炬》1936 年 12 月 21 日刊登东方曦来信外，并且将林黛的以下来信内容作为正文开头：“万秋先生：寄上一篇，可用则用，不可用则焚去可也。但如可用，则有一条件，即请弗修改一字（但可除去打 ×），因卖文十余年，从未肯破此例也。但如不用，不必退回，烧掉拉倒。”① 由此可见他的用心之深。

现在对可能是化名陈阜写作的两则《也是漫话》进行检讨。第一则《钉梢》前面的文字给人客观、公正的感觉，“钉梢”部分却是在钉茅盾的梢，由此可知前面客观、公正的文字不过是后面“钉梢”的烟幕而已。在该文中，陈阜如此写道：“也许有人会说：前后写了论点迥异的文章，是有着某种苦心的，或是另有别的种种原因。我想苦心总是有的，不然也不会狼狈到那个程度，但由此倒又可以看出那些作家的修

① 林黛：《坛外人语》，《大晚报·火炬》1936 年 12 月 28 日。

养，对现实的认识，和对问题所取的态度了。（我们还须注意这论争经过的时间还不上一年！）”① 对此，茅盾晚年如此回忆道：“到了一九三六年春，这个矛盾，由于解散‘左联’等等争执，就更见复杂了。当时我处在一个比较特殊的地位——与双方都保持着良好的关系。我意识到这种关系的重要性，小心地不使它被破坏，因为保持这种关系，使我还能起到一个调节作用。我认为同一营垒内的战友，在这号召建立抗日统一战线的关口，更应该消隔阂，联合起来，一致对敌。”② 看“两个口号”论争期间写作的相关文章可以知道，茅盾的回忆符合事实。既然陈阜知道茅盾当时“前后写了论点迥异的文章，是有着某种苦心的，或是另有别的种种原因”，又何必去钉茅盾的梢呢？如果知道“两个口号”论争主要是中国共产党莫斯科中央和陕北中央对抗日问题上如何处理与蒋介石关系的不同看法在左翼文艺界的反映便会知道，茅盾“狼狈”到如此程度是可以理解的。第二则《意气之外》不赞同屈轶在《自私心的利用》中的观点，高度评价此次论争的意义，明眼人却会发现，这是在故意拔高此次论争的意义，将此次论争与革命文学论争中创造社攻击鲁迅事相提并论更显得不伦不类，具体内容请见前面引文。

“两个口号”论争基本结束、因鲁迅逝世而喧腾的文坛渐渐冷清下来以后，《大晚报·火炬》刊登的这些文章尽管在一定程度上达到了使“文坛顿呈活跃之相”的目的，它们的发表应该也扩大了该刊的影响并增加了销路。但是，这样的论争却使凭借外来因素而平息的文坛论争再次爆发，使其成为“两个口号”论争的“余波”，这样的“文坛顿呈活跃之相”可以说是捡了芝麻丢了西瓜。《立报·言林》的加入也应该这样看待。

（三）对此次论争及“两个口号”论争意义的检讨

尽管陈阜在《意气之外》高度评价此次论争的意义，笔者却认为此次论争本身只有负面意义，其原因便是孔另境在《论“猜测”》中写作的以下文字：

> 我以为“猜测”之风是决不可长的，不管他的“猜测”对与不对。我们为什么用得到“猜测”呢？我们不是在论文章么，那末我们为什么要在文章本身所告诉他以外者节外生枝呢？我东方曦就是东方曦，你们只要在我文章内来批评就是了，何必神出鬼没地东猜西探，难道“阿×”写的文章可以堂而皇之地攻击私人，我东方曦写的文章一定要探出属于那一阶级才能批评一般文坛现象么？

陈阜将此次论争与革命文学论争中创造社攻击鲁迅事相提并论，在笔者看来不伦

① 陈阜：《也是漫话》，《大晚报·火炬·每周文坛》1936年12月18日。

② 茅盾：《回忆录二集·“左联”的解散和两个口号的论争》，《茅盾全集》第35卷，人民文学出版社1997年版，第56页。

不类，因为此次论争并未产生这样的效果：

即使创造社诸人当时的行为纯是一种自私的行为，但在客观上却产生完全不同的效果，就是不晓得“奥伏赫变”的鲁迅，后来终于多读了一些社会科学的书，而缓缓健定起来，这与当时创造社的“排击”正有着密切的关系。此外，在当时也有许多青年受了“创造”与“太阳”等的启蒙，开始对于新的世界，新的文学有了憧憬，不管他们当时的理论有了若干的错误，在文学史上的这功绩是不能否认的。我们难道能够以意气和自私等来抹去这次论争的意义？①

如果非要找出此次论争的正面意义，不过证明了茅盾晚年的以下说法与事实不符：

八月十五日鲁迅答徐懋庸的信发表之后，两个口号的论争就进入结束阶段。除了国民党小报的造谣挑拨和徐懋庸写了两篇文章外，没有人写文章反对鲁迅。虽然不少文章继续讨论“国防文学”，但也有不少文章逐渐认识了这场论争的意义，同意了两个口号并存的意见。到九月中旬，冯雪峰已在为发表一篇《文艺界同人为团结御侮与言论自由宣言》而奔忙。宣言由我和郑振铎起草，在这个宣言上签名的，有文艺界各方面的代表人物二十一人，包括了论战的双方，从而表示两个口号的论争已经结束，文艺界终于在抗日救亡的旗帜下联合起来了。②

看看冯雪峰的以下文字可知，茅盾的说法确实与事实不符：

“两个口号”的论争是因鲁迅逝世（1936 年 10 月 19 日）的震动而自然地停止下来的。当时虽然周扬暂时“垮下去”，同时又表示不愿管事，但以他为首的当时所谓“国防文学”派的势力仍然存在，人也没有散去，当时仍然都在文艺界活动，其中的骨干也都各自保持着地位；同周扬、夏衍等人的联系仍如过去密切。③

应该正是因为同情“暂时‘垮下去’”的周扬，在鲁迅已经去世、以中共中央特派员身份来到上海的冯雪峰已经担任中共上海办事处副主任的情况下，阿英等人才会借“文坛领袖”论争这个机会，将矛头对准在“两个口号”论争过程中改变立场的茅盾。

现在顺便谈谈“两个口号”论争的意义。

---

① 陈阜：《也是漫话·（二）意外之气》，《大晚报·火炬》1937 年 1 月 14 日。

② 茅盾：《回忆录二集·“左联”的解散和两个口号的论争》，《茅盾全集》第 35 卷，人民文学出版社 1997 年版，第 80—81 页。

③ 冯雪峰：《关于 1936 年我到上海工作的任务以及我同文委和“临委”的关系》，《冯雪峰全集》第 9 卷，人民文学出版社 2015 年版，第 299 页。

《文艺界同人为团结御侮与言论自由宣言》在《新认识》第1卷第2号（1936年9月20日）发表后不久，刘少奇化名莫文华于9月25日写作了《我观这次文艺论战的意义》，高度评价“两个口号”论争的意义：

> 这次论战的最大意义，我想，是在克服宗派主义或关门主义一点上罢。文坛上的宗派主义，关门主义，现在似乎还没有完全克服掉，但在论战的发展的过程中，很明白的，已逐渐克服了许多了。许多人的错误被批判了，许多人自己纠正了，我们得到的益处实在已很大。所以那些将这次理论上的论争，看成为“内战”，看成为“破坏统一战线”，我想是不正确的观点。自然，我们应当指出，一意坚持着自己的错误的意见，当然不是好的态度；但尤其应当指出的是那种在暗地里的离开了理论的造谣生事，利用小报等捣些没出息的乱子的行为，以及自己不了解论争的中心问题的所在，却来说些“分裂”呀，“攻击私人”呀等等的话，装着一副悲天悯人的面孔，实际上却是正在攻击私人，实行“分裂”政策的，是尤其坏了。但是，跟着论争的发展，尤其跟着文学界以外的抗×运动的开展，论争的基本点也更加明白起来，更加原则化了，这总是可喜的。①

对刘少奇这篇文章，李何林曾给予极高评价：“《我观这次文艺论战的意义》，不应当看做是少奇同志个人对于‘两个口号之争’所陈述的见解，而是他根据党的政策结合文艺界当时的实际所发表的指导性的意见。这些意见不仅是对‘两个口号之争’所作的公正的结论，而且对于现在，乃至今后文艺界的团结，也有重要的指导意义。”② 对此，笔者有不同看法：在外在因素干预之下，尽管“两个口号”论争暂时停止了，宗派主义或关门主义却未被克服。为了证明笔者的观点，除本文论述的“文坛领袖”论争之外，不妨再谈谈几乎同时发生在左翼文坛内部的事情。看见郭沫若的《戏论鲁迅茅盾联》后，鲁迅于1936年9月19—20日写作《女吊》，在文章末尾骂郭沫若为“人面东西”。郭沫若在将悼念鲁迅的《不灭的光辉》寄出后，“有朋友拿《中流》第三期给我看，特别要我看鲁迅先生的那篇《女吊》”，“我便连忙写信给《光明》，叫把《不灭的光辉》寄还我，同时还把《资本论的王茂荫》那篇文字拿去兑换。但不幸这回也没赶及”。③ 看见《不灭的光辉》后，萧军作《致郭沫若君——关于〈不灭的光辉〉》，含沙射影地攻击郭沫若：“嚎天喊地，仅是向棺材板上

① 莫文华：《我观这次文艺论战的意义》，《中国新文学大系（1927—1937）》第2集，上海文艺出版社1987年版，第897页。茅盾在1936年9月26日作的《谈最近的文坛现象》中对此次论争的意义也评价很高，可参看。

② 李何林：《重读刘少奇同志的〈我观这次文艺论战的意义〉》，《李何林全集》第4卷，河北教育出版社2003年版，第413页。

③ 郭沫若：《答田军先生》，《大晚报·火炬》1937年1月25日。

抹几把眼泪鼻涕就算完事，这类‘哭丧婆子’式的鲁迅先生的哀悼者，不是我们所需要的；就是在逝者生前，而有一类人们诅咒着他死，甚至帮同他的敌人们来压迫他死……于今也大写其哀悼文章来了，这也不是我们所需要的。因为他们要利用哀悼死者的眼泪（？）来洗涤自己外在的被人民所唾弃的痰污，企图另换一副形容，好继续着他们罪恶卑鄙的生涯。”① 郭沫若见后写作《答田军先生》回应，在1937年1月25日《大晚报·火炬》发表该文后，次日又发表冯酒浆的《不朽与瓦全——关于田军〈致郭沫若君〉的一点意见》，对萧军的观点进行驳斥，并为郭沫若辩护：“我觉得田君对郭沫若先生的态度是不好的。因为郭沫若先生是我们的朋友，不是敌人，更不是‘敌人以友人的面孔出现’的敌人。”面对这样的事实，我们还能说通过论争克服了宗派主义或关门主义吗？

结合以上事实，笔者认为“民族革命战争的大众文学”根本就没有必要提出。其一，提出“民族革命战争的大众文学”口号不合时宜：“这两个时期（按：即九一八事变后主张民族革命战争时期和1935年《八一宣言》发表主张合作抗日时期）对于阶级关系和阶级斗争的提法已经有了根本的不同。从这个大的背景来看，鲁迅提出的‘民族革命战争的大众文学’口号实质上是‘第三时期’理论的口号，而‘国防文学’口号是‘人民阵线’的口号，两个口号之争可以看作是由‘第三时期’转入‘人民阵线’时所引起的一场新旧之争。周扬、夏衍这些党的干部，当然紧跟着共产国际路线的转变而转变，而鲁迅，却仍然坚持无产阶级的阶级斗争的立场，有点跟不上路线的转变了。”② 其二，就口号本身而言，“民族革命战争的大众文学”无疑比“国防文学”这一口号具有更严重的关门色彩，前者不但没有后者通俗易懂，“大众文学”也比“国防文学”的范围更狭窄：正因为当时的大众文学很少，人们才尽力提倡，现在却希望以大众文学作为口号来团结作家或者呼唤作品，实在是南辕北辙。其三，“国防文学”口号在当时及后来都得到了多数人的赞同：“据我了解，在当时上海文艺界中当初赞成‘国防文学’口号的人是居多数，在文艺界的党员中更是赞成的居多数。/鲁迅提出‘民族革命战争的大众文学’口号及发表几篇有关的文章之后，文艺界中人是有改变原来对‘国防文学’口号的看法和态度的，但原来支持周扬和坚持‘国防文学’口号的那些文艺界党员，大部分是到最后也还是坚持‘国防文学’口号的”。③ 其四，冯雪峰从陕北来到上海后很快就“仓促策动”④ 提出了该口号：“胡风谈了不少当时文艺界情况，谈到周扬等的更多。他当时是同周扬对立得很厉害的。（关于我同胡风的关系，我过去作过检讨，这里从略。）于是谈到‘国防

① 田军：《致郭沫若君——关于〈不灭的光辉〉》，《报告》1937年1月10日第1卷第1期。

② 朱正：《关于署名鲁迅的〈答托洛斯基派的信〉》，《现代中文学刊》2017年第4期。

③ 冯雪峰：《关于1936年我到上海工作的任务以及我同文委和“临委”的关系》，《冯雪峰全集》第9卷，人民文学出版社2015年版，第299页。

④ 陈早春、万家骥：《冯雪峰评传》，重庆出版社1995年版，第205页。

文学’口号，胡风说，很多人不赞成，鲁迅也反对。我说，鲁迅反对，我已知道，这个口号没有阶级立场，可以再提一个有明白立场的左翼文学的口号。胡风说，‘一·二八’时瞿秋白和你（指我）都写过文章，提过民族革命战争文学，可否就提‘民族革命战争文学’。我说，无需从‘一·二八’时找根据，那时写的文章都有错误。现在应该根据毛主席提出的抗日民族统一战线政策的精神来提。接着，我又说，‘民族革命战争’这名词已经有阶级立场，如果再加‘大众文学’，则立场就更加鲜明；这可以作为左翼作家的创作口号提出。胡风表示同意，却认为字句太长一点。我和他当即到二楼同鲁迅商量，鲁迅认为新提出一个左翼作家的口号是应该的，并说‘大众’两字很必要，作为口号也不算太长，长一点也没什么。”“胡风临走时就说，他去写一篇文章提出去，鲁迅表示同意，我也同意。”对此，冯雪峰自己也承认：“我当时是有严重错误的，就是，没有把提出一个口号看成是一个重大的问题，因而既没有向党中央请示，也不曾同鲁迅商量，请他用他的名义提出。”① 其五，该口号提出来后，并未按照茅盾的意见由鲁迅写文章发表出来：“我看到胡风的文章大吃一惊，因为胡风这种做法，将使稍有缓和的局面再告紧张。我跑去找鲁迅，他正生病靠在床上。我问他看到了胡风的文章没有。他说昨天刚看到。我说怎么会让胡风来写这篇文章，而且没有按照我们商量的意思来写呢？鲁迅说：胡风自告奋勇要写，我就说：你可以试试看。可是他写好以后不给我看就这样登出来了。”② 其六，论争爆发后，在冯雪峰代写的③《论现在我们的文学运动》中提出了“两个口号”并存的观点：“民族革命战争的大众文学，正如无产革命文学的口号一样，大概是一个总的口号罢。在总口号之下，再提些随时应变的具体的口号，例如‘国防文学’‘救亡文

---

① 冯雪峰：《有关1936年周扬等人的行动以及鲁迅提出“民族革命战争的大众文学”口号的经过》，《冯雪峰全集》第8卷，人民文学出版社2015年版，第8—9页。

② 茅盾：《回忆录二集·“左联”的解散和两个口号的论争》，《茅盾全集》第35卷，人民文学出版社1997年版，第64页。

③ 胡风对此有如此回忆：“口号问题发生后，国防文学派集全力进攻。冯雪峰有些着慌了，想把攻势压一压。当时鲁迅在重病中，无力起坐，也无力说话，连和他商量一下都不可能。恰好愚蠢的托派相信谣言，竟以为这是可乘之机，就给鲁迅写了一封‘拉拢’的信。鲁迅看了很生气，冯雪峰拿去看了后就拟了这封信。‘国防文学’派放出流言，说‘民族革命战争的大众文学’是托派的口号。冯雪峰拟的回信就是为了解消这一栽诬的。他约我一道拿着拟稿去看鲁迅，把拟稿念给他听了。鲁迅闭着眼睛听了，没有说什么，只简单地点了点头，表示了同意。/冯雪峰回去后，觉得对口号问题本身也得提出点理论据来。于是又拟了《论现在我们的文学运动》，又约我一道去念给鲁迅听了。鲁迅显得比昨晚更衰弱一些，更没有力气说什么，只是点了点头，表示了同意，但略略现出了一点不耐烦的神色。……/到病情好转，恢复了常态生活和工作的时候，我提了一句：‘雪峰模仿周先生的语气倒很像……’鲁迅淡淡地笑了一笑，说：‘我看一点也不像。’”（胡风：《鲁迅先生》，《新文学史料》1993年第1期）这段话的真实性可参阅：1. 张永泉：《关于鲁迅与〈答托洛斯基派的信〉的关系的疑问》，《鲁迅研究月刊》1999年第3期；2. 朱正：《重读鲁迅杂文》，《鲁迅研究月刊》2005年第10期；3. 周楠本：《这两篇文章不应再算作鲁迅的作品》，《博览群书》2009年第9期；4. 田刚：《鲁迅〈答托洛斯基派的信〉考辨》，《东岳论丛》2011年第8期；5. 朱正：《关于署名鲁迅的〈答托洛斯基派的信〉》，《现代中文学刊》2017年第4期。

学’‘抗日文艺’……等等，我以为是无碍的。”[①] 既然如此，意味着“国防文学”这一口号可以存在，如果仅仅“为了推动一向囿于普洛革命文学的左翼作家们跑到抗日的民族革命战争的前线上，它是为了补救‘国防文学’这名词本身的在文学思想的意义上的不明了性，以及纠正一些注进‘国防文学’这名词里去的不正确的意见”，[②] 为何不“用对它的正确解释来加以补救”，[③] 却提出一个新口号引起论争，尤其在知道提出新口号有可能引起论争的情况下？既然“‘民族革命战争的大众文学’，主要是对前进的一向称左翼的作家们提倡的，希望这些作家们努力向前进”，[④] 那么怎能说“民族革命战争的大众文学”“大概是一个总的口号罢”？因为只有适用于尽可能多的人的口号才能称为总口号。实际上，由于口号的高度概括性，任何口号都不可能将所有内容包括进去，所以，只要某口号有存在的价值，对待它的正确办法是进行正确解释，除非经过充分酝酿、协商，能够提出一个公认的好口号。其七，看看后来延安中央对“两个口号”的态度也可知道，“民族革命战争的大众文学”确实没有必要提出：“尽管论争期间张闻天、周恩来在回信中认为雪峰对周扬的方法‘是对的’，但 1937 年 5 月延安在‘检讨两个口号的论争’时却作出了这样的结论：‘显然的“国防文学”这个口号是更适合于进行和建立战线的，“民族革命战争的大众文学”的这个口号是太狭窄了。即以它的名字一项而论，标榜“大众文学”，那末非大众的分子就已经被关在门外，丢到联合战线之外去了。’这一变化很明显与当时中国的形势有关：1936 年 9 月 1 日，中共中央在内部发出了《关于逼蒋抗日问题的指示》，中共政策已由‘抗日反蒋’变成了‘逼蒋抗日’。在这种情况下，‘民族革命战争的大众文学’这一口号便显得不合时宜”“七七芦沟桥事变后，中国共产党的政策又由‘逼蒋抗日’变成了‘联蒋抗日’。在这种情况下，冯雪峰只得给潘汉年留下一信，跑回义乌老家写他的小说去了。”[⑤] 关于该口号是否应该提出，笔者认为茅盾晚年的以下看法基本正确：“我们也可以设想，如果没有胡风提出这个新口号，鲁迅是不会有兴趣去另提一个口号的，那么两个口号的论争就不会发生，文艺界的分裂也许不会那么严重。但是即使这样，我相信关于‘国防文学’口号的讨论——即如何正确地理解和解释这个口号——仍将会进行下去，而讨论的结果，我相信也仍旧会是

---

① 鲁迅：《且介亭杂文附集 · 论现在我们的文学运动》，《鲁迅全集》第 6 卷，人民文学出版社 2005 年版，第 612—613 页。

② 鲁迅：《且介亭杂文末集 · 答徐懋庸并关于抗日统一战线问题》，《鲁迅全集》第 6 卷，人民文学出版社 2005 年版，第 552 页。

③ 茅盾：《回忆录二集 · “左联”的解散和两个口号的论争》，《茅盾全集》第 35 卷，人民文学出版社 1997 年版，第 61 页。

④ 鲁迅：《且介亭杂文末集 · 答徐懋庸并关于抗日统一战线问题》，《鲁迅全集》第 6 卷，人民文学出版社 2005 年版，第 553 页。

⑤ 廖久明：《冯雪峰与“两个口号”论争——兼谈 2005 年版〈鲁迅全集〉的一条注释》，《中国现代文学史料研究举隅》，中国社会科学出版社 2013 年版，第 167 页。

进一步克服文坛上的关门主义和宗派主义，因为‘左’的关门主义和宗派主义的错误直接妨碍着文艺界抗日统一战线的建成。”① 在论及“民族革命战争的大众文学”这一口号通过胡风的《人民大众向文学要求什么》发表出来引起的“轩然大波”时，《冯雪峰评传》作者如此写道：“左翼文艺界随即便产生了‘两个口号’的激烈争论，原有的宗派主义更为激化和表面化了。”② 换句话说，如果该口号没有发表出来，随着时间的流逝、形势的发展、工作的开展等，严重影响当时文坛的宗派主义至少不会激化和表面化。

提出后的论争主要表现为宗派主义论争：“随后，胡风先生因鲁迅先生之托，写了一篇文章，却因解释得不清楚，风波就来了。可是我还记得，当‘风波’既作而鲁迅先生的《论现在我们的文学运动》（病中答访问者）尚未发表时，我曾经把这两个口号的关系与解释（如上文所述者）告诉好几位主张‘国防文学’口号的朋友，并劝他们不要学《现实文学》‘特辑’的态度。然而当时有人则尚称‘新口号’理论上有讨论之余地，有人则竟谓‘我们喊了国防文学好久，现在忽又跳出一个总口号来戴在上面，那与我们发言的信用有关’。其实鲁迅先生在《论现在我们的文学运动》一文中，对于‘民族革命战争的大众文学’一口号，只说‘大概是一个总的口号罢’，并不是‘命令’，正期待大家平心静气来讨论；不料《文学界》第三期也来个‘国防文学特辑’，却完全不是讨论的态度。”③

论争爆发后，冯雪峰只好借助党的力量和“人事关系”④ 来解决问题。从张闻天、周恩来 7 月 6 日给冯雪峰信可以知道，雪峰到上海后两个多月时间给延安去了 3 封信。张闻天、周恩来在回信中认为冯雪峰对周扬的方法“是对的”，还对“关门主义”进行了严厉批判：“关门主义在目前确是一种罪恶，常常演着同内奸同样的作

---

① 茅盾：《回忆录二集·“左联”的解散和两个口号的论争》，《茅盾全集》第 35 卷，人民文学出版社 1997 年版，第 89—90 页。

② 陈早春、万家骥：《冯雪峰评传》，重庆出版社 1995 年版，第 204 页。

③ 茅盾：《中国文论四集·谈最近的文坛现象》，《茅盾全集》第 21 卷，人民文学出版社 1991 年版，第 198 页。

④ 胡风对此有如此回忆：“二、说‘民族革命战争的大众文学’的口号是经过茅盾在内的几个人商议才决定的。这是雪峰在这个拟稿之前和茅盾商量，要求同意有这个事实。先前，茅盾表示过对‘国防文学’口号的拥护，这时候不能不知道那个口号是不能服人的，雪峰又是以党和他自己的名义要求他，当然乐于借此转弯，同意了。……雪峰这样迁就茅盾，因为他觉得依靠原则解决问题是远水不救近火，只好靠人事关系来减轻‘国防文学’派的攻势。”“三、把国防文学派的理论总结成‘不是国防文学就是汉奸文学’的公式，这是符合他们的实际的。……提《红楼梦》、《阿 Q 正传》，只能是为了陪《子夜》，为了取得茅盾的好感，为了换得茅盾承认参加了‘民族革命战争的大众文学’口号的决定。这是脱离原则，专从调整人事关系着眼的。鲁迅也只好当作抵制对方错误的一个例证，让它留着了。”“四、鲁迅说，‘民族革命战争的大众文学’口号是他提的。这也是接受了雪峰的要求，想借鲁迅的威信，停止、至少是缓和国防文学派无原则的攻击。”（胡风：《在上海·左联离职前后》，《胡风回忆录》，人民文学出版社 1997 年版，第 58—59 页）冯雪峰曾对陈早春如此说：“我之所以这样做，是想让当时革命文艺界的三巨头（按即鲁迅、郭沫若、茅盾）及其他们各自影响下的青年文艺工作者，都能消除成见，结束内讧。”（陈早春、万家骥：《冯雪峰评传》，重庆出版社 1995 年版，第 205 页）

用”；还表达了对鲁迅的敬意和信任：“他们为抗日救国的努力，我们都很钦佩。希望你转致我们的敬意。对于你老师的任何怀疑，我们都是不相信的。请他也不要为一些轻薄的议论，而发气。”① 除冯雪峰自己给延安中央写信外，“在论争的双方之间充当过一个起调节作用的角色”的茅盾至少给郭沫若去信三封，其中一封转寄了潘汉年致郭沫若信。潘汉年在信中如此写道：“能够利用各方面向你讨稿子的机会，发挥一下你的写作是有很大的意义。可是那些年轻朋友闹意气，包办、自负的纠纷，能够适当的给他们一个纠正，在目前特别有意义……”关于茅盾、潘汉年给郭沫若写信的情况，蔡震有如此论述：“茅盾不是以一般文坛朋友的身份致信郭沫若，潘汉年也不是以私交给郭沫若写信，这是一个经过‘我们’（潘汉年信中语）商量的举动，而且鲁迅也应该是知道此事的。联系的起因，就是商议此事的‘我们’，希望以鲁、郭、茅三人在文坛的声望和影响力，‘清洁’文坛上论战、‘纠纷’的局面。”② 在《漫话“明星”》中，郭沫若引用了《答徐懋庸并关于抗日统一战线问题》发表后茅盾写给自己的信后如此写道：“这些话中所表见的茅盾先生的意思是叫我不要说甲边的话，而多说乙边的话。金君大约是看说［脱］了后节，故而他说茅盾劝我‘不要发表意见’。茅盾先生大约是忘记了前节，故而他曾说是劝过我多多发表意见。不过金君大约是把我认定为了甲党，而茅盾先生乙党，乙党劝甲党没说甲党话而说乙党话，也就如人叫青蛙没哇哇而说人话，那似乎就是等于叫青蛙没哇哇，故而金君才生出了那样的解释吧？好在这些都是枝叶的事件，暂且不提，还是言归正传。”③ 看来，茅盾的信不但没有达到希望达到的目的，结果适得其反。这种依靠外在因素解决论争问题的方法，怎可能克服关门主义或宗派主义？

如果睁眼看看“两个口号”论争深远而恶劣的影响便会知道，该论争没有发生该多好啊！抗日战争期间，茅盾很少与郭沫若共事，甚至多数时间不在同一个城市，在笔者看来是由之前的论争造成的：茅盾对郭沫若采取惹不起躲得起的态度。笔者得出这个结论的理由为：1941 年在为郭沫若庆祝 50 寿辰和创作 25 周年时，茅盾仅在 1941 年 11 月 16 日《华商报》上发表了《为祖国珍重——祝郭沫若先生五十生辰》，

---

① 《党中央领导人给冯雪峰的函电》，《新文学史料》1992 年第 4 期。

② 蔡震：《几函佚简与“两个口号”论争的史实》，《郭沫若生平文献史料考辨》，社会科学文献出版社 2014 年版，第 353—358 页。关于潘汉年写作该信的情况，蔡震在该文中有如下分析：“自胡风擅自以个人名义提出‘民族革命战争的大众文学’口号后，六七月间上海文化界的‘纷争’呈愈演愈烈之势，冯雪峰与周扬的矛盾也使得他们之间对立情绪更严重。这肯定是令冯雪峰头疼的情势。潘汉年恰在此时来到上海，我们是不是可以做这样的推测：在他与冯雪峰研究去陕北方案的同时，冯雪峰也想到请潘汉年为自己的工作助一臂之力。以工作职责而论，潘汉年不该插手此事，但他被派遣回国就是做国共谈判工作的，在沪期间，他曾会见了宋庆龄、沈钧儒等，向他们介绍中共关于建立抗日民族统一战线的主张，那么顺便协助一下文化界的统一战线工作也就义不容辞了。郭沫若因主张‘国防文学’是被看作‘周扬派’的，而若想把鲁、郭、茅三人聚合在一起，就冯、潘二人的文坛经历和关系而言，唯潘汉年有可能做得到。所以，由鲁、郭、茅三人发表一个意见书的考虑，极有可能是潘汉年想到的。”同上书，第 362 页。

③ 郭沫若：《漫话“明星”》，《大晚报·火炬·每周文坛》1936 年 12 月 18 日。

从标题即可看出，该文突出郭沫若在中国历史上的贡献，不涉及两人的私交；郭沫若逝世后，那么多人写文章回忆郭沫若，与郭沫若直接、间接交往了50多年的茅盾除写了一篇应景的《化悲痛为力量》外，竟然没有写作回忆文章——发表在《新文学史料》第5辑（1979年11月）的《复杂而紧张的生活、学习与斗争（下）——回忆录（五)》收入《我走过的道路》上册时改题为《一九二二年的文学论战》，主要谈1922年文学研究会和创造社之间的“论战”。根据以上事实可知，笔者的推断可能是正确的。中华人民共和国成立后冯雪峰遭遇“灭顶之灾”、“文革”前后“四条汉子”相继被批判、“文革”结束后围绕20世纪30年代文艺的论争①“等都”与此次论争有关。面对这一桩桩与“两个口号”论争有关的惨痛历史，我们还有什么理由高度评价其意义？

周扬在纪念左联成立50周年大会上讲话时，尽管将1928年前后的“革命文学”论争与1936年的“两个口号”论争相提并论，认为前者是“‘左联’诞生的前奏”，后者是“‘左联’宣告结束的尾声”，在具体论及“两个口号”论争的影响时却如此说道：“这场争论，虽然扩大了抗日民族统一战线的宣传，但是在某种程度上又抵消和削弱了左翼文艺队伍本身的团结战斗的力量。这是应当引为教训的。”② 很明显，周扬采取的办法是先扬后抑，重点在“在某种程度上又抵消和削弱了左翼文艺队伍本身的团结战斗的力量”。事实上，“两个口号”论争怎可能与“革命文学”论争相提并论？后者在论争过程中尽管存在片面、粗暴的地方，其目的和结果却是好的：“我有一件事要感谢创造社的，是他们‘挤’我看了几种科学底文艺论，明白了先前的文学史家们说了一大堆，还是纠缠不清的疑问。并且因此译了一本蒲力汗诺夫的《艺术论》，以救正我——还因我而及于别人——的只信进化论的偏颇。”③ 在笔者看来，刘少奇当时高度评价“两个口号”论争的意义，主要是为了安抚参与论争的双方，让他们认为自己参与的论争有意义，从而消除“关门主义或宗派主义”，以便团结起来。后人高度评价此次论争的意义则分属三种情况。第一种情况是，如果不高度评价，一些人（以当事人及其亲友为主）则意味着自己或者亲友参与了一场没有多少正面意义的论争，所以必须高度评价。第二种情况是，以鲁迅的是非为是非。在《答徐懋庸并关于抗日统一战线问题》中，为了平息论争，鲁迅采取“背黑锅”的方式④如此写道：

① 徐庆全：《周扬与冯雪峰》，湖北人民出版社2005年版，第143—297页。

② 周扬：《继承和发扬左翼文化运动的革命传统》，中国社会科学院文学研究所左联回忆录编辑组编：《左联回忆录》，知识产权出版社2010年版，第15页。

③ 鲁迅：《三闲集·序言》，《鲁迅全集》第4卷，人民文学出版社2005年版，第6页。

④ 在修改《答徐懋庸并关于抗日统一战线问题》时，鲁迅将冯雪峰写的“曾由他发起发表了许多文艺工作者联名的抗日宣言”修改为“曾经列名于文艺工作者联名的战斗的宣言”，丸山升对此认为：“恐怕这是因为鲁迅想避免《文艺工作者宣言》由巴金发起一事将会引起的无意义的纠纷，故意由自己来承担一切吧。”［日］丸山升：《由〈答徐懋庸并关于抗日统一战线问题〉手稿引发的思考——谈晚年鲁迅与冯雪峰》，孙歌译，《鲁迅研究月刊》1993年第11期。

“这口号，也不是我一个人的‘标新立异’，是几个人大家经过一番商议的，茅盾先生就是参加商议的一个。”① 既然如此，怎能说此次论争没有多少正面意义呢？第三种情况是，一些人（以研究者为主）则为人云亦云。

通过以上论述可知，鲁迅逝世后的“文坛领袖”论争本身没有什么意义，它的正面意义在于其研究价值：通过考察此次论争，可以了解鲁迅逝世以后的文坛现状，从而知道之前对《文艺界同人为团结御侮与言论自由宣言》发表后文坛现状的看法是不正确的：论争表面上在外在因素干预下基本结束，但人们的怨气还在，随时会因为一点细小问题发作出来，并在内心留下了深深的伤痕。茅盾晚年在写作回忆录时，将因孔另境的《文坛“明星”主义》而引起的论争称作“两个口号”论争的“余波”。在论及为何要回忆当年曾使自己“啼笑皆非的一痕”的“余波”时，茅盾如此写道：“这就是所谓的‘余波’。我在这里不惜笔墨来回忆，倒不是为了翻旧账，三十年代的这些私人间的纠纷、成见和排击，早就被抗日战争的烽火烧得一干二净了。我所以要在回忆录中记下这一笔，一是因为这一段经历在我的文学生涯中比较特别；二是为了让人们知道宗派主义的祸害。在三十年代，文艺界吃宗派主义的苦头是够多的。”② 这实际上也是笔者写作本文的原因。

在笔者看来，中国现代文学史上发生的很多论争都属于这种情况，包括“两个口号”论争。由于“两个口号”论争“除个人因素外，同时也是当时中国革命形势在文艺界的一种反映”③：“‘国防文学’与‘民族革命战争的大众文学’两个口号的先后提出，以及之间发生的论争，实际上反映的是中国共产党内对于如何建立抗日民

---

① 鲁迅：《且介亭杂文末集·答徐懋庸并关于抗日统一战线问题》，《鲁迅全集》第6卷，人民文学出版社2005年版，第552页。根据现有资料可知，“民族革命战争的大众文学”这一口号是由冯雪峰、胡风提出后得到鲁迅认可。2005年版《鲁迅全集》的该文题注仍然如此写道：“鲁迅注意到这些情况，提出了‘民族革命战争的大众文学’的口号，作为对于左翼作家的要求和对于其他作家的希望。”对此，笔者认可周楠本的以下观点：“时代在前进，学术在不断发展。我们应该彻底抛弃一切成见，实事求是地对待历史、对待学术问题。我相信，本文中提出的意见学界最终会取得一个共识的。”（周楠本：《这两篇文章不应再算作鲁迅的作品》，《博览群书》2009年第9期）

② 茅盾：《回忆录二集·“左联”的解散和两个口号的论争》，《茅盾全集》第35卷，人民文学出版社1997年版，第90—94页。第90页对“余波”的脚注为：“这一节‘余波’，初刊、初版时未曾发表，现据作者亲属提供的手稿补入。”根据所写内容可知，茅盾写作该“余波”时，参考材料应该是孔另境的《秋窗集》，而非原刊文章，理由是第92页的以下这句话：“他从口袋里掏出两张《大晚报》，是十一月十九日和二十日的，上面登着他的文章《秋窗漫感》。”《秋窗漫感》中的两篇文章《文坛禁地闲人莫入主义》《文坛“明星”主义》分别发表在《大晚报·火炬》1936年11月16日、20日。茅盾写作回忆录时只将第2篇文章的写作时间写对了，应该是因为紧接这两篇文章后的《漫话“明星”》开头这句话：“偶翻旧报，看见了十一月二十日《大晚报》的《火炬》，有东方曦的《秋窗漫感》一篇。”将第1篇文章的时间认定为1936年11月19日，应该是因为第二段的前两句话：“文章是续，论的是‘二，文坛“明星”主义’，论理当然还有‘一’，不知又论的什么‘主义’。可惜前一天的报一时寻不出来，也就只好暂时知其‘二’而不知其‘一’了。”（郭沫若：《漫话“明星”》，孔另境：《秋窗集》，泰山出版社1937年版，第31页）

③ 廖久明：《冯雪峰与“两个口号”论争——兼谈2005年版〈鲁迅全集〉的一条注释》，《中国现代文学史料研究举隅》，中国社会科学出版社2013年版，第166页。

族统一战线的不同思想认识，以及确认统一战线思想的一个认识过程。周扬领导的上海地下文委，在失去与中央联系的情况下，根据共产国际第七次代表大会和《八一宣言》的精神，提出‘国防文学’的口号。冯雪峰作为中央特派员的任务之一，就是根据瓦窑堡会议所确定的抗日民族统一战线政策做统一战线的工作。他到上海以后，经与鲁迅、茅盾商议，提出了‘民族革命战争的大众文学’这个口号。两个口号之间有分歧，自然就有争论，但后者一经提出，即引发了激烈乃至对立的论争，实在是因为其中纠缠了许多口号之外的因素：文坛上原就有的所谓‘周扬派’与‘胡风派’的矛盾、周扬与冯雪峰之间的矛盾、冯雪峰工作方式方法上的欠考虑等等。”[①]比鲁迅逝世后的“文坛领袖”论争复杂很多很多，现有的研究由于主客观原因存在不少问题，需要在尽可能全面收集相关史料的基础上进行客观、公正的研究，以对得起这场付出了惨重代价的论争。希望通过这样的研究，尽量减少不必要的论争：在笔者看来，病灶对病人本身只有负面价值，只对医生有解剖价值，当医生对某病灶有了彻底认识以后，相同的病灶连解剖价值都已失去。所以，还是少一点病灶，多一点健康的身体吧！

常言道：“真理越争越明。”[②] 不过，越争越明的是真理，而不是个人恩怨。要想使“真理越争越明”，还必须有两个先决条件：一是争辩的目的是使“真理越争越明”，而不是各自的短长；二是争辩的方法是摆事实讲道理，而不是胡搅蛮缠或者插科打诨。

（原载《现代中文学刊》2020年第1期）

① 蔡震：《几函佚简与“两个口号”论争的史实》，《郭沫若生平文献史料考辨》，社会科学文献出版社2014年版，第361页。

② 据徐懋庸回忆，1938年5月23日前后，毛泽东在听取了自己就“两个口号”论争的陈述后作了六点指示，其中第四点为：“这个论争不但是不可避免的，也是有益的。争来争去，真理越争越明，大家认识一致了，事情就好办了。”（徐懋庸：《回忆录〔四〕》，《新文学史料》1981年第1期）“文革”结束后，黎之约周扬写作回忆录，当谈及鲁迅对自己的批评时，周扬的回忆为：“周扬对鲁迅对他的批评是感到不安的。他说，初到延安时，他见到毛泽东，作了检讨，毛泽东并没有批评他。毛表示这是革命阵营内部的争论，真理越争越明嘛。”（黎之：《文坛回忆录》，人民文学出版社2015年版，第97页）

鲁迅:“平生功业尤拉化”

——郭沫若对鲁迅的盖棺之论及其认知价值

杨华丽　王　静

“平生功业尤拉化　旷代文章数阿Q”是鲁迅逝世后郭沫若手书的挽联，初刊于1936年11月10日出版的《质文》第2卷第2期，落款为“质文社同人哀挽”。这副挽联，与该期封面上的两幅插图——《鲁迅素描》（陶元庆）、《鲁迅死后》（孟克），“编辑室”栏目中M所写的文字，以及“追悼鲁迅先生”专辑一起，营造了浓厚的感伤、哀恸氛围，实现了质文社群体在鲁迅去世后对其形象的一次集体塑造。“追悼鲁迅先生”专辑的诗文——郭沫若的《民族的杰作》、邢桐华的《悼鲁迅先生》、任白戈的《悼鲁迅先生》（诗）、北鹛的《纪念我们的鲁迅》（诗）、林焕平的《巴比塞·高尔基·鲁迅》、代石的《悼鲁迅先生》、孟克的《写在烦躁里》以及郭沫若手书的挽联已收入相关研究资料集，受到或多或少的关注。其中，手书挽联还曾得到相关对联研究者的重视，被收入某些研究型著作并加以分析①，其下联“旷代文章数阿Q”还被作为诸多研究鲁迅文学成就的论著中惯常设置的小标题。相对而言，该挽联中的上联“平生功业尤拉化”常被论者忽略，对其内蕴指向与特有的认知价值，学界长期以来未曾给予足够重视。

一

一些关注到该挽联的论析成果，多将其作为质文社同人集体创作，而将郭沫若置于书写者的地位。验诸《质文》第2卷第2期，我们确可发现落款中有“质文社同人”字样，而该挽联的图片之下就有“郭沫若先生手书”的说明，但笔者以为，所谓的“质文社同人”仅仅是一个代指，该挽联的实际提出者应是郭沫若而非其他。原因有以下三点。

第一，此期质文社的意见领袖不是他人，正是郭沫若。这一点，无论是从左联东

① 如侯清海所著的《对联修辞八十一格》（河南大学出版社2013年版）第147页上就引用了该对联并进行了分析。

京分盟的成员如林林、林焕平、任白戈等人当时的表述、多年后的回忆①，还是《杂文》《质文》《留东新闻》等杂志的实际运作情况②，都可见出。

第二，“追悼鲁迅先生”专辑中的文字，基本都是左联东京分盟成员在得知鲁迅先生逝世消息后的第一时间里所写，从中不仅可以看出他们知道这一消息后最初的情感反应，而且可以从中看出他们对鲁迅价值的最初评价与定位。但从“追悼鲁迅先生”专辑中除《民族的杰作》外的诗文中，我们可以发现他们对鲁迅文学成绩的点滴评述，发现他们对鲁迅战斗精神的持续颂扬，然而我们未能看到他们对鲁迅在当时方兴未艾的拉丁化新文字运动中历史地位的评价。

第三，郭沫若写于1936年的系列纪念文字有着内在的逻辑关联，而其中具有本源性意义的文章，是他写于10月19日夜里而放在“追悼鲁迅先生”专辑之首的《民族的杰作》。对于考察挽联的生成来说，该文的重要意义恰在于揭示了挽联内容的由来。

该文一共分为六段。第一段论述的重心，是在郭沫若得知鲁迅之死的消息后内心的震惊，第二、三段侧重表达他对高尔基、鲁迅相继去世的哀痛，第四段试图解释他在文艺界工作了近二十年却终未与鲁迅谋面的原因，第五、六段最为重要，兹录于下：

> 先生在中国文坛上所留下的功绩是用不着我来缕述的。中国文学由先生而开辟出了一个新纪元，中国的近代文艺是以先生为真实意义的开山，这应该是亿万人的共同认识。近年来，先生的对于前进的文艺乃至一般文化，尤其语言的大众化与拉丁化这些工作之寄与与促进，是永远值得我们纪念的。而先生的健斗精神与年俱进，且至死不衰，这尤其是留给我们的一个很好的榜样和教训。
>
> 古人说，“盖棺论定”，先生现在是达到了容许人们慎重地下出定论的阶段了。要论评先生，我自己怕是最不适当的一个人，但我现在敢于直率地对着一些谗谤者吐出我的直觉的见解：鲁迅先生是我们民族近代的一个杰作。③

---

① 如林林的《做党的喇叭——忆郭老在日本二三事》（《人民文学》1978年第7期）、杜宣的《夏夜星空——悼郭沫若同志》（《怀念郭沫若诗文集》，生活·读书·新知三联书店香港分店1978年版）、林林的《“左联”东京分盟及其三个刊物》（《新文学史料》1979年第3期）、陈辛仁的《记东京左联和杂文社》（《新文学史料》1987年第4期）、臧云远的《东京初访郭老——回忆郭沫若同志之一》（《悼念郭老》，生活·读书·新知三联书店1979年版）等文中均有相关表述。任白戈曾回忆说，当时他们把郭沫若“当作一个亲密的同志，更把他当作一个敬爱的领导人。凡是遇到一些文艺思想理论方面和文艺组织活动方面带原则性的和比较复杂的问题，我和猛克同志都要专程到他家里去请教。”（任白戈：《深切地怀念郭沫若同志》，《四川文艺》1978年第9期。）

② 《杂文》杂志的创办及其更名为《质文》，均与郭沫若直接相关，其上面刊载的郭沫若的散文、历史小说等，都与东京分盟成员的不断催促有关。《留东新闻》的创办，也与郭沫若关系甚深。见林林的《“左联”东京分盟及其三个刊物》（《新文学史料》1979年第3期）等回忆文章。

③ 郭沫若：《民族的杰作》，《质文》1936年11月10日第2卷第2期。

显然，在全篇文字中，第六段最末一句是一个异常有力的收束，是郭沫若在当时对鲁迅的慎重的“盖棺论定”。这一论断的支撑在第五段，即在郭沫若眼里，鲁迅之所以是“我们民族近代的一个杰作”，是因为他开辟了中国文坛新纪元的历史功绩，是因为他对于中国前进的文艺乃至一般文化的寄予、对于语言的大众化与拉丁化的促进，是因为他那与年俱进、至死不衰的健斗精神。这三个方面，在郭沫若的表述中极具层次感：第一方面是大家公认的功绩，是“亿万人的共同认识”，因此他用不着特意展开；第二方面同样是功绩，但仅仅是永远值得“我们”纪念的；第三方面是一种精神，这是“我们”学习的榜样，也是对不能坚持这种精神的“我们”的一个教训。很明显，当郭沫若等人要写挽联以表彰鲁迅的历史功绩时，第三方面不太可能出现。在其余的两个方面中，第二方面关乎文化尤其是语言，第一方面关乎文学，而其论断，一个出自“我们”，一个出自“亿万人”，显然，后者比前者更为重要，理应放在挽联中的下联。又由于郭沫若自身也高度关注民族危亡中中国语言的“拉化”问题，此前早就高度赞美了鲁迅的《呐喊》，因此，将语言上的“拉化”与文学实绩中的阿Q形象拈出来并存，也就成为可以理解的必然。即是说，郭沫若撰写于10月19日夜的《民族的杰作》，体现出他此时对鲁迅的全面思考与准确定位，而这正与“平生功业尤拉化　旷代文章数阿Q”相吻合。

二

“平生功业尤拉化”中的“拉化”，字面上指的就是“拉丁化”，是“拉丁化新文字”的简称。“拉丁化新文字”也称“中国话写法拉丁化”“中文拉丁化”“拉丁化中国字”“拉丁化汉字”。它起始于苏联政府对中国侨苏工人开展的扫盲运动，主要参与者是以瞿秋白为首的一批在苏的中国共产党党员，而其主要标志，则是1931年9月26日在海参崴召开的“中国文字拉丁化第一次代表大会”上通过的中国北方话拉丁化新文字方案，还通过了1932年内“以拉丁化字母完全结束极东华工的文盲的决议案”[①]。1932年6月，天津的《四海半月刊》刊载了《在苏俄成功之中国语拉丁化》[②]，记载了苏俄当局已命令在其领土上之近十万中国人改中国语为拉丁文字化的行为，使得海参崴会议的基本精神得以被国内大众知晓。1933年8月，汉口的世界语工作者焦风翻译了萧三的《中国语书法之拉丁化》，发表在《国际每日文选》[③]上。1933年10月，上海世界语协会会刊 *LaMondo*（《世界》）增出附刊《言语科学》，转载了焦风的译文，引起了普遍重视。同时，他们“用世界语刊登一条启事，

① E. 萧著，焦风译：《中国语书法之拉丁化》，《国际每日文选》1933年8月12日第12期。
② 威：《在苏俄成功之中国语拉丁化》，《四海半月刊》1932年6月16日第3卷第6期。
③ E. 萧著，焦风译：《中国语书法之拉丁化》，《国际每日文选》1933年8月12日第12期。

要求苏联的世界语同志提供这方面的材料。为了避免邮件被国民党政府没收，他们请鲁迅先生介绍上海的日本内山书店为收件人”①。很快，苏联乌克兰世界语者Isajev和Kolchinski就“寄来了拉丁化新文字的方案、检字、课本、读物、写法、文法，词典等。于是《言语科学》继续介绍，并讨论这种新文字”②。1934年5月到6月，南京国民政府又提出了“文言复兴运动”，大肆攻击白话文，再次主张读经，试图恢复读文言文的传统。上海进步文化界人士陈望道、胡愈之等以《申报·自由谈》等为阵地进行反击，提倡“大众语”，不仅反对重返文言文的老路，而且提出要进一步改革文体，引发了深入持久的讨论。陈望道甚至于1934年9月20日直接创办了刊名意义为“大白话”的《太白》杂志，编委会和特约撰述人员名单的排列，依据的是“记音字母顺序”，而其第一篇文章，即是署名“公汗”的鲁迅名作《不知肉味和不知水味》，抨击国民党的尊孔读经。至于该创刊号登载的胡愈之的《怎样打倒方块字?》，其别名即为“提倡‘写别字’和‘词儿连写’”③，这正与同期发表的《和一个学生的对话》《马尔的语言学说》《大众语的标准是上海共通话》《成语跟俗语》《大众语和记录大众语的工具》相互呼应，形成了提倡拉丁化新文字的有力合唱。张庚、叶籁士等也在《中华日报》的副刊《动向》、《世界》的副刊《言语科学》上介绍拉丁化新文字，阐发推广这种文字的重大意义、理论、原则与方案。这年8月，中国第一个拉丁化新文字研究团体“中文拉丁化研究会”正式成立，此后在上海、北平、广州、闽南等地得到了大量推广。1935年“一二·九”运动后，拉丁化新文字运动开展得更为广泛。到了1937年，中国“先后制订的方言拉丁化新文字方案或草案，有上海话（后称‘江南话’）、苏州话、无锡话、宁波话、温州话（或称‘瓯嘉话’）、广州话、潮汕话、客家话、福州话、厦门话（或称‘闽南话’）、湖北话、四川话、桂林话、梧州话等14种，其中上海话、广州话、潮汕话、厦门话的拉丁化新文字曾经实际推行，出版有课本和刊物”④。随着拉丁化新文字的影响日渐增加，国民党政府非常紧张，从1936年就开始查禁拉丁化新文字的相关书刊。河南开封的国民党军警，就曾“搜查开封各书店的新文字书刊，并下令禁止报刊登载关于新文字的文章”⑤。后来，随着抗日战争的全面爆发，这一运动才获得了继续推行的机会。

从以上梳理可见，拉丁化新文字运动虽在1932年就有人介绍，但中国拉丁化新文字运动影响的初步扩大，与鲁迅曾介绍内山书店当收件人这一环节密切相关，而其正式展开，则与“文言复兴运动”中新文化先驱的集体反抗关系甚深。世界语者的

① 倪海曙编:《拉丁化新文字运动的始末和编年纪事》，知识出版社1987年版，第6页。

② 倪海曙编:《拉丁化新文字运动的始末和编年纪事》，知识出版社1987年版，第6页。

③ 有意思的是，该创刊号的目录页上胡愈之该文的题目、作者名是正确的写法，正文中则全都有变化:“胡愈之”变成了“胡芋之”，“怎样打倒方块字?”变成了“怎羊打到方块字?”，正文中的别字触目即是。这正是他们主张拉丁化新文字的绝佳例子。

④ 倪海曙编:《拉丁化新文字运动的始末和编年纪事》，知识出版社1987年版，第12—13页。

⑤ 倪海曙编:《拉丁化新文字运动的始末和编年纪事》，知识出版社1987年版，第15页。

请求让鲁迅对拉丁化新文字运动有了初步接触，在反对国民党政府的复古逆流中，鲁迅坚定地站在了拉丁化新文字运动支持者的一边，开始就大众化问题发言，随之对拉丁化新文字发表了一系列意见。细读此期倡导、支持拉丁化新文字运动的文章，鲁迅的《论大众语——答曹聚仁先生》《门外文谈》《汉字和拉丁化》《中国语文的新生》《关于新文字》等系列文本，是其中分量极重者。鲁迅以其一贯敏锐的目光和犀利的文笔，对拉丁化新文字运动予以无保留的支持，对这一运动的深入展开所提出的建设性意见，无不引领了中国拉丁化新文字运动，成为此期这一运动深入展开最为有力的理论支撑。不仅如此，1935 年 12 月，陶行知发起成立了全国性的新文字团体“中国新文字研究会”，并发起草拟了《我们对于推行新文字的意见》，“我们觉得这种新文字值得向全国介绍。我们深望大家一齐来研究它，推行它，使它成为推进大众文化和民族解放运动的重要工具”[①]。随后，发起人广泛征求文化界人士的签名。到 1936 年 5 月，该倡议及签名一并在《中国语言》半月刊创刊号上问世。而在 688 个赞同者的超长名单中，鲁迅为第二十位。不仅如此，1936 年 6 月，鲁迅在病中仍接受了《救亡情报》记者的采访，谈论的第四个“重要问题”即“新文字运动”。他说自己是“受汉字苦痛很深的一个人”，因此坚决主张用新文字替换掉给人无穷麻烦的汉字，甚至说出了“汉字不灭，中国必亡”这样的话语。鲁迅坚持认为，“因为汉字的艰深，使全中国大多数的人民，永远和前进的文化隔离，中国的人民，决不会聪明起来，理解自身所遭受的压榨，整个民族的危机”。而国民党当局严厉禁止新文字的推行，其根本原因，正是他们“恐怕中国人民会聪明起来，会获得这个有效的求知新武器”。为此，鲁迅建议“新文字运动应当和当前的民族解放运动，配合起来同时进行，而进行新文字，也该是每一个前进文化人应当肩负起来的任务”。[②] 可以说，鲁迅写作系列杂文、接受新文字运动记者的采访、答应在《我们对于推行新文字的意见》的倡议书上签名，这均体现了他对该运动不遗余力的支持态度。他在这期间写作的系列杂文，也正是他文字改革思想的深层次体现，也是他对中国拉丁化新文字运动的理论建构，是促成该运动进一步推广、发展的重要理论凭借。1935 年，天马书店将这些文章结集为《门外文谈》单独发行，正是看中了鲁迅这些思想的多重价值。1936 年，《门外文谈》已经有再版本，被新文字书店置于“理论”类中[③]加以宣传，可谓进一步扩散了鲁迅的新文字主张，也在客观上部分地化解了新文字运动遭遇的阻力。

值得注意的是，就在 1936 年 5 月，致力于“集中大家的力量”，打破新文字运

① 《我们对于推行新文字的意见》，《中国语言》1936 年 5 月 10 日第 1 期。

② 鲁迅：《几个重要问题》，《夜莺》1936 年 6 月 15 日第 1 卷第 4 期。该期为“民族革命战争的大众文学”特辑，该文为第一篇。在文末的说明中，编者说明了此文内容系《救亡情报》记者的一篇访问记，“因为所谈的都是几个重要的现实问题，故加上一个题目转载于此。”

③ 见《中国语言》第 2 期上的《新文字书店经售书目》名单。

动在出版发行方面的障碍的新文字书店正式成立①。在其堪称宏伟的出版蓝图中，大量出版名作的新文字译本是其重要组成部分，而“新文字书店惊人贡献的第一声”，即是翻译了鲁迅的两大杰作——《狂人日记》和《阿Q正传》。从该月出版的《中国语言》来看，《狂人日记》已由上海新文字书店创始人之一的陈梅拼写为 *Igo fung di Rhgj*（《一个疯子的日记》）正式出版，《阿Q正传》则由该书店另一位创始人王弦（王益）用拉丁化新文字拼写为 *Agui di gush*，亦由新文字书店公开出版。这两部小说被翻译为新文字版本，在相当程度上扩大了新文字运动的影响面，使这两大名作可以达致文盲大众层面。在为这两部小说的新文字译本所作的广告中，编者说《阿Q正传》“已经译成了好几种外国文字，给各国人欣赏去。可是中国的文盲大众还没有机会看到呢!”这种遗憾，因为新文字译本的出现而得到了弥补，尤其对于“北方的文盲大众们”而言。对于《狂人日记》，编者则郑重宣告：“中国文艺界著名的革命小说家鲁迅先生的力作《狂人日记》，现在已经用新文字翻译出来了。”② 编者在这则广告中对于鲁迅小说的崇高定位，以及其将翻译出版它们作为“新文字书店惊人贡献的第一声”的行为，充分证明了鲁迅之于新文字运动的重要价值。不仅如此，就在刊载广告的同一期上，编者还选载了 Aluk 的一篇介绍《狂人日记》的新文字译本的短文，说该译本有一个“最值得赞美的特点”，“就是那句子的完全口语化。欧化的句子，构造复杂的句子，是半句也没有的。全部都是那顺口的短句子，这是鲁迅先生的文章，最配大众的胃口的地方。”他因此感慨地说，“《狂人日记》的翻译，使我们更加巩固了对于新文字的信仰”③。显然，编者选载介绍文字和精心撰写广告文字，都意在客观上部分地化解新文字运动遭遇的阻力，纠正部分人对于该运动的偏见。

鲁迅 20 世纪 30 年代在中国拉丁化新文字运动中的姿态与言辞，其实是他一直以来的文化思想的延续。

1913 年 3 月，鲁迅任职于教育部时，读音统一会在核定音素、采定字母时曾有激烈争论。在字母问题上，一些人主张使用仿日本片假名，用音近之汉字的偏旁笔画作为字母，一些人希望自定符号来作为字母，一些人主张用罗马字母作为标准。鲁迅联合许寿裳、朱希祖、马幼渔、钱稻孙等，提议以章炳麟所拟定的一套标音符号为基础来制定字母，最终通过表决得以通过。这一过程，在鲁迅 1913 年 3 月 12 日日记中有以下简略记载：“午后赴读音统一会，意在赞助以旧文为音符者，迨表决后竟得多数。”④ 可见，正是在鲁迅的参与、倡导与积极主张之下，才促成了民国文字改革中非常重要的注音字母的产生。1917 年，《新青年》杂志上开始有反对文言文、提倡白

---

① 见《新文字书店开幕宣言》，《中国语言》1936 年 6 月 10 日第 2 期。

② 《中国语言》1936 年 6 月 10 日第 2 期第 36 页上的广告。

③ Aluk：《“狂人日记”新文字译本介绍》，《中国语言》1936 年 6 月 10 日第 2 期。

④ 鲁迅：《癸丑日记 · 〔一九一三年〕三月》，《鲁迅全集》第 15 卷，人民文学出版社 2005 年版，第 53 页。

话文的呼声。1918 年，在注音字母尚未公布前，陈独秀就发表了“先废汉文，且存汉语，而改用罗马字母书之”[①] 的观点，得到了胡适、钱玄同的赞同。胡适提倡白话文，主张文学革命，钱玄同提倡废止汉字，用罗马字母来代替。“这本也不过是一种文字革新，很平常的，但被不喜欢改革的中国人听见，就大不得了了，于是便放过了比较的平和的文学革命，而竭力来骂钱玄同。白话乘了这一个机会，居然减去了许多敌人，反而没有阻碍，能够流行了。”[②] 在《阿 Q 正传》中，鲁迅曾在考证阿 Q 应该写作什么时，提及“陈独秀办了《新青年》，提倡洋字”的背景，又解释说“生怕注音字母还未通行，只好用了‘洋字’，照英国流行的拼法写他为阿 Quei，略作阿 Q。”如此这般之后，鲁迅还说了一句“这近于盲从《新青年》”[③]。其实，抛开小说笔法不谈，鲁迅这段文字正表明他曾密切关注过《新青年》提倡洋字一事，也曾关注到注音字母的艰难处境。而在《无声的中国》中，鲁迅曾痛彻地指出：“拿文章来达意，现在一般的中国人还做不到。这也怪不得我们；因为那文字，先就是我们的祖先留传给我们的可怕的遗产。人们费了多年的工夫，还是难于运用。”[④] 这样也就造成了一个无声的中国、无法自由表达自己思想的中国。为此，鲁迅指出：“我们此后实在只有两条路：一是抱着古文而死掉，一是舍掉古文而生存。”[⑤] 让人“活”，让人说出“真”话，是鲁迅历来的主张，也是他决绝地主张废除古文，采用白话的根本缘由。到了大众化运动兴起，鲁迅更是密切关注。在《大众文艺》第 2 卷第 3 期上，鲁迅曾发表了《文艺的大众化》一文，指出当时大众化的困境所在：

> 倘若此刻就要全部大众化，只是空谈。大多数人不识字；目下通行的白话文，也非大家能懂的文章；言语又不统一，若用方言，许多字是写不出的，即使用别字代出，也只为一处地方人所懂，阅读的范围反而收小了。[⑥]

也就是说，此时的鲁迅，已深刻感知到当时白话、方言写作与大众化要求之间巨大的差距。而在拉丁化新文字运动方兴未艾之际，鲁迅在致王冶秋的信中，曾有这样一段话：“关于拉丁化书，则由别一书店寄上三种（别一种是我的议论，他们辑印的），或已先到。此种拉丁化，盖以山东话为根本，所以我们看起来，颇有难懂之处，但究而言之，远胜于罗马字拼法无疑。”[⑦] 由此可见，一方面，鲁迅对天马书店所出的拉丁化书——叶籁士的《拉丁化概论》《拉丁化课本》和应人的《拉丁化检

---

① 陈独秀：《通信 ·〈中国今后之文字问题〉附信》，《新青年》1918 年 4 月 15 日第 4 卷第 4 号。

② 鲁迅：《三闲集 · 无声的中国》，《鲁迅全集》第 4 卷，人民文学出版社 2005 年版，第 13 页。

③ 鲁迅：《呐喊 . 阿 Q 正传》，《鲁迅全集》第 1 卷，人民文学出版社 2005 年版，第 514 页。

④ 鲁迅：《三闲集 · 无声的中国》，《鲁迅全集》第 4 卷，人民文学出版社 2005 年版，第 11 页。

⑤ 鲁迅：《三闲集 · 无声的中国》，《鲁迅全集》第 4 卷，人民文学出版社 2005 年版，第 15 页。

⑥ 鲁迅：《文艺的大众化》，《大众文艺》1930 年 3 月第 2 卷第 3 期。

⑦ 鲁迅：《书信 · 351221 致王冶秋》，《鲁迅全集》第 13 卷，人民文学出版社 2005 年版，第 608 页。

字》非常熟悉，对自己在拉丁化方面的议论之于拉丁化运动的意义有着一定积极认知；另一方面，他虽然知道当时的拉丁化让人难懂，然而他充分肯定了其远较罗马字拼法更具优势这一点。在中国拉丁化新文字运动中，鲁迅同样是一个难得的清醒者。

三

在中国拉丁化新文字运动的发展历程中，瞿秋白是开其端绪者，鲁迅则是20世纪30年代最为重要的倡导者和支持者，是这一运动彼时的一面光辉旗帜。郭沫若敏锐地认识到了鲁迅在拉丁化新文字运动中的重要价值，因而在鲁迅辞世的深夜里，即一方面强调鲁迅在文学上的贡献，另一方面就特别强调鲁迅在拉丁化运动方面的特殊价值。郭沫若之所以能具有这样的认知，与其说是因为他的敏感，不如说是他基于当时现实文化语境的一种体验，是他自己从事这一运动的感同身受，是对他和左联中的其他人员都在积极参与的这一运动所取得成绩的客观评价。他在《民族的杰作》中曾说，鲁迅在这方面的贡献，是永远值得“我们”纪念的。这里的“我们”，无疑就指向了以郭沫若为核心的左联东京分盟成员，指向了包括郭沫若在内的倾向于拉丁化新文字运动的人们。

早在1935年3月，郭沫若就与丰子恺、朱自清、巴金等200人，以及太白社、小朋友社、文学社等15个团体，联名发表《推行手头字缘起》，载《太白》半月刊第1卷第12期。1935年底，郭沫若在《留东新闻》上发表了《请大家学习新文字》，后来该文相继发表于《客观》第1卷第11期（1936年1月20日）和《东流》第2卷第3期（1936年2月1日）。另外，郭沫若曾在东京出版的《潮州话新文字月刊》第2期上发表过《方言拉丁化之切要》，后来该文的一部分曾以《论方言拉丁化》之名，发表于1936年6月10日出版的《中国语言》第2期。1935年12月，新文字团体“中国新文字研究会”也曾请郭沫若在《我们对于推行新文字的意见》上签名，从《中国语言》创刊号刊载的名单来看，郭沫若位列二十一，仅次于鲁迅，而在茅盾之前。也就是说，在1936年前，郭沫若就已经亲自参与到中国的文字改革问题中去，对于拉丁化新文字也多有提倡。

更为重要的是，在1936年中国文坛的“两个口号”之争中，以郭沫若为核心的左联东京分盟的成员，都支持“国防文学”而不完全赞同“民族革命战争的大众文学”。在郭沫若组织的关于“国防文学”的专题讨论中，他们曾以对谈方式细细地谈到过拉丁化新文字的问题，而其话头就从鲁迅开始。

> 代石　在讨论国防文学下，鲁迅先生曾提出拉丁化问题，拉丁化确实在中国是国防文学最当采取的手段。
>
> 非厂　提到了新文字，我想着当新文字初流到此地（指日本）时，郭沫若

先生第一个就是《留东新闻》上介绍给大家学习，记得题目就是《请大家学习新文字》，这个运动在东京虽没有很好的成绩，但我们仍要把它推动展开，以期很快地普遍起来。

郭沫若　普及国防的意识当然要有手段，拉丁化正不失为一个很好的手段，我们决不放弃拉丁化，所以我最近的作品集—《豕蹄》即将用新旧文字对照着出版。

魏孟克　拉丁化的普遍提倡是极紧要的，这要与当前的政治紧密地连系，一同进行，使它变成并非救不得近火的远水。

陈北鸥　关于拉丁化问题我想归纳一下说，没有问题地，对于使拉丁化普遍化我们这些朋友里绝对没有一个人反对。尤其在救亡工作中，应当使拉丁化更普遍，因为拉丁化是救亡的手段之一。①

显然，郭沫若等人提倡、坚持拉丁化的原因，均是由于它作为面向国民宣传的方便性与可行性。拉丁化在此成为救亡的一个重要手段，一旦它被普遍提倡，就是可以救近火的远水。郭沫若显然认可这一切，并且表态说自己的新作品集《豕蹄》将有新文字的部分，可谓是对这一运动的强力支持②。代石在随后所写的自述中，再次以较大篇幅谈到了拉丁化新文字运动。而其论述，同样是从鲁迅先生说起：

鲁迅先生最近在救亡情报上面对记者再三又提到了拉丁化运动不实行，中国必亡的话，我们应当给予最大的注意的。特别是我们作为一个文化人，我们的主要任务是在使中国的民众有文化。（中略）我并不是在要求每个文化人都去做拉运的工作，可是我正当要求每个文化人都必须有把文化灌输给大众的工具，这个工具便是拉丁写法，现在还有疑问吗？没有这个工具，我们怎样去教育民众呢？民众如果没有智识，纵使我啼泣对他们宣传救亡，在激励的言词里他当然会感动，可是经你宣传过后他们的愤慨之情会维持多久呢？（中略）很缺憾的，郭先生早就在《留东新闻》上发表《请大家学习新文字》的文章，可是至今我们质文社的社员还是没有把“新文字”学好？作为文化人而没有教育大众的工具，我们自己是在干什么呢？我们如果回到乡下去，一个农民拿着新文字报纸来问你的话，你要用什么话去答覆他，除了满颊通红还有什么办法。③

---

① 郭沫若辑：《国防文学集谈》，《质文》1936年10月10日第2卷第1期。

② 《豕蹄》原本只收录郭沫若所写的六篇历史小说，出版前曾由李柯将其翻译成新文字，计划和汉字版一并出版，组成一本书。但《豕蹄》初版本中却并无新文字的部分，原因是出版社觉得印刷有困难，因而临时抽去了译文。为免去篇幅的不足，郭沫若临时换上了所写的一部分传记文字。见《豕蹄》初版本（不二书店1936年10月版）的“序言”和“后记”。

③ 郭沫若辑：《国防文学集谈》，《质文》1936年10月10日第2卷第1期。

代石在这段文字中，再次注意到了鲁迅提倡的拉丁化新文字主张，认为它与国防文学至为密切，是质文社成员应该好好学习、领会并实践的，这样才能实现对民众的有效启蒙。从现实情况来看，质文社成员学习新文字的效果并不好，他甚至质疑他们今后开展工作的有效性和合法性。然而，无论是在代石还是非厂的言辞间，鲁迅与郭沫若都是拉丁化新文字运动中的重要人物：鲁迅是国内的重要提倡者，而郭沫若是在日本的重要呼吁者，他们倡导的共同基点是救亡图存，都在为救亡而寻找对民众进行宣传与启蒙的工具。换言之，郭沫若与鲁迅尽管在救亡图存的口号问题上存在分歧，然而在利用、发展拉丁化新文字这个工具的问题上却高度一致，也都得到了质文社其他同人的认可。由于关于国防文学的集谈是郭沫若发起并亲自参与的，最后的统稿也由他完成，因此，他们谈话过程中的所有内容，郭沫若均知晓，成员们自述中的文字，郭沫若都应读过。那么，对于鲁迅在拉丁化新文字运动中的地位，郭沫若当然也就十分明白，而经其手而发表的文字中对鲁迅的高度认同，显然表明他对此也十分认可。

只有在这样的背景下，我们才能更好地理解，为何在鲁迅辞世的当晚，郭沫若就一方面循亿万人的认知而高度颂扬其文学成就；另一方面却从自己身处其中的口号之争出发，感慨于鲁迅在拉丁化方面所作出的重要贡献。后来他所敬献的挽联，也才会既有“旷代文章数阿 Q”，也有“平生功业尤拉化”。

事实上，郭沫若对鲁迅在拉丁化运动中重要意义的强调，并非偶然。倪海曙就曾注意到，鲁迅去世后人们所赠的挽词中活跃着拉丁化新文字，送葬者中也活跃着新文字工作者的身影：“上海的新文字工作者很多参加丧仪，并用汉字和拉丁化新文字写成好几幅挽词，排在丧仪的行列里。其中‘中国新文字研究会’的挽词是用汉字写的‘革命火花不息，鲁迅先生永生’和用新文字写的‘Xiang Zhunggu WeidadiGeming Wen Xyogia Lu Sin Tung zh Rheliedi，ZuixoudiGingli！’（‘向中国伟大的革命文学家鲁迅同志致热烈的、最后的敬礼！’）。‘上海新文字研究会’的挽词是用汉字写的‘向我们最伟大的文学家、语文运动的先导者鲁迅先生致最后的敬礼！’和用上海话新文字写的‘Cedao Ngunik Dungc Lu Sin Siensang k Si，Nguni Lao Huonzen Hi lag Venz Kekeg Fangmien Peg Nguni lg’ eig Kiaoxyn！’（‘追悼我伲格同志鲁迅先生格死，我伲要完成伊勒文字改革方面拨我伲格一切教训！’）。也就在丧仪的行列里，好几个新文字同志被国民党特务抓去。”[①] 在北平的追悼会上，墙壁上也用新文字写着这样的内容：“纪念鲁迅先生不要忘记他的遗言：汉字不灭，中国必亡。”[②] 在暹罗关于华侨文化界追悼鲁迅大会的新闻中，也有这样的记载：“礼堂前之左右两墙壁则挂有各界挽

---

① 倪海曙编：《拉丁化新文字运动的始末和编年纪事》，知识出版社 1987 年版，第 118 页。

② 转引自胡绳《鲁迅与新文字运动》，征农：《珍贵的纪念》，陕西人民出版社 1981 年版，第 101 页。

联数十对，中有以新文字书写者为场中之特品。”[①] 不仅如此，在随后的日子里，上海、北平的新文字刊物，均纷纷出版了特辑追悼鲁迅先生。比如1936年11月1日出版的《新世纪》第1卷第3期上就有“鲁迅先生哀荣”专栏，而第二幅图即是“新文字与世界语团体挽鲁迅先生之横额”。新文字运动的重要推动者胡绳，还在1936年11月15日深夜完成了《鲁迅与新文字运动》一文，系统梳理了鲁迅与新文字之间的密切关联[②]。里远也曾写就《鲁迅先生与新文字》，高度评价、肯定鲁迅在新文字运动方面的卓越贡献，表示“我们应该接受我们伟大的鲁迅先生的宝贵训示：新文字运动在中国将必得到胜利与成功!”[③] 综合这些点滴可见，拉丁化新文字工作者们自觉地将鲁迅视作重要的精神领袖，对其在语文运动方面的历史性功绩尤为重视，而又无一例外地将鲁迅在新文字运动中的主张与其革命性联系起来。这与郭沫若所称“平生功业尤拉化”所蕴含的意旨相通。但是，相较于中国新文字研究会、上海新文字研究会、北平新文字研究会所写的挽词，郭沫若的挽联“平生功业尤拉化　旷代文章数阿Q”显然更加言简意赅；相较于中国新文字研究会在挽联中强调鲁迅的文学家与革命家的双重身份而言，郭沫若的挽联重视的是其文学实绩与语言功业；相较于上海新文字研究会在挽联中强调鲁迅在文学、语文运动方面的先导地位，并将其作为语文运动的同志，郭沫若的挽联具有更为宏阔的视野，不仅注意到了“拉化”与“平生功业”的关系，而且注意到了“阿Q”与“旷代文章”的关联，更进一步，他将二者合而观之，体现出了他对鲁迅在语言与文学方面旷世成就的充分肯定，是更高的一种推崇。也就是说，在认识到鲁迅之于中国拉丁化新文字运动的重要意义者中，郭沫若虽是其中之一，却是认知与定位更为精准的一个。认识到“平生功业尤拉化”是郭沫若对鲁迅历史功绩别具慧心的盖棺之论，我们就会重视两人与中国拉丁化新文字运动的关系，重视考察两人在这一运动中的交集，从而为研究鲁郭关系打开一个有价值的新视角。

（原载《鲁迅研究月刊》2020年第6期）

① 转引自胡绳《鲁迅与新文字运动》，征农：《珍贵的纪念》，陕西人民出版社1981年版，第101页。
② 胡绳：《鲁迅与新文字运动》，征农：《珍贵的纪念》，陕西人民出版社1981年版，第109页。
③ 里远：《鲁迅先生与新文字》，《青年知识》1941年10月22日第12期。

“留声机器”的“奥伏赫变”

——再论郭沫若的“革命文学”论争话语（1926—1928）

刘祎家

在1928年逐渐趋于高潮的“革命文学”论争场域，围绕着“留声机器”的辩论构成了整个“革命文学”论争结构中相当重要的一个面相。作为一个带有丰富含义的革命标记和革命主体内在的生成机制，“留声机器”也是把“革命文学”的诸个问题脉络串联起来的一条集中线索，把整个论争推向更深刻和更具理论生产性的话语激辩模态。学界有关“留声机器”已有不少讨论，张广海和赵璕均对“留声机器”论的发生、演化过程，及“留声机器”论争背后仰赖的日本马克思主义理论资源有过专门、细致的考察。张广海的研究注重对“革命文学”论争多个话语面相和论争过程的叙写、还原和勾勒①，赵璕的研究则更多侧重于在理论上重新审视和清理学界以往认为“绑定”在后期创造社“新锐斗士”身上的日本福本主义资源，以析出李初梨等有关“无产阶级的阶级意识”的相关论述在左翼文学理论脉络之中自身的话语独创性。② 但两位学者的研究似未能深入地观察到郭沫若参与“革命文学”论争的文章内部诸种义理表述上存在的前后差异，而这些话语上的变化虽不无幽微之处，但对判断郭沫若的革命文艺论却是关键的，它们勾勒出郭沫若的“革命文学”论争话语在理论上可能存在的丰富生长性。

另外有关“留声机器”话语的重要研究，来自程凯。程凯在其专著《革命的张力：“大革命”前后新文学知识分子的历史处境与思想探求（1924—1930）》中，用整整一章的篇幅深描了“革命文学”论争中的“留声机器”问题与革命思想的更生之间极富张力的复杂关系，并且相较于以往的研究，程凯也从整个“革命文学”论争纷繁歧义的话语路径中提取出了一条相对清晰、有效的分析线索。③ 在程凯看来，

---

① 张广海：《“革命文学”论争与阶级文学理论的兴起》，北京大学2011年博士学位论文。

② 赵璕：《“革命文学”论争中的“异化”理论：“物化”概念的发现及其对论争分野的重构》，《中国现代文学研究丛刊》2005年第1期。

③ 程凯：《当还是不当“留声机器”与革命思想的更生》，《革命的张力：“大革命”前后新文学知识分子的历史处境与思想探求（1924—1930）》，北京大学出版社2014年版，第224—267页。亦参见程凯《当还是不当“留声机”？后期创造社“意识斗争”的多重指向与革命路径之再反思》，《中国现代文学研究丛刊》2006年第2期。

对于郭沫若而言，“留声机器”的含义是清晰的，“它代表一种宣传式的文艺观，反对个人主义与自我表现”①。“留声机”“多指政治宣传工作”，且此种宣传“总是例行公事、千篇一律”。② 在五四“文学革命”乃至“大革命”轰轰烈烈的进行途程之中，“留声机器”因为刻意取消了“文学和文学家的独立价值”③，且颠倒了“先有理想的个人再有个人造成的理想社会”这一基于“文学革命”内涵的“社会改造”图式④，违背了时代精神，而常常作为一个带有负面色彩的比喻在使用。根据程凯的考察，直至郭沫若于1928年元旦发表《英雄树》明确提出“当一个留声机器”的观点之时，“留声机器”这一常常与种种“主义”的宣传意图勾连在一起，且与大众艺术、机械复制时代的大众消费品沆瀣一气的修辞标记，才第一次在正面的意义上得到使用。程凯看到，这种变化与郭沫若在“大革命”遭遇顿挫后产生的新的政治判断密切关联，在郭沫若的视野里，“革命没有失败，革命在继续，革命找到了它的声音，革命正走向高潮”，“这个新的革命不再是含糊不清的，它有清晰的内涵和理想，是真正的、最终的革命”。而此时，“留声机”便不再具有负面意义，“因为革命者无须再犹豫，只需忠实传达它的声音，它就代表了所有民众的利益与前途”⑤。

但程凯也同时在郭沫若看似雄辩和激昂的理论表达内部，发现了一些“溢出”或难以整合之物。程凯发现，在郭沫若的“留声机器”论中，“新革命的内涵和策略”并不真正清晰。郭沫若只是通过文学化的形象和比喻（如“留声机”“大地深处”的“雷鸣”），或一些厘定起来自身也含糊不清的概念（如“无产阶级”“社会主义”）来暗示那个在定义上便带有妥协色彩的“大革命”（国民革命）失败后迎来的新的革命的意义和内涵。据程凯的观察，哪怕把郭沫若于“大革命”失败后同时期的其他言论也纳入考量，他都“似乎没有给出对共产派革命的进一步解说”。程凯认为，这意味着“革命论争”时期的郭沫若“也没有把握这个革命的真正内涵”⑥。

遗憾的是，程凯并没有对这个问题加以更细致的追踪，而是停留在了他的发现上。这就为我们重新考察和梳理郭沫若的“革命文学”论争话语，提供了一个颇有意味的观察位置。事实上，纵观《革命的张力：“大革命”前后新文学知识分子的历

① 程凯：《当还是不当“留声机器”与革命思想的更生》，《革命的张力：“大革命”前后新文学知识分子的历史处境与思想探求（1924—1930）》，北京大学出版社2014年版，第238页。

② 程凯：《革命的张力：“大革命”前后新文学知识分子的历史处境与思想探求（1924—1930）》，北京大学出版社2014年版，第242页。

③ 程凯：《革命的张力：“大革命”前后新文学知识分子的历史处境与思想探求（1924—1930）》，北京大学出版社2014年版，第238页。

④ 程凯：《革命的张力：“大革命”前后新文学知识分子的历史处境与思想探求（1924—1930）》，北京大学出版社2014年版，第241页。

⑤ 程凯：《革命的张力：“大革命”前后新文学知识分子的历史处境与思想探求（1924—1930）》，北京大学出版社2014年版，第243页。

⑥ 程凯：《革命的张力：“大革命”前后新文学知识分子的历史处境与思想探求（1924—1930）》，北京大学出版社2014年版，第244页。

史处境与思想探求（1924—1930）》第六章，程凯的视点还是更聚焦于李初梨等后期创造社青年理论家自身的理论图式和理论表达上，试图对这些更激进的理论青年参与“理论斗争”和“意识斗争”的程度、位置感、问题意识乃至自身革命理论的深度加以细致勾勒，以揭示他们如何“回应了当时中国革命理论和实践上的某种缺失”。[①]在这一论述策略的驱动下，为了实现某种理论或站位上的对照，程凯对郭沫若“留声机器”论的把握，稍有本质化处理的瑕疵。通观郭沫若于“革命文学”论争时期对“留声机器”含义和生成机制的多次表述，郭沫若的“留声机器”话语其实呈现出一个过程性的“成长”、演化状态，而最终在对鲁迅革命意识的批判上，实现了“留声机器”向“共产派革命”“宣传式的文艺观”的理论转换和主体意识转换。

一 革命与“活的文学”

1928年围绕后期创造社和太阳社等马克思主义理论后进，与左翼文坛前辈郭沫若、鲁迅、茅盾之间，有关“革命文学”为何以及如何建立“文学”与“革命”之关系的漫长拉锯战，是从郭沫若的两篇革命文论开始的。在1926年的《革命与文学》一文中，郭沫若通过梳理1789年法国大革命直至1917年俄国革命的历史进程，以积极的态度论证了“文学”与“革命”的关系：“文学”不仅是“革命”的前驱，大革命的时代结构及其内蕴的激进的时代精神，更为文学表达和承载人的某种生命力的极致状态，以及人之身体感受的全面打开提供了外在框架，并且“革命”这般前卫的先锋题材，亦向内确保了“文学”语言不断进行自我变革的流动性，革命的题材和“时代精神”，需要通过具有先锋性的文学话语和语言实践，才能唤起那种不断如雷鸣般涌动的、山雨欲来的政治性。

在《革命与文学》一文中，郭沫若最终召唤出来的，是一种并非固定的革命结构，它是由本身即变动不居、充满破坏和创造的“扩张”之“力”加以赋形的一种“活的东西”，但在革命的个人和革命可能通向的远景之间，已经设置了一些具体的中介。阶级论的视野纳入了郭沫若对“革命”与“文学”关系的讨论，并且其设想的历史远景，也已经有了诸如“到兵间去，民间去，工厂间去”[②] 等相对明晰的想象性展开。此时的郭沫若，已经通过翻译日本左翼理论家河上肇的《社会组织与社会革命》和介入与孤军社、国家主义者之间的论争而转向马克思主义信念，并且通过直接参与轰轰烈烈的国民革命和北伐战争，在行动上实践了其对革命的理解，“革命”作为一套整体性的观照、介入和改造世界的方式，已经开始有机地内化于郭沫

---

① 程凯：《革命的张力：“大革命”前后新文学知识分子的历史处境与思想探求（1924—1930）》，北京大学出版社2014年版，第267页。

② 郭沫若：《革命与文学》，《创造月刊》1926年5月16日第1卷第3期。

若对文学的体认。[①]《革命与文学》中虽然不乏诸如“时代精神”对于一个创造而能动的大写主体的询唤，“胆汁质，神经质，多血质，粘液质”等《女神》时期显豁的“解剖室”内自然科学和生理学知识视野，及在此种视野下生产出来的对于革命者的身体性想象，但“真正的革命文学”的演进图式已经有了一个可以期许的、较为明朗的落脚的地方。

尽管如此，“革命”依旧没有成为一种“制度的风景”，而仍旧保持为一种与“时代精神”所加持的浪漫个体相辅相成的主体建构机制。郭沫若虽然勾勒了“到兵间去，民间去，工厂间去，革命的漩涡中去”“表同情于无产阶级的社会主义的写实主义的文学”的“文艺的主潮”，但何谓“无产阶级”，以及如何在某种制度和规范的意义上解释“社会主义的写实主义的文学”，这些理论问题，在1926年郭沫若的革命视野里，尚未获得理论上具体的厘清。“革命文学”因而在其性质上，被展开为一种创造的浪漫个体于具体的革命进程中想象性的文学生产，而在“革命”的时间形态上，亦具有一种正在进行的过程性特征。在此时的郭沫若看来，“革命本来不是固定的东西”“文学是永远革命的”“合乎社会进化的文学方能为活的文学”。[②]“活的文学”乃流动、变化、反抗和发展的进行时态，以及文学和革命之间诸种辩证和交缠性关系发生的场域，而促成文学为“活的文学”的“革命”气候，亦必然同时是在变动的历史过程中发展变化的。

二 “接近”还是“发出”：有关“留声机器”性质的辩论

郭沫若《革命与文学》中所勾勒和初步造型的“革命文学”形态，乃至“革命文学”所牵连的某种可能生成的“无产阶级”意识，在1928年郭沫若亲历了大革命的低迷、转化和失败后，有了一些变化，但其对“革命文学”性质的判断和期待，仍旧内含于一种过程性的革命机制之中。1928年元旦出版的《创造月刊》，发表了郭沫若化名麦克昂的著名文论《英雄树》，该文明确提出了“当一个留声机器”的著名观点，引发了创造社内部留日归来的青年理论家对“留声机器”及其主体建构过程的丰富讨论。

在《英雄树》中，郭沫若开篇以一种颇为抒情的笔调，以木棉开花迅速和结子迅速的生命过程，来隐喻和象征大革命由赤化到白色恐怖的迅速转化过程，从中仍然内含有“时代精神”于具体的历史过程里“力”的流转变化。《英雄树》以较为跳跃的文艺片断的形式组织成文，木棉花的比喻乃行文的起兴，更重要的论述在于对

① 有关1924—1926年郭沫若对马克思主义接受的过程的勾勒，参见刘奎《郭沫若的翻译及对马克思主义的接受（1924—1926）》，《现代中文学刊》2012年第5期。

② 郭沫若：《革命与文学》，《创造月刊》1926年5月16日第1卷第3期。

“无产阶级”概念和“无产阶级的文艺”性质的判断，以及“文艺青年”如何在实践中逐步确立“革命”的主体位置。“当一个留声机器”，大概是对这种革命的主体位置的简明概括，但“留声机器”为何，以及这个显得有些宏大的装置如何运作，它如何勾连革命中的文学者主体内外之间的关系，还是需要多做一些辨析。

> 当一个留声机器——这是文艺青年们的最好的信条。
> 你们不要以为这是太容易了，这儿有几个必要的条件：
> 第一，要你接近那种声音，
> 第二，要你无我，
> 第三，要你能够活动。[①]

“留声机器”乃郭沫若对革命的文学青年之文学责任的一种理论期待。在“留声机器”的运行图式里，郭沫若将其设置为一种隆隆的、在远方招邀着革命途程中的文艺青年的远景结构，郭沫若形象地将它的声音比喻为“大地的最深处”“极猛烈的雷鸣”，不断发出一种“——Gonnon——Gonnon——Gonnon——Baudou——Baudou——Baudou”[②]的沉闷又巨大的声响，召引着文学青年向这种尚未被清晰赋形的革命远景前进。郭沫若所列出的“当一个留声机器”的三个必要条件中，第二个和第三个条件，后经李初梨的阐释，意义更为明确，但在第一个条件上，则显示出他与后期创造社青年理论家之间，在如何理解“无产阶级的文艺”上关键性的不同。在郭沫若的理论预想之中，“留声机器”乃一种在时间线上被后置了的时间结构，“因为社会主义还没有实现”，才可能有“无产阶级”和其他阶级，才能确保有进行时的“阶级文艺”。革命恰恰是要在一种进行时的动态过程中不断接近那个“社会主义的实现”，因而经由“革命”加持的“无产阶级的文艺”，乃一种“倾向”，“倾向社会主义的文艺”，于是作为远景后置于“无产阶级革命”之实现的“留声机器”的“那种声音”，就需要被“接近”，而不是如李初梨所改造的被“发出”，“阶级文艺是途中的文艺”，是一个运动着向前推进的文学和历史的动态过程，呈现为一种进行时、正在生成和流变的有机状态。

在《英雄树》中，内置于马克思主义理论内部的一种悖论，也在对“留声机器”的展开中纳入了郭沫若的知识视野。“留声机器”及其内嵌的、发于远处的“革命的呼声”，乃至“阶级文艺”本身的运动过程，都是建立在“无产阶级革命”尚未成功的过程性里。郭沫若清楚地看到，“无产阶级革命成了功，便是无产阶级的消灭：因

① 麦克昂（郭沫若）：《英雄树》，《创造月刊》1928 年 1 月 1 日第 1 卷第 8 期。着重号为论者所加，下同。

② Gonnon 可能是“工农”的拟声，Baudou 或许是“暴动”的预示。麦克昂（郭沫若）：《英雄树》，《创造月刊》1928 年 1 月 1 日第 1 卷第 8 期。

为一切阶级的对立都已消灭。”他继而问道：“阶级都已消灭了，那还有阶级文艺产生呢?”① 郭沫若在此表达出其对进行时态的马克思主义文艺形态的理解，这一点是非常关键的。与此同时，郭沫若也非常敏感于一种先验的“无产阶级的文艺”的理论图式自身含有的限度和危机。而这种本身就结构性地隐含在马克思主义文论中的理论背景，确保了“留声机器”实有可能在远处源源不断地发出其“革命的呼声”，召引“无产阶级的文艺”向前演进发展的全部过程。

> 不当一个留声机器，——这是文艺青年们最好的信条。
> 你们不要以为这是太容易了，这儿有几个必要的条件：
> 第一，要你发出那种声音，（获得无产阶级的阶级意识）
> 第二，要你无我，（克服自己的有产者或小有产者意识）
> 第三，要你能够活动。（把理论与实践统一起来）②

在《英雄树》发表不久后，李初梨于创造社更为激进的理论性刊物《文化批判》上，发表了回应麦克昂（郭沫若）的重要文论《怎样地建设革命文学》，显示出对“留声机器”这一“革命文学”的理论装置，在共同肯定其基本结构和框架的基础上，一些关键性的不同理解。

在该文中，李初梨并不认可郭沫若主张“当一个留声机器——这是文艺青年们的最好的信条”的观点，其与郭沫若的分歧之处，在于如何理解“留声机器”的状态和性质。李初梨并未完全否认郭沫若的理论预想，而是在商榷中进一步解释了《英雄树》中以微言大义片断式罗列的，意义不太明朗的地方。李初梨首先将“一切的文学”的性质界定为“宣传”③，而文学要成为“普遍地，而且不可逃避地是宣传”的功用，就必须具有其“宣传”的发出者，所具有的“宣传”所仰赖的理论信念。也就是说，既然“新兴的革命文学”被李初梨界定为“应当而且必然地是无产阶级文学”④，那么文学作为一种“宣传”的媒介，其本身就必须内含有“无产阶级的阶级意识”。在“革命文学”的性质上，李初梨于是将“无产阶级文学”定义为“为完成他主体阶级的历史的使命，不是以观照的——表现的态度，而以无产阶级的阶级意识，产生出来的一种的斗争的文学”。⑤ 在这里，“观照的——表现的态度”，针锋相对的是以文学研究会和“语丝派”等为代表的五四一代的写实主义文学。对

---

① 麦克昂（郭沫若）：《英雄树》，《创造月刊》1928 年 1 月 1 日第 1 卷第 8 期。

② 李初梨：《怎样地建设革命文学》，《文化批判》1928 年 2 月 15 日第 2 号。

③ 李初梨：“一切的文学，都是宣传。普遍地，而且不可避免地是宣传；有时无意识地，然而常时故意地是宣传。”《怎样地建设革命文学》，《文化批判》1928 年 2 月 15 日第 2 号。

④ 李初梨：“革命文学，不是谁的主张，更不是谁的独断，由历史的内在的发展——联络，它应当而且必然地是无产阶级文学。”《怎样地建设革命文学》，《文化批判》1928 年 2 月 15 日第 2 号。

⑤ 李初梨：《怎样地建设革命文学》，《文化批判》1928 年 2 月 15 日第 2 号。

于在主观意识上作为反叛者和挑战者的后期创造社阵营，李初梨的这一论断可以代表年轻的左翼理论家对五四“文学革命”还不够激进的一种不满，在他们的理解里，五四文学的现实主义往往与平面化的自然主义纠缠不清，它们缺少明确的政治判断，因而缺少迫切的文学的责任担当，强调对于现实生活和历史过程的科学观察和客观描写，强调文学的认识论作用，对于后期创造社崛起的“新锐的斗士”[①] 而言，五四文学似乎显得过于温吞水了。[②] 李初梨们所在意的，是一种明确的“无产阶级的阶级意识”，这是成为一个纯粹的“无产阶级文学家”，并写出“无产阶级文学”“革命文学”的主体基础。而特别地，“无产阶级的阶级意识”并不是独属于“无产阶级”的意识形态，任何阶级的出身者，一切的知识者，不论他是有产者、小有产者，还是普罗列塔利亚中的一员，只要获得了“无产阶级的阶级意识”，便具备写出“无产阶级文学”的条件。[③] 李初梨于是将郭沫若预想的“留声机器”的三个必要条件改造、扩展和解释如下：第一步，革命文学者“应该干干净净地把从来他所有的一切布尔乔亚意德沃罗基完全地克服，牢牢地把握着无产阶级的世界观——战斗的唯物论，唯物的辩证法”，也就是“克服自己的有产者或小有产者意识”；第二步，革命文学者“就应该把他把握着的理论，与他的实践统一起来”，从而获得“革命情绪的素养”“对于革命的信心”“对于革命之深切的同情”，于是获得“无产阶级的阶级意识”，这一步对应改造过的“留声机器”的三个必要条件中的第一个和第三个。[④]

先“克服自己的有产者或小有产者意识”，再“获得无产阶级的阶级意识”，从而在“无产阶级的阶级意识”的引领下，通过文学写作来“把理论与实践统一起来”，在“留声机器”的询唤下，最终“发出”那种声音而不仅仅是“接近”，这便是李初梨对“无产阶级文学者”之主体性获得方式和“无产阶级文学”内在性质的界定。与郭沫若不同，李初梨反置了无产阶级革命远景与无产阶级文学者之间谁决定谁的关系，因而使得其所期待的无产阶级文学运动的生成过程，与郭沫若的文学主张之间，存在一种倒置和微妙的裂隙。郭沫若的“留声机器”论，其背后的理论运行

---

① 麦克昂（郭沫若）：《文学革命之回顾》，《文艺讲座》第1册，神州国光社1930年版，第86页。

② 相关的讨论亦可参考旷新年《1928，革命文学》中对钱杏邨之“新写实主义”的评述。旷新年：《1928，革命文学》，第三章“革命的浪漫谛克”，山东教育出版社1998年版，第108页。

③ 在李初梨看来，阶级身份、阶级地位与阶级意识之间，并不具有一种自然的联系。也就是说，不是因为一个人身处“无产阶级”的阶级境况，就能具有“无产阶级的阶级意识”，于是能够写出“无产阶级文学”。李初梨将阶级意识的获得看作一个由外部输入的、需要依靠实际的革命斗争（此时革命的斗争已经转化为实际的革命文学创作）加以培育、锻炼和习得的提引性的主体反思机制。一个农民或工人，若不具备警醒、反思和分析自己阶级境况的能力，便不可能具备相应的阶级意识，因而就算他们在阶级处境上是道地的无产阶级，他们也写不出符合期待的、带有反思性和斗争性的“无产阶级文学”。换言之，李初梨所强调的“无产阶级的阶级意识”，乃通过一种外在的“目的意识性”所引领和培育出来的主体意识，“阶级”和“阶级意识”乃至“阶级文艺”之间，并不存在一种“自然生长”的联系。参见李初梨《自然生长性与目的意识性》，《思想》1928年9月15日第2期。亦参见李初梨《一封公开信的回答》，《文化批判》1928年3月15日第3号。

④ 李初梨：《怎样地建设革命文学》，《文化批判》1928年2月15日第2号。

图式，意在展现一种基于后置的革命远景对行动中的文学者主体加以询唤和提引的时间结构，在不断“接近”这个远景的时间过程中，文学者的“革命文学”实践可以是丰富和灵动的。而所谓“无产阶级的阶级意识”恰恰是在“倾向”一种“革命的呼声”的“途中”，通过具体的文艺实践和文学生产循序渐进地触摸、感知、体认和获得的，因而郭沫若对“留声机器”的态度，是无限的趋近、“接近”，保留了革命文学者主体因应变动的革命境况和历史进程那种能动的创造性和有机的调适机制，“革命文学”乃是不断生成的革命主体，在“接近”解放的无产阶级的历史远景的“途中”，能动地超克掉自身的“有产者或小有产者意识”，而实践和斗争出来的文学样态，它的结果呈现为“无产阶级的阶级意识”，而不是如李初梨所预想的，是“革命文学”或“无产阶级文学”得以成立的主体性上的先决条件。

李初梨的“革命文学”逻辑，乃至对革命的文学者需先获得“无产阶级的阶级意识”的强调，构成了后期创造社的一种理论共识，但此种基于“无产阶级的阶级意识”的革命文艺论，对“无产阶级文学者”的主体特征和“无产阶级”究竟何谓，以及“无产阶级文艺”的性质，乃至它们与“留声机器”所负载的革命远景之间的关系，处理起来稍嫌本质化，没有把革命途程中那种丰富的过程性给昭示出来，相反将它们压抑了。郭沫若在“留声机器”的总体框架内，与李初梨们在无产阶级信念上没有根本性的龃龉，而呈现为“革命队伍中人”① 的驳杂状态。在《英雄树》的阶段，郭沫若尚未将“无产阶级”和“留声机器”作本质化处理，而把革命看作一个永远流动、正在生成的变革过程，这延续了他 1926 年以来的革命论争思路。

三 “靠拢”和“转向”：“留声机器”的“豹变”与“成长”

随着“革命文学”论争和笔战持续地向更深入的理论地域发展，牵扯的文坛人事愈来愈多，郭沫若“留声机器”论中潜藏的那种活泼的中间性和动态的过程性便逐渐被压缩，乃至在文论的形态上被抛弃了。郭沫若的“革命文学”论愈发向李初

① “革命队伍中人”语出周恩来为纪念郭沫若五十大寿而撰写的文章《我要说的话》：“鲁迅自称是革命军马前卒，郭沫若就是革命队伍中人。鲁迅是新文化运动的导师，郭沫若便是新文化运动的主将。鲁迅如果是将没有路的路开辟出来的先锋，郭沫若便是带着大家一道前进的向导。”但“革命队伍中人”更丰富的面相可能并不仅仅在于郭沫若是一名引领青年知识者和革命者的“向导”，而在于其“向导”的身份如何在“前进”的进行时态的具体历史过程中逐渐发挥其功能，并呈现意义。在“革命文学”论争的视野下，多年后周恩来所概述的“革命队伍中人”一语，仍旧能够勾连起郭沫若青年时期曾深度介入的有关“留声机器”的讨论，也就是作为“向导”，其所具有的革命自觉和“无产阶级的阶级意识”，究竟是在革命之前便事先获得的，从而可以先验地设计革命，还是在革命的“路”中过程性地逐渐获得的，与革命是相互生发的关系。参见周恩来《我要说的话》，《新华日报》（汉口）1941 年 11 月 16 日第 1 版。有关“革命队伍中人”能够牵连出来的郭沫若本人和革命文学研究上的丰富褶皱，以及由此生发的学术上的是是非非，亦参见李国华《如何研究“革命队伍中人”？——从李斌〈女神之光：郭沫若传〉谈起》，《文艺理论与批评》2019 年第 2 期。

梨的“无产阶级的阶级意识”相靠拢，这一方面体现出郭沫若作为前期创造社的元老和灵魂人物，欲与后期创造社崛起的青年理论家们相和解的愿望；另一方面也是郭沫若自身对马克思主义和无产阶级革命的理解逐渐深化的认识论上的结果。“革命文学”论争中参与论战的文学家思维和意识的急速转向，呈现出整个论争结构的激进性，恰似狂风骤雨般的一场左翼文学内部的狂飙突进运动。

紧接着李初梨的商榷文章不久，郭沫若再次使用麦克昂的笔名发表了著名的回应文章《留声机器的回音——文艺青年应取的态度的考察》，对自己的“留声机器”如何生成一种“辩证法的唯物论”，“留声机器”与“革命文学”和“无产阶级文艺”之间的关系，乃至“留声机器”如何促进“小有产者方向转换的过程”再次作了细致的辩护和交代。文章引用了郭沫若自己早期文论中强调一个文学的、个性解放的、独立而自由的五四式自我的表白[①]，声明自己的文艺思想的发展路径存在一个从不信任、“不当一个留声机器”转换到主动地“当一个留声机器”的文学主体的成长过程：

> 这是一个小有产者方向转换的过程：
>
> 第一，他是接触了悲惨社会，获得了宁牺牲自己的个性与自由为大众人请命的新观念；
>
> 第二，他克服了小有产者的意识，觉得在资本制度之下尊重个性景仰自由的思想是僭妄；
>
> 第三，他获得了新的观念，便向新思想新文艺新的实践方面出发去了。
>
> 他这个转化的过程就是
>
> 从不当一个留声机器转换到当一个留声机器！！！[②]
>
> 所以我说：“你们不要乱吹你们的破喇叭（有产者意识）暂时当一个留声机器罢！”
>
> 但这儿含有必经的战斗的过程！
>
> 1. 先要接近工农群众去获得无产阶级的精神；
>
> 2. 他要克服自己旧有的资产阶级的意识形态；
>
> 3. 他要把新得的意识形态在实际上表示出来，并且再生产地增长巩固这新得的意识形态。
>
> 这种种过程刚好象留声机器的摄音发音的过程一样，所以我借来做了警语。

---

① 麦克昂（郭沫若）：《留声机器的回音——文艺青年应取的态度的考察》，《文化批判》1928年3月15日第3号。

② 麦克昂（郭沫若）：《留声机器的回音——文艺青年应取的态度的考察》，《文化批判》1928年3月15日第3号。

文艺青年们应该做一个留声机器——就是说，应该克服自己旧有的个人主义，而来参加集体的社会运动。

这儿有一个辩证法的唯物论是文艺青年们应该获得的——换句话说，就是要叫他们当一个留声机器!!![①]

此时郭沫若的“留声机器”论述，已经非常接近于李初梨的“革命文学”理论预设，先“克服你们快要被蜕变的布尔乔亚意德沃罗基”，再获得新的“无产阶级的阶级意识”，从而在“留声机器”的“那种声音”的询唤下，创造出符合“辩证法的唯物论”的“革命文艺”和“无产阶级文学”。

在“革命文学”论争逐渐显示出其将整个左翼文坛裹挟进来的扩大化趋势之后，郭沫若这一左翼文艺立场上向本社成员的渐趋靠拢，亦同时显示出在论争策略上的机动灵活、审时度势。在《留声机器的回音——文艺青年应取的态度的考察》一文里，郭沫若先是对1928年的革命时势做了判断：“我们现在处的是阶级单纯化，尖锐化了的时候，不是此就是彼，左右的中间没有中道存在”[②]，但在行文的尾声，仍然保留了向“留声机器”的“那种声音”“接近”的某种显得微弱的动态过程性[③]。此时，在郭沫若之前的“留声机器”论中所主要展开的诉诸进行时的历史动态过程性的“接近”诗学，已经很明显地在大的政治判断之后，显示出了它调和的理论姿态。虽然郭沫若仍旧高昂地表达主体的“豹变”和对“辩证法的唯物论”的“战取”，表达革命文艺所形塑的“新的宇宙观和人生观”，但那种左翼的“接近”诗学，最终内化于基于革命主体习得“无产阶级的阶级意识”的革命文艺论。

更为明显的“转向”表达于郭沫若化名麦克昂发表的第三篇文论《桌子的跳舞》，而集中于他与鲁迅的论战文章中。在《桌子的跳舞》一文里，郭沫若认为：

无产者的文艺也不必就是描写无产阶级。

因为无产阶级的生活，资产阶级的作家也可以描写；

资产阶级的描写，在无产阶级的文艺中也是不可缺乏的。

① 麦克昂（郭沫若）:《留声机器的回音——文艺青年应取的态度的考察》，《文化批判》1928年3月15日第3号。

② 麦克昂（郭沫若）:《留声机器的回音——文艺青年应取的态度的考察》，《文化批判》1928年3月15日第3号。

③ “青年们，你们应该还是去接近那种声音，你们谦谦恭恭的去接近，不要把自我的意识太强调了，你们自然会获得那种声音而发出那种声音。”在郭沫若看来，“当一个留声机器”首先要“接近”“那种声音”，接近革命对文学主体的召唤，在“接近”的动态过程中逐渐打开“自我的意识”原有的封闭结构，在一种开放状态中“自然”地克服掉自己身上的“小有产者意识”，从而获得“无产阶级的阶级意识”，由“接近”而最终“发出”李初梨们所期待的“留声机器”的“那种声音”。参见麦克昂（郭沫若）《留声机器的回音——文艺青年应取的态度的考察》，《文化批判》1928年3月15日第3号。

要紧的是看你站在那一个阶级说话。

我们的目的是要消灭布尔乔亚阶级，乃至消灭阶级的；这点便是普罗列塔利亚文艺的精神。[①]

所以无产者所做的文艺不必便是普罗列塔利亚的文艺。

反之，不怕他昨天还是资产阶级，只要他今天受了无产者精神的洗礼，那他所做的作品也就是普罗列塔利亚的文艺。[②]

对“无产者的文艺”的判断，并不在于其本身所属的阶级阵营为何，而取决于是否在动笔前便获得了“无产阶级的阶级意识”。“无产阶级的阶级意识”的获得，本身便是革命主体经历自身的“奥伏赫变”的过程，而终于紧紧地内嵌于“伟大性的”“时代精神”，使得无产阶级文学者的内与外、个我与社会之间的那种契合，通过“无产阶级的阶级意识”加以组织和表达。

从《留声机器的回音——文艺青年应取的态度的考察》开始，郭沫若逐渐表达出对“中间阶级”（Intelligentsia）文学者和知识分子的“动摇现象”的不满和反对，并试图通过接近、融入“留声机器”所询唤的革命主体发出的“那种声音”，来寻求文学者主体于革命的“时代精神”中“奥伏赫变”的成长道路。在《桌子的跳舞》中郭沫若就已对“中间阶级”表达出希冀他们改造自身的“感伤主义”，从而确立一种明朗的政治立场的急迫期待：“我们希望他从那半醒的迷梦中彻底的觉醒转来。我们希望他从那迟疑不决的态度里面斩钉截铁地表示一番。”“永远立在歧路口子上是没有用处的。”[③]

此种对“醉眼朦胧”中的“历史中间物”的弃置和批判，最集中地表达于郭沫若以杜荃为笔名发表的攻击鲁迅的文章中。在《文艺战上的封建余孽——批评鲁迅的“我的态度气量和年纪”》一文里，郭沫若开篇即对鲁迅的身份和历史意识下了判断：“大约他是一位过渡时代的游移分子。他对于旧的资产阶级的意识已经怀疑，而他对于新的无产阶级的意识又没有确实的把握。所以他的态度是中间的，不革命的——”继而批评鲁迅为“连资产阶级的意识形态都还不曾了解的人”，“当然更说不上无产阶级的意识形态”，最后直接给鲁迅的“时代性”和“阶级性”加以“资本主义以前的一个封建余孽”“二重的反革命的人物”“不得志的 Fascist（法西斯谛）”的定性。[④]

郭沫若由最初的“途中的文艺”的革命文艺论，到在论争中逐渐自我超克和

① 麦克昂（郭沫若）：《桌子的跳舞》，《创造月刊》1928 年 5 月 1 日第 1 卷第 11 期。

② 麦克昂（郭沫若）：《桌子的跳舞》，《创造月刊》1928 年 5 月 1 日第 1 卷第 11 期。

③ 麦克昂（郭沫若）：《桌子的跳舞》，《创造月刊》1928 年 5 月 1 日第 1 卷第 11 期。

④ 杜荃（郭沫若）：《文艺战上的封建余孽——批评鲁迅的“我的态度气量和年纪”》，《创造月刊》1928 年 8 月 10 日第 2 卷第 1 期。

“奥伏赫变”，而调和自己的“革命文学”立场接近于后期创造社的“无产阶级的阶级意识”革命文艺论，甚至在言说姿态上比李初梨们更为激进，这一变化，自然可以看作郭沫若之革命意识内在成长的自洽的结果，但也在革命文学理论生成的轨迹上，呈现出作为新文学家的郭沫若一贯的文学逻辑。郭沫若一直在寻找新的、有力量的“时代精神”，能够辅助于生成某种内在心灵之中巨大的精神动力，不论是“女神”还是“天狗”，还是1928年“革命文学”论争中的“无产阶级的阶级意识”，它们都为变动中的文学主体所用，不断对文学者自身所感受到的封闭和困闷的精神境况进行超克，而实现一种主体于历史中的健康、恢复和明朗。郭沫若对于文坛上“中间阶级”的不满，对于鲁迅作为“过渡时代的游移分子”的攻击，呈现出郭沫若式主体的某种自我辐射，牵连着郭沫若本人对自己初登革命文坛之前那种“中间人”身份的自我厌弃，其运行所仰赖的主体生发机制，多少还是与《女神》时期的自我想象和浪漫诗学之间，有着某种纠缠不清的互动和勾连。

四　一点余论：郭沫若与鲁迅

发生于1928年的“革命文学”论争，牵涉对“新月派”“语丝派”等文学集团的论战，论争的对象和范围颇广。但更重要的论争，发生在左翼文学阵营内部，而尤以后期创造社和太阳社文学后进为号手，对左翼文坛的先行者和前路人郭沫若、鲁迅、茅盾等的左翼文学观念进行理论上的清算，从中可以把握到这一论争更为核心的问题意识、内在脉络和结构。郭沫若先是勾勒出一条正在生发中的“途中的文艺”之革命文学进路，进而与李初梨、冯乃超等人的无产阶级文学论相合流，在立场上逐渐接近他们，并在对鲁迅的攻击和批判中，其革命文艺论的激进性转向，达到理论上的峰值。

与郭沫若和后期创造社、太阳社的理论青年们手持“无产阶级的阶级意识”之理论武器加以棒喝和围攻的革命文学态度不同，鲁迅的革命文学论显得并不那么“张扬”和“积极”，而是呈现出更多开放、可延展的层次。早在1927年，鲁迅便发表了《革命文学》一文，提出一种作为动态生成过程的“革命人”的“革命文学”，而非有一个所谓“无产阶级的阶级意识”先验地罩在文学者主体身上，才可能写出的革命文艺形态。“革命人”乃是在变动的历史过程中生长、挣扎出来的，换言之，革命人的革命意识便也是在此种历史过程中动态地获得的。[①] 在革命的生长性上，此种革命文学论非常接近于1926年郭沫若的“途中的文艺”论，也通联于郭沫若1928年早期“留声机器”的“接近”诗学。事实上，鲁迅将“无产文学”看作一种在流变和“方生方死”的历史时代中挣扎出来的文学形态，一直贯穿在他参与“革命文

① 鲁迅：《革命文学》，《民众旬刊》1927年10月21日第5期。

学”论争的始终，而特别地在对新月派梁实秋和“新兴”“无产文学理论家”展开的“硬译”问题的抗辩上，集中而完整地得以呈示。

谈论“硬译”并非本文的任务，但还是可以做出一点说明。在鲁迅的逻辑中，“硬译”恰巧是要在对外来语的翻译实践中破却汉语和外来语之间•“顺”的关系，以一种“硬”“扭”“拗折”的方式，把汉语回归为一种正在生成的、流动的、进行时的状态，从而建立语言—主体之间那种不断在自我破却和迎接新鲜外来语言质素的辩证过程中矛盾统一的状态和过程。对于鲁迅而言，语言意义上的自我更新，也是思维和意识上的自我更新，更牵连着译作者乃至读者之主体意识的自我更新。只有不断审视和破却已完成的音义之间的既成关系，才可能在思维和意识上真正实现一种流动的开放状态。此时，通过翻译而加以改造的现代汉语，通过“硬译”而完成的左翼革命理论，就通联于“革命人”主体意识的生成过程，乃是在开放的、进行时的历史“途中”，过程性地获得新的“无产阶级的阶级意识”。此时“革命人”的“无产阶级的阶级意识”，便不是先验地给定的，不是一个已经翻译过来的、现成的、封闭的理论套子，而是一种革命主体在具体的历史过程中“翻心”和创造的结果。

与鲁迅不同，“革命文学”论争中的郭沫若的文艺论，最终从一种“过渡时代”的“途中的文艺”形态，一种由“留声机器”所询唤和召引的，主体朝向未来前进、进行时态的“接近”诗学，转化为一种时间和立场前置的阶级文艺论。在一篇带有总结性质的文论《文学革命之回顾》中，郭沫若以麦克昂的名义直呼“他们之中的一个，郭沫若，把方向转变了”①。与此同时，在左翼色彩浓郁的大革命遭遇顿挫和失败所招致的晦暗心情下，郭沫若试图寻求某种主体的“恢复”，通过“烟囱扫除”(Chimney-washing) 计划来荡涤主体心灵中那些破损的、不健康的东西，恢复主体的清空状态，以此营造一个开放的、迎接新的历史意识生成的主体结构的游动框架。②1928年，郭沫若辗转客居于日本，远离了上海甚嚣尘上的革命文学话语场，而其不断由日本寄文回沪参与“革命文学”论战，大概也是试图借参与文学上的革命论争，来弥补实际革命失败后惨淡寥然的心情。通向一种确定的革命政治立场，尽管对此的宣言仍旧显得英雄主义和自我浪漫化，革命的运行机制也尚处于一种理论的想象之中，但某种较为具体的“无产阶级的阶级意识”，已经随着“革命文学”论争的深入而得以展开它渐渐清晰的面目，这对于郭沫若而言是迫切的，不论是出于对自我身心

① 麦克昂（郭沫若）：《文学革命之回顾》，《文艺讲座》第1册，神州国光社1930年版，第86页。

② 郭沫若意义上的“烟囱扫除”（Chimney-washing）计划，不仅仅为一种单纯的恢复人的意识和心理状态，恢复人之“歇斯迭里”的心理治疗方法，更扩大到其对国族乃至国族命运变动中文人身份和文人职守的多种关切。“烟囱扫除”同样也意味着“革命”对民族国家积习已久的病灶的治疗，可以通过一系列的政治改革计划来“扫除”和荡涤民族国家已有的陈腐和历史积弊。参见郭沫若《创造十年续编》，北新书局1938年版，第1—5页。亦参见《恢复》，创造社出版部1928年版。

健康的“恢复”，还是对中国革命和政治前景的判断。对于郭沫若而言，“留声机器”的轰隆之声，似乎在呼唤着另一场可能再次全身心投入和参与的总体性革命和战争，它似乎预示着1937年的到来。

（原载《中国现代文学研究丛刊》2020年第8期）

“他不是只能吹出一种单调的稻草”

——郭沫若早期小说创作的审美之维

王玉春

长期以来，在五四新文学的书写中郭沫若都以狂飙突进、开一代诗风的激越风格独树一帜，闻一多在《女神之时代精神》一文中对他的评价得到了广泛认可：“若讲新诗，郭沫若君底诗才配称新呢，不独艺术上他的作品与旧诗词相去最远，最要紧的是他的精神完全是时代的精神——二十世纪底时代的精神。有人讲文艺作品是时代底产儿。《女神》真不愧为时代底一个肖子。”① 的确，在《女神》中我们可以领略到雄浑洒脱、悲壮豪迈的激情和浪漫。诗人用夸张奇特的想象，火山爆发般狂飙突进的气势，塑造了一个个感情炽热、吞吐日月、涅槃更生的抒情主人公，他们勇猛地否定一切，反叛一切。这正是鲁迅所张扬的“摩罗诗力”，也是五四时代精神的诠释。在早期的诗剧创作中，郭沫若同样大胆想象，破除陈腐旧规，塑造出一系列性格鲜明的具有叛逆精神的女性形象。因此，“诗人郭沫若”② 作为上进一派作家的代表，是努力向上的青年的表现者，而与代表颓废一派、颓废幻灭的青年的表现者的郁达夫，形成了鲜明的对比。然而，“小说家郭沫若”却展现出了迥异的创作旨趣。20 世纪 20 年代，郭沫若创作了相当数量的记叙身边琐事、人生经历或披沥心境的小说，以写实的笔法摹写原生态的生活图景：养家糊口、身心疲累的父亲，操劳家政、生儿育女的妻子，幼小待哺的儿女，贫穷悲冷，颠沛流离，饥寒交迫。其中的主人公“我”或者“爱牟”，敏感自卑、颓废阴郁，那个自言“我要左手拿着《可兰经》，右手拿着剑刀一柄”③ 的激进炽热的创造者沦为“软弱的消极者”④，这些被认为具有鲜明自叙传色彩的小说坦白赤裸地呈现了郭沫若的另一面。

不难看出，作品中的双重风格所对应的恰是作者的双重身份（驰骋想象、涅槃更生的“诗人郭沫若”和耽于写实、困顿潦倒的“小说家郭沫若”）及其塑造的两类抒情主人公（激进炽热的创造者和颓废软弱的消极者）。其中，“诗人郭沫若”的

---

① 闻一多：《女神之时代精神》，《创造周报》1923 年 6 月 3 日第 4 号。

② 钱杏邨：《诗人郭沫若》，《郭沫若研究资料》（上），中国社会科学出版社 1981 年版，第 83 页。

③ 郭沫若：《力的追求者》，《创造周报》1923 年 6 月 3 日第 4 号。

④ 闻一多：《女神之时代精神》，《创造周报》1923 年 6 月 3 日第 4 号。

“创造者”形象获得广泛认知，那么，“小说家郭沫若”的这些写实性文本的意义何在？两种文风的并存参见，对重新认识郭沫若的创作风格与艺术特征，提供了哪些有益的补充？本文以郭沫若早期的创作为主要研究对象，试图梳理其文学创作中的审美风格，并在与其同时代作家的作品的互文阅读中，深入阐释郭沫若小说的文学价值与史学意义。

一

对于郭沫若作品中所呈现出的迥异文风，研究者们往往将其归因为郭沫若前后思想的转变。早在 20 世纪 30 年代，钱杏邨就撰文论述了“转变说”，认为 1924 年是郭沫若“生活史上的一大关键”①，并分析了其回国后因经济问题而发生的转变，从之前的“诗人与梦”走向“经济的苦闷”。的确，郭沫若在小说《漂流三部曲》中也描述了自己生活的今昔对比：“他在学生时代，一月专靠着几十元的官费还可以勉强糊口养家，但如今出到社会上来，连这点资助也断绝了。他受着友人们的接济寄居在安南路上的一个弄子里”，“他的物质上的生涯也就如象一粒种子落在石田，完全没有生根苗叶的希望了”。1923 年从日本归国后对国内社会现实的真切体验以及 1924 年对河上肇《社会组织与社会革命》的研读、翻译也都被视为郭沫若思想嬗变的契机。但是，这种生活状况的改变所导致的其思想的变化，进而引起的创作文风的改变，也许并没有如此立竿见影、泾渭分明，而且更多时候郭沫若的这两种文风是同时存在的。在归国前的所谓“诗人与梦”时期，郭沫若的内心世界未尝没有此类的苦闷彷徨与绝望。1920 年，郭沫若在致宗白华的书信中为对方的一句“诗人人格”潸然泪下而连称“我是坏了的人”，他写道：“我自己底人格，确是太坏透了。我觉得比 Goldsmith 还堕落，比 Heine 还懊恼，比 Baudelaire 还颓废。”② 信中还抄录了自己的旧作《寻死》《夜哭》，其中的“出门寻死去，孤月流中天”“有生不足乐，常望早死好”等诗句都是后期小说中“软弱的消极者”的写照。同样，在后期的经济苦闷里，诗人的梦也未尝就消失了。

这种差异或许还可以从“写作空间”的角度来加以考察。这里所说的“写作空间”体现在以下三个方面。

首先，是由诗歌到小说的文体空间的转换。如上所述，在郭沫若的具体创作中其实是兼具浪漫与写实两种风格的——在诗歌中往往浪漫主义风格更浓，而在小说中尤其是书写身边琐事的自我小说中则体现出较为鲜明的写实风格。

---

① 钱杏邨：《诗人郭沫若》，载李霖编《郭沫若评传》，现代书局 1932 年版，第 5 页。转引自《郭沫若研究资料》（中），知识产权出版社 2010 年版，第 561 页。

② 田汉、宗白华、郭沫若：《三叶集》，《郭沫若全集·文学编》第 15 卷，人民文学出版社 1990 年版，第 16 页。

创造社的作家向来被认为具有浪漫主义的创作倾向，郭沫若在很多文章中也鲜明地表达了自己的文学表现观。1923 年，在《自然与艺术——对于表现派的共感》一文中，郭沫若斩钉截铁地提出了自己的文学主张：“二十世纪是文艺再生的时候，是文艺从科学解放的时候，是文艺从自然解放的时候；是艺术家赋予自然以生命，使自然再生的时候，是森林中的牧羊神再生的时候，是神话的世界再生的时候，是童话的世界再生的时候；艺术家不应该做自然的孙子，也不应该做自然的儿子，是应该做自然的老子！”① 于是，复活转来的伟大的诗人，在舞台上高唱：“是谁区分出这平匀灵动的节文，/永恒生动着一丝不乱地动颤？/是谁唤集万散而成一如，/调和音雅地鸣弹？/是谁使狂风暴雨惊叫怒号？/是谁使落日残晖散成绮照？/是谁投美丽的春花/于彼情人并步的中道？/是谁组织无谓的碧叶/使成荣誉之冠冠彼人豪？/是谁奠定峨岭普司之山聚集神祇？/啊，人生之力，全由我们诗人启示！”② 这样的抒情方式，堆砌排比的运用，夸张的想象，与《女神》毫无二致，让人联想到《湘累》中“我效法造化的精神，我自由创造，自由地表现我自己。我创造尊严的山岳、宏伟的海洋，我创造日月星辰，我驰骋风云雷雨”的豪迈磅礴。这是“诗人郭沫若”擅长的笔法。

但具体到小说创作中，文字的风格便陡变。上述的这篇激情洋溢的文章写于 1923 年“8 月 21 日夜”，一个星期后的“8 月 28 日夜”，郭沫若创作了小说《月蚀》。琐碎地记录了 8 月 26 日这天一家人看月蚀的经过。一家人原本打算到吴淞看月亮，后来因为车费太贵，而不得已改去“华人和狗不得入内”的黄浦滩公园。面对黑团团的黄浦江，“我”想念起家乡神韵袭人、未经斧钺的好山好水，妻子说起自己昨晚的奇怪又惊悚的噩梦，其间又回忆起在日本时与邻居宇多姑娘的朦胧情愫。整篇小说结构平淡，看不到构思，仿佛平铺直叙的日记。对于新文学读者来说，《天狗》无疑是具有划时代意义的名篇，其中“我是一条天狗啊！我把日来吞了，我把月来吞了，我把一切的星球来吞了，我把全宇宙来吞了，我便是我了”的慷慨激越，在小说《月蚀》中，变成了父亲与儿子们之间的一段毫无浪漫可言的平庸对白：

> 我说：“那不是新月，那是有一条恶狗要把那圆圆的月亮吃了。”
> 二儿的义愤心动了，便在电车上叱咤起来：“狗儿，走开，狗儿！”
> 大的一个快满六岁的说：“怕是云遮了罢？”
> 我说：“你看，天上一点云也没有。”
> ——“天上有没有狗啦。”
> 啊，我简直找不出话来回答了。（《月蚀》）③

① 郭沫若：《自然与艺术——对于表现派的共感》，《创造周报》1923 年 8 月 26 日第 16 号。
② 郭沫若：《自然与艺术——对于表现派的共感》，《创造周报》1923 年 8 月 26 日第 16 号。
③ 郭沫若：《月蚀》，《创造周报》1923 年 9 月 2 日第 17 号、1923 年 9 月 9 日第 18 号。

还有一点需要注意的是，郭沫若的小说中常常出现大段大段的诗歌，这些诗歌往往不是引用古人的诗歌来赋诗言志，而是作者自己创作的新诗，以此来承载其抒情的功能，例如《十字架》中的多首诗歌，这些诗歌不具有叙事功能，更多地承担着情感宣泄的功能："他反反复复地沉吟，起初只是一二句不整饬的悲愤语，后来也渐渐成了这么一首歌词。这是文人们的一种常有的经验，每到痛苦得不堪忍耐的时候，突然经一次的发泄，表现成为文章，他的心境是会渐渐转成恬静的。爱牟也味觉到这种心境上来了。不怕他的心中，他的歌中，对于文艺正起了无限的反抗，但他却从他的衣袋中搜出了一支铅笔，俯就桌上，把他夫人的来信翻过背面来，便写出他这首歌词。信上的泪痕还有些是湿的，写时每为铅笔刺破，但他也不回避，只是刺刺的写，好像他所把捉着了的东西，深恐失掉了的一样。他写好了后，又反复念了一回，他只觉得他的心尖异样的战栗。"① 此外，《月蚀》中宇多的歌、《行路难》中《新生活日记》里的诗，《歧路》《炼狱》中的爱牟反复讴吟的诗等，也都承担着抒情功能。

其次，叙述空间的变换。对郭沫若而言，这种空间的变换不仅表现在从日本到上海的地理空间的变化所引发的生活感受的落差，如《月蚀》中写到，"我们在日本的时候，住在海边，住在森林的怀抱里，真所谓清风明月不用一钱买，回想起那时候的幸福，倍增我们现在的不满"②，还表现在文本叙述中由室内的私人空间到室外的公共空间的转换。

小说《湖心亭》的镜头从室内开始："小小的家庭中，低气压已经低迷了两三天了。"夫妻二人因朋友的寄住发生争吵，"我"怒气冲冲地窜出家门，随后镜头追着"我"，如纪录片般地拍摄了"我"离家出走一天路上的所见所闻、所思所感。从外国人建筑的堡垒，到比租界还要繁华的中国市街，再到城隍庙，作者在游历过程中不时地感叹国人的麻木精神、"算盘主义"。到了湖心亭，作者的忧愤更加激越有力：

> 哎，颓废了的中国，堕落了的中国人，这儿不就是你的一张写照吗？……
>
> 美好过的我们古人！你们的成绩虽然已掩蔽在那重重的丑劣的秽障之中，但你们的精神不是通过了那千重万层的秽障来和我接触了吗？……
>
> ——哎，要解救中国，要解救中国人，除非有一次彻底的兵火！不把一切丑恶的垃圾烧尽，圆了寂的凤凰不能再生！③

尽管"脑里的空隙完全被怒气填满"，但走出家门的"我"，由"小我"变成了"大我"。此外，在《亭子间中》《行路难》等小说中，我们都能看出由空间转换所

① 郭沫若：《十字架》，《创造周报》1924 年 4 月 5 日第 47 号。

② 郭沫若：《月蚀》，《创造周报》1923 年 9 月 2 日第 17 号。

③ 郭沫若：《湖心亭》，《学艺》1925 年 8 月 15 日第 7 卷第 1 期，转引自《郭沫若全集·文学编》第 9 卷，人民文学出版社 1985 年版，第 412—413 页。

带来的叙述风格的变化。

现实对创作的冲击和影响是毋庸置疑的，郭沫若在自己的写作中，则通过物理空间的转换，完成了两种创作风格的转换。正如作者自己所言："他的精神取的总是这样的一种路径。注意力分散在外界的时候，不是和小儿一样无谓地喜欢，便是和歇斯迭里的女人一样，无谓地猜忌；注意力一收回到自己的时候，他又执拗地悲观着自己的生活起来。"①《亭子间中的文士》以主人公居住的私人空间为标题，仅有两立方米的一座小小的亭子间，是爱牟的书斋兼寝室，其间只能安放一张书桌。书桌是从友人处借来的年老方桌，爱牟睡在地板上，因为他没有钱买床，也没有空间放床。当他把西窗推开，对面邻家的亭子间便现在眼前，而当他聚焦外部世界时，"突然间一种小说般的结构羼进了他隐痛着的脑里来了"②。于是作者开始驰骋想象，想象亭子间中的罗密欧与朱丽叶。在这些作品中，他往往在室内的私人空间中展开现实叙事，这时的笔触细微记录着疲惫的生活。逼仄狭小的居所，为妻儿的生活疲于应对的困窘的运命，都被认为是作者的真实写照。而室外的公共空间则承担着理想叙事，体现他对家国命运的思考，或成为其浪漫情感的想象和寄托。

同样的转换在鲁迅的小说《伤逝》中也有体现。与子君同居后，涓生在吉兆胡同的小小家中感受到的是禁锢，是感情的空虚、经济的困窘以及对一地鸡毛的生活的无力。而当他走出家门进入公共空间时，涓生不再颓唐，变得意气风发、振翅驰骋："我看见怒涛中的渔夫，战壕中的兵士，摩托车中的贵人，洋场上的投机家，深山密林中的豪杰，讲台上的教授，昏夜的运动者和深夜的偷儿……"③ 空间的转换恰恰呈现出现实与理想的冲突，郭沫若在给田汉的信中也有过类似的表达："我的灵魂久困在自由与责任两者中间，有时歌颂海洋，有时又赞美大地；我的 Idea 和 Reality 久未寻出个调和的路径来，我今后的事业，也就认定着这两种的调和上努力建设去了。"④这种现实与理想的冲突，在某种程度上反映出 20 世纪中国文人的共同命运，折射出中国知识分子们的时代焦虑。

在郭沫若小说中还有一个值得关注的虚构的想象空间"梦境"，同样承载着对现实的宣泄和焦虑。郭沫若在《牧羊哀话》《残春》《喀尔美萝姑娘》等作品中都插入了梦的场面。其中，《残春》中的梦境就很具代表性，向来为研究者们所关注，此处不再赘述。在梦里，主人公成为自由身，试图摆脱家庭、责任、道德等的束缚。由此我们同样可以窥见理想幻灭的悲哀、理想与现实对立而带来的生存焦虑及其对理想生

---

① 郭沫若：《行路难》，《东方杂志》1925 年 4 月 25 日第 22 卷第 8 号，转引自《郭沫若全集 · 文学编》第 9 卷，人民文学出版社 1985 年版，第 323 页。

② 郭沫若：《亭子间中的文士》，《现代评论》1925 年 1 月 31 日第 1 卷第 8 期。本篇后改题为《亭子间中》。

③ 鲁迅：《伤逝》，《鲁迅全集》第 2 卷，人民文学出版社 2005 年版，第 124 页。

④ 田汉、宗白华、郭沫若：《三叶集》，《郭沫若全集 · 文学编》第 15 卷，人民文学出版社 1990 年版，第 66 页。

活的渴望。

再次，文学场域中发表空间的转换。作家的创作主张其实还深受文学场域的影响，一个值得注意的现象是，1924 年前后郭沫若的小说中多是感慨现实的无力之叹，但是在报刊的“公共空间”中，郭沫若所发出的却是另一种声音：

别了，低回的情趣！
别要再来缠绕我白热的心曦！
你个可怜的扑灯蛾，
你当得立地烧死！

别了，虚无的幻美！
别要再来私扣我铁石的心扉！
你个可怜的卖笑娘，
请去嫁给商人去者！
别了，否定的精神！
别了，纤巧的花针！
我要左手拿着《可兰经》，
右手拿着剑刀一柄！①

这首题为《力的追求者》的小诗，刊载于 1923 年 6 月《创造周报》第 4 号，而本期的首篇文章正是成仿吾的《士气的提倡》，文中写道：“我们的祖先所表现的士气，还不免是一种消极的反抗精神，现在时代要求我们即为积极的表现了。我们所要表现的新士气，是进而征服的精神。我们要征服一切的障碍，把人类的良心由昏睡之中救起，为他吹起新鲜的生命。我们要使人类的良心，重为正义与真理而战！”② 作者赞美俄国的知识阶级，认为“他们那种纯真的理想，那种对于社会公共福利的热诚，与那种不顾一身的利害，只知努力向上的牺牲的精神，啊，那是人类史上永不可消磨的最美的一页！”③ 不难看出，郭沫若的《力的追求者》实际上是集体合唱中的和声，也是郭沫若作为创造社的主力，与同人引为同调、互相应和的一种表现。而与之相比，小说集、丛书则可以被视为其相对自由歌唱的“自己的园地”。

① 郭沫若：《力的追求者》，《创造周报》1923 年 6 月 3 日第 4 号。
② 成仿吾：《士气的提倡》，《创造周报》1923 年 6 月 3 日第 4 号。
③ 成仿吾：《士气的提倡》，《创造周报》1923 年 6 月 3 日第 4 号。

二

20 世纪 20 年代是郭沫若小说创作最为旺盛的时期，特别是 1924 年，从小说结尾的落款时间上我们就可以看出作者写作的速度和频率：《歧路》（1924 年 2 月 17 日）、《圣者》（1924 年 2 月 22 日）、《炼狱》（1924 年 3 月 7 日）、《十字架》（1924 年 3 月 18 日）、《三诗人之死》（1924 年 8 月 14 日）、《阳春别》（1924 年 8 月 15 日）、《喀尔美萝姑娘》（1924 年 8 月 18 日）、《Lobenicht 的塔》（1924 年 8 月 26 日）、《人力以上》（1924 年 9 月 12 日）、《万引》（1924 年 9 月 18 日）、《行路难》（1924 年 10 月 15 日）、《叶罗提之墓》（1924 年 10 月 16 日）。小说创作无疑在郭沫若的文学创作生涯中占有很大比重。这些小说的主题和内容非常广泛，正如 1947 年郭沫若在小说集《地下的笑声》的序言中所写："有的是寓言，有的是写实；有的是历史故事，有的是身边杂事，或者可以命名为《五花八门集》吧。"[①] 具体到 20 世纪 20 年代的小说创作，基本可以分为两类，在此沿用的是《〈中国新文学大系・小说三集〉导言》作者郑伯奇的分法：一类是寄托小说，即"寄托古人或异域的事情来发抒自己的情感的"小说；另一类是身边小说，即描写"自己身边的随笔式的"小说。

与诗歌、历史剧的高度评价相比，郭沫若的小说向来评价不高，如沈从文曾有过这样的评价："让我们把郭沫若的名字位置在英雄上，诗人上，煽动者或任何名分上，加以尊敬与同情。小说方面他应当放弃了他那地位，因为那不是他发展天才的处所。一株棕树是不会在寒带地方发育长大的。"而在这两类小说中，身边小说尤其不被看好。郑伯奇在《中国新文学大系・小说三集》中选取了郭沫若的三篇寄托小说作品：《牧羊哀话》《函谷关》《Lobenicht 的塔》。对身边小说却没有收录。除了篇幅的关系，恐怕主要原因还在于编者认为这两类比较下来，寄托小说是更成功的。的确，一方面，与同时代的大家鲁迅、茅盾相比，郭沫若的小说在深度和广度上都有所欠缺，在艺术上也有明显的瑕疵；但是，另一方面，我们也要看到，郭沫若的那些表现出极其鲜明的写实风格的身边小说，恰恰因为其非英雄、非诗意、非煽动性的特质而别具价值，这些贴着生活如实书写的作品，在互文阅读中所彰显出的价值，有待我们深入探讨。

以婚恋书写为例，同时代的作品在情节设置上往往较为悲壮，突出主人公的悲剧命运，表现出一定的同类化倾向。例如，鲁迅在《伤逝》中以子君之死来终结叙事，这样的处理方式曾受到学者的质疑。[②] 鲁迅的另一篇小说《在酒楼上》也是用死亡来终结顺姑的包办婚姻。其实，这种死亡叙事与他一贯主张的"激烈"的改革手段非

① 郭沫若：《地下的笑声》，上海海燕书店 1947 年版，第 1 页。

② 王钦峰：《"子君之死"是鲁迅的一个艺术失误》，《宜昌师专学报》1994 年第 2 期。

常一致，如其在《无声的中国》中的经典论述：“中国人的性情是总喜欢调和，折中的。譬如你说，这屋子太暗，须在这里开一个窗，大家一定不允许的。但如果你主张拆掉屋顶，他们就会来调和，愿意开窗了。没有更激烈的主张，他们总连平和的改革也不肯行。”① 在这样的理念下，主人公的死就势在必行，不死不足以引起疗救的注意。女作家冯沅君的代表作《隔绝》和《隔绝之后》的男女主人公也是自杀而死的结局。尤其值得探究的是，该小说的主人公明明有生活原型②，但是作者却偏偏在书写中改变人物的命运。女主人公隽华的原型是冯沅君的表姐，上学期间因自由恋爱被母亲囚禁，表姐便以绝食自杀表示反抗。其后母亲在众人的劝说下妥协，同意让她继续上学。但在小说中，作者为了强化封建礼教吃人的本质，舍弃了表姐返京的结局，设计了男女主人公双双服毒殉情的激烈场面。无独有偶，巴金《家》中的鸣凤，也是有生活原型的。据巴金回忆，家中原有个叫翠凤的丫头，远方亲戚要讨去做姨太太，被她严词拒绝，后来她“快乐地嫁了人”[《关于〈家〉（十版代序）：给我的一个表哥》]，现实生活中并没有发生跳湖自杀的激烈事件。但作者却要用鸣凤的悲壮之举来激发觉慧觉醒，推动故事情节发展。再如梅表妹也是真有其人，她和巴金的哥哥恋爱不成功后嫁给了一个有钱人生儿育女，生活看起来安稳幸福，并没有发生小说中失恋后痛苦凄凉一生的悲剧。

这些极端激烈的情节设置，不能不说是作者主观意图的投射，也是五四时期激进思想的反映。在这样的创作理念下，作家为读者提供的往往是一些“伪现实”，正如华莱士·马丁所言：“现实主义小说中的人物依靠他们所读之书中的成规来解释世界。”③ 但是，郭沫若的写作却呈现出不同的风貌。为了更好地说明其身边小说与寄托小说的不同，我们以《卓文君》和《漂流三部曲》做一个对比。

1923 年，郭沫若在三幕剧《卓文君》中，对古代私奔叙事中最有代表性的文君夜奔司马相如的故事进行了重新演绎。对于《卓文君》的创作意图，郭沫若自言“完全是在做翻案文章”（《写在〈三个叛逆的女性〉后面》），我们知道，广为流传的文君故事其实有一个大家乐于接受的皆大欢喜的结局，人们津津乐道的是文君夜奔之后，卓王孙分财以及相如荣归等扬眉吐气的喜剧结局。《卓文君》在情节设置上却突出其悲剧性，在冲突最为激烈的第三幕中，卓文君相约私奔的书信被发现，当其父前来阻挠时，文君如斗士一般挺剑前行，红箫更是直接刺死了告密的情人后自刎身亡，冲突竟然发展到剑拔弩张、兵戈相见的地步。红箫之死，同样受到很多学者的质疑，认为“红箫在即将逃出那个封建牢笼寻求真正的幸福与自由的时候为情自刎，她的情人秦二根本不配也不值得她那么做”④。而在创作者看来，这种冲突、悲剧效

---

① 鲁迅：《无声的中国》，《中央日报》1927 年 3 月 23 日。

② 赵金钟：《院士世家——冯友兰·冯景兰》，河南科学技术出版社 2015 年版，第 146 页。

③ ［英］华莱士·马丁：《当代叙事学》，伍晓明译，北京大学出版社 1990 年版，第 75 页。

④ 侯芳：《试论〈三个叛逆的女性〉中的传统与反传统》，《郭沫若学刊》2005 年第 2 期。

果却正是剧本的创作意图与价值所在。

这种“激烈性”的文学书写可以说带有某种同质性的特点，打上了鲜明的时代烙印。不过，郭沫若在这一时期身边小说的创作中却贡献了迥异的文本，不再从理念出发，不追求典型性、戏剧性的情节，而是贴着生活的本来面目去摹写。例如在前面提到的小说《湖心亭》中，夫妇之间发生激烈冲突，丈夫心灰意冷愤然离家。这样的情形在鲁迅的《伤逝》中发展为悲剧，当涓生再回到家后，只看见冰冷的屋子。子君已然离开了，走前还留下了全部的生活资料，这让男主人公十分伤心感怀。而郭沫若笔下的男主人公在外面悲伤地行走了一天，心情平复后开始自责担忧，待回到家后隔着窗看到妻子安然无恙正在厨下煮饭，三个孩子则嘻嘻哈哈地围在母亲的身旁谈笑，生活仍在原来的轨道上继续着。

再如《漂流三部曲》《行路难》更是带有自叙传性质的写实性的文本，展现出的是更加接地气的书写。《漂流三部曲》由《歧路》《炼狱》《十字架》三个具有连续性的短篇小说组成，从因生活困窘不得不送别妻子、儿女共沾巾的“歧路”，到妻儿走后，精神在凄切的孤单中自暴自弃又追悔莫及的“炼狱”生活，再到背负着沉重的家庭、责任、生计的“十字架”，主人公卑微却顽强地生活着。特别值得注意的一个细节是，当男主人公深深地沉浸在分别的伤感与焦虑当中时，妻子留下的是极为平实的话语：“我们去了，你少了多少累赘，你可以专心多做几篇创作出来，最好是做长篇。”朴实的言语却具有格外真实而打动人心的力量。郭沫若的这些身边小说可以说真正诠释了鲁迅在《伤逝》中的名言：“人生的第一要义便是生活，人必须生活着，爱才有所附丽。”于是，我们在《行路难》中看到了很多极其琐碎却又十分鲜活的细节，搬家时夫人把蚊帐提前收拾走了，这个错误在孩子们睡下时被发现，蚊子一阵一阵地飞来攻袭，孩子们不能安睡，于是夫妇俩只好与蚊子进行“肉搏战”，拼一个不睡，替孩子们做有生命的蚊麈：

> 一个蚊麈幽幽地说：“太早了也不行，太迟了也不行呢。”
>
> ——“什么事情呢？”又一个蚊麈幽幽地回问。
>
> ——“就是我们搬家的事情啦。”
>
> ……
>
> 两只活蚊麈还是幽幽地在电灯光下对话。
>
> ——“你今天为什么没有买一顶帽子呢？”
>
> ——“不好买得。买夏季的太迟，买秋季的又太早了。”
>
> ——“嗳，什么事情都是一样，太迟了也不行，太早了也不行。”
>
> 嗡嗡嗡嗡……

啪的一声又打死了一个蚊子。①

两只“活蚊鏖”在灯光下幽幽对话的场景极具视觉冲击力，由人到蚊鏖的拟物化的背后颇具象征意味，主人公在艰辛的生活面前的心酸、无力又无奈之感跃然纸上。与此同时，两只“活蚊鏖”在嗡嗡声中的“幽幽地”对话，又在一定程度上显示出主人公对现实生活的坦然与韧性。对于小说的主人公来说，死并不难，最难的是挣扎着生活。他因交不起房租而一次次搬家，被房东驱赶，流离失所，为了一家五口人的生计不得已典卖衣物、避居山野、经济困顿、漂泊不定、鬻文为生、备受屈辱。但是，艰苦的生活并没有销蚀掉他对生活的欲望，也没有使他彻底消沉颓废，就像文中写到的，“那时是绝望的分手，这时有葱茏的希望留在后头。——啊，人生的幸福不原在自己的追求吗?”“一切都有净化的时候。流罢，流罢，大海虽远，但总有流到的一天!”② 郭沫若的写作不雕饰不造作，更没有为了追求悲剧效果而刻意营造“激烈”的氛围，真切地描摹出了中国社会转型期的知识分子们追求、徘徊、挣扎的心路历程，在带有同质性的时代书写大潮中可谓独树一帜。

三

毋庸讳言，郭沫若的这些身边小说，对社会生活缺乏深入的挖掘和开拓，在艺术上也较为粗糙，因此学者们往往更看重其认识价值，如刘纳教授所特别指出的“郭沫若小说的认识价值大于它的审美价值”。

郭沫若小说和他的生命如此一致，我们阅读郭沫若小说，仿佛跟随这位杰出人物走过他半生艰难困苦而又壮丽光辉的道路，仿佛亲眼看到了他和他那一代人：他们痛苦的追求，他们英勇的奋斗，他们经历的无限艰辛，他们承受的罕见的磨难。比起他的诗歌、戏剧、散文和自传来，小说使我们更具体地、更深入地了解和理解郭沫若，了解和理解他那一代的中国进步的、革命的知识分子，了解和理解他所经历过的中国社会和中国革命。郭沫若的小说创作是他留给后代人民的一份不应被忽视的精神遗产。③

上述评价无疑是从历时性的角度基于学术史意义做出的阐发，而如果将郭沫若的小说放置在其创作发表的20世纪20年代，对于当时的读者而言可能还具有格外重要的鉴赏价值。郭沫若在《漂流三部曲》中有过这样一段描述，强调作品鉴赏中休戚

① 郭沫若:《行路难》,《东方杂志》1925年4月25日第22卷第8号，转引自《郭沫若全集·文学编》第9卷，人民文学出版社1985年版，第302、311—312页。

② 郭沫若:《行路难》,《东方杂志》1925年4月25日第22卷第8号，转引自《郭沫若全集·文学编》第9卷，人民文学出版社1985年版，第344页。

③ 刘纳:《谈郭沫若的小说创作》,《中国现代文学研究丛刊》1983年第4期。

相关的“共情”与“切肤之痛”：“在空阒的陋室中，在冷寂的夜气中，一个孤独的女人，描写着生离的恨绪。这在不关休戚的人看来，就如像在杀人场上看见了处决死囚，看见了别人的血肉横飞、身首异处，倒可以感受些鉴赏悲剧的快感。但在身当其事的人，在与当事者有切肤之痛的人，他们的悲哀，他们的眼泪，是不能用科学的方法来计算的了。”[①] 同样的文字，可能因为读者的阅历与心情的差异，因为阅读语境的变迁，而产生截然不同的阅读效果。而在那些与作者“振动数相同”“燃烧点相等”[②] 的读者心中，作品的价值则会因此凸显，这就是郁达夫所谓的“偏爱价值”。

1923 年，郁达夫在《文艺鉴赏上之偏爱价值》一文中，借用了经济学价值论里的一个专门名词来论述文艺鉴赏中的“偏爱价值”：

> 有一种货物，对于一般人，并没有什么价值，而对于一定之个人，却有绝大的价值的。这一种价值，在经济学的价值论里，有一个专门名词，即所谓偏爱价值（Affektionswert）者是。例如祖先的图像，对于社会上之最大多数者，并没有什么价值之可言，但对其子孙则可成为无价之宝。这一种偏爱价值，在文艺鉴赏上也有的，不过我在此地所说的，是广义的偏爱价值，她的意义并不是同经济学上那么范围狭小。[③]

从“偏爱价值”的角度或许可以更好地解释，为何有些作品在艺术性上并不完美却偏偏深受读者的喜爱。对于郭沫若而言，他的这些带有自叙传性质的身边小说也在当时读者中受到格外的“偏爱”。郁达夫在《北国的微音——寄给沫若与仿吾》中曾提及一个朋友的阅读感受：“昨天一个朋友来说他读到《歧路》，真的眼泪出了。……他说近来他也感染了一种感伤病，不晓怎么的感情好像回返到小孩子时代去了。说到这里他忽而眼圈又红了起来。”[④] 这位朋友对《歧路》的认同显然出自情感的共鸣。小说虽然在艺术上有些粗糙，情节简单，结构单一，记叙松散，却因写实而贴近生活，情感坦白真挚。尤其值得注意的是，小说往往通过大段大段的内心独白，真实地呈现了主人公复杂纠结、伧恼无奈的内心挣扎。《歧路》的男主人公迫于生活无奈送妻儿和三个孩子折回日本，内心却在盘旋：

> 一个年轻的女人带着三个儿子到日本去，还要带些行李，上船下船，上车下车，这怎么能保无意外呢？昨天买船票的时候，连卖票的人也惊讶了一声。

---

① 郭沫若：《十字架》，《创造周报》1924 年 4 月 5 日第 47 号。

② 郭沫若：《女神·序诗》，《时事新报·学灯》（1921 年 8 月 26 日），转引自《郭沫若全集·文学编》第 1 卷，人民文学出版社 1982 年版，第 3 页。

③ 郁达夫：《文学鉴赏上之偏爱价值》，《创造周报》1923 年 8 月 26 日第 16 号。

④ 郁达夫：《北国的微音——寄给沫若与仿吾》，《创造周报》1924 年 3 月 28 日第 46 号。

> “啊，别人都还要惊讶，难道我做人丈夫做人父亲的能够漠然无情吗？我是应该送他们回去。我是应该送他们回去。从上海到长崎三等舱只要十块钱，送他们去耽搁几天回来，来回也不过三四十块钱。啊，我是应该送他们回去。在船上去补票罢。是的，在船上去补票罢。……”但一回头又想起他同朋友们办的一些杂志来了，“那些杂志每期要做文章，自己走了之后朋友们岂不辛苦吗？有那三四十块钱，他们母子们在日本尽可以过十天以上的生活了，日本的行旅不如中国艰难，想来也不会出什么意外。好在同船有T君照顾，我还是不能去。唉，我还是不能去。”……（《歧路》）

小说原原本本地记叙着辗转反复的内心情绪，主人公复杂纠结的主观感受跃然纸上，正如郭沫若在《创造十年》中所言：“我把妻子送走以后，写了那《歧路三部曲》，尽性地把以往披在身上的矜持的甲胄通统剥脱了。”[①] 郭沫若早期小说中的真诚、赤裸、袒露的特征，无疑使其书写更具真实感，拉近了作者与读者的距离。所谓“真者，精诚之至也。不精不诚，不能动人。故强哭者虽悲不哀，强怒者虽严不威，强亲者虽笑不和”[②]，郭沫若的这些“迸射出全部的灵魂，提呈出全部的生命”[③] 的“零距离”书写的小说与同时期的包括《三叶集》在内的书信一起呈现了一个立体可信的抒情主人公形象，以及一个让读者真实可感的“小说家郭沫若”。

需要指出的是，郭沫若的这种带有写实特征的“零距离”书写，与“零度写作”有着本质的区别。“零度写作”是法国理论家罗兰·巴特（Roland Barthes）在20世纪50年代提出的概念，后来被国内学者用于阐释80年代兴起的新写实小说思潮。郭沫若的零距离书写，虽然也带有新写实小说的某些不雕琢、不夸饰、不刻意为之的特质，按照生活本身的自然态进行真实还原，但是与其所强调的“零度情感”恰恰背道而驰。从作者的角度，郭沫若的早期小说无论是叙事上的正面写实、直而不曲，还是在抒情上的直抒胸臆、歇斯底里，内里所隐含着的敏感的自我、炽热的情感却是一以贯之的，诉肺腑的背后正是一颗“像火一样热烈，像水晶一样透明”[④] 的心。而对于读者来说，也许会忘记小说的情节，内心却很容易被感染。郭沫若以自己热烈的“坦白”缩短了与读者的距离，因为这些作品“完全是真实与同情的结晶，是心血和眼泪的溶液；而不是字句和符号的堆积物”[⑤]。而郭沫若小说的“偏爱价值”就源自小说与读者个体的生命体验的密切联系，在于感同身受所引起的强烈共鸣。

综上所述，郭沫若早期创作中呈现出热情激越、雄浑豪放与颓废阴郁、感伤遁世

---

① 郭沫若：《创造十年》，《郭沫若全集·文学编》第12卷，人民文学出版社1992年版，第184页。

② （战国）庄子：《渔父》，（清）郭庆藩《庄子集释》（第四册），中华书局2006年版，第1032页。

③ 洪为法：《评沫若女神以后的诗》，载黄人影编《郭沫若论》，上海书店出版社1988年版，第132页。

④ 宗白华：《秋日谈往——回忆同郭沫若、田汉青年时期的友谊》，《北京日报》1980年10月19日。

⑤ 全平：《嫩笋》，《创造周报》1924年4月13日第48号。

的双重风格，与之对应的是作者驰骋想象、涅槃更生的“诗人郭沫若”和耽于写实、困顿潦倒的“小说家郭沫若”的双重身份。双重文风的背后体现了“写作空间”的转换，包括文体空间的转换、叙述空间的转换以及发表空间的转换。20 世纪 20 年代的小说创作中不乏“激烈性”的文学书写，在带有某种同质化的创作潮流的裹挟下，作为小说家的郭沫若贡献了迥异的文本，不从理念出发，不追求典型性、戏剧性的情节，不雕饰不造作，而是贴着生活的本来面目摹写，这些带有鲜明写实性的“零距离”书写的身边小说，因其非英雄、非诗意、非煽动性的特质而在互文阅读中彰显出特别的价值，尤其在当时的读者鉴赏中表现出格外重要的“偏爱价值”。

（原载《励耘学刊》2020 年第 1 辑，总第 31 辑）

国家与强权：论郭沫若留学日本期间的国家意识

吴　辰

1914 年，郭沫若自四川乐山漂洋过海来到日本，开始了他长达十年的留学生涯。正如有研究者所概括的那样，“这十年，正是中国革命史上风云变幻的十年，也是郭沫若思想发展史上决定性的十年”①。在此期间，郭沫若从一个“初出夔门”的年轻学生成长为一个蜚声文坛的新诗诗人，其思想轨迹与旅日期间所经历、所思考的事情是密不可分的。可以说，踏上东行的道路是郭沫若与文学结缘的重要事件。

文学，在很大程度上可以被认为是现实生活的折射，而相对于现实中发生的种种具体事件，作家生活环境中所弥漫着的那种政治文化氛围则对他们的思想及创作有着更为深远的影响，它至少从“认识的、感情的和评价的”三个方面影响着个人对政治对象的态度②。在郭沫若留学日本的十年里，对其思想和行动产生重大影响的政治文化体系的基础则是中华民国这样一个新生的政治共同体。郭沫若曾经回忆说“二三十年前的青少年差不多每一个人都可以说是国家主义者”③，这里所谓的“国家主义”当然不是那种成体系的、需要严格辨析的“国家主义”或者“民族主义”（nationalism），而指的是一种“国家意识”。国家意识本质上是一种身份认同，即如何想象和建构一套关于“共同体”的叙述机制。在郭沫若远赴东瀛的十年里，中国国民的国家意识实际上还处于一个晦暗未明的年代，不同群体之间对“什么是国家”这个问题的认知分歧很大。在“五四”新文化运动发生之前，就整体而言，“由于中国社会和文化秩序尚未完全解体”，人们对“某些传统的价值和信念仍然认为是理所应当的”，但是与此同时，“现代中国第一代知识分子中某些人在 19 世纪 90 年代就已经开始抨击中国社会和文化传统的某些成分了”④。再则，就中国社会和文化秩序的解体速度而言，由于中国幅员辽阔，在客观上，从东南沿海到内陆也存在着很大的差

① 唐明中、黄高斌编著：《樱花书简》，四川人民出版社 1981 年版，第 180 页。

② ［美］加布里埃尔·A. 阿尔蒙德、［美］小 G. 宾厄姆·鲍威尔：《比较政治学——体系、过程和政策》，曹沛霖、郑世平、公婷等译，上海译文出版社 1987 年版，第 29—31 页。

③ 郭沫若：《创造十年》，现代书局 1932 年版，第 74 页。

④ ［美］林毓生：《中国意识的危机——“五四”时期激烈的反传统主义》，穆善培译，贵州人民出版社 1986 年版，第 281 页。

距，而郭沫若少年时代生活过的四川盆地更是如此。由此看来，郭沫若从四川到日本的留学生活不仅是一个知识体系生成和更新的过程，还是一个国家意识产生并发展的过程。

郭沫若本人对其旅日生活的记载是比较详细的。在《我的学生时代》《创造十年》等文章中，郭沫若以自传的形式将这段影响了他一生的岁月进行了还原，但是，这种还原背后也存在着很大的问题：由于距事发时间已经过去了十余年，其在书写过程中不免掺杂了一些失实的内容。更何况写作自传时的郭沫若，其思想已经转向了马克思主义，他在以马克思主义来统摄自己叙述的内在逻辑时就不免将本来零散的生活痕迹体系化，以便为自己的叙述服务，这样一来，其留学生活的原貌就会受到或多或少的遮蔽。所幸，郭沫若在留学日本期间多有与家人、朋友的通信，这为研究郭沫若留学日本期间的思想发展提供了很重要的史料，也为研究郭沫若留学日本期间国家意识的生成与演变提供了共时性的依据；另外，郭沫若在四川读书和在日本留学期间，与友人也多有诗词酬和，他与田汉、宗白华等人的通信还汇集成《三叶集》，这也为学界研究郭沫若这段时间的心路历程提供了重要的支撑。将上述几种材料以及郭沫若后来对自己经历的回忆文字结合比照，可以勾勒出其留学日本期间对于“国家”这一范畴的基本认知轮廓。

一 强权政治：一种情结

自晚清赵尔巽主政以来，四川省内的局势就不甚稳定，尤其是保路运动兴起之后，“全省大中小资产阶级乃至无产者可以说七千万人都全部参加了”，“各地保路同志会的暴动，攻打各地的府县城池，围攻成都，有一个时期把成都围得来几乎水泄不通”①，甚至直到“反正”之后，大汉军政府内部的矛盾依然激烈，蒲殿俊、尹昌衡等军政府领导人互相攻讦，轮番坐殿，一度使四川处于近乎无政府的状态。此时的郭沫若正身处漩涡中心的成都，他甚至还直接目睹了一次试图推翻蒲殿俊的政治阴谋，曾经在民国成立伊始便幻想着“蜀道传光复，豺狼庆划除”② 的郭沫若很快就开始感慨“眈眈群虎犹环视，岌岌醒狮尚倒悬”③ 了。郭沫若深知造成这一现象的原因正是“群鹜趋逐势纷纭，肝胆竟同楚越分”，他感叹道：“敢是瓜分非惨祸，波兰遗事不堪隐。”④ 也就是说，如果不及时地改变这种情况，中国的命运就会像曾经饱受奥地利、普鲁士和沙俄欺凌的波兰一样。在此时郭沫若眼中，国家的意义首先就在于统一，曾

① 郭沫若：《反正前后》，《郭沫若全集 · 文学编》第 11 卷，人民文学出版社 1992 年版，第 230 页。

② 郭沫若：《舟中闻雁哭吴君耦逖八首 · 之三》，《敝帚集与游学家书》，中国社会科学出版社 2012 年版，第 100 页。

③ 郭沫若《感时八首 · 之七》，《敝帚集与游学家书》，中国社会科学出版社 2012 年版，第 120 页。

④ 郭沫若《感时八首 · 之二》，《敝帚集与游学家书》，中国社会科学出版社 2012 年版，第 115 页。

经携手推翻清政府的各路军阀本是肝胆相照的兄弟，无奈在利益的驱使下竞逐不已，让中华民国这头刚刚苏醒的狮子在西方列强的虎视眈眈之下仍时刻有四分五裂的危险；从另一个角度来看，郭沫若期待着一个更加强势的力量来整合各方面的势力，来维持一个国家在形式上的完整，他认为这才是中华醒狮得以崛起的前提。

郭沫若不仅从理念上认为应有一个强势的力量来结束中华大地上的分裂，其自身也饱受由国家分裂、诸省自治带来的不便。1913 年 6 月，郭沫若第一次北上，计划由重庆前往天津就读天津陆军军医学校，然而由孙中山领导的二次革命的烽火却将北上的路径隔断，使其不得不返回成都①，而此时，袁世凯当选大总统一事却意外地成了郭沫若能够继续北上的前提和保障。二次革命失败之后，孙中山远遁日本，袁世凯在形式上重新统一了中华民国，郭沫若也得以安全地抵达天津。在旅途中，他写信给家中的父母说："正式大总统业已举定袁世凯，欧美各国俱各承认矣。似此则吾中华民国尚有一线生机矣，无任庆幸。"在袁世凯重新统一各地独立政府之后，虽然经过战争，"城外焚毁民房数千家，惨不忍睹"，但是"兵业已退完""居民渐就安静"，并且在郭沫若等学生经过各县的时候，每个县中均有"兵勇护送"，这样才使得他们在"初经战事，伏莽犹多"的情况下"并无惊扰情形"；不仅如此，袁世凯当选大总统还使环伺于中华民国四周的列强在国家层面上承认这个新生的政权，进而有结束群虎包围醒狮之危机的可能性，故而郭沫若称之为"福星照临"②。很显然，在此时郭沫若的心中，袁世凯无疑就是那颗"福星"，是中华民国得以稳定的重要条件。在另一些信件中，郭沫若对袁世凯因"在京吞食中央解款二十万"而处罚尹昌衡一事明显是喜闻乐见的，并称"中国自反正以来，一般得志青年，糊涂捣蛋，蠹国病民，禽荒沈湎，忘却兄台贵姓，袁氏此次振救，颇快人意，一棒当头，喝醒痴顽亦复不少也"③。关于尹昌衡亏空公款一事，不仅当下的历史研究界普遍认为是袁世凯为了强化自己对西南地区的统治而布下的一个骗局④，即使是在当时的舆论界，也普遍认为此事背后有着袁氏不可告人的目的。以在当时影响力颇大的《顺天时报》为例，其态度明显就是站在尹昌衡一边的，并分多日在报刊上连载了《尹昌衡无罪之证明书》⑤。郭沫若当时之所以对尹昌衡的态度如此刻薄，除了尹昌衡在四川主政期间斥资让商会为他本人撒花等举动引起郭沫若不满之外⑥，最重要的是在当时的郭沫若看

① 参见郭沫若《初出夔门》，《郭沫若全集·文学编》第 11 卷，人民文学出版社 1992 年版，第 321—322 页。

② 郭沫若：《致父母·1913 年 10 月 17 日》，《敝帚集与游学家书》，中国社会科学出版社 2012 年版，第 175—176 页。

③ 郭沫若：《致父母·1914 年 2 月 13 日》，《敝帚集与游学家书》，中国社会科学出版社 2012 年版，第 181 页。

④ 参见谭继和主编《尹昌衡研究概览》，四川人民出版社 2013 年版。

⑤ 《尹昌衡无罪之证明书》，《顺天时报》1914 年 8 月 2、4、5、6、7、9、11 日。

⑥ 郭沫若：《反正前后》，《郭沫若全集·文学编》第 11 卷，人民文学出版社 1992 年版，第 313 页。

来，袁世凯才是那个真正能够在中国开万世太平的强权政治的代表，只有像袁世凯这样足够强势的政治人物，中华民国的版图上相对独立的各省政治势力才能够被压制和平衡，进而在最大程度上保证国家的利益。郭沫若支持袁世凯，不但因为其拘捕了尹昌衡，还在于他通过这件事情教训了“一般得志青年”，迫使他们服从于中央政府的命令，而这一点在郭沫若看来才是最重要的。正因为如此，郭沫若一直对袁世凯的政治主张抱有希望，甚至在其称帝之后，郭沫若的情感还是站在袁氏一方的：在洪宪称帝后的1916年初，李烈钧、熊克武、蔡锷等人在云南通电讨袁，身在日本冈山的郭沫若得知消息后给家中写信道：“云南变故家中想受影响，然吾家深居山僻，或者当无可虞。现在中央军队已陆续进发，想小小变故，亦不难荡平也。”[①] 不难看出，郭沫若所说的“变故”指的就是讨伐袁世凯的联军出征，从郭沫若的语气上来看，他不但从感情上是支持袁世凯政府的“中央军队”的，而且还相信中央军队必然会战胜西南地区讨袁的军队。对于此时的郭沫若而言，袁世凯和中央军队是这个新生国家的代表，讨袁的军队则为这个新生国家带来了许多的不稳定因素。

不难看出，“国家”这样一个想象的共同体对郭沫若而言是十分重要的，而如何建构这个国家则并未被纳入他的思考范围。此时的郭沫若对中华民国的认知仅仅停留在国中之“民”上，也就是自己是国家的一分子，国家的兴衰和自身命运息息相关；而并未提升到中华民国应是民众之“国”上。也就是说，对此时的郭沫若而言，新生的中华民国是不能被质疑和反思的，作为中华民国的国民，对国家的最大支持就是跟着中华民国的领导者亦步亦趋。造成郭沫若这种想法的原因是多方面的：其一，身处当时连年战乱的四川使少年郭沫若的内心趋向于一个稳定的国家，虽然中华民国的建立带给他希望，但是，甫一建国就纷争不已的局势又给他带来了许多焦虑与隐忧。郭沫若作诗喟叹：“频来感觉兴衰事，极目中原泪似麻”[②]“伤心国势漂摇甚，中流砥柱仗阿谁”[③]。其二，四川深居大陆腹地，在民国初期，其文化的发展要远落后于东南沿海各地，政治文化意识的发展则更为落后。辛亥革命之后，川内思想界也是新旧杂陈，投机之风大炽。据郭沫若回忆：“最可注意的是一座成都城有四五十座私立法政学校！三月速成，六月速成，愈快的班数，学生也愈见多。那时候真可以说是做官欲的洪水时代！”[④] 在这种文化语境下，郭沫若自然不能明确地辨析民主和专制之间的区别。其三，郭沫若的留学生身份要求其背后有一个稳定统一的政府来作为其经济和精神上的保障和支柱。对郭沫若留日期间的留学生来说，日常经费有官费和自费两种。正像与郭沫若同时代的留日学生郑伯奇所说的，“留日学生既不像留美学生那样

① 郭沫若：《致父母·1916年1月9日》，《敝帚集与游学家书》，中国社会科学出版社2012年版，第226页。

② 郭沫若：《感时八首·之一》，《敝帚集与游学家书》，中国社会科学出版社2012年版，第114页。

③ 郭沫若：《感时八首·之八》，《敝帚集与游学家书》，中国社会科学出版社2012年版，第121页。

④ 郭沫若：《反正前后》，《郭沫若全集·文学编》第11卷，人民文学出版社1992年版，第310页。

多属达官富商的子弟，也不像留法的勤工俭学生那样经过劳动锻炼，绝大多数是没落地主和城市小资产阶级出身”①。郭沫若正是出身于一个没落地主的家庭，他回忆道：“家里虽然成了一个中等地主，但在我有记忆的时候，我记得我们母亲还背着小我三岁的弟弟在亲自洗他的尿布。由我以上的二兄二姐的鞠育，不消说都是我们母亲一人一手的工作了。我们是一个大家庭，母亲初来的时候，听说所过的生活完全和女工一样，洗衣、浆裳、扫地、煮饭是由妯娌三人（那时我们的九叔还小）轮流担任。一手要盘缠，一手还要服务家庭，令人倍感着贫穷人的一生只是在做奴隶。”② 可见，郭沫若远赴日本留学这一事件，使其本身就不甚富裕的家庭雪上加霜。所以，在到达日本之后，郭沫若积极地争取留学官费。正如其信中所言“悬的在官费”“为希图博得官费到手，则万无一说”，而其对就读学校的选择，能否获得官费也是一个重要的衡量标准：“将来应考学校，以东京四校为准。四校即师范、高工、谦叶医校、第一高等。此四校乃政府与日人特为立约，官费较为可靠故也。”③ 此时的郭沫若不但自己积极争取官费，在来到日本半年后，他还曾劝导弟弟郭开运也赴此留学，而劝说的主要理由还是在于能够争取官费。他写信说：“元弟近已归家否？今岁毕业后，可急行东渡” “考上官费，便是好算盘；国内无此便宜，而学科不良，校风确劣无论矣”④。袁世凯去世之后，郭沫若所担心的首要问题也是官费问题，黎元洪上任中华民国大总统之后不久，郭沫若给家中寄去信件，内有“国事似稍就绪，学费停止事，想不至实现矣”⑤ 的语句。袁世凯的称帝、退位及去世，给中华民国内部带来了很大的不确定性，内政、外交等各方面的变化都可能对留日学生的生活造成影响，从郭沫若的信件中可以得知当时的日本留学界早已流传着风言风语。得知自己的留学官费并不会受到影响的时候，郭沫若心中的石头才算落地。可见，对于郭沫若等远在日本而家庭又不甚富裕的留学生而言，“国家”的稳定是生活和继续学业的重要保障。

袁世凯去世之后，郭沫若也并未对其称帝和退位有过太多的反思，相反，民国政府准备对德国宣战一事让郭沫若看到了国家新的希望，“但今次政府处置如此勇决，必确有见地把握，又，国中名士多积极的主张与德宣战，大有全国一致之势云”⑥。然而，在欢欣鼓舞的背后，郭沫若也看到了中华民国参战的隐忧：“我国不久亦将参

① 郑伯奇：《忆创造社》，《郑伯奇文集》编委会编《郑伯奇文集》第3卷，陕西人民出版社1988年版，第1227页。

② 郭沫若：《我的幼年》，光华书局1929年版，第27—28页。

③ 郭沫若：《致父母·1914年3月14日》，《敝帚集与游学家书》，中国社会科学出版社2012年版，第185页。

④ 郭沫若：《致父母·1914年7月28日》，《敝帚集与游学家书》，中国社会科学出版社2012年版，第190页。

⑤ 郭沫若：《致父母·1914年9月16日》，《敝帚集与游学家书》，中国社会科学出版社2012年版，第231页。

⑥ 郭沫若：《致父母·1914年2月24日》，《敝帚集与游学家书》，中国社会科学出版社2012年版，第241—242页。

战。此次参战决无大害，惟一面参战，一面仍当锐意镇顿内治，双方并进，方可无虞。然据现刻国内情形观察，内乱纷纷，弊窦百出，战与不战，皆自取败亡之道耳。”① 从上面两段文字的比照中不难看出郭沫若的态度和立场，死去的袁世凯或是活着的黎元洪对郭沫若而言并不重要，他所看重的归根结底是中华民国这块金字招牌。一方面，对德宣战使郭沫若看到了一个新生国家的实力和在国家的名义下中华民族屹立于世界民族之林的种种可能性；另一方面，袁世凯去世后，黎元洪和段祺瑞因为相互龃龉而发生了“府院之争”，这也使郭沫若第一次开始从内部怀疑中华民国存在着的体制性的问题。此后不久，张勋复辟，拥护废帝溥仪称帝，改中华民国为大清宣统九年。这一事件使郭沫若真正地看到了新生民国背后存在着的危机：看似牢固的国家却会因为政治体制的因素于瞬息之间被颠覆。郭沫若在家书中分析局势时写道：“段氏近已就总理之职，总统现系冯国璋代理，此人首鼠阴险，闻颇与段氏不甚相契，亦非国家之福也。”可见，虽然此时的郭沫若已经认识到了民国总统府和国务院两者由于分权问题所带来的一系列不稳定性，但由于知识结构的限制却无力深究其内在原因，而是简单地将之归结于领导人物的自身问题：“张勋造反，破坏民国，奈有段祺瑞一人奋起义师，十日之内削平大乱。近阅时报，北京已经恢复，张勋已脱逃，段公已入京，黎总统已救出，从此以来，我国其可望小康乎。”在此时的郭沫若看来，张勋复辟的责任应该由黎元洪一人承担，而段祺瑞则是挽救民国大厦于将倾的英雄：“此次大乱，实则全系黎总统一人庸懦不明之过所致。张逆之入京，黎氏召之。召寇启戎，真是第二何进。”“段氏功业甚伟，众望所归。如天佑中华，使段氏得安于位者十年，国家其庶几有起色乎。”② 郭沫若此时对府院之争问题所设想的解决办法是以一个足够强势的人来收编与整合“府”和“院”，从而达到中华民国在思想和行动上的一致，避免张勋复辟的事件再次发生。他并没有认识到这一问题的根源是在于民国政体的限制和北洋军阀内部错综复杂的利益纷争，而这根本不是更换民国总统能够解决的问题。

对强权政治的认同和崇拜不能不说是郭沫若早期思想中的一个局限，这个局限并没有那么容易消除，事实上，在郭沫若后来的一些文字如《请看今日之蒋介石》等的字里行间，将国家命运寄托于一个强权政治人物身上的意识仍然时有浮现。其文中第一段话“蒋介石已经不是我们国民革命军的总司令，蒋介石是流氓地痞、土豪劣绅、贪官污吏、卖国军阀、所有一切反动派——反革命势力的中心力量了”③ 虽然对蒋氏竭尽贬责，但是究其本质来说，这个观点仍是混淆了政治人物与政体形式，未能超

---

① 郭沫若：《致父母·1914 年 5 月 4 日》，《敝帚集与游学家书》，中国社会科学出版社 2012 年版，第 244 页。

② 郭沫若：《致父母·1917 年 7 月 16 日》，《敝帚集与游学家书》，中国社会科学出版社 2012 年版，第 247 页。

③ 郭沫若：《请看今日之蒋介石》，《中央日报》1927 年 4 月 9 日。

越将一个领导人物等同于一个国家的认知。这在很大程度上已经固化为郭沫若心中的一个“情结”，也正是这个“情结”使得郭沫若的国家意识变得复杂和富有时代性。

二 文学：作为国家意识的体现

对中国早期的留日学生群体而言，学习法政、工科、医学等是一个“传统”。许寿裳在回忆其留日生活时就曾经说：“一九〇二年的夏天，留日学生的人数还不过二三百，后来‘速成班’日见增多，人数达到二万，真是浩浩荡荡，他们所习的科目不外乎法政，警察，农，工，商，医，陆军，教育等，学文艺的简直没有，据说学了文学将来是要饿死的。”① 而郭沫若则正是许寿裳文中的“后来”者。

民国初开，学习法政本来就是升官发财的捷径，在那个百废待兴的年代里，这不能不说是一条改换门庭的捷径，但是其中却充斥着投机的气味。据郭沫若回忆，他早就看出了学习法政一科存在着的问题，在远赴日本留学之前，其大哥郭开文就曾经对其说过“学法政也真是没有着落，天下大乱实在是病在于学法政者之多”②，所以，当郭沫若踏上旅日的路程时，其心中对未来所从事的职业乃至于心向往之的“志业”都没有一个较为清晰的规划。初到东京之时，在他寄给家人的信件中也只是说“当痛自刷新，力求实际。学业成就，虽苦尤甘”③。联系郭沫若赴日本之前大哥郭开文对他的劝诫就会发现，郭沫若这番话并非没有指向性。此后不久，郭沫若在给三哥郭开成的一封信笺中还表达了与郭开文类似的看法：“吾国猎官运动，适自捉亡，明眼人自能见到也。不多谈。”④ 可见，郭沫若此时在信件中表示自己要选择“实际学业”，其实是在明确地告诉家人法政一门并非自己的选择，但是至于具体学习哪一门类，初到日本的郭沫若的心中也并没有一个明确的答案。在 1914 年 3 月到 9 月间，郭沫若的选择从“师范、高工、谦叶医校、第一高等”四所学校缩小至“第一高等及千叶医学”两所，在考上第一高等之后又“立志学医，无复他顾”，其原因在于“医学一道，近日颇为重要。在外国人之研究此科者，非聪明人不能成功，且本技艺之事，学成可不靠人，自可有用也”⑤。郭沫若的这番话是耐人寻味的，“学成技艺”自然是一个理由，而与之并列的另一个原因却说得含含糊糊。多年以后，郭沫若在自

---

① 许寿裳：《鲁迅的生活——在北平大学女子文理学院鲁迅座谈会讲》，鲁迅博物馆、鲁迅研究室、《鲁迅研究月刊》选编《鲁迅回忆录》（上册），北京出版社 1999 年版，第 457 页。

② 参见郭沫若《初出夔门》，《郭沫若全集·文学编》第 11 卷，人民文学出版社 1992 年版，第 348 页。

③ 郭沫若：《致父母·1914 年 2 月 13 日》，《敝帚集与游学家书》，中国社会科学出版社 2012 年版，第 196 页。

④ 郭沫若：《致三哥·1914 年 9 月 29 日》，《敝帚集与游学家书》，中国社会科学出版社 2012 年版，第 247 页。

⑤ 郭沫若：《致父母·1917 年 3 月 14 日、6 月 6 日、6 月 21 日、9 月 6 日》，《敝帚集与游学家书》，中国社会科学出版社 2012 年版，第 185—194 页。

传中称“我在初，认真是想学一点医，来作为对于国家社会的切实贡献，然而终究没有学成，这确是一件遗憾的事”①，将两处郭沫若对其学医目的的阐释比照来看，可以发现其在家信中所语焉不详的“非聪明人不能成功”一句的含义；而此时郭家多名成员也为着病恙死亡而烦恼，如六妹的孩子早夭等，这都成为郭沫若立志学医的重要动因。在后续的家信中，郭沫若又常以“苏武牧羊”自况，并说“长受国家培植，质虽鲁钝，终非干国栋家之器，要思习一技，长一艺，以期自糊口腹，并籍报效国家”②，“习一技”是为了国家，“长一艺”是为了自己，其家书上常有类似于“现在国家弱到如此地步，生为男子，何能使不学无术，无一筹以报国也”③ 这样的感叹。

郭沫若对文学的关注也正是从对国家的热忱这一点上起步的。1915 年郭沫若写给其弟弟郭开运的一段话可以被视为他对这一问题较早的系统表述：“元弟在家不可虚耍。新学问自是无从下手，然吾国旧书不可不多读也。一国文学为一国之精神，物质文明固不可缺少，而自国精神终不可使失坠也。近世学子，通者无几人矣。而究之物质方面，智识仍仅肤浅，实是自欺欺人事。”④ 从这段话中可以看出，郭沫若在这一时期是如何看待“文学”这样一个有着广泛能指的范畴的。可以确定的是，此时的郭沫若心中，对“文学”是什么并没有一个明确的答案，“文学”和“学问”在郭沫若的眼中甚至是等同的，这一观点颇有一些来自中国明清之际所提倡的学问文章要“经世致用”的味道⑤。与同一时期胡适、任鸿隽等留美学生在通信中已经开始讨论“文之文字”和“诗之文字”之间的差别相比，郭沫若对文学的认知未免有点守旧，但是双方对文学内部存在着的“精神”方面的因素都是相当重视的。较之胡适所提出的“今日欲救旧文学之弊，须先从涤除‘文胜’之弊入手……其病根在于重形式而去精神，在于以文 form 胜质 matter 诗界革命，与文界革命正复相同，皆当从三事入手：第一、须言之有物，第二、须讲求文法（大家之诗无论古诗、律诗皆有文法可言），第三、当用‘文之文字’时，不可故意避之”⑥ 等带有文化重建性质的主张，郭沫若更倾向于从中国传统的“文学”中吸收“自国之精神”，两者看似殊途，然则同归。此时远隔重洋、素不相识的郭沫若和胡适都在思考如何振兴中国精神

① 郭沫若：《我的学生时代》，《郭沫若全集·文学编》第 12 卷，人民文学出版社 1992 年版，第 15 页。

② 郭沫若：《致父母·1916 年 9 月 16 日》，《敝帚集与游学家书》，中国社会科学出版社 2012 年版，第 231 页。

③ 郭沫若：《致元弟·1915 年 4 月 12 日》，《敝帚集与游学家书》，中国社会科学出版社 2012 年版，第 247 页。

④ 郭沫若：《致父母·1915 年 3 月 17 日》，《敝帚集与游学家书》，中国社会科学出版社 2012 年版，第 247 页。

⑤ 参见杨旭敏《明代经世致用思潮的兴起及对学术研究的影响》，《江苏社会科学》2010 年第 1 期。

⑥ 参见胡适《致任鸿隽 19160202》，耿云志、欧阳哲生整理《胡适全集》第 23 卷，安徽教育出版社 2003 年版，第 94 页。

这一问题，但胡适是以文学表现形式的革新来带动文学精神的发展，而郭沫若则是期待以郭开运为代表的青年人经由读“吾国旧书”来达到一种和传统精神的沟通，进而在中国传统文化这样一个体系之下提升自己的文化水平。

与这一时期胡适等人对西方文化的全面学习和接受相比，郭沫若对西方文化，尤其是物质文明，显得十分警惕。之所以让郭开运多读旧书，其中很重要的原因就是郭沫若认为近世学子由于对中国传统文化的“不通”，导致了其虽身处西方近代以来所产生的物质文明之中，但仍是知其然而不知其所以然，不能够很好地领受物质文明为中国社会带来的进步契机；更严重的是，这些迷失在物质文明海洋中的“不通”的“学子”不但向前看不到出路，回头看时却发现自己已经失掉了中国精神的根基，成为无根的浮萍。至于郭沫若本人，其在夔门之内就已经有着较好的传统文化修养，并且一直在进行潜在写作，其少年时代所作的“呼天不语频搔首，经国无人怕噬脐。获教英才良乐事，他年蒸蔚救黔黎”① 等诗，意境和立意都和写于留日时期著名的“哀的美顿书已西，冲冠有怒与天齐。问谁牧马侵长塞，我欲屠蛟上大堤。此日九天成醉梦，当头一棒破痴迷。男儿投笔寻常事，归作沙场一片泥”② 等诗是一致的。在他眼中，文学是一种在精神领域中对国家情感的情绪化表露，文学创作也是自己国家意识的一种折射。与此时已经开始寻求在《甲寅》《青年杂志》等公众媒体领域上打开一片新天地的陈独秀、胡适等人相比，郭沫若的这种文学观念则更接近于中国传统文士，他更强调的是一种文学以及文学背后承载的民族精神对个人的给养，而非一种对社会的直接干预。由于没有政治理念的先入为主，郭沫若在以旧体诗为主的早期创作中，国家意识——或者说是一种对中华民国的国土观念就显得更加直豁和真诚。

对郭沫若而言，学医和从事文学活动都是在其国家意识统御之下的报国行为，两者有着内在的一致性。所以，在郭沫若的留学经历中，并没有真正出现像鲁迅那样“弃医从文”的举动。据郭沫若回忆，虽然有一段时间他确实“是想转学”，进“文科大学”，也曾经“在二三两月间狂到了连学堂都不愿意进了。一天到晚踞在楼上只是读文学和哲学一类的书籍”③，但是在成仿吾“研究文学没有进文科的必要；我们也在谈文学，但我们和别人不同的地方是在有科学上的基础知识”④ 的劝导下究竟未能实现。在日本留学期间的郭沫若始终都知道自己的出路在于医学而非文学，不同于鲁迅心中认为的“医学并非一件紧要事，凡是愚弱的国民，即使体格如何健全，如何茁壮，也只能做毫无意义的示众的材料和看客，病死多少是不必以为不幸的。所以我们的第一要著，是在改变他们的精神，而善于改变精神的是，我那时以为当然要推

① 郭沫若:《寄先生愚八首之四》,《敝帚集与游学家书》,中国社会科学出版社 2012 年版，第 129 页。

② 郭沫若:《七律》，王继权、姚国华、徐培军等编《郭沫若旧体诗词系年注释》（上册），黑龙江人民出版社 1984 年版，第 105 页。

③ 郭沫若:《创造十年》，现代书局 1932 年版，第 105 页。

④ 郭沫若:《创造十年》，现代书局 1932 年版，第 101 页。

文艺，于是想提倡文艺运动了”[①]。郭沫若即使是在与创造社众人积极地筹备文学活动的时候，也没有放弃对医学的关注。

1921 年 8 月 2 日，身为泰东图书局负责人的赵南公在与郭沫若进行了一番对话之后在日记中写道：“沫若言仍需返福冈入医学校，再半年即卒业。现所研究者精神科与小儿科，近世文学实与此两科有密切之关系，再入医学非卒业观念，实研究学问非在学校不可。比如到沪以来，日见坠落，其明验也。”据赵南公回忆，此时的郭沫若甚至还谋划过毕业回国在上海筹办一家医院：“沫若言福冈同学约廿余人，拟将来集合沪上，创一医院，附设一医学专门学校，为中国医学界放一异彩。予言此非一时所能办到，统候君卒业来沪，再从长计议也。”[②] 可见郭沫若也清楚地看到了文学与医学之间的联系与分野，文学虽然能够启民心智，纤一个国家的精神，但医学却是一门更为“实在”的学问，它能够直接作用于国民的肉体本身。这和郭沫若留学日本之初基于报效民国而定下的学习目标不无关系，而郭沫若在留日期间一直坚持学习医学也正是他此时国家意识的具体呈现。

造成郭沫若和鲁迅走上弃医从文这条路的原因可能是多方面的，但是，对文学功用的不同认知是其中十分重要的一个原因。简而言之，对鲁迅来说，文学是外向型的，它所要解决的问题是存在于社会领域里的中国民众在精神方面所出现的问题；而对于郭沫若来说，文学是内向型的，它所要解决的问题更多的是一种自己在面对社会现象时产生的种种情绪，以及为这种情绪产生的合理性找到一种确证。鲁迅在决定弃医从文后不久，就在《河南》等留日学生所创办的新式杂志上刊登了诸如《科学史教篇》《摩罗诗力说》《破恶声论》《文化偏至论》等数篇长篇论文，这几篇论文虽然侧重不一，行文各异，但是在这些可以被看作鲁迅最初的“呐喊”的文字背后，一条以科学的进化论和摩罗诗力组织起来的启蒙线索是从始至终贯穿下来的。无论是从内容上还是从作品传播的途径上来看，鲁迅的早期启蒙工作有着自己内在的逻辑和计划，鲁迅有意识地借助清末民初勃兴的公共媒体将自己的思想传播给读者，从而达到播布启蒙的效果。而留学日本时期的郭沫若则有着与鲁迅完全不同的一套文学观念。在郭沫若的家书中，不少信件都有关于如何进行文学创作的论述。在郭沫若已经以《女神》诗集名扬中国文坛之后，他在为弟弟郭开运修改诗歌时，讲述了自己的创作心得，即“要做旧诗，就要严守韵律，要做新诗，便要力求自然。诗是表情的文字，真情流露的文字自然成诗。新诗便是不假修饰，随情绪之纯真的表现而表现以文字，打个比喻如象照相。旧诗是随情绪之流露而加以雕琢，打个譬比如象画画”，并提出了作诗的几点原则，其中就有“要有纯真的感触，情动于中，令自己不

① 鲁迅：《呐喊〈自序〉》，《鲁迅全集》第 1 卷，人民文学出版社 2005 年版，第 439 页。

② 陈福康：《郭沫若回忆不完全可信？——赵南公日记摘选评赏》，《中华读书报》2016 年 9 月 7 日第 5 版。（此段日记引文中“坠落”一词应为“堕落”之误。）

能不‘写’”[①] 一条。可见，郭沫若认为的文学本质就是一种情绪的释放。在与诗友田汉、宗白华往来的信件中，郭沫若将这一点说得更为透彻，并列出了“诗 =（直觉 + 情调 + 想象） + （适当的文字）”[②] 的公式。也就是说，在郭沫若留学日本期间，他心中的诗实际上就是自己此时此景的情绪，这也造成了其《女神》诗集在内容上的驳杂，常常是前一首诗还沉浸于对报效国家的热忱之中（《无烟煤》），下一首就变成了对工业文明的咏叹（《日出》）。而在留学日本的这段时间内，郭沫若情绪的基调却是一种国家意识，他告诫郭开运“国家积弱，振刷须材，年少光阴，瞬间即逝，殊为可惜也”[③] 的话则可以看作这一国家意识的概括。由于此时日中关系紧张，在家信中，郭沫若多斥日本为“倭奴”“鬼国”。换句话说，这种国家意识已经成为郭沫若此时创作的政治文化底色，它是郭沫若内在情绪的自然流露，并在文学生产过程中强化了郭沫若对于中华民国的认同。同时，有研究者注意到郭沫若此一阶段的创作有着明显的“潜在写作”[④] 的性质，即其写作并非借助新兴公共传媒来进行传播，而是通过一种诗歌唱和的方式来进行传播。这一传播方式本身也将郭沫若作品的受众局限于一个相对封闭的圈子内，在这个圈子内，成员们往往会有相似的主张，郭沫若的爱国情绪在转化成文字之后，也会得到来自诗友方面的进一步确证。虽然郭沫若并不像鲁迅那样有意识地将文学转化成拯救中国国民精神的资源，但是在郭沫若那里，文学却是他在情绪上沟通国家与自身的重要途径，这也使郭沫若在留日期间更倾向于以文学的方式来表达自己的爱国情绪，却准备以学医行动来实现自己的爱国抱负。

三　交友对郭沫若留日期间国家意识的影响

曾琦，作为中国最早的国家主义者群体的领导人物，其名字在郭沫若的文字中时常有所提及。曾琦与郭沫若之间很早就有同学之谊，在郭沫若从日本回国之后，已经身为中国青年党领袖的曾琦对他也多有扶植帮助，但是在郭沫若的回忆文字中，却一再回避自己与曾琦的关系，声称与曾琦不甚相熟。虽然同为四川人，并且在四川高等学堂的分设中学时二人就是上下级的同学，但是在郭沫若的文字里，两人之间的关系仅为“他比我早一年来插班，在我进去的时候，他刚好废了学”，“我在成都只和他会过一两面，没有打过招呼”。郭沫若的言下之意是自己与曾琦并无太多交集，甚至还在文中大肆揭发曾琦上学时的一些滑稽的旧事：“他的绰号叫‘曾补人’，这是成

① 郭沫若：《致父母·1921 年 12 月 15 日》，《敝帚集与游学家书》，中国社会科学出版社 2012 年版，第 263 页。

② 田汉、宗白华、郭沫若：《三叶集》，亚东图书馆 1920 年版，第 8 页。

③ 郭沫若：《致父母·1916 年 12 月 27 日》，《敝帚集与游学家书》，中国社会科学出版社 2012 年版，第 236 页。

④ 参见周文《郭沫若〈樱花书简〉研究》，山东师范大学 2012 年硕士学位论文。

都的一种新方言，凡是滑稽的事物便称为‘补人’”，“听一些老学生说，他除掉文章有些根底之外，一切都很‘补人’。他学了一年的英文连 abcd 都记不清。他学体操是出左足摆左手，出右足摆右手，就跟木制的机械一样”。不仅如此，郭沫若在描述完曾琦的种种窘态之后，还加以分析点评：“你想，象这样一位早熟的老夫子公然会以克来曼梭、麦索里尼自命，你说究竟补人不补人呢？补人之老，我看是出自天成。他的年纪其实和我不相上下，然而先生之老气横秋也，实足以上咸五而下尊三，自比克来曼梭，自比吾家国藩，或许还是他的客气罢？”① 郭沫若在写这段话的时候其思想已经开始向着马克思主义的方向转变，而国家主义和马克思主义之间在基本立场和政治构思上都有着不可调和的矛盾，这也成为他刻意不谈其与曾琦之间关系的一个原因。但即使是这样，其对曾琦的挖苦也是令人费解的，究其原因，则是郭沫若与曾琦之间的旧日交往并不像后来补叙的那样浅薄，毕竟郭沫若的《寻死》一诗最早的读者就是曾琦，而且郭沫若还曾经对宗白华说过“慕韩兄他知道我”②。作为一名在当时颇有号召力的青年政治人物，曾琦对郭沫若的影响是很大的。虽然后来郭沫若和曾琦等人分道扬镳，但是在其潜意识中还是无法完全将其洗刷，故而他试图通过着力贬抑曾琦来抹杀其行动在自己思想上留下的痕迹。

辛亥革命之后，四川省内结党结社风气大炽，这种风气甚至在学生中也十分盛行。1912 年，作为四川省内知名文化人士，吴虞曾经为成都府中学的学生组织“国民党”写过一篇序言，其中就提到了“吾国四千年之历史，或豪杰之竞争，或邻邦之蹂躏，不过以禹域为中心，兴亡治乱，略如循环，前事不忘，即可为后车之鉴……二十世纪竞争时代之国家，不能不有待于国民，而断非徒恃政府，遂足以浚发国民之思想能力，提挈之以从事与政治，此政党之发生，所以不容复缓也。政党者，当国民思想浑沌之时，而与之以明灯以烛幽昏之玄夜，使人心知所趋向，而共同以致力于国家者也……故政党首贵保持统一之精神，无汉满蒙回藏苗，无川东西南北，凡在主权统治之地域，悉合其贤豪俊杰冶之于一炉，而以国家为中心，则国家之前途庶有赖矣”③。作为辛亥革命后川内新文化的代表人物之一，吴虞的这篇序言反映的问题具有一定代表意义，面对新诞生的中华民国，政党组织的出发点和归结点都是“国家”。而站在国家的角度，要在被称作“竞争时代”的 20 世纪立于不败之地，就必须结束领土内部的纷争，在这种语境下，政党存在的目的就是作为国家的象征，以其主张来烛照国民的心智，让所有人都服从在国家意识形态的诉求之下。吴虞对于政党和国家的看法实际上刻画了此时川内的政治文化氛围。郭沫若在回忆少年同学的时候曾经说过“二十年后国家主义派的健将差不多都出在那儿”④。不过就郭沫若在川内

---

① 郭沫若：《反正前后》，《郭沫若全集·文学编》第 11 卷，人民文学出版社 1992 年版，第 205—206 页。
② 田汉、宗白华、郭沫若：《三叶集》，亚东图书馆 1920 年版，第 10 页。
③ 吴虞：《国民党序》，赵清、郑诚编《吴虞集》，四川人民出版社 1985 年版，第 22—23 页。
④ 郭沫若：《反正前后》，《郭沫若全集·文学编》第 11 卷，人民文学出版社 1992 年版，第 205 页。

求学的年代而言，由于民国初立，乱极思定，这种以国家为中心的思潮广泛存在于知识界内部，并不能被称作“国家主义”，但是这种对待国家的态度实际上已经成为一种带有场域性质的存在，影响了大量此时就读于四川省内学生的思想和行动。郭沫若在成都求学时的同学还有王光祁、魏嗣銮、李劼人、周太玄等。郭沫若对这些同学赞赏有加，称王光祁、魏嗣銮、李劼人为“同学中的佼佼者”，而称周太玄为“翩翩出世的一位佳公子”[①]。这些人在离开四川之后，和曾琦等“国家主义派的健将”一起创办了少年中国学会，只不过曾琦在思想偏向国家主义后与这四人渐行渐远，故而郭沫若在思想转变之后将曾琦剔除在外。实际上，在当时的文化场域之下，包括郭沫若和曾琦在内的青年知识分子群体在思想上必然会存在着很强的共鸣，尤其是曾琦，作为在辛亥革命之前就广有言论并在学生群体中有一定威望的人物，其对郭沫若学生时代的影响就更大了。

郭沫若在日本留学期间，通过投稿和书信的形式认识了《学灯》的主编宗白华和在日本东京高等师范读书的田汉。辑录他们三人往来信件的《三叶集》虽然主要讨论文学问题，“大体以歌德为中心；此外也有论诗歌的；也有论近代剧的；也有论婚姻问题的，恋爱问题的；也有论宇宙观和人生观的”[②]，但是其中也穿插着一些有关国家的讨论。在这些讨论中，郭沫若受曾琦、魏嗣銮、周太玄等诸位同学影响的痕迹是明显的。郭沫若新结识的这两位朋友，和之前的同学一样，都是少年中国学会会员，郭沫若称他们为“五四运动以后所产生出的新人”[③]，其书信往来之间也多有谈及《少年中国》及“少年中国学会”之事，田汉甚至曾经为“等《少年中国》二月号看，总总不到，心里非常怅惘”[④]，还提议让郭沫若将“你前给白华的信，及白华给你的信，我给你的三封信，你回我的二封信，或你再回我一封信”寄往《少年中国》“集在一块儿发表”“去饷真生活的爱好者去”[⑤]。此时的三人意气相投，在《三叶集》中所提到的刊物也以《学灯》和《少年中国》为主，而由于《学灯》的主编是宗白华，《少年中国》此时就成为三人之间展开问题讨论的一个重要媒介。郭沫若曾经表示愿意将自己的往来信件在《少年中国》上公之于众，足见他对这份杂志的信任以及在思想上对由这份杂志集聚起来的那些旧日同学的亲近。郭沫若甚至一度感叹：“我读《少年中国》的时候，我看见我同学底少年们，一个个如明星在天。”“慕韩，润屿，时珍，太玄，都是我从前的同学。我对着他们真是自惭形秽，真是连 amoeba 也不如了！”[⑥] 他们的行动和精神在此时深刻影响了郭沫若对自身如何与国家

① 郭沫若：《反正前后》，《郭沫若全集·文学编》第 11 卷，人民文学出版社 1992 年版，第 206 页。

② 田汉、宗白华、郭沫若：《三叶集》，亚东图书馆 1920 年版，第 1 页。

③ 郭沫若：《创造十年》，现代书局 1932 年版，第 79 页。

④ 田汉、宗白华、郭沫若：《三叶集》，亚东图书馆 1920 年版，第 78 页。

⑤ 田汉、宗白华、郭沫若：《三叶集》，亚东图书馆 1920 年版，第 108 页。

⑥ 田汉、宗白华、郭沫若：《三叶集》，亚东图书馆 1920 年版，第 11 页。

产生联系的看法。郭沫若曾经在信件中告诉宗白华，“我们现在正在组织一个‘医学同志会’，想把我国底不合理的旧医学（至少有一大部分是不合学理的），迷信旧观念，积病旧社会来打破，推翻，解放，改造；发行一种《医海潮》底杂志，把新医学底精神来阐明，宣传，公开，普及；以达我们救济全人类社会的目的，以营文化运动底一项‘分功’”[①]。这与《少年中国》杂志发刊伊始所提出的“本科学的精神，为社会的活动，以创造少年中国”[②] 的宗旨是一致的，只不过郭沫若基于其所学习的医学将《少年中国》的宗旨更加具体化了：弘扬“新医学的精神”对应“本科学的精神”，创办《医海潮》杂志对应“为社会的活动”，“救济全人类”和“营文化运动底一项‘分功’”对应“以创造少年中国”。而对于曾经在国内求学期间所做出的如扰乱学堂纪律等举动，此时的郭沫若也是多有悔意，并称之为“旧恶”。他对宗白华说：“你同时珍更肯不念我的旧恶，我今后唯有努力自奋，以期自盖前愆，以期不负我诸至友之厚爱。”[③] 鉴于宗白华和魏时珍都是少年中国学会的会员，郭沫若的这番话在表露自己痛改前非的决心的同时，还有一层意思，即在思想上努力朝着少年中国学会中的旧日同学们靠拢，这也正是其信中“自奋”一词的含义。

由上可见，在留学日本之前，郭沫若就与曾琦、魏时珍、王光祈等同学在思想领域有着诸多的共通之处。尤其是曾琦，无论日后郭沫若如何回避，作为自己学生时代四川学生界的领军人物，其思想对当时同为学生的郭沫若的潜在影响都是十分深刻的。在民国初年四川省内大的氛围中，这些青年人对时事的认知不可避免地存在着一定的趋同性和一致性。而到了日本之后，由于新朋友田汉和宗白华的缘故，郭沫若又远远地与容纳了诸多旧时同学的少年中国学会同声共气。在很大程度上，少年中国学会对于国家的认知塑造了此时郭沫若的国家意识。虽然此时的少年中国学会已经在李大钊等人的领导下开始传播马克思主义思想，但是在 20 世纪 10 年代末的历史语境中，包括李大钊在内的众人无力去剖析国家、民族等复杂的政治范畴与马克思主义之间的关系。李大钊在解释布尔什维主义的时候曾经说：“Bolshevism 就是俄国 Bolsheviki 所抱的主义。这个主义，是怎样的主义，很难用一句话解释明白。”[④] 所以，对此时的郭沫若而言，其国家意识中的含混与复杂则是在所难免的了。

郭沫若在留学日本期间，其国家意识比在川内读书的时候有了较大的改变，但是由于 20 世纪早期交通讯息不发达，辛亥革命后四川省内的政治文化语境相比作为全国政治经济文化中心的北京、上海等地还是要落后很多，这导致了郭沫若在赴日之前与这些文化中心地区的学生及文化界缺少必要的交流；到了日本之后，郭沫若又走上了一条试图以实业救国的路子，这条路子背后需要的是一个统一、强有力的国家政权

① 田汉、宗白华、郭沫若：《三叶集》，亚东图书馆 1920 年版，第 21 页。

② 《本学会的宗旨》，《少年中国》1919 年第 1 卷第 1 号。

③ 田汉、宗白华、郭沫若：《三叶集》，亚东图书馆 1920 年版，第 43 页。

④ 李大钊：《BLOSHEVISM》，《新青年》1918 年第 5 卷第 5 号。

来作为保障。在结识田汉、宗白华之后，郭沫若逐渐意识到了文学对人的精神的巨大作用，但此时的郭沫若并没有看到文学对于国民精神改造的可能性，却出乎自己意料地将对国家、对自身的种种情绪置于其中，并获得了诗坛的蜚名。这些都使得郭沫若对国家主义或者民族主义产生了进一步的认同。这样看来，郭沫若从日本留学回国之后，在一段时间内与向着国家主义转型的曾琦所领导的“醒狮派”以及何公敢、林灵光等信奉“国家社会主义”并试图以法理的道路来严明国纪，从而建立起来一个强权政府[①]的《孤军》杂志同人们[②]有着紧密的往来并不是一种偶然，而是一种源自对国家和政府认知的必然结果。毋庸讳言，留学日本阶段的郭沫若，其心中的国家意识是混乱与复杂的，有些甚至与其朝着马克思主义转向之后的思想是背道而驰的，但正是因为如此，才见得郭沫若在20世纪20年代中叶选择马克思主义时精神的可贵。而这种早期留下的精神印记也长久地影响着郭沫若，或许其在留学日本期间并不完全成熟的国家意识能够成为解开其后来一些思想或行为上的波动的“一把钥匙”。

（原载《现代中国文化与文学》第32辑）

① 郭沫若:《创造十年续篇》，北新书局1946年版，第158—159页。这里的“国家社会主义”和后来希特勒所提出的“国家社会主义”其内涵并不相同，后者更合理的称呼应是“民族社会主义”。参见宋钟璜、方生《国家社会主义，还是民族社会主义——从〈辞海〉关于国家社会主义的词条谈起》，《人民日报》1982年1月12日第5版。

② 通常所说的“孤军派”实际上被称为“《孤军》杂志同人”会更准确一些，因为其无论在思想或组织形式上，都很难称作“派”。参见周文《郭沫若与“孤军派”——兼论其对国家主义的批判》，《新文学史料》2016年第2期；周文《文艺转向与“革命文学”生成——郭沫若赴广东大学考》，《四川大学学报（哲学社会科学版）》2016年第4期。

灾种·文类·体验:郭沫若灾害文学发凡

杨兴玉

综观《郭沫若全集》(“文学编”“历史编”“考古编”),作者几乎没有专文涉及灾害问题。[①] 小说《鼠灾》(1920),[②] 不过是叙写自己旅日期间学生装被老鼠咬坏而导致夫妻“勃溪”的一段生活插曲,[③] 并不属于严格意义上的灾害文学。收入“历史编”的《盐铁论》“论灾”篇,[④] 作为古籍整理的成果,亦不应看作原创性的灾害文学。作者在自传《洪波曲》中所述及的“长沙大火”,[⑤] 或许是仅有的一个例外。

但是,这并不意味着郭沫若的作品与灾害问题全然无涉。一方面,灾害与人类如影随形,郭沫若亦曾在不同时期多次与灾害觌面;另一方面,作为一位文史大家,郭沫若接触过大量的古今灾害文献。此类直接或间接的灾害经验,可能以不同的形式融入其文学创作:或者构成故事所由发生的特定环境,或者构入作品的叙事进程。事实上,洪水、地震、火灾、干旱等灾害,曾不同程度地出现于郭沫若的文学作品中。

迄今为止,学术界对于郭沫若的灾害书写问题尚缺乏关注。笔者在本文中对此问题做一初步探索。

一　古韵悠长的水灾书写

洪水自古就危及先民的生存,先秦典籍《逸周书》有云,“天有四殃,水、旱、饥、荒”。[⑥] 就经济损失而言,“水灾是众灾之首”。[⑦] 洪水也是郭沫若灾害书写的母题(motif)之一:从《女神》第1辑中的《湘累》,到《星空》中的《洪水时代》《孤竹君之二子》,再到收入《潮集》的《访花园口》,水灾母题多次出现在郭沫若的诗作中。

---

① “所谓灾害是指,某一地区,由内部演化或外部作用所造成的,对人类生存环境、人身安全与社会财富构成严重危害,以至超过该地区承灾能力,进而丧失其全部或部分功能的自然—社会现象。”曾维华:《环境灾害学引论》,中国环境科学出版社2000年版,第19页。

② 郭沫若:《郭沫若全集·文学编》第9卷,人民文学出版社1985年版,第15页。

③ 郭沫若:《郭沫若全集·文学编》第12卷,人民文学出版社1992年版,第71页。

④ 郭沫若:《郭沫若全集·历史编》第8卷,人民出版社1985年版,第614页。

⑤ 郭沫若:《郭沫若全集·文学编》第14卷,人民文学出版社1992年版,第226页。

⑥ 黄怀信、张懋镕、田旭东撰:《逸周书汇校集注》,上海古籍出版社2007年版,第244页。

⑦ 卢振恒:《自然灾害常识》,海洋出版社1993年版,第218页。

水灾书写之所以时时见诸郭沫若笔端，与诗人幼年生长的水乡环境不无关联。作者尝言，其笔名“沫若”[①] 本作“沬若”，意即故乡的“沬水与若水”。水乡不仅是少年郭沫若生于斯、长于斯的生活家园，更是一种富于诗情画意的生命空间。他不止一次在诗中抒写自己对于若水和沫水的眷恋。

“我住在青衣江上的嘉州”（《光海》）[②]

“青衣江上水殷殷”（《登尔雅台怀人》）[③]

“那山下的大渡河的流水/是滔滔不尽的诗篇。”（《峨嵋山上的白雪》）[④]

“大渡河中千里波/峨眉山上万株树。”（《百虎图》）[⑤]

但是，滔滔江水给予他的不仅是诗情与灵性，更有不可磨灭的灾难记忆。

在郭沫若的少年时代，乐山在 1892 年、1896 年、1898 年、1902 年、1903 年、1904 年、1906 年等年份先后发生 7 次水灾。[⑥] 仅 20 世纪前 10 年内，乐山就遭遇了 4 次洪水：1902 年 6 月，乐山“罗洪场一带大水，冲去田土房屋甚多”；1903 年 6 月，“临江河水涨二三丈，漂没一百余家”；1904 年 6 月，“铜河一带大水横流，上下数十沙洲尽速淹没，人民架木为巢，断烟火者七日”；1906 年，五通桥遭遇水灾。[⑦] 长期以来，郭沫若研究偏重于社会历史因素。受此影响，现有的郭沫若年谱以及数十部郭沫若传记，对于此类“自然”灾害殊少提及。无论如何，我们不应忽略后者给予少年郭沫若那种看似缄默的实际影响。

1917 年，乐山再次爆发特大洪灾，“六月朔雨，三日不止。河水大涨，三江汇合，府河尤甚，城内水深五、六尺。八月十六日至二十日又降大雨，城内复淹，淹毙颇多。”[⑧] 彼时，郭沫若远在东瀛求学，对于故乡的水患却非茫然无感。时值川、滇两地军阀在犍为、乐山交战，天灾、人祸一时间接踵而至，导致当地米价腾贵、瘟疫流行。郭沫若在家书中亦痛陈：“吾川遭此浩劫，言之殊令人酸鼻也。”[⑨] 以此，我们或许不难明了，洪水灾害何以屡屡见于作者的诗句。

受诗歌文类及水灾性质的影响，郭沫若的水灾书写大多具有韵味悠长的抒情性。诗剧《湘累》（1920）写道屈原在癫狂中自居舜帝，并倾诉自己任用鲧、禹治水，禅

① 郭沫若：《郭沫若全集·文学编》第 12 卷，人民文学出版社 1992 年版，第 197 页。沬水和若水，指大渡河与青衣江。沬水，通作沫水。前名见《蜀中广记》（四库全书本，卷十一）；后说见《水经注》（四部丛刊本，卷三十六）。

② 郭沫若：《郭沫若全集·文学编》第 1 卷，人民文学出版社 1982 年版，第 92 页。

③ 郭沫若：《郭沫若全集·文学编》第 2 卷，人民文学出版社 1982 年版，第 400 页。

④ 郭沫若：《郭沫若全集·文学编》第 1 卷，人民文学出版社 1982 年版，第 395 页。

⑤ 郭沫若：《郭沫若全集·文学编》第 2 卷，人民文学出版社 1982 年版，第 351 页。

⑥ 詹兆渝：《中国气象灾害大典·四川卷》，气象出版社 2006 年版，第 43—45 页。

⑦ 詹兆渝：《中国气象灾害大典·四川卷》，气象出版社 2006 年版，第 44—45 页。铜河，即大渡河。

⑧ 詹兆渝：《中国气象灾害大典·四川卷》，气象出版社 2006 年版，第 47 页。

⑨ 郭沫若：《樱花书简》，唐明中、黄高斌编注，四川人民出版社 1981 年版，第 132 页。

位于大禹后反而遭到放逐的不幸遭际。[①] 组诗《洪水时代》（1921），描写诗人面对月光下的海波，神思却飞回洪荒时代。他仿佛看见大禹夫人在涂山苦苦守望，而大禹却公而忘私，一心系念天下水患。[②] 诗剧《孤竹君之二子》（1922），借助伯夷的歌声，控诉夏启不该背弃大禹，将天下据为一己之私。[③]

郭沫若涉及水灾的诗作多完成于20世纪20年代初期，且经常涉及上古神话、传说，特别是见之《楚辞》《离骚》的神话传说。诚如李泽厚所论，楚骚文学逸出了春秋时代渐趋理性的发展趋势，而保持着想象奇异、情感炽烈的远古传统。[④] 郭沫若对于洪水的书写，无形中继承了楚骚文学的浪漫情怀；而楚辞中的水神意象，则为郭沫若的洪水书写提供了绵绵不竭的艺术灵感。作者坦言，自己在少年时代喜欢读《庄子》《楚辞》《文选》《史记》等。[⑤] 在剧作《王昭君》中，他甚至借毛淑姬之口，表露了自己对于《楚辞》的喜爱：正直的淑姬喜欢吟诵《楚辞》，常神游于《楚辞》的瑰丽世界；而贪鄙的毛延寿（淑姬的父亲）既不能领会诗人屈原，亦无法理解女儿对于《楚辞》的迷恋。[⑥]

毋庸赘言，作为一位狂飙突进的诗人，郭沫若的水灾书写并未迷失于飘然高蹈的神话之境。在《洪水时代》一诗中，诗人将大济苍生的夏禹比作“近代的劳工”，并呼吁在如今“第二次的洪水时代”再次出现这种“将来的开拓者”。[⑦] 在某种意义上，写于新中国成立后的七律《访花园口》（1959），构成了对于这种期许的现实回应。诗人重临蒋介石（1938）决堤阻敌的黄河花园口，抚今追昔，感慨万千：当年，蒋介石下令开掘黄河大堤，非但未能阻击日寇的进犯，反而导致“居民百万成鱼鳖”；[⑧] 如今，新建的水利工程东风渠驯服黄河，真正开启了黄河治理史上的新篇。[⑨]

二　震撼人心的地震书写

与水灾相比，震灾作为郭沫若灾害书写的另一个母题，可谓大异其趣。自古以

---

① 郭沫若：《郭沫若全集·文学编》第1卷，人民文学出版社1982年版，第18页。
② 郭沫若：《郭沫若全集·文学编》第1卷，人民文学出版社1982年版，第180—184页。
③ 郭沫若：《郭沫若全集·文学编》第1卷，人民文学出版社1982年版，第226—228页。
④ 李泽厚：《美学三书》，天津社会科学院出版社2007年版，第61页。
⑤ 郭沫若：《郭沫若全集·文学编》第11卷，人民文学出版社1992年版，第293页。
⑥ 郭沫若：《郭沫若全集·文学编》第6卷，人民文学出版社1986年版，第62—65页。
⑦ 郭沫若：《郭沫若全集·文学编》第1卷，人民文学出版社1982年版，第183页。
⑧ 郭沫若：《郭沫若全集·文学编》第4卷，人民文学出版社1984年版，第36页。
⑨ 据《郭沫若年谱》，1944年郭沫若曾为李丁陇的“巨幅国画《黄泛图》题长诗一首”。龚继民：《郭沫若年谱》，天津人民出版社1992年版，第597页。笔者虽多方查询，始终未能一睹“长诗”真容。亦有文献表明，郭沫若仅为该诗题词，并无所谓的长诗问世。阎超：《野人·怪人·奇人——李丁陇》，大众文艺出版社2001年版，第25页。

来，地震就是“伤亡人口最多，对人类震慑最大的自然灾害”。[①] 时至今日，由于地震发生突然、成灾严重，特别是严重危害生命，仍被世人“列为天灾之首”。[②] 同洪水一样，地震亦时常出现于郭沫若早期的文学作品，如新诗《地震》、散文《百合与番茄》，小说《歧路》《喀尔美萝姑娘》《行路难》等。

郭沫若的地震书写，与其旅日生涯密切相关；在此之前，国内的地震并未对他的生活造成太大困扰。根据四川地震文献，乐山在1913年、1917年、1920年等年份曾多次遭遇地震。1913年7月中旬，郭沫若从成都返回沙湾；[③] 16日辰时，乐山发生地震，“瓦屋倾坠，田水翻腾”。[④] 鉴于方志中并无人员伤亡记录，可以推知当时地震烈度有限。1917年7月31日，乐山再次发生地震，“瓦屋几倾倒，人心惊惶”，夹江“一山崩下压毙数家”。[⑤] 彼时，郭沫若正在日本冈山六高求学，未曾受到震灾的直接影响。1920年12月，受甘肃海原8级地震影响，乐山接连发生两次有感地震；[⑥] 郭沫若就读于东京帝国医科大学，故乡的地震对他同样没有直接影响。

相反，郭沫若身处“多地震而且地震灾害严重”的日本东瀛，[⑦] 频频来袭的地震给郭沫若留下了一定的心理阴影。他最早涉及这一话题的作品，是收入诗集《星空》的《地震》（1921）。作者在惊骇之余的死寂中，喟叹科学不曾让自己“更见聪明半分”；[⑧] 而有关地震机制的科学解释，亦未冲淡幼时母亲所讲述的鳌鱼故事的影响。究其实，看似并不“聪明”的神话迷思，寄寓着游子对于母亲的无限思念。

1923年，随着关东大地震的降临，一度有惊无险的地震书写变得异常酷烈。概言之，关东大地震是“日本历史上死伤最多、损失最惨重的一次大震灾”。[⑨] 这次巨震导致14.3万灾民死亡，其中有9.9万人死于地震引发的大火；更有甚者，日本当局借口“朝鲜人和社会主义者冒犯了神灵”，处决了“4000名朝鲜人”。[⑩] 职是之故，关东地震一度成为郭沫若早期散文及小说（广义的散文）中一种挥之不去的梦魇。

受散文文类及震灾性质的影响，郭沫若的地震书写一般具有震撼人心的写实性。收入其自传《水平线下》的《百合与番茄》（1923），如实描述人们在震灾中的极端体验。文章借作者与友人C君（周全平）、F君（成仿吾）的一番对白，道出这场“亘古未闻”的巨灾的惨烈程度：地震袭来时，身在东京的成仿吾，“不能站稳，只

① 高庆华：《自然灾害评估》，气象出版社2007年版，第30页。

② 国家科委全国重大自然灾害综合研究组编：《中国重大自然灾害及减灾对策·分论》，科学出版社1993年版，第3页。

③ 龚继民：《郭沫若年谱》，天津人民出版社1992年版，第31页。

④ 孙成民：《四川地震全记录·上》，四川人民出版社2010年版，第203页。

⑤ 孙成民：《四川地震全记录·上》，四川人民出版社2010年版，第205页。

⑥ 孙成民：《四川地震全记录·上》，四川人民出版社2010年版，第210页。

⑦ 卢振恒：《日本破坏地震概观》，地震出版社1991年版，第3页。

⑧ 郭沫若：《郭沫若全集·文学编》第1卷，人民文学出版社1982年版，第216页。

⑨ 卢振恒：《日本破坏地震概观》，地震出版社1991年版，第81页。

⑩ 郭强：《灾害大百科》，山西人民出版社1996年版，第1218—1219页。

能在地上爬”；转眼之间，房崩地裂，“四处都是火灾”。更令人发指的是，日本人无端迁怒于朝鲜人及劳动者；成仿吾曾目睹朝鲜人及日本劳工被拘留甚至虐杀，与朝鲜人相像的中国人亦不免于池鱼之殃。①

在同期的小说中，关东地震所引发的社会灾难，经常构成一种弥散性的故事背景。收入小说集《橄榄》的《漂流三部曲·歧路》（1924），女主角只言片语，便透露出震灾所导致的民生凋敝：“听说自从地震以后，东京的女工有的不要工钱只要有宿食便来上门的。”② 同集中，另一篇小说《行路难》（1924）亦写道，邻居主妇住在横滨的妹子遭遇了关东震灾，③ 可见关东地震的影响几乎无所不在。

较之这种看似枯燥的灾害叙事，收入小说集《塔》的《喀尔美萝姑娘》（1924），尤其令人难忘。小说以内聚焦的方式，讲述一位有妇之夫追求咖啡店侍女的畸恋。作品在描述男主角走遍市内每家咖啡店追寻那位侍女时，采用了一个令人震撼的地震意象：“我就好象去年东京地震，把儿女遗失了的父母在各处死尸堆中拨寻儿女的尸首一样，我在这 F 市咖啡店的侍女中拨寻我的 Donna Carméla。”④ 作者借用地震后的灾难场景，寥寥数语便将人物焦灼的心情刻画得入木三分。在小说结尾处，颓废的男主角决意轻生。在其绝命书中，再次出现可怖的地震意象：“地震的惨状不到横滨来是想象不出的。大建筑的残骸如象解剖室里的人体标本一样。”⑤ 即便对于医科出身的郭沫若而言，若非亲身经历那一场惨绝人寰的关东地震，亦难以构想这种富有视觉冲击力的灾难意象。

三 冲突激烈的火灾书写

在郭沫若的灾害书写中，火灾与地震不无相似之处。从灾害学角度讲，“火灾是各种自然灾害中最危险最常见的一种。它会在极短的时间内毁灭掉各种可燃物体和人的生命”⑥。论及郭沫若的火灾书写，人们很容易想到他的名篇《凤凰涅槃》（1920）。该诗对于凤凰浴火重生的礼赞，达到了前所未有的艺术高度。不过，将其视为火灾书写，却有牵强附会之嫌。

倘若不考虑托言于不死鸟（phoenix）神话的新诗《凤凰涅槃》，⑦ 那么，收入《汐集》的《望海潮·悼张曙》一词，应该是郭沫若最早直面火灾的作品。此后，火

---

① 郭沫若：《郭沫若全集·文学编》第 12 卷，人民文学出版社 1992 年版，第 391 页。

② 郭沫若：《郭沫若全集·文学编》第 9 卷，人民文学出版社 1985 年版，第 246 页。

③ 郭沫若：《郭沫若全集·文学编》第 9 卷，人民文学出版社 1985 年版，第 305 页。

④ 郭沫若：《郭沫若全集·文学编》第 9 卷，人民文学出版社 1985 年版，第 235 页。

⑤ 郭沫若：《郭沫若全集·文学编》第 9 卷，人民文学出版社 1985 年版，第 237—238 页。

⑥ 蒋维：《建筑工程防火设计论文集》，《建筑防火》编辑部，1988 年，第 114 页。该文作者李引擎对于火灾的论断甚为精辟，故被后来的研究者辗转抄录。不过火灾具有典型的人文特征，不应看作自然灾害。

⑦ 郭沫若：《郭沫若全集·文学编》第 1 卷，人民文学出版社 1982 年版，第 34 页。

灾母题在《屈原》《虎符》《孔雀胆》等抗日战争历史剧，以及新中国成立后的电影剧本《郑成功》中反复出现。

《望海潮·悼张曙》(1940)，[①] 写于张曙烈士追悼会召开之际。张曙是一位左翼音乐家，抗日战争初期曾在第三厅与郭沫若短暂共事，不久在日寇对桂林的空袭中不幸遇难。该词不唯寄托了作者对于死难战友的哀思，抑且涉及当时备受争议的长沙大火。后来，郭沫若在《抗战回忆录》（1948）及其修订版《洪波曲》（1959）第15章中，对于“长沙大火”有详尽的回顾。[②]

概言之，1938年11月日军攻陷了湖南岳阳，继而进犯省会长沙。为了阻击敌人，国民党当局错误地采取了“坚壁清野”的策略，纵火焚毁长沙。有学者提出，长沙大火是20世纪以来中国乃至全世界“最大的一次火灾”。[③] 尽管长沙大火所造成的伤亡人数远不及日本关东地震后的火灾，考虑到这座千古名城几乎毁于一旦，这种说法并非无稽之谈。正如周恩来所言：“长沙大火是国民党的错误，是某些当权者的犯罪行为，但这一切又都是由于日本帝国主义对我国疯狂侵略所引起的。没有日本强盗的侵略，也不会有长沙大火。”[④] 客观地讲，这一场灾难对于郭沫若的创作产生了难以磨灭的影响；几年后，火灾母题开始频繁出现于郭沫若的抗日战争史剧。

受戏剧文类及火灾性质的影响，郭沫若的火灾书写始终具有冲突激烈的戏剧性。《屈原》第五幕（1942），佞臣靳尚接南后密旨，授意郑詹尹用毒酒谋杀屈原，然后放火烧掉东皇太一庙；并借口雷电引起的火灾，将杀人的罪证“消灭于无形”。[⑤] 由于婵娟误服了毒酒，屈原才得以幸免于难。看守屈原的卫士甲激于义愤，击毙了郑詹尹，而后点燃了神庙；屈原则借着烈火，祭奠不幸罹难的婵娟。

《虎符》第四幕（1942），魏安厘王的暴行与南后如出一辙。在得知信陵君窃符救赵之后，魏王下令将庶弟信陵君的家人“斩尽杀绝”，并将其“住宅一火而焚”。[⑥] 魏王的庶母魏太妃被勒令自裁，其宠妃如姬夫人亦选择了自杀。类似的情形，再次出现于《孔雀胆》第四幕（1943）。奸相车力特穆尔设计杀害了情敌段功，随即纵火将段功和阿盖的王城“化为灰烬”。[⑦] 阿盖公主在目睹奸相伏诛之后，亦饮下毒酒而殉夫而去。

不难发现，这3部抗日战争史剧的火灾书写，有着高度一致的叙事结构：反对者

---

① 该词全文：“武昌先失，岳阳继陷，长沙顿觉孤悬。树影疑戎，风声化狄，楚人一炬烧天，狼狈绝言筌。叹屈祠成砾，贾宅生烟，活受阉维，负伤兵士剧堪怜。//中宵殿待辎軿，苦饥肠辘转，难可熬煎。白粥半锅，红姜一片，分吞聊止馋涎。南下复流连，痛几番狂炸，夺我高贤。且听洪波一曲，抗战唱连年。”郭沫若：《郭沫若全集·文学编》第2卷，人民文学出版社1982年版，第375页。

② 郭沫若：《郭沫若全集·文学编》第14卷，人民文学出版社1992年版，第226页。

③ 梁小进：《“11·13”长沙大火》，湖北人民出版社2005年版，第112页。

④ 中国人民政治协商会议长沙市委员会文史资料研究委员会：《长沙文史资料》第1辑，1984年，第63页。

⑤ 郭沫若：《郭沫若全集·文学编》第6卷，人民文学出版社1986年版，第382页。

⑥ 郭沫若：《郭沫若全集·文学编》第6卷，人民文学出版社1986年版，第525页。

⑦ 郭沫若：《郭沫若全集·文学编》第7卷，人民文学出版社1986年版，第249页。

（王后、暴君或奸臣）企图以杀人放火的方式谋害男主角（hero）；不论其计谋是否得逞，对方都会遭遇火灾，并有一位女主角（heroine）因之殒命。受女性批评影响，近年有研究者陆续探讨郭沫若历史剧在女性叙事方面的伦理预设，对于灾害书写，却因缺乏关注而视若无睹。

此外，电影剧本《郑成功》第八章（1963），同样涉及火灾母题。走投无路的荷兰殖民者，假意与郑成功媾和；半夜却潜入城内纵火，企图嫁祸于郑氏，离间台湾军民。[①] 不过，此处的火灾书写，除了同样具有火灾的暴力色彩外，远不及前述三部抗日战争史剧那样情节生动而人物饱满。

四　心忧黎元的旱灾书写

旱灾是郭沫若灾害文学的又一个母题。早在先秦《逸周书》中，干旱即被视为荼毒生灵的“四殃”之一。同其他灾种相比，旱灾在“我国危害面积最大，对社会经济影响最为深远”;[②] 具体而言，旱灾是“历史上死亡人数最多、经济损失最大、涉及范围最广”的一种灾害。[③] 作为一位关心民瘼的诗人，郭沫若在不同时期都有作品涉及干旱问题。所不同者，前期诗作一般具有伤时忧国的文人视角，后期作品则洋溢着战天斗地的豪情。

郭沫若不同时期的干旱书写，几乎都采用旧体诗词的形式。同其他文学形式相比，旧体诗词不唯音韵铿锵，并且蕴含关怀天下苍生的民本传统。粗略地讲，早在先秦时代，就出现了这种民本思想的萌芽；而思想家孟子则明确将其确立为“士”阶层的一种道德法则，所谓“穷则独善其身，达则兼善天下”。[④] 这种道德立场，在屈原笔下展现为“长太息以掩涕兮，哀民生之多艰”的沉痛呼告，[⑤] 在杜甫诗中展现为“穷年忧黎元，叹息肠内热”的悲天悯人。[⑥]

受诗词文类及旱灾性质的影响，郭沫若的旱灾书写往往具有心忧黎元的民本性。民国时期，郭沫若的旱灾书写主要见于《蝶恋花》《喜雨》《题傅抱石画八首》等旧体诗作。收入《蜩螗集》的《蝶恋花》（1939）一词，缘起于久旱喜雨。词作上片写时局艰难，诗人对抗日战争胜利仍满怀信念；下片写天降甘霖，世间万物一派生机盎然。[⑦] 收入《汐集》的七绝《喜雨》（1940），及五古《题傅抱石画八首·其二》（1942），同样与干旱有关。前者写诗人听闻南春旱而

---

① 郭沫若：《郭沫若全集·文学编》第 8 卷，人民文学出版社 1987 年版，第 465 页。

② 高庆华：《自然灾害评估》，气象出版社 2007 年版，第 16 页。

③ 郑大玮：《农业灾害学》，中国农业出版社 2000 年版，第 16 页。

④ 焦循：《孟子正义》，沈文倬点校，中华书局 1987 年版，第 891 页。

⑤ 洪兴祖：《楚辞补注》，中华书局 2006 年版，第 13—14 页。

⑥ 仇兆鳌注：《杜诗详注》，中华书局 2015 年版，第 325 页。

⑦ 郭沫若：《郭沫若全集·文学编》第 2 卷，人民文学出版社 1982 年版，第 109 页。

庆幸雨水降临,[①] 延续了古代诗人悯农忧世的“喜雨”传统；后者咏叹画家笔下的屈原与陶潜,[②] 在礼赞前贤之余，亦表达了诗人对于民生的关切。时值“旱久焦禾稼”之际，作者对于古人的行止不无微词。在他看来，屈子失之“自弃”，而陶潜失之“自利”。[③] 总之，其题画诗句具有鲜明的时代特色与作家风格。

中华人民共和国成立后，郭沫若的旱灾书写，如《三呼万岁》《重庆行十六首》《题新安江水电站》《大寨行》《水调歌头・喜雪》等，仍然沿用旧体诗的形式。收入《潮集》的七律《三呼万岁・人民公社万岁》（1959），称颂当时的人民公社“有纪有纲工易化，抗涝抗旱力难量”；[④] 收入《东风集》的五律《重庆行十六首・看朝天门码头》（1960）写道：“微闻春闹旱，仍见菜蔬丰。”[⑤]

稽考其实，1958 年重庆开始出现大范围的旱情；此后 3 年，重庆遭遇了严重的干旱灾害。[⑥] 受其影响，1958 年至 1961 年，重庆的人口死亡率两倍乃至三倍于正常年份。[⑦] 1960 年 2 月，郭沫若莅临重庆时，当地灾情并未稍减。考虑到过去一年（1959）重庆人口高达 30‰的死亡率，以及 -10‰的自然增长率,[⑧] “微闻春闹旱”的说法不免过于轻描淡写，有悖中国诗歌秉笔直书的实录传统。

旱灾过后，随着国力逐渐恢复，人们痛定思痛，开始采取更积极的治理措施，通过兴修水利而防患于未然。这种转变在郭沫若的诗作中亦有生动的体现：五律《题新安江水电站》（1963），不唯赞美水电站所构成的全新景观，并且讴歌此项工程所带来的综合效应。[⑨] 组诗《大寨行》（1965），一再称道大寨在灾害治理方面的成绩。诸如“百年基业防涝旱”“碱旱风虫一扫光”,[⑩] 生动地展现人们战天斗地的精神。

作为诗人旱灾书写的收官之作，《水调歌头・喜雪》（1966）[⑪] 在一定程度上融合了诗人前后期的旱灾书写精神。词作上片写京城天降瑞雪，妻子向身在大连的诗人发来电报；下片写瑞雪驱除旱魃，北国正好安排农事。在此，中国文人关怀民生的优良传统，不失合理地演化为了四海一心的豪情。

（原载《现代中文学刊》2020 年第 1 期）

---

① 郭沫若：《郭沫若全集・文学编》第 2 卷，人民文学出版社 1982 年版，第 385 页。

② “旱久焦禾稼，夜长苦寂寥。自弃固堪悲，保身未可骄。”郭沫若：《郭沫若全集・文学编》第 2 卷，人民文学出版社 1982 年版，第 264 页。

③ 郭沫若：《郭沫若全集・文学编》第 19 卷，人民文学出版社 1992 年版，第 227 页。

④ 郭沫若：《郭沫若全集・文学编》第 4 卷，人民文学出版社 1984 年版，第 5 页。

⑤ 郭沫若：《郭沫若全集・文学编》第 4 卷，人民文学出版社 1984 年版，第 354 页。

⑥ 马力：《中国气象灾害大典・重庆卷》，气象出版社 2008 年版，第 53—55 页。

⑦ 重庆市地方志编纂委员会总编辑室：《重庆市志・第一卷》，四川大学出版社 1992 年版，第 786 页。

⑧ 重庆市地方志编纂委员会总编辑室：《重庆市志・第一卷》，四川大学出版社 1992 年版，第 786 页。

⑨ 全诗参见郭沫若《郭沫若全集・文学编》第 5 卷，人民文学出版社 1984 年版，第 5 页。

⑩ 全诗参见郭沫若《郭沫若全集・文学编》第 5 卷，人民文学出版社 1984 年版，第 86、89 页。

⑪ 全诗参见郭沫若《郭沫若全集・文学编》第 5 卷，人民文学出版社 1984 年版，第 982 页。

“郭沫若传”的现状考察

——兼谈多身份传主传记书写的进路

张立群　黎　黎

依据一生取得的成就、产生的影响这一基本立传标准，在20世纪中国史上，郭沫若无疑是后人作传的首选人物之一。郭沫若是中国新文学的奠基人之一，是鲁迅之后文艺界又一面重要的旗帜。他一生在诸多领域取得了突出的成就，堪称现代中国百科全书式的人物。郭沫若光辉而独特的一生，客观上决定他是一位多身份的传主，可以通过多个方面、多个角度进行传记书写。然而，就目前的情况来看，“郭沫若传”虽数量大、样式多，产生了一些优秀之作，但就具体表现维度来看，还由于种种原因略显单一、存有很大的探索空间。为此，考察“郭沫若传”的写作现状、总结其得失，不仅可以对“郭沫若传”的书写与研究产生积极的意义，而且还会对传记研究本身提供有益的经验。

一、作为资源的“自传”

与同时期很多著名人士相比，郭沫若生前曾写有自传。“郭沫若自传”写于1928年，止于1948年末，具体包括20年间郭沫若发表的、出版过的自传、回忆录以及回忆性散文、日记等多种。郭沫若在20世纪50年代末期将这些零散的作品汇编成4卷本的《沫若自传》。其中，第一卷《少年时代》内收《我的童年》《反正前后》《黑猫》《初出夔门》4部作品，从作者家世、出生和童年写至去日本留学，起止时间为1892年至1913年。第二卷《学生时代》收有《我的学生时代》《创造十年》《创造十年续篇》以及《今津纪游》《水平线下》等多部作品，主要写作者在日本留学特别是1918年之后从事文学活动以及创造社的活动，起止时间大致为1914年到1926年。第三卷《革命春秋》包括《北伐途次》《请看今日之蒋介石》《脱离蒋介石之后》《海涛集》《归去来》5部作品，主要写郭沫若1926年随革命军北伐以及次年南昌起义失败后逃亡日本的经历和他在日本的生活以及1937年全面抗日战争爆发后归国从事抗日救亡活动的经历，起止时间为1926年至1937年。第四卷《洪波曲》收有《洪波曲》《芍药及其他》《苏联纪行》《南京印象》4部作品，主要描写了郭沫若在抗日战争期间的活动、1945 年对苏联的访问以及回国后在南京的活动，起止时间为 1937 年至 1946 年。《沫若自传》前后跨度达半个世纪、计有 110 万字，是我国有史以来最长的自传。《沫若自传》以追忆的形式写出郭沫若 50 余年的生命历程，展现了郭沫若的生活经历和思想变迁，实践并实现了郭沫若“依然一贯”的写作动机，即“通过自己看出一个时代”[①]。很多研究者都高度评价《沫若自传》在中国现代传记文学发展史上乃至中国现代文学史上的重要地位，并将它与诗歌、历史剧以所谓“三足鼎立”或“三座高峰”来比喻。鉴于《沫若自传》的艺术特色在以往研究中已得到较为全面的总结，并诞生了专门论述的著作[②]，本文限于篇幅，不再一一赘述。在此，我们仅想集中于传记研究的视野，探讨《沫若自传》作为重要“资源”的意义、价值及一系列相关问题。

首先，《沫若自传》开拓了现代作家自传的新领域，生动地再现了时代、社会以及作家主体对于自传的吁求。胡适虽早在 1914 年 9 月 23 日留美期间的日记中提到“传记”[③]，并因为深感“中国最缺乏传记的文学”，所以到处劝自己的“老辈朋友写他们的自传”[④]。不过，他并未完成的自传《四十自述》最早连载于 1931 年的《新月》杂志，1933 年才由上海亚东图书馆出版。相比较而言，新文学第一个十年中除了 20 世纪 20 年代末郭沫若的《我的童年》《反正前后》《黑猫》和欧阳予倩的《自我演戏以来》之外，并未产生其他有规模的、具有典型意义上的自传[⑤]。从这个意义上说，正是因为《沫若自传》的“拓荒”，我们才可以确切得出“中国现代传记繁荣的最初表现是大量自传和回忆录的出现。五四新文化运动带来了知识分子个性的解放，写作接近西方传记体式的自传或回忆录成了作家们自我表现和自我张扬的一种最方便的形式”[⑥] 式的结论。在感应时代风潮之余，《沫若自传》的出现还与郭沫若受

① 郭沫若：《〈沫若自传·少年时代〉序》，原文写于 1947 年 3 月 13 日。本文依据《郭沫若全集·文学编》第 11 卷，人民文学出版社 1992 年版，第 3 页。

② 这些论著可列举陈兰村、叶志良主编的《20 世纪中国传记文学论》，天津人民出版社 1998 年版；郭久麟著的《中国二十世纪传记文学史》，山西人民出版社 2009 年版；陈兰村主编的《中国传记文学发展史》（修订本），语文出版社 2012 年第 2 版；以及张启莲著的《郭沫若传记文学简论》，青海人民出版社 1999 年版；等等。张启莲的《郭沫若传记文学简论》，是专门论述郭沫若传记的著作，“三足鼎立”或“三座高峰”的说法就来自此书，见该书“引言”，第 4 页。

③ 胡适：《传记文学》（1914 年 9 月 23 日日记），曹伯言整理，《胡适日记全编》（第 1 卷：1910—1914），安徽教育出版社 2001 年版，第 491—493 页。

④ 胡适：《〈四十自述〉序》，原文写于 1933 年 6 月 27 日。本文依据欧阳哲生编：《胡适文集》第 1 卷，北京大学出版社 1998 年版，第 27 页。

⑤ 《我的童年》写于 1928 年，1929 年 4 月由上海光华书局初版，题为《我的幼年》；《反正前后》写于 1929 年，同年 8 月由上海现代书局初版；《黑猫》写于 1929 年，最初收入 1930 年 9 月上海仙岛书店出版的《黑猫与塔》，人民文学出版社于 1992 年出版的《郭沫若全集·文学编》第 11 卷之“第十一卷说明”中曾详细介绍上述几种“自传”的出版情况。值得补充的是，由于本文强调的是“有规模的、具有典型意义上的自传”，故郁达夫于 1927 年出版的日记体自传《日记九种》并不在此之列。

⑥ 萧关鸿：《〈中国百年传记经典〉序》，萧关鸿编：《中国百年传记经典》（第 1 卷），东方出版中心 2002 年版，第 5 页。

到西方现代自传资源特别是卢梭《忏悔录》的影响有关[①]。郭沫若在汲取卢梭《忏悔录》自我暴露、自我剖析、真诚忏悔等经验资源的同时，还将自己浪漫的气质、张扬的个性、叛逆的精神、革命英雄的豪情以及闪现"泛神论"色彩的自我肯定融入其中，既塑造了独特而鲜明的自我形象，又展现了自己思想转变的轨迹。他将一首诗作为《我的童年》的"前言"，并写下"我的童年是封建社会向资本制度转换的时代""我写的只是这样的社会生出来这样的一个人，/或者也可以说有过这样的人生在这样的时代"的诗行[②]，正充分说明了这一点。

其次，《沫若自传》是一部重要的文献，对于人们了解、研究郭沫若以及相应的时代、社会具有重要的参考价值。《沫若自传》富于强烈的时代感，以自己的亲身经历展现中国近现代社会历史的风云变幻。作者郭沫若的经历从家乡开始，后到成都、上海、北京、广州、武汉、南京等中心城市，并有日本和苏联的国外见闻。郭沫若自少年时代就目睹四川保路运动和辛亥革命，后积极参加新文化运动、组建创造社，再后来就是参加了北伐战争、南昌起义、抗日战争，他是半个多世纪中国一系列重大事件的参与者和见证人，现代中国以及世界史上一些著名人物，如周恩来、朱德、蒋介石、胡适、斯大林等，他都有过直接的接触乃至亲密的交往。对于这些重要事件和中外名流的直接描述，决定《沫若自传》在一定程度上可以作为一部"自叙传"式的中国现代史来阅读，这无论对于研究郭沫若还是这一阶段的历史，都具有重要的价值。值得强调的是，在重视《沫若自传》的文献价值之余，我们还可以从史料的角度看待《沫若自传》。按照《中国文学史料学》的说法，即：

> 作家本人的著作，群体性文学活动的当事人或事件的目击者的撰述，成为第一层位的文学史料。
>
> 作家本人的著作，包括他的文集、日记、书信，或散见的文学作品、回忆录、自传等，是研究该作家的最有价值的基础资料。文学史家进行作家研究，总要力求将这些基础资料搜罗齐备，以提高研究工作的科学性、严谨性。[③]

---

① 关于郭沫若受到卢梭的影响，直接的文字记录主要有《郭沫若致宗白华》（1920 年 2 月 16 日）中的"我常恨我莫有 Augustine，Rousseau，Tolstoi 的天才，我不能做出部赤裸裸的《忏悔录》来，以宣告于世"。后收于田汉、宗白华、郭沫若：《三叶集》，《郭沫若全集·文学编》第 15 卷，人民文学出版社 1990 年版，第 45 页。郭沫若还曾于 1920 年 2 月 25 日致田汉信中重复了上述言论，出处同上，第 66 页。此外，他在《〈我的童年〉前言》中也曾有"我不是想学 Augustine 和 Rousseau 要表述甚么忏悔"的诗句，出处同本文下一个注释。当然，如果历史地看，卢梭的《忏悔录》对中国现代自传的写作均产生过影响，这其中自然也包括郭沫若的《沫若自传》。在这方面，代表性的研究著作可参见梁庆标的《自我的现代觅求——卢梭〈忏悔录〉与中国现代自传（1919—1937）》，中国社会科学出版社 2014 年版。

② 郭沫若：《〈我的童年〉前言》，原文写于 1928 年 12 月 12 日。本文依据《郭沫若全集·文学编》第 11 卷，人民文学出版社 1992 年版，第 7 页。

③ 潘树广、涂小马、黄镇伟主编：《中国文学史料学》上卷，华东师范大学出版社 2012 年版，第 130—131、131 页。

《沫若自传》显然是“第一层位”的文学史料，高于“同时代的非当事人的记录”即“第二层位”的文学史料[①]。《沫若自传》相继被收入《沫若文集》与《郭沫若全集》之中，理所应当地成为研究郭沫若的重要著述就与此有关。

最后，《沫若自传》不仅真实地记录了时代、社会，还真实地袒露了作者本人的内心世界以及思想感情的变化，其高度的真实性、丰厚的历史感和高超的文学艺术性，都决定其是一部优秀的自传作品和文学作品，对后来的自传写作具有典范意义。《沫若自传》以史家的笔法，充分融合了郭沫若作为文学家、诗人的气质和技法。它既真实记录了郭沫若少年叛逆、个性意识初步觉醒以及爱情经历等“个人隐私”，又毫无避讳地以《请看今日之蒋介石》等文，直抒胸臆，表达自己爱憎分明、依据是非曲直大胆言说的立场。在《沫若自传》中，郭沫若自是有所保留，我们也因此可以说他表现得并不彻底，但这些在任何一部自传中都不可避免存在的现象并不影响《沫若自传》的成就。在一些国外研究者看来，郭沫若通过自传实践“不仅与西欧自传的两大类型划清了界限，而且不期而然地揭示了西欧罕见而中国独具的自传的鲜明特色……就是说，社会是个人的背景，个人存在于社会之中——这种紧密结合社会、时代来描述个人的方式，正是与缺乏自我省察精神互为表里的中国式自传的重要特征[②]”。凸显中国式自传的重要特征，是《沫若自传》在中国现代传记文学史上占有重要地位的历史前提。在后来的研究中，《沫若自传》被誉为中国现代自传中“自我张扬型”[③] 的代表作，由他者所著的“郭沫若传”多从中获取资源皆与此密切相关。

二 “他传”的分期、分类

郭沫若在文学创作、文艺理论、翻译以及中国古代史、甲骨文等方面取得的成就，使其在20世纪30年代就成为名家并被立传。鉴于当时作传的规模以及多为介绍性文字，所以，于30年代出现的各式“郭沫若传”多篇幅不长，且夹于专题性著述之中。如“郭沫若略传”收入1932年上海乐华图书公司出版的、由乐华图书公司编的《当代小说读本》之中；1932年上海光华书局出版的、由黄人影编的《创造社论》中收有的“创造社各作家略传”中的“郭沫若小传”；1933年上海乐华图书公司出版的、由乐华编辑部编的《当代中国作家论》中收有“郭沫若评传”；1934年上海书店出版的、由王森然所著的《近代二十家评传》中收有“郭沫若先生评传”；1935年上海良友图书印刷公司出版的、由阿英编选的《中国新文学大系》之“史

① 潘树广、涂小马、黄镇伟主编：《中国文学史料学》上卷，华东师范大学出版社2012年版，第130—131、131页。

② ［日］川合康三：《中国的自传文学》，蔡毅译，中央编译出版社1999年版，第3页。

③ 这种说法可参见郭久麟《中国二十世纪传记文学史》，山西人民出版社2009年版，第54页；陈兰村主编：《中国传记文学发展史》（修订本），语文出版社2012年版，第441页。

料·索引”卷中“作家小传”部分收有“郭沫若”条目；1936年上海大光书局出版的、由黄人影编的《郭沫若论》中收有署名“凌梅”所写的“郭沫若小传”[①]。等等。上述形式直到20世纪80年代仍在诸如“中国现代作家评传”“中国现代作家传略”式的著述中出现[②]。需要指出的是，在1932年，现代书局还出版过由李霖编的《郭沫若评传》一书。这是第一部以郭沫若为写作对象的传记，但就内容来看，该书主要是一部由评论文章构成的论文集，前有李霖所写的《郭沫若传》，其中收有钱杏邨、闻一多、成仿吾、田汉等人所写各种评述文字20余篇，后收有郭沫若的“访谈”“著译书目”等，体现了现代作家传记早期特征，即集作家小传、评述文字、作家印象记及著述资料于一身。这种形式在50年代香港亚洲出版社出版的、由史剑著的《郭沫若批判》一书中得到了“留存”，由于其特殊性，本文将在以后的论述中予以分析。

如果说上述书写只能算作“郭沫若传”的雏形阶段，那么，20世纪80年代之后，“郭沫若传”则步入了一个新的历史阶段。这一阶段按照时间跨度可分为三个时期，按照形式可分为三种主要形式。现分述如下：

20世纪80年代是“郭沫若传”的起步期。出版于这一时期的“郭沫若传”计有十余部，具体包括：卜庆华的《郭沫若评传》（湖南人民出版社，1980年版），黄侯兴的《郭沫若的文学道路》（天津人民出版社，1981年版），曾健戎的《郭沫若在重庆》（青海人民出版社，1982年版），陈明华的《郭沫若》（黑龙江人民出版社，1982年版），雷风行的《郭沫若的少年时代》（北京出版社，1982年版），张毓茂、钟林斌的《文学巨星：郭沫若》（四川人民出版社，1984年版），李保均的《郭沫若青年时代评传》（重庆出版社，1984年版），陈永志的《郭沫若传略》（上海文艺出版社，1984年版），蔡宗隽的《郭沫若生平事略》（时代文艺出版社，1985年版），张明军的《少年郭沫若》（四川少年儿童出版社，1985年版），谭洛非主编、文天行等撰的《抗日战争时期的郭沫若》（四川社会科学院出版社，1985年版），黄侯兴的《郭沫若》（人民出版社，1986年版），孙党伯的《郭沫若评传》（人民文学出版社，1987年版），杨殷夫的《郭沫若前传》（重庆出版社，1987年版），龚济民、方仁念

① 由“凌梅”所写的“郭沫若小传”与黄人影编的《创造社论》中收有的“创造社各作家略传”中的“郭沫若小传”内容相同，后者虽未署名著者，但显然是出自同一个人之手。

② 这种情况，限于篇幅仅列举一些著述如下：赵聪：《现代中国作家列传》，香港中国笔会出版，1975年初版，内有“郭沫若”部分。徐州师范学院《中国现代作家传略》编辑组：《中国现代作家传略》，1978年版，内部印行使用，共五辑，其“第一辑”收有夏春豪撰写的“郭沫若”部分。李立明：《现代中国作家评传》，波文书局1980年版。该书分上下两卷，上卷收有“郭沫若”部分。徐州师范学院《中国现代作家传略》编辑组：《中国现代作家传略》，四川人民出版社1981年版，分上下两集，其上集收有“郭沫若”部分，具体包括郭沫若的“五十年简谱”和由郭庶英、郭平英所写的《郭沫若传略》两部分。王训昭等编：《郭沫若研究资料》上中下三册，中国社会科学出版社1986年版。其上册收有肖斌如、邵华写的《郭沫若传略》，该书后于知识产权出版社2010年再次出版。徐迺翔主编：《中国现代作家评传》，山东教育出版社1986年版。该书共四卷，其中第一卷收有鄂基瑞所写的“郭沫若”部分，等等。

的《郭沫若传》（北京十月文艺出版社，1988 年版），唐先圣的《郭沫若传——绝代风流》（北岳文艺出版社，1989 年版）。其总体特点是对文坛巨匠郭沫若一生进行整体描述，带有较为显著的时代评价标准和缅怀色彩；多展现传主一生的成就，而很少触及其性格上的不足和个人生活。其缺点正如后来研究者指出的那样："这些传记里不乏郭沫若研究大家的倾心之作，但更多的是平庸化的人云亦云，很多的事例都来自郭沫若的四本自传，其中大量的细节被各书反复引用，雷同的评价与所谓的'见解'让人读后感觉似乎是同一本书读了数遍。"①

20 世纪 90 年代是"郭沫若传"的发展期。出版于这一时期的"郭沫若传"计有三十余部②，具体包括：梁满仓的《郭沫若》（新华出版社，1990 年版），朱文华的《鲁迅、胡适、郭沫若连环比较评传》（上海文艺出版社，1991 年版），王文英等的《郭沫若文学传论》（新疆人民出版社，1992 年版），秦川的《文化巨人郭沫若》（中国青年出版社，1992 年版），黄侯兴的《女神时期的郭沫若》（陕西人民出版社，1992 年版），桑逢康的《郭沫若与安娜的婚恋》（北岳文艺出版社，1992 年版），赖正和的《郭沫若的婚恋与交游》（成都出版社，1992 年版），魏奕雄的《郭沫若与夫人战友朋友》（西南交通大学出版社，1992 年版），叶桂生、谢保成的《郭沫若的史学生涯》（社会科学文献出版社，1992 年版），谷辅林、张启莲的《郭沫若与安娜》（黄河出版社，1993 年版），秦川的《郭沫若评传》（重庆出版社，1993 年版），张毓茂的《阳光地带的梦——郭沫若的性格与风格》（北京师范大学出版社，1993 年版），魏建的《郭沫若：一个复杂的存在》（南海出版公司，1993 年版），上海社会科学院、上海图书馆编的《郭沫若在上海》（上海社会科学院出版社，1994 年版），郑舍农的《郭沫若与安娜》（中国青年出版社，1995 年版），黄子建的《郭沫若的青年时代》（西南师范大学出版社，1995 年版），谢保成的《郭沫若评传》（百花洲文艺出版社，1995 年版），星村的《郭沫若的女性世界》（中国社会出版社，1996 年版），邗东的《郭沫若》（中国国际广播出版社，1996 年版），伏琥的《郭沫若》（中国和平出版社，1996 年版），刘屏的《狂飙少年：郭沫若》（安徽少年儿童出版社，1997 年版），黄侯兴的《郭沫若》（中国华侨出版社，1998 年版），季国平的《毛泽东与郭沫若》（北京出版社，1998 年版），冯亦同的《郭沫若》（江苏文艺出版社，1999 年版），谢保成的《郭沫若学术思想评传》（北京图书馆出版社，1999 年版），丛瑞华的《郭沫若的青少年时代》（山西人民出版社，1999 年版），王文英、刘轶的《郭沫若》（上海教育出版社，1999 年版），谷辅林、唐燕能的《郭沫若和他的日本妻子》（学林出版社，1999 年版），李继凯的《才子的书缘——郭沫若的读书生活》

① 房福贤：《新时期中国现代文学家传记研究十六讲》，山东文艺出版社 2009 年版，第 42 页。

② 在本文统计中，有些第 2 版或再版的情况，如唐先圣的《绝代风流——郭沫若传》，北岳文艺出版社 1994 年第 2 版；张明军的《少年郭沫若》，四川少年儿童出版社 1985 年版，后在 1992 年、1996 年又分别于同一出版社出版等，不做重复统计，故按照不同标准统计，会有一定出入。

（中原农民出版社，1999 年版），以及由魏建、宿玲编的《郭沫若自传》（江苏文艺出版社，1996 年版），宋彬玉、张傲卉等著的《创造社 16 家评传》（重庆出版社，1998 年版），等等。这一时期的“郭沫若传”主要特点是内容上更为全面、深入，表现形式更加多样、多为“丛书”之一，且出现了“断代式”“阶段式”的传记和“关系式”“交往式”的版本。

21 世纪以来是“郭沫若传”的深化期。出版于这一时期的“郭沫若传”计有四十余部①。具体包括：周靖波的《郭沫若》（人民美术出版社，2000 年版），乐思蜀的《郭沫若的女性情感世界》（中国致公出版社，2001 年版），武继平的《郭沫若留日十年：1914—1924》（重庆出版社，2001 年版），黄侯兴的《浪漫诗人的情爱写真——郭沫若的女性世界》（河南人民出版社，2003 年版），魏红珊的《郭沫若》（四川人民出版社，2003 年版），景戎华编著的《郭沫若》（蓝天出版社，2004 年版），冯锡刚的《郭沫若的晚年岁月》（中央文献出版社，2004 年版），邢小群的《重说文坛三剑客：才子郭沫若》（同心出版社，2005 年版），桑逢康的《郭沫若人格》（河南人民出版社，2005 年版），贾振勇的《郭沫若的最后二十九年》（中国文史出版社，2005 年版），冯锡刚的《“文革”前的郭沫若：1949—1965》（重庆大学出版社，2005 年版），邹廷清的《郭沫若》（中国文史出版社，2005 年版），蔡震的《文化越境的行旅：郭沫若在日本二十年》（文化艺术出版社，2005 年版），刘志远的《雾都银杏：郭沫若在重庆》（重庆大学出版社，2005 年版），鲁雄飞的《郭沫若的异国婚姻始末》（台海出版社，2006 年版），桑逢康的《郭沫若评传》（中国社会出版社，2008 年版），苗延波的《郭沫若的学术人生》（九州出版社，2009 年版），桑逢康的《郭沫若与他的三位夫人》（湖北人民出版社，2009 年版），黄侯兴的《郭沫若正传》（江苏文艺出版社，2010 年版），蔡震的《郭沫若的青少年时代》（河北人民出版社，2010 年版），黄曼君、王泽龙、李郭倩的《图本郭沫若传》（长春出版社，2011 年版），蔡震、钟作英的《郭沫若画传》（江西人民出版社，2011 年版），郭庶英的《我的父亲郭沫若》（辽宁人民出版社，2011 年版），邢小群的《郭沫若的 30 个细节》（陕西人民出版社，2013 年版），张洁宇的《毛泽东与郭沫若》（湖北人民出版社，2013 年版），以及由乐山市地方志办公室等编的《走近郭沫若》（巴蜀书社，2004 年版），廖久明主编的《郭沫若家世》（复旦大学出版社，2010 年版），等等。其特点是扩展了“郭沫若传”的写作视野，出现了“图本”“画传”等新形式，许多传记为多

① 在本文统计中，刘屏的《狂飙少年：郭沫若》，后曾于 2002 年在华艺出版社作为“大师青春剪影”系列之一再次出版，于 2012 年作为“现代作家青春剪影丛书”之一在安徽教育出版社再次出版；冯亦同的《郭沫若》，也于中国青年出版社 2012 年再次出版；谢保成的《郭沫若评传》，于 2010 年百花洲文艺出版社再次出版。季国平的《毛泽东与郭沫若》，后于 2008 年在中国青年出版社出版；黄曼君、王泽龙、李郭倩的《郭沫若传》，后于 2013 年作为“人民 · 联盟文库”之一在人民出版社再版；等等。这些再版因时间、出版社不同等原因均印成“第 1 版”，此处不重复统计，仅列于此。

年后的再版，表明“郭沫若传”已进入“重写”状态，达到相对的“成熟”。

与“郭沫若传”三个写作时期相一致的，上述提及的“郭沫若传”可分为三种主要形式，即叙说传主一生的“通史类”；选择传主特定生活阶段的“断代式”“阶段式”的传记；选择传主生平交往和情感纠葛的“关系式”“交往式”的传记。这种主要划分方式还可以按照某些标准进一步细分，如“通史类”可进一步划分为“传”“评传”“正传”“连环评传”等，这些形式近年来受到读图时代的影响，又常常和“图本”“画传”等结合起来。这些形式常常在实际出版过程中有效地整合在一起，并与郭沫若研究及其材料的发掘、整理紧密相连，形成研究者不断借鉴、读者常常阅读但在具体研究中往往为人所忽视的领域。

三 成就、趋势与问题

从“他传”的分期与分类，我们大致可以看到：从20世纪80年代至今，30多年时间里已出版的各种“郭沫若传”如果结合版次等宽泛标准统计会达百部之多。“郭沫若传”书写时间跨度长、数量大，客观上决定其已在许多方面取得突出的成就。首先，就表现传主、展现人生即传记内容的角度来说，现有的“郭沫若”已完整地再现了郭沫若的一生，揭示其一生的功绩特别是在文学艺术上的成就。郭沫若的文学道路、成长过程，受中西方文化的影响及其文学史地位已被反复书写、得到广泛的认可。其次，郭沫若的性格、气质、人格及其在特定历史时期的选择，功过得失也被完整再现，获得了较为准确的评价。郭沫若一生几个复杂难解的问题或曰“历史悬案”，如早年和鲁迅论战及其笔名问题、晚年的“兰亭论辩”之笔墨官司等，都得到较为一致的结论。郭沫若复杂的情感历程也得到全面的描写，郭沫若的人格形象也由此得以立体、丰富的再现。再次，诞生了一批优秀的“郭沫若传”文本；“郭沫若传”的介入角度与表现形式日趋多样。“郭沫若传”与郭沫若研究及史料发掘互动、不断深入，在传记书写方面积累丰富经验的同时使其在郭沫若研究中占有重要的地位。

值得指出的是，“郭沫若传”的成就一直与其不断历史化甚至是“经典化”（此处为一个形象的说法）的过程有关，且与各种版本的相互比较有关。从20世纪30年代的《郭沫若评传》反映现代作家传记早期状态，到80年代“郭沫若传”多以《沫若自传》为“底本”，很少能跳出此前业已形成的历史框架、文学史定评；再到90年代随着材料的不断发掘、整理以及研究的拓展，出现较为全面、完整、成规模的“郭沫若传”，“郭沫若传”由单一的“通史”纵向模式，向“关系式”的横向模式发展；直至21世纪以来多元发展，不断涌现“图本”“画传”等新的形式，“郭沫若传”不断在自身历史化的过程中呈现新质。“郭沫若传”的历史化一方面包括传记写作与郭沫若材料的不断发掘、整理，汲取郭沫若研究的最新成果；另一方面也包括郭沫若评价的时代性及其相应的美学标准和艺术标准。“郭沫若传”历史化的结果不仅使其自身成为郭沫若研究的一个重要组成部分、一个独立的研究对象，而且，还使“郭沫若传”进入了一个带有经典化意味或曰趋势的过程：秦川的《文化巨人郭沫若》《郭沫若评传》、蔡震的《文化越境的行旅——郭沫若在日本二十年》、桑逢康的《郭沫若人格》、贾振勇的《郭沫若的最后29年》等，都堪称“郭沫若传”中的优秀之作。上述著作在写作过程中积累的经验，如：

> 为了要做到事有征信，就需要认真选择和鉴别材料。我在写作中，凡所选材料，尽可能以第一手的资料为依据。这就是说，主要是以郭沫若本人的东西为依据，如他的传记、著述、作品、日记、书信等。或以当事人的记述、回忆，及其家属、子女或亲友的记述、回忆，作为依据。……
>
> 郭沫若首先是一个诗人，而且是本世纪中国最伟大的革命浪漫主义诗人。因此，写他的传，不仅要有史，而且要有诗。作者既要有史笔，又要兼有诗才，如此方可写出诗史结合的堪称佳构的优秀传记。①
>
> 既然为传主写评传，一般说对传主的个人品德、事业成就、睿智思想，都不同程度地有所钦仰，充满着敬爱的感情。尤其为郭沫若这样伟大的无产阶级革命作家立传，完全不带感情色彩是不可能的。但科学的评价历史人物，又要求我们要冷静、客观，而不能太凭感情了。这是一个矛盾，但必须克服它。换句话说，就是要进得去，又要出得来。既以全身心的热烈感情去拥抱传主的生活，又要跳得出个人感情好恶的圈子，冷静、客观地对传主的一生作科学的分析和评价，而不被自己的感情所左右。……
>
> 虽然，作家评传的任务主要在评述作家作品，但我认为也要顾及作家一生的经历，兼及作家传的内容。这就是说要以评为主，传评适当结合。我的做法是把传主的一生经历划分为若干阶段，并相应地列出章节的办法，突出传评结合、以评为主的特色。……②

等等，以及在具体写作方式、表现形式方面进行的卓有实效的探索，对“郭沫若传”未来的写作奠定了坚实而广阔的基础。不仅如此，如果从创作主体的角度加以考虑，“郭沫若传”的“经典化”还包括秦川、蔡震、桑逢康等一批长期从事“郭沫若传”创作实践的优秀传记家的出现，正是由于他们的努力，“郭沫若传”才会在成为郭沫若研究重要参考文献与一般性读物的同时，成为现代作家传记及至现代传记写作和研究中一道重要的风景，拥有艺术的品格和相应的结构体系。

在肯定“郭沫若传”取得的成就的同时，我们也应当看到其存在的问题。正如

---

① 秦川：《〈文化巨人郭沫若〉后记》，中国青年出版社1992年版，第484、486页。

② 秦川：《〈郭沫若评传〉后记》，重庆出版社1993年版，第414、416页。

前文提到的，不同时期的“郭沫若传”存在着前后质量不均衡、价值缺失的现象。造成这一现象的原因自是包括多个方面，而其中又以材料掌握不够、碍于传主的身份这两大方面原因为最。以“郭沫若传”与郭沫若研究经常使用的《郭沫若全集》为例：《郭沫若全集》目前有人民文学出版社出版的“文学编”20 卷，人民出版社出版的“历史编”8 卷，科学出版社出版的“考古编”10 卷，其中，“文学编”20 卷历来是“郭沫若传”写作必备的参考资料。不过，正如许多研究者都知道的，《郭沫若全集》“文学编”20 卷既未全部收入郭沫若的文学作品，也未充分反映郭沫若创作的原始面貌。由于郭沫若曾多次出版其文学作品，所以，诸如《女神》《沫若自传》以及新中国成立前的一些文论，便存有版次问题；而在没有明确、考证“文学编”中收录作品是否为原始状态的前提下，“郭沫若传”与郭沫若研究很容易出现援引不当、与郭沫若最初写作的意图并不相符的现象。为此，在“郭沫若传”的写作过程中，详细掌握郭沫若著述的第一手资料以及之后的再版资料进行文献史料的考辨，便成为“郭沫若传”写作的有效前提之一。除此之外，郭沫若还是新文学的重要旗手、新诗奠基人之一，新中国成立后曾长期担任文艺界领导人，又在政界兼有要职，这些客观存在的背景决定了“郭沫若传”书写的“限度”：20 世纪 80 年代出版的许多“郭沫若传”无法突破《沫若自传》在很大程度上与此不无关系。然而，作为一个浪漫派诗人、游走于文坛与政界的风云人物，郭沫若的感情经历是丰富的，其人生道路及历史选择也是十分复杂的，“郭沫若传”多年的写作经验告诉我们：唯有突破这一限度，“郭沫若传”才会取得突破性的进展。是以，在“郭沫若传”写作过程中，如何突破材料关和不为尊者讳、还原郭沫若的真实人生就成为值得关注的课题。近年来，随着郭沫若研究的深入和文学史观念的不断更新，“郭沫若传”在上述方面已取得了长足的进步。比如：在很多传记中，著者已开始谈及郭沫若性格上的易变和晚年的悲剧，以及郭沫若的私生活和他与安琳、于立忱之间的情感纠葛。再比如：《〈女神〉及佚诗》（2008）的出版以及蔡震的《郭沫若生平文献史料考辨》（2014）、丁茂远的《〈郭沫若全集〉集外散佚诗词考释》（2014）的出版，也在很大程度上为郭沫若创作和生平文献提供了许多新的资料，充分利用这些资料搜集、整理以及研究上的新成果，“郭沫若传”必将会有新的进展乃至写作上的突破。

与上述问题同时存在的，还有近年来“郭沫若传”的出版由于受制于市场和消费因素，很多版本在多年后重出时并未标出“第二版”或“修订版”等。“郭沫若传”版式本身的不清晰、常常处于模糊状态①，一方面不利于读者的阅读；另一方面

① 这种情况除了包括多不注明“再版”“修订版”，给人以“初版本”的误导之外，还有一个现象值得指出：星村所著的《郭沫若的女性世界》（中国社会出版社，1996 年版），与黄侯兴的《浪漫诗人的情爱写真——郭沫若的女性世界》（河南人民出版社，2003 年版）内容完全一致。黄侯兴在《浪漫诗人的情爱写真——郭沫若的女性世界》“修订本绪言”中提到“这本书（原书名《郭沫若的女性世界》）自 1996 年问世以来……”，因此可证明两位著者为同一个人，但由于黄侯兴未直接指出他即为“星村”本人，故此注明。

则反映著者自身在创作过程中存在着不认真、急功近利的态度等某些方面的问题。最后，结合现有“郭沫若传”的实际，我们还会看到：传记叙述维度单一，多从文学创作角度书写作家传记，并未完全呈现郭沫若百科全书式人物的一生，也是“郭沫若传”实际存在的重要问题之一。

四 进路与延伸

“郭沫若传”现实存在的问题客观上决定其写作的进路。事实上，一些写作者已经注意到“郭沫若传”在具体写作过程中遇到的实际问题。正如秦川结合自己的写作指出的：

> 郭沫若一生多姿多彩，不仅是一个文学家。他的文学活动同他的革命生涯和卓越的学术研究活动，很少是孤立地进行的，一个时期虽有一个时期的不同重点，但总体上是结合的，不能截然地分开。因此单纯的文学评传，是难以写出完整的郭沫若形象的。假使定要孤立地去写，也难于把文学评传写好。如何把文学家的郭沫若，同革命家和学者的郭沫若结合起来，写一部较完整、科学的作家评传，是本书努力追求的目标之一。因为是作家评传，其他方面虽很重要也不可能都放开去写，而只能在总体布局下给出一定的篇幅，使用适当的笔墨，恰如其分地给予表现①。

郭沫若是一位在多方面取得突出成就的文化巨人、是一位拥有多重文化身份的传主：他很早就对“球形的发展”② 的人生的渴慕，决定了他不可能也不甘心仅在一个领域有所建树，并在具体实现过程中隐含着持续地、频繁地游走于各个领域的可能。郭沫若一生集文学家、诗人、剧作家、历史学家、金石学家、考古学家、书法家、政治家于一身，在文学界、史学界、书法艺术以及政治领域都取得了突出成就，堪称现代中国百科全书式的人物，正是其追求“球形的发展”并实现这一理想的结果。因此，从作传的角度上看，作传者可以从多方面书写其光辉、灿烂的一生。然而，这种“多身份”却很难在一部传记中完整地表现出来。就目前的情况看来，“郭沫若传”多从文学角度、作为现代作家传记之一种的写作实际也决定了其偏重于一翼的总体特

① 秦川：《〈郭沫若评传〉后记》，重庆出版社 1993 年版，第 417 页。

② 《郭沫若致宗白华》（1920 年 1 月 18 日），田汉、宗白华、郭沫若：《三叶集》，《郭沫若全集·文学编》第 15 卷，人民文学出版社 1990 年版，第 19 页。原文为：“我常想天才底发展有两种 Typus：一种是直线形的发展，一种是球形的发展。直线形的发展是以他一种特殊的天才为原点，深益求深，精益求精，向着一个方向渐渐展延，展到他可以展及的地方为止：如像纯粹的哲学家，纯粹的科学家，纯粹的教育家，艺术家，文学家……都归此类。球形的发展是将他所具有的一切的天才，同时向四方八面，立体地发展了去。”

点。尽管，部分学者如谢保成、苗延波等已从学术研究的角度，先后写有《郭沫若的史学生涯》《郭沫若评传》《郭沫若学术思想评传》以及《郭沫若的学术人生》等传记，但无论是相对于郭沫若的一生还是现有的“郭沫若传”来看，这些创作都是远远不够的。显然地，历史、书法、金石等方面的“郭沫若传”需要相应的专业人士才能完成。而如果一旦以此作为书写学术方面的“郭沫若传”之前提依据，那么，历史、书法、金石等方面的专业人士是否愿意承担传记家的身份及工作也随即成为一个问题。像谢保成、苗延波分别从历史专业工作者和书法学专业工作者身份介入至“郭沫若传”写作的行列本就少见，何况如果只是孤立地强调郭沫若某一方面的成就，也难免会在顾此失彼的同时简约传主立体而丰富的一生。是以，实现完整、全面意义上的“郭沫若传”的书写，仍是一个需要不断深入的课题。

与上述从多传主身份角度进行传记书写的进路相比，从某一阶段或曰一个特定的横截面进行郭沫若传记书写也是有效的进路之一。从某一阶段或曰一个特定的横截面进行传记书写得到的文本可称之为“断代书写”，它虽无法全面描述传主的一生，却可以在这一时段详细而深入地呈现传主的生活史，具体、集中地描述传主的成就，进而以微观、掘进的方式，以小见大地穿连起传主的一生。它是长期关注传主、总结以往相关传记写作经验的结果，也是详细占有资料、与研究互动，发现新角度的结果，其价值较高并能够对以往的传记写作和研究形成超越与挑战。以蔡震的《文化越境的行旅——郭沫若在日本二十年》为例，该书出版于2005年，集生平事迹和考证于一体。正如著者在“后记”中写到的那样：

> 郭沫若与日本或日本文化这一命题最初在我的脑海里出现，是基于这样的认识：郭沫若在日本生活了长达二十年时间，他创作出《女神》，成为五四新诗第一人，他翻译河上肇的著作并宣称自己成为马克思主义的信徒，他从事中国古代社会和古文字研究，开中国马克思主义史学派之先河等等人生的辉煌，都是在这期间发生的。然而，那个与此相关的他置身于其间的日本社会和日本文化，几乎从未被人们刻意关注。日本在郭沫若的创作生涯、学术生涯、人生经历中被提及，大多也只是表明，在这样一个地方发生过这样的事情。这两者之间真的没有什么精神联系，乃至毫不相干吗？……
>
> 我在这里所做的研究和思考只能说是初步的，我希望借此引起从事郭沫若研究的学界同仁关注探讨这一问题，更希望借此能引起对于郭沫若在日本期间的史料的发掘、收集、整理工作的关注与重视。事实上，许多相关的史料是散落在方方面面的文字资料之中的，需要去发现。而另一方面，在多年来已经为学界做不疑之用的史料中却存在有不少疏误，这也需要去做梳理正误的工作。
>
> 郭沫若与日本的命题涉及的不仅仅是这一命题本身，它应该能为郭沫若研究的许多问题拓展视野。譬如至今仍然话题不断的《女神》的创作，对于郭沫若

以及创造社文学倾向的描述，郭沫若与创造社骤然之间戏剧性的“方向转换”等等问题，如果置放于郭沫若与日本近代文学思潮流变的关系背景之上，应该可以获得更确切的解读。从更广泛的意义上说，郭沫若与日本，实际上是关于中日近现代文学以及思想文化交流的一个个案分析，郭沫若是这一历史关系中最具代表性的人物，他为我们提供了一个很好的观察、思考的切入点①。

《文化越境的行旅——郭沫若在日本二十年》虽按照“生平事迹”的类别出版，但实为郭沫若特定生活阶段的“评传”。它选择了郭沫若留学日本和流亡日本两个重要阶段，详细论述了郭沫若在日本前后近20年的行旅，具体包括他留学日本、弃医从文、情感经历、文学起步、思想转变、文人交往和投身历史与考古等几个重要方面，填补了以往谈及郭沫若与日本关系时只有结论、缺乏实证的“空白”，又展现了郭沫若这位多传主身份之“百科全书式人物”成长的发轫阶段，对郭沫若研究和传记书写具有重要的意义和价值。

在“郭沫若传”考察的过程中，还有一个现象需要提及，此即为港台地区“郭沫若传”的版本问题。结合史剑的《郭沫若批判》，我们可以看到港台地区的郭沫若传书写由于评判尺度等原因，往往与大陆有很大差异。再者就是大陆和港台出版的同一本“郭沫若传”，由于种种原因也有一定程度上的不同，而关注这些传记、进行版本比较，必将为“郭沫若传”的书写积累丰富的经验，产生积极的意义②。总之，通过对“郭沫若传”的现状考察，我们可以看到“郭沫若传”写作的实际情况、成就及问题。郭沫若的“多传主”身份与其传记书写内容的相对单一、有待整合，决定“郭沫若传”还有很大的发展空间，而对此，我们应当有所期待！

（原载《辽宁大学学报》2020年第1期）

---

① 蔡震：《〈文化越境的行旅——郭沫若在日本二十年〉后记》，文化艺术出版社2005年版，第375—376页。

② 港台地区出版的“郭沫若传”除史剑的《郭沫若批判》之外，还可列举贾振勇的《郭沫若：士与仕的长长背影》，台湾秀威资讯科技股份有限公司2013年版；周靖波的《郭沫若评传》，台湾秀威资讯科技股份有限公司2015年版等，这些传记有的在大陆出版过，但书名并不完全一样，值得关注。

郭沫若新诗创作中的《诗经》元素

赵希杰

2017 年 10 月，中国社会科学出版社出版了《郭沫若年谱长编》（五卷），对现存的历史资料重新校勘、核实查考、辨析真伪、厘正疏漏；2018 年 10 月，作家出版社出版了李斌编著的《女神之光：郭沫若传》，对郭沫若生平、影响给予了全新的呈现，引发了新一轮郭沫若研究的热潮。仅《中国现代文学研究丛刊》在之后的半年多时间里，就连续发表了张军的《胡适、郭沫若、周作人的新文学史叙事策略及话语权之争》（2018 年第 11 期）、孟文博的《在被遮蔽的历史地表之下——郭沫若“民间文艺”观历史演变考论》（2018 年第 11 期）、廖久明的《郭沫若的〈论“幽默”〉与幽默小品文论争》（2019 年第 3 期）、金传胜的《〈晶报〉与郭沫若佚文》（2019 年第 5 期）、韩诚、赵洁的《郭沫若与〈请看今日之蒋介石〉》（2019 年第 5 期）、吴辰的《用史料还原一个真实的巨人——评李斌〈女神之光：郭沫若传〉》（2019 年第 5 期）、刘奎的《浪漫如何介入历史：抗战初期郭沫若的抒情诗学与情感政治》（2019 年第 6 期）等多篇围绕郭沫若文学创作的专论文章，使我们从史料、理论等诸多方面，得以更加全面、客观、准确地认识和评价郭沫若及其文学创作。

同时，《郭沫若研究》2018 年第 1 期刊载的三篇论文：咸立强的《新文学的世界性视野：郭沫若文学创作中的埃及元素》、张千可的《历史转折中的“知识考古”——考古学视野下的郭沫若抗战历史剧》、刘平中的《对新文学运动中郭沫若“尊孔重儒”思想的再认识》，分别对郭沫若文学创作的意象、方法、思想蕴含等重要元素予以更多关注，并做出了新的诠释。咸立强提出“埃及元素经常出现在郭沫若的文学创作中”，并特别提及郭沫若代表诗作《凤凰涅槃》中出现的凤凰（“菲尼可司”）意象，是“揉合了中外相关的神话传说”，也是对郭沫若“有意识了解埃及文化”的最早记载[①]，但对郭沫若创造的凤凰意象的中国渊源并未加以追溯和剖析，或许是默认了以往学者的观点，即认为“郭沫若《女神》在艺术上的浪漫主义特点，显然和《庄子》有着深刻的血缘联系”[②] 或是“《凤凰涅槃》便是受了《楚辞》的影响”[③]，因而对郭沫若新诗的中国元素缺乏探讨与铺垫。张千可剖析了郭沫若历史小

---

① 咸立强：《新文学的世界性视野：郭沫若文学创作中的埃及元素》，《郭沫若研究》2018 年第 1 期。

② 周卫红、张牛：《论庄子对郭沫若〈女神〉的影响》，《时代文学（下半月）》2010 年第 3 期。

③ 何善周：《郭沫若的〈女神〉》，《东北师范大学科学集刊》1956 年第 2 期。

说、历史剧创作所呈现的“历史精神的真实”[①] 与郭沫若在“考古学实践中的‘研究’”[②] 之间的关联，对郭沫若强调的“写历史剧可用《诗经》的赋、比、兴来代表”[③] 这一观念却未纳入研究视野。刘平中围绕郭沫若文学创作的思想蕴含提出，郭沫若复活“被‘歪曲’的、躲在故纸堆后面的孔子及其所代表的儒家文化”[④]，对抗击“西化派”历史虚无主义的进攻、增进民族自觉意识和文化认同产生了重要影响；他认为郭沫若“借古人的骸骨来，另行吹嘘些生命进去”[⑤] 的譬喻专指对儒家思想的焕发，对郭沫若提出这一譬喻时所倡扬的《诗经》代表的先秦“自由优美”[⑥] 精神未予关注。

本文拟重新审视郭沫若新诗创作的元素，厘清“凤凰涅槃之什”的确切含义，阐明《凤凰涅槃》与《诗经·大雅·卷阿》的意象关联，并发掘《女神》之外郭沫若其他新诗创作中的《诗经》元素，从而对郭沫若新诗创作中的《诗经》元素加以考订，以期更客观、准确地把握郭沫若新诗创作的价值与意义，更好地还原新诗发展的历史场景。

一　“凤凰涅槃之什”的确切含义

郭沫若不仅在“五四”时期提出“要把固有的创造精神恢复”“要研究古代的精华”“吸收古人的遗产”，“以期继往开来”[⑦]，在几十年后回顾“五四”时期的新文学创作时仍坚持认为“新诗在受了外来的影响的同时，并没有因此抛弃了中国诗歌的传统”[⑧]。对此，历来的研究不约而同地从郭沫若自身的创作中加以印证，将郭沫若的诗歌创作与相关史料进行梳理比对，在郭沫若受到过泰戈尔、惠特曼、歌德等外来影响，以及受到过庄周、屈原、陶渊明、王维、李白、孟浩然等中国古人的影响等方面达成了广泛的共识。有学者指出，郭沫若的《女神》主要是受到《楚辞》的影响。何善周说：“《凤凰涅槃》便是受了《楚辞》的影响……至于凤凰的象征，是有着悠久的民众心理基础的；对群鸟的讽刺，和《离骚》也有着渊源的关系。”[⑨] 还有学者指出，郭沫若的诗歌理论与庄子如出一辙。周卫红、张牛说：“我们在庄子的哲

① 王瑶：《郭沫若的浪漫主义历史剧创作理论》，《文学评论》1983 年第 3 期。

② 张千可：《历史转折中的“知识考古”——考古学视野下的郭沫若抗战历史剧》，《郭沫若研究》2018 年第 1 期。

③ 郭沫若：《郭沫若讲历史剧》，《郭沫若研究资料》，知识产权出版社 2010 年版，第 303 页。

④ 刘平中：《对新文化运动中郭沫若“尊孔重儒”思想的再认识》，《郭沫若研究》2018 年第 1 期。

⑤ 郭沫若：《孤竹君之二子·幕前序话》，《郭沫若剧作全集》第 1 卷，中国戏剧出版社 1982 年版，第 78 页。

⑥ 郭沫若：《星空》，《郭沫若全集·文学编》第 1 卷，人民文学出版社 1992 年版，第 177—178 页。

⑦ 郭沫若：《一个宣言》，《沫若文集》第 10 卷，人民文学出版社 1957 年版，第 101 页。

⑧ 郭沫若：《谈谈诗歌问题》，《沫若文集》第 17 卷，人民文学出版社 1957 年版，第 267 页。

⑨ 何善周：《郭沫若的〈女神〉》，《东北师范大学科学集刊》1956 年第 2 期。

学中找到了郭沫若诗歌理论的特点。正是在这个诗歌理论的指导下，郭沫若写出了‘开一代诗风’的《女神》……郭沫若《女神》在艺术上的浪漫主义特点，显然和《庄子》有着深刻的血缘联系。”① 但我们细读《女神》初版本就不难发现，郭沫若新诗创作在古典元素方面的渊源，很大程度来自《诗经》，而不仅限于《楚辞》或《庄子》。

首先，《女神》的编排体例有着仿效《诗经》的鲜明印记。今天我们所看到的《女神》版本，大都依据的是1957年作者自己编定的《沫若文集》中的版本。对此，在1982年版的《郭沫若全集》中，编者特别在《第一卷说明》中说：“《女神》是作者第一部诗集。初版于一九二一年八月……现在根据一九五七年人民文学出版社《沫若文集》第一卷版本编入。”而与1957年版不同的是，1982年版在诗集《女神》的标题后面，还添加了一段专门的说明性文字：“《女神》共分三辑。除《序诗》外，第一辑包括《女神之再生》《湘累》《棠棣之花》。第二辑在一九二一年《女神》初版本上分为三部分。自《凤凰涅槃》至《立在地球边上放号》共十篇为《凤凰涅槃之什》，自《三个泛神论者》至《我是个偶像崇拜者》共十篇为《泛神论者之什》，自《太阳礼赞》至《死》共十篇为《太阳礼赞之什》。第三辑在一九二一年《女神》初版本上分为三部分，自《Venus》至《晚步》共十篇为《爱神之什》，自《春蚕》至《日暮的婚筵》（其中《岸上》为三篇）共十篇为《春蚕之什》，自《新生》至《西湖纪游》（其中《西湖纪游》为六篇）共十篇为《归国吟》。”② 据此，将《女神》初版本与后来的版本相比对，初版的目录中的确在第二辑、第三辑的60首诗的每10首诗之前依序分别写有“凤凰涅槃之什”等6个标题。这6个标题的具体含义，简言之，就是要把不同的诗在诗集中加以分类归并。这种将若干诗篇分类归并成组的编排方式由来已久，也较为普遍，如《诗经》分风、雅、颂，楚辞有《九歌》《九章》。但更值得注意的是，《女神》分三辑，恰如《诗经》分风、雅、颂三部分，这或许是偶合。《女神》的第一辑为《女神之再生》《湘累》《棠棣之花》三部诗剧，《诗经》的《颂》分为“周颂”“鲁颂”“商颂”三部分（据考证亦含诗剧性质），这或许依然是偶合。但是，《女神》第一版的“凤凰涅槃之什”等6个标题，都以每10首诗的第一首作为“之什”的名称，并使用了“之什”的字样，这显然与《诗经》“小雅”80首分属“鹿鸣之什”等8个标题、“大雅”30首分属“文王之什”等3个标题、“周颂”30首分属“周颂清庙之什”等3个标题这种以10首为一组、以首篇诗题设定每10首的标题并在该标题中加上“之什”字样的做法同出一辙。对于诗集的这种编排方式，按照朱熹《诗集传》的说法，“雅、颂无诸国别，故以十篇

---

① 周卫红、张牛：《论庄子对郭沫若〈女神〉的影响》，《时代文学（下半月）》2010年第3期。

② 郭沫若：《郭沫若全集·文学编》第1卷，人民文学出版社1982年版，第2页。

为一卷，而谓之什，犹军法以十人为什也”①。这种以“之什”的标题来给诗集中的诗歌分类的方式显然来自《诗经》。综合《女神》的篇目编排恰如《诗经》分风、雅、颂三部分而分三辑，第一辑恰如《诗经》的《颂》分为“周颂”“鲁颂”“商颂”三部分而分设《女神之再生》《湘累》《棠棣之花》三部诗剧，《女神》初版本更是出现了《诗经》编排开启并独有的“之什”的编排方式，郭沫若在一开始编排诗集《女神》时就刻意仿效《诗经》的心态至此已昭然若揭。

其次，《女神》的编排结集有与《诗经》同样的“诸体兼备”的考量。《诗经》作为流传在周代的诗歌总集，堪称“诸体兼备”。关于诗集《女神》的“诸体兼备”，魏建指出：“《女神》的诗体是根据‘情绪的自然消涨’设计诗歌形式的‘女神体’……其实，《女神》中的诗体是多样化的，大致可分为四类。一是自由体……二是半自由体……三是歌剧体……四是新格律体……这些作品都是地地道道的现代汉语新诗……”② 魏建在此基础上进一步得出结论，郭沫若《女神》中的新格律诗比朱自清在《中国新文学大系诗集导言》认定的新格律诗的开山之作——陆志韦的《渡河》早了三年多。魏建关于《女神》所收诗歌的分类方式或许尚可商榷，但魏建提出的郭沫若新诗从形式体例的丰富方面对新文学建设作出了巨大贡献却是极富创见的。郭沫若新诗在形式体例方面的多样性，不仅为新文学发展提供了有益的借鉴，究其根源，也未始不是受《诗经》“诸体兼备”启发的结果。

再次，《女神》的《序诗》有仿效《毛诗序》的痕迹。《毛诗序》阐明了《诗经》乃至诗歌这种文学体裁的创作主旨。而《女神》的《序诗》既为整部诗集点明题旨，更对自由体新诗功能价值作了全新阐发。郭沫若在 1921 年 5 月写下《女神》的《序诗》：“我是个无产阶级者，/因为我除个赤条条的我外，/什么私有财产也没有。/《女神》是我自己产生出来的，/或许可以说是我的私有，/但是，我愿意成个共产主义者，/所以我把她公开了。/《女神》哟！/你去，去寻那与我的振动数相同的人；/你去，去寻那与我的燃烧点相等的人。/你去，去在我可爱的青年的兄弟姊妹胸中，/把他们的心弦拨动，/把他们的智光点燃吧！”③ 对这首诗，有学者以作者接受与倡扬马克思主义思想为其主旨，有学者以五四运动的“青年”“青春”主题为其主旨，还有学者从“振动数”“燃烧点”等术语看出了《女神》中的“五四”科学意识……在众说纷纭中，较为贴切的当属闻一多所作断语：“在这里我们的诗人不独喊出人人心中底热情来，而且喊出人人心中最神圣的一种热情呢。”④ 正是这种“最神圣的一种热情”，承载与凝聚了《序诗》乃至诗集《女神》的主旨。而“共产主义者”就是《序诗》乃至整部诗集中最醒目、最核心、最难以回避的意象或概念，

① 周振甫：《诗经译注》，中华书局 2010 年版，第 213 页。

② 魏建：《重识〈女神〉》，《郭沫若研究》2017 年第 1 期。

③ 郭沫若：《女神序诗》，《郭沫若全集·文学编》第 1 卷，人民文学出版社 1982 年版，第 3 页。

④ 闻一多：《女神之时代精神》，《创造周报》1923 年第 4 期。

就是诗集所收诗歌的创作主旨的焦点，就是诗集的“情”或“志”的核心所在。对于此时的作者而言，“共产主义”显然是作者在当时能够领悟到的以“世界大同”为目标的人类最为远大美好的理想。而《女神》中不拘一格的诗歌创作，正是由作者追求远大美好理想过程中，不断萌生的种种激越之情迸放生发而成的。正是基于对终极理想的歌颂，作者在《序诗》中呼唤的“心弦拨动”“智光点燃”，强调了作者唤起读者的情感共鸣与理性启蒙的热望，实质上也触及了白话自由体新诗所应承担的开启民智、焕发民众生命力的崇高使命。而“喊出”“最神圣”的“热情”的“诗情”与“诗思”，与《诗经》传统中的“诗言志”“情动于中而形于言”“思无邪”等观念形成了强烈呼应；同时，流露在郭沫若诗中的最极致的热情所指向的理想——共产主义，与他将孔子为代表的传统儒家思想最初比附为泛神论思想，后又在《马克斯进文庙》等作品中比附为马克思主义思想的思路同出一辙。当时在郭沫若心目中，打通中国“固有的文化精神”[①] 和西方泛神论或马克思主义理想都是可行的与必要的。《女神》的《序诗》对《毛诗序》从内涵到形式体例方面的效仿，是显而易见的。

二 《凤凰涅槃》与《诗经·大雅·卷阿》的意象关联

郭沫若在《创作十年》中写道：“‘五四’以后的中国，在我的心目中就像一位很葱俊的有进取气象的姑娘，她简直就和我的爱人一样。”[②] 如果说在郭沫若的心目中，“女神”象征着祖国，那么“凤凰”就象征着被他作为文学灵魂的诗歌的精神。而所谓“涅槃”，就是中国文化固有的自由优美的精神在现代的复活，就是中国最初的诗的时代在现代的重现。也正因如此，中国文坛对《凤凰涅槃》始终高度关注与推崇。在近年来的文学创作中，仍有向郭沫若《凤凰涅槃》的致敬。欧阳江河在长诗《凤凰》中写道：“郭沫若把凤凰看作火的邀请……在武昌，凤凰被扣响。/这一身烈火的不死鸟……一头撞在子弹的繁星上。/一代凤凰党人，撕开武器的胸脯，/用武器的批判撕碎一纸地契。/灰烬般的凤凰，冒着乌鸦的雪，深深落下……”[③] 在这里，欧阳江河追随郭沫若“凤凰涅槃”的雄奇想象，刻画了从鸦片战争到土地革命的历史剧变中涌现出的中华民族薪火相传、前赴后继、不畏牺牲的“一身烈火的不死鸟”“凤凰党人”“灰烬般的凤凰”的意象群，堪称是21世纪以来对《凤凰涅槃》意象与精神的最新诠释。在近年来的文学研究中，同样有致敬《凤凰涅槃》的阐发。谢冕在初版于2018年9月的《中国新诗史略》中，直接把“凤凰涅槃”作为中国新

---

① 郭沫若：《论中德文化书——致宗白华兄》，《郭沫若全集·文学编》第15卷，人民文学出版社1990年版，第157页。

② 郭沫若：《创造十年》，《沫若文集》第7卷，人民文学出版社1959年版，第64页。

③ 欧阳江河：《凤凰》，中信出版社2014年版，第47页。

诗第一个10年发展历史的标题。相较于1916年至1926年涌现出的胡适、刘半农、沈尹默、周作人、朱自清、俞平伯、冰心、汪静之、闻一多、徐志摩、陈梦家、朱湘等诸多新诗名家及其名作，谢冕专门选取了郭沫若的“凤凰涅槃”意象作为新诗十年的精神的集中体现。在谢冕的心目中，“在《女神之再生》中，诗人提出对旧的彻底否定而重建天体的理想。在《凤凰涅槃》中，则具体地提出了实现这一理想的途径，这就是‘凤凰涅槃’的方式——通过一场烈火的焚烧，在烈火中求得新生。这就是当时年轻的诗人提出疗救中国的药方”①。可见，无论是欧阳江河以创作做出对《凤凰涅槃》的诠释，还是谢冕对《凤凰涅槃》的诅咒现实、歌颂新生的解读，都是对《凤凰涅槃》题旨与意蕴的最新的关注与表达。

但上述诠释与解读的重点都更多集中在凤凰弃旧成新的牺牲（涅槃）上，都未能完整解答：郭沫若为什么颂扬凤凰？其实，这是存在于凤凰意象之中的文化基因决定的。循着对这种文化基因的追溯，我们不难发现，之所以赞颂凤凰，正是由于凤凰是古老传说中珍贵稀罕的神鸟，象征着人的贤能与国家的平安，还有浴火重生的特质。

在考察郭沫若的凤凰意象之前，我们不妨先对《诗经》中涉及鸟类意象的描写做一番考察。《诗经》中涉及鸟类意象的诗62首，描写了40余种鸟，是《楚辞》、古风等无可比拟的。关于中国传统的凤凰意象，与《楚辞》中延续《诗经·商颂·玄鸟》的以凤凰喻“情使”不同，《诗经·大雅·卷阿》最早开启了以凤凰喻贤能的传统。在儒家经典《论语·微子》篇的记载中，“楚狂接舆歌而过孔子曰：‘凤兮凤兮！……’”干脆以凤喻孔子。应该说这与《卷阿》一样，是《凤凰涅槃》的凤凰意象的同一类渊源。后世的刘桢《赠从弟》、阮籍《咏怀七十八》、杜甫《朱凤行》等诗歌作品中，都沿用了以凤凰喻贤能的意思。先秦人以凤喻贤能的原因，据《列女传》记载，瞽叟与象欲烧死舜于房上，而舜衣鸟衣从房上安然跳落。刘毓庆认为，这“实则是火中生凤”寓言的源头。“周人重孝道，每扬舜之德，言舜孝事顽嚣之父”，“故舜之图腾有了象征贤能才德的意义”②。上述传说及《卷阿》中集中描写凤凰的诗节，郭沫若了然于胸。同时，《卷阿》在《诗经》中所处的位置，正在通常所认为的《大雅》中以颂扬善政为主的18首“正雅”的最后一篇，紧随其后的《民劳》就开启了《大雅》中以针砭失政与暴政为主的13首“变雅”的部分。而作为“正雅”最后一篇以凤凰意象对贤能的赞颂，是否也被郭沫若借用来传递其标榜的中国文化的固有精神呢？从《凤凰涅槃》的由针砭而入赞颂的先抑后扬的笔法看，应该是郭沫若对于《卷阿》到《民劳》的从歌颂到贬讽的态度变化的反其意而用之的产物。可见，凤凰意象尽管是郭沫若糅合中外传说的结果，但关于其“贤能”、能够

① 谢冕：《中国新诗史略》，北京大学出版社2018年版，第102页。

② 刘毓庆：《诗骚论稿》，商务印书馆2017年版，第273—274页。

“浴火”重生的不朽精神，像《卷阿》这样直接集中描写凤凰的诗节，无论是在《庄子》《楚辞》还是其他文献作品中都是无从寻觅的。

具体来看《诗经·大雅·卷阿》，全诗10节，其中7节至9节专写凤凰。将这3节诗与《凤凰涅槃》相应诗句加以印证，就不难发现，二者描写的凤凰及其相关意象之间，存在种种相似与关联。比较明显的关联有10组：《凤凰涅槃》中的“飞来飞去的一对凤凰，唱着哀哀的歌声飞去，衔着枝枝的香木飞来，飞来在丹穴山上……凤已飞倦了，凰已飞倦了，……/凤起舞，低昂！……/凤又舞，……/翱翔！翱翔”[①]，与《卷阿》中的“凤凰于飞”交相呼应；《凤凰涅槃》中的“一群的凡鸟，自天外飞来观葬”[②]，与《卷阿》中的“翙翙其羽”交相呼应；《凤凰涅槃》中的“飞来在丹穴山上”[③] 与《卷阿》中的“亦集爰止”交相呼应；《凤凰涅槃》中的“除夕将尽的空中……/山上是寒冰凛冽的冰天。/天色昏黄了……”[④] 与《卷阿》中的“亦傅于天”交相呼应；《凤凰涅槃》中的“唱着哀哀的歌声飞去……凰唱歌，悲壮！/凰又唱……欢唱！欢唱！我们欢唱！一切的一，常在欢唱！一的一切，常在欢唱！/欢唱在欢唱！只有欢唱！只有欢唱！只有欢唱！欢唱！欢唱！欢唱”[⑤]，与《卷阿》中的“凤凰鸣矣”交相呼应；《凤凰涅槃》中的“飞来在丹穴山上”[⑥] 与《卷阿》中的“于彼高冈”交相呼应；《凤凰涅槃》中的“山右有枯槁了的梧桐”[⑦] 与《卷阿》中的“梧桐生矣”交相呼应；《凤凰涅槃》中的“我们年青时候的新鲜哪儿去了？/我们年青时候的甘美哪儿去了？/我们年青时候的光华哪儿去了？/我们年青时候的欢爱哪儿去了？……死了的光明更生了！/我们光明呀！我们光明呀！一切的一，光明呀！一的一切，光明呀！光明便是你，光明便是我！光明便是‘他’，光明便是火”[⑧]，与《卷阿》中的“于彼朝阳”交相呼应；《凤凰涅槃》中的“我们华美呀！我们华美呀！一切的一，华美呀！一的一切，华美呀！华美便是你，华美便是我！华美便是‘他’，华美便是火”[⑨]，与《卷阿》中形容梧桐茂盛的“蓁蓁萋萋”交相呼应；《凤凰涅槃》中的“即！即！即！即！即！即！……足！足！足！足！足！足”[⑩] 与《卷阿》中形容凤凰鸣声的“雍雍喈喈”交相呼应。《卷阿》中与凤凰直接相关的词句，在《凤凰涅槃》一诗中几乎都有相对应的表述。而《凤凰涅槃》

---

① 郭沫若：《〈女神〉及佚诗（初版本）》，人民文学出版社2008年版，第31—46页。
② 郭沫若：《〈女神〉及佚诗（初版本）》，人民文学出版社2008年版，第33页。
③ 郭沫若：《〈女神〉及佚诗（初版本）》，人民文学出版社2008年版，第31页。
④ 郭沫若：《〈女神〉及佚诗（初版本）》，人民文学出版社2008年版，第32页。
⑤ 郭沫若：《〈女神〉及佚诗（初版本）》，人民文学出版社2008年版，第31—46页。
⑥ 郭沫若：《〈女神〉及佚诗（初版本）》，人民文学出版社2008年版，第31页。
⑦ 郭沫若：《〈女神〉及佚诗（初版本）》，人民文学出版社2008年版，第31页。
⑧ 郭沫若：《〈女神〉及佚诗（初版本）》，人民文学出版社2008年版，第38—39页。
⑨ 郭沫若：《〈女神〉及佚诗（初版本）》，人民文学出版社2008年版，第43页。
⑩ 郭沫若：《〈女神〉及佚诗（初版本）》，人民文学出版社2008年版，第34—37页。

中与凤凰直接相关的意象描写，除了涉及“琢香木”自焚及与舜传说有关的浴火更生的描述外，并未比《卷阿》所提供的基本素材超出太多。由此可见，在作品意象与文本方面，《凤凰涅槃》受到《卷阿》的影响较之其他方面的影响尤为显著。

而细究《卷阿》的题旨“推原瑞应之至，归美于王能用贤”①，我们又不难发现与《凤凰涅槃》在题旨上的相近之处。除了上文已经述及的凤凰喻贤德并能浴火重生的意蕴外，《卷阿》中还出现了“维君子使，媚于天子”和“维君子命，媚于庶人”这样的诗句，总体上是讲贤德之士在君子的引导下亲爱天子、亲爱庶人。但由于在《诗经》的反复咏唱的诗节中，在句中同一位置置换的词语往往有同义复指甚至同义递进的作用，处于《卷阿》的这两节诗中同样位置却出现变化的“天子”与“庶人”这两个词，就表现出同义复指或同义递进的意味，解释起来就是贤德之士亲爱天子就等同于亲爱百姓，甚至可以解释为亲爱天子更要亲爱百姓。这无疑是在阐述着明确的民本观念。从周代打破商代祭祀祖先鬼神的传统，代之以敬重天意（包括自然环境和人文环境的限制性因素）而得到天下看，民本观念是周代统治思想的重要组成部分。而这种在后世发展成“民为贵，君为轻”的儒家思想的民本观念，正是郭沫若所极力赞颂和推崇的，这样就与充斥在《凤凰涅槃》中的民本观念发生了强烈共鸣，同样表明《卷阿》与《凤凰涅槃》在核心的思想理念方面存在诸多相通、相似之处。

《凤凰涅槃》与《诗经》作品的相似之处也同样存在于诗歌的形式中。郭沫若的新诗，喜欢采用《诗经》连章叠句的结构。《凤凰涅槃》除了《序曲》一节，在《凤歌》《凰歌》《群鸟歌》《凤凰更生歌》各节中都有大量的这种结构。如《群鸟歌》每一节都用“哈哈，凤凰！凤凰！/你们枉为这禽中的灵长”开头，把凤凰在烈火中自焚后，岩鹰、孔雀、鸱枭、家鸽、鹌鹌、白鹤等凡鸟的种种丑态淋漓尽致地勾画出来。而《凤凰更生歌》中最主要的“鸡鸣”和“凤凰和鸣”两部分，“鸡鸣”分 3 节，“凤凰和鸣”分 15 节。同《诗经》相似，每一节的词句都基本相同，只在每一节中变换一个关键词，产生了诗歌意蕴的逐层递进。同时，《凤凰涅槃》还对同一主题反复咏唱，高频使用复沓的章法，总体呈现出回环往复似凤凰翱翔于天际的美感，应该也是郭沫若从《诗经》原初的歌唱体例中受到的启发。此外，《诗经》中形容鸟鸣之声多用“叠字”②，《凤凰涅槃》也莫能例外。

三　郭沫若其他新诗创作中的《诗经》元素

除了《凤凰涅槃》等《女神》时期的作品外，郭沫若不同时期的新诗创作中，

① 王先谦：《诗三家义集疏》，中华书局 1987 年版，第 905 页。
② 刘毓庆：《诗骚论稿》，商务印书馆 2017 年版，第 194 页。

都蕴含着形形色色的《诗经》元素。

一是"古诗今译"的尝试。仅仅在《女神》出版一年以后，郭沫若就发表了《卷耳集》部分译诗，并在1923年8月印行了《卷耳集》初版，这是他自认为"比较称心的""关于诗的工作"[①]。在《卷耳》集中，郭沫若将《国风》中40首用今人已生疏的古老语言写成的诗歌作品，以其题材内容为基础，一方面赋予其鲜活的现代白话文形式；另一方面浸润了现代人的情感理念，最终以现代文学白话诗歌的形式呈现给读者。正如他在《卷耳集》的"序言"中所说，"我对于各诗的解释，是很大胆的……我是纯依我一人的直观，直接在各诗中去追求它的生命……我译述的方法，不是纯粹逐字逐句的直译。我译得非常自由，我也不相信译诗定要限于直译"[②]。而这样"翻译"《诗经》的原因，正在于"我们的民族，原来是极自由极优美的民族。可惜束缚在几千年礼教的桎梏之下，简直成了一头死象的木乃伊了……我要向这化石中吹嘘些生命进去，我想把这木乃伊的死象苏活转来"[③]。在这里，郭沫若用诗歌的语言，赞颂了中国文学自由和优美的民族传统，并阐明自己翻译《诗经》，正是为了向《诗经》添加些现代的气息，把自由和优美的传统"苏活转来"。也正因如此，郭沫若不无骄傲地宣称："我这个小小的跃试，……不怕就是孔子再生，他定也要说出'启予者沫若也'的一句话。"[④] 这里的"启予者沫若也"，显然是仿效《论语·八佾》中记载的孔子称赞其弟子子夏可与之论诗的"起予者商也"的话。这就同《女神》篇目编排刻意仿效《诗经》一样，在《卷耳集》的古诗今译中，同样体现出郭沫若追摹孔子的一面，其目的仍是要重估也重塑《诗经》在中国现代的文学经典意义，并由此逐步建立起中国现代文学经典的衡量标准。郭沫若的"古诗今译"有更多新诗创作的成分，而这种新诗"创作"就是从《诗经》作品本身生发而成的。

二是对《诗经》"诗料"的肯定与发掘。郭沫若称他第二部诗集《星空》呈现出了"五四退潮后的微波"[⑤]，可能正因如此，《星空》中的新诗创作，比起诗集《女神》有了更多不加掩饰的《诗经》气息。在作于1922年2月的《星空》一诗中，通篇洋溢着《诗经》的神韵和郭沫若对《诗经》的不吝赞美。郭沫若写道："我想起《绸缪》一诗来了。/那对从昏至旦地/欢会着的爱人哟！/三星在天时，/他们邂逅山中；/……自由优美的古之人，/便是束草刈薪的村女山童，/也知道在恒星的推移中/寻觅出无穷的诗料……/唉，我仰望着星光祷告，/祷告那青春时代再来！/我仰望着星光祷告，/祷告那自由时代再来！……"[⑥] 这诗句与《诗经》中新婚之夜闹新房的

① 郭沫若：《我的作诗的经过》，《质文》1936年第2期。
② 郭沫若：《卷耳集序》，《沫若文集》第2卷，人民文学出版社1957年版，第267页。
③ 郭沫若：《卷耳集序》，《沫若文集》第2卷，人民文学出版社1957年版，第268页。
④ 郭沫若：《卷耳集序》，《沫若文集》第2卷，人民文学出版社1957年版，第267页。
⑤ 郭沫若：《创造十年》，《郭沫若全集·文学编》第12卷，人民文学出版社1992年版，第161页。
⑥ 郭沫若：《星空》，《郭沫若全集·文学编》第1卷，人民文学出版社1992年版，第177—178页。

诗歌《唐风·绸缪》中"绸缪束薪，三星在天。今夕何夕，见此良人。子兮子兮，如此良人何？……"的诗句真是有着同样无穷无尽的隽永诗意！在这首诗中，郭沫若望着星光所祷告的，恰恰是"自由优美"的《诗经》那样的"无穷的诗料"的再现，"青春的时代""自由的时代"的再来，从而为中国的文学复兴乃至中国的复兴开启一个新的黎明。无独有偶的是，1928 年出版的诗集《恢复》中更出现了一首题为《〈关雎〉的翻译》的诗歌，全诗从头到尾都洋溢着郭沫若从《诗经》中发掘出来的不可遏制的爱的思绪，是基于《诗经·周南》中的《关雎》的现代创作版。虽然名为"翻译"，但诗中出现的长夜的背景、鸟声的凄切与哀伤、荇菜的青青、河水的涓洁、与少女共舞的祈愿、思而不见的纠结……实实在在已经是一首跨越时空的、有别于欢快热切的《关雎》的另一首柔情似水的白话新诗了。而作为诗集名称的"恢复"，也尽可以看作郭沫若对《女神》乃至蕴含在《女神》中的《诗经》时代的固有精神与青春朝气的恢复。

三是对《诗经》元素的自由运用。郭沫若 1927 年出版的诗集《瓶》表现了一场跌宕起伏的恋情。用郁达夫的话说，"这种追求男女爱情的真实坦露，是与五四时代的个性解放合流的，从而通向反封建斗争的总流"①。就是在这样反封建的大胆表白中，《瓶》第七首云："你那丰满的柔荑/怎么会病到了不能写诗?"② 这原意为柔软嫩芽的"柔荑"，最初是在《诗经·卫风·硕人》之"手如柔荑，肤如凝脂"的描绘中，成为女子娇嫩、美丽的手的借代的。1928 年出版的诗集《前茅》中有《暴虎辞》。意为赤手空拳和老虎搏斗的"暴虎"一词，同样是取自《郑风·大叔于田》"袒裼暴虎，献于公所"的《诗经》专有词汇。1948 年出版了《蜩螗集》。"蜩螗"一词正是语出《诗经·大雅·荡》的"如蜩如螗，如沸如羹。小大近丧，人尚乎由行。内奰于中国，覃及鬼方"的诗句。"蜩"是蜂的别名，"螗"是又大又黑的蝉。这是文王斥责纣王政局混乱像蝉声嘈杂，时局动荡像沸水滚汤。郭沫若以"蜩螗"命名自己在战争期间的诗歌集，对于当时社会现状的针砭批判不言而喻。

四是对《诗经》蕴含的民族精神的追寻与赞赏。郭沫若在 1938 年出版的《战声集》中的《诗歌国防》一诗中写道："诗歌本来是艺术的精华……/小说和戏剧中如果没有诗，/等于是啤酒和荷兰水走掉了气，/等于是没有灵魂的木乃伊。/然而诗歌也自有他的灵魂，/那便是语言的节奏，情绪的播音……/这民族已有四千年的文明的历史，/它能创造文明不亚于希腊与埃及，/只可惜最后的封建阶段未能扬弃……/是民族复兴的时候，也是诗歌复兴的时候，/使艺术的灵魂复兴，使小说和戏剧中都有酒，/唤醒全民趋向最后的决斗！"③ 在这首诗里，作者将诗看作文学的灵魂，进而对

① 郁达夫：《〈瓶〉附记》，《郭沫若全集·文学编》第 1 卷，人民文学出版社 1992 年版，第 279 页。

② 郭沫若：《瓶》，《郭沫若全集·文学编》第 1 卷，人民文学出版社 1992 年版，第 267 页。

③ 郭沫若：《战声》，《沫若文集》第 2 卷，人民文学出版社 1957 年版，第 6—9 页。

诗自身的语言与情绪的灵魂也加以体认，这种体认依然要追溯到对开启中国四千年文明史的创造力的肯定与自信。作为“民族复兴”标志的“诗歌复兴”，显然仍是指以流传了数千年的《诗经》为代表的中国文化自由优美的固有精神扬弃“最后的封建阶段”后实现的复兴。“唤醒全民趋向最后的决斗”的，也正是这种《诗经》开启并代表的中华民族原初的生命力与创造力凝聚而成的、众志成城与自强不息的战斗精神。综上所述，围绕郭沫若新诗创作中的《诗经》元素，在肯定郭沫若对于完全现代意义的中国新诗的产生居功甚伟的同时，我们不难发现，郭沫若用以破除旧有的中国或外国的思想内容形式对现代新诗的禁锢的最有力的武器，正是以《诗经》为代表的中国文化原初的固有精神。正确认识《诗经》对郭沫若新诗创作的积极影响，有利于我们更为深入细致地领悟郭沫若新诗创作的独特意蕴，更为客观公正地评价郭沫若新诗创作的独特价值。同时，我们也可由此管窥中国现代文学中的《诗经》元素，领会其承载的中华民族原初的自由优美精神对中国文学永续发展的推动作用。

（原载《现代中国文化与文学》第 31 辑）

新中国史学的初建：郭沫若与中国马克思主义史学主导地位的确立

张 越

1949年中华人民共和国成立前后，中国马克思主义史学居于史学界主导地位已成必然之势。重建新中国的历史研究格局、深化中国马克思主义史学的学术内涵、规划渐成主流的中国马克思主义史学的研究方向，都成为新的历史条件下中国史学所面对和亟待解决的问题。郭沫若作为中国马克思主义史学的创立者之一、新中国学术文化思想领域的核心人物，是制定新中国史学发展多项举措的主要决策者之一，对中国马克思主义史学的进一步发展产生了重要影响。笔者在已掌握资料的基础上，择其要者略加论述，希望能够初步阐明新中国史学初建的基本情况，明确郭沫若在新中国成立之初马克思主义史学主导地位确立过程中所主持、决策或参与的一些重要事宜，亦借以澄清以往的某些不实之说。

一 组建史学会：规划新中国史学的研究方向

1949年2月25日，郭沫若“与李济琛、沈钧儒、马叙伦、章伯钧等一行35人，乘‘天津解放号’专车于中午12时抵达北平”。① 7月2日，全国文联第一次代表大会在北平隆重召开，而在此前一天的7月1日，在北京饭店成立了以郭沫若为首的、标志着中国马克思主义史学居于主导地位的全国性新的历史学学术组织——中国新史学研究会筹备会。② 郭沫若、范文澜、邓初民等30余人参加了在北京饭店举办的筹备会成立会议，郭沫若、范文澜、邓初民、向达、陈中凡等人在会上发言，通过了筹备会的组织规程和《中国新史学研究会暂行简章》。筹备会常委会推选郭沫若任主席，吴玉章、范文澜任副主席，侯外庐、杨绍萱任秘书，并选出郭沫若、吴玉章、范

① 林甘泉、蔡震主编：《郭沫若年谱长编（1892—1978年）》第3卷，中国社会科学出版社2017年版，第1270页。

② 蔡美彪指出：“1946年（应为1949年——引者）6月，新政治协商会议（新政协）筹备会在北京召开。7月1日，史学界人士率先组织了中国新史学研究会筹备会。随后，相继筹建了中国新政治学研究会、中国新法学研究会、中国新哲学研究会和中国新经济学研究会。”蔡美彪：《范文澜与中国史学会》，《中国史研究动态》1994年第1期。

文澜、邓初民、陈垣、侯外庐、翦伯赞、向达、吴晗、杨绍萱、吕振羽11人为筹备常务委员会委员。[①]《中国新史学研究会暂行简章》强调研究会的宗旨是“学习并运用历史唯物主义的观点和方法，批判各种旧历史观，并养成史学工作者实事求是的学风，以从事新史学的建设工作”。[②] 新中国正式成立之前，在其他学科的研究会筹建之前，就召开中国新史学研究会的筹备会，除了具备必要的客观条件外，新政权对历史学的重视是不可忽视的原因，而这次会议也从形式上确立了郭沫若作为新中国史学“第一人”的地位。

1951年7月28日，中国史学会成立大会在北京召开。中国史学会的主席是郭沫若，副主席是吴玉章和范文澜。常务理事7人：白寿彝、邵循正、陈垣、吴晗、翁独健、尹达、翦伯赞。理事会共43人，后补理事9人。[③] 根据林伯渠的建议，“中国史学会”在称谓上去掉了原“中国新史学研究会”中的“新”和“研究”等字，对此，郭沫若解释说，由于“大家都已转向到新的方向，所以在史学的研究上面已经没有什么新旧的区别，已经无须在史学会的上面挂上一个‘新’字”。[④] 范文澜也说，有了郭沫若所指出的“六种转向”，“我们改变学会的名称就有理由有内容了”。[⑤]

两年前的中国新史学研究会筹备会入选的筹备常务委员会委员有11人，除陈垣和向达两人之外，另外9人都是中国马克思主义史学资深史学家或者是作为共产党党员的学者，研究会筹备会主席郭沫若、副主席吴玉章和范文澜，都是马克思主义史学家。新成立的中国史学会，主席和副主席人选与此前的筹备会完全一致，在入选中国史学会的43位理事中，有马克思主义史学背景者占一半以上，但是有一个明显的变化是，史学会更多地吸收了非马克思主义史学家，筹备会常务委员会委员的总人数是11人，史学会的常务理事的总人数是7人，在后者的总人数少于前者的情况下，其中非马克思主义史学家的人数不仅没有减少反而增加了一名（筹备会常务委员是陈垣和向达两人，史学会常务理事是陈垣、邵循正和白寿彝3人），并且史学会的秘书是向达。这种状况表明，以郭沫若、范文澜等人为主的马克思主义史学家阵营，在新中国成立后，更多地从全国史学发展的角度来考虑新旧史学家的整体关系，有意识地

---

① 《中国新史学研究会筹备会昨在平成立》，《人民日报》1949年7月2日。

② 《中国新史学研究会暂行简章》，《人民日报》1949年7月2日。

③ 《中国史学会》，张蓬舟、张仪郑编：《1955人民手册》，大公报社1955年版，第417页。另据傅振伦所记：“解放后，重新组织（中国史学会——引者），当选理事有46人，后补理事9人，得票最多者：郭沫若、吴玉章、范文澜各169票，徐特立168票，郑振铎167票，陈垣163票，向达裴161票，陈寅恪161票，翦伯赞15票。候补有侯外庐、汤用彤、裴文中各156票，陈翰笙151票，陶孟和149票，潘梓年147票，邓初民、嵇文甫、翁独健各145票，叶蠖生144票，徐炳昶142票，邵循正141票，白寿彝140票，马衡、金毓黻各139票。”傅振伦：《七十年所见所闻》，华东师范大学出版社1997年版，第120页。其中当选理事的人数、“向达裴”等，均疑有误。

④ 郭沫若：《中国历史学上的新纪元》，《进步日报》1951年9月29日。

⑤ 范文澜：《史学会已有的成绩与今后的努力》，中国史学会秘书处编：《中国史学会五十年》，海燕出版社2004年版，第12页。

团结更多的非马克思主义史学家。有学者认为，“从此，中国史学界形式上实现了统一”，而这样的调整和统一，“无疑最有利于学术研究的正确发展及其社会功能的实现”。[①] 中国史学会的成立，本身就是新中国成立之初史学界在形式上实现统一的举措，以便于中国马克思主义史学研究的全面展开。

当然，能够受到掌握话语权的马克思主义史学家重视的“旧史家”，也是经过各种考量的。如1949年底由新史学研究会筹备会负责召集编纂的《中国近代史资料丛刊》，陈垣、邵循正、白寿彝都是总编辑委员会成员，邵循正负责其中的《中法战争》和《中日战争》、白寿彝负责《回民起义》的编纂工作，这都说明陈、邵、白等人获得了认可，进而成为史学会常务理事。无论是新史学研究会筹备会，还是中国史学会第一届理事会，民国时期著名史学家顾颉刚、吕思勉、冯友兰、柳诒徵、雷海宗、郑天挺等人均未入选，不仅这些学者本人颇有疑惑，他人亦感意外。如顾颉刚在1949年7月11日的日记中写道：“北平成立新史学研究会，在南方之伯祥、寿彝皆在，而无予名，予其为新贵所排摈矣。”[②] 夏鼐在中国史学会成立当天的日记中记下中国史学会理事候选人名单时称：“北大有向达、罗常培、汤用彤、唐兰，而无郑天挺（系主任）；清华有邵循正、吴晗，而无雷海宗、周一良。其他如顾颉刚、柳诒徵等人亦皆除外。”[③]

中国史学会的成立大会由范文澜主持，郭沫若、吴玉章、范文澜、陈翰笙等人在会上发言。郭沫若在会上以“中国历史学上的新纪元”为题致辞，他提出的史学发展规划是在六个方面的转变，即由唯心史观转向唯物史观、从个人兴趣出发的历史研究转向从事集体研究、从名山事业的研究态度转向为人民服务的态度、从贵古贱今的偏向转向注重近代史的研究、从大汉族主义转向注重研究各少数民族的历史、从欧美中心主义的思想转向注重研究亚洲历史。[④] 今天，我们回顾郭沫若当年为新中国史学所规划的这些“转变”，尽管在当时就存在着这样那样的问题，[⑤] 但是从发展情况来看，不得不说郭沫若的期望是很有远见的。

---

① 桑兵：《二十世纪前半期的中国史学会》，《历史研究》2004年第5期。

② 顾颉刚：《顾颉刚全集·顾颉刚日记》第49卷，中华书局2011年版，第484页。

③ 夏鼐：《夏鼐日记》卷4（1946—1952），华东师范大学出版社2011年版，第412页。直到1980年中国史学会召开第二次代表大会，当年没有进入史学会理事会的郑天挺以最多票数当选为中国史学会常务理事，次年接任主席团执行主席，这样的变化实为中国史学近30年变迁的一个缩影。

④ 郭沫若：《中国历史学上的新纪元》，《进步日报》1951年9月29日。

⑤ 在中国史学会成立大会上，郭沫若致辞后，范文澜在发言中说：“郭老所指出的六点转向，个人觉得，主要是要我们大家向那些个方向去转。所以重点在‘转向’两字。到底我们转向了多少呢？是大部分转过去了呢？还是才转了一部分呢？这一点是值得注意的……如果还没完全转过去的，希望以更大的努力来完成这个转向。”范文澜：《史学会已有的成绩与今后的努力》，中国史学会秘书处编：《中国史学会五十年》，海燕出版社2004年版，第12—13页。几年后郭沫若在答北京大学历史系师生的一封信中说：“当时为了鼓励大家，所说的多少是出于自己的期待。照今天的情况看来，史学界的转向速度并不那么快。”郭沫若：《关于厚今薄古问题》，《人民日报》1958年6月11日。这说明新中国成立后的史学转向，包括史学研究本身的转向和史学家本人治学路数的转向，并非如想象的那样顺利。

事实上，此后中国史学的发展，或主动、或被动地主要是在这六个方面发生了变化。由唯心史观转向唯物史观是马克思主义史学居于主导地位并掌握话语权后的必然变化。从个人兴趣出发的历史研究转向从事集体研究、从名山事业的研究态度转向为人民服务的态度指的是研究形式和研究态度方面，当今的各种集体研究项目，似乎能从这里的“集体研究”中找到一点影子。更重要的是后面三个“转变”，用今天的话说，大概就是重视近代史研究、重视统一多民族国家历史的研究、重视世界史研究。新中国历史学经过 70 年的曲折发展，这三个方面的研究不仅已经收获了大量的研究成果，而且其学术价值和现实意义显得更为重要、更加突出。

中国近代史研究一直是新中国成立以来最活跃的研究领域之一，中国近代史学科发展迅猛，从“十七年”时期关于近代史分期等一系列问题的讨论，到改革开放后对近代史研究“范式”等问题的争论，再到 21 世纪以来对晚清民国历史研究内容的拓展，中国近代史研究紧扣现实而前行。“从贵古贱今的偏向转向注重近代史的研究”准确地预测到近代史研究的发展趋向。

西方的各种民族理论和斯大林的民族理论都难以正确解释中国历史上的民族问题，于是在“十七年”时期出现了“汉民族形成问题”的争论以及许多关于中国历史上民族问题的讨论。改革开放以后，统一多民族国家的解释模式得到更多的认同，但是需要史实和理论上的论证与构建，自 21 世纪以来，中国历史上的民族问题更受重视，含有学术研究、现实诉求的各种观点层出不穷，与之相近的文明起源与国家形成等问题持续成为研究热点。郭沫若所提示的重视少数民族历史的研究，有效揭示了统一多民族国家历史研究具有的学术和现实的深远意义。

中国的世界史学科经过 70 年的发展，无论在学科规模还是在研究水平上都取得了明显进展，世界史学科也成为与中国史和考古学并列的一级学科，当时提出的“从欧美中心主义的思想转向注重研究亚洲历史”已经发展为今天的在世界史研究中发出中国学者的声音、探索中国学者的世界史解释模式等新的学术追求。中国史学会成立之初就设立了亚洲史组，此后外交部成立了国际关系研究所，下设亚非研究室。厦门大学成立了南洋研究所，暨南大学和中山大学先后成立了东南亚研究所。新中国成立后的十几年间，在亚洲史、非洲史、拉美史受到重视的同时，世界古代史、世界中世纪史、西欧近现代史、美国史都逐渐开展起来。郭沫若强调的对外国史研究的转向虽然有着明显的时代痕迹，却难掩其提倡中国的世界史研究的前瞻性。从这个意义上说，郭沫若在 20 世纪 50 年代对中国史学未来发展的规划，在 70 年后的今天并未过时，其与后来中国史学发展大势的契合度颇高，彰显出一代史学大家的深刻洞察力。

二　创办《历史研究》：提倡历史研究应史料与理论并重

新中国成立初期，之前的专业学术杂志大多停办，史学研究成果较多地发表在《学习》《新建设》等综合性刊物上。专门性的历史学杂志仅有天津的《历史教学》(1951 年 1 月初创刊)、河南大学的《新史学通讯》（1951 年 1 月底创刊）和山东大学的《文史哲》（1951 年 5 月底创刊）三种。此外，《进步日报》的《史学周刊》(1951—1952 年)[①] 和《光明日报》的《史学》（1953 年创办），也是当时为数不多的史学类报刊。《历史教学》和《新史学通讯》以普及马克思主义理论、向大学和中学历史教师解答唯物史观史学在教学和研究中出现的问题为主。《文史哲》含文学、史学、哲学三个领域。《光明日报》的《史学》专刊由北京大学史学系等几个单位轮流编辑。严格说来，这些报纸杂志并不是由最具权威性的学术机构主办的，很难集中体现历史学研究的高水平成果，也难以起到有效引领史学研究趋向的作用。

郭沫若及时提出了创办一份以发表高水平历史研究成果为宗旨的权威史学刊物的动议。范文澜在 1951 年 7 月 28 日中国史学会成立大会的发言中提出："郭老曾经指示我们，要我们主办一个史学刊物。我们估计力量实在还很不够，所以一直到今天没有把郭老的期望付诸实行。"[②] 因为种种原因，此事一直没有得到实质性的进展。向达指出，史学界"没有一种比较全面的历史科学刊物"，当时几种史学刊物如《历史教学》《新史学通讯》《文史哲》等，"都为它们本身的条件所限制，还不能成为全面性的历史科学刊物"，他认为"在无组织、无领导、未能建立自由讨论和批评与自我批评的情况下沉闷的空气，窒死了历史科学工作者的热情，其不能出版全面性刊物，乃是势所必至"。[③]

1953 年中共中央成立中国历史问题研究委员会。据刘大年回忆："1953 年 10 月间，当时的中宣部副部长兼中国科学院副院长陈伯达，在文津街科学院召开会议，讨论科学院增设两个历史研究所，出版历史刊物和其他与加强历史研究有关的事项"，在这次会议上，"经过讨论，决定出版《历史研究》杂志，组织一个编委会，由郭沫若作召集人，具体工作指定我和尹达负责"。[④]《历史研究》杂志的创办动议，是与中

---

① 1949 年 2 月，天津的《大公报》改版为《进步日报》，1952 年底停刊。《进步日报》的《史学周刊》的情况见朱慈恩《〈进步日报〉"史学周刊"与新中国成立之初的历史学》，《南阳理工学院学报》2012 年第 5 期。

② 范文澜：《史学会已有的成绩与今后的努力》，中国史学会秘书处编：《中国史学会五十年》，海燕出版社 2004 年版，第 13 页。

③ 方回（向达）：《解放四年来新中国的历史科学发展概况》，《反对资产阶级社会科学复辟》第 3 辑，科学出版社 1958 年版，第 244 页。

④ 刘大年：《〈历史研究〉的创刊与"百家争鸣"方针的提出》，《历史研究》1986 年第 4 期。

科院增设历史研究所同时提出的，郭沫若是创办《历史研究》的核心人物，也是杂志编委会的召集人。

20世纪50年代影响广泛的“百花齐放、百家争鸣”方针的提出，与《历史研究》的创办有一定的渊源关系。① 林甘泉曾重申此事：“《历史研究》的出版，及其编委会成员的组成，体现了新中国史学家强大的合力。在《历史研究》创刊初期，贯彻‘百家争鸣’的方针，是这个刊物给我留下的最深印象。”② 这件事对《历史研究》的创刊有很深刻的影响，“百家争鸣”至少在《历史研究》办刊的头几年得到了较为充分的体现。“历史问题研究委员会明确了‘百家争鸣’的办刊方针后，郭老对编辑部的成员有过设想。”编委会成员主要是由中国史学会主持编纂的《中国近代史资料丛刊》总编辑委员组成的。③ 编委会成员当然是以范文澜、吕振羽、侯外庐、刘大年、尹达、胡绳等马克思主义史学家为主，白寿彝、向达、陈垣、陈寅恪、季羡林、汤用彤等史学家也名列其中，可以看出是综合考虑了学者的学术资历、党内党外、研究领域、所在部门（如《中国近代史资料丛刊》总编辑委员、历史问题研究委员会、中科院顾问委员会等）、年龄段等多种因素而确定的，这样的组合，也体现出“百家争鸣”的思路。

刊名究竟是“史学研究”还是“历史研究”一直没有定论，后来由“郭老书写了‘历史研究’四个字，这才定下来”。④ 在《历史研究》的发刊词中，郭沫若对使用“历史研究”为刊名提出了一点解释：“我们取名为‘历史研究’，用意也就在于把范围放宽一些，以展开历史研究的工作。‘提倡用科学的历史观点，研究和解释历

---

① 刘大年说：“这个方针是毛泽东同志为创办《历史研究》提出的，我记得那是在两年多以后的1956年1月中央召开的知识分子问题会议上。康生在怀仁堂举行的大会上发言，回顾那几年的思想理论工作。其中举的一个事实，是说陈伯达提出了‘百家争鸣’问题。坐在附近的陈伯达很快递上一个条子，康生照念了。内容是：‘百家争鸣’不是我提出的，是中国科学院办历史刊物，我向毛主席请示方针时，毛主席提出的。”“‘百家争鸣’方针，第一次毕竟是毛泽东同志对创办历史刊物提出的。就这一点而言，它是《历史研究》的光荣。现在和将来，刊物都有责任保持这个光荣。”刘大年：《〈历史研究〉的创刊与“百家争鸣”方针的提出》，《历史研究》1986年第4期。

② 林甘泉说：“为什么毛泽东以《历史研究》为突破口，提出学术问题要‘百家争鸣’？……毛泽东对中国古代社会历史的分期是很关心的，他对不同的分期意见都很注意，偶尔也提及自己的看法。但他有一个原则：这个问题应该由历史学家根据占有的史料和研究，通过深入的讨论来求得共识。历史问题的认识不能由任何一个人（特别是不能由政治家）来作出结论，一锤定音……陈伯达向他请示办《历史研究》的方针，他强调要‘百家争鸣’，意思也就是要鼓励不同意见的争论。”林甘泉：《在〈历史研究〉创刊初期的日子里》，《中国社会科学报》2014年1月8日。

③ 刘潞撰文说：“正式的编委人选，是他（刘大年——引者）和尹达参考当时中国史学会主编的《中国近代史资料丛刊》总编辑委员名单和其他因素确定的。‘其他因素’主要有二：一是历史问题研究委员会提到的一些人；一是科学院于1950年成立的顾问性质的有关专门委员会的委员。”刘潞：《刘大年忆郭沫若》，《百年潮》1998年第4期。

④ 刘大年：《郭沫若关于〈历史研究〉的六封信》，《刘大年全集》第3卷“中国历史学的思考”，湖北人民出版社2016年版，第317页。

史'，这就是我们所遵守的原则。"[①] 原拟由刘大年任《历史研究》主编，但是刘大年觉得他是研究近代史的，而古代史的时间长、稿子多，建议由尹达任主编，此事经由郭沫若、范文澜、陈垣、尹达和刘大年五人讨论后确定：主编是尹达，副主编是刘大年。[②]《历史研究》创刊号于 1954 年 2 月正式出版。

郭沫若撰写了《历史研究》创刊号的发刊词《开展历史研究，迎接文化建设高潮——为〈历史研究〉发刊而作》，文中对传统史学的评述是："在长期的封建社会中，我们也产生了不少的历史学家，特别是像司马迁那样伟大的人物……是值得我们尊敬的"，然而"他们的史观是唯心史观"。他对近百年来的近代史学的评述是："外来的侵略势力和内在的封建势力相勾结，使得中国社会因而被迫陷入了半封建半殖民地的泥坑里。这在观念形态上的反映，便是由封建社会的唯心史观转变为买办阶级的唯心史观。'全盘接受，全盘西化'，便是这种观点的最后结晶。"对于当前的历史学，郭沫若强调要坚持唯物史观，加强爱国主义历史教育，提高民族自信心。这些看法，都是中国马克思主义史学在当时那个时期对历史研究的基本认知。值得重视的是，郭沫若在这里着重指出了马克思主义史学研究中理论与史料的关系问题，他认为："任何研究，首先是占有尽可能接触的材料，其次是具体分析，其次是得出结论。"从中可以看出，郭沫若对马克思主义史学研究过程中史料所占重要地位的强调，"只要是认真能够实事求是地做到这其中的任何一步都是有价值的工作。认真能够实事求是的人，他的立场、观点和方法，必然会逐渐地和马克思列宁主义接近而终于合辙"。[③] 郭沫若所强调的"详细的材料""新出的材料"和"首先是占有尽可能接触的材料"针对的是一直以来马克思主义史学研究中存在的教条化问题，也指向了正在展开的关于许多历史理论问题的激烈争论的局面及参与讨论者各自所持的

① 郭沫若：《开展历史研究，迎接文化建设高潮——为〈历史研究〉发刊而作》，《历史研究》1954 年第 1 期。

② 刘大年曾详述此事的原委："原来正副主编是直到创刊号快要付印的时候，才由郭沫若召集范文澜、陈垣、尹达、刘大年共五人举行的一次会议上确定的。在那以前，郭老心目中一直以为我就是主编。开会头天晚上，我去找范文澜同志，告知第二天会议内容。我提出刊物主编由尹达担任，我做副主编。理由是古代史时间长，稿子多，近代史时间短，稿子少，尹达是搞古代史的，做主编适合。范老完全赞成。其实我思想上主要考虑的是郭、范对古代史分期意见不同，刊物要百家争鸣，不同的意见进行讨论，难免涉及郭、范关系。尹达和郭老在一个所工作，他担任主编，处理这方面的问题，可以避免引起别的议论。但这个考虑不好说出来，后来证明也是不必要的。第二天上午，在文津街科学院院长办公室开会。最后一项议程是我提出请决定正副主编。郭老立即断然说：'主编当然是你啰！'我把头一天对范说的话讲了一遍。谁知郭老毫无思想准备，他顿时怫然作色，提高嗓门说：'那我就不管了！你们自己去解决吧！'陈垣老不表态，范老说了一句：'还是尹达同志当主编吧！'于是就散会了。郭老当然并不是对尹达有什么看法。尹是 1953 年冬由北大调至科学院的，我则原先就在科学院工作，一开始就参加了筹备成立两个历史研究所和刊物的工作。郭当时对我们熟悉的程度不同，实情如此。"刘大年：《郭沫若关于〈历史研究〉的六封信》，《刘大年全集》第 3 卷"中国历史学的思考"，湖北人民出版社 2016 年版，第 319 页。

③ 郭沫若：《开展历史研究，迎接文化建设高潮——为〈历史研究〉发刊而作》，《历史研究》1954 年第 1 期。

观点。

《历史研究》的“征稿启事”也反映了杂志对材料和考证的重视程度，“考证”与“史料的介绍”是该刊的主要内容之一。① 有学者统计，1958年之前《历史研究》杂志发表的文章中，考证性论文占据重要的位置，如1957年的第1、4、12期的篇首文章均是考证性论文。只是随着“厚今薄古”口号的提出，史料考证类文章及擅长史料考证的学者开始受到冷落。经过研究者量化分析而得出的《历史研究》发表的考证性论文在那几年数量颇多、历史考证研究与唯物史观史学在20世纪50年代的部分时期形成了融合与交流之势等结论，都是值得重视的。②

单从《历史研究》创刊号来看，除了郭沫若写的发刊词外，一共刊发了七篇论文，在内容上大体有三类。第一类是历史理论方面的，有胡绳的《中国近代历史的分期问题》和侯外庐的《中国封建社会土地所有制形式的问题——中国封建社会发展规律商兑之一》，这两篇重头文章的作者都是资深的马克思主义史学家，两文均引发了中国近代史分期问题和中国封建土地所有制问题的长期讨论，学术影响深远。第二类是两篇中观层次的研究论文，包括陈寅恪的《记唐代之李武韦杨婚姻集团》和王崇武的《论元末农民起义的社会背景》。前文是陈寅恪命汪篯向中科院方面表达他对就任历史所二所所长一职的态度时附带的两篇学术论文之一，用扎实的史料阐述李武韦杨婚姻集团的组成及变迁，延续了陈寅恪一贯的治史风格。后文则是曾以史料考证见长的明史专家王崇武在新中国成立后尝试以唯物史观治史的研究成果，王崇武此前长期在民国时期的“中央研究院”史语所研究明史，以历史考证见长，而《论元末农民起义的社会背景》从选题到具体内容已异于考证风格，其着力点非材料考证而是理论分析，重在“说明元末社会从阶级剥削到民族压迫的复杂情况，借以指出农民起义的必然性”，③ 是一篇在理论概念运用、分析方法等方面更接近中国马克思主义史学话语体系的论文。《历史研究》创刊号发表王崇武治史转型的研究成果，其意图很明显。第三类是具体的史料考证类研究，分别是浦江清的《屈原生年月日的推算问题》、朱德熙的《寿县出土楚器铭文研究》和冯家昇的《元代畏兀儿文契约二种》。浦江清曾任清华大学国学院时期陈寅恪的助教、民国时期清华大学中文系教授；朱德熙是古文字和语言学专家，民国时期清华大学中文系教授，院系调整后任北京大学中文系教授；冯家昇是辽史、语言学、考古学专家，曾在燕京大学、北京大学和北平研究院史学研究所从事教学或研究工作。

在《历史研究》创刊号的七篇文章中，两篇讨论马克思主义史学中的重大历史理论问题、一篇研究农民战争问题，均为中国马克思主义史学语境中的问题；另四篇

---

① 《历史研究》创刊号“征稿启事”：（一）历史科学理论的阐发；（二）有关中外历史的学术论文；（三）重要历史事件的考证；（四）重要史料的介绍；（五）国内外史学界重要论著的评论或介绍。

② 盖志芳：《〈历史研究〉（1954—1966）研究》，山东大学2010年博士学位论文，第93、99页。

③ 王崇武：《论元末农民起义的社会背景》，《历史研究》1954年第1期。

都是史料考证类论文，篇数反而更多。再从论文作者看，七篇论文的七位作者中有五人在民国时期是非马克思主义史学家，包括所谓“史料派”的最重要学者之一陈寅恪，而马克思主义史学家仅侯外庐和胡绳两位。这表明，至少在《历史研究》的创刊号上（包括《历史研究》的前几期），是体现了郭沫若所说的“任何研究，首先是占有尽可能接触的材料”的历史研究的基本原则，也反映出《历史研究》的“‘详细的材料’或新出的材料，也都是我们所欢迎的”用稿方针。

三 邀聘陈寅恪：陈寅恪的拒绝与接受

1948 年 12 月 15 日，陈寅恪从北平飞抵南京，后经上海至广州。两个多月后（1949 年 2 月），郭沫若乘专列抵达北平。一去一来之间的背后，是新旧政权即将更迭及史学主流面临转换的可预期前景。

1950 年中国科学院聘请各学科的“专门委员”，陈寅恪为历史考古组之“专门委员”，同年中科院成立学术评审委员会，评审委员计 21 人，其中史学领域仅有陈寅恪和范文澜两人，可见中科院对陈寅恪的重视程度。① 1951 年 7 月 28 日成立的中国史学会，陈寅恪是理事会成员之一。目前尚无材料证实，陈寅恪入选史学会理事一事是否经过陈寅恪本人的首肯。1953 年 9 月中国科学院计划成立三个历史研究所，陈寅恪被提名为历史研究二所所长，中国科学院院长郭沫若和副院长李四光分别写信给陈寅恪转达此事，陈寅恪拒绝就任。众所周知，1953 年 11 月下旬，时为北京大学史学系副教授也是陈寅恪学生的汪篯，携郭沫若、李四光的信赴中山大学面见陈寅恪，陈拒绝就任历史二所所长之职并口述“对科学院的答复”，与汪篯的见面也不甚愉快。②

这个“答复”是“陈寅恪口述，汪篯记录”的，③ 看得出陈寅恪口述此“答复”时的心情很不好，他除了反复强调“我的思想，我的主张完全见于我所写的王国维纪念碑中”“我认为研究学术，最主要的是要具有自由的意志和独立的精神”“独立精神和自由意志是必须争的，且须以生死力争”。陈寅恪还提到了郭沫若：“郭沫若在日本曾看到我的（挽）王国维诗”“郭沫若是甲骨文专家，是‘四堂’之一，也许更懂得王国维的学说”，但是他在此处话锋一转：“那么我就做韩愈，郭沫若就做段文昌，如果有人再做诗，他就做李商隐也很好。我（写）的碑文已流传出去，不会湮没”。④

① 赵庆云：《创榛辟莽：近代史研究所与史学发展》，社会科学文献出版社 2019 年版，第 29 页。

② 陈寅恪：《对科学院的答复》，《陈寅恪集·讲义及杂稿》，生活·读书·新知三联书店 2002 年版，第 464—465 页。

③ 陈寅恪：《对科学院的答复》，《陈寅恪集·讲义及杂稿》，生活·读书·新知三联书店 2002 年版，第 465 页。

④ 陈寅恪：《对科学院的答复》，《陈寅恪集·讲义及杂稿》，生活·读书·新知三联书店 2002 年版，第 463—465 页。

“我就做韩愈，郭沫若就做段文昌”之说，涉及唐朝历史的一个史实。唐宪宗年间，宰相裴度节度各路兵马，李愬夜袭蔡州，平定了淮西藩镇势力。作为裴度行军司马的韩愈，奉诏撰写《平淮西碑》铭记此事。此后，李愬之妻、唐安公主之女魏国夫人韦氏，不满韩愈所书“多叙裴度事”，“诉愈文不实”，致使宪宗下令磨去“韩碑”，由翰林学士段文昌重新撰写《平淮西碑》（段碑）。李商隐写的《韩碑》一诗中言：“句奇语重喻者少，谗之天子言其私。长绳百尺拽碑倒，粗砂大石相磨治。公之斯文若元气，先时已入人肝脾。汤盘孔鼎有述作，今无其器存其辞。”陈寅恪自喻他写的王国维纪念碑将会如“韩碑”那样“先时已入人肝脾”，虽“今无其器存其辞”而“不会湮没”，把郭沫若比作段文昌，其意则不言自明。

郭沫若对陈寅恪的如此比附作何感想、有何反应不得而知，但是事隔不到两个月，1954 年 1 月 16 日，郭沫若因筹办《历史研究》杂志再次致函陈寅恪，邀请其出任杂志编委，陈寅恪收到后于 1 月 23 日复函：“沫若先生左右：一九五四年一月十六日手示敬悉。尊意殷拳，自当勉副。寅恪现仍从事于史学之研究及著述，将来如有需要及稍获成绩，应即随时函告并求教正也。”① 信中可见，他欣然接受了《历史研究》编委之名，而且还表示了交流学术成果的意向。② 此前陈寅恪使汪篯以《对科学院的答复》拒绝就任二所所长之职的同时，还命汪携其两篇新作、四首诗一并返回北京复命，这两篇论文就是《记唐代之李武韦杨婚姻集团》和《论韩愈》，在随后出版的、由郭沫若主持的《历史研究》创刊号和第 2 期上先后发表。此事原委基本清楚（遗憾的是无法得见郭沫若、李四光邀请陈寅恪任二所所长的信函）。

1949 年后中国历史学科建设的核心，就是以历史研究贯彻马克思主义为理论指导方针。陈寅恪作为民国时期的极具影响力的学者，一直奉行“独立之精神、自由之思想”的学术理念，以“不宗奉马列主义，并不学习政治”为由而不接受中科院历史所二所所长之职，实在是其学术风格使然。另外，陈寅恪以“身体不好”的原因拒绝北上、科学院方面仅派陈的学生汪篯去邀请未免有些草率等也是直接原因。③ 以陈寅恪的学术资历和威望、他的性格和所处的实际生活状况而言，他直言不接受二

---

① 蒋天枢：《陈寅恪先生编年事辑》，上海古籍出版社 1981 年版，第 146 页。

② 林甘泉说：“郭沫若 1954 年 1 月 16 日致陈寅恪的信，是在陈寅恪拒绝担任历史二所所长之后发出的。这时《历史研究》编委会的名单已经中央批准，其中就有陈寅恪。这个名单要在 1954 年 2 月份出版的《历史研究》创刊号上刊载，所以郭沫若赶在创刊号出版之前给陈寅恪写信，告知他被邀请为编委的消息。陈寅恪随即在 1 月 23 日复信表示同意担任编委，语气是相当诚挚的。”林甘泉：《在〈历史研究〉创刊初期的日子里》，《中国社会科学报》2014 年 1 月 8 日。

③ 蔡美彪说：“汪篯见到陈寅恪，第一天谈得还比较好，后来陈寅恪就问他：‘你们请我当所长，对我的著作有什么看法？’……汪篯则锋芒毕露，刚入党，很自负，所以就对陈先生著作评论起来。这是不应该的，叫你去请陈先生，本来范老交待的，要讲党的政策，要讲党尊重知识分子。而汪篯刚刚参加过北大的思想改造，就从‘左’的方面理解，跟陈寅恪讲，我们主张历史研究要为政治服务，要用马克思主义作指导，按照马克思主义的观点，您研究唐代关陇集团，应该做阶级分析等等。这下把陈先生讲火了，说既然这样，为什么还要我当所长?!”王维江：《“不是治学方法问题”——蔡美彪访谈》，《史林》2013 年增刊。

所所长之职，自有他人所不具有的底气和实际情况，因此，在充分理解陈所做出的选择之余，恐怕也不一定非要用陈寅恪的选择去要求或评价其他“旧史家”的选择。

事实上，陈寅恪不久又接受了中国科学院社会科学学部委员一职。1954 年 4 月，中国科学院开始组建学部委员会，陈寅恪被提名为学部委员，因为此前陈寅恪拒任历史二所所长，此时提名他为学部委员便在中科院领导层产生了一些不同意见。时任中科院党组书记的张稼夫回忆道：“在这个工作中，矛盾最尖锐的是研究隋唐五代史的历史学家陈寅恪，他是这个学科的权威人士，不选进学部委员会不行，他下边一班人也会有意见。若选他进学部委员会，他却又一再申明他不信仰马克思主义。”最后，此事上报高层，“我们只好请示毛主席，毛主席批示：‘要选上’。这样，陈寅恪就进了哲学社会科学的学部委员会”。[①] 由于陈寅恪在此前已经有拒任历史二所所长的前车之鉴，为慎重起见，此事由时任中共中南局宣传部副部长、与陈寅恪私交甚好的杜国庠出面联系陈并征求其意向，杜国庠 9 月初致函张稼夫称“陈寅恪先生已答应就委员职”。[②] 得此消息后，郭沫若于 9 月底致函陈寅恪说：“获悉尊体健康，并蒙慨允担任中国科学院社会科学学部委员，曷胜欣幸”，函告其两篇文章已在《历史研究》上发表，并表示“《历史研究》编辑工作缺点颇多，质量亦未能尽满人意，尚祈随时指教，以期有所改进。尊处于学术研究工作中有何需要，亦望随时赐示，本院定当设法置备”。[③] 郭与陈的关系，或可从该信中展现一二。[④]

陈寅恪欣然接受郭沫若请他担任《历史研究》杂志编委的请求，又应允杜国庠代中科院邀请其出任中科院社会科学学部委员，说明他对新政权的学术研究本身是采取支持并合作的态度的，他所不能接受的是政治完全左右学术研究。当时“学者不愿意担任行政职务，不只陈寅恪一人，范文澜也是一个。那时院长是郭沫若，范文澜谢辞了副院长”。[⑤] 上面提及《历史研究》主编之职，刘大年也是主动提议由尹达担任，他自己任副主编。陈寅恪不接受历史二所所长一职，在当时并没有引起太多波澜。郭沫若看了陈寅恪写有“我就做韩愈，郭沫若就做段文昌”等激愤之语的《对

---

① 张稼夫述：《庚申忆逝》，束为、黄征整理，山西人民出版社 1984 年版，第 131 页。

② 《杜国庠致张稼夫（1954 年 9 月 4 日）》，《刘大年全集》第 11 卷“书信（下）”，湖北人民出版社 2016 年版，第 362 页。

③ 刘大年：《郭沫若关于〈历史研究〉的六封信》，《刘大年全集》第 3 卷“中国历史学的思考”，湖北人民出版社 2016 年版，第 318—319 页。

④ 1949 年后陈寅恪与郭沫若的关系，参见谢保成《“龙虎斗”与“马牛风”——记郭沫若与陈寅恪的交往兼驳余英时》，《郭沫若学刊》1999 年第 4 期。

⑤ 王维江：《“不是治学方法问题”——蔡美彪访谈》，《史林》2013 年增刊。范文澜一度还想辞去近代史所所长，他在 1953 年 11 月给吕振羽的信中说：“到科学院两年多，虽然有不少条件是好的，却缺乏工作时间这个必要条件，写几千字的稿子，往往要断断续续做好几个星期，甚至几个月不能写一篇稿子。我精神上感到痛苦，如果明年还是这种情况的话，我想向上级调动工作，离开科学院，求一比较能得到工作时间的地方，因此我经常想到您那里去。”他甚至说：“特别是最近一年多，没有正式做工作，我心里急躁得很，长此下去，我将不能完成党交给我的任务。如果这样，我将死不瞑目。”《范文澜来信（一）1953 年 11 月 15 日》，《吕振羽全集》第 10 卷，人民出版社 2014 年版，第 671 页。

科学院的答复》后，在给负责筹建历史一、二所和《历史研究》杂志的刘大年的信中，除了一句“汪篯同志的报告看了”之外，[①] 并无其他表示。[②] 陈寅恪拒任历史二所所长之事，在几十年后引起极大关注，各路人士多有不同解读，若干流行的议论中不乏“过度阐释”之嫌。[③]

四 再论古史分期：重启重大历史理论问题的讨论

1950年2月17日，因《十批判书》改版重新出版，郭沫若写就《蜥蜴的残梦——〈十批判书〉改版书后》一文，文中对之前关于儒家和法家的“批判”中的个别错误进行了订正，说明对《诗经·小雅·信南山》中“中田有庐，疆场有瓜”的解释，并照录曾参加安阳小屯及侯家庄殷王陵墓发掘的考古学家郭宝钧于1月29日写给郭沫若介绍当年发掘情况的书面答复。郭沫若说：“前中央研究院在安阳小屯及侯家庄曾发掘到殷代宫殿遗址及殷王陵墓……这些资料都不曾发表，遗物已全部搬往台湾，一时无由考见。我曾经请求参加发掘的郭宝钧先生把大概的情形叙述一下，承他以书面答复了我。我并征得了他的同意，把他的叙述附录在这儿。”郭沫若据郭宝钧的书面答复，更认为殷周时期的社会性质是奴隶社会的观点“的确是铁案难移”。文章还顺带反驳董作宾对其因甲骨文而断定殷代是奴隶社会观点的批评，同时申明《十批判书》并非“抬举了先秦儒家”，“在今天依然有人在怀抱着什么‘新儒家’的迷执，那可以说是恐龙的裔孙——蜥蜴之伦的残梦”。[④] 这是他自1947年后首次撰写古史分期问题的文章，即使《蜥蜴的残梦——〈十批判书〉改版书后》并不是一篇严格意义上的学术论文，它只是作者对若干史料的一些新认识的说明，并借此重申殷周是奴隶社会的观点，但是仍然可以看出，古史分期问题作为中国马克思主义史学中的重要问题，在郭沫若心中的地位。

在郭沫若写罢《蜥蜴的残梦——〈十批判书〉改版书后》一个多月后的3月19

---

① 《郭沫若来函（1953年12月14日）》，《刘大年全集》第11卷“书信（下）”，湖北人民出版社2016年版，第33页。

② 林甘泉：《代序：“嘤其鸣矣，求其友声”》，林甘泉主编：《文坛史林风雨路——郭沫若交往的文化圈》，浙江人民出版社1999年版，第24页。

③ 刘大年回忆说：“（汪篯从广州回来以后写的关于与陈寅恪见面结果的报告）内容我已经毫无记忆，只记得汪口头汇报说，陈提出请毛、刘二公允许他不讲马列主义。汪带回陈的两篇文章、四首诗。文章很快发表在《历史研究》上。诗是给北大教授邓之诚的，有‘会议’‘经史’‘文章’等题目，反映出作者对共产党很不了解。其中多用古今掌故，包括梅兰芳最初演戏的戏园名称等，由翦伯赞注释后刊登在中宣部的内部刊物上。周恩来总理很快知道了汪报告的内容，在政务院的一次会议上讲，像陈寅恪这样的老一辈知识分子不了解共产党是正常的。他愿意留在大陆，不去台湾，是一位爱国主义者，我们要团结。”《刘大年全集》第11卷“书信（下）”，湖北人民出版社2016年版，第363页注。

④ 郭沫若：《蜥蜴的残梦——〈十批判书〉改版书后》，《奴隶制时代》，新文艺出版社1952年版，第65—72页。

日，郭宝钧在《光明日报》上发表《记殷周殉人之史实》一文。关于这篇文章，郭沫若后来曾经有过说明："关于殷代殉人的情形，最初是由郭宝钧先生在中国科学院的一次座谈会上提出的。参加那次座谈会的除郭宝钧外，有丁瓒、王冶秋、裴文中、徐炳昶、苏秉琦诸位先生"，"听了那次报告，我当时便认为是殷代奴隶社会的绝好证据，怂恿报告者把它写出。因而便有一月二十九日他（指郭宝钧——引者）给我的一封信。这信我已经收录在拙著十批判书的改版书后"。[①] 以上当是郭宝钧在《光明日报》所发文章的前因，后果便是"其后宝钧先生在三月十九日《光明日报》的'学术'副刊上发表了《记殷周殉人之史实》一文，日期署的是三月八日。但内容和给我的信，大体上是一致的，只是有了些细节上的却也相当重要的改变"。[②] 对照《蜥蜴的残梦——〈十批判书〉改版书后》中录下的郭宝钧 1 月 29 日给郭沫若的书面答复和郭宝钧发表在 3 月 19 日《光明日报》上的《记殷周殉人之史实》一文，后者较之前者除了增删几句话即郭沫若所谓"细节上的改变"，并且作为公开发表的文章，后者在个别字句上进行了一点技术处理外，两文的内容几乎完全相同，可证实郭宝钧发表的《记殷周殉人之史实》一文，就是他给郭沫若的书面答复。

问题的关键正在于"有了些细节上的却也相当重要的改变"。郭沫若在《蜥蜴的残梦——〈十批判书〉改版书后》中转录的郭宝钧写的书面答复中有"此皆三千年前残暴社会下之牺牲者（推想奴隶居多，近身者或亲信）"[③] 的话，正是郭宝钧提供的材料和这个推断，让郭沫若非常重视，"应该感谢郭宝钧先生，他所提供的这项资料是非常重要的。关于殷代的社会制度，好些朋友一直到现在都还采取着很慎重的态度，不敢断定为奴隶社会。有了这项资料，我认为是毫无可以怀疑的余地了"。[④] 可以说，作为亲临发掘现场的考古学家，郭宝钧在书面答复中所给出的"推想奴隶居多"的观点，给了郭沫若持有的殷周为奴隶社会的认识以更大的信心。[⑤] 然而，在《光明日报》发表的《记殷周殉人之史实》一文中，郭宝钧不仅删掉了"推想奴隶居多，近身者或亲信"这 12 个字，反而在最后一段加上了"此一段史实，对于古代史研究，究能说明何事，所殉之人，是否皆奴隶，是否皆从事生产之奴隶，作者未敢进

---

① 郭沫若:《申述一下关于殷代殉人的问题》,《奴隶制时代》，新文艺出版社 1952 年版，第 78 页。

② 郭沫若:《申述一下关于殷代殉人的问题》,《奴隶制时代》，新文艺出版社 1952 年版，第 78 页。

③ 郭沫若:《申述一下关于殷代殉人的问题》,《奴隶制时代》，新文艺出版社 1952 年版，第 69 页。

④ 郭沫若:《申述一下关于殷代殉人的问题》,《奴隶制时代》，新文艺出版社 1952 年版，第 69 页。

⑤ 这一时期，郭沫若曾多次提及民国时期中央研究院在安阳等地发掘的殷人陵墓资料大多未曾发表便被搬往台湾而在古史研究中无法使用这些资料的遗憾。中国科学院成立后，郭沫若积极推动筹建考古研究所，1950 年 8 月 1 日考古所成立，成为中科院建院初期成立的第一批研究所之一，10 月派出由夏鼐任团长、郭宝钧任副团长的考古发掘团赴河南辉县开展考古发掘。《夏鼐日记》中对郭沫若关心考古工作事宜多有记述。王兴:《"良师益友":〈夏鼐日记〉中的郭沫若》,《廊坊师范学院学报（社会科学版）》2015 年第 1 期。先前的北平研究院史学研究所和中央研究院历史语言研究的考古人才大多留在大陆固然是考古所很快成立并迅即开展田野发掘的重要条件，笔者推测，应该也与郭沫若等人希望尽快地得到更多的考古学材料以用于古史研究不无关系。

一步推断”，[①] 即公开对殷墟墓葬中被殉葬之人是否为奴隶身份提出怀疑，而不是先前的肯定性推断。对于郭宝钧的变化，郭沫若大为疑惑：郭宝钧“给我的信大约是受了我的意见的影响，故说‘推想奴隶居多’。发表的文章，自然是经过了一番考虑，或许又是受了别人意见的影响，故‘未敢进一步推断’。”[②] 我们无从知道郭宝钧因何将给郭沫若的书面答复公开发表在《光明日报》上，也不清楚他为什么将私人间的书面答复中对殷代墓葬中所殉之人身份的推测从“奴隶居多”变为公开发表时的“未敢进一步推断”，但是这个改变正是郭沫若证实其古史分期观的关键点之一，这促使郭沫若在郭宝钧文发表的当天就写下《读了〈记殷周殉人之史实〉》，两天后发表在《光明日报》上，文中用郭宝钧提供的材料论证“这些毫无人身自由，甚至连保全首领的自由都没有的殉葬者，除掉可能有少数近亲者之外，必然是一大群奴隶”“如此大规模的殉葬，毫无疑问是提供了殷代是奴隶社会的一份很可宝贵的地下材料”“这一段史实，正说明殷代是奴隶社会”，郭沫若明确表示：“在我的理解中，殷周都是奴隶社会，而奴隶社会的告终应该在春秋与战国之交。”[③] “自 20 世纪 40 年代以来，西周封建论在马克思主义史学家中占多数，因此郭论一出，立即在史学界引起强烈反响”，该文被认为“拉开 1949 年后古史分期大讨论序幕”。[④]

作为中国马克思主义史学的重大历史理论问题之一，古史分期问题从唯物史观史学产生之时就成为争论的焦点，“这问题要清理起来应该清理得更远，远到我们开始用科学的历史观点来研究中国古代史的初期”。[⑤] 1937 年郭沫若从日本回国之前，他的《中国古代社会研究》中的古史分期观和其他相关文章，就在社会史论战和论战之后产生极大争议，各派学者的批评意见层出不穷，吕振羽、翦伯赞等马克思主义史学家也多有异议。1937 年以后，中国马克思主义史学阵营逐渐明确，郭沫若的古史分期观虽有变化，但是古史分期问题的争论并未停息。[⑥] 在民国时期的中国马克思主义史学阵营中，郭沫若的古史分期观尽管影响甚大，但赞同者并不在多数，以马克思主义史学家的“五老”而言，郭沫若之外的其他“四老”的古史分期观都与郭不一致，这不能不说是郭沫若数次调整并努力证实自己的古史分期观点的一个主要原因。1949 年以后，中国马克思主义史学居于主导地位，“由唯心史观转向唯物史观”位于

① 郭宝钧：《记殷周殉人之史实》，《光明日报》1950 年 3 月 19 日。

② 郭沫若：《申述一下关于殷代殉人的问题》，《奴隶制时代》，新文艺出版社 1952 年版，第 79 页。

③ 郭沫若：《读了〈记殷周殉人之史实〉》，《光明日报》1950 年 3 月 21 日。郭沫若发表此文之后，又曾与郭宝钧面谈两次：“关于在发掘中所看到的周代的殉葬情形，为了把它弄得更明确起见，我最近和发掘者郭宝钧先生面谈过两次。我请他扼要地写一点出来，他给了我这一封信。我征得了他的同意，把它公开出来。”郭沫若：《发掘中所见的周代殉葬情形》，《奴隶制时代》，新文艺出版社 1952 年版，第 138 页。1951 年 8 月 24 日郭宝钧致函郭沫若介绍在河南辉县发掘情况的信（信中对殉人身份问题未再发表看法），郭沫若于次日即写短文《发掘中所见的周代殉葬情形》，文中仍收录了郭宝钧的这封信的全文，发表在《奴隶制时代》一书中。

④ 王学典主编：《20 世纪中国史学编年（1950—2000）》上册，商务印书馆 2014 年版，第 3 页。

⑤ 郭沫若：《申述一下关于殷代殉人的问题》，《奴隶制时代》，新文艺出版社 1952 年版，第 79 页。

⑥ 于沛主编：《马克思主义史学思想史》第 4 卷，中国社会科学出版社 2015 年版，第 90—95 页。

郭沫若提出的史学六个方面转向之首，[①] 将马克思主义史学研究引向深入，在学术层面加强对中国马克思主义史学的学科建设，是摆在所有马克思主义史学家面前的主要问题，而古史分期问题又是其中的核心问题。无论是从新的形势下充分展开马克思主义史学研究的大处着眼，还是从进一步论证完善自己的古史分期观点而言，在新中国成立后再次形成古史分期问题的讨论局面当是郭沫若所希望看到的。为改版的《十批判书》而写的《蜥蜴的残梦——〈十批判书〉改版书后》一文以古史分期问题为中心，就说明他对这个问题的重视程度，缘于郭宝钧文章的发表，使他在繁忙的政务之余更为重视古史分期研究。从1950年至1951年，郭沫若先后写了多篇讨论古代社会性质的文章和书信，如《中国奴隶社会》（1950年6月10日）、《申述一下关于殷代殉人的问题》（1950年6月24日）、《关于周代社会的商讨》（1951年6月17日）、《关于奴隶与农奴的纠葛》（1951年7月8日）、《发掘中所见的周代殉葬情形》（1951年8月25日）、《几封讨论古代研究的信》（1951年4—7月）等，多数文章发表在《新建设》《光明日报》《人民日报》等报刊上。

讨论首先发生在对郭沫若和郭宝钧关于殷周殉人身份认识的不同观点中。郭沫若在回应文章《申述一下关于殷代殉人的问题》中强调："中国的奴隶社会究竟始于何时？谨慎一点的人今天还敢说：因为材料不够。终于何时呢？也众说纷纭。我自己很想把春秋和战国之交作为奴隶制与封建制的分水岭"，文中再一次说明他的古史分期观倾向于"战国封建论"。[②]

1951年5月范文澜的《关于〈中国通史简编〉》一文发表在《新建设》杂志上，文章重点是指出了"对本书缺点的初步认识"，也总结了《中国通史简编》"许多写法在旧类型的历史里从来没有过"的特点，对此，范文澜着重论证了其"从西周起到秦统一定为初期的封建社会"的观点，主要论据包括商周墓葬中殉葬人的考古资料。[③] 嵇文甫在此前一期的《新建设》发表了《中国古代社会的早熟性》，文中说："周代奴隶制度的发达，有郭沫若先生从金文中找出的许多例证"，但是，"中国的'文明'是早熟的，它当氏族制度尚有活力的时候，早就建立起'国家'……周代奴隶制度尚停留在一种低级形态下，不要说殷代，更不要说夏代了"。[④] 郭沫若则在《新建设杂志上》发表了同范文澜和嵇文甫商榷的文章《关于周代社会的商讨》，文章开始就说："范文澜先生说西周是封建社会，近在《关于中国通史简编》（《新建设》第4卷第2期）的检讨中揭出了'一点最简单的理由'。我想就那些'理由'，

① 郭沫若：《中国历史学上的新纪元》，《进步日报》1951年9月29日。

② 1950年到1951年，郭沫若对于"战国封建制"并未思考成熟，1950年4月26日他在北京大学的讲演中，还是将秦代划为奴隶社会。1952年2月18日郭沫若在《奴隶制时代·后记》写道："我在这里要负责声明，那篇演讲录应该作废。那篇演讲录里面并没有什么新的东西，有的却只是把秦代也划入了奴隶社会的不正确的见解而已。"

③ 范文澜：《关于〈中国通史简编〉》，《新建设》1951年5月第4卷第2期。

④ 嵇文甫：《中国古代社会的早熟性》，《新建设》1951年4月第4卷第1期。

同范先生和研究古史的学者们来讨论一下”，他从“人殉的徵引”“诗经的徵引”以及“古代社会的早熟性”等方面提出了与范、嵇的商榷意见。[①] 看得出，此时的郭沫若不仅自己究心于古代社会性质和古史分期问题，而且希望通过讨论的形式引起马克思主义史学居于主导地位语境下的中国史学界的更多关注。

在讨论的过程中，郭沫若意识道：“关于中国奴隶社会这个问题，应该从全面来作一个总解决，即是从生产方式到意识形态来作一个全面的清理。”[②] 1952 年 2 月，他完成了三万余字的长文《奴隶制时代》，“从生产方式到意识形态”详细论证了他的新的古史分期观点：把奴隶社会的下限定在春秋战国之交，确定了其著名的“战国封建说”。他以《奴隶制时代》为书名，收入了这个时期撰写的讨论古代社会性质的文章，于 1952 年 6 月由上海新文艺出版社出版。[③]

至此，古史分期问题的讨论内容已经从论证自己的古史分期见解发展到对他人观点提出商榷意见，从认识殷墓殉人的身份扩展到讨论殷周、春秋战国、秦汉等时代的社会性质问题，从讨论古史分期问题延伸到与古史分期问题密切相关的中国封建土地所有制、中国资本主义萌芽、中国封建社会长期延续、亚细亚生产方式等问题，大批学者因此而聚拢在讨论中，他们中有资深马克思主义史学家，更有一大批曾经的非马克思主义史学家，还有考古学家、古文字学家和其他相关领域的学者以及青年学者。以郭沫若为主导人物开启的古史分期问题讨论的热潮，在数年间便形成了以“西周封建说”“战国封建说”和“魏晋封建说”为代表的十几种分期观点，并延伸形成了以“五朵金花”为代表的对中国马克思主义史学重大历史理论问题的讨论热潮。

（原载《史学理论研究》2020 年第 2 期）

① 郭沫若：《关于周代社会的商讨》，《新建设》1951 年 7 月第 4 卷第 4 期。

② 郭沫若：《申述一下关于殷代殉人的问题》，《奴隶制时代》，新文艺出版社 1952 年版，第 85—86 页。

③ 谢保成认为：“如果说《奴隶制时代》一书出版之前，辩论主要是‘西周封建说’与‘战国封建说’的对垒的话，那么该书的问世，便使争论扩展到春秋战国乃至秦汉的社会性质上了。”谢保成：《郭沫若学术思想评传》，北京图书馆出版社 1999 年版，第 129 页。

郭沫若古文字研究的自我完善

——以西周镈师官与职的研究为例

冯　时

郭沫若先生的古文字学研究可以大致分为前后两个时期，两期的分野即在新中国成立后的20世纪50年代。郭老早年的古文字研究工作不仅开创性地著述了一系列这一领域的专门著作，同时也完成了建立在这一基础之上的史学研究。新中国成立后，他对这些成果进行了梳理，其中凡可存者或整合修订，而不存者则毅然汰除，表现出对其前期研究工作的完善。尽管如此，就古文字与古史研究中最重要的史料问题，郭老却始终未能释怀，这无论对其古文字学的研治与古史的重建，抑或学术是非的检验，都有着至为关键的意义，故其念兹在兹，释兹亦在兹。

自北宋金石学创建以后，商周铭刻资料的积累虽然已有相当的数量，但散佚严重，缺乏系统性，作为史料不免让人有种种遗憾。1952 年 10 月 27 日，郭老在其《金文丛考》的《重印弁言》中即表达了对这种史料阙如的无奈，他说："这儿所呈现出的《金文丛考》是把原有的《金文丛考》《金文余释之余》《古代铭刻汇考》和《续编》中的金文部分汇集起来的，略略有些删改和补充，但是在骨干上大体仍旧。主要的原因是二十年来没有什么显著的器物出土，因而我的见解也还没有多么大的改变和补充。"[①] 新中国成立后，早期这种史料困涸的局面伴随着考古学的兴起逐渐得到了改变，这使郭老对其旧说的检讨匡正成为其新时代古文字研究的一项重要工作。

新中国日新月异的经济建设极大地推动着考古事业的蓬勃发展，从而使重要的商周具铭青铜器不断涌现。这些铭文多由郭沫若先生率先考释，相关成果已辑为《金文丛考补录》，编入《郭沫若全集·考古编》第六卷。郭老在这一时期的彝铭研究于旧学与新学两域得心应手，左右逢源，不仅促进了相关问题研究的深入，而且也时见他据新史料对自己旧有观点的修正。兹仅据郭老对辅师嫠簋铭文的研究，略窥其学术自我完善之心路。

1957 年 11 月，中国科学院考古研究所（今属中国社会科学院）沣西工作队在陕西省长安县沣河西岸进行考古调查时，于五楼乡政府获得同年 3 月兆元坡村农民平整

① 郭沫若：《金文丛考》，人民出版社 1954 年版，"重印弁言"。

土地时发现的一件铜簋，其上铸有百余字铭文，年底携回北京。1958 年 3 月 10 日上午，时任中国科学院院长的郭沫若先生特地来考古所观看这件铜器。当时铭文虽已剔剥清晰，但还没有进行墨拓，郭老摩挲原器，当场用考古所人员提供的办公用纸手写了释文初稿。4 月 24 日，郭老写成《辅师嫠簋考释》一文，判定这件铜器的年代属西周晚期的厉王之世，后在 1958 年 6 月出版的《考古学报》1958 年第 2 期发表。

辅师嫠簋与清人潘祖荫旧藏的师嫠簋本系同一位器主之物，后者在郭老旧作的《两周金文辞大系考释》中已有研究，并被 1957 年修订重刊的《两周金文辞大系图录考释》收录。其新作之《辅师嫠簋考释》，则根据这件新出资料，对刚刚修订的旧作中有关该器器主官职的重要观点进行了重新思考和必要的修正。

兹先将二器铭文释写如下。厉王时代的辅师嫠簋铭云：

> 唯王九月既生霸甲寅，王在周康宫，格大室，即位。荣伯入右辅师嫠，王呼作册尹册命嫠曰："更乃祖考司辅，哉锡汝缁市、素衡、鑾旂，今余增乃命，锡汝玄衣黹纯、赤市、朱衡、戈彤沙（蘇）琱戫、旂五日，用事。"嫠拜稽首，敢对扬王休命，用作宝尊毁，嫠其万年子子孙孙永宝用事（见图 1）。①

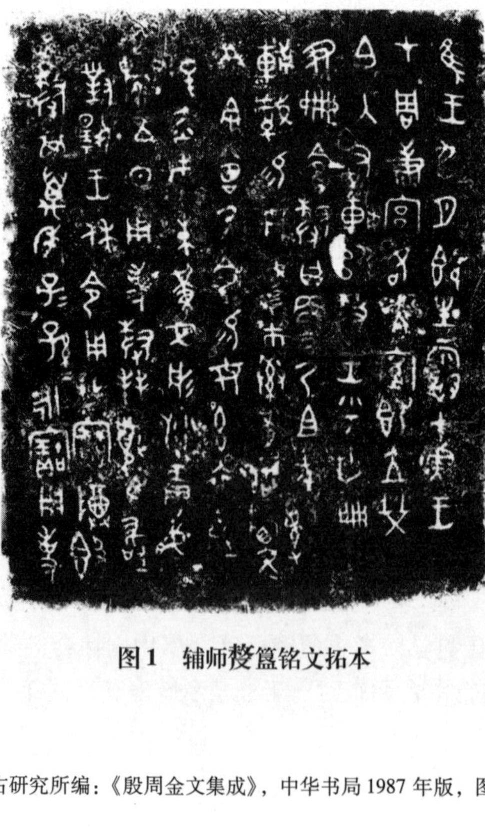

图 1 辅师嫠簋铭文拓本

① 中国社会科学院考古研究所编：《殷周金文集成》，中华书局 1987 年版，图版 4286。

宣王十一年之师嫠簋铭云：

师龢父殂，嫠素市恐告于王。唯十又一年九月初吉丁亥，王在周，格于大室，即位。宰琱生（甥）入右师嫠，王呼尹氏册命师嫠，王若曰：“师嫠，在昔先王小学汝，汝敏可事，既命汝更乃祖考司小辅。今余唯申就乃命，命汝司乃祖旧官小辅，眔鼓钟。锡汝素市、金衡、赤舄、鋚勒，用事。敬夙夜勿废朕命。”师嫠拜手稽首，敢对扬天子休，用作朕皇考辅伯尊殷，嫠其万年子子孙孙永宝用（见图2、图3）。[①]

图2 师嫠簋盖铭拓本

图3 师嫠簋器铭拓本

器主嫠所任之官，师嫠簋铭但称为“师”，而言先王所授其祖之旧官曰“小辅”，故清人吴大澂读“小辅”为“少傅”。郭沫若初从其说，其于《大系》论曰：

“小辅眔鼓钟”：吴大澂云“小辅当读为少傅”（《古籀补》八十五），近是。鼓钟与小辅为对，亦当是官名。准此，则《小雅·鼓钟》之诗，所谓“鼓钟钦钦，鼓瑟鼓琴，笙磬同音，以雅以南”，实是鼓钟之官钦钦然鼓瑟鼓琴也。鼓钟之官所司者有琴瑟笙磬雅南鼙籥之类，而在本铭又与学官为联，盖即《周礼·

① 中国社会科学院考古研究所编：《殷周金文集成》，中华书局1987年版，图版4324。

春官》之乐师或大小胥也。①

但在随后发现的辅师𠭰簋铭文中，𠭰之官为辅师已说得非常清楚，故郭老改读“辅师”为“镈师”，并认为其即《周礼·春官》所载之镈师。此说否定郭老自己于前所从吴氏之旧见，精确卓识。其于《辅师𠭰簋考释》论曰：

> “小辅”，吴大澂以为“当读为少傅”（《古籀补》14.5），余前以为“近是”（《大系考释》149），今案有问题。以本铭勘合，此言“司辅”，并称𠭰为“辅师”，则“辅”当读为镈。“辅师”即《周礼·春官》之“镈师”也。……
>
> 是则镈师的职责主要是管击鼓。“辅”言“小”者，盖鼓有大小，或镈师之职有大小（《周礼》镈师之职有“中士二人，下士四人，府一人，史一人”等）。司辅是管司鼓的，所以在宣王时代又叫师𠭰兼管“鼓钟”（即钟师），业务相近。②

郭老于新作中正确地指出了器主𠭰的职官为镈师，不仅对其旧有观点有所修正，而且更重要的是为对铭文“鼓钟”含义的理解以及镈师与“鼓钟”关系的探索指明了方向。

两簋铭文所述厉、宣二王对𠭰的两次册命，其世官世职稍有不同。辅师𠭰簋铭言厉王命𠭰承其祖考旧官司“镈”，而师𠭰簋铭则言宣王重申厉王之命，命𠭰赓续其祖考司官“小镈”，知“镈”即“小镈”，“小”实为副贰之称。故小镈或即《周礼·春官》作为大师副贰之小师。两官职事对较，可见其相近，故镈师本或即为小师。《周礼·春官·叙官》：“大师，下大夫二人。小师，上士四人。瞽矇，上瞽四十人，中瞽百人，下瞽百有六十人。眡瞭三百人。”疑小师之四人中本当有镈师。

《周礼·春官·镈师》云：

> 镈师掌金奏之鼓。凡祭祀，鼓其金奏之乐。飨食宾射亦如之。军大献，则鼓其恺乐。凡军之夜三鼜，皆鼓之。守鼜亦如之。大丧，廞其乐器，奉而藏之。

郑玄《注》：“谓主击晋鼓，以奏其钟镈也，然则击镈者亦视瞭。”贾公彦《疏》：“镈师不自击镈，使视瞭击之，但击金奏之鼓耳。”据此制度，可知镈师本以击鼓为职，而击镈则应由视瞭所司，其事甚明。又《周礼·春官·小师》云：

---

① 郭沫若：《两周金文辞大系图录考释》，《郭沫若全集·考古编》第8卷，科学出版社2002年版，第315—316页。

② 郭沫若：《辅师𠭰簋考释》，《考古学报》1958年第2期。

> 小师掌教鼓鼗柷敔埙箫管弦歌。大祭祀，登歌击拊。下管击应鼓。徹歌、大飨亦如之。大丧与廞，凡小祭祀、小乐事鼓𣋡，掌六乐声音之节与其和。

郑玄《注》："出音曰鼓。鼗，如鼓而小，持其柄摇之，旁耳还自击。"知小师之主职也为击鼓，与镈师之事相同。鼓以行节，即所谓掌六乐声音之节，这是乐曲和谐的关键，故为小师、镈师所掌。

有关师嫠簋铭所谓之"鼓钟"，郭老推测应为《周礼》之钟师，则尚可讨论。《周礼·春官·钟师》云：

> 钟师掌金奏。凡乐事以钟鼓奏九夏：《王夏》、《肆夏》、《昭夏》、《纳夏》、《章夏》、《齐夏》、《族夏》、《祴夏》、《骜夏》。凡祭祀飨食，奏燕乐。凡射，王奏《驺虞》，诸侯奏《貍首》，卿大夫奏《采蘋》，士奏《采蘩》。掌鼙鼓缦乐。

郑玄《注》："金奏，击金以为奏乐之节。金谓钟及镈。以钟鼓者，先击钟，次击鼓，以奏九夏。(奏燕乐)，以钟鼓奏之。"准此可明，钟师所司之事不仅击钟，而且击鼓，则击鼓之事显然又与镈师重复。周王册命师嫠世官世职，不应事涉重复，故"鼓钟"之意似不宜解作钟师之官，此其一证。郭老或又解《诗·小雅·鼓钟》之"鼓钟"为官名，并以琴瑟笙磬雅南鼖籥皆其所司，如此则与《周礼》所载钟师之职不合。况若强为理解，也与《诗》意不谐。此其二证。

《周礼》显示，镈师仅以击鼓为职，主掌乐节，并不亲行击钟之事，故其职与击钟者本属二事。击钟乃由视瞭所承担，其以击钟为职，或本即名其官曰"鼓钟"。"鼓钟"为官名又见于大克鼎铭，其文云："锡汝史、小臣、灵籥、鼓钟。"郭老以为，灵籥、鼓钟与史、小臣并列，疑是官名[①]。其说甚是。史与小臣不同，而灵籥与鼓钟则皆为乐官。据此考辨，则知师嫠簋铭之"鼓钟"当与大克鼎铭之"鼓钟"同义，并为官名，而与《诗·小雅》作为击钟意义的"鼓钟"不类。故簋铭"眔鼓钟"即言嫠在作为镈师的同时，还兼及视瞭之职而鼓钟。"视瞭"本取目明为义，与乐事无涉。其以击钟为事，故其官本即应名"鼓钟"，以乐事为义，于理甚合。

据此可知，两簋铭本谓厉王命嫠承其祖考旧官为镈师，但以击鼓掌节为职，至宣王更重申此命，复命嫠在承袭其家族旧官为镈师的同时，不仅击鼓，还兼掌本由视瞭所司的鼓钟一官而击钟，文字与制度皆若合符契。西周时期，官与职彼此分别，或专或兼，制度严格。卿事寮之官可一官多职，如扬簋铭言王命扬作司空，但除司空之事外，其职可兼涉粮田佃、王居、刍荄及司寇等数职数事，而太史寮以知识袭官，则属

① 郭沫若:《两周金文辞大系图录考释》，《郭沫若全集·考古编》第8卷，科学出版社2002年版，第262页。

专官，有职则必有官。故命其击钟事，必授其官。两相参证，不仅西周之乐官制度可得揭示，且可寻见《周礼》制度之源。

以上所论郭老据新出彝铭重审旧说之事例，其实只是其学术体系自我完善工作之一端而已。事实上，郭老对其学术观点的修正是贯穿于一生的追求，正所谓“常常是以今日之我在和昨日之我作斗争”[①]。20世纪50年代，郭老全面检讨其二十多年前的旧作，有些自我批判甚至是毫不留情的。如1952年在其《甲骨文字研究》的《重印弁言》中说：“我在二十几年前曾经有过很多错误的看法，便是把殷代看成金石并用时代和原始社会的末期。有少数朋友直到现在还受着我的影响，我是应该坦白认错的。那种看法，在今天看起来，固然是错误，但其实我在作那种看法的当时，已经就觉得不大妥当的。……但我固执着自己的旧说而马虎过去了。这是应该作自我检讨的：就是做学问时，未能够充分地做到实事求是。”[②] 西周金文作为重建其时历史的直接史料，具有其无可替代的价值。尽管史料的完整是史学发展的基础，但客观地运用史料，全面地分析史料，毋意毋固，不强经以就我，则是得出正确结论所应采取的必要方法和基本态度。郭老治学不抱残守缺，不徇一己之好恶粉饰旧劳，而是勇于根据新史料做自我修正，体现了其视学术为天下公器，以探求真理为己任的坦荡胸怀。

一时代有一时代之学术，新中国的成立不仅使作为新学的考古学产生了质的飞跃，而且在新史料的发现与积累上为史学的发展准备了条件，这使郭老学术的自我完善成为可能。郭老曾感慨：“地下发掘出的材料每每是决定问题的关键。在目前进行着大规模经济建设的伟大时期中，被封锁在地下的图书馆与博物馆不断地开放，古代资料正源源不绝地出土。研究成果趋于一致的可能性逐渐增长了。我怀抱着欢欣鼓舞的心情，期待着史学界的研究工作会蓬蓬勃勃地开展起来，并期待着我自己的错误会有彻底清算干净的一天。”[③] 读到这些真诚的文字，令人不禁心生敬佩。郭老精进不休、臻于至善的治学之志，于斯可见；其虚怀若谷的无私胸襟，于斯亦可见。

（原载《郭沫若研究》2020年第1辑）

---

① 郭沫若：《一九五四年新版引言》，《中国古代社会研究》，人民出版社1954年版，第v页。

② 郭沫若：《甲骨文字研究·重印弁言》，《郭沫若全集·考古编》第1卷，科学出版社1982年版，第8—9页。

③ 郭沫若：《一九五四年新版引言》，《中国古代社会研究》，人民出版社1954年版，第v页。

从形象学到形象史学

——郭沫若与古代史所的形象史研究传统

刘中玉

20 世纪上半叶中国传统史学向现代史学的转型是在史观探讨、史料开发、问题转向、方法建构等一系列研究实践和学术论战的基础上实现的。从梁启超以进化论破题的“新史学”，罗振玉、王国维着眼于出土殷墟甲骨的“古史新证”，到官方设立北京大学研究所国学门（1922 年）及南北二院——中央研究院历史语言研究所（1928 年）、北平研究院史学研究会（1929 年成立，1937 年改为研究所）所倡导的“整理国故”，重建古史，表明经过近三十年的努力，中国历史学终于从史源材料、理论方法、学科体系、人才队伍等方面开始步入了现代历史学学科建设的轨道。然而这并不意味着彼时的中国史学已经成长为可与东方学和东洋学相颉颃的一支力量，特别是在日本侵华日甚一日的时局下，“群趋东邻受国史”（陈寅恪）的客观事实一再警醒史学者们“灭人之国，必先去其史”的教训，激发其“欲知大道，必先为史”（此句出自龚自珍《定庵续集·古史钩沉论》）的决心和斗志。一时间，在坚实的物质和文字史料的基础上谱写中国文明史[①]——修国史，成为史学界的普遍共识和努力方向。曾任北平研究院史学研究所副研究员的苏秉琦在回忆建立考古学的初衷时便说：“近代考古学的目标就是修国史，从 20 世纪初近代田野考古方法传到中国，1928 年后中国最早的两家考古研究机构中央研究院和北平研究院成立起，这个修国史的目标就很明确。如何修？傅斯年讲过一句话，‘上穷碧落下黄泉，动手动脚找东西’，意思是修国史要摆脱文献史料的束缚，不拘泥于文献，不是为了证史补史，而是要找到地下实物史料，作为修国史的重要依据。”[②] 可见当时修国史既担负着“史学救国”的大义，同时也有在文化上、学术上与西方（特别是日本）“一湔国耻”的意思在内。而此时正流亡日本的郭沫若，虽未参与当时国内史学界的“维新再造”，但因革命斗志而激发的对于“未来的待望”，“逼迫”其生出“清算过往社会的要求”[③]，由

---

① 张政烺：《我在史语所的十年》，《张政烺文集·苑峰杂著》，中华书局 2012 年版，第 4 页。

② 苏秉琦：《两个怪圈》，《中国文明起源新探》，生活·读书·新知三联书店 2019 年版，第 4—5 页。

③ 郭沫若：《中国古代社会研究》自序，《郭沫若全集·历史编》第 1 卷，人民出版社 1982 年版，第 3 页。

是决定把“无处发泄的精力”用在殷墟甲骨文字和殷、周青铜器铭文等古器物学、古文字学的探讨上面，以此为基础来揭示中国古代的文化体系和社会结构。从1928年流亡开始到1937年抗日战争回国，近十年间他利用新出土及传世的形象实物材料撰写出《中国古代社会研究》(1930年)、《甲骨文字研究》(1931年)、《殷周青铜器铭文研究》(1931年)、《两周金文辞大系》(1932年)、《金文丛考》(1932年)、《金文余释之余》(1932年)、《卜辞通纂》(1933年)、《古代铭刻汇考》(1933年)、《古代铭刻汇考续编》(1934年)、《两周金文辞大系图录》(1934年)、《两周金文辞大系考释》(1935年，废前著)、《殷契粹编》(1937年) 等一系列具有开创性和开拓性的学术论著，以卓越的研究实践开辟出以唯物史观和唯物辩证法研究历史的新路径，并形成了自己以古器物、古文字研究为基本史料的中国古代文化研究方法论体系(本文将之概括为“形象学方法论”)。新中国成立后，虽劳于政务，然仍汲汲于打开历史研究新局面，一方面针对考古新发现而时有新著（相关文章先收录于《金文丛考·补录》《文史论集》等书，后入编《郭沫若文集》《郭沫若全集·考古编》)，继续丰富其形象学方法论体系；另一方面在领导创立历史研究所（1954年成立第一所、第二所、第三所，郭沫若担任第一所所长）的同时，制定学科中长远规划，围绕修国史（《中国史稿》和中华文明探源）而启动了《中国历史图谱》《中国史稿地图集》《甲骨文合集》等一系列重大项目。历史研究所（1960年第一所、第二所合并为中国历史研究所，以下简称“历史所”，第三所为近代史研究所）本身得惠于此，在项目推进的同时形成了颇具特色的物质文化史（本文概括为“形象史”）研究传统。我们当前正着力建构的形象史学方法论，便是在这一传统滋养下应运而生的。是以为了进一步弘益形象史学方法论，我们有必要对郭沫若所确立的形象学方法论，以及古代史所的形象史研究传统进行回顾和梳理。

一 以艺术形象思维入古史

相较于文学创作和革命工作而言，郭沫若从事古代研究最初只是偶尔为之，且着重于从中西对比的角度对古代思想加以批判①，这一方面是因其对当时“整理国故”的乱象不满；另一方面则因“科学家那种枯淡的生活是要有物质条件做背景的”②，

① 如1921年作《我国思想史上之澎湃城》大纲（发表于上海《学艺》月刊1921年5月第3卷第1期)，1926年，所撰《周秦以前古代思想之蠡测》(发表于上海商务印书馆《国故论丛》1933年3月第1期)，便是对大纲“泛论之部”的进一步申发。参见林甘泉、蔡震主编《郭沫若年谱长编（1892—1978)》(第一卷)，中国社会科学出版社2017年版，第158—159、363页。

② 郭沫若：《创造十年续编·致成仿吾》，《郭沫若全集·文学编》第12卷，人民文学出版社1992年版，第203—204页。

而其一家人生活全无保障，尚无法让其下决心成为“真挚的研究家”①。他在1945年回忆流亡十年的古史研究时亦坦言：“我的从事古代学术的研究，事实上是娱情的事。假如有更多的实际工作给我做，我倒也并不甘心做一个旧书本子里面的蠹鱼。”②可以说正是流亡给了他从艺术家、革命家转向学问家的“机会”。不过如其视革命运动如艺术运动一般③，一旦沉潜于古代学术研究则便将之视作如艺术般的革命运动了。

受摩尔根《古代社会》与恩格斯《家庭、私有制与国家的起源》的影响，郭沫若将文献史料视作“社会史料”，希冀在唯物史观的指导下从中梳理出中国早期文明的结构体系。然而他很快便发现仅仅依托“既成史统”的《诗》《书》《易》这些经典文献来揭示殷周时期的社会变革和精神生产（他在1928年曾写过诗书、易时代的社会变革及其在精神生产上的反映）④，很难建构起牢固的“城垒”，避开“蜃气楼的危险”⑤。由于他有学医时储备的物质科学基础，又有译介马克思主义经典著作的理论修养和革命实践，故而在其长期从事文艺创作和理论译介、研究所形成的形象思维的助力下，一下子便抓住材料与方法这两个关键⑥，并决定从殷周古文来破题古代社会研究。

研究方向虽然确定，但他当时一无考古发掘的经验，二不谙考古学的方法，三更是无研究所需的资料。加之处于日本刑士、宪兵监视居住的状态，唯一的经济来源也被切断（创造社被查封），在这种“穷且困”的境况下开展研究，除了昂扬的革命斗志支撑之外，便只能采取发展朋友圈和自力更生相结合的办法来解决了。

研究资料方面，他先是求助于东京的朋友圈。1928年秋，他先后访书于上野图书馆和东京文求堂，并在文求堂田中庆太郎、新闻记者山上政义、作家藤森成吉和东洋文库石田干之助等人的帮助下，得以两个月内穷尽东洋文库所藏甲骨文与金文著作；1932年夏秋间，又往东京大学考古学教室、上野博物馆、东洋文库及林泰辅博士、中村不折、中岛蠔山、田中庆太郎等处探访，获甲骨两千片以上。其后又在田中

① 郭沫若：《整理国故的评价》，《文艺论集》，《郭沫若全集·文学编》第15卷，人民文学出版社1990年版，第159—162页。

② 郭沫若：《我怎样写〈青铜时代〉和〈十批判书〉》，《十批判书》后记，《郭沫若全集·历史编》第2卷，人民出版社1982年版，第465—466页。

③ 郭沫若：《艺术家与革命家》，《文艺论集》，《郭沫若全集·文学编》第15卷，人民文学出版社1990年版，第191—193页。

④ 1928年7月完成《周易的时代背景与精神生产》，《东方杂志》1928年11月第25卷第21、22期。8月完成《诗书时代的社会变革与其思想上的反映》，《东方杂志》1929年4—6月第26卷第8、9、11、12期。笔名皆为杜衎。参见龚继民、方仁念编《郭沫若年谱（1892—1978）》，天津人民出版社1992年版，第230—231页。

⑤ 郭沫若：《我与考古学》，见《郭沫若全集·考古编·考古论集》，科学出版社1992年版，第9页。

⑥ 1929年5月，他以“杜荃”的名义撰写《读〈中国封建社会史〉》，将方法的问题和处理材料的问题抛引出来讨论。该文于1930年1月发表于《新思潮》第2、3期合刊，参见林甘泉、蔡震主编《郭沫若年谱长编（1892—1978）》（第一卷），中国社会科学出版社2017年版，第438—439页。

庆太郎之子田中震二的陪同下，通过造访京都大学考古研究室，与内藤湖南、富冈君扐、滨田耕作、水野清一、梅原末治等人建立联络，并从富冈君扐、水野清一、梅原末治那里获取资料①。与此同时，建立与国内考古圈的联系。东洋文库的阅读不仅让他了解到罗振玉、王国维等先驱的开拓性研究，而且获知了国内考古学界的动态信息，从文章中“结识”了正在从事考古发掘和研究的容庚、马衡、于省吾等人（甚至当时还在北大读书的张政烺亦引起其关注）。是以从1929年开始，他便以“未知友”的身份与容庚、马衡、于省吾等人通信，向他们求助最新考古资料。其中与容庚往还最为频繁，问疑切磋，交流心得，他关于形象学方法论的构想便是最先告知容庚的（详后）②。1934年，在容庚的热情邀请下，他又加入“以古器物学之研究纂辑及其重要材料之流通为主旨”的考古学社。如此，研究资料的问题便解决了。

在方法上，除开已经掌握的自然科学的方法和唯物辩证法，考古类型学便是通过翻译这一“半为营生半为学”的自力更生方式获得的。而他选择“日本近代考古学之父”滨田耕作（1881—1938年）所译德国学者米海里司（Michaelis Adolf，1835—1910年）的《美术学考古发现史》（以下简称“米著”）③，而非其他专业性较强的论著，正是因为本书的对象“只是想学习考古学的学生，特别是对于古代美术有兴趣与爱好的一般的读书界”④。其时他与滨田氏并不相识，但知其是日本考古界的权威，且恰有乐群书店的约稿⑤，翻译此书可兼顾稿酬与方法两方面的收益。

从研究实践来看，米著对于他形象学方法论体系的形成起到了引领的作用。1930年为改译再版作《译者序》，他谈到了本书对他的影响在于将考古学“由美术的视野来观照，来叙述，把这一个分科就如象造成了一个万华镜一样。美术或美术史在它本来是富有华丽性的关系上，其叙述便不免容易蹈空，而成为一种非科学的成品，本书却由考古学的地盘上来处理美术，使我们读去，觉得古代散佚了的美术作品其由土中露出，就好像园地里开出来鲜花，这是本书所以引人入胜的地方”⑥。1948年再版此书时，又结合研究实践谈了该书对他的影响：“一九二九年我陷在日本的时候，为了

---

① 参见龚继民、方仁念编《郭沫若年谱（1892—1978）》，天津人民出版社1992年版，第232、272页。另参见蔡震《郭沫若的几次京都之行考》，《郭沫若学刊》2010年第1期。

② 详参广东省博物馆编《郭沫若致容庚书简》，文物出版社2009年版。

③ 滨田氏日译本为《ミハエリス氏美术考古学発见史》，岩波书店1927年版。

④ 译者前言：“为了迎合这一读者定位，作者在1908年改版时，特意删去了专业的参考书目，并在原附图谱的基础上增加了胥卜林曷尔《古代美术史纲要》和文特尔《美术史图说》的插图号数，以便于读者对照阅读。”参见［德］亚多尔夫·米海里司《美术考古一世纪》，郭沫若译，上海书店出版社1998年版，第1—3页。几乎与郭译同时，俞剑华将滨田耕作1916年所著《通论考古学》（俞译《考古学通论》）译介到国内，1931年由商务印书馆出版。滨田耕作1930年所著《东亚文明之黎明》则由汪馥泉译介，由黎明书局1932年出版。杨练则于1935年译作《东亚文明的曙光》，收入王云五主编的《史地小丛书》。

⑤ 1930年12月为据德文原版修改再版《美术考古学发现史》作《译者序》，参见林甘泉、蔡震主编《郭沫若年谱长编（1892—1978）》（第一卷），中国社会科学出版社2017年版，第471页。

⑥ 《美术考古学发现史·译者序》，参见林甘泉、蔡震主编《郭沫若年谱长编（1892—1978）》（第一卷），中国社会科学出版社2017年版，第471—472页。

想要弄清楚中国社会的史的发展，我开始了古代社会的研究，除了要把先秦的典籍作为资料之外，不能不涉历到殷虚卜辞和殷、周两代的青铜器铭刻。就这样我就感觉了有关于考古学上的知识的必要。因此我便选择了这部书来阅读。”又说：

> 我的关于殷虚卜辞和青铜器铭文的研究，主要是这部书把方法告诉了我，因而我的关于古代社会的研究，如果多少有些成绩的话，也多是本书赐给我的。……作者不惜辞句地教人要注重历史的发展，要实事求是地作科学的观察，要精细地分析考证而且留心着全体。……我自己要坦白地承认：假如我没有译读这本书，我一定没有本领把殷虚卜辞和殷周青铜器整理得出一个头绪来，因而我的古代社会研究也就会成为砂上楼台的。①

郭沫若所言米氏考古学方法，米氏本人在结论部分阐述得最为清晰：

> 以前的考古学是过分倾向于多数美术品的说明的，继因美术史上重要的遗物过多地发见了的结果，又特别注重在美术史的考察上去了。但是这不能不说是走到了极端。我们日益知道文献学上我们第一必要的，是由训诂解释的学问去考察字句；文学的历史也要在这样的基础上才能安全地把根底放稳；考古学上也和这完全同样。我们今天决没有再回到文献学的解释的态度上去，以写就的文字为标准去考察形象的必要。美术作品自己会说话，会使我们去了解它，把它有效地说明。且于文字写出的传统之外，有以形象表示的传统，我们应该知道那是依据着的特殊的法则的。不过对于一个美术品只看其外面的形式，于绘画只看其色彩与线而不问其内容，……形式实在只是外衣，然而也是自行制作内容的。所以“无物内在，无物外在，凡是内者，亦皆是外。”形式与内容是不可分，而是同一物。只有两者相互的关系决定美术作品的价值，而为研究的真的对象的。②

“不以文字为标准考察形象”，“形象有自己的系统”，米氏这一“超越”传统文字文献学而又有别于一般美术史处理材料的方法和视野，正合乎郭沫若“艺术”与“科学”兼备的研究意趣。对于西方的美术史理论，他此前亦有接触，1926 年，他曾据日本学者板垣鹰穗《西洋美术史概说》编译《西洋美术史提要》，并由上海商务印

① 郭沫若：《译者前言》，载［德］亚多尔夫·米海里司《美术考古一世纪》，郭沫若译，上海书店出版社 1998 年版，第 1—3 页。

② ［德］亚多尔夫·米海里司：《美术考古一世纪》，郭沫若译，上海书店出版社 1998 年版，第 329—330 页。

书馆出版[①]。可以说米著使他以文艺的形象思维切入对历史嬗变的研究有了理论的"背光"。

需要指出的是，米氏在结论中对于自己方法论的这一理论性概括，也正呼应了他在1908年将书名（初版书名 Die archäologischen Entdeckungen des neunzehnten Jahrhunderts，1906年）中的"考古学"改为"美术考古学"所作的解释，即"不带美术性质的单纯的文化的产物，只是时时言及而已"[②]。很显然，这与后来的美术考古学意涵是有差别的[③]。国内学者在谈到"美术考古学"这一概念的由来时，很自然地便会追溯到郭译之米著。事实上早在郭译之前的1922年（此时郭沫若正热火朝天地参与新文化运动，与成仿吾、郁达夫等人创立"创造社"，自然无暇顾及其后来不得已而为之的历史研究领域），"美术考古学"的概念便由滨田氏自己介绍给中国考古界了。当时新成立的北京大学研究所国学门特设考古学研究室（主任为马衡），为确立研究方向，研究所国学门主任沈兼士乃"广求海内外专门学者指导研究"[④]，请益对象中便包括日本同道滨田氏。作为东洋史京都学派美术史学讲座（1909年）的创始人[⑤]，此时的滨田正在翻译米著，他因此建议沈兼士、马衡先从美术史入手，将美术考古学作为研究所国学门考古学建设的基础[⑥]。迨1927年，滨田又牵头邀约原田淑人、沈兼士、马衡、朱希祖等人成立"东亚考古学会"，并一同前往辽东半岛貔子窝史前遗址调查[⑦]。其后不久，虽因滨田的反华立场而导致中日考古界分道扬镳，但是作为方法的"美术考古学"已经播入中国考古界，1929年郭译米著在国内的出版则进一步扩大了它的影响。

当然，除了西方考古学的方法和美术史的视野之外，他阅读罗振玉、王国维著作

---

① 参见林甘泉、蔡震主编《郭沫若年谱长编（1892—1978）》第一卷，中国社会科学出版社2017年版，第371页。

② ［德］亚多尔夫·米海里司：《美术考古一世纪·作者原序》，郭沫若译，上海书店出版社1998年版，第1页。郭译于1929年乐群书店出版；1930年，郭沫若又据此前成仿吾从柏林寄来的德文原版重新改译，1931年由上海湖风书局再版，书名改为《美术考古学发现史》，1948年上海群益出版社改版，定名为《美术考古一世纪》。对照德语原文：Die "Archäologie des Spatens" und ihre Ergebnisse bilden den Gegenstand der Darstellung. Dabei ist "Archäologie" durchweg im Sinne von "Kunstarchäologie" gefasst; Kulturerzeugnisse ohne ausgesprochenen Kunstcharakter werden nur gelegentlich herangezogen.（Michaelis Adolf., *Ein Jahrhundert Kunstarchäologischer Entdeckungen*, Leipzig: Seemann, 1908），可知郭译是遵照米著原意的。

③ 相关研究参见黄厚明《中国艺术考古学的学科向度与理论框架》，《美术研究》2006年第1期；郑岩《论"美术考古学"一词的由来》，《美术研究》2010年第1期；刘允东《美术考古学与美术史——兼论美术史边界的泛化》，《南京艺术学院学报（美术与设计版）》2010年第1期。

④ 马衡1922年3月14日致王国维书，参见马思猛辑注《王国维与马衡往来书信》，生活·读书·新知三联书店2017年版，第68—70页。

⑤ 刘正：《京都学派汉学史稿》，学苑出版社2011年版，第28页。

⑥ 刘正：《滨田耕作和东洋考古学京都学派》，《南方文物》2010年第1期。又见其著《京都学派汉学史稿》，学苑出版社2011年版，第118页。

⑦ 李庆：《成熟和迷途（1919—1945）》，《日本汉学史（修订本）》第二部，上海人民出版社2010年版，第309—310页。

中所学到的“古史新证”，特别是王国维的“二重证据法”，又成为其通过梳理青铜器体系来研究殷周社会的主要方法之一。他在《中国古代社会研究》1930年序文中便称自己：“资料之源泉以罗振玉氏所编之《殷文存》与邹安氏所编之《周金文存》为主。后书虽真赝杂糅，然所收之器特多，对于善用者亦亦丰富资源也。处理资料之方法，则以得力于王国维氏之著书者为最多；其即《金文著录表》与《说文谐声谱》二书，余于述作时实未尝须臾离也。”[①] 他认为，王国维虽然“思想感情是封建式的”，但其“研究学问的方法是近代式的”[②]，他利用殷墟卜辞不仅为文献中所载殷代王统找到了物证，并且纠正了讹传，抬升了殷墟的地位，故有“殷墟的发现是新史学的开端，王国维的业绩是新史学的开山”[③] 之论。不过他也发现，王国维虽然有了方法，但是并没有能如其所说的那样“创通条例，开拓阃奥”（《殷虚书契考释·序》），将金石学、古器物学的“一团大浑沌”[④] 破开。而随着浸润甲骨、青铜器研究日深，他自己则在“浑沌”中清理出一条“创通条例，开拓阃奥”的“草径”——形象学方法论。

如前所述，他关于形象学的构想最早是在与容庚的交流中提出来的，并希冀由容庚来推动这一体系的建设。通过梳理郭、容两人之间的通信书简便可发现，形象学从提出构想到体系成熟正好经历了五年时间（1930—1934年），这一时期也正是郭沫若实践将唯物史观借鉴到历史研究中的黄金阶段。在此，我们不妨以郭沫若致容庚书简为主线，对其形象学方法论体系试加条贯。

二　容庚与形象学方法论的确立

从1929年至1935年，郭沫若致容庚书简凡56封，其中明确提到形象学方法论体系建设的共8通。为便宜阅读，兹摘要如下：

> 1930年4月6日：武英殿古器复将由兄整理成书，甚欣慰。体例依《宝蕴楼》（即《宝蕴楼图录》）亦甚善。……又器物时代颇不易定，历来大抵依据款识以为唯一标准，然此标准亦往往不可靠。……余意花纹形式之研究最为切要，近世考古学即注意于此。如在铜器时代以前之新旧石器时代之古物，即由形式或

---

① 郭沫若：《殷周青铜器铭文研究》序，《郭沫若全集·考古编》第4卷，科学出版社1992年版，第2页。

② 郭沫若：《中国古代社会研究》1929年自序，《郭沫若全集·历史编》第1卷，人民出版社1982年版，第6—10页。

③ 郭沫若：《十批判书·古代研究的自我批判》，《郭沫若全集·历史编》第2卷，人民出版社1982年版，第6页。

④ 郭沫若：《十批判书·古代研究的自我批判》，《郭沫若全集·历史编》第2卷，人民出版社1982年版，第8—9页。

花纹以定其时期。足下与古物接触之机会较多，能有意于此乎？如将时代已定之器作为标准，就其器之花纹形式比汇而统系之，以按其余之时代不明者，余意必大有创获也。……（影印件第44—45页，释文第183页。）

1930年8月18日：……器物著年颇不易，《宝蕴》中即有数器可商，此事非花纹器制之学大有进展之后，即商周秦汉均不易确定。……（影印件第56—57页，释文第189页。）

1930年12月4日：……臣辰盉拓片及图能见示否？既有图可作参考，则弟稿（指《青铜器铭文研究》）殊未备，盖花纹形式于器之制作时代上大有攸关也。……（影印件第73页，释文第199页。）

1931年7月17日：《武英殿彝器图录》请寄来，如有可攻错处，自当竭尽棉薄。花纹定名弟尚未尝试，惟于花纹研究之方针早有腹案，惜无资料耳。……定时乃花纹研究之吃紧事。此与陶瓷研究及古新旧石器之研究同。此事最难，须就铭文之时代性已明者作为标准，逐次以推求也。花纹之时代性已定，则将来无铭之器物或有铭而不详者，其时代之辨别将有如探囊取物矣。（影印件第89—90页，释文第208页。）

1931年8月24日：花纹一事，大稿（指《武英殿彝器图录》）中所叙说者已甚详备。但弟意既有照片插入，则花纹拓片尽可从省，……至花纹研究一事，当综合群书另作一有系统之研究方可。此事非本图录所能尽，本图录之职志当在程材。

又及：陶斋所藏宝鸡所出柉禁诸器，盖掳获各族之物而集成者，故族徽不一，且各器有祖癸、妣己、父甲、父乙等名，可知非为一人而作，亦非作于一时，花纹亦有繁简精粗之不同，可注意也。（影印件第92—93页，释文第209—210页。）

1931年9月27日：尊著《宝蕴楼》于花纹形式确有暗默之系统存在，承示，深感读人书之不易。毛公鼎一稿有挂漏，将来有成书机会将订正之。窃意此花纹形制系统学之建设，兄为其最适任者，望能通筹全局而为之。弟遁迹海外，且在乡间，万事均感孤陋，惜无壤流可报耳。……（影印件第96—99页，释文第212页。）

1935年1月2日：示悉。《考古学社社刊》一册亦奉到，诸兄甚为努力，诚斯学之幸。《海外吉金录》（即《海外吉金图录》）序事勉力为之，唯须足下将大稿或校样见示，方能负责执笔。近有《彝器形象学试探》（1934年11月25日作）一文将副其意以应命。（影印件第116页，释文第222页。）①

① 详参广东省博物馆编《郭沫若致容庚书简》，文物出版社2009年版。

由上胪列不难发现，郭沫若关于青铜器花纹、形制的议论，主要是受容庚《宝蕴楼图录》《武英殿彝器图录》所激发，而得益于考古类型学和美术史视角的影响和唯物史观的观照，他一下子便跳出了古器物学和古文字学的拘限，将花纹、形制、文字视为系统性学问，并将该学问建设重任属意于容庚。嗣后容庚《商周彝器通考》（1941 年）《殷周青铜器通论》（1958 年，在《商周彝器通考》基础上增编）所形成的从花纹、形制和铭文流变综合研究的方法很显然便是受到郭沫若的影响。他本人得惠于容庚的资料馈赠，亦将这一理论构想付诸实践，完成了几篇颇为精彩的个案研究，为其最终形成分类图录《两周金文辞大系图录》、确立形象学方法论体系奠定了基础。

如 1930 年 4 月 5 日，作《新郑古器之一二考核》（7 月 16 日改定，年底读马衡《新郑古物出土调查记》后，作《〈殷周青铜器铭文研究〉追记四则》，即《关于新郑古物补记》），其中谈到这座 1923 年出土的大墓（据 1930 年关百益编《新郑古器图录》）中“莲鹤方壶”（时称“乙类方壶”）的问题，便着眼于文化史的视野来判断其花纹、形制的时代性，认为此器虽无铭文，然其花纹图案即已显示其时代性。“大凡殷周古器中之花纹均偏重几何图案；其次为动物图案，大抵均原始人想象中之怪兽形；动物形而用写实手法者甚罕见，其用植物为图案者，则可云绝无仅有。”由是他结合春秋时期周代的宗教思想、政治思想和道德思想的变化，并援及外来思想和器物的输入展开综合分析，认为：

> 此壶全身均浓重奇诡之传统花纹，予人以无名之压迫，几可窒息。乃于壶盖之周骈列莲瓣二层，以植物为图案，器在秦汉以前者，已为余所仅见之一例。而于莲瓣之中央复立一清新俊逸之白鹤，翔其双翅，单其一足，微隙其喙作欲鸣之状，余谓此乃时代精神之象征也。此鹤初突破上古时代之鸿蒙，正踌躇满志，睥睨一切，践踏传统于其脚下，而欲作更高更远之飞翔。此正春秋初年由殷周半神话时代脱出时，一切社会情形文化之一如实表现。①

郭沫若虽未见到实物，仅依据照片便发现了其中所蕴藏的时变信息，作出迥异于当时考古界对该器的判断，并使该器最终定名为“莲鹤方壶”，所依赖便是形象学这一“科学的方法”。他一再强调青铜器中蕴含有重要的新史料，如能用科学的方法“剔治”，必能使之“显豁”，所谓“事虽零碎，确有一贯之脉络可寻，而宗教、政治、道德之三者实三位一体。作器者为王侯与其臣工，故此实为统治思想之传统。此种思想之发生，即基因于阶级之分化，有阶级存在之一日，统治者对于此种理论即须

---

① 郭沫若：《新郑古器之一二考核》，《殷周青铜器铭文研究》卷二，《郭沫若全集·考古编》第 4 卷，科学出版社 2002 年版，第 99—100 页。

加以维系，故亘周代八百年间，上自宗周，下而列国，而自然形成一系统。周末之儒家思想，又此系统之系统化耳。”[①] 再如同年所就《殷彝器图形文字之一解》一文，指出“殷彝铭中有无数图形文字，前人往往以臆为说，多不得其解；今人又往往视为‘文字画’，而亦以臆为之说”[②]，他则运用摩尔根和恩格斯的社会发展理论，提出“图腾说”的新见[③]。此说虽然已被其他学者质疑，认为过于武断，但就研究视野和材料使用而言，其学术贡献是不言而喻的。

1931 年，他以考释毛公鼎为例，运用形象学方法对古器物之形制、花纹、铭文等进行综合考察，并草就《金文辞通纂》（即《两周金文辞大系》）一书[④]。迨 1934 年《两周金文辞大系图录》成，特分为《图编》（所辑 253 器，25 种）、《录编》，一专辑形象，一专辑铭文，并作《两周金文辞大系图编序说——彝器形象学试探》，正式提出将青铜器时代划分为滥觞期（大率当于殷商前期）、勃古期（殷商后期及周初成、康、昭、穆之世）、开放期（恭、懿以后至春秋中叶）、新式期（春秋中叶至战国末年）。他指出：“以上时期之分，除第一期外，均有其坚实之根据，而事且出于自然。盖余之法乃先让铭辞史实自述其年代，年代既明，形制与纹绘遂自呈其条贯也。形制与纹绘如是，即铭辞之文章与字体亦莫不如是。”又云：“更有进者形制、纹绘、文字之三者均当做个别之专论方能藏事，而尤以形制为非从个别入手不为工。盖后二者通于各器物，多有一般之倾向，而形制则器类繁多，各类各有独立之系统也。”[⑤] 其虽着眼于形制、纹绘之演变，但重点却放在条贯系统上，条贯一明，则可作为分析古史之材料。他自信找到了青铜器研究的“历史的串绳”，而“四期说”的提出，则标志着其形象学方法体系的确立。张政烺认为，他的这一学术贡献不止在具体研究上，更主要在方法上：“郭老少年时代读古书时即对文字、音韵、训诂有很好的基础。在日本学西医，有自然科学方面整理材料、分析问题的具体训练，投身革命学习马列主义，有辩证唯物主义和历史唯物主义的立场、观点和方法，所以从事金文研究比起新旧专家都高一筹。”[⑥] 诚哉斯言！

① 郭沫若：《周彝中之传统思想考》，《金文丛考》，人民出版社 1954 年版，第 39 页。

② 郭沫若：《殷彝器图形文字之一解》，《殷周青铜器铭文研究》卷一，《郭沫若全集 · 考古编》第 4 卷，科学出版社 2002 年版，第 1 页。

③ 郭沫若：《殷彝器图形文字之一解》，《殷周青铜器铭文研究》卷一，《郭沫若全集 · 考古编》第 4 卷，科学出版社 2002 年版，第 10 页。

④ 龚继民、方仁念编：《郭沫若年谱（1892—1978）》，天津人民出版社 1992 年版，第 258—259 页。

⑤ 郭沫若：《两周金文辞大系图录考释》，《郭沫若全集 · 考古编》第 7 卷，科学出版社 2002 年版，第 3 页。

⑥ 郭沫若：《我怎样写〈青铜时代〉和〈十批判书〉》，《十批判书》后记，《郭沫若全集 · 历史编》第 2 卷，人民出版社 1982 年版，第 464—465 页；张政烺：《郭沫若同志对金文研究的贡献》，原刊于《考古》1983 年第 1 期，又见《张政烺文集 · 苑峰杂著》，中华书局 2012 年版，第 30 页。

三　形象学方法论的特点

在此需要指出的是，郭沫若所谓的“形象学”，与20世纪六七十年代比较文学研究中所产生的“形象学”并非一个概念，而是属于形象史研究的范畴。郭沫若曾说：所谓“学”，应该具有严密的实证的方法而构成为一个完整的体系。[①] 其所谓的“形象学”即是以条贯花纹、形制系统为手段、以研究古代社会为目的而建设的形象史研究方法论。概括起来看，这一方法论具有以下三个特点。

（一）注重材料鉴别。材料是研究的基础，只有在先辨真伪的基础上确定时代，才能充分发挥其史料价值。他在谈到古代研究中材料的处理问题时便说：“无论作任何研究，材料的鉴别是最必要的基础阶段。材料不够固然大成问题，而材料的真伪或时代性如未规定清楚，那比缺乏材料还要更加危险。”[②] 他认为，特别是对于甲骨、青铜器研究而言，“嗜谈文字而不知考古”[③] 是传统治学的一大遗憾。他在1936年谈到自己对考古学的认识时说：“中国旧时的金石学只是一些材料的杂糅，而且只是偏重文字，于文字中又偏重书法的。材料的来历既马虎，内容的整理又随便，结果是逃不出一个骨董趣味的圈子。”[④] 而要跳出“骨董趣味的圈子”，便需要在材料鉴别上下功夫，一旦“剔治”清楚，史料的价值自然“显豁”。如他所用邹安《周金文存》虽真赝杂糅，然所收之器特多，善用（鉴别）之后便成为其治史的丰富资源。

（二）注重整体研究。即将青铜器的花纹、形制、铭文、字体等作为整体来看待。1945年，郭沫若在其从事古史研究十五年之后写了著名的《十批判书》，其中首先对自己的古史研究进行自我批判。坦言自己做《两周金文辞大系》的《图录》和《考释》的方法便是“先寻到了一些自身表明了年代的标准器，把它们作为连络站，再就人名、事迹、文辞的格调、字体的结构、器物的花纹形式等以为参验，便寻出了一个至少比较近是的条贯。……从这儿可以发展出花纹学、形制学等的系统，而作为社会史料来征引时，也就更有着落了”[⑤]。然后由此出发便可发现文化的进展，从文字的演变上也可以寻出它们递禅的痕迹。在谈到两周青铜器花纹、形制变化的问题时，他并未只着眼于花纹、形制的变化，而是将之放在两周生产力提高、社会分化和工商业发展的大背景下来讨论，指出西周青铜器在初期沿袭殷制，但至恭王、懿王时无论是体质、形制、花纹、铭文、字体都变得很潦草，但到了春秋中叶，则又突然中

---

① 郭沫若：《我与考古学》，《郭沫若全集·考古编》第10卷，科学出版社1992年版，第6页。

② 郭沫若：《十批判书·古代研究的自我批判》，《郭沫若全集·历史编》第2卷，人民出版社1982年版，第3页。

③ 郭沫若：《中国古代社会研究》，《郭沫若全集·历史编》第1卷，人民出版社1982年版，第191页。

④ 郭沫若：《考古论集》，《郭沫若全集·考古编》第10卷，科学出版社1992年版，第6—7页。

⑤ 郭沫若：《十批判书·古代研究的自我批判》，《郭沫若全集·历史编》第2卷，人民出版社1982年版，第10页。

兴，在花纹、器制、铭辞、字体方面趋于精巧玲珑：体质轻便、形式新鲜、花纹工细、铭辞多韵文、字体用花文。草率陋习革除，且无南北地域差别，而这都是新分化的工商业发达的结果①。

（三）形象学是方法而不是目的。这不仅超越了古器物学、古文字学的研究范畴，也有别于美术史研究。1930 年，他在《中国古代社会研究》序言中便强调："余治殷周古文，其目的本在研究中国古代社会。"② 1954 年，在《重印弁言》中又进一步说："为要达到这个目的，必须做好文字研究工作。这种工作，看来是很迂阔的，但舍此即无由洞察古代的真相。"③ 但如果据此便认为郭沫若的古史研究完全围绕社会发展这一条主线，是革命家的"切用"考量的话，则有以偏概全之嫌。1945 年，他在谈及撰写《十批判书》和《青铜时代》时的心境时说："在这里把古代社会的机构和它的转变，以及转变过程在意识形态上的反映，可算整理出一个比较完整的轮廓。依我原先的计划本来还想写到艺术形态上的反映，论到文学、音乐、绘画、雕塑等的情形，或因已有论列，或因资料不够，便决计不必再添蛇足了。"④ 可见在他最初的计划里，并非仅仅局限于社会发展的层面，对于与日常生活息息相关的艺术形态也非常关注。早在 1924 年，他在谈到《艺术之社会的革命》时便说："艺术有两种伟大的使命——统一人类的感情和提高个人的精神，使生活美化。"他认为艺术的衰亡、堕落也是民族衰颓的最大原因之一⑤，"艺术是提高人类的工具……纯粹的艺术使一般的民众碍难接近的理由，并不完全在乎艺术的高蹈，而在乎社会制度使民众的智慧停滞，并限制其享受的机会"⑥。因此在他看来，从艺术形态来观察不同时期民众的日常艺术生活，并将这一研究成果用来促进民众的文化自觉，将大有益于民族、国家和社会的进步。嗣后虽因精力所限，无法对此开展系统性的研究，但是对于这方面的热情并没有减少，仍做过不少个案研究，如对于长沙楚墓帛画、洛阳汉墓壁画、《文姬归汉图》等的研究（皆收《考古论集》）。其中关于《文姬归汉图》的研究，是其将形象学方法论运用于青铜器以外材料上研究的典型案例（他从创作时代、官制沿革、人物结构、版本溯源、递藏轨迹、收藏者品性等角度对该图逐一考辨），这

① 郭沫若：《十批判书·古代研究的自我批判》，《郭沫若全集·历史编》第 2 卷，人民出版社 1982 年版，第 55—59 页。

② 郭沫若：《殷周青铜器铭文研究》序，《郭沫若全集·考古编》第 4 卷，科学出版社 1992 年版，第 1 页。

③ 郭沫若：《殷周青铜器铭文研究》序，《郭沫若全集·考古编》第 4 卷，科学出版社 1992 年版，第 1 页。

④ 郭沫若：《我怎样写〈青铜时代〉和〈十批判书〉》，《十批判书》后记，《郭沫若全集·历史编》第 2 卷，人民出版社 1982 年版，第 467 页。

⑤ 郭沫若：《艺术之社会的革命》，又见《一个宣言——为中华全国艺术协会作》，《郭沫若全集·文学编》第 15 卷，人民文学出版社 1990 年版，第 199—206、221—223 页。

⑥ 郭沫若：《艺术的评价》，《郭沫若全集·文学编》第 15 卷，人民文学出版社 1990 年版，第 196—197 页。

一社会科学的研究视角，与同一时期沈从文对该作品从服饰器物着眼的物质文化史视角，为文化史领域提供了两种“形象”的研究思路①。

四 古代史所的形象史研究传统

新史料本身并不能构成学科，只有认识材料的视野和解读材料的方法发生了创新性的发展之后才能成为学科。“整理国故”不做旧价值的评估，而是要有新生价值的创造。这是郭沫若在1924年针对“整理国故”而开出的剂方②，也是他一贯的主张。新中国成立后，他致力于中国古代历史的整理与研究，着眼于对古代社会通贯性的发掘。如1954年在《中国古代社会研究》的《重印弁言》中说：“中国古代终有彻底地加以整理的必要，故接受友人的意见，将本书重印，以促进古代研究工作，并藉以表明我在进行古代研究时是做过应有的准备的。”③ 是年中国科学院历史研究所（第一所、第二所、第三所）成立，其所谓“做过应有的准备”很显然是有所指的，这实际也是在为启动“修国史”预热。郭沫若的这一思想对于古代史所的形象史研究产生了积极的影响。

1958年，受“大跃进”“大兵团”作战的影响，由郭沫若担任主编组织干部读物《中国史稿》（1962年起陆续由人民出版社出版，并作为大专院校历史系试用教材）的编纂工作，而围绕这一“修国史”（包括中华文明探源）任务，又启动了几个与形象史有关的项目：一是先后组织（郭沫若兼任主编，陈可畏、刘宗弼主持）《中国历史图谱》《中国史稿地图集》的编纂以及中国历史博物馆的陈列，二是于次年（1959年）启动《甲骨文合集》的编纂，作为当时十二年科研远景规划大型项目之一，由郭沫若担任编辑委员会主任委员、主编④，具体工作由胡厚宣主持。限于篇幅，在此兹以《中国历史图谱》（并兼及沈从文《中国古代服饰研究》）为例来谈。

1958年12月，历史所《中国历史图谱》编纂工作启动，张政烺任主编，尹达为责任领导。彼时张政烺为历史所兼任研究员，其人事关系尚在北京大学。而之所以选任张政烺为主编，自然与其治学专长大有干涉。其在北大求学期间，便从马衡习金石学，从唐兰习甲骨、金文。1933年，使用甲骨、金文、汉碑、敦煌写本等新出材料发表了第一篇学术论文《猎碣考释初稿》（北大潜社《史学论丛》第1期），在学界

---

① 郭沫若：《谈张瑀〈文姬归汉图〉》，《跋〈胡笳十八拍画卷〉》，《郭沫若全集·考古编》第10卷，科学出版社1992年版，第347—382页。

② 郭沫若：《整理国故的评价》，《郭沫若全集·文学编》第15卷，人民文学出版社1990年版，第159—162页。

③ 郭沫若：《殷周青铜器铭文研究》序，《郭沫若全集·考古编》第4卷，科学出版社1992年版，第1页。

④ 胡厚宣：《沉痛悼念尊敬的郭沫若同志》，《悼念郭老》，生活·读书·新知三联书店1979年版，第422页。龚济民、方仁念编：《郭沫若年谱（1892—1978）》，天津人民出版社1992年版，第1101页。

崭露新芒。远在日本的郭沫若亦关注到此文，并摘抄于《石鼓文研究》书眉[①]，对其嘉许概自此始。1936年毕业后，他被傅斯年招入史语所，任中文图书管理员。为尽快掌握所内藏书种类和内容，他在短时间内"从历史典籍、各家文集、笔记、天文历算、农业、气象、方志到古代戏曲、小说、俗文学等，从传统小学到甲骨、金文、碑刻、陶文、玺印、封泥、古文字、古器物图录及各家论著等等，无所不读"，"忠实执行傅斯年所长的治所方针，收到了较好的效果"[②]。傅斯年夸赞其为"小王国维"，栽培之意不言而喻。所以无论是从治学路径上还是实践成就上来看，当时的张政烺都是最佳人选。为配合其工作，历史所从各组室抽调阴法鲁、胡嘉、朱家源、李培根、谢清河、张兆麟、安守仁等在物质文化和思想文化方面有专长的学者组成最初的团队，时称"中国历史图谱组"（以下简称"图谱组"）。1959年3月，图谱组完成《〈中国历史图谱〉编辑计划（初稿）》，张政烺在前言部分即明言本书"拟通过具体文物（古物、古迹、古图画和科学家复原的模型或图画等等的照片），形象化地反映祖国悠久的历史、丰富的文化，各族人民的生产斗争、阶级斗争、各民族间的经济文化交流，并体现中国文化在世界历史上的应有地位"[③]。郭沫若在草案座谈会闭幕时的讲话中亦强调了"多民族国家""工艺史""人民性""力求其同"等原则性问题[④]。其学生萧良琼回忆称该项目是"用典型的历史文物，把中国历史形象地立体地用图片展示出来，是了解我国历史和文化传统很有意义的工作"[⑤]。可见，将《中国历史图谱》编成一部形象物质文化史是当时《中国史稿》编写组和图谱组的共识。同年7月至10月，图谱组又受命牵头组建西藏考察组，完成交办任务——《西藏图谱》（即《西藏——祖国领土不可分割的一部分》图册）的编纂工作。[⑥] 迨1963年，历史所参照苏联模式（苏联科学院考古研究所最初名称便是物质文化研究所），将图谱组改为"物质文化史组"。1977年恢复正常工作以后，改设"物质文化研究室"，不久又改称"古文字古文献研究室"。1978年3月，沈从文从中国历史博物馆（今中国国家博物馆）调入历史所，便暂隶于张政烺担任室主任的物质文化研究室，继续开展中国古代服饰研究。

与张政烺引为憾事的图谱编纂相比（2016年，王曾瑜偕所内诸同仁终于成其遗

---

① 参见陈绍棣编著《张政烺先生年谱》，中国社会科学出版社2019年版，第6—7页。

② 张政烺：《我在史语所的十年》，《张政烺文集·苑峰杂著》，中华书局2012年版，第2页。

③ 张政烺：《中国历史图谱资料目录（封建社会部分）》（草稿），《张政烺文集·苑峰杂著》，中华书局2012年版，第148页。

④ 参见林甘泉、蔡震主编《郭沫若年谱长编（1892—1978）》第四卷，中国社会科学出版社2017年版，第1734页；沈从文《谈"文姬归汉图"》，《文物》1959年第6期，又见沈从文《中国古代服饰研究》，商务印书馆2017年版，第566—569页。

⑤ 萧良琼：《纪念好老师张政烺先生》，载张永山编《张政烺先生学行录》，中华书局2010年版，第35页。

⑥ 参见安守仁《关于〈中国古代历史文物图集〉前期工作的回忆》一文，载张永山编《张政烺先生学行录》，中华书局2010年版，第197—207页。

愿，将《中国古代历史图谱》付诸出版），沈从文则因调入历史所得以亲成《中国古代服饰研究》。事实上从1959年开始，沈从文便将研究重点放在服饰史方面。1960年4月，便为轻工业出版社拟出《中国服饰资料》目录，5月项目计划初步完成，至1963年仍在修订。是年冬，周恩来总理指示编印历代服装图录作为国礼，文化部通过文物局责成中国历史博物馆承担这项任务，中国历史博物馆成立《中国古代服饰资料》编撰组，由沈从文担任主编。1964年7月即在前期研究的基础上完成书稿，交付中国财经出版社，但此后“文革”开始，出版被搁置。在交付出版之前，即6月24日（沈从文年表记为25日），郭沫若为该编《中国古代服饰资料选辑》题签并序①，从艺术与生活、多民族文化和人民创造的角度指出该编的学术价值和现实意义：“古代服饰是工艺美术的主要组成部分，资料甚多，大可集中研究。于此可以考见民族文化发展的轨迹和各兄弟民族间的相互影响、历代生产方式、阶级关系、风俗习惯、文物制度等，大可一目了然，是绝好的史料。”②

该编最后的修订和增补工作是在历史所完成的。彼时为配合沈从文，历史所借调考古所王㐨、王亚蓉，组成临时工作室（李宏、胡戟等朋友协助，夫人张兆和亦参与其中。再版修订时，本所图书馆谷守英女士也加入其中）。工作室于1979年1月完成增补，交付轻工业出版社印行（最后由商务印书馆香港分馆于1981年出版）③。为保留工作团队，继续推进以古代服饰文化为主线的形象史研究，增补工作一结束，沈从文便致函时任中国社会科学院院长胡乔木，申请组建独立的古代服饰研究单位，得到了批复。1980年，历史所正式组建古代服饰研究室，沈从文担任室主任。与此同时，原物质文化研究室改为古文字古文献研究室，仍由张政烺担任室主任。1983年，沈从文因病难以秉笔，由助手王㐨接任室主任，至1991年历史所成立文化史研究室。④ 原古代服饰研究室虽并入其中，但仍作为独立的研究单位保留，对内改称“中国古代服饰研究组”⑤。可以说，《中国历史图谱》《中国古代服饰研究》这两个项目，不仅为历史所培养了一批形象史研究领域的专业人才，而且将由郭沫若所开拓的古代史所形象史传统发扬光大，形象史学便是近年来我们在这一传统基础上培植起来的新的学术生长点。

---

① 史树青：《“今日回思志倍坚”——忆郭老》，《中国国家博物馆馆刊》1979年第1期。

② 参见沈从文编著《中国古代服饰研究》（120年纪念版）郭序，商务印书馆2017年版，序言页。

③ 参见沈从文编著《中国古代服饰研究》（120年纪念版）沈从文后记、再版后记，商务印书馆2017年版，第749—755页。

④ 据沈从文次子沈虎雏所编《沈从文年表简编》，《沈从文全集·附卷》，北岳文艺出版社2009年版，第54—85页。

⑤ 参见1994年历史所内部资料《历史研究所学科发展状况研究报告》（《历史研究所学科调整方案》附件）。

五 余论

本文认为，在彼时出土的形象材料和传世的形象材料还因“物朽于藏家”而不得观的情况下，郭沫若能够超越古器物学和古铭刻学的研究范畴，脱离“骨董”的趣味，从社会制度的变革、经济关系的变动、生产力的发展诸层面而条贯出殷周时期的社会大略，没有唯物史观的指导和通古今之变的视野是无法做到的，这正是现代史学应有的面目。然而就当前的研究现状来看，此类研究却反而呈现出“倒退”的趋势，不仅眼目跳不出“器物”，甚至被“刻意”引导至收藏趣味的层次。专业研究者对这些材料的使用尚缺乏综合社会、经济分析的视野，更遑论一般的业余爱好者了。当然，这并非是说只有着眼于社会发展的研究才是主调，毕竟历史是多面向的，人文学科的研究既要有理论提升的一面，同时也应有观照日常生活情味的一面。只是若专业研究都陷于艺术趣味的赏析，追逐于市场保升的欢洽，无异于将日常生活引领至一个物质至上的审美层面，这不仅有碍于个体文化自觉意识的独立性，而且也不利于“郁郁乎文”的社会风气的形成。材料本身虽然不能自己开口说话，但是以什么样的方式解读，则取决于我们知识的层次。关注于表面的形象梳理，考察其时代和艺术价值仅仅是第一阶段的研究，还需要追迹其所以发生和发展的过程，然后将这一发生与发展的过程用于分析与之相应时代的社会结构与文化观念，这正是郭沫若所谓的“实事之中求其所以是”①。

学术创新需要接续传统，唯其如此，才能在时代文化的进展上获取丰厚的滋养，保持生长的活力，贡献创造性的价值。这既是本文梳理郭沫若的形象学方法论体系及其所开拓的形象史传统而弋获的启示，同时也是对从形象史学出发再推阐中国文化传统的新期待。

（附记：本文所涉历史所所史部分，除参考相关研究著述、回忆录及郭沫若、张政烺、沈从文等先生年谱、年表外，亦参酌近年向林甘泉、林永匡、陈高华、王亚蓉、栾成显、陈绍棣、王育成、胡振宇、黄正健、孙晓、张兆裕等先生请教之收获，谨此致敬！）

（原载《郭沫若研究》2020 年第 1 辑）

① 郭沫若：《中国古代社会研究》1929 年自序，《郭沫若全集·历史编》第 1 卷，人民出版社 1982 年版，第 7 页。

郭沫若中国封建社会理论话语体系的蜕变与成熟

——从“《研究》时代”到“《批判》时代”

程鹏宇

学术界在谈到郭沫若的中国封建社会理论之时，一般将其定位为“战国封建论”，而主要所依据的是他在新中国成立以后撰写的《奴隶制时代》。① 这可能源于郭沫若的自述——郭沫若曾在《中国古代史的分期问题》一文中说过：“一直到一九五二年年初，我写了《奴隶制时代》那篇文章，才断然把奴隶制的下限划在春秋与战国之交，即公元前四七五年。”② 郭沫若的这个自述当然是符合事实的，但是我们也应该看到：尽管郭沫若对中国封建社会的“定论”是在新中国成立之后，但这并不代表他在民国时期对中国封建社会的研究可以被忽略，相反，本文通过研究恰恰认为郭沫若中国封建社会理论的成熟是在民国时期。

平心而论，民国时期郭沫若在中国古代史研究上的主要贡献是确认了中国古代奴隶社会的存在并给予了相当科学的论证，但他在研究中国奴隶社会的同时，也逐步地形成了一些对中国封建社会的认识，而这个认识，又经历了两个比较重要的发展阶段，即以《中国古代社会研究》为代表的20世纪20年代末和以《十批判书》（包括《青铜时代》的部分文章）为代表的20世纪40年代中期——前者在本文中简称为“《研究》时代”，后者则简称为“《批判》时代”。本文特通过比较这两个阶段中郭沫若对中国封建社会的认识，管中窥豹式地探讨此十余年间中国马克思主义史学的发展与成就，不足之处还请方家指教。

一　郭沫若中国封建社会理论话语体系的初创与矛盾

1952年，郭沫若出版了《奴隶制时代》，其中核心论文《奴隶制时代》的第四

---

① 田居俭：《立一派学说，促百家争鸣——读郭沫若〈奴隶制时代〉》，《历史知识》1982年第2期；周自强：《郭沫若战国封建论研究》，《中国史研究》1992年第3期。

② 郭沫若：《奴隶制时代》，《郭沫若全集·历史编》第3卷，人民出版社1984年版，第4页。

小节标题便是“奴隶制的下限在春秋与战国之交”，可以说这篇文章最终确立了他关于中国封建社会的“战国封建论”历史理论体系，同时引发了17年史学中“五朵金花”之一的古史分期问题之争。[①] 在此文中，郭沫若还特别回忆了其早年关于中国封建社会的观点，他说：“我在写《中国古代社会研究》的时候，是把这个界线划在东、西周之交（公元前七七〇年）的，我当时认为春秋以后就是封建制。”[②] 1929年，郭沫若在署名“杜荃”的文章中曾说：“我自己目前的题目是中国的民（氏）族社会向奴隶制度更向封建制的转移，已经研究得稍有头绪，是正想向封建社会突进的。”[③] 可见当时郭沫若对封建社会的关注度不亚于奴隶社会。事实上，尽管中国封建社会问题在整个《中国古代社会研究》当中并不占据第一把交椅，但郭沫若在这个问题上仍然取得了突破性的成就，即在马克思主义的指导下赋予了“封建”这个古老词汇新的含义，破除了两千多年来所谓“西周封建”的旧观念。

“封建”一词古已有之，《左传》中记载周襄王大夫富辰所言：“昔周公吊二叔之不咸，故封建亲戚以蕃屏周。”杜预注解释道：“周公伤夏、殷之叔世，疏其亲戚，以至灭亡，故广封其兄弟。”孔颖达正义道：“昔周公伤彼夏、殷二国叔世，疏其亲戚，令使宗族之不同心以相匡辅，至于灭亡。故封立亲戚为诸侯之君，以为藩篱，屏蔽周室。”[④] 这是传统儒家的正统观点，即儒家所描述的西周时代存在的“封邦建国”的概念，可以称之为“封建古义”。严复以“封建”翻译英文中的Feudalism，“封建”二字的含义扩大。随后，马克思主义的传播使“封建”一词有了更加准确的科学内涵，侯外庐曾说：“秦废封建的‘封建’二字，为中国古代史的另一个术语，其内容指的是‘宗子维城’的古代城市国家……，这里我们所举出的封建制社会，‘封建’这两个字则是立基于自然经济、以农村为出发点的封建所有制形式，译自外文Feudalism，有人也译作封建主义。中外词汇相混，语乱天下，为时已久，我们倒也不必在此来个正名定分，改易译法。”[⑤] 在本文中，我们把马克思主义意义上的“封建”称之为“封建新义”。

郭沫若在《中国古代社会研究》中做的一个重要的工作，就是用“封建新义”来批判“封建古义”，从而构建中国马克思主义史学的话语体系。突出表现为他提出了一个非常具有颠覆性的观点：“在秦统一了天下以后，在名目上虽然是废封建而为郡县，其实中国的封建制度一直到最近百年都是很岿然的存在着的。”[⑥] 因此，“废封

① 张越：《新中国史学的初建：郭沫若与中国马克思主义史学主导地位的确立》，《史学理论研究》2020年第2期；张越：《“五朵金花”问题再审视》，《中国史研究》2016年第2期。

② 郭沫若：《奴隶制时代》，《郭沫若全集·历史编》第3卷，人民出版社1984年版，第33页。

③ 杜荃（郭沫若）：《读〈中国封建社会史〉》，《新思潮》1929年第2、3期合刊。

④ 《春秋左传正义》，北京大学出版社1999年版，第418—419页。

⑤ 侯外庐主编：《中国思想通史》第2卷，人民出版社1957年版，第4页。

⑥ 郭沫若：《中国古代社会研究》，《郭沫若全集·历史编》第1卷，人民出版社1982年版，第28页。

建”的秦始皇“不愧是中国社会史上完成了封建制的元勋”[①]。这一观点具有很强的思想史和学术史的意义，郭沫若后来在《十批判书》中评价道：“旧时说夏、殷、周三代为封建制，以别于秦后的郡县制，这是被视为天经地义的历史事实，从来不曾有人怀疑过，也是不容许人怀疑的。但近年来因封建制被赋与了新的意义，因而三代是封建制之说便发生了动摇。”[②] 在这样一个旧的“封建”观念的崩溃过程中，郭沫若的《中国古代社会研究》起了关键性的作用。

本文所要强调的是，郭沫若虽然在《中国古代社会研究》当中初步构建了中国马克思主义史学的“封建社会”话语体系，但其理论仍然是很不成熟的，包含着比较复杂的内部矛盾。其主要表现就是出现了关于封建社会的三重话语体系，除了上文所说的“封建新义”和“封建古义”外，还出现了一层“封建本义”。

在郭沫若看来，西周的社会并不是传统儒家所说的“封建古义”所能涵盖的，其本质是马克思主义话语体系中的“奴隶社会”。但是，西周社会确实存在过所谓的“封建”，这种“封建”是后世儒家“封建古义”的原型，而其本质只不过是一种国家的建立过程——这层话语体系，并不是后世儒家所说的“五服五等”“封邦建国”的“封建古义”。郭沫若通过辨析古文献中的“五服”制度认为：“由此论述亦若殷代已有封建制度者然，然此可称为封建制度之萌芽，不必即是后世儒家所称之封建制度，更不必如现代观点以封建的经济组织为基础之封建制度。”[③] 这里前面三个“封建制度”都是用的儒家意义上的“封建古义”，后面所说的“现代观点以封建的经济组织为基础之封建制度”则是马克思主义意义上的“封建新义”，而郭沫若又解释了西周所谓的“封建制度”，即“周初之所谓封建实无殊于今之所谓殖民”[④]，虽然用殖民制度类比周代的“封建”可能会引起歧义，但郭沫若剥离儒家“封建古义”的意图是非常明显的，而类似近代殖民主义的“封建”，则是郭沫若挖掘出来的“封建本义”。在这里，郭沫若是用“封建本义”来反对后世儒家理想化的“封建古义”，从而证明“封建古义”的虚假性。

郭沫若的逻辑是通过证明“周代彝铭中无五服五等之制”[⑤] 来证明“周初并不是封建时代，所有以前的典籍俨然有封建时代的规模者，乃出于晚周及其后的儒家的粉饰”[⑥] 这个结论的，这里所说的“封建”在话语体系上是错乱的，郭沫若所用的“封建”是在“封建古义”这个层面上的，但是他在主观上却是要剥离“封建古义”与西周在时代上的结合关系，从而赋予西周奴隶社会之新义。然而，郭沫若这就掉进

① 郭沫若：《中国古代社会研究》，《郭沫若全集·历史编》第1卷，人民出版社1982年版，第28页。
② 郭沫若：《十批判书》，《郭沫若全集·历史编》第2卷，人民出版社1982年版，第13页。
③ 郭沫若：《中国古代社会研究》，《郭沫若全集·历史编》第1卷，人民出版社1982年版，第282页。
④ 郭沫若：《中国古代社会研究》，《郭沫若全集·历史编》第1卷，人民出版社1982年版，第282页。
⑤ 郭沫若：《中国古代社会研究》，《郭沫若全集·历史编》第1卷，人民出版社1982年版，第262页。
⑥ 郭沫若：《中国古代社会研究》，《郭沫若全集·历史编》第1卷，人民出版社1982年版，第266页。

了“封建古义”的话语体系之中，结果他只是证明了西周不是“封建古义”意义上的“封建社会”而非证明了西周不是“封建新义”意义上的“封建社会”。但是，郭沫若从主观上并不甘心仅仅把理论推到这个境地，而是希望同时再进一步推出马克思主义的“封建新义”。因此，郭沫若说：“古人的所谓‘封建’，和我们现在所用的‘封建’，本质上大有径庭。这种字面上的混淆，极初步的错误，我们是应该警戒的。”① 他这里所说的古人的观点是指儒家的“封建古义”还是仅仅指“封建本义”？郭沫若也没有明确说明，这也显示出了他的“封建”话语体系的含混。

这样的问题在《中国古代社会研究》中比比皆是。例如，郭沫若在批判传统儒家的“封建古义”的虚假性时说：“周初的局面被后人粉饰出来虽然很象一个极盛的封建时代，但那全盘是虚伪。”② 也就是说，周初只是被后世儒家描绘成一个“封建时代”——但是，我们注意到郭沫若在这里所用的“封建”概念恰恰是他所反对的“封建古义”，而不是马克思主义意义上的“封建新义”。而郭沫若在谈到秦统一以后虽然是“废封建立郡县”，但本质上却是建立了封建制度一直到近代的时候，其理由是：“我们不要为文字所局限了。周室在古时虽号称为封建，但事实上在周官有‘乡’、‘遂’、‘县’、‘鄙’之分，并不是全无郡县。秦以后虽然号称为郡县制，但汉有诸王，唐有藩镇，明初有诸王，清初有三藩及年羹尧，就是一般的行省总督，都号称为‘封疆天子’，依然还是封建制。到了现在，假使要说中国的封建社会在秦时就崩溃了，那简直是不可救药的错误。”③ 郭沫若在这里对“封建制”的论述，几乎完全抛弃了马克思主义的话语体系，把地方分权这种政治现象看作是“封建制度”的本质，因此在话语体系上完全掉进了“封建古义”的泥沼之中。按照这个逻辑，秦以后的封建社会与西周又有什么本质分别呢？似乎只是所谓“封建”因素的量的区别——这个说法实际上与他在《中国古代社会研究》中的核心观点“西周奴隶社会论”是矛盾的。然而奇怪的是，郭沫若在后文中又紧接着说：“由奴隶社会变成封建社会的这个变革，中国的古人也早就认识着的。那用古代的话来表示时便是‘由王而伯’。这个转机是在东迁以后。从那时候一直到最近百年，中国尽管在改朝换代，但是生产的方法没有发生过变革，所以社会的组织依然是旧态依然，沉滞了差不多将近二千年的光景。”④ 在这里，郭沫若的话语体系又回到了马克思主义当中，即运用生产方式理论去区别不同时代的社会性质。但是，问题就在于郭沫若上文中所说的中国自秦以后还是封建社会的理由是秦以后还有各种封王和封疆大吏的存在，这与后文所述的以生产方式理论划分历史发展阶段的马克思主义理论之间是存在着不可调

① 郭沫若：《中国古代社会研究》，《郭沫若全集·历史编》第1卷，人民出版社1982年版，第266页。

② 郭沫若：《中国古代社会研究》，《郭沫若全集·历史编》第1卷，人民出版社1982年版，第25—26页。

③ 郭沫若：《中国古代社会研究》，《郭沫若全集·历史编》第1卷，人民出版社1982年版，第28页。

④ 郭沫若：《中国古代社会研究》，《郭沫若全集·历史编》第1卷，人民出版社1982年版，第28页。

和的矛盾的。这种现象说明此时的郭沫若在话语体系的建构上还很不成熟：一方面希望用新的话语体系取代旧的话语体系，但另一方面在实践中又不自觉地掉进旧的话语体系的陷阱之中难以自拔，从而出现了两种话语体系同时存在于前后文当中的特殊现象。①

郭沫若在批判传统儒家意义上的“西周封建论”与下文所说的马克思主义史学意义上的“西周封建论”处于完全不同的话语体系时说：“周代的社会历来以为是封建制度，然与社会进展的程序不合，因在氏族制崩溃以后，如无外来影响，必尚有一个奴隶制度的阶段，即国家生成的阶段，然后才能进展到封建社会。就我所见，周代的上半期正是奴隶制度。认西周为封建社会者只是狃于儒家托古改制的各种虚伪的历史、虚伪的传说、以及数千年来根深蒂固的传统观念而已。”② 试问，古代儒家传说的“西周封建”怎么可能和马克思主义的“社会进展的程序”相合呢？二者在思想史上完全不在同一个历史范畴当中，不合才是正常的，这一点完全没有辩驳的需要。如果用本文的术语来说：所谓“历来以为是封建制度”中的“封建制度”指的是所谓的“封建古义”，而后一句“然后才能进展到封建社会”中的“封建社会”用的又是“封建新义”，后面所说的“认西周为封建社会者”指的又是把“封建古义”和“封建新义”相混淆的现象。郭沫若在这里同样是一句话中出现了两套话语体系，同时又表现出两套话语体系之间的抵牾。

明确区分“封建古义”、“封建新义”以及“封建本义”这三个概念，是郭沫若的一个非常伟大的学术贡献。然而问题也就同时出现在这里，郭沫若在行文中并没有很好地处理这三重话语体系之间的关系，以至于出现了一些逻辑和表述上的混乱，这些都是郭沫若中国封建社会理论话语体系不成熟的表现。

回过头来再说另外一个问题，在《中国古代社会研究》当中，郭沫若的主要论

---

① 郭沫若还有一处大致与上述观点相近的论述：“大抵在西周以前就是所谓‘亚细亚的’原始公社社会，西周是与希腊、罗马的奴隶制时代相当，东周以后，特别是秦以后，才真正地入了封建时代。不幸的是这儿在文字上要发生混淆。我们中国历来的习惯，是把三代看成‘封建时代’，秦变封建而为郡县，便变成为郡县制。周、秦之际有一个很大的社会变革，这是历来所承认的，但那所表示的封建制和郡县制，完全是皮相的观察。周时并不是没有郡县（《周官》有乡、遂、县、鄙之分），秦以后也并不是没有封建（如汉有诸侯，唐有藩镇等），这些都不用说。然而事实上西周完全是奴隶制的国家，这在本文的前篇已经详细论证了，而自秦以后的经济组织在农业方面是成了地主与农夫（虽然没有农奴的称号，然而事实是相等）的对立，工商业是取的行帮制，就是师傅与徒弟的对立。秦以后的郡县制实际上就是适应于这种庄园式的农业生产与行帮制的工商业的真正的封建制度。所以各省的封疆大臣在习惯上称为‘封疆天子’，各地的府县官称为‘父母大人’或‘青天大老爷’，所不同的只是封建诸侯的世袭与郡县官吏的不世袭罢了。这可以说是一种封建制度的变体，然而每每都有倾向到世袭的危险，唐时的藩镇可以不用说，就是明初的诸王、清初的三藩及年羹尧、现代的督军，不都是这个事实的证明吗？所以秦以后的制度，我们现在仍称它为封建制，这是从东周的五伯开始，一直到最近的一二百年来才渐就崩溃的。总之周室东迁的前后，我们中国的社会是由奴隶制变为真正的封建制度的时期。”郭沫若在这里竟然说秦以后是“封建制度的变体”，那么岂不是承认西周才是“封建制度的本体”？参见郭沫若《中国古代社会研究》，《郭沫若全集·历史编》第 1 卷，人民出版社 1982 年版，第 154—155 页。

② 郭沫若：《中国古代社会研究》，《郭沫若全集·历史编》第 1 卷，人民出版社 1982 年版，第 250 页。

辩对手是什么呢？答案就是传统儒家的“封建古义”——无论是树立马克思主义的“封建新义”，还是挖掘历史上所真实存在过的“封建本义”，都是为了推翻传统儒家的“封建古义”。正如郭沫若在《中国古代社会研究》的“余论”中所说的那样：“我的目的在证明西周社会是奴隶制度，同时也举出了它的并非封建制度的反证。”① 在“追论及补遗”中也说：“春秋初年之所谓封建，犹不过筑城垣建宫室之移民运动而已。春秋初年犹如是，则周代初年更可知。故余始终相信，西周时代之社会断非封建制度。”② 但这两处也都存在着严重的话语体系矛盾，亦即郭沫若这里所说的“封建”到底指的是哪层含义？是“西周不是儒家意义上的封建社会”还是“西周不是马克思主义意义上的封建社会”？从郭沫若的中国封建社会理论本身出发，这两个说法都是正确的，问题在于我们并不能从他的表述当中判断到底他说的是哪一种，还是二者都有。从《中国古代社会研究》的整体基调来看，郭沫若指的可能主要是前者——这一点我们在下文中会进一步谈到，因为在《十批判书》当中，郭沫若的主要论辩对手才变成马克思主义史学当中的“西周封建论”。因此，如果郭沫若在《十批判书》当中出现以上这种表述的话，那么他可能指的就是后者了。

总之，在《中国古代社会研究》中，郭沫若在谈到“封建”这个概念的时候，实际上出现了三重话语体系。

第一重话语体系是传统儒家所说的“封建”概念，或曰“封建古义”，这个概念主要指的是封建亲戚、封邦建国。事实上，这是郭沫若所要反对的一套话语体系——因为郭沫若要树立“西周奴隶社会论”的话语体系，就不得不向传统儒家所叙述的“西周封建论”话语体系“开炮”，只有这样才能把加诸西周头上的“封建”帽子摘掉而不至于与马克思主义的“封建”话语体系相混淆。郭沫若在这个过程中又采取了一种釜底抽薪的论辩方式，即对西周文献中的“封建”概念予以了重新解释，赋予了其新的内涵，即从语言学的角度解释了所谓的西周“封建”的历史意义，因此就造出了第二重话语体系，即郭沫若阐释了仅仅是划定土地边界而非儒家体系化的“封建”的新的“封建”概念，我们称之为“封建本义”——这层概念实际上是第一重话语体系中的“封建”的原型。按照郭沫若的思路，他只要把这种原型的本来意义发掘出来，就可以推翻传统儒家的“封建”话语体系。再加上马克思主义的“封建”话语体系，于是在《中国古代社会研究》中就出现了三重“封建”话语体系。

但是，郭沫若在《中国古代社会研究》当中，并没有很好的解释清楚这三重“封建”话语体系之间的关系。尤其是他在个别地方所使用的“封建”概念竟然是他所反对的那种传统儒家意义上的“封建古义”，而对马克思主义的“封建新义”所做

① 郭沫若：《中国古代社会研究》，《郭沫若全集·历史编》第1卷，人民出版社1982年版，第269页。
② 郭沫若：《中国古代社会研究》，《郭沫若全集·历史编》第1卷，人民出版社1982年版，第286页。

的阐释也并不是太多，因而造成了一定的话语体系上的混乱。这种现象恰恰是中国马克思主义史学初创时期的一种表现，甚至可以说是一种不可避免的表现——虽然表现出一种思维混乱的状态，然而就其本质上来说它是一种伟大的进步，至少郭沫若的主观目的非常明确，那就是要推翻传统儒家式的“封建古义”话语体系从而树立马克思主义的“封建新义”话语体系。因此，无论《中国古代社会研究》当中的“封建”概念有多么混乱，都不能否定其在整个中国马克思主义史学发展过程当中难以取代的开创性的学术地位。

二 郭沫若中国封建社会理论话语体系的成熟

正如马克思和恩格斯在《共产党宣言》1872 年德文版“序言”中所说的那样：“《宣言》是一个历史文件，我们已没有权利来加以修改。”① 同样的，郭沫若在批判《中国古代社会研究》时也是把它当作一个历史文件去看待的，他在 1947 年写的后记中说：“《中国古代社会研究》出版于一九三〇年，到现在已经整整十七年了。这在我自己是一部划时期的作品，在中国的史学界似乎发生过相当大的影响。”② 1944 年，郭沫若写了《十批判书》中的《古代研究的自我批判》，这篇文章就把他的《中国古代社会研究》当作一个历史文件去批判。在以这篇文章为核心的《十批判书》——包括《青铜时代》的部分文章——当中，我们可以看到郭沫若的中国封建社会理论比起《中国古代社会研究》来说有了很大的进步——“《研究》时代”那种话语体系的混乱在“《批判》时代”就基本上就看不到了，对于这种学术思想上的进步，郭沫若自己也毫不隐讳地说：“我愿意再向读者自行推荐《十批判书》的《古代研究的自我批判》一篇。那儿的见解在我认为是比较正确的。”③

在《十批判书》当中，郭沫若整体上还是延续了《中国古代社会研究》的主要观点，具体在封建社会问题上，他还是强调“封建本义”，利用“封建本义”去反对“封建古义”，他说：“古时所谓‘国’本是等于部落的意思，所谓‘封建藩卫’，也不过是建置大小不等的各种殖民部落而已。异姓之国大抵是原有的部落，同姓之国则多系从新建设的。”④ 另外从反面指出在古文献当中找不到儒家所说的封建等级的证据，“足见等级之制只是后世儒家的依托”⑤。根据上文我们知道，这个问题是《中国古代社会研究》中关于中国封建社会的一个核心议题。

与《中国古代社会研究》所不同的是，郭沫若在《十批判书》当中十分注重封

---

① ［德］马克思、恩格斯：《共产党宣言》，《马克思恩格斯文集》，人民出版社 2009 年版，第 5 页。
② 郭沫若：《中国古代社会研究》，《郭沫若全集·历史编》第 1 卷，人民出版社 1982 年版，第 311 页。
③ 郭沫若：《中国古代社会研究》，《郭沫若全集·历史编》第 1 卷，人民出版社 1982 年版，第 312 页。
④ 郭沫若：《十批判书》，《郭沫若全集·历史编》第 2 卷，人民出版社 1982 年版，第 14 页。
⑤ 郭沫若：《十批判书》，《郭沫若全集·历史编》第 2 卷，人民出版社 1982 年版，第 15 页。

建话语体系的严格区分，他说："其实要肯定周代的'封建'是一回事，不必一定要否定儒者的托古改制。即使否定儒者的托古改制，而认为周代确有五等诸侯或五等畿服，也和我们现代所说的封建社会的观念完全不同。在这儿不容许我们的新旧观念绞线。"① 这里把"封建"的三重含义都涉及了，而且重点在于"不容许我们的新旧观念绞线"，也就是要突出马克思主义的封建话语体系。事实上，我们在《十批判书》中已经基本见不到《中国古代社会研究》当中那种话语体系的混乱与矛盾了。

不过，比起上述变化更加值得我们注意的是，相对于《中国古代社会研究》，《十批判书》当中关于中国封建社会的核心议题已经发生了明显的转变——如果说在《中国古代社会研究》当中，郭沫若的主要对手是儒家意义上的"西周封建论"的话，那么在《十批判书》当中，郭沫若的主要对手则是马克思主义史学意义上的"西周封建论"。这一点是郭沫若明确指出的，他说："现代的封建社会是由奴隶社会蜕化出来的阶段。生产者已经不再是奴隶而是被解放了的农工。重要生产工具，以农业而言，便是土地已正式分割，归为私有，而有剥削者的地主阶层出现；在工商方面则是脱离了官家的豢养，而成立了行帮企业。建立在这阶层上面的国家是靠着地主和工商业者所献纳的税收所维持着的。这是我们现代所说的封建社会。周代尤其西周的经济情形究竟是不是这样的呢？这是我们应该探讨的中心问题。"② 这里很明确是要探讨"西周是不是马克思主义史学意义上的封建社会"了。换句话说，在"《批判》时代"，由于中国马克思主义史学已经取得了长足的发展，其内部分歧也逐渐凸显，郭沫若的中国封建社会研究不再是通过研究"封建本义"和树立"封建新义"来批判"封建古义"了，而是在进一步争论"封建新义"的内涵了。

事实上，早在1942年，郭沫若曾写过一篇《古代社会研究答客难》，在这篇文章里，他重点批判了"西周封建论"："历史是整个的，无论从秦、汉以后的划然改观来看，从战国时代的百家争鸣，文学改革来看，从殷、周礼制的损益可知来看，西周封建说无一可通。主要的错误即在三代封建之旧式观念未除，而对于资料的时代性及解释，均不免自我作故。这是目前的一种学术革命的过渡现象，再隔若干年后，早迟是会清算的。"③ 可见，在郭沫若看来，"西周封建论"只是传统儒家的"封建古义"概念还没有得到彻底的清理时的一种过渡现象，是中国马克思主义史学不成熟的一种表现。

如果联系到上文所述郭沫若在《中国古代社会研究》当中所做出的理论贡献的话，那我们就不难看出20世纪40年代郭沫若对"西周封建论"者的不解很大程度上源于他认为"西周封建论"者所主要的依据事实上是他早在《中国古代社会研究》当中就已

① 郭沫若：《十批判书》，《郭沫若全集·历史编》第2卷，人民出版社1982年版，第15—16页。

② 郭沫若：《十批判书》，《郭沫若全集·历史编》第2卷，人民出版社1982年版，第16页。

③ 郭沫若：《古代社会研究答客难》，《郭沫若全集·历史编》第3卷，人民出版社1984年版，第419页。

经驳倒的儒家意义上的“封建古义”，因此，他指出：“近年有些新史学家依然为这种原始字面所蒙蔽，他们说‘西周是大封建社会’，或‘初期封建社会’，因而也很在努力，想从新的观点来证成这种说法，在我看来不免是徒劳的。”① 这里说的“原始字面”指的就是儒家意义上的“封建古义”，也就是说，郭沫若认为“西周封建论”者被传统儒家所说的“封建古义”干扰了，并没有坚持“封建新义”的科学内涵——对于这种在他看来早已被他在《中国古代社会研究》中就已经驳倒的观点仍然在新史学家中被坚持的现象，郭沫若在内心中是非常不理解的。直到新中国成立后，郭沫若还是坚持这样的看法，1951 年，郭沫若撰写了《关于周代社会的商讨》一文，与主张“西周封建论”的范文澜进行商榷，郭沫若在这篇文章中指出：“要研究中国的古代，材料实在太少了，然而虚伪的材料却又不少，而且几千年来的旧观念也很不容易肃清，总是在那儿纠缠着。”② 显然，所谓的“西周封建”的传统认识，在郭沫若眼中只不过是一种有待肃清的旧观念，不能与马克思主义意义上的“封建新义”相提并论。

1944 年 1 月 20 日，郭沫若在日记中写道：“明日起拟写《周代的农事诗》。”③ 关于这篇文章的目的，他明确指出：“好多年辰以来，研究古代社会的人，意见不一，但大多数认为周代是封建社会，我是不赞成的。主张封建说的朋友们，对于我的奴隶社会说，自然也不赞成。我现在想从周代的农事诗来证成我的说法。”④ 而郭沫若在《周代的农事诗》一文中指出：“土地既有了分割，就有了好些朋友认为西周已经是封建社会的。因而我从金文里面所发掘出的一些锡臣锡地的资料，在我以为乃奴隶社会的绝好证明者，通被利用为支持封建说的根据。然而这是把资料的整个性分割了，铭文是从青铜器引用下来的，青铜器时代的生产技术承极原始的石器时代而来，并没有可能发展为封建式的生产。而农业民族的奴隶制与工商业民族的也有性态上的差异，是尤其值得我们注意的。工商业的生产奴隶须有束缚人身自由的枷锁或髡钳，农业的生产奴隶则可以用土地为枷锁。故尔在农业民族的奴隶制时代已有土地的分割，希腊时代的斯巴达便是这样，我国现存的彝族社会也是这样。”⑤ 因此，郭沫若指出：“（彝族）这样的社会是奴隶制，自然毫无问题，然而已经有土田的分割了，假使有土田的分割即当认为封建制，那么彝族社会也可以说是封建制吗？这是怎么也说不通的事。因而见西周有土田的分割即认西周为封建社会，也真可以说是‘见卵而求时夜’了。”⑥ 也就是说，不能通过土地的经营方式来区分生产方式。郭沫若在文末又进一步指出：“有些朋友又把周代农事诗解为地主生活的纪录，把孟子式的井

---

① 郭沫若：《十批判书》，《郭沫若全集·历史编》第 2 卷，人民出版社 1982 年版，第 37 页。

② 郭沫若：《关于周代社会的商讨》，《新建设》1951 年第 4 卷第 4 期。

③ 郭沫若：《十批判书》，《郭沫若全集·历史编》第 2 卷，人民出版社 1982 年版，第 474 页。

④ 郭沫若：《十批判书》，《郭沫若全集·历史编》第 2 卷，人民出版社 1982 年版，第 475 页。

⑤ 郭沫若：《青铜时代》，《郭沫若全集·历史编》第 1 卷，人民出版社 1982 年版，第 429 页。

⑥ 郭沫若：《青铜时代》，《郭沫若全集·历史编》第 1 卷，人民出版社 1982 年版，第 432 页。

田制解为庄园的雏形，那更完全是过于自由的纯粹的臆想了。”[①] 这里所说的“有些朋友”主要指的是以翦伯赞为代表的马克思主义史学中的“西周封建论”者。[②] 这里，郭沫若的话语体系完全是马克思主义的，他是在马克思主义史学的话语体系当中批判“西周封建论”，已经不再把儒家式的“西周封建论”即所谓的“封建古义”放在眼里了。

郭沫若在《十批判书》的“后记”中写道：“在这个期间之内有好几部新史学阵营里面的关于古史的著作出现，而见解却和我的不尽相同。主张周代是封建制度的朋友，依然照旧主张而对于我的见解采取着一种类似抹杀的态度。这使我有些不平。尤其是当我的《墨子的思想》一文发表了之后，差不多普遍地受着非难，颇类于我是犯了众怒。这些立刻刺激了我。因为假如是不同道的人，要受他们的攻击，那是很平常的事；在同道的人中得不到谅解，甚至遭受敌视，那却是很令我不安。因此，我感觉着须得有一番总清算、总答覆的必要。就这样彻底整理古代社会及其意识形态的心向便更受了鼓舞。”[③] 这处自述观点更加明确，郭沫若撰写《十批判书》的主要目的就是回应中国马克思主义史学阵营当中的“西周封建论”者。

郭沫若新中国成立后定型的“战国封建论”在《十批判书》中就提出来了——这一点修正了他在《中国古代社会研究》中的看法，即把原来划定的东迁以后中国进入封建社会推后到了春秋战国之际中国进入封建社会，他说：“春秋、战国时代虽然在社会性质上和现代不同，而作为社会史上的一个转折点则是极其相似的。旧时的奴隶制度逐渐崩溃了，新的封建秩序在逐渐产生的过程中。”[④] 郭沫若在《十批判书》中的主要工作是对中国古代思想史进行研究，在对古代思想史的批判过程当中，郭沫若贯穿了他对“西周封建论”的批判以及和对他自己的“战国封建论”的阐释。

在“战国封建论”的前提下，郭沫若展开了他对中国古代思想史的批判。在他看来，孔子是先进的，因为：“孔子的基本立场既是顺应着当时的社会变革的潮流的，因而他的思想和言论也就可以获得清算的标准。大体上他是站在代表人民利益的方面的，他很想积极地利用文化的力量来增进人民的幸福。对于过去的文化于部分地整理接受之外，也部分地批判改造，企图建立一个新的体系以为新来的封建社会的韧带。”[⑤] “这种所谓仁道，很显然的是顺应着奴隶解放的潮流的。这也就是人的发现。”[⑥] 同样的，郭沫若之所以对墨子评价不高，是因为在他看来墨子代表的是陈腐

① 郭沫若：《青铜时代》，《郭沫若全集·历史编》第1卷，人民出版社1982年版，第433页。

② 翦伯赞曾说：“在西周，虽无所谓‘井田制’，而‘井田制’的传说，却足以暗示出庄园制的内容，由此而知所谓‘井田制’的传说，并非孟柯凭空造谣，而是以庄园制为其历史的素地加以理想化的一种传说。”参见《中国史纲》第1卷，《翦伯赞全集》第1册，河北教育出版社2008年版，第246页。

③ 郭沫若：《十批判书》，《郭沫若全集·历史编》第2卷，人民出版社1982年版，第475—476页。

④ 郭沫若：《十批判书》，《郭沫若全集·历史编》第2卷，人民出版社1982年版，第253页。

⑤ 郭沫若：《十批判书》，《郭沫若全集·历史编》第2卷，人民出版社1982年版，第87页。

⑥ 郭沫若：《十批判书》，《郭沫若全集·历史编》第2卷，人民出版社1982年版，第91页。

的奴隶主阶级的利益："墨子是把财产私有权特别神圣视的。人民，在他的观念中，依然是旧时代的奴隶，所有物，也就是一种财产。故他的劝人爱人，实等于劝人之爱牛马。"[①] 又说："他（墨子）是同情公室而反对私门的人。他站在同情公室的立场上，所见到的只是腐败了的奴隶生产，因而看不出人民生产力的伟大。"[②]

因而，郭沫若对马克思主义史学阵营中的学者如杜国庠说他"有点袒护儒家"的说法颇为不平。在郭沫若看来，"儒家"首先就不是一个整体的名词，不能笼统的说是否"袒护儒家"。另外，即使说他袒护孔子，他的所谓"袒护"与古代儒生们的做法也是不同的——当然与近代的所谓"新儒家"们也不同，关于这一点郭沫若是十分在意的，他明确地说："我也并不是什么新儒家，谁人道谁不人道，倒不是争门户的事情。"[③] 郭沫若坦言自己的立场是史学的："我是以一个史学家的立场来阐明各家学说的真相。我并不是以一个宣教师的态度企图传播任何教条。在现代要恢复古代的东西，无论所恢复的是那一家，事实上都是时代错误。"[④] 郭沫若之所以说了一些孔子的好话，是因为在他看来孔子是一个代表历史前进方向的人物："孔子是由奴隶社会变为封建社会的那个上行阶段中的前驱者，我是在这样的意义上'袒护'他。我的看法和两千多年来的看法多少不同。"[⑤] 而墨子则相反，郭沫若认为他是代表着反历史潮流而动的奴隶主阶级的利益。

因此，郭沫若对于儒家的较高评价并不能完全说明他在主观上是从"袒护儒家"出发的，他对儒墨之间不同的评判实际上体现了他对中国奴隶社会向封建社会转变之际的认识，即他认为墨家是代表落后的奴隶制，而儒家是代表先进的封建制。也就是说，我们要从郭沫若的中国封建社会理论话语体系这个角度来看他对先秦思想史上各家学说评价的不同。

总之，在《十批判书》当中，郭沫若不但摆脱了《中国古代社会研究》当中封建社会理论话语体系的混乱状态，而且把自己的学术论辩对手定位为中国马克思主义史学阵营中的"西周封建论"而非传统儒家意义上的"西周封建论"，他对先秦思想史的评价也是以其"战国封建论"的话语体系为标准的，这实际上就实现了"封建"话语体系的蜕变，标志着其中国封建社会理论话语体系的成熟。

三 结语

20 世纪 80 年代以来，中国史学界在思想观念上呈现出一种开放式多元化的格

① 郭沫若：《十批判书》，《郭沫若全集·历史编》第 2 卷，人民出版社 1982 年版，第 114 页。
② 郭沫若：《十批判书》，《郭沫若全集·历史编》第 2 卷，人民出版社 1982 年版，第 460 页。
③ 郭沫若：《十批判书》，《郭沫若全集·历史编》第 2 卷，人民出版社 1982 年版，第 118 页。
④ 郭沫若：《青铜时代》，《郭沫若全集·历史编》第 1 卷，人民出版社 1982 年版，第 611 页。
⑤ 郭沫若：《十批判书》，《郭沫若全集·历史编》第 2 卷，人民出版社 1982 年版，第 478 页。

局，其主要表现就是对马克思主义史学话语体系的质疑，五种社会形态理论作为马克思主义史学的主要标志性理论首当其冲。具体来说就是对“奴隶社会”“封建社会”“资本主义萌芽”这三个概念合法性的质疑。与本文相关的就是“封建社会”合法性问题，因为对“封建社会”这个概念产生了怀疑，部分学者意图通过各种各样的概念取代“封建社会”这个概念，于是，“皇权社会”“帝制时代”“帝制农民社会”“郡县制时代”“选举社会”“国家体制式社会形态”“君主专制和地主经济形态说”“以血缘关系和地缘性的农村公社为基础的宗法等级制社会”等观点涌现出来。[①] 但直到目前来看，没有一种观点在学术性上能够取代“封建社会”这个概念。

因此，我们不能不回过头来重新检视“封建社会”这个概念的科学性，尤其是从史学史的角度来检视这个问题是非常必要的：因为我们有必要从史学史上回顾当初那批马克思主义史学家提出这个观点时背后所做的工作是否具有科学性。

马克垚先生在谈到“封建”这个问题时说：“关于封建郡县孰优孰劣，那个更能使统治长治久安的争论，在中国历史上却是一直不断。争论的各方，都是把封建作为一种政治制度看待的，并未涉及封建制下的社会和经济内容。”[②] 他还指出社会史论战的一大成就就是“虽然对中国社会的性质看法各有不同，但已有不少人把封建作为一个社会来认识，而不再是一种单纯的政治制度了”[③]，“无论中国和西欧，对自己的封建的理解，都有一个把它先当做法律、政治制度，后当做社会经济形态的发展过程”[④]。可见，抛弃传统儒家“封建古义”的话语体系，用马克思主义的“封建新义”话语体系来重新认识历史，正是学术思想深入发展的结果。从这个角度来看，郭沫若的中国封建社会理论是符合上述学术规律的，这个规律的本质就是人们认识事物由浅薄到深入、由现象到本质的规律。

反过来讲，如果抱着“封建古义”的形式主义不放，那么美国的联邦制又何尝不是一种“封建制”呢？[⑤] 事实上，同样的汉语词汇在不同的历史发展阶段有着不同的含义，这在语言学上是很常见的现象——如果胶柱鼓瑟地维护“封建”二字最初出现时的含义，那就跟不让化学家用“镭”字指代一种放射性金属而非要抱着《广

---

① 《〈文史哲〉杂志举办“秦至清末：中国社会形态问题”高端学术论坛》，《文史哲》2010 年第 4 期；李振宏：《秦至清皇权专制社会说的思想史论证》，《清华大学学报（哲学社会科学版）》2016 年第 4 期。

② 马克垚主编：《中西封建社会比较研究》，学林出版社 1997 年版，第 2 页。

③ 马克垚主编：《中西封建社会比较研究》，学林出版社 1997 年版，第 2 页。

④ 马克垚主编：《中西封建社会比较研究》，学林出版社 1997 年版，第 4 页。

⑤ 学术界确实存在把所谓“封建古义”与现代资产阶级宪政相比附的观点，如秋风（姚中秋）说：“中国历史上，建立了经典封建制的姬周王朝，持续 800 年，为时最久。这从一个侧面证实了封建制的精妙。而第一个现代宪政国家——英格兰的宪政制度，正是封建治理之道实现新生转换的结果。”参见《你可能不认识的孔子》，《国学》2011 年第 4 期。秦晖则说：“‘封建’时代的‘虚君’不是靠垄断权力来维持的，人们对之有不依赖于强权的‘敬畏’乃至敬爱，在传统时代它的‘改朝换代’就极为平和，或者说根本没有真正的‘改朝换代’现象，而在由传统向现代化演进时，它走向和平立宪的道路也就比较容易。”参见《“改朝换代”与君主和平立宪的可能——“封建”与帝制的比较》，《南方周末》2011 年 8 月 11 日第 E25 版。

韵》说这是“瓶也，壶也”一样。正如瞿林东先生所言：“十分清楚的是，当人们认同了或基本认同了马克思主义的社会形态学说时，他们所称说的封建社会，自是指一种社会形态而言，而与西周的宗法分封的‘封建’无涉。如果把这两种性质不同的‘封建’纠缠在一起，说成是彼此分不开，那就不仅是概念的混淆，而且是历史研究中历史与理论的脱节。”① 再拿上文所举的例子来说，现在还有人把水壶叫作“镭”的吗？因此，在回顾郭沫若中国封建社会理论发展过程的时候，我们就应该得到这样一种认识：从“《研究》时代”到“《批判》时代”，郭沫若逐渐摆脱了所谓“封建古义”的纠缠，把“封建”这个概念牢牢地固定在马克思主义史学的话语体系当中，完全是一种学术上的进步——这不单是郭沫若本人而且是中国马克思主义史学从20世纪20年代末到40年代中期这十余年间长足进步的一个重要表现。

（原载《郭沫若研究》2020年第1辑）

① 瞿林东：《〈“封建”考论〉一书的论点和方法献疑》，《史学月刊》2008年第3期。

第六篇

学 术 争 鸣

《郭沫若年谱长编》指疵十端

冯锡刚

由林甘泉、蔡震主持编撰的五卷本《郭沫若年谱长编》（以下简称《年谱》，中国社会科学出版社2017年10月第一版，2368千字），是迄今卷帙最为浩繁，资料最为翔实的实录，毫无疑问，将成为世人了解或研究郭沫若生平的案头卷。感念之余，本着精益求精的旨趣，吹毛求疵，举其十端，以为再版改进之用。囿于视野，指疵限于1949—1978年之条文。标举内容，以《年谱》记录先后为序，间有归类。

一　手迹识读有误

p. 1308，“（1949，11）28日　致信张元济：‘国家深被重创，新基难［虽］奠，一时尚不能使百废待举。’”一字之误，意思大变。参照手迹，“虽”之繁体与“难”近似，误在不辨繁简及行草的书写。不无巧合，另有几处致张元济的墨迹，亦有误识。p. 1457，“（1953，6）8日　‘德宗后［信］有为’，‘未知尊处见仿［备］此否’”；p. 1611，“（1956，11）1日　‘老成今［与］道新’”。这些误识均由不谙繁体与行草书写规范所致（个别属于拼音输录所误）。

这类误识，尚有几处，如p. 1770，“（1959，12）6日　作诗《奉和舍予原韵》：‘诗人与［兴］会更无前’”；p. 2030，“（1965，2）23日　步（邓拓）奉和原韵在轴上补题七律一首：‘拂素敢夸著作操［曹］’‘奴看周颂隶兼［荆］骚’‘一联一律亲［钦］趋步’”，录邓拓原诗或脱落，或误识：“往来多少（幽燕客），不及立群意争［气］豪。”

二　重要史料失收

谱主著作浩繁，行状事迹丰富，挂一漏万，在所难免。但已刊布之文字尤其是重要文字则不应失收。

1979年第5期《文艺报》刊登郭沫若故居提供的谱主未刊书信多封，其中“致祖平”一通附有手迹，落款日期为“二月十七日”。收入黄淳浩所编《郭沫若书信集》（中国社会科学出版社1992年12月第一版），亦未标示年份。据手迹考证，此信的收信人是邵祖平（知名教授与学者，因参与编辑《学衡》而与鲁迅有龃龉），写于1953—1954年间。此信之所以重要，不但在于有对鲁迅的评论，而且以少有的坦率直陈心事："足下对我，评价过高。我自内省，实毫无成就。拿文学来说，没有一篇作品可以满意。拿研究来说，根柢也不踏实。特别在解放以后，觉得空虚得很。政治上不能有所建树，著述研究也完全抛荒了，对着突飞猛进的时代，不免瞠然自失。"信笺涂改甚多，是否实寄，是个问题。

由肖玫编著的图册《郭沫若》（文物出版社1992年11月第一版），345图系谱主1966年秋所作《水调歌头（海字生纠葛）》手迹，编者录有全文（内中有一处误识："堪笑白雪［云］苍狗"）。此篇是谱主在"文革"初期遭受红卫兵冲击的写照，具有鲜明的纪实色彩，真实展现了复杂的内心世界，向未公开发表。

作为政治活动家，谱主以无党派民主人士的身份参加于1956年9月召开的中共"八大"的部分大会活动；1958年加入中共后，列席1966年5月召开的中共中央政治局扩大会议、8月召开的八届十一中全会；参加1968年10月召开的中共八届扩大的十二中全会。这些重要的政治活动，在《年谱》中无只字涉及。

三　引录详略不当

因为是多人合作，见仁见智，殊难划一。但笔者以为，除了重要性（这标准自然也不易掌握），当以公开发表特别是收入《郭沫若全集》与否，作为详略的主要标准。这是基于年谱具有工具书性质的考虑。详略不当，主要是失之烦冗地全篇引录了不少应景的作品。

即举同一页上的两例。p. 1437，"（1952，11）10日　作七律《庆亚太和会》"，录全诗，并标示收《新华颂》《沫若文集》《郭沫若全集》；同一天作七律书赠新凤霞、吴祖光，仅录一联，出处示以"据手迹"三字。说重要性，《庆亚太和会》也只是应景之作，翻检甚易；对于读者，则分明希望得读从未公开发表的赠诗全篇。

p. 1825，"（1961，3）27日　作诗《献给第二十六届乒乓球锦标赛》"，只字未录，标示"发表于《新体育》第7期"；"31日　读郁曼陀遗墨，题七绝二首"，录第一首一句，第二首全篇，标示收《东风集》《郭沫若全集》。为读者与研究者计，如欲翻检全篇，收入集子的总要方便些，而《献给第二十六届乒乓球锦标赛》一诗尾联为"万国青年齐磊落，光明葬送战争魔"，意趣不俗。顺便提及，谱主为第26届世乒赛写过3首诗，其余二篇均收入各类集子。

四　讹误相沿成习

p. 1643，"（1957，7）1日　作七律《纪念'七七'——用鲁迅韵》二首，其一，在‘誓缚苍龙树赤旗’句作注：‘毛主席长征词《六盘山·调寄清平乐》末句云：“何时缚住苍龙”。苍龙即指日本。东方属青，其兽为龙。’”毛泽东于1958年12月在文物版《毛主席诗词十九首》书眉批注：“苍龙：蒋介石，不是日本人。因为当时全副精神要对付的是蒋不是日。”[①] 虽说诗无达诂，谱主当时这样解释事出有因，但编者在知晓作者批注的当下仍照录而未加说明，则有误导之弊。其实，为便宜计，完全可以不录这句诗。

p. 1765，“（1959，10）23日　致函李宇超。‘印集题就，请转致。’附‘雷锋颂印集　郭沫若题’。”所标出处为“《郭沫若书信集》下，中国社会科学出版社1992年版”。一看年份，就知出错，1959年怎么可能有关于雷锋的印集呢？然而《郭沫若书信集》确实将此信标为“1959年10月23日”。手稿落款虽仅有月日，但根据内容当不致断为此年。《年谱》编者未加辨识，遂以讹传讹。

五　归入年份出错

p. 1751，“（1959，7）11日　复信周扬。”信中有这样的词句：“《社会主义文学艺术的道路》读过了”，觉得“《武则天》比较还要满意一些”。出处标为“郭沫若纪念馆馆藏资料”。看来手迹落款也是仅有月日，未书年份。然而根据内容，毫无疑问，此信写于1960年。这年7月下旬举行第三次全国文代会，郭沫若致开幕词，周扬作主题报告《社会主义文学艺术的道路》。报告在标举第二次文代会以来的文艺成就时，提到郭沫若作于1959年的历史剧《蔡文姬》[②]，而郭沫若以为作于1960年初的历史剧《武则天》“比较还要满意一些”。1959年的书信当然不可能涉及1960年才发生的事。

p. 2017“（1964，10）本月　作诗《十五年》”，录全篇，出处是“郭沫若纪念馆馆藏资料”。因诗中有“十五年前的今天，……雄赳赳地跨过鸭绿江”，“十五年前我去过平壤”，“七年前我去过平壤”的句子，可知此诗当作于1965年。可为佐证的是，1965年10月25日条下有“诗《十五年》发表于《人民日报》，以纪念抗美援朝15周年”。

六　体例小有失衡

《编写凡例》所列第10条规定：“年内发生的具有历史意义的标志性事件、文化

① 毛泽东：《建国以来毛泽东文稿》（第七册），中央文献出版社1992年版，第650页。

② 中国文学艺术工作者第三次代表大会著：《中国文学艺术工作者第三次代表大会文件》，人民文学出版社1960年版，第35页。

界发生的大事件，按时间顺序记入本年本事叙述前。”笔者留意这方面的记录，各年所列要事大致在5条至10条之间。自然，各年发生的这类事件多寡不一，采用条目既无必要也不可能整齐划一。但个别年份确实失之简略，如1958年仅2条，而1960年竟只有1条。其实，这两个年头发生的这类大事还真不少，随手列举：如1958年的南宁会议、成都会议、八届五中全会、《红旗》创刊、北戴河会议、八届六中全会等等；1960年的创办城市人民公社、发表《列宁主义万岁》等3篇文章、周恩来总理访问东南亚四国、第三次全国文代会召开、《毛泽东选集》第四卷出版、有81国共产党工人党参加的莫斯科会议召开并发表《莫斯科声明》、中共中央批转《关于加强军队政治思想工作的决议》等等。

七　史料重复入编

p. 1844，“（1961，8）26日　致函刘大年”，此信即次年同月同日之“致函刘大年”，细察谱主行止及信函内容，当写于1962年。

p. 1858，“（1961，11）3日　撰文《翻译鲁迅的诗》”，全录所翻译鲁迅七绝的白话诗；p. 1880，“（1962，3）14日　录《翻译鲁迅的诗》中所译鲁迅的七绝，赠上海鲁迅纪念馆”，再次全录翻译鲁迅七绝的白话诗。

p. 2160，“（1969，9）3日　回复耿庆国”；p. 2220，“（1971，9）3日　回复耿庆国”。从所录内容看，应该是同一封信，出处或标为“据手迹”或标为“据复信手迹复印件”。究系何年所复，颇难推断。以笔者陋见，从谱主当年的境遇看，1969年的可能性大些。

八　叙述解读欠妥

p. 1940，“（1963，4）7日　作《序古巴谚语印谱》，仅四十字，并‘集其谚语为诗’全文抄录。”虽“仅四十字”，编者却未录序文。细读序文，方知此说有误。笔者据手迹逐录序文：“方去疾、吴朴堂、单孝天三同志，以古巴谚语三十条，刻印四十七颗。余即集其谚语为诗以序之。一九六三年四月七日　郭沫若（其后即为分行排列的14节白话诗）”① 编者删去“（集其谚语为诗）以序之”三字，致有序文“仅四十字”之误。谱主将并无关联的30条谚语集为14节白话诗，虽非原创，却也是一种艺术劳动，略近于旧体诗的集句。因此，序文是包括“集其谚语为诗”的。在5月7日的条下，有“在《人民日报》上发表由作者翻译的《集古巴谚语》”的记

① 方去疾等篆刻：《古巴谚语印谱》，朝花美术出版社1964年版。在目次之前，以8个页面刊载郭沫若《序古巴谚语印谱》墨迹。

载，“翻译”当然又是编者的误解，未闻谱主通晓拉丁文。

p. 2051，“（1965，7）23 日　复函胡乔木，告知 22 日信已接，觉得胡乔木的词‘不宜改动得太多，宜争取早日发表’。又谈了自己 6 月底在井冈山的见闻。”编者太过粗心，张冠李戴，将毛泽东 5 月间在井冈山作的两首词误为胡乔木的作品（此前适有胡郭两人间的书信往还，内容恰是修改胡词）。兹将此信的主要内容录出——

词两首，以后忙着别的事，不曾再考虑。我觉得不宜改动过多，宜争取早日发表。六月卅日我去过井冈山根据地，在那儿住了两天。井冈山主峰和远处的罗霄山脉耸立云端。同志们告诉我：那些地方有原始林。又黄洋界老地，当年战场犹在。

“飞跃”我觉得可不改，因为是麻雀吹牛。如换为“逃脱”，倒显得麻雀十分老实了。

“土豆烧牛肉”句，点穿了很好，改过后，合乎四、四、五，为句也较妥帖。唯“土豆烧牛肉”是普通的菜，与“座满嘉宾、盘兼美味”似少相称。可否换为“有酒盈樽，高朋满座，土豆烧牛肉”？

“牛皮葱炸，从此不知下落”，我觉得太露了。麻雀是有下落还露过两次面。

显然，所谈即为毛词《水调歌头·重上井冈山》和《念奴娇·鸟儿问答》。①

九　出处标示待酌

标示出处以说明录有所据，《编写凡例》第 12 条对此作了详细规定。一般而言，凡标为“据手稿”者，最富权威性。但为便宜计，凡已公开发表者，则标为最先刊登的书刊名称和日期。据此，《年谱》有几处标示则有待斟酌。

p. 1648，“（1957，8）31 日　作《祝亚洲电影周成功》”，出处标为“郭沫若纪念馆馆藏资料”。这当然不能算错，但按照前例，应当标示最初刊登的报刊名称和日期，其为“《大众电影》1957 年第 17 期”。

p. 1763，“（1959，9）本月　题《瞿秋白（笔名）印谱》”，出处标为“郭沫若纪念馆藏”。该书于 1959 年 11 月由上海人民美术出版社出版，1985 年 3 月出修订版。

p. 1996，“（1964，5）29 日　作诗《毛主席和人民在一起》”，出处标为“郭沫若纪念馆馆藏资料”。其实，此诗发表于《解放军画报》1964 年第 9 期，是与侯波的

① 曹应旺编：《伟人诗交》，中共中央党校出版社 1994 年版，第 59 页。

联袂合作。画报刊登4幅毛泽东在20世纪五六十年代会见工农兵及各族群众的照片（均系侯波所摄），谱主分别题自由体小诗一首。诗中的一些句子（如“看到你伸出两个指头，在谈一分为二的道理”）显然是因着画面的联想发挥。一般读者如欲对读，却无从查阅“馆藏资料”。这就是尽可能标示书刊和出版物的好处。

另有两处标示，情况较为复杂，亦当一议。

p. 2075，“（1966，4）7日　书赠龙潜《水调歌头》一首……后又款识：‘《欧阳海之歌》是社会主义革命文艺的力作，读后成水调歌头一首以赞之’。”出处标为“中国嘉德2010春季拍卖会拍品965号”。笔者仔细看过网上展示的墨迹，认为是赝品。又从有关的文字中了解到，郭沫若纪念馆亦鉴定为赝品。《年谱》这样标示，在客观上肯定了其为真迹。顺便提及，笔者在网上见到一幅墨迹，系谱主于同年3月25日夜，为沈其震将《水调歌头·读〈欧阳海之歌〉》“书为纪念”。这确是真迹。①

同页，“（1966，4）14日　出席全国人大常委会第三十次会议，听取石西民所作的关于社会主义文化革命的报告后发言”，“全文以《向工农兵群众学习，为工农兵群众服务》为题发表于5月5日《人民日报》”。准确的表述是：发表于4月28日《光明日报》，5月5日《人民日报》全文转载。郭沫若这篇影响很大的检讨发言，其发表与转载在一定程度上反映出“文革”之初的某些特点。略去《光明日报》的首发，事实上是忽略了有意味的历史细节。

十

考虑到谱主作为诗人兼政治活动家的身份，将与毛泽东有关的文字与行状事迹单列指疵，谅不以“十景病”视之。于此大体可以归纳为以下三方面的问题。

一是重要史料失收，以“兰亭论辩”为例。1965年8月17日毛泽东接见出席某次会议的军队干部时，向陪同接见的康生询问：郭老的《兰亭序》官司能不能打赢？康生回答可以打赢，并将郭沫若8月7日作《〈兰亭序〉和老庄思想》，12日作《〈驳议〉的商讨》两篇尚未发表的文章大意告诉毛。当天，康致函郭，转告上述情况，并说毛愿意看郭的这两篇文章。郭即于当天致函毛并寄上两文的清样。8月20日，毛在退回清样时致函郭：

> 八月十七日信及大作两篇清样，均已收读。文章极好。特别是找出赵之谦骂皇帝一段有力。看来，过分崇拜帝王将相者在现在还不乏其人，有所批评，即成为“非圣无法”，是要准备对付的。②

---

① 保利秋季拍卖会中国近现代书画（四）1873，http：//www. epailive. com。

② 穆欣：《办〈光明日报〉十年自述（1957—1967）》，中共党史出版社1994年版，第148页。

《年谱》对此无记录，自然郭毛信函亦失收。上述史料的出处系穆欣著《办〈光明日报〉十年自述（1957—1967）》。以著者的身份（当年《光明日报》总编），这些史料的可信度极高。如果《年谱》要以信件手稿为凭的话，那么1966年7月17日，郭就毛泽东手书《西江月·井冈山》致信井冈山管理处，就当置疑，因其出处为一家省级刊物登载的普通作者的一篇文章。

二是有关背景材料的引用欠妥。如p.1962，“（1963，1）1日 《满江红·一九六三年元旦书怀》，发表于《光明日报》”条下，背景材料引“毛泽东于8日就此词唱和，……3月20日送《诗刊》发表，嘱林克致信臧克家：‘主席词发表时请附郭老原词。’”背景材料既说到郭致康信，并引录毛在康转郭信上的批语，则亦当引录1月9日毛致康信：“一月三日信收到，大谢。郭词很好，即和一首，请郭老和你为之斧正。”① 此信表明郭毛《满江红》唱和的中介是康生。“送《诗刊》发表”几句亦当删去，因事实上毛后来改变了主意，并未单独发表，而是收入当年12月下旬出版的《毛主席诗词》。如一定要引，须加说明，否则有误导之弊，一如前述谱主关于“何时缚住苍龙”的解释。

三是收录详略不当。最明显的例子是“文革”期间对征询毛泽东诗词解释的各次答复，大抵全篇收录，其中1968年3月15日答北京师范大学某战斗组问，《年谱》竟用去6页多的篇幅，实在失之烦冗。然而致毛泽东的信，却有所删节，如p.2052，“（1965，7，）26日 致信毛泽东：‘《光明日报》要我写一篇文章来解读《长征诗》，遗憾的是我自己没有参加过长征，只能采撷些文（史）资料来加以肊［臆］测……送上校样一份，主席如有批阅工夫，（此处疑有脱漏——笔者注）《光明》拟于卅一日见报。’”读者极想了解省略部分的内容，但此信未公开发表过，出处在“郭沫若纪念馆馆藏资料”，这当然不是一般人可以查阅的，徒唤奈何。笔者之所以将此条全文录出，还意在暴露编者的粗疏：这短短一封信，有脱漏，有误写。

另有一些问题，如涉及历史事件和人物的评价，不宜对当年报刊所载文字一律照录不误（如为省心而照录，宜加引号），而应尽可能作客观的叙述。兹事体大，此处不赘。

（原载《郭沫若学刊》2020年第2期）

---

① 穆欣：《毛泽东〈满江红〉手迹发表前后》，《党史文汇》2004年第12期。

第七篇

观点摘编

【《孔雀胆》的主题论争与话语纠葛】

唐文娟

郭沫若的历史剧《孔雀胆》虽演绎的是元末大理九代总管段功与蒙古藩王女儿阿盖公主的爱情悲剧，但剧作主题却落在民族团结上。然而，阿盖和段功的婚姻，作为民族团结象征，建立在统治阶级联合镇压农民起义上，遭到了阳翰笙和周恩来的批评，因而，郭沫若将主题修改为“合与分、公与私、善与恶的斗争”，但新的主题带上了传统忠奸戏的色彩，再度受到秉持现代历史剧观念的剧评家的批评，郭沫若又将主题改为异族统治下“妥协主义者的失败”。纵观整个过程，围绕主题论争的焦点在于如何从阶级立场理解民族问题，而症结在于郭沫若对民族观念的理解与左翼文化界始终保持着一段距离。而这场持续的争议作为症候，标志的正是民族—人民观念在左翼文化界成形的过程，其背后关联着知识分子如何以历史为镜像重构未来中国的民族性与政治性。

（原载《郭沫若研究》2020 年第 1 辑）

【“慷慨付人民”：1949 年郭沫若在北平期间的三重身份】

储著武

中国共产党“五一口号”发出后，郭沫若作为重要的民主人士应中国共产党之邀参加新政协会议筹备工作。1949 年 2 月 25 日，郭沫若到达北平，并在随后 7 个月时间里很好地履行政治、社会与文化这三重身份的使命担当，为创建新中国以及开启新中国保卫世界和平事业、科教文化事业的发展作出重要贡献。这三重身份所肩负的职责虽有差异，但相互之间联系紧密，其核心内容离不开创建新中国，离不开“为人民服务”的宗旨。

（原载《郭沫若研究》2020 年第 1 辑）

【从《战旗》对郭沫若、成仿吾的采访看日中无产阶级文学运动交流】

单援朝

1928 年春夏之际，《战旗》杂志的山田清三郎、藤枝丈夫在市川市采访了郭沫若和成仿吾，该文全面梳理了这次采访的始末。《战旗》刊出的采访记和访谈录不仅使作者也使当时的读者了解到中国无产阶级文学运动的历史与现状，如访谈录的题名的问题所示，也折射出中国左翼文学内部的诸多问题。一方面访谈录引起的风波关系到创造社与鲁迅的论争，同时也实证了超越国界的“东亚文坛”的存在；另一方面，采访本身就是一种交流，文学与革命政党及其实战的关系也是日本无产阶级文学运动面临的课题。围绕这一课题以及中国的现状，郭、成的发言对日本作家的认识产生了一定影响。因此，可以说这次采访催生了日中无产阶级文学运动交流的新局面。

（原载《郭沫若学刊》2020 年第 4 期）

【从《战声集》看郭沫若抗日战争初期的诗歌创作】

高运荣　秦　镜

郭沫若抗日战争初期的诗集《战声

集》并不仅仅是一位战士为抗日战争简单地叫喊，而是一位极富激情创作的诗人冷却了十年之久的诗心回归，是时代脉搏与诗人心灵共振的产物。诗人在“战声”时代语境下回到“五四”时期的一种激情式的创作与呐喊，但在诗艺上却夸大了《女神》时期的创作局限，显现出诗歌创作的概念化与口号化。同时，诗集也收录了一些古典诗歌，呈现出郭沫若在新诗创作道路上审美风格的转变。

（原载《名作欣赏》2020 年第 11 期）

【1940 年代郭沫若与侯外庐墨学研究的异同及成因】

徐国利　陈　晨

郭沫若、侯外庐在 1940 年代运用马克思主义研究墨学，却分别以“天志”“尚贤”作为其核心思想进行诠释。郭沫若认为，墨子代表“王公大人”的立场，是反动、反人类和不科学的；侯外庐则认为，墨子代表觉醒的“国民人类”利益，侧重从知识论、人类观、民主观、天道观发掘其合理成分。两人都以马克思主义为指导，从社会史视角进行研究，结果却得出迥异结论，可谓“同途殊归”。究其原因，主要在于他们对马克思主义的具体理解和运用不同。

（原载《河北学刊》2020 年第 6 期）

【论《学灯》主编宗白华与郭沫若的新诗创作】

陈　捷

五四新文化运动早期，文艺报纸副刊及其编辑在中国现代新诗创作过程中发挥了重要的历史作用。在副刊、编辑、作者和读者一起构筑起来的新诗出版文化生态中，编辑和诗人的互动关系极其重要，编辑除了作为伯乐推出新诗人走上诗坛之外，还要通过与诗人在思想与艺术观念上的互动来推动当时幼稚的新诗创作走向成熟。宗白华对郭沫若的新诗创作不但起到了催生的作用，而且通过他们对泛神论思想以及对科学理性与艺术感性在新诗创作关系的思辨与讨论，他们共同体认到哲学中泛神论是“理智为父感情为母”的宁馨儿且其最适宜作为诗人的宇宙观、人生观，作为诗人的郭沫若也找到了以泛神论为思想基点来消弭作为哲学家的宗白华在主编《学灯》初期对理智的过分强调和对文艺诗性的压制，而这直接影响了郭沫若早期诗歌创作的泛神论色彩以及在内容和形式方面的诗艺成熟度。

［原载《南京理工大学学报（社会科学版）》2020 年第 5 期］

【剧可以兴：作为诗化戏剧的《屈原》】

刘　奎

《屈原》是郭沫若在 1940 年代的代表作，该剧作试验并完善了诗化戏剧的独特形式。他以“剧可以兴”为创作方法，让该剧具有强烈的诗化色彩，这表现为语言的诗化和散文化、强烈的抒情性和情境化三个特征。从《棠棣之花》的版本演变可见，郭沫若的诗化戏剧是从五四以来逐渐试验完成的。《屈原》的诗化特征，是 1940 年代文学形式创新的一部分。诗化戏剧与情节剧构成的张力，让该剧具有寓言性，其主题的内在分裂是转折时期知识分子内在丰富性的表征。

［原载《江苏海洋大学学报（人文社会科学版）》2020 年第 4 期］

【闻一多对《女神》褒奖与贬仰之原因考析】

李乐平

常有学者对闻一多《〈女神〉之时代精神》和《〈女神〉之地方色彩》的观点表示疑惑：何以二者同年先后发表在《创造周报》，但观点大相径庭，前者激情澎湃地对《女神》进行褒奖，后者则贬抑《女神》失去“地方色彩”。即便权威教材，也仅列举反对的观点，却无任何原因说明。但如果翻检闻一多当年的书信，这谜团就迎刃而解了。其实，闻一多最先写出的并非前者而是后者。写作后者是为挑战权威来引领文学潮流，写作前者则因挣不脱对郭沫若的崇拜。二者的写作，都有其直接或根本原因。闻一多是个复杂存在，在这“金银盾”中，我们可以窥见很多丰富内容，如要真切明白其相关表述的原因，就必须深入研究他当时发声的背景，乃至多维的流派问题及复杂的人际关系。

（原载《山东社会科学》2020 年第 2 期）

【郭沫若古代史研究的方法论基础评议】

王绍凯

在中国古代史研究史上，郭沫若的研究实践备受关注，有褒有贬。如何看待这一问题，我们不妨从剖析支撑其史学研究的方法论基础入手进行探寻。马克思主义的史学理论和直抓本源的治学门径应当是郭沫若史学研究方法论的两大关键支撑：前者是郭沫若史学研究取得成功的关键理论引领，但郭沫若对理论的机械教条的理解运用也令其研究出现不少的失误；后者是令郭沫若的史学研究有着坚实的基础，但其固有的局限也常令相关研究出现缺憾。这两方面的得失是理解郭沫若全部史学研究得失的关键，这无碍郭沫若在古代史研究上的开创之功和显著成就，但也足以令今天的史学研究为之警醒。

（原载《焦作师范高等专科学校学报》2020 年第 1 期）

【郭沫若论商鞅评议】

杨胜宽

20 世纪 40 年代，郭沫若对先秦诸子中的法家评价不高，但其对于作为前期法家代表人物的商鞅，却高度肯定，认为在春秋至战国的历史大转折时期，商鞅所推动的变法，适当兼顾了富国强兵与人民利益的一定平衡，起到了推动社会进步的积极作用，其改革成果不仅惠及秦国，而且影响了古代历史的漫长历程。直到新中国成立后的 50—70 年代，这些看法均没有改变。而其认为传世《商君书》除《境内》一篇其他皆伪，却值得商榷。

（原载《郭沫若学刊》2020 年第 2 期）

【郭沫若臣辰盉研究史——古文字著作的文献学考察一例**】**

李红薇

郭沫若的古文字学专著达十种之多，每一著作又有很多版本，其中牵涉学术观点变动之处已难以计数，遑论其他差异。而这些差异，尤其观点差异不但是作者个人见解的变动，更是学术认识发展的重要体现。该文以郭沫若对臣辰盉的研究为例，钩沉相关史料，从文献学角度去考察其古文字学著作，梳理其观点演变脉络，尽可能还原其学术研究历程。

（原载《郭沫若研究》2020 年第 1 辑）

【郭沫若与董作宾甲骨学谊的转变】

李　勇

郭沫若与董作宾在甲骨学上，1949 年以前互相推重、借鉴发明，1949 年以后则发生明显逆转。他们之间学术关系的这一转变，表面上是学术争鸣与分歧的结果，实际上政治或者意识形态分歧才是根本原因。这一转变是学术相重而政治相轻造成的，不全是个人恩怨的结果。

（原载《史学理论与史学史学刊》2020 年第 23 卷第 2 期）

（张勇、王静摘编）

第八篇

学人回忆

我做郭沫若研究（四）

蔡　震

五　对外学术交流

我最初接触到国外郭沫若研究，是在20世纪80年代末。那时候为《郭沫若研究》做编辑工作，这是一本由中国郭沫若研究学会主办的学术刊物。为了使刊物的内容更加丰富，拓宽学术视界，我陆续组编了一些海外学者研究郭沫若的文章和译稿刊载，并在《郭沫若研究》上设立了“国外研究”的专栏。这大概也是国内郭沫若研究最初了解到的国外研究的情况。这些文章和译稿大多是传记类和史料类的文字，欧美学者的不多，主要是日本学者的。于是，借此对日本学者的研究有了初步了解。

我自己翻着字典也翻译了几篇国外学者的文章以作刊用，譬如，摘译自美国耶鲁大学出版的戴维·罗伊著《郭沫若》一书第七章中的《从浪漫主义到马列主义1918—1924》、德国学者英葛·谢飞的《试论五四文学中个性与主观性问题》、意大利学者安娜·布雅蒂的《郭沫若及其著作在意大利文化中》等。这些翻译的文章，我都署了一个笔名：晨雨。二十年后，一个四川的青年教师找到我打听“晨雨”是谁。因为她立项了一个研究课题“英语世界的郭沫若研究”，想找晨雨了解国外郭沫若研究的情况。原来她在收集学术资料时，最初即是看到我翻译的几篇文章，并从中获得了线索。在得知“晨雨”是我的时候，她颇感惊讶。我也很高兴，当年顺手做的事情（撰写研究文章才是我的本行），为后来者铺了路。她的课题很快完成，并出版了。我为该书写了一篇“序”。

20世纪80年代以前的郭沫若研究，基本上没有与国外学者和研究机构之间互动的学术交流。改革开放以后才逐渐有了与国外，主要是与日本学者和学术机构的学术交流活动。但开始时主要是“请进来”，我们邀请国外学者来参加我们举办的各种学术研讨会，会议的预算中会安排相关的支出，但国内学者很难做学术出访，主要是缺少甚至没有经费：外事经费、科研经费。

20世纪80年代中，由中国社会科学院组织了一个“中国郭沫若研究学会学者代表团”（包括历史所、考古所、文学所、郭沫若著作编委会的学者）赴日本做学术访问。这次学术出访的活动，是利用中国社会科学院与日本学术振兴会之间的协议项目进行的。这个合作协议，就是双方每年为对方学者来己方的学术活动（会议、考察、研究）提供经费，按人次、时间长短，在总量上对等安排。所以，中国郭沫若研究学会学者代表团赴日本的学术访问，由日本学术振兴会提供资金。这次访问，主要是收集了东京“沫若文库”所藏的文献资料。“沫若文库”收藏的是郭沫若当年流亡日本期间留下的各种史料，特别是他从事中国古代社会研究、甲骨文金文研究所留下的学术资料。

1989 年又组织了一次“中国郭沫若研究学会学者代表团”赴日的学术访问，我参加了这次学术交流活动。我们在东京、福冈等地与日本学者以讨论会、报告会的形式开展交流。当时日本著名的研究中国现代文学的学者丸山昇、秋吉久纪夫、伊藤虎丸等，都参加了交流活动。记得去丸山昇教授家中他的书房参观，我特别羡慕他自备有一台复印机。不过，如今我也早就自备了集复印、打印、扫描为一体的办公设备来为科研所用。

郭沫若研究曾经是许多日本学者关注的研究领域，但在“文化大革命”期间，几乎完全中断，一些学者甚至放弃了在研的课题。中国学者的这两次学术走访，对于一些日本学者重回研究“故地”大概也是个促进。这两次学术访问之后，经由郭沫若研究学会，国内的郭沫若研究与日本从事中国现代文学史研究、郭沫若研究的学者们建立了经常性的学术交往关系。我们举办的每次国际学术研讨会，日本学者都是热情的参会者。

1992 年，郭沫若诞辰 100 周年，以中国社会科学院、中国科学院、全国文联的名义举行了多种纪念活动，其中很重要的一项活动是举办国际学术讨论会。我们广泛邀请了来自日本、俄罗斯、美国、韩国、德国、意大利、斯洛伐克、越南、尼泊尔等国家，以及我国台湾地区的专家学者参会，可谓盛况空前。这样的国际学术研讨会，郭沫若研究学会参与举办过多次，我都参与其中。这样的学术活动，实际上在郭沫若研究领域起到了一个桥梁的作用，搭建了一个国内外学术交流的平台。

之后有几年时间我调离了郭沫若纪念馆，接手管理学会工作的人轻忽了对外学术交流这一块的工作，我回纪念馆后又把这项工作恢复起来。2002 年，借在北京举办一次学术研讨会之机，我们又邀请了一些海外学者，主要是日本学者。会后还有了一个意外的收获：日本郭沫若研究学会的成立。这是几位日本学者在北京参会期间，一次会后大家在一起喝咖啡，他们提出了成立研究会的想法而且热情很高，我和同事们当然乐见其成便表示支持。原以为不过一时说说，没承想他们返回日本之后不久，就宣布成立了日本郭沫若研究学会，九州大学的岩佐昌璋教授任会长，安娜的外孙女藤田梨娜也在学会中。此后，中日两国的学者通过两个学会，一直进行着密切的学术交往活动。

2006 年，我以学会副会长兼秘书长的身份应邀到日本东京、福冈进行学术访问，期间，日本郭沫若研究学会会长岩佐昌暲教授给我说起他们研究会准备在郭沫若留学九州大学（九州帝国大学）90 周年之际，举办一次国际学术讨论会的计划，他问我有没有可能邀请多位中国学者参会（参会者的经费是要全部自己负担的）。我知道高校、科研机构已经有了比较充裕的科研经费，便告诉他现在应该可以。于是当时便与岩佐教授商定，由我负责以中国郭沫若研究会名义组织十位（后来实际成行 14 位）中国学者赴日本参会。从只能“请进来”到可以“走出去”，我们的科研条件有了很大变化。

2008 年 9 月，来自多家高校和科研机构的 14 位中国学者赴日本福冈，参加了由日本郭沫若研究学会主办的“郭沫若九大留学 90 周年纪念郭沫若研究国际学术研讨会”。“九大”就是九州大学，郭沫若留日时称“九州帝国大学”。我在研讨会上应邀以《“郭沫若与日本”在郭沫若研究中》为题作“基调报告”。这次研讨会在日本的中国现代文学研究界、在日本关西地区都引起很大关注。十余位中国学者共同参会，在日本的中国文学研究国际学术活动中是空前的。关西的大报、关西电视台都对会议有专门报道，直到我都回国了，还有当地的报刊电话追着联系要采访参会情况。这次学术交流活动获得了很好的实效。

此后，这样的学术交流活动，在冈山、东京又举办过，而且同时举办有相关郭沫若生平活动的展览。譬如，在冈山举办的一次学术讨论会，同行有郭沫若纪念馆的专题展览，我还做了一次面对冈山普通市民的报告。

随着国家对于文化教育、社会科学事业投入的增加，我们有了更多“走出去”的机会，也就可以有更多的学术交流机会了。我和学会的中国学者经常会参加与郭沫若研究相关的国际学术会议。譬如：2009 年 8 月赴美国约翰·霍普金斯大学，参加以“郭沫若在世界文化与世界文学中”为主议题的学术研讨会；2010 年 6 月，学会与郭沫若纪念馆共同组织中国学者赴日本冈山，参加冈山第六高等学校创立 110 周年纪念“郭沫若研究学术讨论会”；2012 年 6 月，十余位学者赴俄罗斯，参加了由圣彼得堡大学等为纪念郭沫若诞辰 120 周年举办的“远东文学论坛”，该论坛 2012 年度的一个专题论坛为“郭沫若的成就与对世界文化的贡献”；2014 年，十余位中国学者在维也纳参加了由维也纳大学东亚研究所、维也纳大学孔子学院联合举办的以“医学·文学·身体”为主议题的郭沫若研究学术研讨会，等等。

关于“郭沫若与日本”的研究，是我研究中重要的内容，也正是在这样一个学术交流的过程中展开，不断深入。这个交流表现在从中日两国文化相互关系的视界去考察和思考郭沫若。《文化越境的行旅——郭沫若在日本二十年》一书就是在这样的考察和思考中写成的。在这本论著出版后，我陆续又撰写发表了《一个关于日本文化背景的提示》《郭沫若在日本的人际交往》《女神对大自然的诗性感悟与日本文化》《郭沫若流亡日本的心路历程》《郭沫若流亡日本期间若干史料、史事考辨》《“郭沫若与日本”在郭沫若研究中》《郭沫若流亡期间旧体诗创作论》《郭沫若与日本文学二题》等论文。《“郭沫若与日本”在郭沫若研究中》原是为在北京举行的一次学术研讨会提交的论文，后来作为在日本召开的“郭沫若研究国际学术研讨会”的主题报告。我在报告中主要讨论了“郭沫若与日本”这个议题的内涵，它在整个郭沫若研究中所具有的学术价值，同时希望有更多日本学者参与这方面议题的研究，因为与此相关的大量史料，无论是已经发掘整理的，还是可以期待继续深入发掘出来的，都出自日本，与日本的社会、历史文化密切相关。这得到了日本学者的认同。

日益活跃的国际性学术活动、学术会议的举办，无疑大大促进了中外学者之间持续不断的学术交往，取长补短，不断提升所涉学术领域的研究水平。我就从日本学者那里学习了他们做学问的缜密、严谨，考证史料的一丝不苟等治学的方式，这对我后来的研究工作是大有裨益的。

学术交流，不只是会议、讲座，考察也非常重要。我在2006年的日本行，除了学术交流，去了许多郭沫若留学时期生活、学习、逗留过的地方，包括冈山、博多湾海滨的灯塔、十里松原、福冈的九州大学校园、佐贺县的山中温泉旅馆、川流不息的小石川等等。岩佐教授亲自陪我去到的佐贺县的山中，是郭沫若1924年回国前夕与家人一起住了几个月的地方。岩佐教授说我是第一个到这里实地考察郭沫若行迹的中国学者。郭沫若就是在这里写下《行路难》《红瓜》等作品。实地考察，让我对于郭沫若的作品有了更真切的理解。他在《女神》等作品中写到的人物、人物真实的生活状态、地方风物、自然景观等，都仿佛历历再现于眼前。我对郭沫若有了更感性，也更深入的了解。譬如，我们一直以来对于《女神》的解读，都是强调她的主观抒情方式、浪漫主义色彩，其实《女神》中一些诗篇和郭沫若那时的其他诗歌作品有着很写实的一面。

记得在博多太宰府（郭沫若多次去过的地方，他有好几首诗就是从这里的情景写起）参观的时候，我看到一个建筑上的细节颇有触动。太宰府的主殿是天满宫，高大壮阔的大殿屋顶，居然是以厚厚的不知多少层的茅草建成，怕有一尺多厚吧！那绝对不是为减少建造成本，而是一种讲究。我马上联想到郭沫若在《李白与杜甫》一书中解读杜甫《茅屋为秋风所破歌》中“八月秋高风怒号，卷我屋上三重茅”句，认为杜甫草屋三重茅草的屋顶，应该有一尺多厚。“这样的茅屋是冬暖夏凉的，有时候比起瓦房来还要讲究”。他是以此来说杜甫的地主阶级生活。于是有人特别据此讥讽郭沫若的看法，茅草屋怎么可能比瓦房还讲究呢？郭沫若在书中对杜甫的分析另当别论，但他解释杜甫草屋“三重茅”的屋顶，一定是出自他的生活经验，譬如在天满宫所见。没有见过这处建筑的人，自然是想象不到的。这个历史细节让我更清晰地意识到阅读郭沫若、阅读他的作品，最好能够身临其境地、直观感性地去观察，去体味，去思考郭沫若的人生。有了这样的认识，我后来就很注重这样的考察，而在提笔撰写郭沫若传记的时候，脑海里就会有一个活动起来的郭沫若影像和一个个他的生活场景。

我的一本写郭沫若生平传记的书，岩佐教授组织了日本郭沫若研究学会几位老师正在翻译日文本，他说日本迄今还没有一本研究者撰写的郭沫若传记性的著作。希望这本书可以助力日本的郭沫若研究。

六 文献史料建设

我在2008年写过一篇题为《郭沫若研究三议》的文章，这是《郑州大学学报》以回顾郭沫若研究为题组织的一个三人笔谈，我写的这一部分被《新华文摘》全文刊录，后来又收入人大复印报刊资料。在这篇文章中，我主要针对当时在学术上出现的将郭沫若边缘化，乃至妖魔化的倾向所作的批评以及引出的思考。事实上，这一倾向在2000年前后即已出现。开始是一些所谓文化人打着“反思”郭沫若的名义，对郭沫若的人生进行嘲讽、诬蔑、批判，后来泛滥至学人之间、学术研究领域。郭沫若研究一度为学术界所冷落，有家大名鼎鼎的学术期刊声称不刊登郭沫若研究的文章，也有高校中文系老师讲述现代文学史甚至不讲《女神》，在史学史研究中则有人完全否定了郭沫若对于“中国古代社会”的研究和他代表的马克思主义史学派。

这显然是很不正常的学术状态。郭沫若研究领域的学者们对这一现象进行了批驳，譬如，针对《反思郭沫若》，编纂了《公正评价郭沫若》一书。我的文章分析了出现这种现象的学术环境变化的原因，主要是政治方面、意识形态方面的原因。此外我认为，对于郭沫若的误读也是一个重要原因。我们先要阅读历史，然后才能解读历史，评说历史。但是许多人——其中既有一般大众，也有学者，对于历史上的郭沫若究竟是个什么样子，他经历了怎样的人生，并不真正了解。曾亲见四川某高校的一个副教授，在一次学术讨论会发言说到郭沫若大革命时期的经历，信口便说出郭沫若要求加入国民党，不得，才加入了中国共产党，这样完全颠倒史实的话。

所以，对郭沫若研究而言，郭沫若生平文献史料的发掘整理应该重视起来，要有人去做。发掘整理文献史料，是郭沫若研究一个学术准备、学术积累的过程，只有随着这一过程不断推进，才能期望郭沫若研究有深入、扎实的进展，有新的突破。

2008年11月，在中国郭沫若研究会第五次会员代表大会期间，举行了一个以“新时期三十年郭沫若研究的回顾和反思”为主议题的学术研讨会。我提交了题为《关于郭沫若文献史料工作的回顾与思考》的论文，发表后收入《郭沫若研究三十年》一书。在文章中我梳理、分析了自郭沫若逝世后三十年间郭沫若研究文献史料发掘、整理的工作进程，以20世纪90年代初为界划分为前后两个阶段。前一阶段，学界对于文献史料进行了比较全面的、系统的、有组织的发掘、搜集、整理、出版等工作，基本上奠定了迄今为止郭沫若研究所依据、凭借的学术资料平台。90年代初以后，文献史料工作逐渐沉寂下来，呈一种散兵游勇的状态，也少有成果问世。造成这种状况的原因主要在于研究者“重理论辨析，轻忽整理考证”，重文本到文本的解读，轻忽史料和历史背景的考察。当时，郭沫若研究文献史料工作存在两个主要问题：一是其生平活动许多方面的原初史料还有很多缺失、空白；二是在现有史料中存在不少疏误且未引起注意。事实上，文献史料的搜集整理工作，已经在相当程度上形成制约郭沫若研究深入开展的“短板”。

隔了一年，2010 年在山东师范大学举办了一次“郭沫若文献史料”国际学术研讨会。大家继续深入研讨关于郭沫若的文献史料问题。我以一篇具体考订文献史料的论文《〈中国古代社会研究〉及版本的几个问题》参会。因为《中国古代社会研究》是郭沫若史学论著的代表性著作，但关于其书及其版本的一些问题，甚至尚未被郭沫若史学研究所注意到。会上郭沫若文献史料工作得到更多的关注。

学术研讨会后，在考虑编辑论文集的时候，魏建老师提出一个建议：编一部“郭沫若研究年鉴”。这是个很好的建议，过去未作此想是没有相应的财力。魏老师说这次他们学校可以承担出版费用，现今高校里的科研经费确实比较充裕。于是，我们就把这个建议确定下来，组织了《郭沫若研究年鉴》编委会，由郭沫若纪念馆、中国郭沫若研究会与合作单位共同组织编纂。郭平英和我为编委会召集人，我任主编。2010 卷的合作单位是山东师范大学中国现当代文学学科，魏建老师为执行主编。《郭沫若研究年鉴》汇集年内发表的郭沫若研究优秀成果、郭沫若文献和研究史料、有关郭沫若研究的学术会议、学术动态、文化活动、研究成果、目录索引等各方面的信息，是一部郭沫若研究的年度文献汇编。我主编了 2010 卷、2011 卷、2012 卷。

研究年鉴，也是一种学术资料的梳理和积累，对于研究者把握学术态势，对于日后郭沫若研究学术史的撰写，将会大有裨益。后来《郭沫若研究年鉴》纳入中国社会科学院年鉴系列，就完全由郭沫若纪念馆编纂了。

经过两次学术研讨会，以及有更多学者发掘整理文献史料的文章著述陆续发表之后，郭沫若研究界对于文献史料工作已经有了比较一致的认识。我们一些力主这项工作的人，还被谑称为“史料派”，因为这不只关乎文献史料工作，我们还强调作研究要有史料意识，要从文献史料开始进入学术思考。郭沫若研究领域的文献史料被大大重视起来，相关课题也开始成为国家社会科学基金资助的项目。

我在自己的研究方向上做了调整后，集中精力于文献史料的发掘整理。

辑录、整理《〈女神〉及佚诗》一书，是为研究郭沫若早期诗歌创作提供一组比较完整、详尽而又呈现为历史原貌的文献史料。该书也为“年谱长编”的编撰，提供了相应的学术资料。及至现在正在整理编注中的《郭沫若全集补编》，仍然直接援用了其中相关部分的内容。《回忆郭沫若史料的真实性辨析》是我针对回忆郭沫若的史料中存在史误问题的思考。在一些回忆郭沫若的史料中不同程度存在史实是否真实、准确的问题，而且一直不曾引起研究者注意。我在文章中以实例指出了这个问题，提出了辨析回忆史料真实性所需要切实把握的一些原则。

配合《郭沫若年谱长编》的编撰，我陆续撰写发表了几十篇相关文章，从中遴选了 57 篇，另作“绪言”《从文献史料中寻找历史的真实》，辑录成书，题作《郭沫若生平文献史料考辨》，由社会科学文献出版社出版。

《郭沫若年谱长编》原计划 2007 年完成，但两次延期，最后结题已至 2011 年。期间，有人提出分两次完成课题，即先将中华人民共和国成立之前的部分完成出版，之后的部分留待下一步完成。我还是坚持即使申请延期，也一定要一次全部完成课题。因为不可能再有机会（包括人力、物力）以“年谱长编”的名义再一次立项。

2011 年 11 月，我撰写了“结题报告”。在报告中介绍了《郭沫若年谱长编》的体例、主要内容，完成的过程，对于文献史料的考订、使用。从四个方面总结了“年谱长编”在郭沫若研究领域的学术贡献和创新。并按要求对“年谱长编”做了一个“自我评价”：

> 《郭沫若年谱长编》完成了课题编撰的设想：“提供一个完整、系统、真实的郭沫若生平资料。”这是第一部记述郭沫若生平的年谱长编。全书即为一部全面、真实、详尽地记述郭沫若一生经历、活动、创作、著译、思想演进变化、人际交往关系的文献资料，据此，可以对于郭沫若的生平做出基本完整、客观的历史叙述。同时，《郭沫若年谱长编》也为郭沫若研究提供了一部最基本的、翔实可靠的学术资料。

《郭沫若年谱长编》“宁失于繁，无失于略”。在编撰过程中坚持认真严谨的学术态度。重视文献史料的完备性和可靠性。整理考订文献史料，“无征不信”“孤证不立”。对于史实的把握、解读，遵循实事求是的原则、历史唯物主义的态度，客观地记述历史。每一条谱文的撰写都以准确可靠的文献史料为依据。

结题会上，经专家评审，《郭沫若年谱长编》以“优秀”等级结项。结项后，《郭沫若年谱长编》五卷本由中国社会科学出版社出版。出版社为“年谱长编”专门去申请“国家出版基金”的出版资助，倒不只为资金资助，更是为基金项目本身。出版社很是看重出版物封面上那个红色华表图案标志的。

七　《郭沫若全集补编》

无论对于阅读郭沫若还是研究郭沫若而言，整理出版他的全部作品著述都是最重要的事情。事实上，郭沫若 1978 年辞世之后，与其相关的文化活动最先被提上日程的就是《郭沫若全集》的编辑出版，为此专门设立了（1979 年）郭沫若著作编辑出版委员会，由周扬任主任。编委会后来成为郭沫若纪念馆的前身。

《郭沫若全集》分为三编：“历史编”“文学编”“考古编”。那时，以中国社会科学院历史所、文学所、考古所的研究人员为主，有全国各地的高校老师、科研机构的研究人员参与编辑注释工作。“历史编”8 卷是最先编辑成书并于 1982 年出版的，但没有作注释，不免给人仓促成编之感。“文学编”20卷参与编辑注释的人多，各卷交稿时间先后不一，从第1卷1982年10月出版至第20卷1992年3月出版，仅出版时间即延续了十年之久。“考古编”10卷的编辑出版工作历时最长，从第1卷1982年9月出版至2002年10月第10卷出齐，耗时整整二十年。“全集”编辑出版时，我尚在读研究生，只是协助黄侯兴老师做了一点“文学编”戏剧卷的注释工作。毕业后到郭沫若著作编辑出版委员会工作，接手的是“全集”出版后的工作，记忆最深的是，经常会有各地各单位的学者、教师，或是一般读者来信联系，要求为他们寻找“全集”不同卷次的书，特别是先期出版的若干卷。真是难得这些读者在漫长的出版周期内，一卷卷地集齐《郭沫若全集》的“文学编”。凡遇这样的求书要求，我当然是有求必应。

“文学编”各卷出版后，编委会（后来是纪念馆）编研室都会购进百册以作赠书、学术交流等用，但因为出版周期太长，陆续使用的各卷图书便使得库存的“文学编”不全了，加以满足读者额外的购书需求，到1990年代初我意识到需要保持一定数量完整成套的“文学编”时，已经有点晚了。因为纪念馆当时没有专门的书库，图书只能堆放在铁架上，无法随时清点数量。其实，那时“文学编”刚刚出齐，但最早出版的有几卷书已所剩无几。于是，在清理出了尚库存完整的十余套“文学编”之后，我们便只能在库存完整的“文学编”之外，使用各卷散存的图书。当时甚至人民文学出版社也集不齐“文学编”了。我记得在中国书店（售卖旧书）看到一套《郭沫若全集》“历史编”与“文学编”，标价1600元。而“文学编”第1、2卷的零售价尚不足4元。

重印《郭沫若全集》，成了许多学者及一些读者一直惦记的事情。但由于学术环境、出版体制的变化，重版“全集”未能实现。郭沫若纪念馆后来立项与知识产权出版社联合制作了《郭沫若全集》光盘版（不含“考古编”），且可以检索。我们动员了全馆从事研究、文博工作的人员做这个项目，付出是很多的。但出版社印行的方式是按需出版（即，根据购买人的实际订购数制作），而他们又没有相应的营销宣传，所以知道这一出版信息的人很少，光盘版没有获得预期的效果。

《郭沫若全集》自编辑出版起始，便遭一些人诟病（主要出自一些从事郭沫若研究者），称其“全集不全”。其实，这里有一个误解，或者说人们根本没有注意到，《郭沫若全集》首页的“出版说明”里写得清清楚楚：“《郭沫若全集》先收集整理作者生前出版过的文学、历史、考古三个方面的著作，编为《文学编》《历史编》和《考古编》，共三十八卷。”“作者生前未编集和未发表的作品、书信等，将陆续收集整理、编辑出版。”也就是说已经编辑出版的《郭沫若全集》事实上只相当于一期工程，后续还要做二期工程：“收集整理、编辑出版”作者不曾编为集子和不曾发表的作品、书信等。不过，《郭沫若全集》在全书的结构设计上，没有考虑到后续编纂内容的安排及两部分之间的关系，不能不说是个遗憾。

2013年，郭沫若纪念馆以“郭沫若全集补编”为题，在中国社会科学院申请立项了《郭沫若全集》的续补工程。“补编”包括《翻译编》10卷（后增至17卷）、《集外编》13卷（后调整为12卷）两编。《集外编》囊括了分属各个学科的文章、作品、书信、诗词、题词、古籍整理、改编等内容。

在撰写《郭沫若著译作品版本研究》一书时，我曾对《郭沫若全集》做了比较全面的梳理、考察，发现了全集编辑过程中存在的一些问题，以及留下的遗憾。“补编”工程启动了，我是希望能够借此机会解决“全集”存在的问题，弥补留下的遗憾。所以一开始，我主张将既有的全集打散，与集外文一起统一筹划，重新编纂一部《郭沫若全集》。因为以续补“全集”的方式，无论在编辑体例的制定上还是实际操作中，都会难以做到两全其美的衔接，还可能顾此失彼。譬如：“全集”编辑的基本原则是以作者生前最后订定的作品集子为辑录文本，因为郭沫若的许多作品著述都有多个版本，再版集子中有些内容和文字的修改还是很大的。但是“补编”的集外文，作者未再编成集子，实际上就要以作者最初发表的文本辑录。两者是无法兼顾的，“全集”中再版集子的删削修改也无法辑入“补编”中。再譬如：郭沫若许多作品集在历次再版过程中，会在这一版次或那一版次中增加不同的副文本：“小序”“跋语”“作者识”“后誌”等等。“全集”的体例使得在技术上难以辑录所有这些文字，故它们大多被删掉了。如果重新编辑一部《郭沫若全集》，就可以将这些副文本通通辑录在一个篇题之下。但做“补编”的话，那些一句两句的文字，脱离了主文本，则难以尽收。

但是重编一部《郭沫若全集》的想法无法实现，因为工程太大，无论是财力上，还是人力上（无法像当初编纂“全集”时集合那样多不同单位的教师、科研人员）都难以承担，所以只能考虑为《郭沫若全集》做“补编”。

“补编”分别由赵笑洁、张勇主持《翻译编》的编辑注释工作，外请专家校勘译著。我与李晓虹、李斌主持《集外编》的编辑注释工作。《集外编》的内容门类多，涉及几个学科，参与的还有谢保成、廖久明、何刚、陈瑜、王静等人。

我直接负责诗词卷，包括旧体诗词、自由体新诗、楹联、题词几项篇目的整理编辑，负责旧体诗词文本的勘定、注释，以及古籍整理卷中改编作品的整理校勘。

其中旧体诗词的收集、整理有些难点，因为它与“集外编”其他部分内容（书信卷除外）的收集、整理有所不同。那些文章著述等，除少量郭沫若纪念馆馆藏手稿之外，都是已经发表或刊载于以往的报纸、杂志、书籍上，查找收集起来不是太困难。旧体诗词则有相当大部分是不曾发表、刊出过的，它们或隐于文献史料中，或以书录、题赠、题写的方式藏之于世，且多为手迹。于是整理起来会遇到这样、那样的情况，需要斟酌一个适当的解决方式。具体操作中主要遇到这几个方面的问题：篇目的确认、文本释读、篇题订定、文本选择。

郭沫若的旧体诗词多年来有人作过一些整理及注释的工作，其中就有部分（甚至全部）辑录为郭沫若的集外作品。但由于各自为政，在篇目、篇题、文本等问题的处理上就出现了标准不一，甚至歧义，譬如，同一首诗会出现两个或更多的篇题，也没有与《郭沫若全集》联系起来的考虑。我们作“全集”的“补编”时，却又不能不考虑到这一现实情况，因为这些先期被整理出来的诗词，毕竟已经成为郭沫若作品作为文献资料的一个存在，甚至已经被人们认可。所以作为《郭沫若全集》的“补编”，我们必须对这些问题有相应的规范、原则、体例。

在已经被整理出来的郭沫若佚诗中，有些篇目出自他人的回忆或文章，只有抄录稿，却没有相应的手迹（图片）佐证，也有一些篇目是整理者从郭沫若的文章著作中摘录出来的。前者首先有一个该篇真伪的问题，其次还有文本释读是否正确的问题，它们都无从考订。后者没有考虑集外佚诗与《郭沫若全集》的关联，且从文章著作中另行摘录并非作者之意。故它们不宜辑入“补编”。

异题同篇或名不符实，也是这些整理出来的佚诗存在的问题。郭沫若的旧体诗多有无题者（篇题即为“无题”的除外），特别是题赠、书付他人的诗，整理者遂为其命订了篇题，且不同的整理者命订为不同的篇题。但实际上，有的诗作作者另有篇题，且该作已收入“全集”。也有的诗作并非专为被题赠者、书付者所写，以其意命题自然名实不符。

郭沫若集外佚诗文本的订定，是另外一个要审慎考虑的问题。对于出自手迹（包括手迹图片）的诗词作品，正确释读文本是首先要解决的问题。在已经整理出的旧体佚诗词中，有不少篇目存在释读有误的问题。然后是文本的勘定。郭沫若会在不同情况下，或为不同的人题写同一首诗词时，随笔，或是即兴有文字上的改动，且无法判定哪一文本为最初的文本（因为无法断定是否还有另外的文本存在）。那么我们辑录该首诗词，就有一个选择哪个文本合适的问题。

凡此种种，还有不少其他情况和问题，需要在整理郭沫若旧体诗词时确定一些原则，做出相应规范。在拟定“凡例”之外，我撰写了《从订定篇题看郭沫若旧体诗词的整理》《郭沫若集外旧体诗词的整理与研究》等文章讨论这些问题，也是对于我们做这些规范的一个说明和阐释。此外，我还对于一些陆续发掘的佚诗做了具体的考订，并撰写成文。

“补编”（除书信卷）定稿后，我最后作了统稿。诗词部分的篇目：旧体诗词600余篇，近800首，自由体诗150余篇，是大大超出了预计的。旧体诗词的篇目数还超过了已经收入《郭沫若全集》旧体诗词部分的篇目数（470余篇、770余首）。

《郭沫若全集补编》已经向中国社会科学出版社交稿，现在进入出版流程中。当然还有许多技术上的细节尚待敲定，更有大量的校样稿需要校对。2022年，在郭沫若诞辰130周年之际，应该可以出版了吧。

八　桑榆未晚，夕阳正红

退休，是人生行旅中一个带有标志性的时间节点，2010 年初，我办理了退休手续。但对于所从事的郭沫若研究而言，我似乎没有意识到退休的变化。“不必每天去办公室了，仅此而已”。当时《郭沫若年谱长编》的通稿工作还在进行中，然后是不断做新的研究，撰写新的文章、书稿。退休后十年间，我撰写发表的文章、出版的学术著作，反倒远超过退休之前十年的成果。

2006 年前后，设在乐山师院的四川郭沫若研究中心准备搞一个郭沫若研究资料汇编的项目，收集、整理所有涉及郭沫若研究的论文、各类文章、研究史料（不包括专著、评传等），汇集出版。利用那次十几位中国学者在日本参加学术活动之机，他们拿出了一个初步编订的目录，给我、魏建老师、李怡老师看，征求我们的意见。看后，我们有一个共同的看法：这个目录只能做成一个资料目录索引（郭沫若研究中心以前曾经搞过一个），而且分类比较凌乱，把所有的资料汇集出版也不具备可操作性。回国后，郭沫若研究中心还曾特别邀请了几位现代文学研究界的知名学者，论证这个项目。但论证会上，几位学者都持否定的意见，不过他们其实对郭沫若研究并没有多少涉猎。好在主持这个项目的税海模、廖久明老师坚持他们的想法，乐山师院也准备拿出几十万资金大力支持这个项目。这对于一个地方师院是一笔很大的资金了。我和魏建老师、李怡老师是赞成这个项目的。我个人私下还有个想法，是想借此课题为郭沫若研究的学术史做些文献资料的准备，因为不论谁去写郭沫若研究的学术史，都需要汇集、参阅大量的学术资料。

如果从 1921 年《女神》出版后对这部诗集的文学批评算起，至 2008 年，郭沫若研究已经有了将近九十年历史，应该，也需要从学术史角度做一番回顾、梳理和总结了，需要有一部郭沫若研究史。我比较担心的是师院的学术力量能否完成这样一个大课题，这一定是个集体做的项目。再就是课题要具有可操作性。经过一段时间，郭沫若研究中心理清了思路，将项目定作《郭沫若研究文献汇要》，并且重新做了分门别类。他们动员了文新学院的十几位老师参与这个课题的制作。

在我 2010 年初就将退休的时候，廖老师得知消息，立即邀请我去郭沫若研究中心，助力他们做《郭沫若研究文献汇要》这个课题，我觉得义不容辞，当即便答应了邀请，担任四川郭沫若研究中心特聘研究员，与杨胜宽教授共同主持四川省哲学社会科学研究“十一五”规划项目《郭沫若研究文献汇要》的编辑出版工作。

不过因为与林甘泉先生一起主编的《郭沫若年谱长编》还在最后的统稿、结题过程中；同时，当年在日本冈山有一个有关郭沫若研究的国际学术讨论会，会议的准备从前一年即开始进行，由我负责组织中国学者参会，所以直至当年国庆节后完成出访日本的学术活动，我才到了乐山，参与进《郭沫若研究文献汇要》的工作。

名曰“汇要”，即是汇其精要。郭沫若研究近九十年的文献资料，可以说浩如文海，何为其中的精要，似乎是见仁见智的事情。每卷都有各自的主持人，他们对于遴选篇目会有从自己了解、认知角度的判断和选择。但实际情况是，参与课题的这些老师、研究人员，除我和杨胜宽教授外，都是在近些年才涉足郭沫若研究领域，有刚毕业的博士甚至还没进入这一研究领域。所以，在文献资料篇目的选择上各有己见，一直不能定下来。杨教授是时还任着师院的副书记，所以决定由我来最后订定全书编选的所有篇目，因为我自20世纪80年代初进入郭沫若研究领域后一直在这个学术领域耕耘，又长期担任郭沫若研究会负责人，编辑《郭沫若研究》《郭沫若研究年鉴》等，对于这一研究领域和它的历史有比较全面的了解。也就是说，我的头脑里，大致有一个郭沫若研究（其逝世以后，这也是研究的主要部分）状态的历史图景，有助于做出判断。譬如：在各卷交来的稿子中，由许多篇的选择标准可以看出来，是依据编选者各自的专业判断，或是以时下的学术眼光看问题。实际上，这些研究文章所涉及的问题，在当时有不少文章被研究者认同，或是给予关注，也有引起争论的。这些才是了解学术史更需要的文献资料。

分卷、篇目最后敲定后，我撰写了一个长篇“导言”，这是比照“新文学大系”的做法，但不是每卷一个“导言”，而是为全书写的“导言”。在“导言”中，我梳理了1921年到2008年郭沫若研究的整体情况，包括各个时间段、各个不同学科领域的郭沫若研究，所以篇幅很长，有三万多字。实际上，我是想要借“导言”，为郭沫若研究的学术史勾勒出一个轮廓，先期做一点铺垫的工作。

《郭沫若研究文献汇要》分为“总论”“诗歌”“小说”“戏剧”“历史”“考古”“思想文化”“研究之研究”等总计14卷六百余万字，由上海书店出版社2012年7月出版，该项目获得四川省社会科学优秀成果二等奖。这部学术资料是近九十年郭沫若研究史料的集大成，为郭沫若研究的学术史研究，提供了一个比较丰富的文献资料库，一个比较完备的学术资料的平台。

对于郭沫若研究而言，《郭沫若全集》三编38卷，《郭沫若全集补编》29卷（包括翻译编、集外编，已经进入最后的完成阶段），《郭沫若年谱长编》5卷，《郭沫若研究文献汇要》14卷，这几项文献资料的建设，筑建了一个最基础的，也是比较完备的学术资料库。

2012年是郭沫若诞辰120周年，在四川举办了大型学术研讨会，纪念大会则单独在北京举行。郭沫若纪念馆又一次请我为纪念大会撰写主题报告，从动笔开始即颇顺畅，我用了七天时间，完成了任务。纪念大会在人民大会堂举行，时任中国社会科学院常务副院长王伟光作大会主题报告。

为工作需要起草发言稿之事，在前还有过一件让人失笑的事情。那是为第三届史学奖颁奖大会起草发言稿。别人先写出的发言稿没有通过，就由我和郭平英重写。郭平英介绍三次评奖活动的情况，我写郭沫若在历史学研究方面的成就和贡献。当时准备请中国社会科学院的常务副院长做颁奖大会发言。但是后来颁奖活动因故推迟了较长时间，我也就把这事儿忘掉了。后来，颁奖大会发言人换了另一位副院长，我在会场上还很认真地听着，话都说了有一半了吧，我觉得怎么像自己的文字风格，突然意识到这就是我起草的发言稿。

2017 年《郭沫若年谱长编》出版，在这之前，林甘泉先生和另外两位参与编撰工作的老先生已经辞世。他们是伴着编撰一部记“史”的书，走完了他们人生史迹的最后一段旅程，值得崇敬，也让人扼腕叹息。书出后，我写了《作〈郭沫若年谱长编〉札记》一文，把编撰工作中随时记下的一些遇到问题的思考，包括编撰技术层面的、史料解读方面的，也有关于编撰“年谱长编”这种学术资料本身的思考等，记述下来，也算是对于经历过的一种总结。

这一年，还有一件与研究会工作相关，让人高兴的事情，即《郭沫若研究》复刊。《郭沫若研究》算是中国郭沫若研究会会刊，以书代刊的形式，不定期出版，从研究会成立之日起就创刊了。我从第三期起参加编辑工作，至 1996 年离开纪念馆去主编《传记文学》。1996 年 12 月初离馆前夕，我编定了第 12 辑稿子，发稿到文化艺术出版社。后续的出版事宜，因为此前一直与出版社相关编辑室有默契，我就没再过问。没想到之后刊物的出版没了下文。我问了一下书稿卡住的原因，原来一方面是文化艺术出版社有意提高出版补贴，纪念馆不同意，另一方面纪念馆编研室的老人手亦相继调离、退休，编研室和学会的日常工作不再顾及于此。我只好以个人的关系去出版社催促，毕竟合作多年，他们总算把第 12 辑出版了，但是没有以后了。办了十几年的刊物就这样中断了，着实让人嗟叹不已，但我已经管不到了。

没想到在《郭沫若研究》停刊二十年之后，又有了复刊的机会。2017 年，由郭沫若纪念馆在中国社会科学院申请立项，将《郭沫若研究》以学术集刊的形式复刊，并由社会科学文献出版社出版。在编辑好第 13 辑（接续停刊前的辑数）书稿后，我写了一个“复刊词”：

“人生谓三十而立，作为一个学术刊物的《郭沫若研究》，虽然停刊多年，应该也可以三十而立——重新长身而立。郭沫若研究这一学术领域的发展，需要一个学术园地，需要一个学术交流的平台。复刊的《郭沫若研究》将努力打造这样一个平台，耕耘这样一片园地。

郭沫若曾为他的古文字研究著作的出版写过一首诗，诗中有句云：‘没道名山事，劳君副墨传。’复刊后的《郭沫若研究》将会让郭沫若研究优秀的学术成果得以很好的传承。”

出版没有后顾之忧了，但组稿比过去难了。过去学者们都是将自认为好的稿子投给《郭沫若研究》，但现在许多人不能不考虑刊物“核心”不“核心”的问题，我们也不好强求，所以组稿的难度大了。这也没有取巧的办法，只能踏踏实实地去做事情。

中国郭沫若研究会第七次会员代表大会于2019年召开，我再次当选为研究会会长。从1983年5月研究会成立至今，我的学会生涯已近四十年了。研究会刚成立不久（1985年），我即开始负责研究会的日常工作。但研究会一直没有专职人员，所以我在研究会的工作都是兼职。我经历了研究会顺风顺水的发展，也见证过研究会曾出现的困境。

研究会在这些年以“青年论坛”的名义举办了若干次小型学术讨论会，每次论坛会有一个研讨的主议题，参会者都是青年学者和教师们，他们是郭沫若研究的生力军。我虽不是青年了，但每次论坛都要参加，不只为履行研究会负责人的责任，更为在学术研究上从青年学者那里汲取活力。

研究会工作一直伴随着我的郭沫若研究。这一方面的经历、体验，已经大多记述在《我在学会三十年》中了。

做过《郭沫若年谱长编》后，我一直想重写一部《郭沫若传》。“年谱长编”比之前已有的两三部“年谱”，当然也包括已出版的一些“传记”，增加补充了大量的历史文献资料、史实、史事，订正了不少史误，特别是关于郭沫若生平一些重要的历史节点的史料。“年谱长编”展现的历史情境和历史细节也更加丰富、全面。根据这样一部翔实的学术资料，撰写一部《郭沫若传》是很值得郭沫若研究期待的。我在研究郭沫若的这些年中，写过不少传记性的文章、著作，所以我决定做这个事情，并且要重起炉灶。

然而，实际进入这个选题，无论作为申请项目，还是准备约稿的出版社，都要我能尽快完成《郭沫若传》。这与我最初的设想就有了一定距离，不是理想中的写作计划。我只好在原有的一部传记作品的基础框架上增补新的章节，补充许多新的史料，以及我在近些年来关于郭沫若研究的一些新的理解、认知。书稿完成后的篇幅，比原作增加了近一倍，也即是说内容大大充实了。我在2020年元宵节前夕写完了书稿，并给社会科学文献出版社交了稿。出版社也很快排出了初校稿。但因为出版方面的一些规定、流程，初校后又经一年半才得出版印行，而且改了书名作《诗人学者郭沫若》。出版社大概很满意这部书稿，出版后还搞了一次直播售书，以郭沫若纪念馆内垂花门做直播现场。这是当下时髦的营销方式。出版社在直播后抱来两大摞书要我签名，说这是读者按签名本价格购买的书。我倒是很高兴能有机会体验一把直播售书。

古人说，人生七十古来稀，今天，七十岁是个稀松平常的数字，所谓“桑榆未晚”“夕阳正红”，郭沫若研究的工作，还有许多时间去继续做。孔夫子说，“七十而从心所欲不逾矩”。这是驾驭人生达到的一种境界，学问之道要褒有这种境界，自然还有许多新的知识需要学习，新的内容需要充实。

（完）

千夫诺诺，不如一士谔谔

——有关张恩和先生的记忆

魏　建

我认识张恩和先生很早——1983 年，泰山脚下，大约是深秋或初冬时节，那时我在泰安师专任教。他和黄侯兴先生来山东出席郭沫若的学术会议，领导安排我陪他们两人游览了岱庙。张恩和先生穿了一件呢子大衣，很有派，像一位外国元首。可惜那天我们二人没怎么交谈，恩和先生的兴趣全在欣赏岱庙里的碑刻。

我们第二次见面是在 1986 年 9 月。那是我第一次出席全国性的郭沫若研究学术研讨会，在湖南益阳开的，会议主题是"郭沫若文学研究的现状与展望"。此前我给《郭沫若研究》投稿的论文与会议主题一致，所以被邀请参加这次会议。到了会上才知道，像我等无名小辈只有三个，其他与会者大都是郭沫若研究的名家，可除了黄侯兴、张恩和两位，其他人我都不认识。黄侯兴先生是会议主办者，一直忙会上的事。恩和先生便成了我唯一的熟人，会下我总在他身边。他也热情地把我介绍给学术前辈：卜庆华、邓牛顿、傅正乾、高国平、龚济民、黄淳浩、李福田、邱文治、孙党伯、孙玉石、吴中杰等（以姓名音序排列）。会上所有人的发言都很认真，有几人讲得特别好，其中就有张恩和先生。当时学界对郭沫若的评价已经出现了明显的"两极评价"。与那些人的各执一端、互不相让不同，恩和先生的发言别开生面。他既不认为肯定郭沫若就是保守，也不认为批评郭沫若就是"砍旗"。他说：对郭沫若这样的"大人物"，大家敢于"说长道短"，是社会的进步。现在的主要问题是我们思想解放还不够。他发言中有一段话特别令人震惊：尖锐批评了一位在场的学者，完全不顾人家的面子，就像与那人有仇而借机发泄。此后，经若干年观察，我才确定：这就是张恩和，敢批评，不管对谁。他与那天的被批评者关系不错，之所以无情批评，不过是说出了别人想说的话，但只有他敢说。

第三次见面是 1988 年在北京召开的"郭沫若与日本"学术研讨会，第四次见面是在 1991 年的创造社国际学术研讨会……再往后，就记不准是第几次了，反正见面越来越频繁。我发现：同龄学人对他都很客气，只是他对一些人爱答不理，时而露出不屑的微表情，或是歪头看人家一眼，低声嘟囔："哼！风派人物！"。遇到一些大家都看不惯的事，他肯定要指责的，不管场合，也不顾及情面，使得我原以为，他不知得罪了多少人。可是，多年来我参加一些张先生缺席的学术活动，许多前辈常提到："张恩和怎么没来？"言语间流露出或偏爱或敬重的神色。后来我才明白，同辈人敬重恩和先生，因为他的正直，还因为他的资历。

张恩和先生在中国现代文学研究"第二代"学人中是老资格的。这一代学人大都出生于20世纪30年代，虽然年龄相仿但学术经历差异很大，大致可分为甲乙丙丁四类：甲类学术起步早、成名早，大学毕业后一直从事中国现代文学教学和研究，学术成果在"文革"以前就产生了影响；乙类学术起步早、出成果较晚，大学毕业后一直从事中国现代文学教学，少有学术成果发表；丙类学术起步稍晚，"文革"前没有涉足中国现代文学教学和研究，"文革"期间从鲁迅研究起步；丁类学术起步最晚，此前从未涉足中国现代文学教学和研究，粉碎"四人帮"以后才开始学术生涯。甲类曾经与"第一代"学人关系密切，其佼佼者不仅有过与"第一代"的学术合作、还共同指导过"第三代"中的研究生和进修教师；丁类与"第三代"的学术起步几乎同时。显然，"第二代"的这四类人中，学术辈分最高的是甲类中的佼佼者，张恩和先生就在其中。

张恩和先生1958年毕业于北京师范大学中文系。毕业留校任教不久，就在现代文学研究领域崭露头角，20世纪60年代前期在《文学评论》上发表了两篇学术论文。1961年他被选入唐弢主编的《中国现代文学史》编委会，直到1979年，他参加了这部文学史编写的全过程，负责该书鲁迅（上）、鲁迅（下）两章和《暴风骤雨》等章节的撰稿。此前的中国现代文学史著作主要有两种：一是专家个人撰写，二是学生集体编写。唐弢主编的《中国现代文学史》在很长一段时间一直是影响最大、权威性最高的文学史著作。其权威性不仅因为它最早冠以"教育部统一组织编写的高等学校中文系教材"，还在于它是众多一流专家集体智慧的产物。这部文学史的作者也随之名扬天下。唐弢本文学史的编写经历了两个阶段。第一阶段是1961—1964年，张恩和先生与编委会成员一起完成了全书的讨论稿。这期间，他还与"第一代"学者王瑶、刘绶松、唐弢等人一起研讨中国现代文学的文学观、历史观和文学史书写的学术问题。第二阶段1978—1980年，除了主编唐弢和严家炎，他与樊骏、吴子敏、徐迺翔、蔡清富、黄曼君、万平近等"第二代"学者形成编写组的核心成员（见该书《前言》），为这部产生了巨大影响的文学史著作问世做出了重要贡献。

恩和先生还深得李何林、唐弢、王瑶、刘绶松、田仲济、刘泮溪、楼栖等"第一代"学人的赏识，使他较早进入"第三代"学人的师长行列。例如，1981年李何林先生在北京师范大学招收第一届硕士研究生，另外两位导师之一就有恩和先生。1983年他调入中国社会科学院工作，又协助唐弢先生指导硕士和博士研究生。

当然，一个学者在学术界的地位主要是靠学术水平奠定的。那么，学术水平又如何体现呢？有的人看重学术生产的"量"，更多学人看重的是"质"。我以为，衡量学术质量的主要标尺有两个：一个是开创性，二是生命力。先说前者，恩和先生在鲁迅旧体诗研究、鲁迅与郭沫若比较研究、中国现代文学的民族文化学研究等领域，都具有不同程度的开创性贡献。再说后者，最近我重新阅读恩和先生很多年前的一些成果，几乎看不到时代的印记。因为他不跟风，也因为做得扎实，所以至今保持着旺盛的生命力，故而赢得了几代读者的关注和敬重。如，重读他发表在《中国社会科学》上的论文《从民族文化学的角度对中国现代文学的思考》，其站位的高度、理论的深度和论证的水平，至今令我佩服之至。

我对恩和先生印象最深的一幕，是2000年8月，在长白山北麓的飞狐山庄。中国郭沫若研究会第四次会员代表大会在这里召开。那天下午，我正在孙玉石、张恩和两位先生下榻的房间里聊天。会议筹备组的领导（一位地位很高的郭沫若研究专家）来访，就下一届中国郭沫若研究会会长的建议人选，征求意见。听到新会长候选人的名字，孙、张两人立即表示反对，理由是此人对郭沫若毫无研究，当然还有当时许多学人都明白的另外原因。来访者继续做工作，孙、张二先生不仅不为所动，反而做起来访者的工作了。几个回合下来，双方都没有妥协的意思，一段沉默过后，突然，张恩和先生大喊一声："他当会长，我就退会！"孙玉石先生立即响应："我也退会！"来访者先是一惊，然后说了几句安慰的话，走了。

第二天召开的学会理事会会议上，会议筹备组的领导说：这次到会的理事没有达到法定人数，不能换届。有些理事不明就里，与邻座窃窃私语"不到法定人数，干嘛昨天还做工作让×××当会长？"这次会议没换届，这届理事会连任两届，只是那位"会长"没当成。

每个人都有良知，都想讲真话。可事实上，大多数人经常说假话，或不敢讲真话。当现实挑战良知的时候，多数人选择了沉默，组成了"沉默的大多数"，敢于发声者永远是极少数。沉默的人越多，沉默的时间越久，正义越难伸张，悲剧必然产生，于是"无数悲剧源于集体沉默"。

有一种说法叫"好人的沉默"，其实沉默者并不是很好的人，往往是怂人。张恩和先生就是难得的好人，在恶劣压力面前，他从不认怂。他一生经历了太多政治运动，深知讲真话有可能付出怎样的代价，但每当集体沉默需要有人发声时，他绝不当怂人！

千夫诺诺，不如一士谔谔。我们都混迹于诺诺千夫之中，逃避了责任也稀释了良知的责问。随着诺诺之风的猖獗，我们更加敬仰张恩和先生那样的谔谔之士。

2019年11月10日张恩和先生在北京病逝，他再也不说话了！

在学人中，有真才实学的并不多，恩和先生是；

少数有真才实学的人中，有公心有正义感的很少，恩和先生是；

这极少的人中，敢在别人沉默时爆发的硬骨头更为罕见，恩和先生是；

在这罕见的人中，硬骨头能几十年如一的人可谓凤毛麟角，恩和先生是。

可惜，他走了！

（原载《郭沫若学刊》2020年第4期）

第九篇

新书推介

【艺术之宫与十字街头——创造社研究】

著　者： 咸立强

出版社： 武汉出版社 2020 年 8 月版

内容简介：

《艺术之宫与十字街头——创造社研究》2020 年 8 月由武汉出版社出版，这是《寻找归宿的流浪者——创造社研究》的修订再版本。初版 26 万字，修订再版本 42 万字，增加了 16 万字。

从《寻找归宿的流浪者——创造社研究》到《艺术之宫与十字街头——创造社研究》，书名的改换寄寓了作者突破自身研究局限的努力。初版取名《寻找归宿的流浪者——创造社研究》，重在突出创造社同人是一群放荡不羁骚动不安的现代知识分子，他们渴望和寻求着自身的归宿，那归宿便是走向左联、走向革命。“走向”式的描述，随着“归宿”成为一个选择和淘汰的标准，以革命之名汰洗团体内的非革命分子，于是全书展现出来的也就是一个革命团体不断自我熔炼的历史进程。再版改名为《艺术之宫与十字街头——创造社研究》，而不是《从艺术之宫到十字街头——创造社研究》，所努力的便是淡化那种线性的“走向”式描述，不再特意强调创造社同人追求的某一种“归宿”，而是平等地对待各种“走向”，将所有的选择都视为求仁得仁的“归宿”，由此彰显创造社内部的复杂与矛盾。作为一个复杂而善变的文学社团，从一开始创造社同人身上便有两种因子在纠缠在斗争，即创造艺术之宫的努力与走向十字街头的冲动。十字街头不必就是指革命，创造社同人也不尽都走上了革命的路途，即便走上革命路途的创造社同人，所选择的革命路途也不尽相同，也有些走着走着却又折了回去。修订再版本第七章第一节仍然名为“走向‘十字街头’”，却只是想要点出存在这一种“走向”，这个“走向”一度占据了主导性的地位，修订再版本尊重这一事实，也给予了重点描述，但这种描述并不意味着这样的走向是唯一的正确的选择，作为社团同人众多“走向”中的一种，价值和意义再重要，也不能遮蔽其他选择存在的可能性和必要性。

修订版新增加的一些章节，更细腻地梳考了创造社历史进程中的一些细节。第三章第四节“引领风骚的《创造》季刊‘评论’栏”，作者从《创造》季刊“评论”栏出发，以翔实的史料梳理了郭沫若、成仿吾、郁达夫创造社三鼎足的形成，具体来说便是成仿吾作为创造社批评大将的自我定位的历史发生及自觉问题。

尊重历史发展的趋势，呈现被遮蔽的个性化的选择，这是《艺术之宫与十字街头——创造社研究》相较于初版本所呈现出来的重大变化。

【中国出版家·赵南公】

著　者： 咸立强

出版社： 人民出版社 2020 年 3 月版

内容简介：

《中国出版家·赵南公》2020 年 3 月由人民出版社出版，这是第一部为出版家赵南公作传的书籍，全书近 26 万字，材料翔实，视野开阔，以赵南公为中心再现了四马路上的出版风云。

赵南公（1882—1938 年），原名赵荣第，河北曲阳人。早年参加过同盟会，担任过四马路商联会会长、广肇公所董事，上海市第三次工人武装起义胜利后还曾当选过上海市政府委员。赵南公的出生年月等诸多问题，在以往相关的论著中向来模糊不清，《中国出版家·赵南公》以赵南公的日记、上海商会成员材料、上海书店调查等多种文献史料相互参证，确定赵南公出生于 1882 年。此外，该书还以大量的实证材料勾勒了泰东图书局早期的出版活动、门市店和编辑所的具体地址及其搬迁经历等，这些无疑都有助于人们更准确地认识和把握赵南公及其执掌的泰东图书局。

《中国出版家·赵南公》重塑了赵南公形象的努力，表现在两个方面：首先，重新评价赵南公，纠正了长期以来郭沫若、郑伯奇以苛刻的商人评价赵南公带来的认知偏颇与遮蔽，以同时代有关人士留下的文字展现了赵南公性情中豪侠仗义的一面；其次，在出版活动之外，著者特别考察了赵南公的社会活动，通过赵南公在纳税华人会议、代表选举等活动里的表现，呈现了一个为现代人的权益斗争的"文化战士"的形象。

赵南公于 1914 年参与创办泰东图书局，1916 年起担任泰东图书局总经理职务，从此独自掌管泰东图书局长达 20 余年，泰东图书局凝聚了赵南公毕生的心血。现在，赵南公之所以能够被人记住，主要因其在新书业上的贡献。泰东图书局和亚东图书馆是上海四马路上最早支持新文艺事业的出版机构，开时代风气之先。赵南公与郭沫若等创造社同人的遇合，既为寂寂无名的小书店们提供了可资借鉴的成功模式，也为无数默默无闻的文坛新人开启了通向成功的可能的路径。郭沫若和创造社的存在让人们顺便也记住了泰东图书局的总经理赵南公。泰东图书局是创造社的摇篮，掌管这个摇篮的是赵南公，是他给了郭沫若和其他创造社同人一个实现纯文学梦想的机会。《中国出版家·赵南公》以大量的史实告诉人们，赵南公主持下的泰东图书局，不仅是孕育新人社、上海新潮社、创造社、白露社等众多新文学社群的"摇篮"，也是光华书局、创造社出版部、儿童书局、群众图书公司等众多现代出版发行机构的"孵化"基地，对促进 20 世纪中国文学文化与新书业的发展，做出了不可磨灭的贡献。

（咸立强供稿）

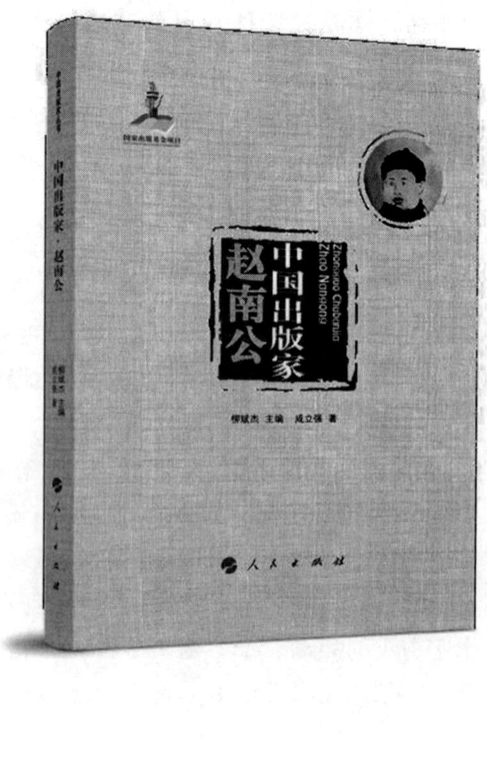

【论史、考事与谈人中别有一番风景——读咸立强著《中国出版家·赵南公》】

张 勇

咸立强所著《中国出版家·赵南公》一书已由人民出版社出版了，他打来电话请我就此书写篇评论，我推脱很久，但最终还是应承下来了。推脱的原因有三，一是此书所考察和论述主要是有关中国现代出版界的史事，而该领域繁复的情况超出了普通单一学科的范畴，它牵涉到方方面面的知识，比如社会制度、经济发展、传媒技巧等，自己虽然一段时间对泰东图书局有过浅显的研究，但终究还是一个门外汉，恐难以达到出乎其外、入乎其内的水准；二是咸立强自从开始触及创造社研究以来，一直深耕其间，不断扩展挖掘，由单纯的现代文学学科研究，深入比较文学、译介学和现代传媒等多领域的交叉研究，并且多有佳作问世，学理性的观点更是层出不穷，我也担心自己难以阐明此本著作的精髓；三是阅读此著作恰好在新冠疫情期间，看到肆虐的病毒在全世界滋长蔓延，自我情绪被每天极速增长的病例所左右，不断滋生的焦虑心理，担心自己难以做到有逻辑性地思考，只能停留于碎片式的话语表达，恐难达到系统阐释的学理要求。好在有立强兄的鼓励，我最终还是答应下如此艰巨的任务，以贻方家批评！

一 “冷”研究的“热”思考

《中国出版家·赵南公》是继《寻找归宿的流浪者——创造社研究》《译坛异军：创造社翻译研究》之后，咸立强所完成的又一部与创造社研究相关的力作。三者构成了其创造社研究的三部曲，目前在创造社研究中，既有宏观的阐述，又有微观的剖析，还有局部的深挖，研究者中形成多元统一研究体系的还不多见，咸立强即其中一位。

咸立强对以创造社为代表的现代文学社团研究情有独钟，而这恰恰与当下文学社团研究的冷遇形成了鲜明反差。文学社团的研究曾经“热”过，并且也产生过诸多至今很难超越的成果，仅就创造社而言，刘纳的《泰东图书局与创造社》，魏建的《创造与选择——论前期创造社的文化艺术精神》，朱寿桐的《情绪：创造社的诗学宇宙》等专著都是其中的佳作。但是，近年来社团文学研究明显遇“冷”。我想，这既与“社团文学”本身的研究性质有关，也与研究者的心态相连。“社团文学”是伴随着“五四文学”而产生的，它们之间休戚相关。“五四”新文化运动为“社团文学”的出现与繁荣提供了生存的土壤与活动的舞台，而“社团文学”也不断刷新和提升“五四”文学的历史成就。“社团文学”展示了“五四”新文化运动时期中国现代知识分子存在的一种独特状态，那就是依靠同人社团的力量抒发主张，阐明学理。近些年来，“五四”文学研究相较于20世纪80—90年代来讲，逐渐不再成为学者研究的热点，那么作为其中重要组成部分的“社团文学”研究自然而然也就逐渐淡出了研究者的视野。另外，“社团文学”作为创作同仁的结合体，其研究牵涉的知识面较广，所需的功夫与研究单一作家相比相应就要多出很多，甚至是一个“出力不讨好”的研究领域。因此，“短平快”的作家研究可能更受到研究者们的青睐。总之，就当前阶段来讲，“社团文学”的确处于“冷”冬时期。

咸立强对以创造社为代表的社团文学研究一直情有独钟，形成了持续性的关注热情，从他开始进入到现代文学研究，以创造社为代表的社团文学，便是他辛勤、执着耕耘的领域，而且越挖越深，越耕越细。《中国出版家·赵南公》与其说是写赵南公的人物传记，不如说是考察赵南公与20世纪20年代中国现代文学重要社团交互关系的研究论著。很明显《中国出版家·赵南公》有两条写作线索，一条为主线，也就是此著作的主题，即阐述赵南公的生平事迹，还有一条为辅线，就是考察与赵南公和他所经营的泰东图书局有关联的新潮社、新人社、创造社和狂飙社等中国现代文学史上重要文学社团的演进过程和主要特征。

对于上述文学社团，咸立强并非泛泛而谈或简单介绍，而是紧紧围绕着这些社团所创办的同人杂志和系列丛书，如新潮社的刊物《新的小说》和“新潮丛书”、新人社的刊物《新人》月刊和“新人丛书”、创造社的刊物《创造》季刊、《创造周报》和“创造系列丛书”以及狂飙社的“狂飙丛书第二”等，对它们的情况都展开了详细周密的论述，并对各社团之间相互承续与联结的关系进行了阐释。著者这样做的目的，并不只是依照时间顺序简单介绍各个文学社团与泰东图书局的合作事宜，而是要从“社团文学”发展史和泰东图书局经营史的双重史学角度来搭建宏观理论架构。

文学社团是由创作主张相近的作家所结成的创作团体，它们有鲜明的文学创作原则，社团规章制度，有要出版自己的同人刊物和系列出版物等诸多规则和要求，与作家个体单独进行文学创作的模式不同，社团文学的创作要求反而更高，更复杂。在与泰东图书局有密切联系的新潮社、新人社、创造社和狂飙社中，当时创造社的研究水准相对较高。虽然如此，在创造社中其实还有很多疑点值得深入探究。仅就泰东图书局的经理赵南公答应承接创造社期刊《创造》季刊这件大家熟知的事件来讲，就有很多问题需要深思。郭沫若等创造社创办者在筹划出版刊物时，泰东并不在其视野之内，他们的目标是类似于商务印书馆、亚东图书局等大型的出版社专业性机构，但是对方却对他们毫无兴趣。他们只是在万不得已的情况下，屈就于了泰东图书局。随之而来的问题便是，为什么赵南公经营的泰东图书局就能接纳他们呢？除了我们所知晓的郭沫若为泰东图书局校点了《西厢》，为其赚了第一桶金，而且，《女神》出版后的收益也非常不错等经济方面的原因外，是否还有另外的原因呢？试想，如果赵南公只是注重眼前的经济利益，而不考虑长远发展的话，泰东图书局也不会在出版商林立的上海存在二十余年之久。他接纳郭沫若，承接创造社，定是有其深层原因，只是我们以前都忽略了这方面的问题。

对此《中国出版家 · 赵南公》就深入到泰东图书局的发展历史进行考察，进而得出了清晰的答案。原来创造社并不是赵南公所承接的第一个文学社团，《创造》季刊也不是泰东图书局所出版的第一份文学刊物，在此之前，新潮社和新人社都已经与赵南公有过合作，《新的小说》和《新人》月刊也使泰东图书局具备了出版发行文学类期刊的经验，这也为赵南公接纳郭沫若等同人以及《创造》季刊奠定了心理和实践基础。另外，《中国出版家 · 赵南公》也为读者第一次明确出于赵南公和泰东图书局的原因，新潮社、新人社、创造社和狂飙社等发起人不同、主张各异的社团，具备了内在关联性。出版社的经营是基于特定的理念所作出的选择，赵南公和泰东图书局之所以选择与这四个文学社团合作，除了经济上的考量外，它们内在的相似性和关联性也是非常关键的因素，泰东图书局所资助的四个社团之间的承序性也彰显了出来。

以此，咸立强也弥补了以往研究中单一创造社阐述的不足，将视野扩展到了20世纪20年代社团文学研究的整体格局之中，同时也使《中国出版家 · 赵南公》具备了文学社团史和现代传媒发展史的双重史学价值。

二　人物传记可以这样写

传记写作并不是很容易的事情，前提条件是要有传主翔实的生平资料。但有了众多资料也并非就万事大吉了，如何把所收集的资料分门别类地串联在一起，按照一定的逻辑关系进行闭环式的叙述至关重要，这自然就涉及写作技巧的问题。但对于传主材料并不丰富的传记该如何去写作呢？

显然，《中国出版家 · 赵南公》是一本描写赵南公的传记专著，而这其实是一个很难的选题。到目前为止，有关赵南公的生平资料并不多，甚至是赵南公具体的出生时间都很难搞清楚，能够利用的无非是《赵南公日记》《在出版界二十年》和《创造十年》等为数不多的第一手材料。咸立强也深知“由于赵南公生平文献史料非常少，一些学者在述及赵南公生辰时，往往都要在所用日期后打上一个问号，以示不能确定。”[①] 但他并没有回避这个难题，而是合理运用了《上海总商会月刊》《1935 年上海书店调查》《赵南公日记》等三个旁证材料，精确考证出“赵南公出生于 1882 年”[②]，看似小小的一步，但却是推进赵南公研究的一大步。就仅赵南公年龄的考证就能看出论著作者层层推断，能看出其史料互证的学理修养和学术功底。

那么面对材料比较匮乏的赵南公，如何着手论述其生平事迹呢？很显然，按照一般传记以时间为叙述主线、以事件为依托的写作方法，是很难完成有关赵南公生平详细阐述的。咸立强则跳出传统传记写作的方式，选择以泰东图书局作为依托，将对赵南公的记述与泰东

① 咸立强：《中国出版家 · 赵南公》，人民出版社 2020 年版，“前言”第 1 页。

② 咸立强：《中国出版家 · 赵南公》，人民出版社 2020 年版，“前言”第 3 页。

图书局的阐释有机结合在一起，这不失为一个巧妙的传记写作手法。赵南公与泰东图书局有着十分密切的关联，二者几乎可以画上等号。虽然直接记录赵南公的材料不多，但是有关泰东图书局的资料却较为丰富。《中国出版家·赵南公》并非一般的传记著作，而是融诸多学术阐释在内，其通过对与赵南公及泰东图书局诸多相关史实的考订，反而更正了现代文学史上诸多习以为常的认知。

其中，有关创造社的史实依然是咸立强最关注的对象。特别是借助于赵南公与泰东图书局的平台，咸立强回答了创造社研究中很多悬而未决的疑问。比如，《创造》季刊创刊号究竟出了多少个版本？这个问题恐怕很多人回答不上来，即便是专门从事创造社研究的专家也会忽视这个问题，因为相对于创造社的文学主张、文本创作来说，《创造》季刊创刊号究竟出了几个版本显得无关紧要。其实不然，作为创造社之所以能够形成同人社团，并形成强大的内部凝聚力，甚至具备了与文学研究会抗衡的资本和前提，就是《创造》季刊的创办出版。大家都普遍认为，《创造》季刊创刊号也就是1922年5月1日问世的唯一版本。而咸立强则是从《创造》季刊创刊号再版的“编辑余谈”中发现了问题的线索，并且基本可以推断出“《创造》季刊创刊号似乎有三种不同的排印版本，即最初由郁达夫编辑的版本、郭沫若1922年7月编辑版和郭沫若1923年6月编辑版。”[①] 能够发现《创造》季刊可能存在三本创刊号的版本就实属不易了，但是咸立强很快便推翻了自己的结论，他通过对《创造》季刊的综合性考察，发现“1922年7月，郭沫若重排的《创造》季刊创刊号当年并没有出版，而是一直等到1923年6月20日，增加了卫天霖的封面画之后，郭沫若在1922年就已经改编完成的《创造》季刊创刊号才正式出版，这也就是通常所说的《创造》季刊创刊号的第二版。”[②] 当然，得出《创造》季刊“实际上就只有两个版本：1922年3月15日出版的郁达夫编辑本和1923年6月20日出版的郭沫若编辑本”[③] 的结论就顺理成章了。当然，郭沫若和《创造》季刊所出现的这些问题，都是与其出版机构——泰东图书局有密切关联，同样也是赵南公生平事件的重要组成部分。

《创造》季刊创刊号初版本的考订，一方面反映咸立强具有作为学者的强烈的问题意识和勇于不断否定自我的强烈的探索精神，并能够在比较阅读中发现被别人所忽略的细微问题；另一方面折射出问题背后的出版机构以及其管理者的经营理念和价值选择。这样考订出来的史实，既回答了创造社研究中的细节问题，也间接阐述了赵南公的生平事件，达到了言在此而意在彼的双重功效，只有如此，才能经得起历史的推敲和检验。我想正是这种对于历史事件的细微考证，

① 咸立强：《中国出版家·赵南公》，人民出版社2020年版，第127页。
② 咸立强：《中国出版家·赵南公》，人民出版社2020年版，第128页。
③ 咸立强：《中国出版家·赵南公》，人民出版社2020年版，第128页。

赋予了《中国出版家·赵南公》高出一般人物传记的学术价值。

三 为赵南公的“朋友圈”点赞

单丝难成线，独木不成林。每一段的历史总是由无数的人物书写而成。他们之间的互相交往，亲疏远近的价值选择和行为模式，总是不断构成一个又一个生动活泼的“朋友圈”。《中国出版家·赵南公》另一个值得阅读的方面，就是可以从赵南公所聚集离散的“朋友圈”中认识一个全面、真实的现代出版界名人。

赵南公自身留在历史上的资料不多，但是与赵南公所接触的圈内圈外各色人物却不在少数，甚至有些成为中国现代文化史上赫赫有名的人物，如文学界的郭沫若、郁达夫、闻一多等，出版界的张静庐、沈松泉等。他们与赵南公之间由交往而生发的是非恩怨同样可以作为认识赵南公的重要材料。而以此所形成的以赵南公为圆心，以与他牵连的人为半径的同心圆，在此同心圆面上的人物，也大多与赵南公有直接或间接的关联。中国现代文学史纷繁复杂的交往圈也由此辐射而成，这的确也是一个很有意味的话题。

出于研究范畴的原因，我对现代出版界经营者与现代作家之间所发生过的点点滴滴的事件特别感兴趣。特有的社会变革，使出版经营者与现代作家都处于急剧的转型期，他们之间既有实现共同目标的契合点，也有利益和做法上的分歧点，在契合与分歧间的分分合合是他们之间交往的常态，比如北新书局的老板李小峰和鲁迅，内山书店的老板内山完造和鲁迅、郭沫若之间的交往，都记录下中国现代文学发展的重要档案。

而在本著作中所描述的众多与赵南公交往的名人中，我比较关注的是郭沫若。关于两者的交往，我们基本上都是由郭沫若在《创造十年》中的阐述而得知的。《创造十年》中郭沫若详细记述了他如何从日本来到了泰东图书局，并与赵南公合作，我们也从中了解郭沫若在刚到泰东图书局初期的艰难生活。但是，有一点我们恰恰忽略了，交往本应该是两个人间的事情，在《创造十年》中，郭沫若多是从他的角度来叙述与赵南公的交往与合作的经过和感受。事实也的确如此，他和成仿吾刚来泰东图书局时的确是受到了老板赵南公的冷遇，生活条件也不尽如人意，情感外漏的郭沫若等人生发怨恨和牢骚是人之常情。但是作为另外一方的赵南公究竟在做什么，对于郭沫若的到来他是怎么想的等问题，我们却无从知晓，这也是我近些年一直想探究却不得的问题。咸立强也充分认识到了这一点，他认为“郭沫若回忆中的‘空话’‘骗局’之说，显示的正是期望与现实间的落差。随着郭沫若在现代文坛地位的不断提升，他对泰东图书局的叙述也越来越广泛地被人们接受。不仅如此，有些人还沿着郭沫若叙述的方向对某些信息做了进一步的加工处理……”。[①] 因此，咸立强在《创

① 咸立强：《中国出版家·赵南公》，人民出版社 2020 年版，第 107—108 页。

造十年》中另辟蹊径，他仔细梳理了赵南公这一时期的日记，发现原来郭沫若和成仿吾并不在赵南公改组泰东图书局的计划之内，他们的到来应该说是个“美丽的错误”，那么“对于想留下来的郭沫若，赵南公似乎也挺头疼，不知应该如何安排。”① 如果从这个角度来看，郭沫若所抱怨的受到冷遇了、被别人骗了等叙述，也只是单纯自我的感受而已。好在是金子总会发光的，郭沫若在其后标点《西厢》时展现出来的才能令赵南公刮目相看，随后便果断舍弃了王靖，重用了郭沫若，事实也恰恰证明了赵南公作为商人的锐利眼光。

咸立强在描述赵南公与郭沫若、张静庐等人的交往过程时，注重突出作为一个商人的赵南公。与作为一个朋友的赵南公，以及作为有政治追求的赵南公的不同侧面，让其在与不同人物之间的交往中反映出传主作为一个社会人的多样性、丰富性和复杂性。咸立强并不为尊者讳，他能够把赵南公真实的想法剖析出来，以这样笔触描写出来的赵南公才更加具有真实感。

四　写在后面的“题内”话

阅读完《中国出版家·赵南公》后，我多年前因研究方向变化，戛然而止的有关泰东图书局思考的火花也被此著作所激活，有些“题内”话，还想延伸阐述一下。

赵南公与泰东图书局的关系，以及二者所折射出的问题是我所一直思索而未解的。对此，咸立强认为：“赵南公就是泰东图书局的支柱和灵魂，没有赵南公，就没有在新文学出版界叱咤风云的泰东图书局；没有泰东图书局，20世纪中国文化史上也就不会留下赵南公的名字。赵南公与泰东图书局，相互成就了对方。”② 也许是受限于本书人物传记的写作程式和体例，咸立强对此问题做出了界定，但并没有深入展开论述。

诚然，赵南公与泰东图书局关系密切，几乎可以到了不分彼此、相互等同的地步。一个政治团体所建立的出版机构是怎样最终演变成为传统家族式的经营模式的呢？这种转变给泰东图书局带来的影响究竟是利还是弊呢？我想，对这些问题的思考与解答，除了咸立强著作中有关“赵南公的书局管理”部分的论述外，还应该着眼于20世纪20年代上海整体出版环境来思考。毋庸置疑，在赵南公带领泰东图书局进行多方尝试变革的期间，上海已经成为国内传媒和出版机构的集结地，此时的上海“文化来源广泛……出版物包罗万象，花团锦簇；文化气度的宽容，使此地的报刊书籍中西并举、异质杂陈；而文化联系的广泛，则使此地的出版文化人慧通四海，智达三江。”③

20世纪20年代初期，日渐丰富和

① 咸立强：《中国出版家·赵南公》，人民出版社2020年版，第109—110页。
② 咸立强：《中国出版家·赵南公》，人民出版社2020年版，第4页。
③ 李白坚：《中国出版文化概观》，广西教育出版社1999年版，第164页。

成熟的图书、报刊等现代媒介使上海在中西文化的传播中处于中国的中心和枢纽地位。上海文化市场的繁荣与其近代的出版印刷业的兴盛有着密切关联。上海市档案馆所藏的有关档案记载，1920—1935年在上海市书业同业公会登记的出版机构有81家，其中，资本在100万以上的就有两家。[①] 这些现代出版企业诞生在上海，同整个上海的经济发展和融资环境有着密切的联系，上海发达的社会经济环境，也为上海的出版等文化消费提供了良好的市场基础，泰东图书局就是这些林林总总书局中的一个。繁荣的社会经济也活跃了上海20世纪20年代初期的文化市场，众多的文化机构、报刊书籍使得文化人在上海谋生比在中国其他地方要容易得多，而且前卫的、激进的新文艺也只有在开放意识浓厚的上海才能找到生存的空间。近代上海在社会性质发生变革的同时，文化形态也发生了很大变化。写作已经成为可以谋生的固定职业，阅读也已经成为一种时尚的消费，如此诱人的生存环境使泰东图书局这样弱小的书局，即便不怎样善于经营也能分上一份羹。正是如此，依靠承接商务印书馆等大型出版机构所不愿意合作的刊物和丛书，泰东图书局不仅可以维持日常的运营，而且还取得过骄人的成绩。在这种情形下，有无正规的出版体系、先进的经营理念，也就无关紧要了。到了20世纪30年代，随着上海出版体系的逐步完善，完全依靠江湖式和家族式的经营模式的泰东图书局就难逃被淘汰的厄运了。因此，赵南公对于泰东图书局管理模式的阐述，还需要放置于上海独特的社会环境中进行客观的辨析，这也是《中国出版家·赵南公》结尾处所讲的“赵南公在出版选题、构建发行网、图书广告装帧和创办读者俱乐部等方面，总有一些令人惊叹的奇思妙想”[②]，这些“奇思妙想”的效果如何，还有待于待咸立强在下一本的大作中进行集中阐述。

《中国出版家·赵南公》是国内目前为数不多的将出生年代都不详的赵南公和连一张图片都没有留下的泰东图书局阐述如此翔实的成果，其开创性的价值是不言而喻的。作为一本以人物为主的传记类著作，它需要运用讲故事的写作手法，深入浅出地把人物刻画得栩栩如生，以激发读者阅读的兴趣。显然，此书的实用价值远远超过了这方面的要求。不仅如此，此专著还更近一层，在阐述人物间交往中考订具体的史实，并将其纳入史学范畴中论述，极大地提升了所涉及人物的学理价值，丰富了所涉及人物的文化内涵，令人快慰的是，咸立强在论史、考事和谈人中，将鲜活生动而又复杂多元的赵南公呈现给了现代读者。

（原载《郭沫若研究》2020年第1辑）

① 它们分别是商务印书馆500万，中华书局200万。

② 咸立强：《中国出版家·赵南公》，人民出版社2020年版，第324页。

【**掘开历史的地表**——郭沫若前期文艺论著版本校勘之发现与研究】

著　者：孟文博

出版社：山东大学出版社 2020 年 9 月版

内容简介：

在中国现代文学史中，几乎无论从哪一个方面来说，郭沫若都是一个无法忽略的重要存在。他活跃的历史跨度之长，涉猎范围之广，参与重大历史事件之多，社会影响之大，思想观念变化之频繁，共同构成了一道极为复杂和独特的历史风景线。

郭沫若作为一个自觉与时俱进的文人，其前期文艺思想的形成与演变，绝不仅仅是就文艺问题在自说自话，而是在方方面面都与当时的社会情势与文坛状况有着密切的联系，他的文艺思想的变与不变，其实都较为直接和生动地反映了整个社会的发展脉络，因此梳理考察郭沫若前期文艺思想的变与不变，不仅能够让我们更客观更深入地了解这个复杂独特的历史人物，而且对考察新中国成立前近三十年的社会形态变迁、政治文化思潮波荡，都有着很重要的意义。

该书共分九章，均是在校勘郭沫若前期文艺论著各个版本之后的发现，以及基于这些发现的研究。具体内容如下。

第一章是对郭沫若长达近半个世纪的关于文艺作品观念的梳理与分析；

第二章是对郭沫若“民间文艺”观的形成与发展脉络的考察与研究；

第三章是对郭沫若否定“五四”文学革命的真实动因的考察分析；

第四章梳理了郭沫若与《学灯》编辑李石岑长达二十多年的历史交往，并加以辨析；

第五章是谈郭沫若论文《论国内的评坛及我对于创作上的态度》的修改问题；

第六章谈郭沫若对其演讲稿《屈原考》的修改问题；

第七章是对郭沫若诗作《泪浪》版本考辨及分析；

第八章是对黄淳浩先生于 1984 年出版的《〈文艺论集〉汇校本》的补正；

第九章郭沫若《文艺论集续集》汇校异文全录是在对郭沫若的《文艺论集续集》进行汇校之后，把所有修改异文进行的汇总。

此书的附录包括两个部分，一是“郭沫若涉及鲁迅的言论修改对勘异文全录”，在这部分中，笔者把郭沫若所有涉及鲁迅言论文献的最初版本与其最后修改的《沫若文集》中的版本进行了对勘，找出了全部有关鲁迅的经过修改的言论，并按照最初版本的发表时间顺序，和繁简字体形式，以对比的方式列于文中。二是“郭沫若首部长篇小说的‘序幕’：《未央》的佚文部分”，《未央》完成于1920年的下半年，发表于1922年11月25日《创造季刊》第1卷第3期，是郭沫若在其《女神》时期所发表的最长的一部作品，同时也是他本人准备创作的第一部长篇小说，可以说在他的创作史上占有着很重要的地位。作者发现这部作品约六分之五的内容却从未被收入进新中国成立后所出版的各种郭沫若文集，包括最为全面的《沫若文集》以及《郭沫若全集》，而是一直处于佚文的状态，因此在此书中加以列出。

（孟文博供稿）

第十篇

研 究 课 题

课题名称：郭沫若年谱新编
课题负责人：刘运峰
课题编号：20FZWB041

1. 该成果的主要内容

郭沫若是著名的文学家、历史学家和社会活动家，也是卓有成就的诗人、书法家、翻译家。他一生跨越晚清、民国和中华人民共和国三个重要的历史时期，经历丰富，在许多重要的历史关头都发挥了重要的作用。《郭沫若年谱新编》就是一部以时间为脉络，描述郭沫若从 1892 年 11 月 16 日出生至 1978 年 6 月 12 日去世 86 年间的年谱，内容涉及郭沫若的平生经历、人际交往、文艺创作及学术活动等诸多方面。

1978 年郭沫若去世后，天津人民出版社、江苏人民出版社、中国社会科学出版社先后出版《郭沫若年谱》（上下）《郭沫若年谱》（上中下）《郭沫若年谱长编》（1—5），是郭沫若研究的重要成果。随着文学史料研究的进展，郭沫若大量的佚文、佚信不断被发现，与郭沫若相关的史料也大量被披露出来。近 30 年来，《郭沫若研究》《郭沫若学刊》《新文学史料》《中国现代文学研究丛刊》等刊物发表了郭沫若佚文、佚信及书法作品等 600 余篇。此外，一些图书、报纸也会收入、刊发郭沫若的散佚作品，如上海书画出版社 2014 年 11 月出版的《上海市档案馆藏中国近现代名人墨迹》就收录了郭沫若 1947 年 7 月 17 日就群益出版社更换代表一事致上海市书商业同业公会的信，2020 年 6 月 19 日，附《文汇报》发行的《文汇学人》刊发的汤序波文章中，就引述了郭沫若 1951 年 1 月 28 日致《新观察》主编陶大镛的一封审稿信。可以说，郭沫若的佚文、佚信以及相关史料随时都会有新的发现。

《郭沫若年谱新编》就是在已有几部《郭沫若年谱》的基础上，将近年来的新发现的史料、佚文、佚信以及研究成果进行全面、系统梳理，完成一部客观反映郭沫若平生事迹、人际交往、文艺创作及学术活动的年谱。

2. 该成果的主要特点

第一，客观的学术态度。郭沫若经历丰富，活动范围广，具有诗人、学者、社会活动家等多重身份，而且，郭沫若在其生前就是一个争议性很强的人物，在去世后依然对其褒贬不一。在官方语境中，郭沫若是马克思主义历史学家、杰出的文学家和社会活动家，但是，在海外，也存在不同的声音，如费正清称其为“随风转舵的政治风向标”，夏志清预测他是“作品传世的希望最微”的知名作家；在天涯社区、百度贴吧等网络平台中，更是将郭沫若批评为“无耻文人”，甚至有《毛主席赛过我的亲爷爷》等伪作在网络平台上传播；还有，研究界广为流传于立群胞姐于立忱之死是由于郭沫若致其怀孕，无法掩盖而导致的后果，事实证明，此种说法纯属谢冰莹对郭沫若的诬陷。因此，年谱的编写就要秉持客观的学术态度，坚持实事求是的原则，既不为尊者讳，也不采纳未经证实的传言，呈现一位客观、真实、全面的郭沫若。

第二，规范的编写体例。《郭沫若年谱新编》的编写严格遵循统一的体例，对已明确考证为郭沫若的作品引用初刊本或初版本资料，还原郭沫若作品的客观内容。针对旧版年谱内容琐碎、详略不当的问题，对已经收入《郭沫若全集》《郭沫若书信集》《郭沫若佚文集》或是读者易于查找的作品，谱文适当进行简化；对于新发现的佚文、佚信以及曾经被有意删除、忽略的内容，则进行较为详细的介绍和注释，以保证年谱的内容详略得当，谱文更加准确客观。

第三，全面的版本信息。郭沫若的作品不仅体裁多、数量大，而且存在着文本、版本的差异。有的是同一题目在不同报刊发表时对个别字句进行调整，有的是在编入专集时进行文字打磨，有的是因为世事变迁而不得不进行修改。经统计，郭沫若在各类报刊发表作品 2600 余篇，出版与文学相关的著作 72 种、译作 22 种，其中约七成作品有两个以上的版本。目前研究者已对《女神》《棠棣之花》《虎符》等 20 余种郭沫若作品版本进行深入研究，但仍有较多的作品版本未被关注，因此无法了解郭沫若作品版本变迁的整体过程，《郭沫若年谱新编》在对郭沫若作品版本进行全方位考察的基础上，发现版本间的“实质性异文”，并在谱文中进行说明。

3. 该成果的学术创新

第一，史料挖掘的创新。在纸质资料基础上，充分利用晚清民国期刊全文数据库等电子资源，在数字化的老旧报刊、书籍中发掘相关的新闻报道和作品资料，全面钩沉、梳理郭沫若在不同时期的作品及版本。增加对郭沫若书信、书法作品等方面的关注，从新闻报道和回忆文章中辑录郭沫若生平事迹所结合的社会活动。增加对郭沫若作品传播过程的关注，将作品封面、版权页、序跋、广告、插图等副文本元素纳入考察范围。

第二，研究内容的拓展。《郭沫若年谱新编》既要重点反映郭沫若文学创作、学术研究和主要社会活动，也要对其在翻译、书法、绘画等领域的活动进行如实描述，尤其是关注郭沫若自然科学、社会科学著作的翻译和介绍。

第三，研究方法的创新。推论与实证相结合，尝试将求证历史实情与推论历史生发过程相结合，重在展示郭沫若生平活动、人际交往和作品创作修改中诸多可能和细节，在充分挖掘史料的基础上，梳理郭沫若的人际交往、文艺创作、学术研究等活动的真实状态。将宏观观察、中观切入与微观透视相结合，重视历时性与结构性、整体性与差异性的结合，全方位、多角度反映郭沫若生平活动及作品版本流变的时代共性和作家个性。

4. 该成果的学术价值

第一，促进郭沫若研究的开展。该项目将依托国家图书馆、晚清民国期刊数据库等数字平台提供的原始文献以及 30 年来发现的相关资料，完成一部史料翔实、内容丰富、脉络清晰、构架合理、部头适中的《郭沫若年谱新编》，为郭沫若研究的深入开展提供学术支持。

第二，广泛吸纳新发现和有待收集的资料。郭沫若在文学、历史、考古、翻译、书法、绘画等方面留下了大量的作品，这些作品大部分都收录于《郭沫若全集》（分“文学编”“历史编”“考古编”）、《郭沫若书信集》《郭沫若书法集》等，但仍有不少的书信、演讲、答记者问、题词、跋语、题字、绘画等不断被发现，《郭沫若年谱新编》就是要对新发现以及有待收集的郭沫若作品的相关信息进行全面反映。

第三，澄清郭沫若生平和创作中的相关事实。针对郭沫若评价的两极化现象，运用新发现的史料澄清有关事实，如考察郭沫若的入党时间、对待国民党及蒋介石的态度、与于立忱的关系、“文革”中的创作等内容，反映郭沫若在不同时期的修改作品的动因。

5. 存在问题及下一步研究计划

第一，佚文收集、版本考辨难度较大。郭沫若一生经历丰富，活动领域广泛，作品众多，在《郭沫若全集》《郭沫若书信集》之外还存在大量郭沫若佚文，难以收集齐全。郭沫若曾一度被国民党通缉，作品遭到查禁，部分作品存在伪装出版和盗版现象，导致郭沫若作品版本复杂，版本考辨较为困难。此外，在郭沫若的书信、书法中，也存在不少伪作，需要详加辨析。

第二，年谱内容取舍容易失衡。郭沫若集文学家、历史学家、翻译家、社会活动家、诗人、书法家、国家领导人、文坛领袖，多重身份加大了《郭沫若年谱新编》的编写难度，偏重某一领域容易导致内容失衡，但平均编写谱文又容易导致内容庞杂。在编写过程中，尽管注意到了这一问题，但依然不能完全避免顾此失彼、轻重失衡的问题。

目前，全书的编写已基本完成，下一步的计划包括：

第一，继续补充新发现的史料；第二，对书稿进行通篇审校、打磨，尽量做到内容取舍平衡，详略得当；第三，核对引文及注释，统一行文方式和文字规范，确保《郭沫若年谱新编》的准确性、规范性；第四，编制全书人名索引。

（刘运峰整理供稿）

课题名称：郭沫若的中国先秦社会学术思想研究

课题负责人：王舒琳

课题编号：20CZS001

1. 本课题国内外研究现状述评，选题的意义和价值

20 世纪上半期的中国史学处于从传统走向现代的转型期，在批判和质疑传统史学的同时，现代新史学逐渐形成和确立。在中西新旧交织的大背景下，中国史学呈现出前所未有的纷繁局面。如果说哪一个领域最能体现转型期史学的个性各异、流派纷呈的面相的话，那么非中国“古史”领域莫属。在近代史学的相关言说和论述中，“古史”等同于“上古史”“先秦史”。“上古”一词与“中古”“近世”等词并列，是一种历史分期形式；若从中国历史时段来看，“上古”对应于中国先秦时期，因此，这里的“古史”亦指“上古史”“先秦史”。大致来说，以发生于二三十年代初的中国社会史论战为转折点，“疑古”和“释古”先后代表民国时期新史学的发展趋向。一定意义上说，突破疑古路线造成的困境，进而重建中国上古信史成为史学界的重要题目。20 世纪 30 年代初，中国马克思主义史学的崛起，不仅极大地促进了中国上古史系统构建的进程，而且树立了马克思主义史学研究的新范式。其中，郭沫若（1892—1978 年）扮演了一个极为关键的角色。

郭沫若是 20 世纪的史学名家，有关其治学历程、史学特色以及史学成就与贡献的研究成果不断问世，数以千计。虽然直接冠之以“先秦史”或“上古史”的研究成果不多，但由于郭沫若的史学研究主要集中于中国先秦史或者说上古史领域，所以这些论及郭沫若史学研究或者马克思主义史学研究的成果基本都主要指向郭沫若的先秦史研究。

20 世纪八九十年代学术界掀起了一股研究郭沫若史学的热潮。1983 年，刘大年在《学习郭老——中国史学会纪念郭沫若同志诞辰九十周年学术报告会上的发言》提出系统研究、科学评价郭沫若史学的构想，要求研究者们在郭老百年诞辰时出版几部与郭老水平相称的专集、专著。基于这一设想，研究成果日益丰硕。林甘泉与黄烈编著的《郭沫若与中国史学》问世，是有关郭沫若史学研究的奠基之作，从史学角度研究郭沫若的一部专著性纪念论集。谢保成与叶桂生合著的《郭沫若的史学生涯》，对郭沫若的主要著述进行了全方位的绍介，包括铺陈写作背景，解析具体内容和评议发挥的学术和时代作用。1998 年，谢保成又推出《郭沫若学术思想评传》，其“奴隶制时代研究”“破译卜辞，打开‘秘密’”“凿破彝铭之混沌”“纵论周秦诸子思想”等章节对郭沫若先秦史研究的成就作了鞭辟入里的分析。

进入 21 世纪，随着史学研究走向碎片化，着眼于宏大叙事的马克思主义史学研究趋于沉寂，有关郭沫若史学的研究成果亦减少。加之，一些负面评论的出现，导致对郭沫若史学的评价呈现出较为严重的“政治闷棍”现象。可以说，客观评价郭沫若先秦史研究的价值已成为一个重要问题。近年来，不少学者开始从崭新的视角来研探郭沫若史学研究。何刚、张越、周书灿等学者从时人评论来审视郭沫若史学。周书灿十分关注郭沫若古史分期理论的学术命运。乐山师范学院的杨胜宽细致且深入地分析了郭沫若的先秦思想史研究，撰写了一系列相关文章。周文玖、李勇等学者采用对比的方法来凸显郭沫若的史学特色。综上所述，迄今专门论述郭沫若如何构建上古史系统的专文还未出现。因此，笔者将以现有研究成果为基础，在大量收集史料的基础上，展开对郭沫若与中国先秦社会研究的系统论述。

2. 本课题研究的研究对象、总体框架、重点难点和主要目标

本课题以郭沫若的先秦社会研究为研究对象，力求全方位地展现郭沫若对中国上古史系统的构建情形。无论是对郭沫若开展先秦史研究的学术背景的剖析、研究内容的梳理，还是研究方法的分析，最终目的是揭示其研究的旨趣。并在此基础上给予郭沫若先秦史研究在20世纪史学进程中的价值定位。鉴于此，本课题的总体框架如下：第一，郭沫若研究先秦社会的学术背景。第二，郭沫若的先秦社会形态研究。第三，郭沫若的先秦思想文化研究。第四，郭沫若研究先秦社会的学术路径。第五，学术交往与郭沫若的先秦社会研究。

郭沫若是20世纪中国史坛无法绕开的巨大存在，他的中国先秦社会研究占据着重要地位。他研究先秦社会的初衷，究其实质是为了回答“中国往何处去”这一重大时代命题，一定层面上说是一个运用马克思主义理论追寻中国问题的范例，是追溯20世纪中国马克思主义史学的起点；他致力于研究先秦社会的过程，是以唯物史观为根本指导，从经济、制度、器物、文化等各个层面追寻，进而划分中国先秦时期的社会形态，是20世纪马克思主义史学发展的重要体现；他研究先秦社会的理念和方法，呈现出兼采中国传统经史之法和西方现代治学理念的特点，形象地反映出处于中西新旧交织时期的学人的治学特色，一定程度上折射出马克思史学家在中国史学现代化中的作用。

本课题虽以马克思主义史学家郭沫若为研究中心，但为了合理定位郭沫若先秦社会研究，需要开展多方面的对比研究。一是与其他唯物史观派学者如范文澜、翦伯赞、吕振羽、侯外庐对先秦社会形态的观点的异同，以凸显郭沫若在中国马克思主义史学家群体中的学术个性；二是与“史料学派”学者如胡适、钱穆、顾颉刚等人对于先秦学术思想的观点的异同，以突出郭沫若的学术特点以及考察他与民国学术界其他重量级学者的学术关联。

（王舒琳整理供稿）

2020年度四川省教育厅人文社会科学（郭沫若研究）立项课题

编号	单位	部门	负责人	项目名称	完成时间	成果形式	课题类别
GY2020A01	四川大学	图书馆	康莉蓉	郭沫若分设中学时期课堂笔记整理与研究	2021年12月	论文	重点项目
GY2020A02	乐山师范学院	文学与新闻学院	王立新	《救亡日报》郭沫若研究资料收集整理	2021年9月	资料集	重点项目
GY2020A03	乐山师范学院	文学与新闻学院	章晓琴	《解放日报》郭沫若研究资料收集与整理	2021年6月	资料集	重点项目
GY2020B01	四川工商学院	—	钱云华	郭沫若新诗话语模式与思维特征探析	2021年7月	论文	一般项目
GY2020B02	乐山师范学院	—	涂江涛	民国时期郭沫若歌诗整理研究	2022年12月	论文	一般项目
GY2020B03	聊城大学	文学院	姚汝勇	新媒体语境下郭沫若形象的去污名化研究	2022年6月	论文	一般项目
GY2020B04	乐山师范学院	四川郭沫若研究中心	何刚	郭沫若史学与现代学术生产机制研究	2022年12月	论文	一般项目
GY2020B05	新华文轩出版传媒股份有限公司	出版管理部	张立园	郭沫若出版思想研究	2022年4月	论文	青年项目

续表

编号	单位	部门	负责人	项目名称	完成时间	成果形式	课题类别
GY2020C01	中国石油大学（华东）	—	秦莹莹	郭沫若古籍整理理论与实践研究	2021年9月	论文	青年项目
GY2020C02	雅安职业技术学院	—	高运荣	郭沫若抗日战争时期现代诗写作研究	2021年12月	论文、研究报告	青年项目
GY2020C03	成都理工大学	—	张展	叙事学视阈下郭沫若戏剧女性形象与戏剧符号	2021年7月	论文	青年项目
GY2020C04	四川轻化工大学	—	杨跃嘉	文旅融合背景下——郭沫若精神文化情景剧演出的旅游市场研究	2021年5月	论文	青年项目

（石刚、张勇整理供稿）

第十一篇

获奖成果

《〈创造〉季刊的正本清源》获教育部高等学校科学研究优秀成果奖二等奖

2020 年 12 月，中国郭沫若研究会监事长、山东师范大学魏建教授的论文《〈创造〉季刊的正本清源》（原刊于《文学评论》2014 年第 4 期）获得教育部高等学校科学研究优秀成果奖二等奖。

高等学校科学研究优秀成果奖（人文社会科学）是我国人文社会科学研究最高奖，由教育部负责组织评审，旨在表彰全国高校哲学社会科学工作者所取得的突出成绩，鼓励和引导广大科研人员积极探索、勇于创新、严谨治学、铸造精品，深入推进高校哲学社会科学事业繁荣发展。此项评奖工作始于 1995 年，每三年至五年评选一次。

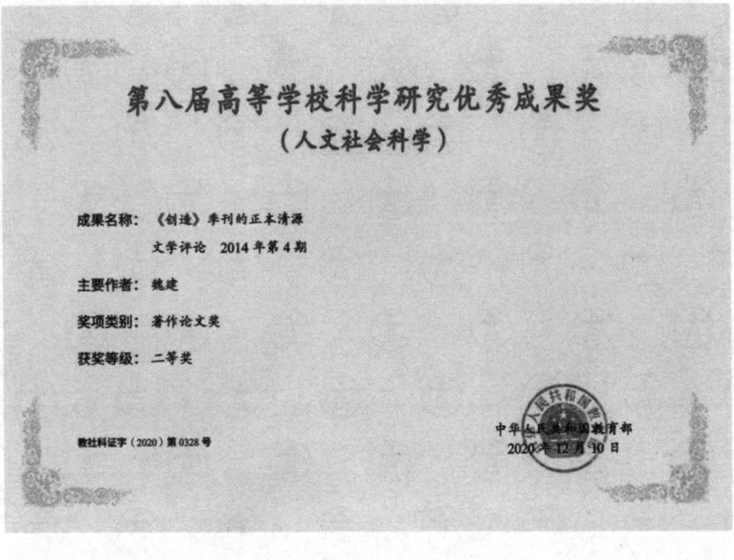

第十二篇

硕博论文

【近四十年《女神》接受研究】

著者：武楚璇

导师：王泽龙

学校：华中师范大学

专业：中国现当代文学

《女神》是新诗研究绕不开的话题。在当今反思郭沫若创作与重读中国现代文学经典的学术思潮中，从接受角度研究《女神》是重新解读《女神》的一种方式。鉴于学术界目前的《女神》接受研究，主要侧重于20世纪80年代以前的传播接受情况，因此本论文将近四十年《女神》接受作为研究对象。

第一章研究《女神》多版本的接受。《女神》研究瓶颈的突破有赖于对研究对象的重审与反思，《女神》版本问题就是其中一个重要课题。《女神》版本从1978年开始受到学界关注，近年来除了汇辑校勘外，版本研究有两方面成果：一是指出以往阅读视域中的版本混乱现象，纠正始于建国初期新文学史写作上的《女神》评论错位问题；二是通过探究历次版本修改动因，客观还原了真实立体的郭沫若形象。从作品接受史的研究视角来看，版本考证、文学欣赏与批评相互关联，考证所得的是历史知识。在历史、文学研究中，文献史料的完善固然是重要因素，但历史研究主体比史料本身更为重要，因为他们掌管史料选择，其主观判断始终制约历史图景建构。

第二章借助选本统计表，研究《女神》不同风格作品的选择性接受差异。不同类型诗歌选本，在选诗偏好上呈现出明显差异性。第二辑中雄浑的大诗依旧是文学史教育的重点，其崇高狂放、明朗粗粝的艺术风格契合读者欣赏倾向，给人以多样化诗学启示。而第三辑中优美清新的小诗在近四十年被读者重新发现，这些含蓄低调风格的抒情诗，在新时期得到各类读者更为普遍的喜爱，包含了较复杂的社会文化意涵，不只是消费主义意识形态对以往英雄崇拜思想的压倒性胜利，而且是文学艺术商品化、符号化、市场化乃至娱乐化的必然结果。《女神》现代性读解的流变反映出诗歌接受命运的流转，这种转变不仅体现了受众个人的差异化阅读心理对作品选择的影响，还显示出时事政治、社会气氛的大环境对作品阐释的巨大塑造力量。

第三章研究《女神》诗歌体式的接受。《女神》不拘一格的体式曾经为人鄙弃，被认为是不够含蓄或缺乏内涵的写作方式，然而它的生成和存在具有必然性和合理性，在诗体解放和诗体流变史上的功劳不可磨灭。无论是西洋诗的复制还是骚体诗的变形，对《女神》诗歌体式评价中隐含的是批评者自己的价值判断。除了大量使用现代汉语虚词，《女神》语言形式上的独特创制还在于丰富庞杂的词汇系统，可以称之为众语杂生或众声喧哗。某种程度上诗歌的语言形态还影响抒情主体形象塑造，人称代词的密集使用凸显抒情主人公自我意识的大胆彰显和个人身份的一再指认，这种奔动、狂乱的身体经验是古典诗歌语言方式所不能传达的。

第四章研究《女神》主体形象的接受，抒情主人公形象不局限于诗人的自我形象，还有赖于读者建构的主体形象。

集外佚诗的发掘，有助于读者全面解剖郭沫若《女神》时期创作历程、生活经验和情感思想，看到他在中国新诗初创期对各种诗歌题材和体式的尝试与求索，揭示其早期诗歌在诗体、诗艺、诗风等多方面架构的可能性，由此重识更丰满的郭沫若个人形象，避免脸谱化认知，仅留下一个文学史教科书上异军突起的刻板印象。《女神》中抒情主体的种种形象以诗人自我形象为原型，除了以赤子或恋人形象表达对祖国的热爱情绪，民族诗人形象还表现为对祖国同胞的深挚关怀。此外，作为时代肖子的《女神》，其抒情主人公常常被认为是集中体现“五四”狂飙突进革命精神的主体形象，特别是其中偶像崇拜者和破坏者群像，鲜明地张扬了中国20世纪高歌毁坏与创造的时代精神。

通过研究近四十年《女神》传播与接受，可以窥见中国现代经典作家作品的阅读接受状况。这些现代文学作品并不像大众所感知的那样，只停留在20世纪革命话语叙述中，而是早已超越它们所产生的年代背景，甚至脱离了作家本人创作心理预期，在新一代读者、学者那里激起了新的历史回响。

【《故事新编》与《豕蹄》比较研究】

著者：田墨

导师：田建民

学校：河北大学

专业：中国现当代文学

《故事新编》和《豕蹄》分别收录了鲁迅和郭沫若在20世纪二三十年代创作的历史小说。二者均被作者称为历史速写、均采用以古喻今的方式且在创作时间上也大致重合，但其风格却殊异。该文联系这两部作品创作时的特殊背景，比较二者的异同并探求其形成的原因，以期对两部作品有更为深入地理解和把握。

《故事新编》和《豕蹄》作为现代历史小说中具有开拓性和代表性的重要作品，它们在艺术手法上有诸多的相似之处。如均有“速写”的色彩，均有表现主义手法的运用，在景物、语言和形象描写中多处采用独特的陌生化手法，展现了寓言化的思维方式等。不过，由于鲁迅与郭沫若对外来思想的接受类型不同，对待传统文化的态度有否定与尊崇之别，在典型化问题的认识上关注点不同以及在创作传统上的差异等原因，使得两部作品在艺术表现风格上也有很大的不同。首先，在艺术形象塑造方面，即便是叙述同一历史人物，二者往往呈现出相悖的情感价值立场；在刻画人物时有重“神”和重“形”之别。其次，在对历史真实的处理上亦有差异，鲁迅讲求“旧书根据”，而郭沫若则追求“失事求似”。此外，鲁迅偏重于冷峻且不失幽默、辛辣的杂文技法，而郭沫若则多运用直抒胸臆的诗化笔法。所以，虽然鲁迅和郭沫若的历史小说从体裁、内容、艺术手法上或多或少有相通之处，且郭沫若在进行历史小说的创作上也的确受到鲁迅影响，但却不能以偏概全的说这就是“效仿”。

客观地说，这两部历史小说集都不失为现代文学史上具有经典意义的作品，但《故事新编》至今回响不绝，而《豕蹄》似乎已被打入“冷宫”，这也见出两部历史小说集在文学经典价值上的差异。其一，《故事新编》中的篇章早于《豕蹄》，在现代历史小说创作上有“先声夺人”之效。其二，相较于《豕蹄》，《故事新编》在题材开拓上显得取材广而挖掘深。其三，在人物塑造上，《故事新编》中的人物更为复杂丰富引人深思；而《豕蹄》中的人物则相对简单直白。其四，从“人的文学”承续和社会价值层面看，《故事新编》体现了作者对时代和人性更清醒的观照；而《豕蹄》干预现实时略显表层化。如果说鲁迅的小说是反映社会现实和封建旧思想的一面镜子，那么郭沫若的小说则是一个爱国知识分子在黑暗社会中心灵震颤、大声疾呼的记录。

【运诗入剧——1940 年代郭沫若历史剧研究】

著者：刘艳梅

导师：龚敏律

学校：湖南师范大学

专业：中国现当代文学

郭沫若历史剧的诗性特色，使其成为不少人眼中史剧艺术的开拓者。20 世纪 40 年代郭沫若创作的六大历史剧，社会价值和历史功绩在中国现代文学史上已获公认。郭沫若充分运用自身诗才，将风格多样的诗歌元素融入历史剧，形成具有“火山雷电”特征，悲壮而崇高美感的历史剧。辩证客观地说，郭沫若抗日战争时期戏剧不免带有政治功利倾向，有粗糙草率之嫌，如果仅仅停留于政治层面就可能造成对郭沫若历史剧的误读和曲解。较为明显的是，郭沫若历史剧有意识地承继优秀传统戏曲去粗取精，将古体诗、自由诗、散文体诗、民间歌谣、戏曲运用到剧作中，形成古典风味浓厚的诗趣，使得抗日战争背景下的历史剧也能达到诗歌境界，给人以美的享受。可惜，目前学界，许多研究者或是单独研究郭沫若诗歌，或是孤立研究郭沫若的戏剧，鲜少有人从“运诗入剧”这个角度将两者结合起来对郭沫若戏剧进行不蹈常袭故的深入探索，而诗歌的恰当运用可以说正是郭沫若 40 年代历史剧获得成熟的重要原因之一。该文将立足于戏剧这一本体，详细剖析郭沫若历史剧如何运用诗歌这一体裁，使得戏剧在题材选取、人物形象的塑造、语言艺术的表达等方面产生变化及其具体特征，并进一步从这三大维度探寻郭沫若历史剧中诗与剧的互动和源流关系。绪论部分，该文对郭沫若诗歌、诗剧向历史剧的演化进行爬梳，按照时间脉络兼及论述 1940 年代的时代背景，交代现实因素，并且根据当前国内外研究现状阐明该文的研究意义。

该文正文部分共分为三章。

第一章：从戏剧题材角度入手，分析郭沫若历史剧“诗和史剧融合”的具体体现。主要通过抒情诗对戏剧结构的贯串、叙事诗增强被冲淡的戏剧情节、散文诗烘托戏剧气氛三方面进行论述。以郭沫若的浪漫主义诗学观为出发点探索郭沫若历史剧在戏剧结构、戏剧情节、戏剧冲突等角度与诗歌的融合，诗情的推动使得历史剧情节结构紧凑，深化戏剧冲突。

第二章：诗性人物形象的建构。从原本具有诗人身份的主人公形象屈原，具有诗性精神的次要人物以及古代游侠豪情人物形象三方面，衍生出郭沫若四十年代历史剧人物品格三种模式——屈原模式、婵娟模式、聂政模式，共同组成郭沫若理想诗国的人物体系。因三种形象建构模式诗化，郭沫若历史剧人物呈现与同时期剧作家笔下历史人物迥然相异的面貌。

第三章：分析历史剧独特语言艺术，着眼戏剧文本的详细解读，对剧作的火山雷电式独白、诗化人物对白以及传统戏曲歌谣的运用，探讨郭沫若对传统诗歌艺术、戏曲艺术的传承与发展。

【《少年维特之烦恼》与二三十年代中国文坛】

著者：贾愫娟

导师：张蕾

学校：苏州大学

专业：中国现当代文学

《少年维特之烦恼》（以下简称《维特》）是歌德小说的成名作，也是其代表作之一。它所弘扬的追求自然、反抗束缚、崇尚自由恋爱等“维特精神”，影响了众多国家的无数青年，并且贯穿了世界文学进程的多个重要时期。向前追溯，有德国的“狂飙突进运动”时期；向后推进，又有中国的文学革命时期。尽管空间上相隔上万里，时间上相隔百余年，《维特》依然散发着专属于它的独特魅力。

该文聚焦20世纪二三十年代的中国文坛，从翻译、作家、作品入手，来分析《维特》对现代中国文坛的影响。

绪论，阐述“维特热”形成的原因，“维特热”在中国现代文坛的表现——“翻译热”和“创作热”，总结《维特》在东西方的接受情况，歌德对20世纪二三十年代中国文坛的影响，归纳《维特》在作品本身的解读、艺术手法的探讨、文本的翻译等方面的研究状况。

正文分为三章：第一章主要介绍中国20世纪二三十年代的“维特热”，从其产生入手，研究在郭沫若译本（以下简称“郭译本”）出现之前的状况，以及德国“狂飙突进运动”与中国“文学革命”之间的关系。值得注意的是，在歌德逝世一百周年之际，中国文坛再次掀起一股研究歌德的热潮。在郭译本出现之后，中国文坛针对《维特》更是展开了热议。除此之外，还讨论了几个最有特色的译本以及小说译名的“青年”与“少年”之争。

第二章从作家出发，着重探讨郭沫若翻译《维特》的动机、对他译本的讨论，以及他自己在文学创作上所受到的影响。显然，作为《维特》全本翻译的第一人、“维特热”的弄潮儿，这部用心血翻译的《维特》，对郭沫若本人的文学取向、文学创作等许多方面都产生了深远的影响，这在《落叶》《喀尔美萝姑娘》《叶罗提之墓》等作品中都能够得到很充分的验证。最后，结合有着“中国《维特》”之称的《三叶集》，分析了《三叶集》与《维特》之间的关系，以及郭沫若、宗白华、田汉三者由此展开的关于恋爱、人生等问题的讨论。

第三章从作品出发，进一步探讨《维特》的影响。从严格意义上来说，《维特》是现代中国的文学青年们接触到的第一部西洋书信体小说，除却《维特》的内容和所传达的精神，书信体体裁的引力与张力，也给文学青年们以启迪与引领。《维特》的风行与书信体小说在现代中国文坛上的涌现，这二者之间存在着紧密的联系。唯一一位将小说《维特》改编成戏剧的作家是曹雪松，他的剧本自然也值得研讨一番。除此之外，《维特》与当时青年文学家的“消亡”现象之间存在着或多或少的联系。

以上所述，都显示出《维特》这部作品对20世纪二三十年代中国文坛产生的影响之深。

【中学语文郭沫若教学拓展研究】

著者：刘遵佳

导师：李遇春

学校：华中师范大学

专业：学科教学（语文）

语文教学拓展是对传统语文课堂的革新，拓展教学以课堂为中心，利用多种途径和方式向外延伸，对教材中所没有体现的内容进行补充，以达到丰富教材文本，促进学生理解，扩展学生视野的作用，有助于改善当前语文教学中课堂容量小、教学深度浅等问题。该文以作家身份的多样性、特殊性和作品经典性为依据选取语文教材中的重要作家之一的郭沫若为研究对象，目前对于郭沫若的教学以及拓展教学的研究都比较少，该研究在有关郭沫若的文学学术研究的基础上，进一步结合语文教学，对中学语文中郭沫若的教学拓展做相关研究，研究如下。

第一章，基于郭沫若其身份形象的教学拓展。作家的背景知识是作品解读的必要部分，且作家的经历也是特别的语文学习资源。此章对中学语文教材中呈现的郭沫若形象进行梳理，并结合作品和教学进行相应的补充，对目前因语文教材的局限而被忽视和遗忘的郭沫若其他形象进行拓展教学，抓住其有关形象与作品的联系，促进学生对郭沫若进行了解，从而促进对其作品的理解和鉴赏，并对他特别的创作经历进行拓展使其成为教学中的重要素材和资源。

第二章，基于目前郭沫若选文的教学进行教学点的拓展。在教学中，教师需要围绕文章的类型、题材、风格、艺术特点等文章的特质进行解读和教学，而目前的教学囿于教材的编写和单元的安排，在教学中忽视了文本的特质。此章利用拓展的教学形式对郭沫若的重要选文进行梳理和拓展，结合文本选择恰当的拓展教学点，改变教学视角单一的现状，使文本的教学价值得到发挥，同时也让学生能够对作品理解得更加深刻。

第三章，结合语文教学前沿的阅读视角和模式进行拓展教学方法的试探。此章围绕前两章的教学内容——郭沫若其人其作品的拓展教学，从单篇教学上升至更高的阅读层次，结合文学上的“全人”视境和语文阅读的“群文阅读”和“整本书阅读”两种拓展教学方式，对第一章和第二章郭沫若的教学拓展进行试探，以期在实际的教学拓展中帮助教师更有效地对其人其作品进行教学，改善课堂容量小的教学现状。

该论文通过拓展教学的形式，对郭沫若的身份形象和其作品的文本特质进行具体的拓展教学研究，为中学语文郭沫若教学拓展提供了合适的拓展点，并结合目前语文拓展的视野和方法进行有效实践，给今后中学语文教学拓展提供示范。

【中期创造社研究】

著者：盛美玲

导师：周仁政

学校：湖南师范大学

专业：中国现当代文学

回顾创造社历史，前期创造社因为有郭沫若、成仿吾、郁达夫和张资平等知名作家而显得格外引人注目，且他们以文学实绩影响了五四文学的整体格局，后期创造社因李初梨、朱镜我、彭康等一批拥有先进社会理论的成员挑起的革命文学论争对中国现代文学的走向产生了深远的影响，由于前后两期的亮相过于耀眼，从而遮蔽了最能展示创造社内部矛盾及其激烈“左转”的真实面貌的中期创造社。

前期创造社在解除与泰东书局合作关系后，成员们离开上海各谋出路，正是后加入创造社的一批国内文学青年成员扛起了创造社的大旗，其中最为得力的成员当属“小伙计”群体，他们通过成立创造社出版部摆脱了前期创造社受制于出版商的困境，相继出版了《洪水》《幻洲》等刊物，并为回沪的前期成员们创办《创造月刊》和归国的后期成员的革命文学宣传都提供了物质上的保障。此外他们在编辑刊物和文学创作上有着迥异于前后期的风格特色，他们的文学实践自觉响应着上海的文化市场，促使着他们走向了与海派文学共进的道路。

该文主要以期刊作为立足依据，分三章进行论述。

第一章：中期创造社，“小伙计”的崛起、失落与分化。主要论述中期创造社中“小伙计”通过创办刊物延续创造社的实践活动，并联合读者的支持成立了创造社出版部以扩大创造社在文学界的影响力。但南下广州的前期创造社“大老板”并不认可甚至不满上海“小伙计”的所作所为，双方成员因矛盾难以化解导致相继退出创造社，从而有了不同的人生归宿。

第二章：“大老板”和“小伙计”，中期创造社的犹豫与徘徊。主要论述了在革命运动风起云涌之际，“小伙计”与“大老板”对待革命文学的态度与选择，并以中期创造社的三份重要刊物《洪水》半月刊、《创造月刊》和《幻洲》半月刊为例分析“大老板”和“小伙计”的创作实践。

第三章：中期创造社的新“创造”。前期创造社的“创造”目标刚定下不久就被“打架”引向了“批评”，而中期创造社的“小伙计”直接展示出前期创造社的批判作风，定下打倒一切的破坏目标，但这是潜藏着热切创造希望的破坏，也是面对刊物市场销量困境时所采取的一种商业化的策略。

【《不一样的弃医，不一样的从文——鲁迅、郭沫若弃医从文比较论》英译实践报告】

著者：谢川红帆

导师：罗明礼、彭刘力

学校：西华大学

专业：翻译（专业硕士）

我国著名文学家、历史学家郭沫若是四川乐山沙湾人。乐山作为郭沫若的故乡，有非常丰富的史料能为研究郭沫若的生平提供保障。将研究郭沫若的文献翻译成英文，能增强国内外郭沫若文化研究方面的学术沟通交流，亦能为宣传郭沫若文化和国际交流起到一定的作用。译者受四川郭沫若研究中心的委托，承接其中心主任廖久明教授的论文《不一样的弃医，不一样的从文——鲁迅、郭沫若弃医从文比较论》一万八千余字的翻译任务。该文基于纽马克的文本功能理论，探索学术翻译的重点、难点、方法及策略。该实践报告包含五个部分：第一部分为根据委托方的具体要求收集了解到的郭沫若先生的生平及该篇学术作品研究的背景。郭沫若因为教育环境、阅读习惯、生理因素和时代背景等几方面原因选择了弃医从文。由此展现出学术作品翻译的研究意义。第二部分为对译前准备、翻译流程、译后事项等翻译过程的总体描述。第三部分为研究理论的阐述，详细介绍纽马克的文本功能理论的基本观点，提出学术作品翻译的策略和方法。第四部分为翻译案例分析，是该实践报告的重点。基于文本功能理论的基本观点，对原文本进行研究，分析该文本具有的信息功能和表达功能。根据文本特点，译者从词、句和篇章三方面列举了该文本翻译的九类翻译难点和重点，结合具体事例，分别提出解决策略和方法。第五部分为总结部分，从译者的经验收获、学术作品翻译的问题和不足以及今后学习研究启发与建议三个层面上对此次翻译实践进行总结。通过此次翻译实践，译者了解了学术的特点及翻译方法和策略。在实践过程中获得经验的同时也发现了一些问题和不足，对于该类学术作品的翻译进行再思考，以期在今后遇到此类学术翻译工作时能起到借鉴作用。

（张勇整理）

第十三篇

学术会议

第三届鲁迅、郭沫若、茅盾研究高端论坛在乐山成功举办

陈　瑜

四川乐山是郭沫若的故乡，2020 年 11 月 14—16 日，“第三届鲁迅、郭沫若、茅盾研究高端论坛——纪念左联成立 90 周年学术研讨会”在乐山举办。此次会议由中国鲁迅研究会、中国郭沫若研究会、中国茅盾研究会、乐山师范学院联合主办，四川省郭沫若研究会、四川郭沫若研究中心承办，中共乐山市沙湾区委宣传部协办。来自中国社会科学院文学研究所、外国文学研究所、郭沫若纪念馆、浙江大学、南开大学、同济大学、中山大学、四川大学、西南大学、山东师范大学、乐山师范学院等高校及科研院所的王锦厚教授、祁和晖教授、曾绍义教授、吴晓都研究员、魏建教授、李怡教授、杨胜宽教授等 90 余名专家学者通过线上、线下相结合的方式参会。论坛开幕式由乐山师范学院党委常委、副校长杜学元主持，乐山师范学院校长王辉教授、中国鲁迅研究会常务副会长董炳月研究员、中国郭沫若研究会会长蔡震研究员、中国茅盾研究会副会长李继凯教授、乐山市委原常委、原副市长、沫若书院院长方为加分别致辞。郭沫若纪念馆研究员李斌在论坛闭幕式进行了学术总结。

图 1　蔡震研究员致辞

与会学者紧紧围绕鲁迅、郭沫若、茅盾和左联等主题，展开了充分而热烈的研讨。近年来，鲁迅、郭沫若、茅盾研究在文献史料方面取得了丰硕成果，也急需有识之士去寻找、梳理、解读外语世界中有关中国现代作家的更多的文献。很多学者回到历史现场进行文本细读，大都读出了新意；也对一些问题的深层因素进行了理论探讨。此次会议努力构建“三大家・三学会・一论坛”学术研究共同体，探索中国现代文学中所表现出的中国经验和中国智慧。

2020 年 11 月 16 日，是郭沫若诞辰 128 周年纪念日。16 日上午，由四川省社会科学院、四川省文学艺术界联合会、四川省作家协会、乐山市人民政府主办的“第二届郭沫若文化周”启动仪式在乐山师范学院举行。乐山师范学院的学生热情洋溢地朗诵了郭沫若的《凤凰涅槃》。郭老的女儿郭庶英女士讲话时说，郭老是一个“百科全书式的人物”，如果我们要研究他，就要尊重历史、去伪存真，要全面地、唯物地来分析这位新文化运动前辈。据悉，本届郭沫若文化周从 11 月 16 日起到 11 月 22 日结束，活动通过一场论坛、一场讲座、一场文化进万家活动、推选一批沫若文艺少年、一项曲艺进校园活动，一场戏剧惠民演出和多个沫若主题的群众性文化活动，提高沫若文化品牌的影响力和吸引力。

图 2　第二届郭沫若文化周启动仪式

第十四篇

活动展览

为戏剧再聚首，郭沫若故居联盟齐聚沫若故里

梁雪松

应中共乐山市沙湾区委、乐山市沙湾区人民政府邀请，郭沫若纪念馆文物与陈列工作室副主任梁雪松、公众教育与资讯中心馆员徐萌，中国社会科学院古代史研究所古代文化研究室主任刘中玉、副研究员宋学立、古代史研究所综合处主任科员王萌一行于2020年9月18日至20日前往郭沫若的故乡沙湾参加乐山市沙湾区沫若戏剧小镇开馆仪式暨音乐剧《少年郭沫若》首演活动。活动中，北京、重庆、乐山沙湾三处郭沫若纪念馆同仁再次聚首郭老诞生地，共商战略合作事宜，签订合作协议。

图1　代表合影

活动期间，北京郭沫若纪念馆、重庆郭沫若纪念馆代表访问了沙湾郭沫若故居、郭沫若纪念馆，围绕纪念馆发展与合作进行了座谈。

2020年9月19日下午，沫若戏剧小镇开馆仪式暨音乐剧《少年郭沫若》首演活动在沫若戏剧小镇核心“沫若剧院”举行。郭沫若亲属代表郭庶英、郭平英、张鼎立，中共乐山市委、乐山市政府相关领导，来自北京及四川的戏剧界学术界人士，乐山当地文化旅游各界嘉宾参加了活动。作为活动的重要环节，北京、重庆、乐山沙湾三处郭沫若纪念馆及相关地区文化旅游单位签订了合作协议。

图2 沫若戏剧小镇开馆仪式

仪式之后，与会嘉宾共同欣赏了音乐剧《少年郭沫若》。本剧剧本由北京、四川等地多位郭沫若研究学者进行学术指导，国内顶尖团队主创，众多业内名人加盟；讲述了郭沫若 12 岁以前在沙湾生活学习的故事，通过郭沫若的成长经历，反映“铜河家风家训”的内涵。

“东风”送来的生日礼物：纪念郭沫若诞辰128周年活动

王　静

2020年11月16日，秋高气爽、满庭金黄，作为对郭老第128个生日的献礼，郭沫若纪念馆举办了“纪念郭沫若诞辰128周年活动暨王振国同志藏‘东风剧团’历史资料捐赠仪式”活动。

捐赠人王振国研究员，中共邯郸市市委宣传部副部长、市文化广电和旅游局党组书记苑清民，邯郸市文化广电和旅游局副局长李如新，邯郸市东风剧团团长苗文华，中国社会科学院古代史研究所党委书记、副所长赵笑洁，中国社会科学院古代史研究所副所长邬文玲，中国社会科学院古代史研究所纪委书记、副所长朱昌荣，郭沫若纪念馆党总支书记、副馆长刘曦光，郭老的女儿、郭沫若纪念馆原馆长郭平英，以及中国社会科学院古代史研究所、郭沫若纪念馆的同志出席了活动。

图1　王振国研究员接受捐赠证书

王振国研究员是邯郸东风剧团的著名演员与学者，少年时期曾多次受到郭老的亲切接见，后来他撰写了《东风史话》《郭沫若与东风剧团题词记》等专著，深情回忆了一个个感人至深的场景，同时也为郭沫若研究提供了宝贵的历史记忆。2019 年，在王振国老师的支持下，“东风第一枝——郭沫若与邯郸东风剧团”展在纪念馆成功举办。展览通过一张张生动的历史照片、一幅幅珍贵的书法作品，让大家了解到郭老与东风剧团的亲密联系，感受到郭老等老一辈党和国家领导人对青少年、对文艺工作者的关心和厚爱。在郭老诞辰 128 周年之际，王振国老师决定将这批珍贵资料捐赠给郭沫若纪念馆。

邯郸市东风剧团，位于邯郸市滏西大街，是一支享誉全国的豫剧团体，该团始建于 1959 年，其前身是 1958 年创办的邯郸专区戏曲学校豫剧班。自豫剧班开始，许多著名豫剧表演艺术家如豫剧大王陈素真、宋淑云、桑振君等都先后在此指导教学，传授豫剧表演艺术。京剧大师梅兰芳、尚小云、荀慧生以及袁世海、杜近芳等也都到豫剧班里做过艺术指导，尚小云先生还亲自为剧团排演了《昭君出塞》，加工了《擂鼓战金山》。正是因为坚持多求师教，诸家训导，故而剧团不仅艺术水平提高很快，而且形成了自己鲜明的艺术风格。

图 2　郭沫若与东风剧团

1959 年 8 月 19 日，郭沫若观看了豫剧班的演出后，为其取名“东风剧团”，并亲笔题名。郭沫若于 1960 年、1962 年先后为剧团修改了剧本《武则天》《虎符》，并在表演、导演、舞美等方面予以具体指导。东风剧团成立一周年时，郭沫若题词道：

“太阳光芒万丈，东风骀宕万年，鼓足干劲上青天，把九州四海吹遍。”此后他多次为剧团题词。1977 年 2 月，郭沫若复信东风剧团说：“祝您们更进一步努力，争取更多、更好、更大的新成就！东风剧团永远前进！”郭沫若还经常邀请演员们到家中做客，他在政治上、艺术上和生活上关心着东风剧团，精心培育着文艺园地中的幼苗茁壮成长。

“8 +”名人故居纪念馆联盟 2020 年文化活动

梁雪松　徐　萌

五月：国际博物馆日

受疫情影响，2020 年 5 月 18 日是一个特殊的国际博物馆日。许多博物馆暂时不能开放，博物馆的大门虽然被关上，但博物馆为观众服务的初心并未改变。新媒体的使用让博物馆的辐射范围和影响力得到了大大的提升，使博物馆与观众的心拉得更近了。活动现场虽没有一位观众，但是“8 +”名人故居纪念馆联盟（以下简称“8 +”）以一种特殊的方式，与广大观众共同来纪念和度过这个特殊时期的博物馆日。

此次活动由北京市文物局、北京博物馆学会、中共北京市西城区委宣传部主办，“8 +”名人故居纪念馆联盟承办。

1. “打造博物馆之城@ 北京文博”接力直播活动完美收官

2020 年“5・18”国际博物馆日期间，北京市人民政府新闻办公室、北京市文物局、光明网联合推出了“打造博物馆之城@ 北京文博”2020 年“5・18”国际博物馆日系列直播活动，带领公众云游身边的名人故居纪念馆，体味名人故事带来的丰富精神文化滋养，感受北京成为博物馆之城的深厚底蕴和文化内涵。此次直播活动通过一直播 App“北京发布”、微博@ 北京发布、@ 北京文博、@ 光明网，带领大家走进 10 家名人故居纪念馆。通过讲述 10 家名人故居纪念馆（其中 9 家故居纪念馆为“8 +”成员单位）的馆藏精品、名人情怀以及故居里的故事，向公众展现名人们身上体现的伟大时代精神和为实现民族伟大复兴的不懈追求。

至 5 月 18 日当天，最后一期接力直播在郭沫若纪念馆结束，10 场接力直播 3512.6 万人实时观看，郭沫若纪念馆播放量达到了 437.8 万人次，为接力直播活动画上了圆满句号。

直播活动借助多元化的新媒体平台，通过海报和 h5 预热、短视频展现馆藏精品、网页焦点图提升曝光率、微信公众号回顾直播精彩片断等多种形式进行宣传推广，带领公众追溯名人故居背后的故事。同时还参与“国际博物馆日”“博物馆奇妙之旅”“城邀你来”等多个微博话题。直播活动相关微博多次获得“政务视频影响力认证”（认证规则：原创视频发布 48 小时内播放量超过 10 万人次），并被@ 微博政务评为

图1　直播活动

"诚邀之星"。北京政务新媒体发布厅矩阵成员单位也纷纷对直播活动进行了主动发布或转发宣传。

2. 10 家名人故居纪念馆和"8 +"联盟的代表媒体见面会

参与此次直播活动的 10 家名人故居纪念馆和"8 +"联盟的代表与新闻界的朋友在郭沫若纪念馆举行了见面会。来自宋庆龄故居、李大钊故居、北京鲁迅博物馆、郭沫若纪念馆、老舍纪念馆、徐悲鸿纪念馆、梅兰芳纪念馆、詹天佑纪念馆、李四光纪念馆、福州新馆等单位的代表，畅所欲言，总结了这次直播活动的收获，并与到场的 10 余家新闻单位记者围绕如何以新媒体方式展现历史文化名人身上所凝聚和体现的民族精神和家国情怀展开了深度讨论。北京博物馆学会首席学术指导崔学谙则就本届博物馆日主题和建设"博物馆之城"进行了发言。

图2　媒体见面会

见面会之前，北京市文物局副局长、新闻发言人凌明专程赶到郭沫若纪念馆接受北京市电视台采访，高度评价了此次接力直播活动。他提到此次直播活动作为2020年市局打造的线上精彩内容之一，是北京地区博物馆推出的94项主题活动中，有博物馆全景展示、数字展厅等50项“云展览”，以及科普讲座、云游博物馆、文物观赏等15项直播活动中的一个，活动目前取得了很好的效果。

3. “8+”年度主题展“平等·多元·包容——文化名人的艺术世界”启动

2020年国际博物馆日主题体现了博物馆在社会功能方面所发挥的巨大作用，面对世界范围新冠肺炎疫情的严峻考验，博物馆更应在“平等”的前提下，挖掘和展示人类共同创造的“多元”和“包容”的文明成果，众志成城，共抗疫情，同谋发展。为此，“8+”特别推出了“平等·多元·包容——文化名人的艺术世界”展览。

在中国近现代史中产生了许多影响深远的历史名人，他们是时代的见证者、实践者与推动者，更是民族精神的代表，为时代增光添彩。“8+”从20世纪伟大女性宋庆龄、中国共产党主要创始人之一李大钊、新文化运动先驱鲁迅、百科全书式的文化巨匠郭沫若、中国现代文学泰斗茅盾、“人民艺术家”老舍、中国绘画大师美术教育家徐悲鸿、京剧表演艺术大师梅兰芳、中国现代地质科学奠基人之一李四光、中国近代著名爱国工程师詹天佑、中国近代文化大师李叔同、“先进的中国人”康有为、著名粤剧艺术大师红线女、中国近代启蒙思想家梁启超这14位文化名人可歌可泣的历史功绩入手，以展览展现他们追求独立自主、科学真理的强烈愿望，以及对艺术之美的理念观感。

图3　主题展在郭沫若纪念馆展出

展览以300余幅珍贵历史照片呈现这14位文化名人为中华民族的辉煌和人文精

神的传承弘扬所取得的特殊成就，从他们身上可以感受到中华民族共同的理想追求，共同的文化观念和共同的价值取向，以及可贵的民族精神。一花独放不是春，“各美其美、美人之美、美美与共”，这体现了中华文明的兼容并蓄与和合之道。回顾和纪念展览中这14位可歌可泣的“时代之子”，再现民族危亡之际文化名人的文化抉择，或许我们会有新的认识和思考。

同一天，“平等·多元·包容——文化名人的艺术世界”在郭沫若纪念馆（北京）、桐乡市茅盾纪念馆（浙江）、天津李叔同故居纪念馆（天津）、四川文化艺术学院文物与博物馆学院（四川）、广州鲁迅纪念馆（广州）同时启动。疫情尚未过去，但“8+”将把这个展览送进学校、社区、企事业等基层单位，发挥博物馆“轻骑兵”的作用。

九月：服贸会上的风采

要说九月的北京，最具影响力的社会活动无疑就是服贸会了。服贸会是“2020年中国国际服务贸易交易会”的简称，2020年9月5—9日在国家会议中心举行。其中由北京市文物局主办的文物及博物馆相关文化创意展区以“擦亮北京历史文化的金名片”为中心思想，以“让文物活起来”为展览主线，于服贸会期间在奥运景观大道8号展厅和2号展厅亮相。

2号展区中一大亮点就是“8+”名人故居纪念馆联盟展台。展台不定期发放包含“8+”联盟成员馆的文创品，并安排了分时段主题宣传项目。各纪念馆通过动画、采访、纪录片等形式宣传名人与故居，并为观众准备了馆长展会现场直播带货、萌芽木刻、版画拓印、微讲座等丰富有趣的互动活动。

图4 服贸会“8+”展台

作为“8+”名人故居纪念馆联盟成员，郭沫若纪念馆不仅在6日的纪念馆主题宣传时段推出了馆长展会现场直播带货，向社会展示了纪念馆新摄制的形象宣传片，同时派出了工作人员参与了全部5天的展会工作。

十二月：年度总结

2020年12月10日，“8+”名人故居纪念馆联盟在中国历史研究院古代史研究所召开了“名人故居纪念馆创新性发展研讨会暨年度工作会议”。“8+”联盟19家名人故居纪念馆的领导和代表，以及北京市文物局宣教中心、中共北京市西城区委宣传部、古代史研究所、中国考古博物馆、孔繁森同志纪念馆等单位60余人参加会议。

图5　参会代表合影

2020年“8+”联盟牵头单位老舍纪念馆在会上总结了本年度“8+”的各项工作，梳理了“8+”联盟全年的工作思路和创新点，并对本年活动进行了逐一点评：一年中，“8+”成员馆认真贯彻落实党的十九大精神，紧扣5·18国际博物馆日主题“致力于平等的博物馆：多元和包容”开展活动，在疫情防控特殊时期担负起新时代名人故居纪念馆的历史使命和责任，在展览宣教工作中不断创新，尤其外地成员馆在年度巡展中发挥了巨大作用。截至12月，联盟年度巡展“平等·多元·包容——文化名人的艺术世界”在全国范围内共展出21次，覆盖受众8.8万人。克服各种困难，《穿越时空的对话——2019年北京“8+”名人故居纪念馆活动纪实》如期出版。5·18国际博物馆日期间，“8+”部分在京成员单位与市文物局合作，推出“打造博物馆之城@北京文博”接力网上直播活动，浏览观众超过了3000万人，成为疫情期间博物馆宣传的一个亮点，并得到北京市领导的首肯。

随后，老舍纪念馆与“8 +”联盟牵头单位徐悲鸿纪念馆进行交接。徐悲鸿纪念馆作为“8 +”新牵头单位，介绍了 2021 年工作计划和思路。

最后与会各馆领导、相关单位代表针对本年度和下一年度工作及名人故居纪念馆的发展进行了热烈的讨论，提出了许多创新性思路，大家共同表示，要齐心协力，团结共进，尽自己的力发一分光热，让“8 +”联盟得到进一步的发展。

第十五篇

郭沫若纪念馆馆藏资料

1941 年庆祝郭沫若五十寿辰暨创作生活廿五周年贺词贺诗选编

【编者按】

1941 年 11 月，重庆、延安、成都、桂林、昆明、香港等地的文化界及各党派人士分别举行了“庆祝郭沫若五十寿辰暨创作生活廿五周年”活动，重庆的庆祝活动由周恩来、冯玉祥、孙科、黄炎培、沈钧儒等 100 多人联合发起。郭沫若纪念馆藏有多位名人的贺词、贺诗，本卷特从中选取 5 篇手迹，作为对 2022 年郭老诞辰 130 周年的庆祝。

陶行知贺词二则[①]

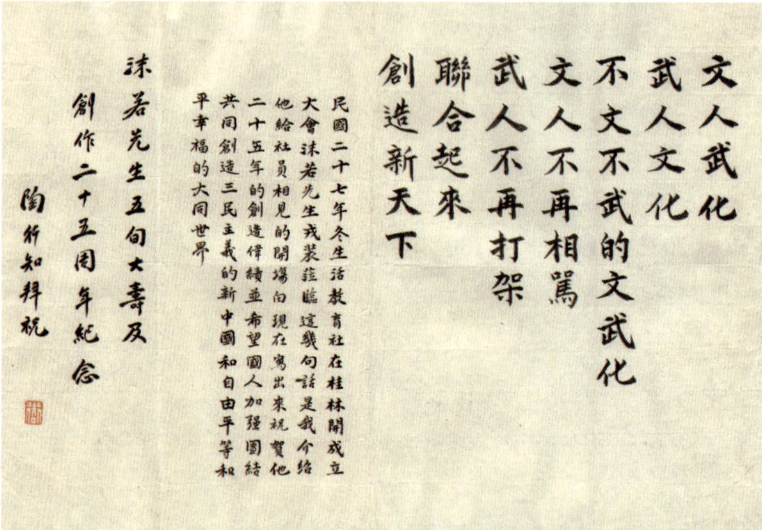

其一

文人武化，
武人文化。
不文不武的文武化。
文人不再相骂，
武人不再打架，
联合起来
创造新天下。

民国二十七年冬，生活教育社在桂林开成立大会，沫若先生戎装莅临。这几句话

---

① 题目为编者所加。陶行知(1891—1946年)，安徽歙县人，教育家、思想家，中国人民救国会和中国民主同盟的主要领导人之一。

是我介绍他给社员相见的开场白，现在写出来祝贺他二十五年的创造伟绩，并希望国人加强团结，共同创造三民主义的新中国和自由平等和平幸福的大同世界。

沫若先生五旬大寿及创作二十五周年纪念

陶行知拜祝

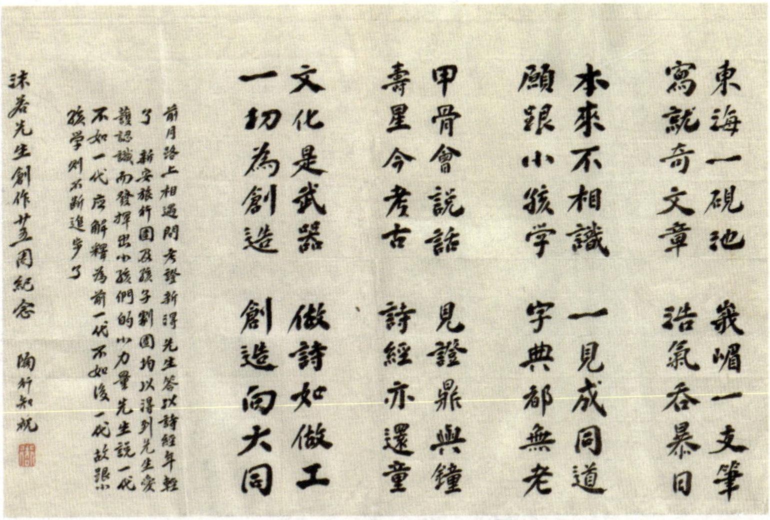

其二

东海一砚池，峨眉一支笔。
写就奇文章，浩气吞暴日。
本来不相识，一见成同道。
愿跟小孩学，字典都无老。
甲骨会说话，见证鼎与钟。
寿星今考古，诗经亦还童。
文化是武器，做诗如做工。
一切为创造，创造向大同。

前月路上相遇，问考证新得，先生答以“诗经年轻了”。新安旅行团及孩子剧团均以得到先生爱护认识而发挥出小孩们的小力量。先生说，“一代不如一代”应解释为前一代不如后一代，故跟小孩学则不断进步了。

沫若先生创作廿五周纪念　陶行知祝

沫若先生五十大寿[①]

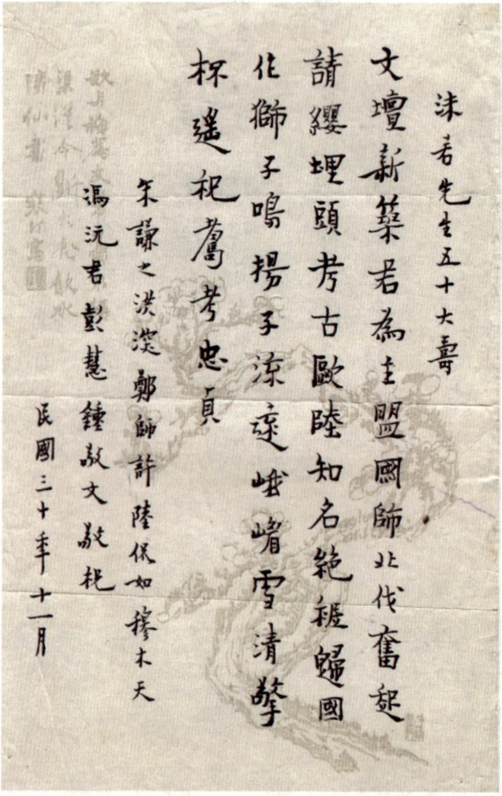

沫若先生五十大壽

文壇新築君為主盟國師北伐奮起請纓埋頭考古歐陸知名絕域[illegible][illegible]國化獅子鳴揚子[illegible]遠峨嵋雪清[illegible]杯遙祝鶴考忠貞

朱謙之 洪深 鄭師許 陸侃如 穆木天 馮沅君 彭慧 鍾敬文 敬祝

民國三十年十一月

---

① 朱谦之（1899—1972 年），福建福州人，哲学家、哲学史家、东方学家。曾任中山大学教授、北京大学教授、中国科学院哲学社会科学部研究员。洪深（1894—1955 年），江苏武进人，剧作家、导演艺术家和文艺理论家。曾任教于复旦大学、厦门大学、北京师范大学，后任对外文化联络局局长等职。郑师许（1897—1952 年），原名沛霖，字惠侨，广东东莞人，历史学家。历任国立交通大学、暨南大学、大夏大学、中山大学、无锡国学专修学校和广东省立勃勤大学教授。陆侃如（1903—1978 年），又名雪成，字衍庐，出生于江苏海门，作家、学者。历任燕京大学、中山大学、东北大学、山东大学教授。穆木天（1900—1971 年），原名穆敬熙，吉林伊通县靠山镇人，诗人、翻译家。1921 年参加创造社，历任桂林师范学院、同济大学教授，暨南大学、复旦大学兼职教授，东北师范大学、北京师范大学教授。冯沅君（1900—1974 年），河南唐河人，作家、戏曲史家。曾在金陵女子大学、复旦大学、中山大学、武汉大学、山东大学任教，后任山东大学副校长。彭慧（1907—1968 年），原名彭涟清，湖南长沙人，作家，翻译家。曾任教于桂林师范学院、中山大学、东北师范大学、北京师范大学。钟敬文（1903—2002 年），原名钟谭宗，生于广东海丰，作家、民俗学家。曾任教于浙江大学、北京师范大学。

文坛新筑，君为主盟。
国师北伐，奋起请缨。
埋头考古，欧陆知名。
绝裾归国，作狮子鸣。
扬子流远，峨嵋雪清。
擎杯遥祝，寿考忠贞。
朱谦之、洪深、郑师许、陆侃如、穆木天、冯沅君、彭慧、钟敬文敬祝

民国三十年十一月

沫若先生五十初度诗以寿之[①]

马　衡

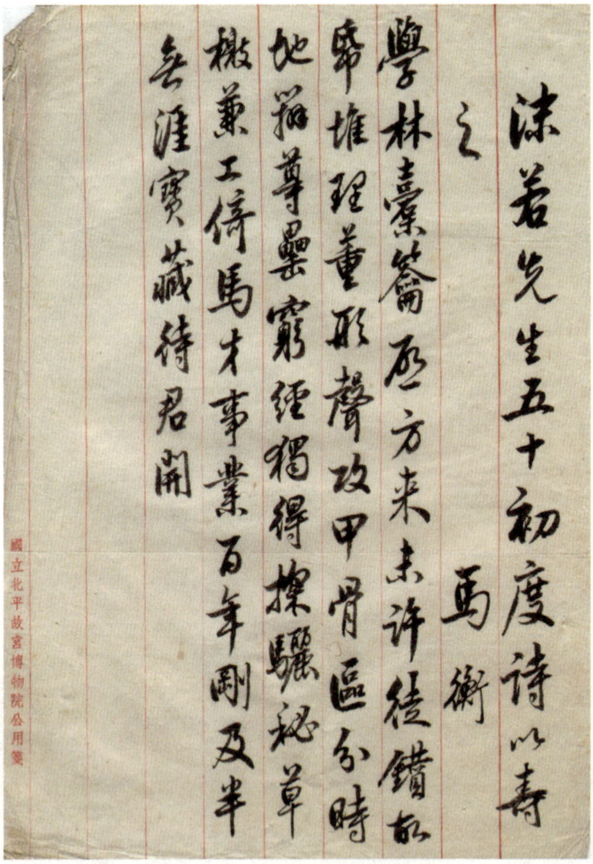
沫若先生五十初度詩以壽
之　馬衡
學林橐籥啟方來未許徒鑽故
紙堆理董形聲攻甲骨區分時
代籀尊罍窮經獨得探驪秘草
檄兼工倚馬才事業百年剛及半
無涯寶藏待君開
國立北平故宮博物院公用箋

① 马衡(1881—1955 年),浙江鄞县人,字叔平,金石考古学家、书法篆刻家。曾任西泠印社第二任社长、故宫博物院第二任院长。本诗曾发表于 1941 年 11 月 15 日重庆《新民报晚刊》。

学林橐籥启方来，未许徒钻故纸堆。
理董形声攻甲骨，区分时地辨尊罍。
穷经独得探骊秘，草檄兼工倚马才。
事业百年刚及半，无涯宝藏待君开。

郭鼎堂五十初度诗以寿之[1]

陈子展

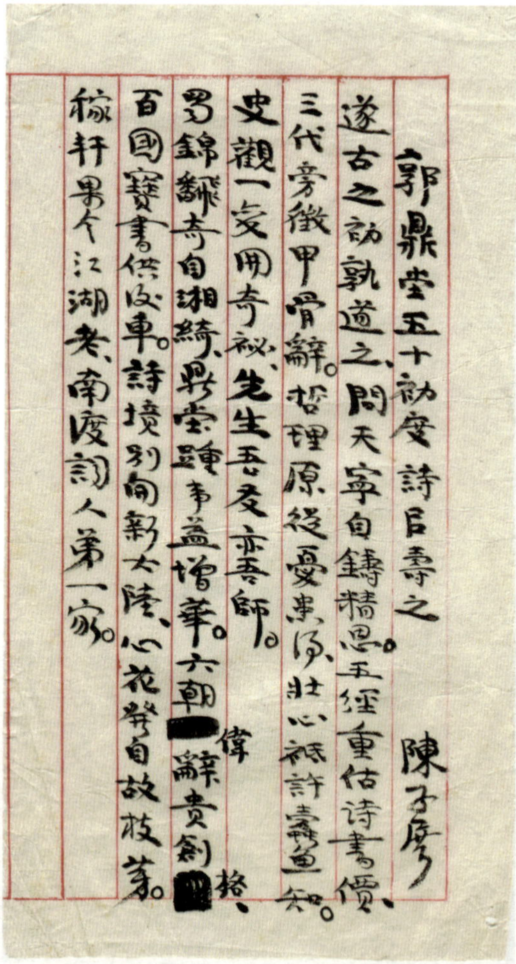

郭鼎堂五十初度詩以壽之　陳子展

遂古之初孰道之、問天寧自鑄精思。五經重估詩書價、三代旁徵甲骨辭。哲理原從憂患得、壯心祇許[illegible]知。史觀一變用奇秘、先生吾友亦吾師。蜀錦翻奇自湘綺、鼎堂踵事益增華。六朝偉辭貴劍格、百國寶書供役車。詩境別向新大陸、心花發自故枝芽。稼軒果爾江湖老、南渡詞人第一家。

① 陈子展(1898—1990 年),湖南长沙人。原名炳望,笔名楚伍。曾任中国公学教授、复旦大学中文系主任、教授。抗日战争期间随复旦大学西迁至重庆北碚,参加中华全国文艺界抗敌协会。

遂古之初孰道之，问天宁自铸精思。
五经重估诗书价，三代旁征甲骨辞。
哲理原从忧患得，壮心只许蠹鱼知。
史观一变开奇秘，先生吾友亦吾师。

蜀锦翻奇自湘绮，鼎堂踵事益增华。
六朝伟辞贵创格，百国宝书供后车。
诗境别开新大陆，心花发自故枝芽。
稼轩果令江湖老，南渡词人第一家。[①]

---

① 《陈子展文存》收入《赠郭鼎堂》二首，词句与手稿略有不同，其一为："遂古之初孰道之，问天宁自运神思。五经重估诗书价，三代旁征甲骨辞。哲理原从忧患得，壮心只许蠹鱼知！史观一变开奇秘，耻抱春秋作饼师！"其二为："蜀锦翻奇自湘绮，鼎堂踵事益增华。六朝伟辞贵创格，百国宝书供后车。诗境别开新大陆，心花发自故柯芽。稼轩果令江湖老，南渡词人第一家！"见陈子展《陈子展文存》（上），上海古籍出版社 2018 年版，第 577—578 页。

2020年郭沫若研究大事记

二月

中国郭沫若研究会与郭沫若纪念馆编撰的《郭沫若研究》2020年第1辑(第15辑),由社会科学文献出版社出版发行。

四月

黄淳浩著的《创造社漫论》,由社会科学文献出版社出版发行。

七月

北京"8+"文化名人故居编撰的《穿越时空的对话——2019年名人故居活动纪实》,由中国社会科学出版社出版发行。

八月

郭沫若纪念馆编撰的《郭沫若研究年鉴2018卷》,由中国社会科学出版社出版发行。

咸立强著的《艺术之宫与十字街头——创造社研究》,由武汉出版社出版发行。

九月

王舒琳主持的《郭沫若的中国先秦社会学术思想研究》获国家社科基金青年项目立项。

孟文博著的《掘开历史的地表——郭沫若前期文艺论著版本校勘之发现与研究》,由山东大学出版社出版发行。

十月

刘运峰主持的《郭沫若年谱新编》获国家社科基金后期资助项目立项。

十一月

14—16 日,第三届鲁迅、郭沫若、茅盾高端论坛——纪念左联成立 90 周年学术研讨会在乐山举行。

十二月

魏建教授的《〈创造〉季刊的正本清源》获教育部高等学校科学研究优秀成果奖二等奖。

(张勇、彭冠龙整理)

2020年郭沫若研究资料索引

卿玉弢　郑爱菊整理

（一）专著

创造社漫论［M］/黄淳浩著//北京：社会科学文献出版社，2020

郭沫若研究年鉴2018［M］/赵笑洁主编//北京：中国社会科学出版社，2020

北京郭沫若故居结构检测与保护研究［M］/张涛著//北京：学苑出版社，2020

（二）学位论文

近四十年《女神》接受研究［D］/武楚璇著；指导导师：王泽龙//华中师范大学硕士学位论文，2020

中学语文郭沫若教学拓展研究［D］/刘遵佳著；指导导师：李遇春//华中师范大学硕士学位论文，2020

《故事新编》与《豕蹄》比较研究［D］/田墨著；指导导师：田建民//河北大学硕士学位论文，2020

《少年维特之烦恼》与二三十年代中国文坛［D］/贾愫娟著；指导导师：张蕾//苏州大学硕士学位论文，2020

运诗入剧——1940年代郭沫若历史剧研究［D］/刘艳梅著；指导导师：龚敏律//湖南师范大学硕士学位论文，2020

中期创造社研究［D］/盛美玲著；指导导师：周仁政//湖南师范大学硕士学位论文，2020

《不一样的弃医，不一样的从文——鲁迅、郭沫若弃医从文比较论》英译实践报告［D］/谢川红帆著；指导导师：罗明礼，彭刘力//西华大学硕士学位论文，2020

（三）期刊文章

"郭沫若传"的现状考察——兼谈多身份传主传记书写的进路［J］/张立群，黎黎//辽宁大学学报（哲学社会科学版）.2020（1）

郭沫若的读书学习之法［J］/冯兵，杨书瑶//新长征.2020（1）

郭沫若古代史研究的方法论基础评议［J］/王绍凯//焦作师范高等专科学校学报.

2020（1）

郭沫若历史剧《武则天》的文本演变［J］/刘翔//华夏文化论坛. 2020（1）

郭沫若同志的诗教：能赋能兴［J］/王化桥//时代人物（新教育家）. 2020（1）

郭沫若与冯雪峰关于1958年版《鲁迅全集》注释的通信［J］/海客甲//现代中文学刊. 2020（1）

郭沫若致曹联璞函［J］//社会科学论坛. 2020（1）

历史名人郭沫若品牌形成研究［J］/任文举，郑磊，高文香//中国经贸导刊（理论版）. 2020（1）

论郭沫若"身边小说"中的忏悔书写［J］/聂齐齐//文学教育（上）. 2020（1）

论郭沫若、阿英抗日战争历史剧中女性形象的两种不同抒写模式［J］/李正红//滁州学院学报. 2020（1）

毛泽东与三位诗人是这样"唱和"的［J］/王树人//党史博采（上）. 2020（1）

浅谈郭沫若早期诗歌中的神话与传说［J］/陈凯豪，黄庆超，盛典//中国应急管理科学. 2020（1）

诗的哲学　哲学的诗——郭沫若《女神》《立在地球边上放号》联读［J］/何郁//语文学习. 2020（1）

陶行知和郭沫若的一段交往［J］/吴奕宽//重庆陶研文史. 2020（1）

五四时代的读者如何读《女神》［J］/姜涛//南方文坛. 2020（1）、中外诗歌研究. 2020（3）

论鲁迅逝世后的"文坛领袖"论争［J］/廖久明//现代中文学刊. 2020（1）

从"不快之至"到"在郭沫若家喝酒"——略评新见胡风日记关于郭沫若的记载［J］/柳晓珊//现代中文学刊. 2020（1）

论《脱离蒋介石以后》的写作背景、动机与批评策略［J］/邹佳良//现代中文学刊. 2020（1）

灾种·文类·体验：郭沫若灾害文学发凡［J］/杨兴玉//现代中文学刊. 2020（1）

寻找于立忱［J］/肖玫//新文学史料. 2020（1）

"他不是只能吹出一种单调的稻草"——郭沫若早期小说创作的审美之维［J］/王玉春//励耘文学学刊. 2020（1）

革命的思想逻辑——郭沫若《中国古代社会研究》再解读［J］/熊权//现代中国文化与文学. 2020（1）

郭沫若新诗创作中的《诗经》元素［J］/赵希杰//现代中国文化与文学. 2020（1）

郭沫若十改题字与求佳思维［J］/陈日铭//小学生导读. 2020（C1）

《郭沫若年谱》订补二则［J］/李红薇//郭沫若学刊. 2020（1）

郭沫若《〈孔雀胆〉的故事》手稿及《孔雀胆》剧照［J］//郭沫若学刊. 2020（1）

挥洒自如写"女神"——评李斌著《女神之光——郭沫若传》［J］/廖久明//郭沫若

学刊.2020（1）

郭沫若与内山完造和内山书店［J］/蔡震//郭沫若学刊.2020（1）

郭沫若历史剧《屈原》在前苏联的翻译及传播［J］/于立得//郭沫若学刊.2020（1）

“尝”《孔雀胆》［J］/方白//郭沫若学刊.2020（1）

《孔雀胆》的版本变迁［J］/段煜//郭沫若学刊.2020（1）

《孔雀胆》的主题意识和演出效果［J］/司空痴//郭沫若学刊.2020（1）

《孔雀胆》及其演出［J］/堵述初//郭沫若学刊.2020（1）

《孔雀胆》在观众中的反响［J］/陈淳耀//郭沫若学刊.2020（1）

从自叙传到自传：论1928年前后郭沫若的自传写作与自我建构［J］/吴辰//郭沫若学刊.2020（1）

郭沫若、老舍为丹岩先生题诗［J］/刘锐//郭沫若学刊.2020（1）

欢迎大众的考验——为《孔雀胆》在上海演出［J］/郭沫若//郭沫若学刊.2020（1）

记剧九队与《孔雀胆》［J］/吴以群//郭沫若学刊.2020（1）

论演剧队作风——兼评二队的《孔雀胆》并论今后的城市演剧［J］/刘念渠//郭沫若学刊.2020（1）

评《孔雀胆》的演出［J］/林林//郭沫若学刊.2020（1）

一本多点透视郭沫若的新作——读《文化巨子郭沫若》有感［J］/陈俐//郭沫若学刊.2020（1）

怎样才算“替”胡适“恢复名誉”？——向宋广波等先生请教［J］/王锦厚//郭沫若学刊.2020（1）

郭沫若1946年演讲钩沉与补正［J］/金传胜，何佩佩//郭沫若学刊.2020（1）

郭沫若《儿童文学之管见》的版本与修改［J］/乔世华，乔雨书//郭沫若学刊.2020（1）

“修改”与“塑造”——郭沫若《洪波曲》删改校读兼论回忆录的史料价值［J］/杨玉霞//聊城大学学报（社会科学版）.2020（2）

《天上的街市》教学设计［J］/王登兵//语文天地.2020（2）

《天上的街市》教学设计［J］/刘星//读写月报（语文教育版）.2020（2）

川西民居的空间结构美学研究——以郭沫若故居为例［J］/苟炜玮//建材与装饰.2020（2）

对郭沫若和赵忠祥的一些回忆录的评论［J］/郭久麟//民办高等教育研究.2020（2）

郭沫若：“做学问的革命家”［J］/李斌//历史评论.2020（2）

其实你并不了解他，他也是个“90后”［J］/顾雨汀//历史评论.2020（3）

郭沫若对马克思主义中国化的探索［J］/刘军//廊坊师范学院学报（社会科学版）.2020（2）

郭沫若古代史研究的个性化特色论析［J］/王绍凯//焦作师范高等专科学校学报.

2020（2）
郭沫若就凉山彝族奴隶制问题致刘大年函写作时间及相关问题考［J］/廖久明//史学史研究. 2020（2）
郭沫若浪漫主义诗歌的现代主义特征研究［J］/李东方//鸭绿江（下半月）. 2020（2）
郭沫若新诗创作中的《诗经》元素［J］/赵希杰//中外诗歌研究. 2020（2）
国家与强权：论郭沫若留学日本期间的国家意识［J］/吴辰//现代中国文化与文学. 2020（2）
基于译者主体性的诗歌翻译——以郭沫若《西风颂》为例［J］/许芳琼//鄂州大学学报. 2020（2）
覃子豪与郭沫若的交游及其翻译事况钩沉［J］/程桂婷//新文学史料. 2020（2）
闻一多对《女神》褒奖与贬抑之原因考析［J］/李乐平//山东社会科学. 2020（2）
新中国史学的初建：郭沫若与中国马克思主义史学主导地位的确立［J］/张越//史学理论研究. 2020（2）、中国社会科学文摘. 2020（7）
一部灌注了德、识、才、学的佳作——论刘奎著《诗人革命家——抗战时期的郭沫若》［J］/廖久明//郭沫若学刊. 2020（2）
郭沫若论商鞅评议［J］/杨胜宽//郭沫若学刊. 2020（2）
郭沫若又一首寺字韵诗考［J］/蔡震//郭沫若学刊. 2020（2）
“还是自己埋头苦干要紧”——郭老1946年前后与解放区文艺界陆定一、周扬、丁玲等的互动［J］/王锦厚//郭沫若学刊. 2020（2）
郭沫若历史剧《屈原》域外翻译与搬演的“全景图”［J］/何俊//郭沫若学刊. 2020（2）
郭沫若文学创作的个性气质与儿童视角［J］/陈俐//郭沫若学刊. 2020（2）
1940年代的四篇郭沫若佚文［J］/金传胜//郭沫若学刊. 2020（2）
1959年前后的历史剧创作问题——以郭沫若十七日致巴金、靳以便函考释为中心［J］/袁洪权//郭沫若学刊. 2020（2）
郭沫若词《满江红·奉赞〈史记会注考证驳议〉》手迹［J］/郭沫若//郭沫若学刊. 2020（2）
郭沫若的文化价值取向［J］/桑逢康//郭沫若学刊. 2020（2）
郭沫若与《中国科学技术大学学报》［J］/方黑虎//郭沫若学刊. 2020（2）
郭沫若作序推荐的解放区作品书影［J］/郭沫若//郭沫若学刊. 2020（2）
论郭沫若、鲁迅对梅兰芳的不同态度［J］/张勇//郭沫若学刊. 2020（2）
天才的赞歌及其他——读郭沫若题赞鲁实先的诗与词［J］/庆云//郭沫若学刊. 2020（2）
闲说郭沫若《关于汤炳正十二支字审稿信》［J］/汤序波//郭沫若学刊. 2020（2）

信息动态［J］//郭沫若学刊. 2020（2）

导师与论敌：论侯外庐眼中郭沫若的双重形象［J］/程鹏宇//历史教学问题. 2020（3）

郭沫若：题写“中国银行”的文艺巨匠［J］/俞栋//杭州金融研修学院学报. 2020（3）

郭沫若《盐铁论读本》校语引书考［J］/于潇怡//成都工业学院学报. 2020（3）

郭沫若释毛泽东《诗词十首》［J］/冯锡刚//读书文摘. 2020（3）

郭沫若与左联东京分盟二三事［J］/张勇//传记文学. 2020（3）

郭沫若作品集《星空》版本汇校异文全录及文本修改分析［J］/孟文博//现代中国文化与文学. 2020（3）

“有情”的“距离”——评李斌《女神之光——郭沫若传》［J］/胡娴，姜佳奇//现代中国文化与文学. 2020（3）

胡适与郭沫若［J］/杨建民//长城. 2020（3）

经典的《凤凰涅槃》［J］/任卫新//词刊. 2020（3）

说《卷耳》“我马玄黄”［J］/孔德超，邓艳平//四川职业技术学院学报. 2020（3）

说服体背后的双瞳叙述——《天上的街市》品读［J］/楚爱华，薛金生//语文建设. 2020（3）

宿天柱岩［J］/郭沫若著，张琼译//肇庆学院学报. 2020（3）

再读读——《白鹭》教学一得［J］/李霞//小学教学（语文版）. 2020（3）

《我的幼年》版本批评［J］/李玲//郭沫若学刊. 2020（3）

从编剧学视角谈《屈原》的艺术生成［J］/曾绍祥//郭沫若学刊. 2020（3）

郭老为《徐孝穆刻竹》题写书名［J］/肖斌如//郭沫若学刊. 2020（3）

郭老致徐孝穆函手迹［J］//郭沫若学刊. 2020（3）

郭沫若与《历史研究》相关的书信解读［J］/李斌//郭沫若学刊. 2020（3）

郭沫若与老舍关于“兰亭论辩”的互动——兼说对论辩发言者评价的新向度［J］/刘锐//郭沫若学刊. 2020（3）

黄淳浩著《创造社漫论》［J］//郭沫若学刊. 2020（3）

看汝魏王遗臭远，如姬虽逝足千秋——东风剧团豫剧《虎符》表演版本评介［J］/郭俊亭//郭沫若学刊. 2020（3）

上海《大公报》郭沫若研究资料综述［J］/杨永山//郭沫若学刊. 2020（3）

天津《大公报》郭沫若研究资料综述［J］/陆远霞//郭沫若学刊. 2020（3）

香港《大公报》郭沫若研究资料综述［J］/黄爱琼//郭沫若学刊. 2020（3）

重庆《大公报》郭沫若研究资料综述［J］/黄丹//郭沫若学刊. 2020（3）

《浮士德》在我国的译介考辨（1903—2019）［J］/陈巍//中国翻译. 2020（4）

《考而不死是为神》的汉译英翻译实践报告——以郭沫若翻译理论为指导［J］/张

悦//英语广场.2020（4）

《女神》与《平凡的世界》“两极阅读”现象之原因比较［J］/莫堂辉//东莞理工学院学报.2020（4）

从郭沫若的《女神》看“自由体新诗”的嬗变［J］/王秀芹//文学教育（上）.2020（4）

关于郭沫若的党籍与党龄［J］/李斌//海南师范大学学报（社会科学版）.2020（4）

郭沫若辞去政治部第三厅厅长时间［J］/廖久明//现代中文学刊.2020（4）

郭沫若与杨武能翻译观比较研究［J］/王雅雯，肖飞//英语广场.2020（4）

郭沫若致丁山的一封佚信［J］/朱洪涛//新文学史料.2020（4）

剧可以兴：作为诗化戏剧的《屈原》［J］/刘奎//江苏海洋大学学报（人文社会科学版）.2020（4）

鲁迅、郭沫若与内山完造相关史实疏正［J］/张勇//鲁迅研究月刊.2020（4）

论郭沫若旧体诗中的国家意识［J］/吴辰//海南师范大学学报（社会科学版）.2020（4）

马克思主义与中国传统文化的张力与融通——基于《马克思进文庙》的文本分析［J］/王雪慧，殷昭鲁//焦作师范高等专科学校学报.2020（4）

四十年代中后期郭沫若研究综述［J］/林静声//大连大学学报.2020（4）

政治之外的坚守——论郭沫若1940年代后期的诗艺探索［J］/晏亮，贺婧//湖北师范大学学报（哲学社会科学版）.2020（4）

郭沫若与杨武能翻译观比较研究［J］/王雅雯，肖飞//英语广场.2020（4）

《郭沫若年谱长编》指疵十端［J］/冯锡刚//郭沫若学刊.2020（4）

《郭沫若学刊》2020年总目录［J］//郭沫若学刊.2020（4）

从《战旗》对郭沫若、成仿吾的采访看日中无产阶级文学运动交流［J］/单援朝//郭沫若学刊.2020（4）

第三届鲁迅、郭沫若、茅盾研究高端论坛在乐山成功举办［J］/陈瑜//郭沫若学刊.2020（4）

改革开放以来郭沫若史学研究的走向与趋势［J］/周书灿//郭沫若学刊.2020（4）

郭沫若《题鲁实先〈汉鸿嘉以来气朔表〉》献疑［J］/杨胜宽//郭沫若学刊.2020（4）

郭沫若与中国科学技术大学校风［J］/方黑虎//郭沫若学刊.2020（4）

郭沫若早期小说与五四“人的文学”［J］/余玲//郭沫若学刊.2020（4）

“凤凰”与“不死鸟”的文化交织［J］/侯乃铭//郭沫若学刊.2020（4）

美学和历史的统一——解读郭沫若对《再生缘》的研究［J］/蒋飘逸，贾志鹏//郭沫若学刊.2020（4）

那一代人的风致——从黄淳浩老师的新著谈及那代学者的贡献［J］/冷川//郭沫若

学刊. 2020（4）

千夫诺诺，不如一士谔谔——有关张恩和先生的记忆［J］/魏建//郭沫若学刊. 2020（4）

试论郭沫若的题画诗［J］/徐惠//郭沫若学刊. 2020（4）

小角色　大作为——《棠棣之花》酒家女形象解读［J］/刘蓉//郭沫若学刊. 2020（4）

作品选［J］//郭沫若学刊. 2020（4）

郭沫若“身边小说”对日本私小说的借鉴与创造性转化［J］/聂齐齐//乐山师范学院学报. 2020（5）

郭沫若的“哈姆雷特”精神气质［J］/王本朝//内蒙古社会科学（汉文版）. 2020（5）

郭沫若译《约翰沁孤的戏曲集》的三种名称［J］/咸立强//现代中文学刊. 2020（5）

论《学灯》主编宗白华与郭沫若的新诗创作［J］/陈捷//南京理工大学学报（社会科学版）. 2020（5）

年轻一代研究郭沫若的意义和可能性——读刘奎《诗人革命家：抗战时期的郭沫若》［J］/李斌//中国现代文学研究丛刊. 2020（5）

浅谈郭沫若《女神》的艺术形象和浪漫主义特色［J］/李安勇//女人坊（新时代教育）. 2020（5）

戣公入川记［J］/桑逢康//文学自由谈. 2020（5）

语境顺应论视角下的诗歌翻译研究——以“A Red, Red Rose”三个汉译本为例［J］/柯玲娜//海外英语. 2020（5）

《郭沫若书信集》所收“致赛珍珠并全美作家”信札考释［J］/袁洪权//现代中文学刊. 2020（6）

《月下的司芬克司》的现代主义特征探析［J］/李东方//视界观（上半月）. 2020（6）

1940年代郭沫若与侯外庐墨学研究的异同及成因［J］/徐国利，陈晨//河北学刊. 2020（6）

表演学视角下经典剧目再创造风格化探索——以民族戏剧《蔡文姬》为例［J］/黄迎//文艺评论. 2020（6）

从四维空间“着相”《天狗》［J］/李奇生//语文月刊. 2020（6）

地方名人文化资源的教育教学价值及开发利用——以苏轼和郭沫若为例［J］/杨宏//西部素质教育. 2020（6）

郭沫若语录及历代诸家评语［J］//四川文学. 2020（6）

赖有晴空霹雳雷：文化名家郭沫若［J］/冉云飞//四川文学. 2020（6）

鲁迅：“平生功业尤拉化”——郭沫若对鲁迅的盖棺之论及其认知价值［J］/杨华

丽，王静//鲁迅研究月刊. 2020（6）
论郭沫若《武则天》中的“历史真实”［J］/李斌//文学评论. 2020（6）
人民：作为一种美学建构——论郭沫若文学创作中的对话倾向［J］/吴辰//贵州师范大学学报（社会科学版）. 2020（6）
诗情画意　形神俱美——郭沫若《天上的街市》写作特色赏析［J］/马建莉//中学教学参考（文综版）. 2020（6）
四十余年来郭沫若研究的进展及可能［J］/李斌//贵州师范大学学报（社会科学版）. 2020（6）
性别意识与审美重构——以郭沫若译《鲁拜集》为中心的考察［J］/咸立强//贵州师范大学学报：社会科学版. 2020（6）
闲话武则天的另一面［J］/肖木//文史杂志. 2020（6）
新中国成立初期郭沫若译作再版梳考［J］/张勇//山东师范大学学报（人文社会科学版）. 2020（6）
《屈原》微课教学设计［J］/黄鑫艺//语文教学与研究. 2020（7）
从郭沫若的《女神》看“自由体新诗”的嬗变［J］/王秀芹//文学教育. 2020（10）
从郭沫若自传中浅析其对时代的反思［J］/张雅堃//课外语文. 2020（7）
郭沫若父女与“敬亭绿雪”的笔墨情缘［J］/王洪，陈喜//中国农垦. 2020（7）
浅析中国现代新诗在中学语文课本中的地位和价值——以郭沫若新诗为例［J］/刘欣欣，王余//课外语文. 2020（7）
如何读现代诗：三步阅读法——以阅读《女神·天狗》为例［J］/温儒敏//中学生阅读（初中版）. 2020（7）
汪中“修褉叙跋尾”及其相关问题研究［J］/刘磊//新美术. 2020（7）
“留声机器”的“奥伏赫变”——再论郭沫若的“革命文学”论争话语（1926—1928）［J］/刘祎家//中国现代文学研究丛刊. 2020（8）
郭沫若文学作品中“白斩鸡”考释——兼并乐山饮食文化［J］/孙孟琦，周玉洁//青年文学家（下）. 2020（8）
李白和杜甫到底谁更牛？［J］/六神磊磊//读写月报（初中版）. 2020（8）、中外文摘. 2020（18）
超长独白为什么能动人心魄［J］/张庆//语文学习. 2020（9）
从新发现手札看周恩来、郭沫若对抗日战争文艺工作的领导［J］/沈卫威//文艺争鸣. 2020（9）
郭沫若民众生存论史学思想二题［J］/谢想云//史学月刊. 2020（9）
郭沫若英诗汉译的译者主体性研究［J］/肖叶//文学教育（上）. 2020（9）
郭沫若与萧乾的恩怨［J］/傅光明//读书文摘. 2020（9）
屈原，黑暗时代的斗士［J］/徐敏//语文学习. 2020（9）

《天上的街市》教学设计［J］/陈雪儿//科教导刊（电子版）. 2020（9）
《天上的街市》教学设计［J］/刘浩军//读写月报（语文教育版）. 2020（10）
《立在地球边上放号》教学设计［J］/徐礼诚//高考（下）. 2020（10）
白鹭洲的骄傲［J］/张锡杰//党史文苑. 2020（10）
冰心小诗，气魄不输郭沫若——“冰心百廿诞辰纪念”之一［J］/咸立强//博览群书. 2020（10）
从效果历史角度谈重译的必要性——以《少年维特之烦恼》译本为例［J］/陈甜，徐晓梅//海外英语. 2020（10）
论郭沫若历史剧的浪漫主义特色［J］/胡欣悦，赵悦妍//文学教育（上）. 2020（10）
浅析郭沫若塑像艺术［J］/江毅//锦绣（下旬刊）. 2020（10）
《白鹭》文本解读［J］/殷陈佳//小学语文教学. 2020（11）
从《战声集》看郭沫若抗日战争初期的诗歌创作［J］/高运荣，秦镜//名作欣赏. 2020（11）
郭沫若女儿郭庶英向皖垦茶业集团赠送“黄金芽”题字［J］/张志超//中国农垦. 2020（11）
论郭沫若对抗日文化统一战线的贡献［J］/赵三银，张玉龙//党史文苑. 2020（11）
期待视野下《西风颂》两个中译本对比分析［J］/杨梦如//小说月刊（综合）. 2020（11）
五四时期女性戏剧《三个叛逆的女性》对当下历史剧创作的启示［J］/贾红分//今古文创. 2020（11）
《屈原》激烈的倾诉与光明的抨击［J］/孙元花，王世焱//语文教学与研究（上半月）. 2020（12）
聚焦形韵之美　体会诗情画意——郭沫若《白鹭》文本解读［J］/尹燕//速读（上旬）. 2020（12）
鲁迅与郭沫若对各自一篇演讲稿的修改［J］/孟文博//鲁迅研究月刊. 2020（12）
郭沫若的读书学习法［J］/冯兵，杨书瑶//人民周刊. 2020（13）
郭沫若归国抗日战争始末［J］/吴基民//各界. 2020（13）
还被恶搞的郭沫若一个公正［J］/陈履生//老年文摘报. 2020（13）
《离骚》和《女神》之比较［J］/曹本霞//作家天地. 2020（14）
李杜文章在　光焰万丈长　李白 vs 杜甫：孰优孰劣的千年之辩［J］/刘志斌//国家人文历史. 2020（14）
从新发现的档案看郭沫若父亲之死［J］/沈卫威//各界. 2020（15）
将个体融入到无边永恒中的努力［J］/李斌//诗刊. 2020（15）
进取与虚无——论郭沫若留日小说与川端康成小说的生命格调［J］/吴小华//北方文学. 2020（15）

从《太阳礼赞》到《白杨礼赞》——论革命文学相对五四文学的变化［J］/黄奕扬//北方文学. 2020（17）

从期待视野角度看《茵梦湖》在中国的接受［J］/王勇鹏//北方文学. 2020（17）

《白鹭》文本教学解读与学习活动设计［J］/马蓉//语文建设. 2020（18）

聚焦形韵之美　习得抒情之法——五年级上册《白鹭》教学建议［J］/陈琼//语文新读写. 2020（18）

郭沫若诗咏贝多芬［J］/陈子善//文萃报（周五版）. 2020（20）

艺术符号学视域下的郭沫若“文史互通”模式初探［J］/郭思诺//明日风尚. 2020（24）

从悠然意会走向深邃美妙——《天上的街市》教学实录及观察［J］/李凤，王美霞//中学语文教学参考. 2020（26）

郭沫若纪念“济南二安”珍翰考论［J］/周长风//走向世界. 2020（29）

中国式“娜拉”女性形象的塑造——以郭沫若《三个叛逆的女性》为例［J］/张珂阳//今古文创. 2020（33）

青年郭沫若在成都［J］/龚克//新世纪智能. 2020（67）

（四）报纸文章

郭沫若巧对廉政联［N］/钟芳//联合日报，2020. 1. 11

“凤凰涅槃”并非佛经故事［N］/一得//语言文字周报，2020. 1. 16

郭沫若老舍与川剧演员“过新年”——旧日书刊之九十八［N］/龚明德//今晚报，2020. 1. 21

还被恶搞的郭沫若一个公正——致山东博物馆［N］/陈履生//新民晚报，2020. 2. 9

郭沫若与“立修同志”［N］/朱匡杰//收藏快报，2020. 3. 25

郭沫若故居景区樱花盛放［N］/吴桐//乐山日报，2020. 3. 25

“是郭沫若害死她的”吗？［N］/黄松//中华读书报，2020. 4. 1

郭沫若纪念“济南二安”珍翰考论［N］/周长风//济南时报，2020. 4. 6

于立忱之死，是郭沫若害的吗［N］//文摘报，2020. 4. 18

《满江红·和郭沫若同志》为何要注明“书赠周恩来同志”［N］/陈颖//柳州日报，2020. 4. 19

郭沫若“爱吃野菜”［N］//山西商报，2020. 6. 5

郭沫若谈《阿 Q 正传》——文事探旧之八［N］/龚明德//今晚报，2020. 6. 9

郭沫若一幅鲜为人知的题词［N］/谢婷婷//湖南工人报，2020. 6. 17

闲说郭沫若《关于汤炳正十二支字审稿信》［N］/汤序波//文汇报，2020. 6. 19

郭沫若陪都时期的才情与风骨［N］/熊少华//重庆政协报，2020. 7. 2

潘天寿、郭沫若、沈钧儒作品展出　这是金城同志家属向浙博捐赠的［N］/时报记

者陈聪丽//青年时报，2020.7.2

乐山市沙湾区政协支招郭沫若文化建设［N］//四川政协报，2020.7.3

郭沫若设计与题书邮票往事［N］/安徽黄山江志伟//收藏快报，2020.8.12

郭沫若挥毫黄河三门峡［N］/张怡//三门峡日报，2020.8.18

海口一中：郭沫若亲题校名［N］/邱江华，李佳飞//海南日报，2020.9.7

《兰亭序》与《临河叙》关系考辨［N］/宋战利//中国书法报，2020.9.8

《少年郭沫若》音乐剧初定9月19日首演［N］/龚启文//三江都市报，2020.9.10

音乐剧《少年郭沫若》首演倒计时　沈庆揭秘四大看点［N］/宋宇凡//三江都市报，2020.9.17

郭沫若关山月黎雄才等人题绘四米巨制《百花齐放》［N］/朱绍杰//羊城晚报，2020.9.18

沫若戏剧小镇开馆《少年郭沫若》音乐剧首演［N］/宋宇凡，白建伟，罗晓玲//三江都市报，2020.9.21

沫若戏剧小镇盛大启幕《少年郭沫若》音乐剧首演　彭琳张彤出席开馆和首演仪式［N］/宋宇凡，白建伟//乐山日报，2020.9.21

郭沫若与宁津三铎中学［N］//德州晚报，2020.10.10

郭沫若父女与历史文化名茶敬亭绿雪的笔墨情缘［N］//宣城日报，2020.10.14

郭沫若的海南情缘［N］/吴辰//海南日报，2020.10.17

郭沫若诗咏贝多芬［N］/陈子善//今晚报，2020.10.29

集毛泽东诗词句　郭沫若巧作对联［N］//平潭时报，2020.11.3

给郭沫若退稿［N］/冯忠方//人民政协报，2020.11.5

昌沧给郭沫若退稿［N］/冯忠方//海南日报，2020.11.7

郭沫若遭退稿［N］//南方农村报，2020.11.12

郭沫若故居纪念馆入选“中国华侨国际文化交流基地”［N］/杨心梅//三江都市报，2020.11.13

郭沫若翻译鲁迅诗［N］//北京晚报，2020.11.16

郭沫若在甲骨缀合方面的开拓性贡献［N］/何会//中国社会科学报，2020.11.16

郭沫若的芭蕉花与天后宫的地产官司［N］/邱硕//乐山日报三江周末，2020.12.13

郭沫若和俞平伯是“近人”吗［N］//陕西工人报，2020.12.22

后　记

2021年恰逢中国共产党百年华诞，一百年来的风雨路程造就了伟大中国共产党的精神谱系，一百年的艰辛奋斗写就了伟大中国共产党的辉煌诗篇，《郭沫若研究年鉴2020卷》就在此承平盛世之中编撰完成了。本卷的编撰过程中，我们深深感受着中华民族复兴所带来的前所未有的文化自信，我们也勇敢承担着中华民族再次奋飞的文化使命。

中华民族的伟大复兴需要强大的文化作为支撑，而文化的发展需要我们从历史中汲取丰富的滋养，更需要对历史的现场进行合理而客观的辨析与考证。为此本卷年鉴“特别推介”栏目，重点介绍了两篇文章，一篇是有关郭沫若与中国传统文化关系的论说与阐述，另一篇是与郭沫若有密切关联的历史人物于立忱史料的梳理与考辨，两篇文章虽然视角不同，阐释方式异样，但却从宏观与微观的角度对郭沫若的历史价值与文化人格进行了学理阐释，我们也期待着今后的郭沫若研究也能更加深入，更加多元。郭沫若与中国共产党的关系，同样也是近年来学界关注的热点，为此本卷年鉴也特别推出了相关研究的文章，期待能用我们的视角去审视这一时代命题。

新冠肺炎疫情虽然阻碍了学者们近距离研讨郭沫若学术成就的脚步，也减少了宣传郭沫若文化精神的活动，但是我们看到本年度研究郭沫若的学术热情依然不减，弘扬郭沫若的文化精神依旧。我们在编撰本卷年鉴时，不时因新观点的提出感到欣喜，不断为新史料的发现激动不已，但同时也略感到郭沫若研究整体的水准还有极大的提升空间，郭沫若文化的丰富宝藏还有待深入挖掘。

随着时间的推移，有关郭沫若的研究对象也逐渐进入百年的视野范畴，如2021年是《女神》出版100周年、是创造社成立100周年；2022年是郭沫若诞辰130周年等。这些渐入与已入百年的研究对象，也恰是我们应该研究的重点，特别是在新的历史语境，新的文化场域中，如何进一步阐释百年前的研究对象，发掘它们的时代意义与当下价值，应是我们站在新起点上的使命担当。

《郭沫若研究年鉴》会一如既往的做年度郭沫若研究、宣传和资料的记录者、整理者和引导者，也期望着越来越多的学者加入到郭沫若研究之中，为郭沫若研究的深入开展添砖加瓦，贡献中国智慧和中国力量。

《郭沫若研究年鉴》编辑部

2021年9月于北京